U0596260

崇祯传

樊树志 著

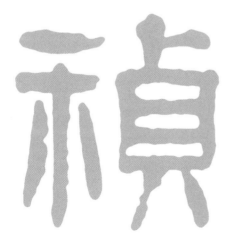

中 华 书 局

图书在版编目（CIP）数据

崇祯传/樊树志著. —北京：中华书局，2021.4（2025.7重印）
ISBN 978-7-101-15111-4

Ⅰ.崇… Ⅱ.樊… Ⅲ.崇祯帝（1611~1644）-传记
Ⅳ.K827＝48

中国版本图书馆 CIP 数据核字（2021）第 043206 号

书　　　名	崇祯传
著　　　者	樊树志
责任编辑	吴艳红
封面设计	刘　丽
责任印制	陈丽娜
出版发行	中华书局
	（北京市丰台区太平桥西里 38 号　100073）
	http://www.zhbc.com.cn
	E-mail:zhbc@zhbc.com.cn
印　　　刷	三河市中晟雅豪印务有限公司
版　　　次	2021 年 4 月第 1 版
	2025 年 7 月第 6 次印刷
规　　　格	开本/920×1250 毫米　1/32
	印张 16⅞　插页 3　字数 430 千字
印　　　数	20001-21500 册
国际书号	ISBN 978-7-101-15111-4
定　　　价	88.00 元

樊树志　复旦大学教授。代表著作有：《重写晚明史：王朝的末路》（2019）、《重写晚明史：内忧与外患》（2019）、《重写晚明史：新政与盛世》（2018）、《重写晚明史：朝廷与党争》（2018）、《晚明大变局》（2015）、《明代文人的命运》（2013）、《明史讲稿》（2012）、《张居正与万历皇帝》（2008）、《大明王朝的最后十七年》（2007）、《国史十六讲》（2006）、《江南市镇：传统的变革》（2005）、《权与血：明帝国官场政治》（2004）、《晚明史（1573–1644年）》（2003）、《国史概要》（1998）、《崇祯传》（1997）、《万历传》（1993）、《明清江南市镇探微》（1990）、《中国封建土地关系发展史》（1988）等。其中，《晚明史（1573–1644年）》获第十四届"中国图书奖"；《晚明大变局》入选《人民日报》、《光明日报》、《中华读书报》、新华网、新浪网等二十余家媒体2015年度好书。

目　录

3

序　言

　　俄国文豪列夫·托尔斯泰在《战争与和平》这部巨著中深有所感地说:"皇帝是历史的奴隶!"这种惊世骇俗的议论令历史学家们拍案叫绝。在一般人看来,皇帝是至高无上、权力无边的,不仅可以向任何人发号施令,也可以向历史发号施令。其实不然。正如托翁所说,人类有意识地为自己而生活,却在无意之中成为达成全人类历史目的的一种工具。皇帝也不例外。历史是人类无意识的共同集团生活,将皇帝生活的所有瞬间当作是达成自己目的的道具,只为自己而利用这个道具。正是从这个意义上讲,皇帝是历史的奴隶。文学家在小说中以艺术的手法演绎历史,历史学家在史著中以实证的手法展现历史,两者给予人们的启示是有异曲同工之妙的。

　　这本崇祯皇帝的传记,写了他的一生三十几年的历史,如果要概括成一句话,那便是:一个并非亡国之君的亡国悲剧。清朝编纂《明史》的史官们,曾有"明之亡实亡于神宗(万历)"的感叹。明清史的一代宗师孟森把这种感叹加以引申,从一个宏观的视角议论道:"熹宗(天启),亡国之君也,而不遽亡,祖泽犹未尽也。……思宗(崇祯)而在万历以前,非亡国之君也;在天启之后,则必亡而已矣。"这实在是精辟之极的见解!历史让崇祯皇帝演出了一个并非亡国之君的亡国悲剧,他成了历史的奴隶!当时他面临着内忧与外患的双重危机,内忧与外患的任

1

何一方都有足够的力量灭亡这个具有两百多年历史的衰朽王朝,要他在攘外与安内的两难抉择中挽救行将衰亡的王朝命运,几乎是不可能的。

崇祯帝在有明一代,算得上是一个励精图治、有所作为的皇帝。只是时运不济,他接手的是一个内外交困的烂摊子,衰亡的征兆在他出生之前早已初见端倪。他力图挽狂澜于既倒,最终未能成功。这是一场悲剧,个中缘由错综复杂。历史,波诡云谲、变幻莫测,它提供了帝王们驰骋的舞台,让他们施展才干,但时机稍纵即逝。消失了的历史,再也不可能重新作一番演绎,使后人对历史发展格局所作的任何假定变得毫无意义。不过,人们带着这种独特的视角去审视十七世纪上半叶这段令人感慨欷歔的历史时,可能会有一些新的感受。

崇祯帝是一个有棱有角、锋芒毕露的人物,十七年的政治生涯始终处于各种矛盾的焦点上。复杂多变的形势,层出不穷的棘手难题,需要他去面对,强大的压力使他的品格发生裂变。在他身上,机智与愚蠢,胆略与刚愎,高招与昏着,兼而有之;他励精图治,自律甚严,但求治之心太切,结果适得其反。他深知用人为第一要务,不拘一格起用人才,但用而不专,疑神疑鬼,翻脸不认人,从阁部大臣到封疆大吏,更调频繁,惩处随意,搞得臣下畏首畏尾,离心离德。他勤于理政,事必躬亲,常朝从不停辍,召对时时举行,十七年来未稍懈怠,但刚愎自用,自以为是,终于成了孤家寡人。及至魂归煤山,陪他而去的只有贴身太监一人,愿为他的社稷殉葬的也不过寥寥数人而已。一个并非亡国之君的亡国悲剧,令人感到震撼,思绪万千。

中国一向有"以古喻今"的传统。我以为,历史与现实固然不能割断,但历史是历史,现实是现实,两者不可混为一谈。在一个正常的政治氛围中,人们原本大可不必借历史来影射现实。史论与时评,毕竟是两个截然不同的范畴。历史学家大可秉笔直书,不必提心吊胆地提防人们的联想而束手束脚,三缄其口,把原来简单明了的史事写得闪烁其词、扑朔迷离。这是我的出发点。我想以尽可能客观、冷静、公正的心态为崇祯帝立传，其间可能有些见解有悖于以往流行的传统观点，那是对历史理解的视角有所不同，乃百家争鸣的题中应有之义。否则的话，本书也就没有问世的必要了。

不知读者诸君以为然否？

历来为开国英主写传者多，为末代皇帝写传者少。然而，创业难，守成更难。开国英主叱咤风云的英雄业绩，读之令人振奋；末代君主于内外交困之中无可奈何花落去的悲壮一幕，读之令人感慨，发人深省。出于这种考虑，我乐意把明朝末代皇帝十七年的政治生涯重现出来，把十七世纪上半叶那风云变幻的历史舞台上匆匆过场的这位悲剧人物的喜怒哀乐展示出来，让读者从现世的喧嚣繁忙中抽身出来，去品味三百多年前发生在紫禁城里的一段往事，或许并非无益之举。

崇祯帝在闯王进京之际仓促吊死于煤山。自从郭沫若《甲申三百年祭》发表以来，人们把这个人物当作农民革命的对立面，当然不会有什么好的评价。本书无意于写什么翻案文章，只是对以往过于简单化的评论模式表示些许质疑，以为不必意气用事，汲汲于贴标签，而应该尽可能客观、冷静、公正地再现那一段历史，非黑即白的形而上学判断应予摒弃。作为现代人，去评论明清鼎革之际的这位君主，似乎可以超脱一些，不受各种非历史因素的干扰。这样，庶几更接近历史的真实。

写完这本书之后，感慨良多。倒不是有感于传主命运的坎坷，而是有感于我所从事的专业历史学每况愈下的境遇。

不管社会如何看待历史与历史学，我们自己不能消沉，要深刻地反省自身。在缅怀辉煌的过去的同时，不能不承认史学存在脱离社会的潜在危机，由来已久。这种危机并非中国所独有。据史学史专家的考察，当代西方史学的发展中有一种引人注目的倾向，愈来愈注重于深刻的分析，为此引进了各门学科的方法，从而使它变得日趋深奥，轻视或鄙弃传统的方法——记叙与描述，结果把活生生的充满人类丰富多彩活动的一幕幕活剧写成了抽象的社会蓝图或数理模式,历史著作成了不受公众喜欢的枯燥乏味的冷冰冰的"砖头",失去了与整个社会的联系,失去了读者。这种情况,已经引起明智的历史学家的警觉,于是不少人喊出了"复兴记叙体"的口号,引人入胜的事件和人物重新受到重视。这是值得注意的新动向。

其实,以《史记》为代表的中国传统史学何尝不是如此,它们的许多篇章可以与脍炙人口的文学大师的散文佳作相媲美,读来朗朗上口。有意思的是,当代美国的历史学家史景迁(Jonathan Spence)所写的一系列叙事史作品,好评如潮,道理也在于此。从他的汉名中,人们依稀可以窥见这位西方学者对司马迁的景仰之情。而我们自己却淡忘了这种优良传统,实在令人遗憾。

成功的历史学家给予我们的启示是多侧面的。著作等身的一代宗师朗克(Leopold von Ranke)深有所悟地说,历史既是科学,又是艺术。就其寻求史料、确定史实等方面来看,史学是科学,但史学并不到此为止,它要求叙述和再造。作为科学,它与哲学相关;而作为艺术,它又与诗歌相近。在他之后的英国史学家马考莱(Thomas Macaulay)的作品以叙述生动细致著称,无论是叙述事件或是描摹人物,都能栩栩如生、扣人心弦。他曾经说过,历史著作应该让我们的祖先以他们自己的语言、方式和装束出现在我们面前。因此,他的著作特别注重形象生动的细节描写,读来兴味盎然。另一位英国史学家屈维廉(George Treve Lyan)一生写下大量文笔生动、受人欢迎的作品,继承了"文学史学"的传统,追求一种美、一种趣味、一种联想。以描述见长的屈维廉的历史著作,读来犹如生动流畅的散文,既可以研究为目的阅读,也可以欣赏为目的浏览。

有鉴于此,我在写历史人物传记时,尽量避免以往一些通史、断代史、专史著作中那种刻板沉闷、令人望而生畏的章法和笔法,追求一种生动活泼的叙事史风格,注重情节、对话,注重形象、具体,使一般读者能轻松自如地读下去。先前在写《万历传》时已注意及此,此次写《崇祯传》力图更理想一些。

写历史人物传记,与写一般历史著作明显不同之处,是必须树立传主的形象,刻画人物的性格,不能平铺直叙、面面俱到地写成一笔流水账。古希腊传记体史著奠基人普鲁塔克(Plutarch)在他的名著《亚历山大传》序言中,曾经这样透露他的心得:"我所写的,不是历史的书,而是一部传记。一些小小的行动及语言,常常比大事件更能显示一个人的性格。正如画家画一幅肖像时,他只抓住脸庞和眼神,几乎不考虑身体的其他部分。我也把大事迹或战争部分让给他人去写,我只写人物心理方面的特征,用这种方法来叙述或描写每一个英雄或伟人的传记。"我以为这是值得借鉴的传记笔法。当然,帝王并非个个都是英雄或伟人,但关于他们传记的写法,则大体是有共通之处的。话虽这么说,做起来却不是一件容易的事,要有相当的功力和识见。多年来形成的固定程式、习惯困扰着自己的思绪,要追求一种新颖的章法和笔法,常常显得心有余而力不足,时不时地流露出为旧传统所束缚的痕迹。本书想写得洒脱一些,似乎未必尽如人意。这大概也算是积重难返、积习难改吧!

第一章
受命于危难之际

　　本书的主人公朱由检，即位后改元崇祯，人们习称其为崇祯皇帝。他生于万历三十八年(1610年)，当时他的祖父朱翊钧当政，他是皇太子朱常洛的第五子，上有长兄朱由校。父亲即位后仅一个月就突然病逝，长兄由校继位。在这种情势之下，朱由检继承皇位的可能性几乎等于零。然而，历史的机缘令人难以捉摸，皇兄竟然绝嗣，朱由检以兄终弟及的方式登上了皇帝宝座，成为明朝第十六位(也可以说是末代)皇帝。这是他本人所始料不及的。

一、"召信王入继大统"

昙花一现的泰昌朝

万历四十八年(1620年)七月二十二日,万历皇帝朱翊钧病逝。皇太子朱常洛在忙完了父皇的丧礼之后,于八月初一日正式即位,这就是明朝第十四位皇帝——泰昌帝朱常洛。

此公一生多遭厄运,到了该册立为皇太子的时候,由于父皇宠妃郑贵妃屡屡从中作梗,迟迟不能册立。在外廷强大的舆论压力下,万历皇帝不得不于万历二十九年(1601年)册立常洛为皇太子。内朝与外廷在册立问题上的长期争议,耽误了常洛作为皇太子的豫教工作,使他没有受到应有的系统的宫廷教育。册封为皇太子后,又处于郑贵妃的阴影之下,接二连三地发生事端,郁郁不得志,日渐沉迷于酒色之中,以求解脱。

父皇病逝,他以皇太子身份是当然的皇位继承人,这对于长期受到压抑而谨小慎微的朱常洛来讲,是缺乏足够的心理准备与才能准备的。不过他毕竟是一个颇有政治头脑的人,接手父皇留下的烂摊子,力图整顿紊乱的朝政,有所作为。因此,他一反父皇晚年怠于临朝的惯例,日理万机,事必躬亲。要把多年积累下来的朝政大事处理得井井有条,是一项十分劳累的工作。他自幼孱弱多病,成年后又沉迷酒色,身体十分空虚,当此重任,不胜负荷。这时,郑贵妃又心怀叵测地送来一批美女,供他享用。每天退朝内宴,有女乐承应;到了夜里,龙床上是"一生二旦",轮流"御幸"。本来多病的身体,立时垮了下来。

八月十四日,郑贵妃指使原来在她宫中的亲信太监、现任司礼监秉笔太监兼掌御药房太监崔文昇,向朱常洛进通利药——大黄,致使皇帝病情加剧,一昼夜连泻三四十次,支离于床褥之间。到了八月二十九日,鸿胪寺官李可灼又向皇帝进奉所谓仙丹——红丸。不料,连服两丸这种"仙丹"后,朱常洛竟于九月初一日五更一命呜呼!

九月初六日,朱常洛的长子朱由校仓促即位,下诏以明年为天启元年,这就是明朝第十五位皇帝——天启帝朱由校。

朱由校:"至愚至昧之童蒙"

朱由校生于万历三十三年(1605年),即位时虚龄十六岁。在此前的岁月中,父亲连遭厄运,作为长子所受的教育与乃父相比更逊一等。无怪乎历史学家孟森说:"熹宗为至愚至昧之童蒙。"有的学者甚至称熹宗(朱由校)是光宗(朱常洛)的"文盲儿子","一字不识,不知国事"。这种说法,不免有夸张的成分在内,但点到了要害:熹宗确实是明朝诸帝中最无知无能的一个。他根本不曾料到,父皇即位刚一个月,就会轮到他来当皇帝。

要说朱由校是一个白痴,那倒未免有点冤枉了。其实他是一个心灵手巧的人,最大的爱好就是做木工,而且手艺颇精。当时人这样描绘这位皇上:"上性好走马,又好小戏,好盖房屋,自操斧锯凿削,巧匠不能及。""又好油漆匠,凡手用器具,皆自为之。性又急躁,有所为,朝起夕即期成。"万历、天启间在宫中当太监的刘若愚对此有更详细的描述:"先帝(指熹宗)好驰马,好看武戏,又极好作水戏。用大木桶、大铜缸之类,凿孔创机,启闭灌输,或涌泻如喷珠,或渐流如瀑布,或使伏机于下,借水力冲拥圆木球如核桃大者,于水涌之,大小盘旋宛转,随高随下,久而不堕,视为戏笑,皆出人意表。逆贤(魏忠贤)、客氏(朱由校乳母)喝采赞美之:天纵聪明,非人力也。圣性又好盖房,凡自操斧锯凿削,即巧工不能及也。又好油漆匠,凡手使器具皆御用监内官监办用。先帝与亲昵近臣,如涂文辅、葛九思……朝夕营造而喜。喜不久而弃,弃而又成,不厌倦也。且不爱成器,不惜天物,任暴殄改毁,惟快圣意片时之适。"

你看,他的创造发明,思路多么机智,手艺多么精巧,要是他不当皇帝的话,肯定能成为一名能工巧匠,比起那班一无所长的王孙公子要好得多了。然而他当皇帝是极不称职的。每当他与近臣潜心于斧砍刀削、解衣盘礴之际,非平素亲昵近臣,不得窥视。司礼监掌印太监王体乾、司礼监秉笔太监兼掌东厂太监魏忠贤每每乘朱由校兴致勃勃地埋首于营造时,从旁传奏紧急公文。朱由校一边经营鄙事,一边倾耳注听,奏毕,便不耐烦地说:"你们用心去行,我已知道了。"听任大权旁落而不顾,魏忠贤终于操纵如意,俨然皇帝的代言人,甚至肆无忌惮地以"九千岁"自居,距"万岁"仅一步之遥。尾大不掉之势已成,朱由校对魏忠贤百般容让,在诏旨中与魏忠贤平起平坐,动辄称"朕与厂臣"如何如何,所谓"厂臣"即总督东厂的魏忠贤。

天启五年(1625年)五月十八日,朱由校在乳母客氏及魏忠贤的陪同下祭祀方泽坛后,到西苑游乐。客、魏二人在桥北浅水处大船上饮酒寻欢,朱由校与王体乾及魏忠贤的两名亲信小太监高永寿、刘思源在桥北深水处泛小舟荡漾,相顾欢笑,俨若神仙。忽然一阵狂风,小舟倾覆,四人一齐落水,两岸随从顿时惊哗,皆无人色。幸亏近旁的管事太监谭敬等人抢救及时,朱由校、王体乾才幸免一死,两名小太监因抢救不及溺水身亡。魏忠贤专为此事在七月十五日到大高元殿作佛事法会,放河灯追荐。朱由校虽未淹死,但受此一番惊吓,本来不佳的身体每况愈下。

天启七年(1627年)夏,朱由校病情加剧,引起了群臣的密切关注。七月二十八日,河南道御史倪文焕上疏说,圣体欠安,是否饮食起居忧劳失调,如果是,那么应该讲求清心寡欲。到了八月十一日,内阁首辅黄立极率文武百官到宫门问安。朱由校在乾清宫西暖阁召见了他们,待御医报告了诊脉情况后,便向大臣们说:圣体素来虚弱,近来因辽东战事焦虑劳累,终于病倒。目前正在静心休养,凡是重大朝廷政务,全由阁臣与厂臣计议商榷,用心赞襄。看来,朱由校自知病入膏肓,已在安排后事了。

次日（八月十二日），黄立极率九卿科道等官再次来到乾清宫西暖阁接受召见，大臣们知道皇上圣体尚未能"霍然勿药"——还未好转的一种委婉表达方式。在召对中，大臣们察觉到皇上虽在汤药诊调之中，却仍轸念国事。这也怪，身体健康时对朝政从来不感兴趣，到了生命垂危之际竟轸念起国事来了，大概是"人之将死，其言也善"吧！少顷，皇上向大臣们发布了他在位时最后一道谕旨，除了再次重申他对监臣王体乾、厂臣魏忠贤的信任之外，透露了昨天单独召见他的五弟信王朱由检的事。召见的内容没有明说，召见的用心是十分明白的——要信王入继大统。

熹宗何以绝嗣

熹宗何以要传位给五弟由检呢？实在是事出无奈，因为他本人没有子嗣。查《明史·诸王传》，熹宗有三子：慈燃、慈焴、慈炅，都幼年夭折。

他的长子慈燃，是皇后张氏于天启三年十月十二日所生。《明史·诸王传》竟糊里糊涂地说："怀冲太子慈燃，不详其所生母。"而《明史·后妃传》在懿安皇后条却写道："（天启）三年，后有娠，客、魏尽逐宫人异己者，而以其私人承奉，竟损元子。"明明白白指出皇后是长子的生母。同一部书，相隔不过寥寥数页，自相矛盾一至于此，众手修史的弊端于此也可见一斑。幸好有其他记载可以佐证，否则岂不成了一桩无头公案！《国榷》天启三年十月己巳条可与《明史·后妃传》相互印证："皇长子慈燃生，旋殇。中宫出。"皇后诞生长子，在明代并不多见，非同小可，日后理所当然成为皇太子、皇位继承人。如此一个宝贝，为什么竟会"旋殇"呢？

原来是客氏、魏忠贤在背后捣鬼。

孕育皇长子的皇后张氏，名嫣，字祖娥，小字宝珠，河南祥符人。天启元年（1621年）朱由校将举行大婚，先期召天下十三岁至十六岁的淑女,当时张氏十五岁,体态颀秀而丰整,应召入宫。朱由校乳母客氏年逾三十,以妖艳惑帝,见到张氏又惊又忌,执意反对。无奈朱由校早已看中,四月二十七日册为皇后。当时客氏与魏忠贤恣睢跋扈,每每玩帝于掌上,而皇后张氏英明过人,常指责客、魏变乱宫中旧章,客、魏一直忌惮而又怨恨,多次欲加陷害。有一次,她把客氏召到宫中,意欲绳之以法。由此,客、魏二人更加怀恨,散布流言蜚语,说皇后张氏并非河南祥符人张国纪(后封为太康伯)之女,妄图惑乱皇上的视听。

天启三年(1623年),皇后张氏怀孕了,倘生一子,其地位就更加不可动摇。客、魏二人不甘心,便设计暗害,把皇后身边宫女中的异己分子全部驱逐,而以自己的亲信宫女取而代之,伺机下手。十月十二日皇后分娩,果然是一男孩,因早产,生下不久夭殇,便是客、魏二人一手策划的阴谋。抱阳生《甲申朝事小纪》说:"天启时,客氏以乳母擅宠,妒不容后有子……及张后有孕,客氏暗嘱宫人于捻背时重捻腰间,孕坠。"纪昀《明懿安皇后外传》也说:"天启三年,后有娠,客、魏尽逐宫人之异己者,而以私人承应。后腰胁偶痛,召宫人使捶之,宫人阴欲损其胎,捶之过猛,竟损元子焉。"此事宫廷内外都有所传闻,故而天启四年(1624年)六月左副都御史杨涟上疏弹劾魏忠贤二十四大罪时,这一阴谋成了第十条罪状:"中宫有庆,已经成男,凡在内廷,当如何保护……传闻忠贤与奉圣夫人(客氏)实有谋焉……是皇上亦不能保其第一子矣!"

朱由校的第二子慈焴,比长子迟十天出生,时在天启三年十月二十二日,生母是天启二年七月册封的慧妃范氏。在皇长子夭折后,又降生一子,朱由校喜出望外,闰十月十六日以皇次子诞生大赦天下,他在诏书中掩饰不住"所望早昌嗣续,以慰在天之灵"的激动心情。不久,又进封慧妃范氏为皇贵妃,为次子成为皇太子创造条件。可是,好景不长,皇次子慈焴又于次年六月死去。

此后,天启三年五月册封的裕妃张氏怀孕了,皇上特地为她举行了铺宫礼。性情直烈的裕妃无意中得罪了客、魏,被他们视为眼中钉。

客、魏假传圣旨,把裕妃幽禁于别宫,身边宫女全部逐出,并断绝她的饮食。一个下雨天,饥渴的裕妃爬到屋外,匍匐在地上饮屋檐滴下的雨水,慢慢死去,胎儿也就此夭折。此事也成为杨涟弹劾魏忠贤二十四大罪的第九条罪状:"裕妃以有喜传封,中外欣欣相告矣。忠贤以抗不附己,属其私比,捏倡无喜,矫旨勒令自尽,不令一见皇上之面。昔尧以十四月而生,假令当日裕妃幸存,安知不为尧母?是皇上又不能保其妃嫔矣。"

慧妃范氏因次子慈炅夭折,渐渐失宠。朱由校召天启三年十二月册封的成妃李氏侍寝。成妃李氏在皇上面前代范氏乞怜。此事被客、魏侦知,便假传圣旨革去范氏的皇贵妃封号,把她幽禁于别宫,断绝饮食。幸亏范氏鉴于裕妃张氏绝食惨死的前例,预藏食物,被幽禁达半月之久,侥幸不死。

朱由校的第三子慈炅,生于天启五年(1625年)十月初一日,生母是容妃任氏。不久,任氏因诞育皇三子而被册封为皇贵妃。看得出来,朱由校在连丧二子之后,对皇三子是寄予厚望的。不料,皇三子与皇二子一样,十月生,次年六月死,活了仅八个月。

从客氏、魏忠贤专擅跋扈、阴险狠毒的所作所为看来,他们不愿意皇上有子嗣,别有所图。皇二子、皇三子的短命夭折,很可能出于他们的毒手。

信王朱由检

既然朱由校绝嗣,皇位的继承人只有按照"兄终弟及"的原则在他的弟弟中选了。泰昌帝朱常洛生有七子,长子是朱由校本人,二子由㰒四岁死,三子由楫八岁死,四子由模五岁死,六子由栩、七子由橏也都幼年夭折。硕果仅存的除长子由校外,只有五子由检。由校一死,皇位只能传给由检了。

朱由检与朱由校是一对同父异母兄弟,从小共同生长于父亲的皇太子宫中。由校的生母是选侍王氏，万历三十三年(1605年)十一月生下了他；由检的生母是贤妃刘氏，万历三十八年(1610年)十二月生下了他，两人相差不过五岁。

由检的生母刘氏，初入太子宫时是淑女(低于才人、选侍)，万历三十八年十二月二十四日生由检，不久即失宠被谴，郁郁而死。刘氏生于万历二十年(1592年)，卒于万历四十二年(1614年)，享年二十三岁。太子常洛唯恐父皇知道，告诫身边近侍不得泄露此事，悄悄地把刘氏葬于西山。

由检五岁丧母，父亲把他托给选侍李氏(人称"西李")抚育。西李自己生了女儿以后，父亲便把由检交给另一个选侍李氏(人称"东李")抚育。东李与西李虽同为选侍，为人秉性截然不同。西李最受常洛宠幸，万历四十七年(1619年)三月，由校的生母王氏死后，由校遵父命到西李宫中生活。朱常洛即位不久病危，在病榻上向大臣托命，封李选侍(西李)为皇贵妃。西李在帘后指使由校出来传话，表示要封皇后。由于大臣反对，也由于朱常洛的突然死去，西李册封为皇贵妃的事来不及办，更不消说册封皇后了。由于她仍居住在乾清宫，在朱由校即位后便引发出一场移宫的纷争，成为日后阉党整人的话柄。

另一个李选侍即东李，为人仁慈而寡言笑，地位虽居于西李之上，而宠幸不及西李。天启元年(1621年)二月，封为庄妃。魏忠贤、客氏专权，看不惯庄妃的持正不阿，多次裁损宫中礼节，致使庄妃在不得意中默默死去。由检在仁慈的庄妃的抚养下成长，养成良好的生活习惯，每天清晨起床后，先拜天，随即向庄妃请安，尊如生母。庄妃也确实以母道待之，多方调习其品德。庄妃的死，由检哀痛不异生母。由检的生母、养母先后都抑郁而死，养成了他独立奋斗的刚毅性格，也养成了他为人慈孝的秉性。

由检在这种情况下度过了他的少年时代。天启二年(1622年)九月，朱由校册封弟弟由检为信王，并追封其生母刘氏为贤妃。当时由检居于勖勤宫,常常思念生母,询问近侍太监:西山有申懿王坟吗?近侍答:有。又问:旁边有刘娘娘坟吗?近侍又答:有。随后就悄悄地吩咐近侍前去祭祀。这种浓烈的思母之情久久萦绕在他的心中。到他即位后,不仅追封生母为孝纯皇太后,还特地命人画了一幅生母的遗容,以寄托思慕之情。

天启六年(1626年)十一月二十五日,由检从勖勤宫迁往信王府邸,正式开始了他的藩王生活。次年二月初三日,十八岁的信王举行了婚礼,选南城兵马司副指挥周奎之女为信王妃。王妃周氏,是懿安皇后从三名候选人中选拔出来的。

"吾弟当为尧舜"

朱由校这个人一向昏聩,但对他的皇后张氏、五弟由检却十分注重情义。有两件事最能说明问题。

其一,某日,宫门内发现匿名传单,上面列举魏忠贤的种种逆迹。魏忠贤猜疑此事出于皇后之父太康伯张国纪及被逐诸臣之手,企图抓住此事整一下张国纪,从而动摇皇后的地位,以自己的侄儿魏良卿之女取而代之。顺天府丞刘志选获悉魏忠贤的意图后,首先上疏诬陷张国纪,御史梁梦环则与之一唱一和。朱由校果断地下旨谴责刘志选,使阉党不敢轻举妄动。

其二,某日,朱由校来到皇后宫中,看到书桌上有书一函,便问皇后在看什么书,皇后回答说《赵高传》,朱由校听了默然不语。魏忠贤得知此事,认为皇后以赵高隐喻他,怒不可遏,次日便在殿内埋伏全副武装的士兵。朱由校在殿内发现埋伏,命押送东厂、锦衣卫处置。魏忠贤企图借题发挥,诬告张国纪"谋立信王",借此镇压异己势力。司礼监掌印太监王体乾一向唯魏忠贤之命是从,这次却极力劝阻,因为他深知皇上的脾性,说道:"主上凡事愦愦,独于兄弟夫妇间不薄。如有不测,我辈就没命了。"魏忠贤听了大惊失色,匆匆杀了那些甲士以灭口。"凡事愦愤,独于兄弟夫妇间不薄",寥寥数语,道出了朱由校对皇后与五弟的信任,而这一点正是日后由检在皇后张氏支持下入继大统的重要保障。

朱由校病危时,果然想到了五弟信王由检,便在八月十一日召见群臣之后,单独召见了由检。由检与皇兄从小一起长大,自然有着一种同胞手足之情。但当时魏忠贤专权,气焰嚣张至极,朝廷内外人人危栗,身为信王的由检也感受到了威胁,不得不表现出淡泊权势的姿态。《崇祯长编》卷一有一段话,十分确切地透露了由检当时的内心世界:"帝(指由检)初虑不为忠贤所容,深自韬晦,常称病不朝。"这是一种大智若愚的韬晦之计,以称病不朝的手法躲避权势倾轧,避免魏忠贤的猜忌。

这次奉召入见,实在是迫不得已。待由检进入乾清宫西暖阁,向皇兄请安问疾后,朱由校直截了当地对他说:"来!吾弟当为尧舜。"这句话虽未明确表示要他入继大统,但意思已尽在不言中了。由检一听,顿时感到万分惶恐,惧不敢当,也不敢应,不知如何回答才好。沉默了一阵之后,他才回奏:"臣死罪!陛下为此言,臣应万死!"他深知魏忠贤疑忌他的正是这一点,他长期以来深自韬晦的也正是这一点,不得不作委婉的推辞。但是朱由校早已深思熟虑,不容他推辞,慰勉再三,然后叮嘱他入继大统后注意两件事:一是"善视中宫",二是"忠贤宜委用"。这前一点是不成问题的,对于皇嫂他一向尊重;这后一点却颇为棘手。他在信王府邸时,为了避祸,总是给人一种与世无争的印象——"衣冠不正,不见内侍,坐不敬侧,目不旁视,不疾言,不苟笑",以消除魏忠贤对他的疑忌。现在皇兄既要他入继大统,又要他委用魏忠贤,使他感到如骑虎背,进退两难。

八月十二日,朱由校再次召见内阁首辅黄立极等大臣,在他最后一道谕旨中向大臣们透露了日前召见信王的事,说:"昨召见信王,朕心甚悦,体觉稍安。"这是明确无误地向大臣们暗示,由信王入继大统是出于他本人的安排。

朱由校病危,朝廷上下一片惶惶然。以魏忠贤为首的阉党千方百计地为延长这个傀儡皇帝的生命而奔忙,他们不愿意让一个难以摆布的人继承皇位而改变既定的权力结构。阉党的骨干分子、兵部尚书霍维华异想天开地向皇上进献仙方灵露饮，就反映了这种病急乱投医的慌乱心态。不知霍维华是从哪个道士或游方郎中那里搞来的秘方，其炮制方法大体是这样的：取上好粳米淘净，加入木甑蒸煮，甑底中部安放长颈大口空银瓶一个。一边蒸煮，一边添米，稍顷，更换新米。几次更易后，瓶中之露已满。据说，这是"米谷之精"，有延年益寿之效。朱由校服用后，口感甘甜，并无不适。服了几天，停止服用，原因是身体日渐浮肿，医药已不见效。

八月二十二日，朱由校死于乾清宫懋德殿，年仅二十三岁。

魏忠贤心存异志

朱由校驾崩，魏忠贤封锁消息，秘不发丧。显然，魏忠贤是别有用心的。魏忠贤对朝政久有觊觎野心，妄想再高升一步。八月十九日他与大臣们议论到由他垂帘居摄的事，意欲把未来的皇帝当作傀儡。内阁辅臣施凤来说："居摄远不可考，且学他不得。"魏忠贤不悦而罢。

自从朱由校召见信王以来，魏忠贤就心存异志，曾与手握宫廷禁卫大权的锦衣卫都督田尔耕秘密商量发动宫廷政变，田尔耕唯唯诺诺，不敢表态；他又与兵部尚书崔呈秀议及此事，崔呈秀不搭腔，再三追问之下，才说了一句话："恐外有义兵。"魏忠贤才打消了念头。

所谓魏忠贤有异志，还有其他种种传闻。比如阉党中人向魏忠贤献计，诡称皇后怀孕，暗中以魏良卿之子抱入，"狸猫换太子"，然后由魏忠贤辅佐，仿效王莽以辅佐孺子婴的方式进而篡位。又比如魏忠贤想另立福王入继大统。这些毕竟是传闻，可信性不大。不过有一点可以肯定，魏忠贤在由谁入继大统的问题上确实心存异志，他不愿意看到他无法控制的信王登上皇帝宝座。

有朱由校的遗言在先，魏忠贤及其党羽不敢轻举妄动。值得一提的是，皇后张氏的坚定态度终于使魏忠贤的阴谋彻底化为泡影。据说此前魏忠贤曾派人向皇后吹风，意欲阻止信王继位，皇后虽知安危操于魏阉之手，仍义无反顾地断然拒绝。她对来人表示：从命是死，不从命也是死，一样是死，不从命可以见二祖列宗在天之灵。

经此事件后，皇后密劝朱由校尽快召立信王。朱由校说："忠贤告我：后宫有二人怀孕，他日生男作为你的儿子而立。"皇后以为不可，朱由校方有所悟，秘密召见信王，要他接受遗命。信王欲推辞，忽见皇后淡妆靓服从屏风后走出，对信王说："皇叔义不容辞，而且事情紧急，恐怕发生变故。"信王这才欣然拜受。朱由校指着皇后相托，说："中宫配朕七年，常正言匡谏，获益颇多。今后年少寡居，良可怜悯，望吾弟善待。"八月二十二日朱由校驾崩，皇后立即传遗诏，命英国公张惟贤等迎立信王。

魏忠贤无可奈何，不得不在朱由校驾崩的次日向外宣告皇后的懿旨："召信王入继大统！"

由此可见，《明史·后妃传》说"及熹宗大渐，折忠贤逆谋，传位信王者，后力也"，是确有所据的。

紧接着宣布发表，颁布遗诏。朱由校的遗诏这样写道：

> ……若夫死生常理，人所不免。惟在继统得人，宗社生民有赖，全归顺受，朕何憾焉！皇五弟信王由检聪明夙著，仁孝性成，爱奉祖训，兄终弟及之，文丕绍伦，即皇帝位……内外大小文武诸臣协心辅佐，恪遵典则保固。

于是内阁辅臣施凤来、黄立极和英国公张惟贤等元老重臣遵照大行皇帝遗诏和皇后懿旨，具笺往信王府劝进。劝进笺照例是三通。信王由检对第一笺作这样的答复："览所进笺，具见卿等忧国至意，顾予哀痛方切，继统之事岂忍遽闻！所请不允。"对第二笺的答复也是一样："卿等为祖宗至意，言益谆切，披览之余，愈增哀痛，岂忍遽即大位！所请不允。"等第三笺呈上，由检才表示同意："卿等合词陈情至再至三，已悉忠恳。天位至重，诚难久虚，遗命在躬，不敢固逊，勉从所请。"

虽然群臣再三劝进，但对于由检而言，通往登极的道路上还会发生什么波折尚难预料，有点如临深渊、如履薄冰的感觉。当魏忠贤派来的忠勇营提督太监涂文辅把他迎入宫中时，他念念不忘的是入宫前张皇后（皇嫂）对他的秘密告诫："勿食宫中食！"因此他是在袖中藏了自家做的麦饼，随涂文辅入宫的。这一细节已把当时由检的内心活动表露无遗。

确实，当时宫中的形势颇为紧张，信王由检知道魏忠贤心狠手辣，什么事都干得出来，抱着一种警惕心态静观事态变化。这一夜，由检没有睡觉，而是秉烛独坐。有一个巡视的宦官佩剑走来，由检把他的剑取下，佯装观赏一番，然后留在桌上，许诺给以重赏。看得出来，由检取剑是想对付不测事件。为了和夜间巡逻的禁卫人员搞好关系，他要近侍太监取来酒食，遍加犒赏，众人听了欢声如雷。在外邸的信王妃周氏也一夜未眠，不时向上苍祷卜吉凶，唯恐信王入宫遭到不测。

朱由检以兄终弟及的方式继承皇位，竟在如此战战兢兢的氛围中进行。如果他是一个谨小慎微的平庸之辈，日后不是成为魏阉的傀儡，便是被魏阉所废。然而由检并非等闲之人，他有胆识，有魄力，在度过即位危机之后，给魏阉及其党羽迎头痛击是势所必然的。

八月二十四日，信王由检在皇极殿即皇帝位。宫中三大殿，从万历二十五年（1597 年）遭毁以来，直到天启七年（1627 年）八月二十日才修复完毕。两天后就举行登极大典，鸿胪寺官员们茫然不知所措。因此仪式搞得匆忙凌乱，礼部堂上官、侍班史官、导驾科员、殿班御史一行人等分东西两行排列未定之际，信王——现在的新皇帝——已身着衮冕来到建极殿。这时奉遣南郊的魏良卿正好返回禀报，皇上大声回答："知道了！"语调震肃严厉。接着又宣布："百官免贺免宣表！"随后，新皇帝在一行人等拥护下从建极殿经过中极殿来到皇极殿。侍班官两旁面驾一躬，侍立于帘下，帘子卷起后，新皇帝从中径登上九级御座。座旁站立的两名大太监在新皇帝呵斥之下悄然退去。

八月二十六日，由检颁布即位诏书，向天下臣民宣告："惊闻凭几之言，凛念承祧之重，而文武群臣及军民耆老合词劝进，至于再三，辞拒弗获，乃仰遵遗诏，于八月二十四日祗告天地、宗庙、社稷，即皇帝位。"并宣布以明年为崇祯元年。关于年号的选择，由检颇经过一番考虑斟酌。八月二十三日内阁辅臣呈上四个年号供他选择：一曰"乾圣"，由检说："乾为天，圣则安敢当！"二曰"兴福"，由检说："中兴甚好，亦不敢当！"三曰"咸嘉"，由检说："咸旁为戈，今方欲息干戈，勿用！"最后选中了"崇祯"。

朱由检在位十七年，甲申之变，以身殉国，南明弘光朝追谥为思宗烈皇帝，清朝则追谥为怀宗端皇帝，因此史称思宗、怀宗或烈皇帝。

二、不动声色逐元凶处奸党

"皇考皇兄皆为此误"

朱由检登极后，劈面遇到的棘手问题，便是如何处置专擅朝政、气焰嚣张的客氏与魏忠贤。如果听之任之，放任客、魏继续为非作歹，那么他就可能成为第二个朱由校——当一个傀儡皇帝，这是这个刚毅自强的人所不能容忍的。

而魏忠贤则故伎重演，在朱由检即位不久就进奉绝色女子四名，既是讨好，又是迷惑。朱由检其人与他的列祖列宗绝不相同的一点，就是不好女色。对于魏忠贤进奉的绝色女子本不想接受，又恐引起魏的疑心，便接受了。入宫后，对四名女子搜遍全身，并无可疑之物，只见各人都在裙带顶端佩香丸一粒，大小如同黍子，名叫"迷魂香"。此物十分奇特，男子一接触便产生迷魂效应，欲心顿起。朱由检毫不犹豫地命她们毁弃这"迷魂香"。又一个晚上，朱由检与大臣议论朝政后正在静心思考，忽然一阵阵奇异的香味幽幽传来，似有若无，缕缕不绝。他这个不近声色的人也不由得闻香心动了，立即命近侍太监秉烛检查，查遍了壁隅，竟一无所见。过了一会，望见远处殿角有微弱的火星闪烁，前往一查，见一小宦官持香端坐于复壁内。一审问，原来是魏忠贤派来的。朱由检不由得长叹一声："皇考皇兄皆为此误！"他不愿成为如同皇兄那样听任客、魏摆布的昏聩君主，但是要摆脱他们二人并不是一件易如反掌的事情。

客、魏一个自称"老祖太太千岁"，一个自称"九千岁"，宫内宫外都布满了亲信党羽，内外呼应，盘根错节，朝廷上下都在他们的控制之下，稍有不慎，局面就难以收拾。朱由检毕竟不同于他的皇兄，是一个极有主见、极有韬略的君主，以大智若愚的姿态应对自如。一方面，他摆出若无其事的样子，把精力集中于册封后妃及筹办熹宗丧葬事务上，不让客、魏感到有什么异常动态；另一方面，他一如熹宗在世时那样，继续优容客、魏，对弹劾客、魏及其党羽的奏章一概置之不理，给客、魏之流造成错觉。

即位次日，他要礼部详议追尊生母贤妃刘氏，以尽他对母亲多年思念的一片孝心。正如他给礼部的谕旨所说的那样，"庆源有自，礼必隆于所生；孝思永言，施必由于亲始"。几天后，他要礼部挑选吉日册封元妃周氏为皇后。礼部遵旨于九月二十一日议定，追谥圣母贤妃刘氏为孝纯皇太后，并选定九月二十七日册立周氏为皇后，由英国公张惟贤持节，大学士黄立极捧册，大学士施凤来捧宝，举行册封礼。礼毕后，朱由检接受百官表贺，并把皇后之父周奎由南城兵马司副指挥提升为右军都督同知，任命皇后的兄长周文炳、周文耀为兵马司副指挥。

与此同时，朱由检命大学士施凤来会同司礼监太监、工部尚书侍郎、礼工二部郎中、钦天监监正等官员，选择大行皇帝的陵墓。不久，选中了潭峪岭，择日兴工。他还要这些大臣兼顾圣母（朱由检生母）陵墓的迁葬事宜。

十月十五日，朱由检开始了作为皇帝的传统教育——日讲。这天，他来到文华殿,听礼部侍郎孟绍虞、翰林院侍讲徐时泰等官员讲解《大学》《尚书》首章,以及《帝鉴图说》一则。三天后,他决定免讲《帝鉴图说》,改讲《祖训》《通鉴》。

一切如同往昔新帝登极一样,按部就班,丝毫没有什么异常。

魏忠贤与客氏

然而,对于客氏和魏忠贤两人,这种平静似乎于无声处听惊雷,惶惶不可终日。

九月初一日,魏忠贤率先向皇上提出辞去东厂总督太监的职务,朱由检明确表示不许。

九月初三日,客氏请求从宫中迁回私宅,朱由检批准了。这显然是把客、魏二人分开的重要一步,但又不露痕迹。客氏是作为朱由校的乳母兼保姆的身份居于宫中的,朱由校即位后不久就举行了大婚,按理有皇后及妃嫔侍奉在侧,客氏早就应从宫中迁出了。天启二年(1622年)在外廷官员的舆论压力下,朱由校不得不命客氏于六月九日出宫。但是随即给内阁发去一道谕旨:"客氏朝夕侍朕,今日出宫,午膳至晚未进。暮思至晚,痛心不止。着时进内奉慰,外廷不得烦激。"此后,客氏仍在宫中居住,出宫之事不了了之。

这个客氏,实在是一个不简单的女人。她姓客,名巴巴,原本是定兴县人侯巴儿(又名侯二)之妻,十八岁时被选入宫中充任由校的乳母。她为人妖艳,常有秽闻传出,由校大婚之前,她已"先邀上淫宠"。朱由校即位不过十天,便封客氏为奉圣夫人,出入形影不离。及至朱由校完婚,册立张氏为皇后、王氏为良妃、段氏为纯妃,客氏心中不悦,朱由校不得不用重赏抚慰,宠幸较前更甚。偶尔外出,用八抬大轿,路人避让不及,立遭棍笞。给事中朱钦相、倪思辉上疏指责,反遭降职处分;御史王心一上疏申救朱、倪二人,也被贬官三级。

魏忠贤为了窃权,千方百计地巴结客氏,花费五百两银子办了一桌六十道菜肴的酒席,邀她同饮。客氏也欲利用魏忠贤以巩固自己的地位,于是两人一拍即合,沆瀣一气,关系非同一般。正如夏允彝所说:"客氏者,熹庙之乳母,而与忠贤私为夫妇者也。上于庶务皆委不问,宫中惟忠贤与客氏为政。"而且两人配合默契,"忠贤告假,则客氏居内;客氏告假,则忠贤留中"。

客、魏对三朝元老太监王安心存疑虑,表面上魏忠贤对他百般恭顺,一见面就撩衣叩头,非呼不应,非问不答。天启元年(1621年)五月,朱由校命王安为司礼监掌印太监,王安力辞,客氏一面劝皇上接受其辞呈,一面与魏忠贤密谋处死王安。魏忠贤还有点犹豫,不忍下手,客氏说:"尔我孰若西李,而欲遗患耶!"这是指当年王安挺身而出迫使西李移宫一事。魏忠贤这才嗾使给事中霍维华弹劾王安,矫旨降王安为南海子净军,然后把曾趁西李移宫时偷盗珍宝的太监刘朝释放出狱,充任南海子提督,借他的报复心置王安于死地,身首异处,肉喂狗彘。魏忠贤的肆恶,如危害皇后所生长子,迫害裕妃、成妃,任用王体乾为司礼监太监等,都是客氏一手促成的。

客氏在宫中乘小轿,由宦官扛抬,自视为朱由校八母之一。每逢她的生日,朱由校必亲自前往祝贺,升座劝酒。她前往自己私宅,有内侍王朝忠等数十人身穿红衣前呼后拥。她乘轿到乾清宫看望朱由校,侍从之盛不下于皇上。她出宫入宫,必传特旨,清尘除道,内臣都蟒袍玉带步行排队,客氏则盛服靓妆,乘锦玉辇。随从宫婢数百人,前提御炉,焚爇沉香、龙涎香,氤氲如雾。纱灯、角灯、红蜡、黄炬、亮子数千,耀如白昼。呼殿之声远近数里,清彻悠长,拟于警跸。她到私宅,在大厅升堂登座,从管事到近侍挨次叩头,高呼"老祖太太千岁"之声喧阗震天。

熹宗一死,客氏留居宫中显然已无任何理由,她不得不提请皇上批准出宫。朱由检顺水推舟,立即批准:"奉圣夫人客氏出外宅!"客氏接到准出外宅的圣旨后,于五更起身,穿缞服赴熹宗灵堂祭奠一番,然后从一个小盒中取出黄龙绸缎包袱,把熹宗幼年时的胎发、痘痂以及历年剪下的头发、指甲等焚化,痛哭而去。客氏对熹宗复杂的感情,以及从此丧失"老祖太太千岁"权位的某种失落感,一并从哭声中喷发而出。

客氏出宫虽是名正言顺的事情,但对于魏忠贤及其党羽无疑是一大震慑。

因巴结客、魏而成为司礼监掌印太监的王体乾预感到事态之严重,立即于次日向皇上提出辞职。朱由检明白这又是一次试探,不允。王体乾为人柔佞深险,从尚膳监太监升为司礼监秉笔太监;王安辞去司礼监掌印太监一职之后,他急谋于客、魏,获取了这一太监中的最高职位。此后一意附和客、魏,为之效力。按宫中制度,司礼监掌印太监地位在秉笔太监及掌东厂太监之上,但王体乾为了讨好魏忠贤,破例把自己置于魏忠贤之下,因此魏忠贤对他一无所忌。目不识丁的魏忠贤按惯例不得为司礼监太监,因为客氏的作用,被朱由校任命为司礼监秉笔太监兼掌东厂。既然不识字,就无法代皇上"秉笔",一切全由王体乾代劳,做他的"谋主",凡遇票红文书及改票,都出于王体乾之手。朱由检深知此中奥秘,暂不触动王体乾,也就稳住了魏忠贤。

《久抱建祠之愧疏》

然而,对政治十分敏感的大臣们还是嗅出了其中的微妙变化。

九月十四日,由右副都御史调任南京通政使杨所修上疏弹劾魏忠贤的亲信兵部尚书崔呈秀、工部尚书李养德、太仆寺少卿陈殷、延绥巡抚朱童蒙等人。理由是十分冠冕堂皇的,而且与天启朝政治了无关涉。他说,皇上御极,首崇圣母之封,表明以孝治天下。但是近日丁忧的崔呈秀、李养德、陈殷、朱童蒙等人,父母过世,都因先帝夺情而留任,有悖以孝治天下的准则,希望皇上准令他们辞官回籍守制,以明万古纲常。他还指责主持人事工作的吏部尚书周应秋没有恪守职责,负恩宠而愧统均之任。"醉翁之意不在酒,在乎山水之间也。"很明显,杨所修的言外之意是请皇上在以孝治天下的幌子下让崔、李、陈、朱等魏忠贤亲信回家服丧守制，削夺其权力。朱由检何尝不想这样做，只是时机还不成熟。他不但没有接受这一建议，反而下旨斥责杨所修"率意轻诋"。

遭到弹劾的崔呈秀、李养德毕竟心虚，陆续上疏请求辞官回乡守制，皇上下旨慰留，不允所请。被指责为漫无主持的周应秋也上疏请求罢职，皇上也下旨慰留。

这些举措，令老奸巨猾的魏忠贤如堕五里雾中，不知皇上究竟意欲何为。为了试探虚实，他在九月二十五日向皇上乞求停止为他建造生祠的活动。为此，不识字的魏忠贤特地命亲信代他写了一本奏疏呈给皇上。朱由检看了他的《久抱建祠之愧疏》，提笔批复道："以后各处生祠，其欲举未行者，概行停止。"从这些话中揣摩，皇上对魏忠贤的建生祠似乎采取一种既往不咎的态度。其实不然，这不过是权宜之计，账还是要算的，只是时机未到。

建生祠是魏忠贤擅权乱政的一大罪状，是他政治野心的大暴露。祠，也称祠堂，原本是祭祀死去的祖宗或先贤的宇庙。为活着的人建祠称为生祠，是那个专制时代畸形心理的产物，是魏忠贤的党羽为了迎合其漫无底止的政治野心的一种无耻献媚举措。为了某种政治目的，也为了个人的飞黄腾达，一向以饱读儒家经典自诩的官僚们常常会干出令一般百姓目瞪口呆、违背伦理道德的咄咄怪事，建生祠的滚滚热浪便是其中之一。

始作俑者是浙江巡抚潘汝桢。他在天启六年（1626 年）闰六月初二日向朱由校提出："请立魏忠贤生祠，用致祝釐。"朱由校当即批准："据奏，魏忠贤心勤体国，念切恤民，宜从众请，用建生祠。"而且还为生祠赐额曰"普德"，命锦衣卫百户沈尚文等永守祠宇。

此例一开，各地官僚请建生祠者成风。应天巡抚毛一鹭建祠于苏州虎丘，蓟辽总督阎鸣泰建祠于蓟州、密云，宣大总督张朴建祠于宣府、大同，山西巡抚曹尔桢建祠于五台山。不但遍布各地，而且还建到了京城：工部郎中曾国桢建祠于卢沟桥侧，巡视五城御史黄宪卿建祠于宣武门外,顺天府尹李春茂建祠于宣武门内。甚至建到了皇帝祖坟边上:孝陵卫指挥李之才建祠于孝陵前,总督河道薛茂相建祠于凤阳皇陵旁。如此这般,短短一年中一共建造了魏忠贤生祠四十处,建祠之风愈刮愈猛,为魏忠贤歌功颂德的声浪达到了无以复加的地步。无怪乎李逊之说:"疏语皆扬诩赞叹,几同劝进;旨亦骈语相答,称颂惟恐不至。"朱长祚也说:"窃观一刑余之人,而天下贡谀献媚、忍心昧理之徒,翕然附和而尊崇之,称其功如周、召,颂其德如禹、汤,以至遍地立祠,设像而祝釐焉。呜呼,当此岁祲民匮之日,一祠之费,奚啻数万金哉!飞甍连云,巍然独峙于胜境;金碧耀日,俨如无上之王宫。各题其额,则曰:崇德茂勋,普惠报功。两翼其坊,则曰:三朝捧日,一柱擎天。"

更有甚者,不知从哪里冒出来一个无聊文人国子监生陆万龄,居然向皇上提出以魏忠贤配祀孔子,以魏忠贤之父配祀孔子之父,在国子监西侧建魏忠贤生祠。他痴人说梦般地信口胡诌什么魏忠贤芟除东林党犹如孔子之诛少正卯,魏忠贤编《三朝要典》犹如孔子之笔削《春秋》。一个尊奉孔子为大成至圣先师的读书人,恬不知耻地要让文盲阉竖配祀孔子,简直是斯文扫地,辱没先师!居然还博得了一些人的喝彩叫好,可见士风日下、道德沦丧已经到了何等地步!

如果朱由校不死,这种神化魏忠贤的运动不知要发展到何种程度!新帝登极后,魏忠贤不得不有所收敛,不得不提请停止建祠,然而清算的时机还不成熟,朱由检决定暂不置理。

"令崔呈秀归籍守制"

阉党分子当然不会甘心于束手就擒,这场权力斗争涉及每个人的身家性命,他们必定要在这场政治赌博中继续押下赌注。最引人注目的事件便是吏科都给事中陈尔翼的以攻为守、倒打一耙。他在给皇上的奏疏中,抓住前几天杨所修弹劾崔呈秀、周应秋之事大做文章,斥之为"播弄多端,葛藤不断",归结为"东林余孽遍布长安,欲因事生风"。

他请求皇上下令东厂、锦衣卫及五城兵马司严加缉访，企图再度造成恐怖气氛以钳制舆论。这种明目张胆的反扑意在把水搅浑，以党派门户之争的表象来掩饰阉党擅权乱政的真相。

对于这一棘手的政治敏感问题，采取简单反对的方式是无济于事的。朱由检的表态恰到好处，他以表面上不偏不倚，其实是柔中有刚的态度，果断地制止了这一企图。他批示道："群臣流品，经先帝分别澄汰已精。朕初御极，嘉与士大夫臻平康之理，不许揣摩风影，致生枝蔓。"对此，历史学家谈迁有一段十分精彩的评论："甚哉！金人之过虑也。睨见将销，兔窟欲避，遂以缇校钳结将来之口……（新主）幸未中其说，薄示优容，彼辈益自以为得计矣。"

所谓"薄示优容"，是朱由检在驳斥了陈尔翼缉拿"东林余孽"的主张的同时，嘉奖魏忠贤、王体乾赞襄登极典礼之功，给他们的亲属荫锦衣卫都指挥佥事；几天后又以表彰东江战功之机，再次嘉奖魏、王等太监及兵部尚书崔呈秀，给他们的亲属荫锦衣卫指挥同知。

陈尔翼的以攻为守策略无法奏效，另一个阉党分子、云南道御史杨维垣施出了丢车保帅之计。十月十三日杨维垣上疏弹劾兵部尚书兼左都御史崔呈秀，力图把人们对阉党专政的不满情绪全部转移到崔呈秀身上。他指责崔呈秀"立志卑污，居身秽浊"，"指缺议价，悬秤卖官"。并且特别提及大行皇帝崩逝次日，百官入宫朝谒新皇上，忽听得隆道阁前有几名宦官大声招呼："兵部尚书崔家来！"闻者莫不惊愕于何以只招呼崔呈秀一人——"天下事岂呈秀一人所可私语耶？"不过杨维垣在奏疏中只字不提魏忠贤的罪状，反而为他评功摆好："先帝信任厂臣甚专，而厂臣亦孜孜竭力，任怨任劳，以图报称，此其所长也。独是误听呈秀一节，是其所短。"似乎魏忠贤唯一的过错就在于"误听呈秀"，以致造成"内谀厂臣，外擅朝政"的结局。

朱由检佯作不知，甚至连"车"都不让丢，下旨谴责杨维垣"率意轻诋"，对崔呈秀不予追究。

十月十八日,杨维垣再次上疏,弹劾崔呈秀"通内",基调依然是五天前的丢车保帅,不过这次的重点在美化魏忠贤,称"不知者谓呈秀于厂臣为功首,于名教为罪魁。臣谓呈秀毫无益于厂臣,而且若为厂臣累。盖厂臣公而呈秀私,厂臣不爱钱而呈秀贪;厂臣尚知为国为民,而呈秀惟知恃权纳贿"云云。

崔呈秀的罪状已暴露无遗,作为第一步,斩断魏忠贤的左右手是极其必要的。于是朱由检下旨:"令静听处分。"经过两天的周密思考,朱由检终于作出了惩处阉党的第一个重要决定:免除崔呈秀兵部尚书、都察院左都御史两项职务,令其归籍守制。

倒魏舆论逐步升级

魏忠贤手下掌握实权的崔呈秀一去,官员们敏锐地察觉到皇上铲除阉党的决心已初露端倪,朝廷上下强烈震动,掀起了揭发魏忠贤罪状的高潮。

十月二十二日,工部主事陆澄源首先上疏弹劾魏忠贤,指责魏忠贤"宠逾开国,爵列三等,锦衣遍宗亲,京堂滥乳臭";"先帝圣不自圣,诏旨批答必归功厂臣,而厂臣居之不疑。外廷奏疏不敢明书忠贤姓名,尽废君前臣名之礼。至祝釐遍于海内,奔走狂于域中,誉之以皋、夔,尊之以周、孔"。言辞虽不激烈,但句句足以定魏忠贤之死罪。朱由检并没有立即表态,等候着倒魏舆论的逐步升级。

十月二十四日,兵部主事钱元悫上疏,直截了当地指出:"呈秀之敢于贪横无忌者,皆借忠贤之权势。呈秀虽去,忠贤犹在,臣窃以为根株未净也。"他直言无忌地把"出身微细,目不识丁"的魏忠贤斥之为历史上臭名昭著的野心家王莽、董卓、赵高之流,威权所在,群小蚁附,称功颂德,布满天下。这个钱元悫虽非言官却锋芒毕露,对皇上迟迟不惩处魏忠贤表示了明显的不满,借口外廷议论猜度,批评皇上"恐割股伤肌,徐图而未发","念先帝付托之恩,欲曲全其所信"。这是一种激将法,意

22

欲刺激皇上从速处置魏忠贤。不过这种猜度没有点到要害,所以朱由检并不激怒,不置可否。

十月二十五日,刑部员外郎史躬盛上疏列举魏忠贤的罪状:

——举天下之廉耻澌灭尽;

——举天下之元气剥削尽;

——举天下之官方紊乱尽;

——举天下之生灵鱼肉尽;

——举天下之物力消耗尽。

朱由检依然没有表态。魏忠贤错误估计了形势,以为皇上真的念及先帝的托付,不敢对他下手,愤愤然跑到皇上那里哭诉一番。皇上还是不动声色。

十月二十六日,海盐县贡生钱嘉徵上疏揭发魏忠贤十大罪状:并帝、蔑后、弄兵、无二祖列宗、克剥藩封、无圣、滥爵、掩边功、朘民、通同关节。这道奏疏虽出于无名之辈,写得却极深刻,行文纵横恣睢、鞭辟入里。朱由检阅后击节赞赏,当即召见魏忠贤,命他听内侍朗读。内侍以尖细的嗓音读道:

曰并帝。封章必先关白,至颂功德,上配先帝。及奉谕旨,必云"朕与厂臣",从来有此奏体乎?

曰蔑后。皇亲张国纪未罹不赦之条,先帝令忠贤宣皇后,灭旨不传,致皇后御前面折逆奸,遂罗织皇亲,欲致之死。赖先帝神明,祇膺薄惩,不然,中宫几危。

曰弄兵。祖宗朝不闻内操,忠贤外胁臣工,内逼宫闱,操刀剧刃,炮石雷击。

曰无二祖列宗。高皇帝垂训,中涓不许干预朝政。乃忠贤一手障天,伏马辄斥,蛊毒缙绅,蔓连士类,凡钱谷衙门、边腹重地、漕运咽喉,多置腹心,意欲何为?

......

　　每一句话都直刺魏忠贤的要害,令他震恐丧魄。从皇上那里告辞出来后,急忙去找他的赌友、先前的信王府太监徐应元,商量对策。这个不可一世的大人物,此时低声下气地与徐应元称兄道弟,馈以珍宝,希望他帮忙从中斡旋。徐应元替魏忠贤出了一个主意:辞去总督东厂太监之职,暂避锋芒。于是,十月二十七日魏忠贤便向皇上提出了辞呈。

"去恶务尽"

　　朱由检对这几天接二连三的弹劾魏忠贤的奏疏一概不予表态,乃是一种引而不发的策略,迫使忐忑不安的魏忠贤自己先表态。果然不出所料,魏阉按捺不住,向皇上提出"引疾辞爵"。这其实是魏阉的一种政治姿态,原以为皇上会下旨挽留,万万没有料到皇上会顺水推舟,立即照准,下旨:"许太监魏忠贤引疾辞爵。"事后,朱由检得知这是他身边的太监徐应元出的点子,一面斥责徐应元,把他贬到显陵当差;一面以迅雷不及掩耳之势在十一月初一日作出了勒令魏忠贤到凤阳祖陵司香(到凤阳去看管开国皇帝朱元璋的祖坟)的决定,粉碎了魏阉企图继续留在宫中徐图进取的幻想。

　　朱由检下了一道以"去恶务尽"为宗旨的谕旨,终于让长期郁积心头的愤恨之情倾泻而出。当他还在信王府时,唯恐不为忠贤所容,深自韬晦,常称病不朝;进入宫中,又担心为忠贤所害;及至登极,还不得不佯装继续优容的样子。难道他不想倒魏吗?非不为也,是不能也。今日时机成熟了。他在谕旨中写道:

　　　　朕览诸臣屡列逆恶魏忠贤罪状,具已洞悉。窃思先帝以左右微劳,稍假恩宠,忠贤不报国酬遇,专逞私植党,盗弄国柄,擅作威福,难以枚举……朕思忠贤等不止窥攘名器,紊乱刑章,将我祖宗蓄积贮库传国奇珍异宝金银等朋比侵盗几空。本当寸磔,念梓宫(先帝棺材)在殡,姑置凤阳。(客、魏)二犯家产籍没入官,其冒滥宗戚俱烟瘴永戍。

按魏忠贤的罪状是死有余辜的,念在先帝殡丧期间不宜开杀戒,始从宽发落。对于魏忠贤而言,虽免一死,但实际在政治上判处了死刑。与此同时,朱由检又给部院各衙门发去了敕文,表明了他要促成"维新之治"的决心,对遭到客、魏迫害的人士,应褒赠的即予褒赠,应荫恤的即予荫恤,应复官的即予复官,应起用的即予起用,应开释的即予开释。并且下令,拆毁所有魏忠贤生祠,折价变卖资助边饷。

江山易改,秉性难移。魏忠贤这个政治暴发户在贬往凤阳的途中还要摆出威风凛凛的架势,俨然昔日九千岁模样。据说他出京时,前呼后拥的卫队、随从达千人之多,都是他平日豢养的私家武士,身佩兵器,押着满载金银珠宝的四十辆大车,呼啸而去,给人以意气扬扬、雄心未已的印象。

这一消息传入宫中,激怒了朱由检,他立即给兵部发去一道谕旨:"逆恶魏忠贤,本当肆市以雪众冤,始从轻降发凤阳。岂巨恶不思自改,辄敢将畜亡命,自带凶刃,环拥随护,势若叛然。朕心甚恶,着锦衣卫即差的当官旗前去扭解,押赴彼处交割明白,所有跟随群奸即擒拿具奏,勿得纵容。"

魏忠贤悬梁自尽

且说魏忠贤经由良乡、涿州、新城、雄县、任丘、河间、献县,于十一月初六日抵达阜城县南关,找了个旅舍宿夜。获悉皇上已派官旗出京前来扭解,知道必死无疑,顿时惊慌失措,长叹僵卧,半夜起身,随解所携之带,悬梁自尽。他的贴身太监李朝钦梦中惊起,自缢殉葬。隔了几个时辰,家丁六十儿听不到房中动静,开门一看,二人都已气绝。随从们急报知县衙门,远近为之震动,看热闹的人拥挤杂沓,四十辆车的行李大多在混乱中散失,随从人员也逃亡一空。

据说,魏忠贤自缢的那晚,旅舍外有京师来的白姓书生在唱一首《挂枝儿》小曲,为他催命:

听初更,鼓正敲,心儿懊恼。想当初,开夜宴,何等奢豪。进羊羔,斟美酒,笙歌聒噪。如今寂寥荒店里,只好醉村醪。又怕酒淡愁浓也,怎把愁肠扫?

二更时,展转愁,梦儿难就。想当初,睡牙床,锦绣衾裯。如今芦为帷,土为炕,寒风入牖。壁穿寒月冷,檐浅夜蛩愁。可怜满枕凄凉也,重起绕房走。

夜将中,鼓冬冬,更锣三下。梦才成,还惊觉,无限嗟呀。想当初,势倾朝,谁人不敬?九卿称晚辈,宰相谒私衙。如今势去时衰也,零落如飘草。

城楼上,鼓四敲,星移斗转。思量起,当日里,蟒玉朝天。如今别龙楼,辞凤阁,凄凄孤馆。鸡声茅店月,月影草桥烟。真个目断长途也,一望一回远。

闹攘攘,人催起,五更天气。正寒冷,风凛冽,霜拂征衣。更何人,效殷勤,寒温彼此。随行的是寒月影,吆喝的是马声嘶。似这般荒凉也,真个不如死!

计六奇在记录了这首《挂枝儿》后,评述道:"时白某在外厢唱彻五更,形其昔时豪势、今日凄凉,言言讥刺。忠贤闻之,益凄闷,遂与李朝钦缢死。"

奉命前往扭解的锦衣卫千户吴国安赶到阜城县时,魏忠贤已一命呜呼,他立即把此事上报朝廷。朱由检接报后批示:"逆恶魏忠贤及李朝钦缢死既真,该县相视明白,始与掩埋。其行李解河间府,同籍没家产一并具奏。随押内官唐昇,着解来司礼监究问。家人六十儿、店主、骡夫审无别情,即与释放。"保定巡抚张凤翼因负地方之责,前往实地察看后也呈报了详情,朱由检批示:"魏忠贤、李朝钦缢死既真,始着相埋。其行李,该地方官公同查点,与他见搜赃物进奏。"

魏忠贤这个河间府肃宁县的市井无赖,荣耀了一阵之后,居然死在老家南面数十里的同一府的阜城县,是他自己始料不及的。万历十七年(1589年)自阉后被选入宫,在司礼监秉笔兼掌东厂太监孙暹名下谋一差事,混到了神宗的长孙(朱由校)生母王才人身边典膳太监之职,谄媚于颇有权势的太监魏朝,由魏朝介绍给了司礼监太监王安,进而巴结上朱由校的乳母客氏。

此人虽目不识丁,但形体丰伟,言辞佞利,性狡诈而有胆气,歌曲弦索、弹棋蹴鞠,事事胜人一筹。无论大小贵贱人等,都虚衷结好,凡做一事都以博得众人称好为目的。他长期随侍朱由校,服劳善事,小心翼翼,深得喜爱。于是由校身边内有客氏保护起居,旦夕不相离;外有忠贤曲意逢迎,巧会旨趣。朱由校登极后,他轻而易举地把持了朝政,声势日趋显赫,一般无耻大臣不敢直呼其名,或云厂臣,或云上公、尚公,或云殿爷、祖爷、老祖爷,或云千岁、九千岁。仿佛是正德年间大太监刘瑾的再现,当时北京城内街谈巷语都说有两个皇帝:"一个坐皇帝,一个立皇帝;一个朱皇帝,一个刘皇帝。"其实魏忠贤与刘瑾相比,有过之而无不及。要和这种人较量,并不是每个人都能稳操胜券的。在与魏忠贤的较量中,朱由检显示了独具的胆识、魄力和韬略。

明末清初的知名人士夏允彝对此有极为精当的评论:"烈皇帝不动声色逐元凶处奸党,宗社再安,旁无一人之助,而神明自运。"同时代的历史学家谈迁对此击节赞叹:"逆阉在于肘腋,若急霆迅雷以处之,事或叵测。惟探骊如睡,市虎不惊,彼志渐安,疑忌稍泯,思长保郿坞,当不失为富家翁。始出之外宅,寻置中都(凤阳),纡徐容与,然后司寇操三尺以律之。"文秉也有类似不俗的看法:"上既登极,所以优容客、魏者,一如熹庙。而信邸承奉,尽易以新衔,入内供事。后将李朝钦、裴有

27

声、王秉恭、吴光成、谭敬、裴芳等,次第准其乞休,逆贤翼羽,翦除一空,复散遣内丁,方始谪逐逆贤。肘腋巨奸,不动声色,潜移默夺,非天纵英武,何以有此!"

即位还不到三个月,朱由检就如此干净利落地除掉了魏忠贤这个大害,确实不同凡响。在这里,勇气胆略比权谋显得更为重要。

三、定阉党逆案,毁《三朝要典》

为维新之治扫清道路

魏忠贤一死,引起政局的极大震动,阉党的土崩瓦解是指日可待的。魏阉是一个精通权谋术数的宵小之徒,得势后倾全力结党拉派,经营自己的小山头。正如《明史·魏忠贤传》所说:"当此之时,内外大权一归忠贤。内竖(宦官)自王体乾等外,又有李朝钦、王朝辅、孙进、王国泰、梁栋等三十余人,为左右拥护。外廷文臣则崔呈秀、田吉、吴淳夫、李夔龙、倪文焕主谋议,号'五虎';武臣则田尔耕、许显纯、孙云鹤、杨寰、崔应元主杀戮,号'五彪'。又吏部尚书周应秋、太仆少卿曹钦程等,号'十狗'。又有'十孩儿'、'四十孙'之号。而为呈秀辈门下者,又不可数计。自内阁、六部至四方总督、巡抚,遍置死党。"已成盘根错节之势,不连根铲除、彻底清算,势必贻留后患。对于这一层,朱由检是有充分估计的,他决定进行一场政治大清算,为维新之治扫清道路;其他事务可以暂缓,唯独这件事必须趁热打铁,穷追不舍。

长期以来言路被魏阉钳制,不少负有监督纠弹责任的给事中、御史慑于其淫威,卖身投靠,要仰赖这些言官去清算阉党是不可能的。朱由检考虑到这一点,特地下了考选令,先后任命曹师稷、颜继祖、宗鸣梧、瞿式耜、钟炌等人为给事中,吴焕、叶成章、任赞化等人为御史,希望他们以纠弹阉党为职责,使朝政渐趋清明。此端一开,那些受蒙蔽的言官也多反戈一击,终于形成了从天启七年十一月至崇祯二年三月持续一年多的政治清算风潮。

第一步,必须对畏罪自杀的魏忠贤以及已遭贬斥的崔呈秀、客氏之流,声讨罪状,明正典刑,为清算其党羽造成舆论。

首当其冲的是号称魏忠贤"五虎"之首的崔呈秀("五虎",崔呈秀之外还有工部尚书吴淳夫、兵部尚书田吉、太常寺卿倪文焕、副都御史李夔龙)。朱由校驾崩后,群臣入宫行哭临礼,魏单独召见崔,屏退左右窃窃私语多时,两人究竟说了些什么,秘而不宣。据传闻,魏欲自篡,崔"以时未可而止之"。可见两人的关系非同一般,无怪乎杨维垣要抛崔保魏了。不曾料到,魏竟死在崔之前,崔的下场不妙是显而易见的。

十一月初九日,户部员外郎王守履上疏,揭发崔呈秀可杀之罪状,诸如:借口铸钱,毁太常寺所藏历代钟鼎彝器;先帝大渐时,假传圣旨,摇身一变而为兵部尚书兼左都御史等。总之是招权纳贿,诸恶备极,不杀不足以平民愤。朱由检批示:"呈秀罪状明悉,先行削籍,俟会勘定夺。"

罢官回到蓟州老家的崔呈秀获悉皇上已命三法司(刑部、都察院、大理寺)对他会勘定夺,自知难逃一死,不如自寻了断。十一月十一日他在家中与宠妾萧灵犀等人一起,摆了一桌豪奢的"送终宴",放肆痛饮,然后把巧取豪夺来的珍异酒器摔得粉碎。这个为虎作伥的无耻之徒,带着对荣华富贵的无限依恋之情,步魏忠贤的后尘,上吊而死。

朱由检立即下令籍没崔呈秀家产。奉命查抄家产的直隶巡抚几天后上报查抄结果,共得银七万余两,金三百余两,箱柜三百余件,书籍十七号,房二十六所四千余间,田地三百余顷。显然,崔呈秀事先早已把财产转移隐匿,被籍没的还不到十分之一。

不久,廷议崔呈秀罪状,朱由检批示:"呈秀负国忘亲,通同擅权,虽死尚有余辜,法司其按律暴其罪。"

客氏也在劫难逃。就在崔贼畏罪自杀后六天的十一月十七日,太监王文政奉命把客氏从私宅押赴宫内浣衣局,严刑审讯。客氏招供:宫女八人怀孕,原来是她私自携带入宫的侍媵,妄图效法古时吕不韦故事,觊觎皇位。招供后,她立时被笞死,其子侯国兴被逮入锦衣卫诏狱。几天后,侯国兴与魏良卿同时被处死,客氏兄侄客光先、客璠等遣戍边地。

十二月二十一日,刑部、都察院、大理寺呈上魏忠贤及客氏罪状。朱由检阅后,在批示中明确提出两点意见:

第一,"忠贤串通客氏,恣威擅权,逼死裕妃、冯贵人,矫旨革夺成妃名号,惨毒异常,神人共愤。其戕害缙绅、盗匿珍宝,未易枚举。皆由崔呈秀表里为奸,包藏祸心,谋为不轨","元凶客氏、魏忠贤、崔呈秀,早定爰书"。

第二,"五虎李夔龙等升权骤擢,机锋势焰,赫奕逼人。五彪田尔耕等,受指怙威,杀人草菅,幽圄累囚,沉狱莫白","俱照各官前后所劾,着法司并行依律拟罪,以伸国法"。

主持此事的刑部尚书苏茂相、都察院左都御史曹思诚、大理寺左少卿姚士慎三人,长期追随魏阉,趋炎附势,自身并不干净,故意拖拉敷衍。皇上明言要"早定爰书",他们拖延了一个月,迟至崇祯元年(1628年)正月二十五日才把魏、客的爰书呈上,而崔的爰书仍付阙如。看得出来,朱由检是不太满意的,于是他以谕旨的形式再次重申他对魏、客、崔罪状的看法:"逆恶忠贤,扫除厮役,凭借宠灵,睥睨宫闱,荼毒善良,非开国而安分茅土,逼至尊而自命尚公。盗帑弄兵,阴谋不轨,串同逆妇客氏,传递声息,把持内外。崔呈秀委身奸阉,无君无亲,明攘威福之权,大开缙绅之祸。无将之诛,国有常刑。"然后,他果断下令:将魏忠贤于河间府戮尸凌迟,崔呈秀尸于蓟州斩首,客氏尸亦着斩首示众。用开棺戮尸的极刑来震慑阉党分子,并且宣布把魏忠贤、客氏的爰书刊布中外,以为奸恶乱政之戒。

清查阉党逆案

在以最为严厉的方式惩处魏、客、崔三犯之后,作为第二步——清查阉党逆案,便提上了议事日程。

早在天启七年十一月六日,上林苑典簿樊维城就上疏指出:魏忠贤专擅多年,羽翼牢固,比往昔的权阉曹吉祥、刘瑾更胜一筹,手下的帮凶如崔呈秀者不止一人。几天后,樊维城再次上疏,更加深入地谈到魏忠贤党羽亟待惩处之事。他说,魏忠贤的党羽如"五虎""五彪"之类,崔呈秀以下还有田吉、田尔耕、吴淳夫、孙云鹤、许显纯、张体乾等,个个都是应该杀头抄家的,若仅仅是罢官,只不过是碰了一下毛发而已。

此后,都察院司务许九皋上疏揭发魏忠贤的打手、锦衣卫左都督田尔耕鲸吞霸产,残害生民,侵占故相住宅,擅毁圣旨御碑。朱由检降旨将田尔耕削籍,抄没家产。户科给事中李觉上疏指出,魏忠贤的"十孩儿""五虎"之流的罪恶,远比魏、客、崔的家属(弟侄)为甚,应置之重典,不该让他们扬扬而归。朱由检批示,令三法司一并议奏。

如此这般零敲碎打显然无济于事。十二月二十三日,朱由检正式宣布:命内阁及部院大臣定阉党逆案。所谓定阉党逆案,就是对形形色色的阉党分子作一次普查,根据罪状作出惩处结论。这是彻底清算、除恶务尽的一项重大举措。当务之急是先把"五虎""五彪"下法司议罪。三法司审议的结果:吴淳夫、倪文焕当削秩夺诰命,田吉、李夔龙当革职,田尔耕、许显纯当逮论,杨寰、孙云鹤、崔应元等当削籍。这显然是三法司官员有意包庇纵容,阉党的"五虎""五彪"罪恶滔天,竟如此从轻发落,那么其他阉党分子还从何谈起!朱由检大为不满,以为惩处太轻,没有尽法,下旨再拟。

当时主持此事的刑部尚书苏茂相、都察院左都御史曹思诚、大理寺署事少卿姚士慎,都与阉党有着千丝万缕的联系,所谓"香火情深",因此对"五虎""五彪"之流曲加护持,说穿了,其目的是降低逆案的规格,以保全自己。奉旨再拟,依然阳奉阴违。结果,吴淳夫、李夔龙、田吉、倪文焕四人引"职官受财枉法"律,发边卫充军,并由各原籍抚按官追赃:倪文焕五千两(白银),吴淳夫三千两(白银),李夔龙、田吉各一千两(白银)。田尔耕、许显纯引"职官故勘平人因而致死"律,判处斩监候;崔应元、杨寰、孙云鹤引"同僚知情共勘"律,减等杖一百、流三千里、发边卫充军。很明显,三法司对阉党的这些骨干分子依然是从轻发落。此谳一定,舆论大为不平。这种不正常情况,只有在清查工作逐步深入之后才有可能改变。

在"五虎""五彪"受到引人注目的追究的同时,清查阉党逆案的罗网逐渐撒开,那些当年卖身求荣、为虎作伥的显要人物陆续被揭发出来。

工科给事中祖重晔上疏弹劾原任内阁辅臣顾秉谦。此人天启元年(1621年)晋升为礼部尚书、掌詹事府事。魏忠贤为了扩大权势,图谋与外廷大臣勾结,顾秉谦与魏广微率先谄附,二人遂由此以东阁大学士入参机务。顾秉谦为人庸劣无耻,魏广微则阴险狡猾,二人助纣为虐,曲奉魏忠贤如奴仆。从天启四年十二月至六年九月,顾秉谦担任内阁首辅,凡陷害忠良的谕旨都出于他的票拟,臭名昭著的《三朝要典》也由他任总裁,并代朱由校拟写了御制序。天启七年(1627年)他致仕回到昆山老家。此时祖重晔揭发他为了交结魏忠贤,献媚图宠,居然捻白须甘愿呼儿认孙,官箴尽裂,廉耻已亡。朱由检考虑到他早已致仕,暂不追究,要紧的是仍在台上的实权人物。

江西道御史张铃上疏对天启朝官风的不正进行了有力的抨击。他指出,官僚队伍随着魏阉气焰日炽日昌而风气愈趋愈下,附和唯恐不及,手法也日新月异:

有显而附之者,如建生祠之类;

有隐而附之者,如青衣行礼高呼九千岁之类;

有直而附之者,如动辄称功颂德之类;

有曲而附之者,如结魏良卿为兄弟,认崔呈秀为义父之类;

有拙而附之者,如以珠宝讨好之类;

有巧而附之者,如以搜括钱财为公忠,以迫害忠良为精明,忠贤意所欲去则代为驱除,意所为用则代为荐拔之类;

有先参而后附和者,起初迫于公论,后则露其本色,或原先甘为小人随声附和,今见魏阉势衰则冒为君子以护身。

种种情态,备极丑污。他特别指名揭露了刘志选、杨梦衮、李养德、朱童蒙等人的罪行。

山西道御史高弘图接连三次上疏,反复强调:"五虎""五彪"之流对于魏忠贤,不过是杀人媚人、遗千秋之臭名而已,真正倾危社稷、动摇宫闱、争做反叛之羽翼的是刘诏、刘志选、梁梦环三贼,其罪过于虎彪,应依律议处。

天启初年,刘志选年已七十余,还嗜于钻营,因追论红丸案被魏忠贤看中,召为尚宝少卿,又升为顺天府丞。魏忠贤借打击国丈张国纪以动摇皇后张氏,图谋立魏良卿女为后。刘志选附和唯恐不及,上疏弹劾张国纪,散布种种流言。梁梦环历官御史,父事忠贤,狱杀杨涟。刘志选弹劾张国纪,魏忠贤意未逞,梁梦环获悉后驰疏极论张国纪,企图再次动摇中宫。刘诏以总督蓟辽保定军务进兵部尚书,嗜利无耻,父事忠贤,为之建立四处生祠,迎忠贤像五拜三稽首,呼九千岁。朱由校病危时,刘诏整兵三千,以崔呈秀亲信为将领,直入都门,居心叵测。

山西道御史刘重庆上疏揭发魏忠贤的亲信太监李永贞、刘若愚、李实。李永贞以粗通文墨之秀才自阉入宫,凡魏所欲作之恶及未竟之毒,必先意以奉迎,或后事以促成。刘若愚作为李永贞之帮凶,为了陷害忠良,律所不载可以发明,例所未有可以创造。李实作为苏杭织造太监,诬劾周起元、周顺昌等人。若不立即刑之西市,恐诸臣必不瞑目于地下。朱由检下旨,令法司拟罪。不久又命将许显纯与李实、李永贞、刘若愚一并下刑部提审正法。

这一案件的审理过程中,有一个小插曲颇耐人寻味,从中可以看出朱由检不仅要除恶务尽,而且要尽可能公平执法、不随意冤枉无辜的细致作风。

事情是这样的：周起元等人被逮捕，起因于李实上疏诬劾，御史刘重庆上疏揭发，李实不服，答辩道：上疏的奏本系空印纸，乃魏忠贤逼取，由李永贞填写而成。朱由检查验了奏本，果然是墨在朱印之上。于是，他特地召见群臣，向署理部务的刑部侍郎丁启睿问道："李实一案，有疑惑无疑惑？有暧昧无暧昧？"丁启睿答："奉旨九卿科道会问过，据实回奏。"朱由检问："李实何以当决不待时？"丁启睿答："李实与李永贞构杀七命，不刑自招。"朱由检说："岂有不刑自招之理！"便转问吏部尚书王永光，王永光说："李实初不肯承（认），及用刑，然后承认。"朱由检说："重刑之下，何求不得！李实为魏忠贤追取印信空本，令李永贞填写，如何含糊定罪？"丁启睿一听此言，自知理屈，便推托道："威福出于朝廷，一凭圣裁。"朱由检借此事发挥道："持法要平，朕岂为李实？尔'五虎''五彪'缘何不问他决不待时？"以后再次召对时，朱由检特地把李实原疏出示给阁臣，说："卿等可详观之，看是朱在墨上、墨在朱上？"诸阁臣详阅良久，都说果然是墨在朱上。朱由检说："可见是空头本！"然后又叫九卿科道传阅，所见略同。既然没有异议，朱由检便命阁臣改拟谕旨：李永贞决不可待时，刘若愚次一等，李实又次一等。李永贞被处死后，刘若愚、李实获释。刘若愚幽囚时痛己之冤，而恨王体乾、涂文辅辈之得漏网，作《酌中志》一书以自明，为后人留下了万历、天启间宫中政事的可贵记录。这一事件显示了朱由检在定阉党逆案时，除了大刀阔斧的一面之外，还有细致绵密的另一面。

销毁《三朝要典》

清查阉党逆案的斗争在朱由检的部署下逐渐向纵深进展。作为第三步，必然要涉及《三朝要典》一书。

《三朝要典》是魏忠贤得势后，为迫害忠良、擅权乱政而作的。此书重新评判万历、泰昌、天启三朝发生的梃击、红丸、移宫三案，编造了种种诬陷不实之词。因为在这三案中受到非议的人,现时大多投奔到魏忠贤门下,他们竭力想翻案,以洗刷污点,同时要借移宫案惩处当时主持此事的杨涟、左光斗、惠世扬、周朝瑞、周嘉谟、高攀龙等正直人士。首先由御史杨维垣出马,推翻梃击案的结论,导致当年主持此案审查、现任刑部侍郎的王之寀革职为民。而后由给事中霍维华全盘推翻梃击、红丸、移宫三案的结论。霍维华的奏疏洋洋洒洒几千字,攻击了刘一燝、韩爌、孙慎行、张问达、周嘉谟、王之寀、杨涟、左光斗、周朝瑞、袁化中、魏大中、顾大章等人。因此当时人们评论说:"此疏乃一部三朝要典也。"那意思是说,霍维华的奏疏实际是《三朝要典》的雏形。无怪乎魏忠贤看了要大声喝彩:"这本条议一字不差!"在魏忠贤的授意下,于天启六年(1626年)正月开馆纂修,经过几个月的炮制,二十四卷的《三朝要典》出笼了。参与总裁此书的有内阁辅臣顾秉谦、李绍轼、黄立极、冯铨,副总裁有礼部侍郎施凤来、杨景辰、詹事姜逢元等。内阁首辅顾秉谦代朱由校拟写的御制序冠于其首,企图以这种钦定的方式来钳制天下舆论。

如何看待先帝钦定的这部著作,这在当时无疑是敏感的政治问题。就其内容而言,这部书与当前政治形势已格格不入,必须予以否定;然而要否定它,又碍于先帝的御制序,谈何容易!如果绕开它,或者搁而不议,那么清查阉党逆案势必虎头蛇尾,不了了之。

崇祯元年(1628年)三月,新授南京兵部武选司主事别如纶首先触及这一问题。他指出,皇上登极后,霾雾全消,但是非未定,这就是《三朝要典》。《三朝要典》中指为奸邪而斥逐的,都是皇上许恤、许谥、许为理学节义之人,如果仍要执要典为信史,还有是非可言吗?许显纯之流当日受魏忠贤指使,迫害杨涟、左光斗等人的所谓供词都载在要典,难道不应删削吗?崔呈秀已籍家戮尸,他写的一篇疏文赫然列于要典篇末,难道还要保存,而与皇上圣意相悖吗?因此,他请求皇上对《三朝要典》的是非重新加以判定。

也许由于别如纶对《三朝要典》的批判没有抓到要害,也许由于朱由检对此缺乏足够的思想准备,他没有同意这一请求。他批示道:"《要典》纂修虽在逆党窃柄之年,实天启前事,史臣如曾楚卿等被逐几尽,书成绝不加恩。书中人品不同,议论各异。孔子云:不以言举人,不以人废言。朕仰承谟烈,俯察品流,存是书以定君臣父子之衡,虚其心以画用舍进退之法,本自画一,有何矛盾? 别如纶妄言,姑不问。"因为别如纶在奏疏中强调了《三朝要典》的纂修史臣"断案",多与皇上圣意矛盾,把朱由检置于与朱由校矛盾的境地,他很不高兴,反诘道:"有何矛盾?"其实矛盾是存在的,只是朱由检不喜欢过于张扬。

　　事隔一月,翰林院侍读倪元璐再次上疏提及此事,并且把别如纶删裁《三朝要典》的意见升格为销毁《三朝要典》。这一回,朱由检却毫无反感地欣然同意。关键就在于倪元璐的分析恰到好处。他在题为《公议自存私书当毁》的奏疏中以寥寥数语点破了《三朝要典》的政治目的:"杨涟(弹劾魏忠贤)二十四罪之疏发,魏广微此辈门户之说兴,于是逆珰杀人则借三案,群小求富贵则借三案。经此二借,而三案之面目全非矣。"这实在是令人佩服的深刻剖析:表面上是修史,实质上是借歪曲历史来镇压反对派。中国历来有借古讽今的传统,想不到魏忠贤竟可以借史杀人,宵小之徒竟可以借史升官,经此"二借",历史变得面目全非了。基于这种分析,倪元璐说:"由此而观,三案者,天下之公议;《要典》者,魏氏之私书。改亦多事,惟有毁之而已。逆党之遗迹一日不灭,则公正之愤千年不释!"他在列举了四条应当销毁的理由后,向皇上建议:立即将《三朝要典》锓版毁焚,仍命阁臣开馆纂修《天启实录》,捐化成心,编纂信史。

　　朱由检看了这道奏疏,改变了先前的看法,与倪元璐颇有同感,本拟立即同意倪元璐的建议。然而,内阁辅臣来宗道代皇上票拟的谕旨却这么写道:"这所请关系重大,着礼部会同史馆诸臣详议具奏。"朱由检看了很不满意,便在下面补写了"听朕独断行"五字。这五个字透露出他对阁臣暧昧态度的反感,表明了一切得由他说了算数,其他人不得在这件事上说三道四。

这个来宗道,当时人戏称为"清客宰相",与魏忠贤、崔呈秀关系非同一般,所以对倪元璐抨击魏、崔不以为然,讥笑说:"渠何事多言?词林故事,止香茗耳。"在他看来,翰林院的词臣不过是喝茶清谈的闲职,何必要来惹是生非!仅此一例亦足以说明当时定阉党逆案,来自内外的各种阻力实在是不小的。

礼部会同史馆诸臣详议,大多倾向于《三朝要典》拟毁。翰林院侍讲孙之獬仿佛感受到了灭顶之灾,跑到内阁力争不可毁,说罢号啕大哭,声彻内外。继而又写了一道奏疏,再三强调《三朝要典》不可毁的理由。御史吴焕上疏驳斥,抓住孙之獬说《三朝要典》不可毁的主要依据——熹宗的御制序岂可投之于火,批驳"这是以御制二字压皇上不敢动";又对孙之獬所说"皇上同枝继立,非有胜国之扫除,何必如此忍心狠手?于祖考则失孝,于熹庙则失友"的论点,给予层层批驳。他认为这是功罪不明,邪正颠倒,所以辩言乱政,邪说横行,请皇上速将孙之獬革职。来宗道接到吴焕的奏疏后,又竭力调护孙之獬,代皇上票拟一旨说:"孙之獬已经回籍,词林闲局,不必过求。"兵部尚书霍维华当年是翻三案的急先锋,受魏阉赏识后步步高升,如今生怕连累及己,上疏言《三朝要典》稍加删正即可,不必销毁。由此可见,如不销毁《三朝要典》,势必为阉党余孽留下回旋余地,后患难以估量。

经过充分的舆论准备,朱由检不顾涉及熹宗御制序,不顾"忍心狠手"之讥,于五月初十日毅然决定销毁《三朝要典》。他说:"朕惟皇祖皇考泊于熹皇,止慈止孝,炳若日星,载之实录,自足光照盛美。乃复增《三朝要典》一书,原不能于已明之纲常复加扬阐,徒尔刻深傅会,偏驳不伦,朕无取焉。可将皇史宬内原藏一部取出毁之,仍传示天下各处官府学宫所有书板,尽毁不行。自今而后,官方不以此书定臧否,人材不以此书定进退。"真是快刀斩乱麻,痛快淋漓,毫不拖泥带水。这就是他先前所说的"听朕独断行"的结论,不但明确宣布销毁《三朝要典》,而且郑重申明,今后不得以此书的论调对人才定臧否进退。他并不因为书前有先帝的御制序便讳莫如深,缩手缩脚。倘若凡是先帝作出的决定都不可推翻,那么定阉党逆案,推行新政,根本无从谈起。这种不拘泥于一时一事毁誉的雷厉风行作风,显示了一个成熟政治家的内在气质。

"天下不患有真小人,而患有伪君子"

在朱由检的大力策动下,清查逐步引向深入,一些善于变色的两面派,以及隐藏较深的人物,陆续被揭发出来。杨维垣、霍维华之流千方百计地为自己"弥缝",企图蒙混过关。杨维垣首先演出了"丢车保帅"的把戏,霍维华则摇身一变,仍以兵部尚书协理戎政,企图以行边督师暂避锋芒。此时,两人先后被人们揭发。

先是贵州道试御史任赞化上疏指出,"天下不患有真小人,而患有伪君子"。伪君子是谁?就是改头换面的杨维垣!杨维垣原本与崔呈秀是一丘之貉,之所以攻崔,是因为"见势之将败,而翻身于局外",妄想"借击崔之名立身于风波不到之地"。对于杨维垣这种机灵善变的角色,朱由检指示有关衙门核议。几天后,广西道御史邹毓祚也上疏揭发杨维垣,说他是逆党私人,占气得先,转身得捷,贪天为功,卖名市重。邹毓祚同时还弹劾礼科给事中李恒茂,与"十孩儿"之一的李鲁生、李蕃号称"三李",为杨维垣密友,声势薰灼,京都有民谣曰:"官要起,问三李。"李鲁生、李蕃已遭劾免,李恒茂也应予以处分。朱由检阅疏后降旨:太仆寺添注少卿杨维垣削籍,礼科给事中李恒茂免官。

霍维华是工科给事中颜继祖上疏弹劾的。颜继祖斥责霍维华"满面骄容,浑身媚骨",以一个给事中之小官,三年而骤升至尚书,无叙不及,有赉必加;又善于占风望气,魏阉势炽时借刀杀人不任其怨,魏败则攻魏以塞责,反收其名。朱由检接疏后,随即下旨,罢霍维华行边之遣。两天后,礼科给事中阎可陛、户科给事中汪始亨、山东道试御史戴相,分别上疏揭露霍维华实为魏忠贤"五虎"之一。崔呈秀为"山头虎",霍维华为"云中虎",当时官场盛传一句政治谚语:"蓟州当前,东光接武。"所谓蓟州指蓟州人崔呈秀,东光指东光人霍维华,两人丑态在这八个字中流露无遗。朱由检阅疏后,下旨免去了霍维华协理戎政兵部尚书之职。

此后,更多的达官贵人被揭发出来。原任督理辽饷户部尚书黄运泰、兵部尚书阎鸣泰,"摇尾乞怜,胁肩屏息,魏、崔欲用即用之,欲升即升之,欲削夺即削夺之,甚至欲公则公,侯则侯,伯则伯,婢膝奴颜,如鬼如蜮",被皇上褫职为民。原任工部尚书孙杰,身藏袖珍手折,胪列朝野正直人士姓名,称为门户,提供给魏忠贤排斥异己时参考,被皇上下旨削籍。已故原内阁辅臣魏广微也未能逃脱。此人以同乡同姓被魏忠贤格外器重,又把内阁大柄拱手授予魏忠贤,遂致奸焰横张,毒遍海内。朱由检接到廷臣交相弹劾的奏疏,考虑到魏广微已死,原本不欲惩处,待到罪状明朗化,也以为非惩处不可。他指示廷臣说:"故辅魏广微逞臆借威,钳害朝政,以国家大柄授手逆珰,毒遍海内,广微实为祸首。会论佥同,朕不敢私,以先朝焦芳例,除名为民,追夺恩荫,以为人臣附奸不忠者之戒。"

与魏广微狼狈为奸的顾秉谦此时仍在昆山老家逍遥自在,几经弹劾仍未损其毫毛。当地百姓怒不可遏,终于引发出六月五日火烧顾府的民众暴动,知县衙门束手坐视。此后揭发顾秉谦罪状的揭帖到处流传,民情更加激愤:七月十三日,百姓聚众捣毁顾府部分房屋;七月二十四日,愤怒的人群斩门入室,洗劫资财,纵火焚烧。年已八十的顾秉谦仓皇逃命,窜入附近渔舟躲藏才幸免一死。乡民的自发暴动,反映了崇祯初年一般民众对阉党的仇恨心理,由此可见,定阉党逆案是顺应民心之事。

自从天启七年十二月二十三日朱由检正式下令定阉党逆案以来,阉党重要成员已陆续曝光,罪状昭示于天下,定案的条件成熟了。崇祯二年(1629年)正月十七日,朱由检召见内阁辅臣韩爌、李标、钱龙锡及

吏部尚书王永光等,要他们确定逆案名单。他对韩爌等人说:

> 朕欲定附逆人罪,必先正魏、崔、客氏首逆,次及附逆者;欲分附逆,又须有据。今发下建祠、称颂诸疏,卿等密与王永光、左都御史曹于汴在内阁评阅。如事本为公而势非得已,或素有才力而随人点缀,须当原其初心,或可责其后效。惟是首开谄附,倾陷拥戴,及频频颂美,津津不置,并虽未祠颂而阴行赞导者,据法依律,无枉无徇。卿等数日内确定,不许中书参预,阁臣看详讫,分款书名,再同刑部尚书乔允升据依律例,各附本款。

这是朱由检确定的定阉党逆案的方针,既体现除恶务尽的宗旨,又要区别情况分别对待,并且特别关照要秘密地在高层商定,以免受到外界的干扰。这样做,无疑是必要的、正确的。但是身当重任的那些阁部大臣至此反而显得畏首畏尾,力图以和稀泥的方式了结此事。韩爌、钱龙锡都不想广搜树怨,第一次报上去的名单仅开列了四五十人。朱由检看了很不高兴,下令再广泛搜求,都应当重处,至少也应削籍。

第二次报上去的名单仍然只有几十人,朱由检发怒了,斥责韩爌等阁臣不称旨,说:"忠贤一人在内,苟非外廷逢迎,何遽至此? 其内臣同恶,亦当入之!"

阁臣们以外廷不知宫内事为借口,表示为难。

朱由检一针见血地批评他们:"岂皆不知,特畏任怨耳!"

过了几天,朱由检再度召见阁臣,要他们看看黄包袱内为魏忠贤歌功颂德的"红本"(奏疏),说:"皆实迹也,宜一一按入之。"

阁臣至此才明白势难遗漏,便寻找借口推脱:"臣等职司票拟,三尺法非所习也。"再次表现了畏缩不前的怯懦之态。

朱由检无奈,只得转而委托吏部尚书王永光,孰料王永光也不愿独挑这副重担,说:"吏部止谙考功法耳,不习刑名。"其实王永光心中有鬼,不久就有言官指责他阴附阉党,现在又企图"曲庇香火,借为己地"。

朱由检不得已，召刑部尚书乔允升据律定案。

二月二十六日，朱由检召见阁臣及刑部尚书乔允升、都察院左都御史曹于汴，对他们呈上来的第三份名单仍不满意，责问道："张瑞图、来宗道何不在逆案？"

阁臣答："无事实。"

朱由检说："瑞图善书，为珰所爱，宗道祭崔呈秀母，文称'在天之灵'，其罪著矣？"继而又问："贾继春何以不处？"

阁臣答："其请善待选侍，不失厚道，后虽改口，觉反复，其持论亦多可取。"

朱由检说："惟反复，故为小人。"随即要他们补入遗漏者，重拟第四份名单。

公布钦定逆案

三月十九日，朱由检以谕旨的形式公布了钦定逆案。他在谕旨中说：

> 逆竖魏忠贤初不过窥觊笑以市阴阳，席宠灵而希富贵，使庶位莫假其羽翼，何蠢尔得肆其嚣张，乃一时朋奸误国，实繁有徒……特命内阁部院大臣将祠颂红本参以先后，论劾奏章分别拥戴诌附建祠称颂赞导诸款，据律推情，首正逆奸之案，稍宽胁从之诛，其情罪未减者，另疏处分，姑开一面。此外原心宥过，纵有漏遗，亦赦不究。

除首逆魏忠贤、客氏已明正典刑，其余共列七类：首逆同谋六人，结交近侍十九人，结交近侍减等十一人，逆孽军犯三十五人，诌附拥戴军犯十五人，结交近侍又次等一百二十八人，祠颂四十四人，共计二百五十八人。

前三类是罪大恶极分子：

一、首逆同谋六人，俱依谋大逆减等拟斩：

兵部尚书崔呈秀，宁国公魏良卿，锦衣卫都指挥使侯国兴，太监李永贞、李朝钦、刘若愚。

二、结交近侍十九人，俱依诌附拥戴引交结近侍奸党律论斩：

提督操江右佥都御史刘志选、太仆寺署御史梁梦环、倪文焕，兵部尚书田吉，总督蓟辽兵部尚书兼右副都御史刘诏，太仆寺少卿孙如洌、曹钦程，大理寺寺副许志吉，刑部尚书薛贞，工部尚书吴淳夫，右副都御史李夔龙，丰城侯李承祚，监生陆万龄，锦衣卫左都督田尔耕、许显纯，锦衣卫同知崔应元、张体乾，锦衣卫右都督孙云鹤、杨寰。

三、结交近侍次等十一人，俱依引交结近侍奸党律，减本罪一等遣戍：

大学士魏广微，工部尚书徐大化，吏部尚书周应秋，兵部尚书霍维华，御史张讷，总督尚书阎鸣泰，太仆寺少卿李鲁生，右副都御史杨维垣，南京兵部右侍郎潘汝桢，昌平都督郭钦，孝陵太监李之才。

后四类为从逆分子，惩处较轻，如结交近侍又次等判处削籍的有：大学士冯铨、顾秉谦、张瑞图、来宗道，户部尚书郭允厚，工部尚书薛凤翔，太仆寺少卿李蕃，工部尚书孙杰，户部尚书张我续，延绥巡抚朱童蒙，工部尚书杨梦衮，右都御史李春茂，吏部尚书王绍徽，左都御史曹思诚，光禄寺卿阮大铖，漕运户部尚书李精白等。又如祠颂照不谨例冠带闲住的有：大学士黄立极、施凤来、杨景辰，吏部尚书房壮丽，督师辽东兵部尚书王之臣等。

朱由检亲自为清查逆案确定方针，并再三督促阁部大臣，一定要做到无一遗漏，除恶务尽，因此从原先惩处四五十人发展到二百五十八人。这些人在阉党肆虐时代为魏贼迫害忠良充当帮凶爪牙，为魏贼擅权乱政吹喇叭抬轿子，真不知人间还有羞耻二字。不彻底清算这批阉党分子，朱由检要想当个握有实权的皇帝，推行新政，几乎是不可能的。

由此看来，定逆案以这种方式而终结，是有其必要性与合理性。

当然,其中难免有处置不妥的地方,从而引起后人的非议。夏允彝就如此评论道:

> ……于是案所罗列甚广,几无一遗矣。其不妥者,如杨维垣首参呈秀,不宜入也,其以力扼韩爌、文震孟之出,遂处以谪戍;虞廷陛曾参孙居相,于赵南星原无弹章以纠,南星误处之;吕纯如虽有讼珰之疏,疏至,熹庙已宾天,霍维华取其疏稿削去之矣,竟据邸报亦入之。此何等事,而草草报入,致被处者屡思翻案,持局者日费提防,纠缠不已。南都再建,逆党翻而宗社墟矣。此则当局者之咎也。

夏允彝所举事例或者不无可商榷之处,但其结论却令人难以恭维。他把逆案中人屡思翻案归咎于当局者定案时罗列太广且太草草了事,显然是过于意气用事的偏执之见。崇祯一朝不断有逆案中人企图翻案,及至弘光朝此种翻案风更加嚣张,不仅说明了定逆案时除恶务尽的方针是多么必要,而且从反面说明由于主事大臣们手下留情,从轻发落了一些要犯,从而留下的后患是多么严重。政治风云变幻莫测,权力之争残酷无情,即使当初定逆案时慎之又慎,事过境迁仍然会有人跳出来翻案。夏允彝的上述论调,实在是不谙世事复杂的书生之见。

有明一代,宦官擅权造成政治祸乱共有三次,即王振、刘瑾、魏忠贤,一次甚于一次,而魏忠贤之乱几亡社稷。原因就在于阉宦与朋党合而为一,结成所谓阉党。正如当时人文震孟所说:"振、瑾之时,小人附之者,犹视为旁门曲径,惟恐人知……逆贤之时,小人附之者视为康庄大道,共知共见。凡为正人者,为小人所恶,即为逆贤所仇,不必其积怨逢怒于己也。夫一人之仇有限,以众小人之仇仇天下,而君子始涤地无类矣。"在这种背景下,若对阉党逆案不作彻底清算,而心慈手软,瞻前顾后,势必铸成历史性错误。由此看来,朱由检排除种种干扰,对阉党进行最大限度的清算,具有政治家的远见卓识,表现出了临危不惧的大智大勇气质,无论对明朝社稷而言,抑或对中国历史而言,都是值得称道的有声有色的大手笔。

四、昭雪冤狱,弘扬正气

"东林乃天下人才之渊薮"

在定阉党逆案的同时,为遭迫害的志士仁人平反昭雪的运动也在逐渐展开。天启年间,魏忠贤结党营私,排斥异己,主要是以打击东林人士的形式展开。魏广微秉承魏忠贤的旨意,编《缙绅便览》一册,把叶向高、韩爌、赵南星、高攀龙、杨涟、左光斗、魏大中、黄尊素、周宗建、李应昇等六七十名官员诬为"邪党",加以评点,极重者三点,次者二点,又次者一点,密付魏贼进于御前,借事摈斥。崔呈秀因天启初年见东林势盛谋求加入遭到拒绝,后又因贪污遭都御史高攀龙、吏部尚书赵南星揭发被惩处,怀恨在心,向魏忠贤呈上《同志录》,开列东林党人名单,同时以不附东林的《天鉴录》陪衬,要魏忠贤凭此任免升降官员,善类为之一空。暮夜乞怜者莫不缘呈秀以进,蝇集蚁附,其门如市。

还有一个王绍徽,万历年间就以排击东林而臭名昭著,巴结魏阉爬上吏部尚书之位,极尽阿谀奉承之能事,仿《水浒传》一百零八将编东林一百零八人为《点将录》,为首的是托塔天王李三才、及时雨叶向高,以下有玉麒麟赵南星、智多星缪昌期、入云龙高攀龙、神机军师顾大章、黑旋风魏大中、大刀杨涟、豹子头左光斗、急先锋黄尊素等三十六天罡星七十二地煞星,要魏阉按名黜汰。

对于魏忠贤的倒行逆施,一些刚直不阿的官员并没有束手坐视。天启四年六月初一日,左副都御史杨涟首先开炮,向皇上呈进弹劾魏忠贤二十四大罪状的奏疏,以无所畏惧的姿态指出,这些罪状昭然在人耳目,廷臣畏祸而不敢言,外廷结舌而莫敢奏;掖庭之中但知有忠贤而不知有陛下，都城之内亦但知有忠贤而不知有陛下；陛下春秋鼎盛，生杀予夺岂不可以自主？何为受制幺麽小丑，令中外大小惴惴莫必其命！

这种义正词严的声讨，使平素肆无忌惮的魏忠贤顿时慌了手脚，惊怖累日，在皇上面前大哭道："外边有人计害奴婢，且谤皇爷。"接着，吏科都给事中魏大中、御史黄尊素、李应昇、袁化中，南京兵部尚书陈道亨、右侍郎岳元声等人，接二连三地上疏弹劾魏忠贤，掀起了颇具声势的倒魏风潮。在朱由校的支持纵容下，魏忠贤不但平息了这一风潮，而且变本加厉地打击报复。天启五年的六君子之狱，逮捕了杨涟、左光斗、魏大中、袁化中、周朝瑞、顾大章；天启六年的七君子之狱，逮捕高攀龙、周宗建、缪昌期、李应昇、周顺昌、黄尊素、周起元，非刑拷打，诬陷栽赃，无所不用其极，这些正直朝臣都被迫害致死。

现在魏忠贤既然已倒，旧事就有重新审理的必要。崇祯元年正月，翰林院编修倪元璐连上两疏，议论此事。他首先从"邪党"谈起：以东林为邪党，将复以何名加诸魏忠贤、崔呈秀之辈？既然魏、崔是邪党，那么以前弹劾魏、崔者还可称为邪党吗？东林乃天下人才之渊薮，所宗主者大都禀清挺之标，所引援者也每多气魄之俦、才干之杰，只是绳人过刻、持论太深。其中也不无匪类，那是屈指可数的几个，现在称为邪党，那就无人不是邪党了。他还对诸臣深防报复的顾虑作了分析，说近年来借打击东林以献媚崔、魏者，其人自败，何待东林报复！如其人不附崔、魏，又怎么能攻而去之？朱由检看了，对他牵扯到韩爌、文震孟的起用阻力重重，以为是影射自己，便批驳道："朕屡旨起废，务秉虚公，有何方隅未化，正气未伸？"

其实，倪元璐旨在为东林翻案，无意影射皇上。对此，阉党分子十分敏感，杨维垣上了《词臣持论甚谬》一疏予以反击，责难倪元璐盛称东林，说今之忠直原不当以崔、魏为对案。倪元璐上疏驳斥道：东林中有首劾魏忠贤的杨涟，以及提审崔呈秀的高攀龙，而时至今日，杨维垣对于穷凶极恶的魏忠贤仍口口声声称赞，什么"厂臣公，厂臣不爱钱，厂臣为国为民"。东林自邹元标、王纪、高攀龙、杨涟外,如顾宪成、冯从吾、陈大绶、周顺昌、魏大中、周起元、周宗建等之真理学、真气节、真清操、真吏治,赵南星之真骨力、真担当。总之,东林在今日,当曲原其高明之概,不当毛举其纤介之瑕,而揭揭焉代逆珰分谤。朱由检以为他们仍在纠缠旧账,斤斤计较于门户之见,便劝诫道:"朕总览人才,一秉虚公,诸臣亦宜消融意见,不得互相诋訾。"

为志士仁人平反昭雪

随着魏、客、崔三犯的戮尸于市,"五虎""五彪"的分别惩处,朱由检对东林的态度逐渐明朗化,决定对遭到阉党迫害的官员平反昭雪。

崇祯元年(1628 年)二月,朱由检先是宣布免去杨涟等人在狱中被强加的诬赃,接着又指示吏部对遭阉党冤陷诸臣复原官,给还诰敕,涉及大学士刘一燝、韩爌,吏部尚书周嘉谟,礼部尚书孙慎行,以及詹事钱谦益,翰林文震孟、陈子壮等九十余人。朱由检指出:"废籍诸臣沉沦已久,朕此番昭雪,非徒弘旷荡之恩,正欲考其进退始末,以衡人品。周嘉谟等九十余员削逐情节,还着分别项款细开具奏。"这意味着对遭阉党迫害而革职的诸大臣平反昭雪,分别情况,逐步起用。在斥逐阉党奸邪官员之后,必将出现官僚队伍空缺的状态,及时更新官员,有破有立,有退有进,有黜有陟,这才是为政之道。不久,他宣布恢复这九十余人的原先官职,补给诰命,品望年力可用者酌情起用。此举显现了改元崇祯以后万象更新的气象,维新之治初露端倪。

对于已经冤死的官员们,朱由检以为必须平反昭雪,申冤洗耻,只有这样才能宣扬士大夫崇尚气节的伦理道德。他接受了工科给事中颜继祖提出的关于为被迫害致死的万燝、周起元、周顺昌、周宗建、李应昇、黄尊素、缪昌期等人恢复名誉的建议,命有关部门研究此事。几天后,他根据部议,正式公布对原都察院左都御史邹元标、高攀龙,左副都御史杨涟,左佥都御史左光斗,工部尚书冯从吾,应天巡抚周起元,给事中魏大中，太仆寺少卿周朝瑞，御史周宗建、黄尊素、李应昇，吏部员外郎周顺昌，工部郎中万燝，左谕德缪昌期等人，恢复名誉，各赠荫有差。并且对逮捕、拷打、诬赃直至谋杀上述仁人志士的凶手李实、李永贞、刘若愚及许显纯提审追究。这一褒一贬一奖一惩，以明显的反差向人们表明正义与邪恶的大是大非是不应颠倒也不应含糊的。

朱由检这种是非分明的表态，立即在社会上激起强烈的反响。被阉党迫害致死的志士仁人的后辈及主持正义的官员们掀起了哭诉申冤的浪潮。

首先上疏的是浙江诸生黄宗羲，他为已故的父亲、原山东道御史黄尊素鸣冤。黄宗羲是当时的著名才子，日后成为赫赫有名的思想家，他写的讼冤疏文自然值得一读，特节录于下：

> 父尊素中万历丙辰（四十四年）进士，授宁国府推官，壬戌（天启二年）除山东道御史。直节自持，入班未逾一载而疏十三上。时魏逆与客氏表里为奸，形如厝火，势必燎原。臣父预抱隐忧，因灾异示警，直陈时政得失，谓阿保重于赵娆（按：赵娆，汉桓帝乳母，谄事太后），禁旅近于唐末，萧墙之忧惨于戎敌。毫末不札，将寻斧柯。当奉严旨切责。此甲子（天启四年）三月初六日也。
>
> 至初九日，复上《圣断不可不早》一疏。谓忠贤与其私人，柴栅既深，螫辣谁何！势必台谏折之不足，即干戈取之亦难，请先帝默察人情，自为国计，即日罢忠贤厂务。于是，忠贤不杀臣父不已。
>
> 至七月初七日，业已杖死工部郎中万燝。臣父首上《士气已极》一疏，论奸人必借廷杖以快其私，将为所欲为而莫有顾忌，而祸移诸臣。时尚众正在朝，虽逢所甚怒，得不即同燝死。
>
> 未几，逆徒曹钦程首发大难于内，腹心李实罗织无端于外，交口蔑诬，俄而削夺，俄而逮系矣。时值缇骑激变于姑苏，留滞不前。臣父闻之，即拊心自念，忠良总人臣之义，生死皆君父之恩，即日投

呈按臣，赍本步行至京就系。迨下镇抚司打问，许显纯、崔应元承顺逆指，酷刑严拷，体无完肤，诬坐赃银二千八百两。臣痛父血，比遍贷臣乡之商于京者，并父之同年、门生，差足交赃将完，而杀机遂决矣！

一日，狱卒告臣父曰：内传今夜取汝命，汝有后事可即书以遗寄。臣父乃于三木囊头之时，北向叩头谢恩，从容赋绝命诗一首，中有"正气长留海岳愁，浩然一往复何求"等语。自是而臣父毕命于是夕矣……

黄宗羲为父讼冤的疏文，声声泪字字血，读来令人扼腕，令人叹息，令人拍案而起！

几天后，户科给事中瞿式耜上疏，为冤死狱中的杨涟、魏大中、周顺昌三人大义凛然的风节叫好，并为他们伸张正义，堪称当时拨乱反正的一篇佳作。

关于杨涟，他说：

自为诸生，孝友端方，慨然以澄清天下为己任。其筮仕臣乡常熟也，铁面冰棱，吏胥不敢仰视，而爱民如子……入计时，欲送其母归楚，至不能治装以去。及居言路（出任给事中），扬清激浊，屏绝馈遗。但言及国家之事，未有不耳热面赤……临死之日，旁无一语，但呼高皇帝陛下而已……夫人臣抗节直言，慷慨杀身，历代常有，如涟之贫不言清，劳不言功，从容就死，无怨无尤，斯亦可谓人臣之极则矣。

关于魏大中，他说：

自成进士以至授职行人，擢选谏职（给事中），从未尝受人一钱。官至吏垣（吏科都给事中），犹赁屋以居。逮之日，阖郡哭声震天，呼冤踊地……至其诣镇抚（司）也，大中受殊刑未死，狱吏以藁席卷其肢体，倒竖于地三日，启而视之，犹目睛毂毂如转轮。既死，魏贼令狱卒投其尸以饲狗，所存者狗之余耳。大中之下狱也，严戒其子学泖，不令至狱门。比学泖扶柩而归，犹未知大中之死状。至病中，忽然闻之，一号而恸，再号遂绝。

关于周顺昌，他说：

顺昌赋性清严，嫉恶如仇，官福州司理（推官），墨吏望风咸解绶去。值税珰高寀肆毒，顺昌挺身抗其凶锋，民赖以静。擢居吏部，一洗陋习，四方竿牍绝勿敢通。请告归籍，肩舆一乘，行李二担而已。魏大中逮过阊门，顺昌以大中必死，亲诣其船，以女许大中之孙。缇骑以闻，（魏）珰衔之最毒，遂假手李实（苏杭织造太监），一疏逮贤臣七人（高攀龙、缪昌期、周宗建、李应昇、周顺昌、黄尊素、周起元），而顺昌与焉。顺昌居乡，不畏高明，不侮鳏寡，以故俄顷之间，吴阊数万士民狂号乱哭，众愤所激，击死官旗，几成大变……至镇抚司，极口唾骂，而昌因此被刑尤烈。昌已死，狱卒以磁锋割其股，血溃而苏，复枷至锦衣（卫）堂上。昌触石碎首，血溅几案，复加重刑，立时殒命。使诸臣之死尽如昌，魏贼亦为之寒心也。

读了这一声泪俱下的疏文，令人义愤填膺，杨涟、魏大中、周顺昌这些官僚队伍中的精英分子，清正廉洁，刚直不阿，贫贱不能移，威武不能屈，为国为民与邪恶势力搏斗，赴汤蹈火在所不辞。他们的这种高风亮节，不独令当时也令后世的佞臣贪官们羞愧得无地容身。瞿式耜所说，其实仅仅刻画了魏忠贤指使爪牙残害忠良罪行之一二。杨涟、魏大中、周顺昌等君子在狱中所受到的凌辱折磨，实在惨不忍睹，令人不忍转述。倘读者欲知其详，不妨读一下黄煜《碧血录》、朱长祚《玉镜新谭》吧！

《碧血录》与《玉镜新谭》

到了十月，生员魏学濂刺血上书，为父亲魏大中鸣冤，请求严惩凶手。他说：

> 阮大铖兄傅应星、傅继教，以固援于内，并率傅櫆兄事应星、继教，以植党于外。既夜，叩忠贤于涿州，进《百官图》，导之杀人，以肆毒于外。又嗾傅櫆道旁伏谒忠贤，借汪文言为阱于国中，以授题于内。陈九畴以谢应祥之推故，逐臣父于前，倪文焕以周顺昌之订婚，促杀臣父于后。乞下所司提鞫，魏忠贤、许显纯已正刑章，以其首赐臣，俾臣偕惨死诸臣之子孙，于镇抚司牢穴之前呼其先人，痛哭浇奠。

朱由检阅后下旨：令看议学濂。又颂其兄学洢死父之孝，请得附祠，允之。赠魏大中太常寺卿。他还为此事写了一道制文："……尔魏大中，其生有自，视死如归，原其至清绝尘，大刚制物，可以贪绳蝉蚓，肉视虎狼。故累百知一鹗之可尊……今者世灰大涤，天宇重晶，朕是用章阐幽忠，崇敷显秩，震雷一夕……特追赠尔为太常寺卿。以尔臣忠，彰为子孝，洢濂之义，生死同揆……"这是朱由检对于受阉党迫害致死的仁人志士高风亮节的表彰，希望在他急于求治的当口，大臣们能以这些清正廉洁、刚直不阿的官员们为榜样，弘扬这种大义凛然的正气。

几天后，杨涟之子杨之易向皇上呈血书，并递上了父亲临死前在狱中所写的绝笔：

枉死北镇抚司杨涟绝笔书于狱神之前：

> 涟以痴心报国，不惜身家，久付七尺于不问矣！目前赴逮，不为张俭之逃亡，杨震之仰药，亦谓雷霆雨露，莫非天恩，故赤日长途，银铛不脱，欲以身之生死归之朝廷……
>
> 不意身一入都，侦逻满目，即发一揭，亦不可得。下情不通，至于如此！……生死顷刻，犹冀缓死杖下，见天有日。乃就本司不时追赃，限之狠打，此岂皇上如天之意，国家慎刑之典，祖宗待臣之礼！不过仇我者立追我性命耳！

他在追述了移宫一案的是非曲直后,接着说:

> 但愿国家强固,圣德刚明,海内长享太平之福。涟即身无完肉,尸供蛆蚁,原所甘心。不敢求仁得仁,终不作一怨尤字也。而痴愚念头到死不改,还愿在朝臣子共从君父起念,于祖制国法国体,大家共当留心。

这份绝笔,原本是杨涟写给当时的皇上——朱由校的,希望有朝一日能付之实录。现在送到了朱由检手上,使他的遗愿获得了实现,多少可以瞑目于地下了。

据说这篇二千余言的绝笔,杨涟在狱中草成后,又亲自誊清,在床褥上叩首托付给同狱难友顾大章。狱中耳目严密,顾大章把它藏在关圣大帝画像后面,以后又埋于狱室北壁下。一个偶然的机会,才得以从狱中传出。

杨涟死前还写了一篇二百八十字的血书,藏在枕头里,死后随尸体抬出,才落到家属手中。血书中流露了他视死如归的凛然气节:"仁义一生,死于诏狱,难言不得死所,何憾于天,何怨于人?惟我身副宪臣,曾受顾命,孔子云:托孤寄命,临大节而不可夺。持此一念,终可以见先帝于在天,对二祖十宗,与皇天后土,天下万世矣!大笑大笑还大笑,刀砍东风,于我何有哉!"

两个月后,周顺昌之子生员周茂兰也上血书为父讼冤。朱由检接二连三收到血书,批示说"血书原非奏体,以后悉行禁止",以示下不为例。不过他对于这些被害朝士们是深为感愍的。在收到周茂兰的血书后,特地下旨赠周顺昌太常寺卿,还为此写了一篇制文:

> 夫孤情之所独抗,得死而成;正气之所不徂,造生弥永。……尔吏部文选司员外郎周顺昌,希圣得清,择节取苦……当其出为从事,入典铨衡,并以晶心,章其茂节……于是飞章告密,槛车下征,而众乃成城,吴几为沼,至于焚香进食,以礼遇囚,飞甍投竿,而杀

诏使。鱼惊兽乱,釜沸波翻……而尔对簿不屈,绝命弥雄……今掖轴既旋,衮钺并设。碑踣元祐(指定阉党逆案),大升公正之群;墓显汤阴,恍见孤忠之气。用赠尔太常寺卿。国家谨严近寺,培养人才,而在旁之奸烈于二正,岁寒之节见彼前贤,要以道极一时,义激天下,明兴以来,一人而已……

这不仅是朱由检对周顺昌为官时能"择节取苦",被迫害致死能慷慨从容,给予高度评价,比喻为屈原、岳飞,也是对天启年间受阉党迫害的诸君子的普遍赞扬。因此,在崇祯二年(1629年)三月定逆案时,他特别强调指出,魏贼得势,一时外廷朋奸误国,阴谋指授,肆罗织以屠善良。这笔账在惩处逆案中人时已作了清算。

到了这年九月,朱由检正式下旨,为已故诸君子追赠官衔、谥号,其中就有:

故都察院左都御史赠太子太保高攀龙,谥忠宪;
故都察院左副都御史赠右都御史杨涟,谥忠烈;
故吏科都给事中赠太常寺卿魏大中,谥忠节;
故吏部员外郎赠太常寺卿周顺昌,谥忠介。

这些谥号的共同点是突出一个"忠"字,即忠于大明王朝及其象征——皇帝,其中不免带有若干愚忠成分,但他们无所畏惧地与邪恶势力搏斗以捍卫大明王朝的根本利益,这一点总是值得赞许的,朱由检表彰他们的动机也正在于此。在正义与邪恶的较量中,提倡这种精神,让人们看到在与邪恶势力搏斗中献身的价值。若干年后,这些仁人志士的后人为国家的生死存亡而赴汤蹈火,再一次演出了可歌可泣的一幕,支撑他们的仍是这种精神。

第二章
刻意营求中兴之治

朱由检即位后,倾全力于清算阉党,拨乱反正,其目的在于扭转国运日趋衰微的颓势,求得大明王朝的中兴。万历、天启之际,辽东战局成为心腹大患,明朝政治的腐败、国力的衰颓,在这一事件上得到了充分的暴露。因此,迅速平定辽东便成了朱由检刻意营求中兴之治的首选要务。

一、寄厚望于袁崇焕

袁崇焕宁远大捷

建州女真的努尔哈赤在统一女真各部后,于万历四十四年(1616年)建立大金王朝,为了与历史上的金朝相区别,史称"后金"。万历四十六年四月十三日,努尔哈赤以"七大恨"告天,控诉明朝对女真的迫害,煽动军民的反明情绪,随即以突然袭击的方式轻取抚顺城。从此以后,辽东便成了明朝的心腹之患。

兵部侍郎杨镐被任命为辽东经略,于万历四十七年二月统率各路援辽军队分四路出击,与努尔哈赤展开决战。由于杨镐的无能,也由于内阁与兵部指挥的失误,不但没有收复失地,反而遭到空前规模的惨败。努尔哈赤乘势攻下了开原、铁岭等地。继任辽东经略的熊廷弼一反杨镐所为,不盲目追求"恢复""进剿",而是以固守为上策,局势渐趋稳定。但是好景不长,朱由校即位后,大臣们集中精力于党争,性情刚直的熊廷弼被卷入这场无谓的内耗之中,遭诬陷而罢官。取代他出任辽东经略的袁应泰不懂军事却又固执己见,导致辽东战略重镇沈阳、辽东政治中心辽阳的相继沦陷。战略性惨败之后,朝廷不得不再次起用熊廷弼为辽东经略,同时任命投靠阉党的王化贞为辽东巡抚,致使经抚不和,酿成广宁战役的溃败。熊廷弼被逮入狱,又遭阉党诬陷贿赂杨涟等,落个被杀后传首九边的下场。

继任辽东经略的孙承宗大力整顿山海关外的防务体系,修复九座大城、四十五座堡寨,练兵十一万,建立十二个车营、五个水营、二个火营、八个前锋后劲营,拓地四百里。不久,他因受阉党攻击,被迫辞官回乡。努尔哈赤趁新任经略高第撤退山海关外守军之机,亲率主力进犯宁远(今辽宁兴城)。镇守宁远的袁崇焕面临强大的压力。

袁崇焕,字元素,号自如,祖籍广东东莞县,落籍于广西藤县。万历四十七年(1619年)进士,天启六年(1626年)出任辽东巡抚,镇守宁远。在孤立无援的情况下,他拒绝努尔哈赤的诱降,刺血为书,激励士卒。在兵力悬殊之际,他巧妙地利用火器杀伤敌军。一是“万人敌”——把火药均匀筛于芦花褥子及被单上,卷起点火,抛向城下,爆炸燃烧,威力凶猛,扑之愈炽,敌兵无不糜烂。二是西洋“红夷大炮”——这种大炮威力无比,凡放大炮者,必于数百步外掘一土堑,点燃导火线后,立即翻身下堑,才可避免火药爆炸的威胁。形势危急时,袁崇焕命令唐通判亲自发炮,唐通判不晓其法,竟被震死。炮火过处,后金骑兵死伤无数,并伤及努尔哈赤的黄龙幕帐及一名裨王。努尔哈赤以为出师不利,以皮革裹尸,号哭奔回。辽东人有民谣曰“苦了唐通判,好了袁崇焕”,即指此事。

宁远之战使袁崇焕崭露头角,也使明军屡战屡败的战局出现了转机。连清朝人编纂的《明史》也不得不承认这一点:“我大清举兵,所向无不摧破,诸将罔敢议战守,议战守自崇焕始。”努尔哈赤自从二十五岁征战以来,自称是战无不胜攻无不克,这次宁远城下败北,忿恨而回,不久就病死于沈阳。

这就给明朝扭转辽东战局提供了一个时机。袁崇焕一方面在锦州、中左(塔山堡)、大凌三城加强防务,另一方面秘密派出使者与努尔哈赤之子皇太极议和。其实双方都无意和谈,不过是缓兵之计而已。袁崇焕在给皇上的奏疏中说:“锦州、中左、大凌三城,修筑必不可已。业移商民,广开屯种。倘城不完而敌至,势必撤还,是弃垂成功也。故乘敌有事江东,始以和之说缓之。敌知,则三城已完,战守又在关门四百里外,金汤益固矣。”皇太极在从朝鲜回师后不久,果然发兵进攻锦州,此时锦州城防已固若金汤,坚不可摧;皇太极转而攻宁远,又遭败绩。

这是继宁远之战后又一次告捷。袁崇焕在给朝廷的报捷奏疏中说:"十年来,尽天下之兵,未尝敢与奴战,合马交锋。今始一刀一枪拼命,不知有夷之凶狠骠悍。职复凭堞大呼,分路进逼。诸军忿恨此贼,一战挫之。"朱由校欣喜若狂,在嘉奖谕旨中称:"十年积弱,今日一旦挫其狂锋。"

这样一位扭转十年积弱、力挫敌人狂锋的功臣,竟然遭魏忠贤忌恨。魏忠贤嗾使党羽上疏诬劾其"暮气",迫使他辞官而去。

朱由检即位后,廷臣纷纷请求召回袁崇焕,朱由检也对袁崇焕寄予厚望,就在天启七年十一月起用他为右都御史,视兵部添注左侍郎事。崇祯元年四月,兵部署部事左侍郎吕纯如上疏,请求皇上重用袁崇焕。他的奏疏写得别具一格,对袁崇焕的评价也独具只眼:"臣持议必欲朝廷用崇焕者,只认定'不怕死,不爱钱'与'曾经打过'十个字耳。强敌压境,人方疾呼而望援兵,而崇焕乃置母妻于军中。纸上甲兵人人可自命也,而实实从矢石锋刃中练其胆气,而伎俩较实,此臣所以谓始终可用也。"朱由检接受建议,升袁崇焕为兵部尚书、右都御史、督师蓟辽兼督登莱天津军务,把辽东军事全权委托给他。应该说朱由检是有眼光的,袁崇焕确是当时进士出身的官僚中屈指可数的帅才,正如吕纯如所说,他"不怕死,不爱钱""曾经打过",不但有过人的勇气和胆略,置个人身家性命于不顾,而且在运兵布阵、计谋策略上也是行家里手。朱由检即位伊始,渴望扭转辽东的忧患局面,袁崇焕是最恰当不过的人选。

"五年而辽东外患可平"

七月十四日,朱由检在平台召见廷臣,讨论平辽事宜。

这次召见是皇上专为听取袁督师的平辽方略而举行的。朱由检一见袁崇焕,便直截了当地问:"建部(按:指建州女真,亦即后金)跳梁,已有十年,封疆沦陷,辽民涂炭。卿万里赴召,忠勇可嘉,所有平辽方略,可具实奏来!"

袁崇焕奏道:"所有方略,已另写奏本。臣受皇上知遇之恩,召臣于万里之外,倘皇上能给臣便宜行事之权,五年而辽东外患可平,全辽可复!"

朱由检一听五年可以复辽,很高兴地说:"五年复辽,便是方略。朕不吝啬封侯之赏,望卿努力,以解天下倒悬之苦,卿子孙也可世享其福。"

在一旁的内阁辅臣周道登、刘鸿训、李标、钱龙锡等人听了"五年全辽可复"的话,莫不欢欣鼓舞,纷纷称赞道:"崇焕肝胆识力实在不凡,真是一位奇男子!"

趁皇上暂退便殿少憩之机,兵科给事中许誉卿当面向袁崇焕请教五年平辽的韬略。不料袁崇焕没有滔滔不绝地陈述,而是不假思索地吐出了四个字:"聊慰上意!"许誉卿听了大为惊讶,悄声提醒他:"皇上英明至极,你岂可浪对?到时按期责功,怎么办?"

袁崇焕听了这一席话,方才感到在皇上面前失言了。待皇上休息后再次回到殿中,他为了冲淡刚才夸下的海口,急忙对"五年复辽"之说加以解释,提出了许多前提条件。他强调指出:"辽东边事是四十年积累下来的局面,原本不容易了结,但皇上励精图治,正是臣子枕戈待旦之秋,所以臣尽心竭力五年复辽。这五年之中,须事事落实才行,第一是钱粮,第二是武器,户部工部一定要悉心措置,以应臣手。"

朱由检听了,立即对署理户部的侍郎王家祯交代:着力措办,务必使前方不短缺钱粮。

袁崇焕又向皇上请求兵器装备,今后解运到辽东的弓甲等器械必须精利。

朱由检对署理工部的侍郎张维枢说:"今后所解各项兵器要铸定监造官员及工匠姓名,以便查究。"

在粮饷、装备得到保证后,袁崇焕又提出了人事问题。他对皇上说:"五年之中,事变难以预料,吏兵二部在用人事宜上必须让臣得心应手,当用之人选与臣用,不当用之人立即罢斥。"

朱由检立即关照吏部尚书王永光、兵部尚书王在晋照办。

袁崇焕在户工吏兵各部表态之后,又提出了言官的舆论问题:"以臣之力制伏辽东而有余,调和朝廷众口则不足。忌功妒能之人,虽不至于掣臣之肘,亦足以乱臣之心。"

朱由检听得专注,不由得站了起来。听罢袁崇焕的话,他略加思索,回答道:"朕自有主持,卿不必以浮言介意!"

袁崇焕再也没有什么条件可提了,便说:"臣如不能马到成功收复故土,还有什么颜面见皇上!但臣学力疏浅,还望皇上指示教训!"

朱由检说:"卿的奏对井井有条,不必谦让。"

朱由检对袁崇焕的要求无不答应,所提条件一一予以满足,为的是希望他真能实现五年平辽的诺言,随后督促他立即出关,以纾辽东人民的盼望。

内阁辅臣刘鸿训等在一旁提请皇上,赋予袁崇焕便宜行事之权,赐给尚方宝剑,而把王之臣、满桂的尚方剑撤回,把事权统一于袁崇焕。朱由检表示同意。

在结束召见之前,朱由检招呼袁崇焕走近,和颜悦色地对他说:"愿卿早平外寇,以纾四方苍生之困。"

袁崇焕对皇上如此宠信感激涕零,把手举到额角表态道:"皇上念及四海苍生,臣所学何事,所做何官,敢不仰体皇上心意,早日了结辽东战局!臣的作用,仿赵充国则无异,勿烦皇上焦劳,请宽心。"

朱由检最后叮嘱道:"卿所奏更见忠爱,卿宜严明号令,抚恤士卒,与文武官员同心协力,何难灭寇!"

袁崇焕表示:"谨遵明旨,铭之肺腑,臣前去告谕关外官军,以宣化皇上威德,必定灭寇!"

临退朝时,朱由检特别关照近侍太监,赏赐袁崇焕酒馔。

"以辽人守辽土,以辽土养辽人"

这场召对,充分显示朱由检刻意营求中兴之治,急于平定辽东外患的焦虑,对袁崇焕几乎是言听计从,全力支持。他即位后着重抓了两件大事:一是清算阉党,二是平定辽东。应该说全都抓到了点子上,确是当时亟待解决的难题。在朱由检看来,只有办成这两件事,中兴才有望,否则一切都成为空谈。现在第一件大事已经大体就绪,他迫切盼望第二件大事能马到成功,因此对袁崇焕寄予厚望。袁崇焕看透了皇上这种急切心情,投其所好,草率地以五年平辽的方略"聊慰上意"。这是袁崇焕犯下的不可挽回的错误,因为他在以"戏言"搪塞这位办事顶真的皇上。或许袁崇焕在接连挫败努尔哈赤、皇太极之后,滋长了轻敌情绪;或许是对他遭阉党弹劾后不得已为魏忠贤建生祠之事,皇上不予追究,反委以重任,而感激皇上知遇之恩,故意迎合皇上急于求治的迫切心情,贸然立下军令状;或许是两者兼而有之。不管怎么说,以袁崇焕在辽东这么多年的戎马生涯,对敌我双方力量对比的了解,对这场战争旷日持久形势的判断,他无论如何不能违心地在皇上面前许诺五年即可复辽。

一位学者指出,平台召对中袁崇焕五年复辽的豪言壮语如同梦呓。事实上,明与后金力量对比,早在万历末年萨尔浒之役后即已发生根本性转变,明朝控阻后金凶猛攻击已属不易,更遑论收复失地。俗话说,军中无戏言,君前更无戏言。当许誉卿警告他在英明的君主面前"浪对",到时按期责查无功如何了得时,袁崇焕怃然自失,自知一言既出驷马难追,于是才以各种苛刻的条件来刁难各部大臣,力图留下回旋的余地。不料未等各部大臣开口,皇上便一一满足,使他再无退路可遁。袁崇焕日后的悲剧下场就由这场对话而铸成了。后人对袁崇焕有这样的评论:"袁崇焕短小精悍,形如小猱,而性极躁暴。攘臂谈天下事,多大言不惭,而终日梦梦,堕幕士云雾中,而不知其着魅着魔也。五年灭寇,寇不能灭,而自灭之矣!"他的悲剧性结局也许与这种性格不无关系吧!

两天后,袁崇焕以"钦差出镇行边督师"的身份呈递奏疏,再次想从皇上那里获得回旋余地。他援引熊廷弼、孙承宗都在辽东经略任上受人排构而不得竟其志,进而谈到他自己的顾虑。他说:

> 辽事恢复之计,不外臣昔年'以辽人守辽土,以辽土养辽人''以守为正着,战为奇着,款为旁着'之说。法在渐不在骤,在实不在虚。此皆臣与在边文武诸臣所能为,而无烦圣虑者。至用人之人与为人用之人,俱于皇上司其钥,何以任而勿二,信而不疑,皆非用人者与为人用者所得与。夫驭边臣者与他臣异,军中可惊可疑者殊多,故当论边臣成败之大局,不必过求于一言一行之微瑕。盖着着作实,为怨则多。凡有利于封疆者,俱不利于此身者也。况图敌之急,敌又从外而间之,是以为边臣者甚难!

这一席话,是在回答皇上两天前召见时所提出的问题:"所有平辽方略,可具实奏来。"这个平辽方略是袁崇焕的一贯主张,他概括为三句话:以辽人守辽土,以辽土养辽人;守为正着,战为奇着,款为旁着;法在渐不在骤,在实不在虚。这个战略方针显示了袁崇焕对辽东局势的透彻认识,固守、征战、和议三手同时并用,而以固守为主,辅之以征战、和议,不求一时一事的得失,而求长远的成功。很明显,他主张在辽东打一场持久战,这与他前天许下的"五年平辽"的诺言几乎是格格不入的。他自己也知道这一尴尬处境,所以在奏疏中再三强调边臣之难,容易引起朝廷及大臣们的疑虑或怨恨,也容易遭到敌人的离间——这一切不幸而为他言中。他希望皇上驾驭边臣采取不同于一般大臣的方针,应从大局着眼,不必过求于一言一行之微瑕。字里行间流露出瞻前顾后的情绪。

朱由检是理解他的,接到奏疏后立即批示:"嘉其忠劳久著,战守机宜悉听便宜从事,浮言朕自有鉴别,切勿瞻顾。"希望他充分运用便宜从事的大权部署战守机宜,切勿瞻前顾后,尽快完成平辽大业。任之愈专,爱之弥深,一旦失望,则责之愈严。对于袁崇焕而言,权力与风险同在,一旦失误,后果不堪设想。既然做了过河卒子,只有拼命向前。

深知袁崇焕在君前"浪对"底细的兵科给事中许誉卿两天后也上疏皇上,要求以法治边臣,显然是有所指的。他说:"可以拔除向来积弊病根,鼓舞今日更新风气的,只有法律。"他在援引杨镐、熊廷弼、王化贞丧师的先例之后,指出:"近来用人过滥,封疆大臣久已不知法律。请皇上重申法律,明示边臣:今后如敌军入境不能堵截,攻城不能入保,杀伤人口隐匿不如实上报,在外的巡按御史可据实揭发,在内的科臣可参驳弹劾,按律逮治。"这话是绝对不错的,只有以法治军,以法治边臣,才能确保不再出现杨镐、熊廷弼、王化贞之类的事。如果敌军入境不能堵截、攻城不能入保,便要按律逮问。朱由检毫不犹豫地批示同意,这无异预示了袁崇焕一个不祥之兆。

宁远兵变与锦州兵变

那时节确是一个多事之秋。袁崇焕还未出山海关,辽东巡抚毕自肃传来了宁远兵变的消息。冰冻三尺非一日之寒,这是长期以来积累的矛盾的一次小小的爆发。前不久,毕自肃就看出征兆,向皇上报告:辽事之结局无期,而给养装备不足,哪里还谈得上"养分外之精神,致敌忾之果敢!"驻守宁远的四川、湖广兵因欠饷四个月,向巡抚衙门请愿,毕自肃向户部请饷,户部拒发,士兵因而哗乱,其余十三营也起而响应,抓住毕自肃及总兵朱梅、推官苏涵淳等人,在谯楼上拷打。毕自肃血流满面,幸亏兵备道郭广新赶到,以身体掩护毕自肃,谋求和解,千方百计搜求得二万两银子,又开小票向商民借得五万两银子,补发部分欠饷,才算缓解了危机。毕自肃自知治军无方,上疏引罪之后,逃往中左所(塔山堡)上吊自杀了。

袁崇焕获悉宁远兵变的消息,立即报告朝廷。兵部把欠饷导致兵变的责任推得一干二净,反而指责辽东士兵素质低劣——"援辽之兵皆乌合之众,原无急公效死之心,一有警报,借口缺饷以掩奔溃之实"。这显然是无稽之谈。朱由检似乎并不同意兵部的看法,现在不急于追究责任,而应迅速平定兵变,他指示兵部:"宁远川兵索饷,何遽逞逆干犯?同城中岂皆人人与乱?有能缚叛开门官兵,重加升赏;同党能缚戎首,即宥前罪。尔部即马上传与新旧督臣,速为戢定,毋使东走。"

八月初七日,袁崇焕奉命单骑出山海关赶往宁远,未及入督师行辕,径直前往兵营,宣谕皇上德意,哗变士兵陆续返回营伍。他与兵备道郭广新密谋,召见为首的杨某、张某,传达皇上关于"同党能缚戎首,即宥前罪"的谕旨,几天后,抓获十几名兵变首领,枭首示众,一场风波才算平息。

袁崇焕抵达宁远平息兵变之后,立即着手办两件事。一是调兵遣将,按自己的意图重新部署将领。他向皇上报告:全辽昔日只有总兵一员,自发难以后更设不定,崔呈秀掌管兵部时,为安插亲信,在山海关外添设总兵三四员,导致权力倾轧,互相掣肘。有鉴于此,他主张山海关内外各设一名总兵为妥。至于人选,现任关内总兵麻登云虽起身行伍惯历战阵,但不如现任蓟镇总兵赵率教熟习辽事,两人可对调,加赵率教官一级、挂平辽将军印。关外总兵朱梅与祖大寿二人各辖宁远、锦州,可以合并,由祖大寿任总兵,解除抱病的朱梅之职,由何可纲以都督金事代朱梅驻宁远。他向皇上表态:"此三人当与臣始而终之,若届期无效,臣手戮三人,而以身请死于皇上。"

朱由检批准了他的部署,几天后下旨:赵率教挂平辽将军印,调任关内;麻登云以原官调任蓟镇;祖大寿加都督同知,挂征辽前锋将军印,辖镇诸路;何可纲以都督金事仍署中军事。

为了统一指挥权,以免重蹈先前经抚不和的覆辙,袁崇焕请求皇上趁辽东巡抚毕自肃自杀之机取消辽东巡抚的建制,之后又请皇上在登莱巡抚孙国桢免职后取消登莱巡抚建制,皇上都一一照准。至此,在袁崇焕的督师辖区——辽东、蓟州、登莱(山东登州府、莱州府,与辽东隔海犄角相望），再无一人可与他的权力相抗衡。

第二件事，鉴于前不久继宁远兵变又发生锦州兵变，他向皇上请求速发山海关内外积欠军饷银七十四万两，以及太仆寺马价银、抚赏银四万两。但各主管部门对欠饷及其对策看法不一。兵部尚书在回答皇上的垂询时，以为兵饷之诎关键在于士兵太多而岁饷太浮。言官们则认为，近年以来，兵籍空悬，蠹饷已达极点，有鉴于此，对策只有一个——"兵清自然饷足"。所谓"兵清"，即清汰虚冒的兵籍，核实"贪并隐冒"的军饷。这些议论或多或少点到了当时军队中普遍存在的弊端，但毕竟是纸面上的空谈，实际操作起来并不容易，尤其是对于辽东前线的军队，借口"贪并隐冒"而故意拖欠军饷是十分危险的。从实际出发，朱由检还是批准了袁崇焕补发欠饷的请求，以振作士气。

十月初二日，朱由检为此专门在文华殿召见廷臣商议。

他指着袁崇焕的奏疏对在场的大臣们说："崇焕前疏说安抚了锦州，兵变可以制止；今疏又说军队意欲鼓噪，请求批发内帑（宫内积蓄）。为何自相矛盾？卿等奏来！"大臣们纷纷启奏，同意袁崇焕的请求。朱由检诘问户部尚书毕自严，毕自严刚履任不久，对情况不太了解，敷衍道："户部缺乏，容当陆续措给。"

朱由检似乎不太满意，对群臣说："崇焕疏中说，初三日将发生兵变，今已初二，此时即使发去已迟，无济于事。"其实他不太赞成用发内帑的办法消弭兵变，便进一步分析道："将与兵如能像家人父子，兵自不敢叛，也不忍叛。不敢叛者畏其威，不忍叛者怀其德，如何会有鼓噪之事？内帑外库俱系万民脂膏，原用来保封疆安社稷，如发去实在有用，朕决不吝惜！"

礼部右侍郎周延儒善于察言观色，附和皇上意思说："前此宁远兵变不处治，流水般地发饷，今又鼓噪，请发内帑。各边效尤，将成无底洞。"

朱由检对周延儒颇为器重，便询问："卿以为如何？"

其实周延儒并没有什么高见，泛泛而谈："臣不敢阻止皇上发内帑，如果处于安危呼吸之间，急于治标，当然要发。然而不是长策，还望皇上从长计议，画一经久之策。"

朱由检一听，正中下怀，说："此说良是。若是专一请帑，各边攀比，这内帑岂不涸之源，何以应之？"又说："尔等不肯大破情面，极力担当，动称边饷缺乏。朕每次下旨严催各地钱粮，通不解来。如此拖欠，粮饷何时得足？"看得出来，他对大臣们不下工夫征解钱粮，一味请发内帑十分反感，因为内帑毕竟是他的内府积蓄，岂可轻易调拨！他希望户部等衙门在外库方面多动脑筋，却又毫无成效。

说到这里，他有点激动了，借题发挥道："你们每每上疏求举行召对，文华商榷，犹然事事如故，召对都成旧套，商榷俱属虚文，何曾做得一件实事来！"

他愈说愈气愤，忧形于色："朕自即位以来，孜孜求治，以为卿等当有嘉谋奇策，召对商榷时，朕未及周知者，悉以入告，俱推诿不知，朕又何从知之！"

这一番训斥，吓得阁部大臣及文武百官个个战惧，不能仰对，反映了君主孜孜求治而群臣碌碌无为的明显反差，这种矛盾的演化，预示着他日后的朝政决不会十分顺利。不过，他还是按照阁臣的提议，准发袁崇焕饷银三十万两，把袁的请求之数打了个四折。

二、同室操戈：毛文龙之死

"毛文龙灭奴不足，牵奴则有余"

朱由检批准了袁崇焕所办的两件大事，即裁抚与请饷，接下来他要面对的是袁崇焕的第三个动作——对付驻扎皮岛多年的毛文龙。

毛文龙，浙江杭州人，年轻时穷困无赖，学麻衣相术，摆测字摊替人看相谋生。后浪迹江湖,从北京到了关外边塞,潦倒行伍二十余年。天启元年(1621年)被友人引荐给辽东巡抚王化贞,成为标下游击。辽阳失陷,他从海道遁回,乘虚攻下鸭绿江边的镇江堡。镇江堡即九连城,近鸭绿江入海口,位于定辽右卫(凤凰城)东南,与朝鲜义州隔江相望。王化贞授予他副总兵,命他驻守镇江堡。镇江堡失守后,他率部撤往鸭绿江口近海的皮岛,随后晋升为总兵。皮岛也称东江,又名椵岛,属朝鲜平壤府三和县,岛东西十五里、南北十里,与鸭绿江口的獐子岛、鹿岛构成三足鼎立之势。其地理位置居于辽东、朝鲜、山东登莱之中,号称孔道,颇具战略价值。毛文龙登岛后,披荆斩棘,筹备器用,召集流民,通行商贾,南货绸布,北货参貂,挂号抽税,不过几年就称为雄镇。

天启三年(1623年),毛文龙与部下计议:辽东要地唯金州,南通旅顺口,北至三牛坝,西通广宁,东可图复。此城若得,陆路可扼建州骑兵,水路可往登州运粮停泊。毛文龙率部将张盘等攻下金州,命张盘驻守金州,自己仍退回皮岛。以此战告捷,朝廷提升毛文龙为左都督挂将军印,赐尚方剑,认可他设镇皮岛。

当时朝廷上下都以为毛文龙在海外有牵制努尔哈赤军队的功劳,兵部的估价是:毛文龙灭奴(指奴儿哈赤,今写成努尔哈赤)不足,牵奴则有余。工科给事中杨所修的言论颇具代表性:"东方自逆奴狂逞以来,惟一毛文龙孤撑海上,日从奴酋肘腋间撩动而牵制之。""奴未出老寨,则不时攻掠,以阻其来;奴离穴窥关,则乘机捣袭,以断其后。"因此朱由校在给毛文龙的谕旨中多次称赞他:"多方牵制,使奴狼狈,而不敢西顾,惟尔是赖。"在派遣内官监太监王敏政、御马监太监胡良辅前往朝鲜册封国王李倧时,特地命他们转道前往皮岛,赏赐毛文龙银两、蟒衣,以示眷酬。

朱由检即位后,继承先帝对毛文龙的优容方针。毛文龙对朝廷大臣动加掣肘表示不满,上疏皇上说:"臣势处孤危,动遭掣肘,功未见其尺寸,怨已深于寻丈,而皇上知之否?"朱由检深表同情地答复他:"毛文龙本以义勇简任东江,数年苦心,朕所洞鉴,人言何足置辩!"户部以为毛文龙虚冒军饷,于崇祯元年六月派户部员外郎黄中色专理东江饷务,前往皮岛核实后,上报朝廷以东江兵员三万六千名之数发饷。毛文龙大为不满,认为派来查核军饷的黄中色,以一岛兵丁之数,谓各岛兵丁统在其中,太过于昧良心。

朱由检也不同意户部的这种做法,他在给毛文龙的批复中说:"辽民避难,屯聚海岛,荷锄是民,受甲即兵,难与内地金募额饷相同。文龙宜乘机奋勇,著有显效,谁得以糜饷借口!朕甚望之。"显然,朱由检不赞成以糜费军饷为借口对毛文龙进行钳制,而主张对远在海外孤军奋战的毛文龙采取特殊政策,不妨在军饷方面稍微宽松一点,以激励其奋勇报国之心。其实虚冒军饷是当时边防各镇的普遍流弊,并非毛文龙所独有。何况,毛文龙为了应付皮岛等岛屿及金州驻军的开支,除了朝廷的固定粮饷外,还与朝鲜、暹罗、日本交易货物,每月收入白银十万两,尽充军资。因此,朱由检所说"谁得以糜饷借口"是言之有理的。

"将江山而快私忿,操戈矛于同室"

袁崇焕履任后,他的头衔是督师蓟辽兼督登莱天津军务,以钦差大臣出镇行边督师,毫无疑问毛文龙在他的节制之下。他久闻毛文龙在海外多年,势如割据,不受节制,因此他在离京前就确定了对毛文龙的基本态度:可用则用之,不可用则除之。作为钦差督师的下马威,他首先试图从经济来源上卡住毛文龙,迫使其就范。在这种背景下,他申严海禁:不许登州一船出海,凡运往东江(皮岛)的物资装备,概由关门起运至宁远近海的觉华岛(今菊花岛),经督师衙门查验后,再经由旅顺口转运至东江;而先前由天津所运的粮料也改由觉华岛起运,全经督师衙门挂号,方许出海。这一举措不仅控制了毛文龙的粮饷装备供给渠道,而且切断了海上贸易的命脉,无异给了毛文龙致命的一击。

毛文龙只得向皇上申诉:"自从受几十份奏疏诽谤以来,早已心如死灰，只因圣恩未报，才力疾以做未完之事，这是臣的愚忠，并非栖栖恋位。谁知袁督师封锁登州沿岸，不许一船出海，以致客船畏法不敢前来。故尔部下士兵慌忙说：'是拦喉切我一刀，必定立死。'"

"拦喉切我一刀"，此话虽不免有点夸大其词，但多少还是道出了袁崇焕对毛文龙的基本态度。毛文龙上疏后，见皇上没有表态，于是再上一疏，倾诉他孤撑海外的苦衷。他说："臣受命九年，自身甘苦与敌方情势之本末，已报告多次。责臣虚冒军饷，是朝臣终于未明，使臣心蒙不白之冤。是臣以虚报多数以冒领军饷？以兵数定饷而贪图金钱？都不是。只不过力图恢复辽土，倘得饷具充足，便可乘机扫荡巢穴。"又说："臣一介末弁，孤处天涯，曲直生死，惟命是从，岂敢晓晓取憎？实在是文臣误臣，而非臣误国！"毛文龙似乎已经预感到将要发生的祸变，所以对皇上慨乎言之："诸臣独计除臣，不计除奴，将江山而快私忿，操戈矛于同室。"

"将江山而快私忿，操戈矛于同室"，看来并非耸人听闻之词，因为毛文龙讲此话时已离死期不远。朱由检毕竟是局外人，对袁、毛两人矛盾的激化程度没有深切的了解，故而对毛疏只是淡淡地答复："岛兵裁定，照额发饷，近已有旨。督师欲面咨筹略，军中一切事宜，当从长商榷。"他无论如何没有料到，时隔不久毛文龙即身首异处，无法"从长商榷"了。据后来袁崇焕向皇上报告："自去年十二月，臣安排已定，文龙有死无生矣。为文龙者，束身归命于朝廷，一听臣之节制，其能为今是昨非，则有生无死。无奈文龙毒之所积，殃及厥躬，皇上岂不以生物为心，无如彼之自作自受何？"

袁崇焕决心除掉毛文龙已成定局。他曾在皇上面前夸下五年平辽的海口，又手持尚方宝剑，统揽辽东军事指挥大权，不能容忍再出现先前那种"经抚不和"的互相掣肘现象，因此他要皇上撤销了辽东巡抚与登莱巡抚两个建制，对于一向不听节制的毛文龙当然不能坐视。然而毛文龙已尾大不掉，不仅有一支独立的毛家军(部下将领都改姓毛)，而且又深受皇上信赖,除了先斩后奏的非常手段,别无他法。

进士出身的袁崇焕毕竟比行伍出身的毛文龙精于算度,工于心计,而且督师的官衔和权力也使他处于主动地位。于是袁崇焕精心策划了一个圈套,让毛文龙来钻。

为了麻痹毛文龙,他请求皇上催促东江司饷户部郎中先凑发十万两军饷,以缓解毛文龙的怨气。他还以面授方略、商议东西夹击的军事计划为名,邀毛文龙离岛赴三岔、旅顺间。他的这一报告得到了朱由检的批准。

接下来袁崇焕便要设计杀毛文龙了。袁督师要斩毛帅,此事计议已久。据他日后的报告,崇祯元年奉命进京时与朝中大臣谈及毛文龙,对于大臣们的忧虑,他明确表示要"徐图之"——慢慢地收拾他。内阁辅臣钱龙锡为此事再三斟酌,亲自到袁崇焕寓所商议。当钱龙锡问及辽事,袁崇焕回答道:"当先从东江做起。"钱龙锡不解地问道:"舍实地而问海道,何也? 且毛帅亦未必可得力。"袁崇焕解释道:"可用则用之,不可用则杀之。"他还对钱龙锡说:"入其军,斩其帅,如古人作手,臣饶为也。"把他还未出关就要置毛文龙于死地的心态流露无遗。

毛文龙的命运就此决定了。袁崇焕出关后一时忙于平息宁远、锦州兵变,以及收拾关宁兵马,无暇顾及此事。待到关宁兵马收拾停当,便倾全力对付毛文龙。先是派文官以饷司名义前往皮岛监视,之所以不派武官而派饷司,是为了让毛文龙所部官兵有所利而无所疑,同时造成毛帅冒饷的舆论。接着又申严海禁,切断海上通道,一切粮饷物资均须经由宁远的督师衙门批发,造成毛文龙的经济窘境。到了这年十二月,袁崇焕所谓"徐图之"的计划已大体安排妥当,毛文龙"有死无生"已成定局。当毛文龙派人向袁督师索饷时,袁还佯装不知其详,故意在大庭广众之下说:"文官不肯体恤武官,稍有不合,便思相中,成何事体!既乏饷,何不详来?"于是把天津运来的粮饷拨十船发给来人,并写了一封亲笔信慰问毛文龙,还随船带去犒赏银两、猪羊酒面之类。据袁崇焕日后声称:"凡此,皆愚之也,文龙果堕彀中。"也就是说,他是双管齐下:一手钳制,一手迷惑。

毛文龙到底是一介武夫,至死都没有识破督师大人算计他的谋略。他还特地赶到宁远去参见袁督师,表示对顶头上司的礼节。袁崇焕为何不在宁远自己的地盘将毛擒杀? 那是考虑到毛的部下不能目睹,恐怕激成事变而负隅顽抗,残局反而不好收拾。因此,他决定深入海岛,到穴中擒虎。这次会晤时,他便与毛文龙约定,在双岛再次会面,兼带检阅东江官兵。

五月二十五日袁崇焕从宁远出发,经中岛、松木岛、小黑山、大黑山、猪岛、蛇岛、蝦蟆岛,二十九日抵达双岛(距旅顺陆路十八里、水路四十里)。毛文龙于三十日夜从皮岛赶来,次日前往督师船上拜谒,并呈上币帛酒肴等礼品,聊表欢迎之意。

过后不久,袁崇焕来到毛文龙的营帐回拜。寒暄过后,袁崇焕试探道:"辽东海外,止我两人之事,必同心共济,方可成功,历险至此,欲商进取大计。有一良方,不知患者肯服此药否?"

毛文龙随口应道:"某海外八年,屡立微功,因被谗言,粮饷缺乏,少器械、马匹,不能遂心。若钱粮充足,相助成功,亦非难事。"

袁崇焕起身告辞,对送行的毛文龙说:"舟中不便张筵,借帐房于岛岸饮。"

毛文龙礼貌而恭敬地答应了。

六月初三日,袁崇焕登上双岛,毛文龙率东江将官列队欢迎。入帐后,毛文龙的卫士带刀环侍于袁督师身边;叱退后,两人密语至三更。

次日,毛文龙设筵为督师大人接风,又密语至晚。此中密语,据袁崇焕奏报,大致如下:

袁试探道:"久劳边塞,杭州西湖尽有乐地。"

毛应道:"久有此心,但惟我知灭奴孔窍,灭了东夷,朝鲜文弱,可袭而有也。"

袁说:"朝廷不勤远略,当有代君者。"

毛问:"此处谁代得?"

看似闲聊的对话中已隐约可闻些许火药味了,袁督师要毛帅告老还乡,毛帅则反唇相诘,大有此地舍我其谁的意思。

袁崇焕调换话题,借口要赏赐毛部官兵每人银一两、米一石、布一匹,向毛索要其兵将花名册。毛不愿亮出家底,漫应道:"本镇所带亲丁,现在双岛者三千五百余人耳,明日领犒。"

其间,袁崇焕还通过毛文龙的随从转达改编部队、听从节制、设置道厅行政机构等事宜。毛文龙同意编营伍、受节制两项,而不同意设道厅。他对副将汪翥说:"我姑以此了督师之意,其实营制难,我只包管东事便了。"

袁督师斩毛帅

六月五日,袁崇焕在双岛召集毛部将士,犒赏随毛前来的三千五百余人,每官一名赏银三两至五两,每兵一名赏银一钱,并补发东江饷银十万两。毛文龙进入袁崇焕营帐面谢,袁问:"镇下各官,何不俱来见?"毛当即召来部下将官,袁便逐个询问姓名,不料都回说姓毛,什么毛可公、毛可侯、毛可将、毛可相,一百二十人都姓毛。毛文龙在一旁解释说:"俱是敝户小孙。"

袁说:"你们那里都姓毛!是出乎不得已。这样好汉,俱人人可用。我宁前(宁远前线)的官有许多俸,兵有许多粮,尚然不能饱,你们海外劳苦,每名只得米一斛,甚至家有数口,俱分食这米。乏亿至此,情实痛酸。你们受我本部院一拜。为国家出力,自后不愁无饷。"这一席话既有同情又有煽惑,不加掩饰地流露了要收拾毛文龙、整编其军队的意思。

毛部将官感泣叩头后，袁崇焕便单刀直入，责问毛文龙："本部院节制四镇，清严海禁，实恐天津、登莱受腹心之患。今请设东江饷部，钱粮由宁远达东江亦便。昨与贵镇相商，必欲解银自往登莱籴买。又设移镇，定营制，分旅顺东西节制，并设道厅稽查兵马钱粮实数，俱不见允。终不然，只管混账过去，费坏朝廷许多钱粮，要东江何用？本部院披肝沥胆，与你谈了三日，只道你回头是迟也不迟。那晓得你狼子野心，总是一片欺诳，到底目中无本部院犹可，方今圣天子英武天纵，国法岂容得你！"

不待毛文龙分说，袁便当众宣布毛文龙十二条当斩之罪：

一、九年以来，兵马钱粮不受经略、巡抚管核；

二、全无战功，却报首功；

三、刚愎撒泼，无人臣礼；

四、侵盗边海钱粮；

五、自开马市，私通外夷；

六、亵朝廷名器，树自己爪牙；

七、劫赃无算，躬为盗贼；

八、好色诲淫；

九、拘锢难民，草菅民命；

十、交结近侍；

十一、掩败为功；

十二、开镇八年，不能复辽东寸土。

这十二条中只有二三条够得上称为罪状，其余各条大多为官场与军队通病，并非毛文龙所独有。如果以此定当斩之罪，那么当斩的官僚、将领多得很，何必定要斩毛文龙不可！这是令毛文龙和旁观者无法心服口服的，然而此时已无讨价还价的余地了。

袁崇焕说完十二条当斩之罪后，便向西（面向京城）请命："缚文龙，去冠裳！"

毛文龙被这突然袭击弄得莫名其妙,毫无思想准备,一向桀骜不驯的他岂肯在自己的地盘就范,倔强地不愿束手就缚。

袁崇焕申斥道:"你道本部院是个书生,本部院是朝廷一个首将!……尔欺君罔上,冒兵克饷,屠戮辽民,残破高丽,扰登莱,害客商,掠民船,变人名姓,淫人子女,尔罪岂不应死?"

似乎意犹未尽,他又大声说:"今日杀了毛文龙,本部院若不能恢复全辽以还朝廷,愿试尚方(剑)以偿尔命!"

他对东江各官说:"毛文龙如此罪恶,尔等以为应杀不应杀?若我屈杀文龙,尔等就来杀我!"说罢作了一个延颈就戮的姿势。其实他早已命随行的参将谢尚政等布置停当,毛的部将已无反抗的可能。众官相视失色,叩头哀告。

袁崇焕厉色说:"文龙一匹夫耳,以海外之故,官至都督,满门封荫,尽足酬劳,何得借朝廷之宠灵,欺诳朝廷,无法无天!夫五年平奴,所凭者祖宗之法耳。法行自贵近始,今日不斩文龙,何以惩后?皇上赐尚方(剑)正为此也。"

毛文龙听了此话,以为处死他乃是皇上的旨意,神色颓丧,一时语塞,连连说:"文龙自知死罪,只求恩赦。"

袁崇焕毫不松口:"你不知国法久了,若不杀你,东江一块土非皇上所有!"他朝西叩头请旨,说:"臣今诛文龙,以肃军政,镇将中再有如文龙者,亦以是法诛之。臣五年不能平奴,求皇上亦以诛文龙者诛臣!"说罢,取下尚方宝剑,交给旗牌官,立即将毛文龙斩于帐前。又对东江官兵说:"我今日只斩文龙一人,以安海外兵民,这是杀人安人,尔等各官照旧供职,各复原姓,为国家报效,罪不相及。"

接着,他宣布改编东江军队,分为四协,分别由毛文龙之子毛承禄、旗鼓中军徐敷奏、游击刘兴祚、副将陈继盛统辖,东江一切事权由陈继盛代管。

次日,袁崇焕为毛文龙举行祭礼,在他的灵柩前拜祭道:"昨日斩尔,乃朝廷大法;今日祭尔,乃我辈私情。"

六月初九日,袁崇焕离开双岛登舟启程,经旅顺返抵宁远。

"室戈方操几时休"

袁崇焕先斩后奏,杀了毛文龙,再把此事报告皇上。他在这篇洋洋数千言的奏疏末尾写道:"……但文龙大帅,非臣所得擅诛。便宜专杀,臣不觉身蹈之。然苟利封疆,臣死不避,实万不得已也。谨据实奏闻,席藁待诛,惟皇上斧钺之,天下是非之。臣临奏不胜战惧惶悚之至。"这是他当时心态的真实流露,尽管皇上赐予尚方宝剑,可以便宜行事,但毛文龙也有先帝所赐尚方宝剑在手,与一般总兵的地位迥异。大敌当前,未经请示,竟然擅杀一名大帅,此事非同小可,无怪乎他要"战惧惶悚之至","席藁待诛"了。

朱由检接到这一消息,大为震骇。《明史·袁崇焕传》说:"帝骤闻,意殊骇。念既死,且方倚崇焕,乃优旨褒答。俄传谕暴文龙罪,以安崇焕心。"他不得不改变先前对毛文龙的优容态度,支持袁崇焕,于六月十八日批复袁崇焕:"毛文龙悬踞海上,糜饷冒功,朝命频违,节制不受,近复提兵进登索饷要挟,跋扈有迹,犄角无资。卿能声罪正法,事关封疆安危,阃外原不中制,不必引罪。一切处置遵照敕谕,听便宜行事。"

几天之后,朱由检又向兵部发去一道谕旨,重申他对袁崇焕斩毛帅的看法:

> 朕以东事付督师袁崇焕,固圉恢疆,控御犄角,一切阃外军机,听以便宜从事。岛帅毛文龙悬军海上,开镇有年,动以牵制为名,案验全无事实,剿降献捷,欺诳朝廷,器甲刍粮,蠹耗军国……近乃部署夷汉多兵,泛舟进登(州),声言索饷,雄行跋扈,显著逆形。崇焕目击危机,躬亲正法,据奏责数十二罪状,死当厥辜。大将重辟先闻,自是行军纪律。此则决策弭变,机事猝图,原不中制。具疏

待罪，已奉明纶，仍着安心任事。

这一事件的处置，对于朱由检而言，实在是不得已而为之。因为他已把辽事全盘托付给了袁崇焕，由袁崇焕全权处理，将在外君命有所不受，处死跋扈的毛文龙自然难以问罪。他只要求袁崇焕能实现其立下的五年平辽的军令状，在此前提下，一切都可以听任他便宜行事。

对于袁崇焕而言，杀毛文龙可以说是犯了一个大错误，对己对国都没有好处。对己而言，他自己在杀毛文龙之前曾发誓"我若不能恢复辽东，愿齿尚方（剑）以谢尔"；在给皇上的奏疏中也说"臣五年不能平奴，求皇上亦以诛文龙者诛臣"。这就把自己逼上了绝路，如果不能实现他五年复辽的许诺，那么日后的下场也许比毛文龙更惨。正如谈迁所说："（袁氏）杀岛帅（毛文龙），适所以自杀也。"对国而言，临敌斩帅乃兵家之大忌，同室操戈，使皇太极消除后顾之忧，坐收渔翁之利。这一切，不幸而被毛文龙所言中："将江山而快私忿，操戈矛于同室。"

令人惊讶的是，袁崇焕在杀了毛文龙之后也流露出这样的心情。他先是以朋友私交为毛文龙作了沉痛的祭奠，又在归途中赋诗一首，不加掩饰地抒发了同室操戈的遗憾之感：

> 战守逶迤不自由，偏因胜地重深愁。
>
> 荣华我已知庄梦，忠愤人将谓杞忧。
>
> 边衅久开终是定，室戈方操几时休。
>
> 片云孤月应肠断，椿树凋零又一秋。

"室戈方操几时休"，透露了袁崇焕当时的复杂心情。

诚然，毛文龙飞扬跋扈、不听节制、虚报冒饷，犹如割据一方的军阀。夏允彝的评论还是比较客观公正的："文龙当辽事破坏之后，从岛中收召辽人，牵制金、复、海、盖（按：指辽东半岛金州、复州、海州、盖州四卫之地),时时袭东,有所斩获,颇有功。但渐骄恣,所上事多浮夸,索饷又过多,朝论多疑而厌之者,以其握重兵,又居海岛中,莫能难也。"袁崇焕之杀毛文龙反映了朝论的这种倾向。

但是,从全局看,毛文龙作为平辽将军,毫无疑问对后金是一大威慑力量,有着不可忽视的牵制对方军事力量的战略意义,即所谓"奴离窥关,则乘机捣袭,以断其后"。这是后金当局进关骚扰的最大后顾之忧。即使袁崇焕本人也不得不承认这点,他在给皇帝的奏疏中说:"东江一镇,乃牵制之必资也。"所以后金将毛文龙视为眼中钉,每欲派兵征讨,又试图招降,都没有收到什么效果。皇太极无法做到的事,袁崇焕帮他做到了,这岂不令亲者痛仇者快吗?毛文龙被杀的直接后果,便是几个月之后发生的己巳之变。这一事件从反面证明了毛文龙的牵制作用一旦解除,后金兵便可肆无忌惮地长驱南下,骚扰京畿重地达数月之久,足以发人深省。

袁崇焕斩毛帅之事,由于皇帝明确表态支持,朝中无人敢持异议。待到己巳之变,敌人兵临北京城下,袁崇焕被逮下狱后,人们似乎看清"斩帅"的直接后果,纷纷发表评论。候补比科阮震亨在传闻东江毛文龙部将有背叛迹象时,表示不胜惊忧。他指出,弹丸海岛一旦落入敌人手中,实足以为明朝之大患,扬帆上下,可以无所不攻。

兵科给事中陶崇道也以"岛兵告变",指责袁崇焕"借以行其私","毛文龙无罪就戮",为今之计,应当尽快把在京师的毛文龙之子承禄派去安抚。但为时已晚,毛文龙的部将孔有德、耿仲明等人在登州公然发动武装叛乱,所向披靡,酿成山东大乱。它以一种令人遗憾的方式向人们表明:毛文龙的军队并非袁崇焕所说的那样只会冒饷不会打仗。不久,孔、耿率部投降皇太极,日后成了南下攻伐的一支相当有杀伤力的武装。当然,孔、耿的叛变责由自负,但袁崇焕"斩帅"起到了为渊驱鱼、为丛驱雀的作用,则是不可否认的。

李光涛先生早在二十世纪四十年代撰写长篇论文《毛文龙酿乱东

江本末》，探幽索微，清理了毛文龙史迹，为后人研究这段历史奠定了坚实的基础。但是他不知出于何种考虑，把毛文龙在东江的作用全盘否定，说毛文龙"一无是处"，断言道：袁崇焕斩所当斩，毛文龙死且有余辜。这种过于偏激的结论，实在是大有商榷余地的。近年来，阎崇年先生则从评价袁崇焕为民族英雄的立场上，为其"斩帅"百般辩解，极力证明袁崇焕杀毛文龙"一无错处"。用心颇为良苦，终难令人心悦诚服。笔者无意为毛文龙翻案，只不过力求把毛文龙之死的真相告诉读者。读者诸君或以为拙著所述不可凭信，不妨披阅李、阎的论著，再作深入的思索，以澄清这桩历史公案。

三、己巳之变：袁崇焕的悲剧

同室操戈的后患

袁崇焕杀毛文龙，为后金军队大举南下解除了后顾之忧，终于导致兵临京都城下的己巳之变。

崇祯初年，明朝的北方边防形势颇为吃紧，除了要对付辽东的后金，还要对付漠南的蒙古，他们的铁骑随时可以从山海关至居庸关一线威胁北京。因为这个缘故，朱由检在任命袁崇焕为督师出山海关处理辽东军务的同时，根据袁崇焕的推荐，任命三朝元老王象乾以兵部尚书兼右都御史督师行边，抚驭漠南蒙古，总督宣（府）大（同）。

当时漠南蒙古的插汉虎墩兔攻掠哈喇慎、白黄台吉、卜失免诸部，危及宣府、大同。朱由检在平台召见王象乾时，讨论了这一形势。

朱由检说："卿三朝元老，忠猷素著，见卿矍铄，知督师袁崇焕荐举不差。有何方略可面陈来？"

王象乾以他多年之经验，力主招抚插汉虎墩兔，建议把他们安插在蓟镇沿边住牧，为我藩篱，东拥关门，以断右臂，则永无边患。

朱由检不无担忧地问:"插汉如不愿受抚,怎么办?"

王象乾答:"从容联络,抚亦可成。"

朱由检仍感疑惑,说:"御房当恩威并济,不可专恃羁縻。"

这时,在一旁的阁臣刘鸿训插话:"闻虎酋知王象乾至,退六百里。"朱由检立即追问:"退去在何地方?"刘鸿训答不上来,王象乾接话:"退去直北砂碛中。"朱由检又问:"倘款事不成,如何?"

王象乾便向皇上悄声密语一番。

朱由检听后很高兴地说:"卿年虽逾八十,精力尚强,朕心甚悦。卿抚插酋于西,袁崇焕御敌于东,恢复成功,皆赖卿等之力。"显然,他对于任用袁、王两位督师是很满意的,对他们寄予很大的期望,一东一西联手御敌,以求恢复成功。为此,他特意叮嘱王象乾,去和袁崇焕共同协调边防大计。

王、袁二督师计议的结果,不谋而合,正所谓英雄所见略同:抚西以拒东。这个道理很简单:"西靖而东自宁,虎(墩兔)不款,而东西并急。"抚西以拒东的战略方针自有可取之处,使明朝可以集中兵力于辽东;但是也透露出王、袁二人对边防缺乏信心,不得已而求其次。文秉对此的评论是有道理的:"崇焕原知辽不可复,冀以款羁縻岁月耳。观其举荐象乾意可知矣。盖象乾专主抚也。"后来的事实表明,他们的方略并未奏效,因为皇太极也深知漠南蒙古地位的重要性,极力拉拢,又是联姻,又是盟誓,又是封赏,力图为其南下寻找更多的突破口。双方为争取漠南蒙古展开竞争,看来皇太极的抚驭手段略占上风。这就使明朝北方边防出现了隐患,后金武装随时都可能乘虚而入。

辽东明军内部同室操戈,袁崇焕杀毛文龙,为皇太极发兵南下提供了一个极佳时机。

崇祯二年(1629年)十月下旬,皇太极率后金兵与蒙古兵约十万之众,避开袁崇焕在宁远、锦州一线的重兵,绕道辽西,经由哈喇慎部,选择明朝边防薄弱环节下手。他们早已侦知:蓟门一带"兵马瘦弱,钱粮不敷,边堡空虚,戈甲朽坏"。因此,很快突破喜峰口以西的长城边隘大安口、龙井关、马兰峪——乘虚而入,几乎没有遇到什么有效的阻击,就兵临长城南面的军事重镇遵化城下。

遵化县城距北京不过二三百里,满洲铁骑不日即可威胁京师,这一惊非同小可!十一月初一日,京师宣布戒严。

长城以南遵化至蓟州一线,属于总理蓟辽刘策的防区,关内防守疏虞,刘策负有直接责任。袁崇焕此时"治兵关外,日夕拮据"(朱由检语),自顾不暇,但他毕竟身负督师蓟辽的重任,从广义上讲,整个顺天府都在蓟州镇的防务辖区之内,他当然是责无旁贷的。于是他立即派遣总兵赵率教前往救援。赵率教原任蓟镇总兵,现已调任山海关总兵,是一员骁将,又熟悉蓟镇一带情况。他接到命令后,火速驰援,三昼夜抵三屯营(蓟州镇驻地),总兵朱国彦不让他的部队入内,便策马而西。十一月初四日,赵率教在遵化城下与满蒙骑兵激战,身中流矢阵亡,全军覆没。赵率教为将廉勇,待士有恩,勤身奉公,劳而不懈,与满桂并称良将。朱由检获悉赵率教阵亡,痛为哀悼,下旨赐恤典,立祠奉祀。

次日,敌兵包围遵化县城,城中起火,守军崩溃,巡抚王元雅自缢,三屯营副总兵朱来同等挈家眷潜逃。总兵朱国彦愤怒至极,把逃跑将领姓名张榜于大街,然后偕妻子张氏上吊自杀。朱由检得报,十分气愤,在平台召见廷臣,责备边防无效,询问御敌方略。

袁崇焕获悉敌兵来势凶猛,便于十一月初五日亲自督率副总兵张弘谟,参将张存仁,游击于永绥、张外嘉、曹文诏等进关增援。次日,又调参将郑一麟、王承胤,游击刘应国及总兵祖大寿接应。袁崇焕向皇上奏报了入援部署:以前总兵朱梅、副总兵徐敷奏守山海关;参将杨春守永平;游击满库守迁安;都司刘振华守建昌;参将邹宗武守丰润;游击蔡裕守玉田;昌平总兵尤世威还镇,护诸陵;宣府总兵侯世禄守三河,扼其西下;保定总兵曹鸣雷、辽东总兵祖大寿驻蓟州,遏敌;袁崇焕自己率大军居中应援。

朱由检接到袁崇焕的奏报,立即表示赞许:"卿部署兵将精骑,五枝联络并进,蓟兵总属节制,分合剿袭,一禀胜算。宁镇守御,当有调度,相机进止,惟卿便宜。卿前在关忧蓟,遣兵戍防,闻警驰援,忠猷具见,朕用嘉慰。"

十一月初十日,刚入阁办事的大学士成基命鉴于形势严峻,向皇上力荐原任内阁辅臣孙承宗为兵部尚书兼中极殿大学士,督理兵马钱粮,驻通州,以控御东陲,确保京师安全。

朱由检召见了刚履任的孙承宗,磋商京师防务大计。

孙承宗对皇上说:"臣闻袁崇焕驻蓟州,满桂驻顺义,侯世禄驻三河,此为得策。又闻尤世威回昌平,世禄驻通州,似未合宜。"孙承宗是老资格的军事家,久历战阵,对袁崇焕过于收缩防线于京师外围的消极部署有不同的看法,他只赞同防守蓟州、顺义、三河一线,而不赞同退守昌平、通州一线。

朱由检问:"卿欲守三河何意?"

孙承宗答:"守三河可以沮(敌)西奔,遏(敌)南下。"三河位于蓟州与通州之间,守住三河可以挫败敌军进犯通州逼近京师的企图,也可以防其南下香河、武清包抄京师南翼。

朱由检一听,点头称善,说:"若何为朕保护京师?"

孙承宗说:"当缓急之际,守陴人苦饥寒,非万全策。请整器械,厚犒劳,以固人心。"并提出了一些具体计划,颇为朱由检所赞许。

朱由检见孙承宗对京师防务胸有成竹,便改变了对他的任命,说道:"卿不须往通(州)。"说罢,他关照内阁首辅韩爌起草敕文:"其为朕总督京城内外守御事务,仍参帷幄。"传谕各有关衙门,并为孙承宗铸造关防。

孙承宗告辞皇上出宫时,已经是深夜了,还披星戴月地检阅了都城的防务。殊不知,到了次日半夜,朱由检又改变了主意,传旨孙承宗驻守通州。当时战火已接近京城四郊,孙承宗从东便门出城,率二十七骑冒着烽烟疾驰通州。赶到通州,他立即与保定巡抚解经传、御史方大任、总兵杨国栋登城固守。

皇太极的离间计

此次虏变,朱由检对兵部反应的迟钝十分不满。兵部尚书王洽不习边事,闻警后仓皇失措,遵化陷落后三日才上报,朱由检对他侦察不明大为恼怒。礼部侍郎周延儒说"本兵(兵部尚书)备御疏忽,调度乖张";检讨项煜也对王洽提出责难,并援引前朝世宗皇帝斩兵部尚书丁汝夔,将士震悚,强敌宵遁的先例,要皇上严惩王洽。朱由检深以为然,便下旨将王洽逮入狱中。王洽,山东临邑人,万历三十二年进士,仪表颀伟,坐堂上,吏民望之若神明,为官虽廉能,却疏于军事,崇祯元年代替王在晋为兵部尚书。朱由检在召对时,见王洽相貌极伟岸,便私语道:"好似门神!"有一个姓周的算命人听说后,就扬言:"中枢之座不久矣!"因为门神一年即换,事情果真如此。

十二日晚,朱由检向内阁发去一道谕旨,对连日来的军情表示忧虑:"连日不见动静,恐别有深谋。崇焕既屯蓟门,倘西绕密西、潮河、古北等处,东袭永平、关宁及他空虚,间道、捷要、隘口俱宜周防。卿等即传与崇焕,远行侦察,预为筹度。若得的确情形,速行具奏。"其实敌军的意图并不是东袭永平、关宁等空虚间道,而是矛头直指北京。

袁崇焕奉旨侦察后发现,敌兵已越过蓟州向西进发,便率兵跟踪。这是一招错着,理应狙击,而非跟踪。于是乎,敌兵连陷京城东面屏障玉田、三河、香河、顺义等县。

十一月十五日,袁崇焕赶到河西务,与诸将计议前往北京。副总兵周文郁极力反对,说:"大兵宜迎击敌军,不宜入都。况且敌军在通州,我屯张家湾,离通州十五里,粮饷取给于河西务,理应在此战守。"又说:"外镇之兵,未奉明旨而轻易进至京师城下,断断不可。"袁崇焕不听,固执己见:"君父有急,顾不了这些,倘能济事,虽死无憾。"在这种思想指导下,他率师直奔北京,于次日晚抵达广渠门外。

这一决策铸成了大错。本来应把来犯之敌阻挡于蓟州至通州一线,展开决战,以确保京都安全;现在他舍弃了这个上策,先是跟蹑敌后,后又退保京都,无异于纵敌深入,把战火引到了京城之下。此其一。袁崇焕的这种消极战略,引起了住在京师城外的戚畹中贵的极大不满,他们纷纷向朝廷揭发其罪状:"崇焕虽名入援,却听任敌骑劫掠焚烧民舍,不敢一矢相加。城外戚畹中贵园亭庄舍,为敌骑蹂躏殆尽。"当时民谣说:"投了袁崇焕,东人跑一半。"此其二。其三,袁崇焕不曾料到,皇太极施离间计,散布谣言说后金与袁崇焕有密约在先,故意引建州兵入内地。此举恰恰印证了这一谣言,激起公愤。

关于这一密谋,颇类似于《三国演义》中的蒋干盗书,伎俩并不高明。策划人是当时任后金章京的范文程,他随皇太极攻下遵化后,见袁崇焕重兵在前,即"进密策,纵反间"。皇太极在广渠门战败后,嘱咐副将高鸿中与参将鲍承先,故意在俘虏的明朝太监杨某面前低声耳语:"今日撤兵,乃上(指皇太极)计也。项见上单骑向敌,有二人来见上,语良久,乃去。意袁巡抚(指袁崇焕)有密约,此事可立就矣。"杨太监佯卧窃听,悉记其言。第二天,皇太极故意把杨太监放归。杨某进宫后,把此事密告皇上。这一切,袁崇焕全然不知。这是后话,暂时按下不表。

且说袁崇焕在前往京城的途中,上疏向皇上引咎自责。朱由检下旨安慰:"卿治兵关外,日夕拮据而已,分兵戍蓟,早见周防,关内疏虞,责有分任。既统兵前来,其一意调度,务收全胜,不必引咎。"十七日晚,袁崇焕率军抵达广渠门外。当时京师戒严,塘报无法送入,到半夜才驰奏朝廷:"建虏薄城下。"次日,消息传开后,舆论哗然,都人竞谓崇焕召敌。

二十日,宣府总兵侯世禄、大同总兵满桂屯兵德胜门,与来犯之敌展开血战。城上守兵发炮助战,误伤满桂所部将士,满桂本人也负伤,率败兵百余人退入关帝庙中,以后又避入德胜门瓮城。与此同时,袁崇焕率总兵祖大寿在广渠门与敌人展开一场殊死战,身先士卒的袁崇焕差点被敌刀砍中。几经交战,终于取得开战后第一场大胜,迫使皇太极退兵南海子。皇太极的反间计就在这时炮制出笼。

"着锦衣卫拿掷殿下"

二十三日,朱由检在平台召见了袁崇焕、满桂、祖大寿、黑云龙等将领,以及新任兵部尚书申用懋。这时,朱由检已经相信关于袁崇焕与皇太极有密约的谣言,但为了稳定军心,驱逐来犯之敌,也为了嘉奖德胜门、广渠门之战有功人员,他以若无其事的姿态召见这些臣下。袁崇焕虽不知皇太极的反间计,但鉴于自己曾在皇上面前夸下海口,如今平辽不仅未见成效,反而导致兵临城下的危局,颇感自咎,心中忐忑不安。接到皇上的召见令,做好最坏的准备,脱去官服,穿青衣戴玄帽进宫。见到朝臣,便极力言说敌军不可抵挡之势,以耸人听闻,企图由朝臣出面提出城下之盟,促成敌军撤退。他甚至向朝臣扬言:"东人此来要做皇帝,已卜某日登极矣!"举朝一片疑惑,户部尚书毕自严吃惊得舌头伸出久久不能缩回。见了皇上,他又强调了局势危急。

朱由检则顾左右而言他,拒不表态,只是对袁崇焕等人深加慰劳,把自己身上的貂裘大衣解下来,给袁崇焕披上,随即向他征询了战守策略。袁崇焕在回答时,忌惮皇上英明,始终不敢提及和议之事。当他提出连日征战,士马疲惫不堪,请求援引满桂进入德胜门瓮城的先例,准予入城休整时,皇上毫不犹豫地拒绝了他的请求。朱由检对袁崇焕已有戒备之心,只是隐晦不显而已。

袁崇焕却毫无察觉,仍倾全力于督战歼敌。二十七日,他派出五百人的特遣队,持火炮潜往南海子附近,炮击皇太极军营,迫使皇太极逃遁。此后几日,京城外围局势趋于平静。

十二月初一日,朱由检作了一系列布置,特别是任命司礼监太监沈良佐、内官监太监吕直提督九门及皇城门,司礼监太监李凤翔总督忠勇营、提督京营。很明显,这是把京城及皇城的警卫置于自己的直接控制之下,以应付不测事件。做好这一布置后,他下令在平台召见袁崇焕。

此时袁崇焕正在指挥副总兵张弘谟等率部追踪敌军。听到来使传旨"皇上召见议饷",便丢下军务赶往宫中。由于有前几天的召见在先,袁崇焕见皇上仍一如既往地信赖他,没有上次召见时那种惶恐心情。殊不知,皇上召对并非议饷,而是宣布将他逮捕入狱。这一突如其来的打击,令袁崇焕大惊失色,也出乎其他应召的将领们意料。

朱由检在召见袁崇焕之前,密敕满桂、黑云龙、祖大寿同时赴召。当袁崇焕进宫走了几步,便有一名太监出来对他说:"万岁爷在平台,速入!"他疾步趋入平台时,见满桂等人已经先到。

见面后,朱由检直截了当地问袁崇焕杀毛文龙、致敌兵犯阙及射满桂三事。这话的言外之意,朱由检没有挑明,那就是杨太监窃听来的皇太极与袁崇焕有密约的传言。他把先前的杀毛文龙与今日的带兵逗留京城的事,一并与所谓密约联系起来,所以问了一句令袁崇焕丈二和尚摸不着头脑的话。袁崇焕其实并没有与皇太极有什么密约,只不过有过几次和议——互相试探的缓兵之计而已。对于皇上的问话,他竟一时语塞,无言以对。

朱由检以为他默认了,便命满桂脱去衣服验示所受之伤,那意思是指责袁崇焕蓄意而为。其实当时满桂战于城北,袁崇焕战于城南,互不相干,满桂所受的伤乃城上守军发炮所致。朱由检不分青红皂白地厉声下令:"着锦衣卫拿掷殿下!"锦衣卫的校尉们一拥而上,把袁的朝服脱去,扭押到西长安门外的锦衣卫大堂,发南镇抚司监候。

袁崇焕的爱将祖大寿在旁目睹他所敬仰的督师被逮的情景,大为惊讶,以致战栗失措。这对于一名血战沙场多年的骁将而言,实在是非同寻常的。在一旁的大学士成基命细心观察到了祖大寿的"心悸状",立即顿首请皇上慎重慎重再慎重,并说:"敌在城下,非他时比。"皇上不听。阁臣们极力劝谏,对皇上晓之以理:"临敌易将,兵家所忌。"朱由检回答道："势已至此,不得不然。"看得出来,他是有不得已的苦衷的。但是又不能把关于密约的传言公然放到桌面上,所以他在与督师大学士孙承宗谈及此次处分袁崇焕时,只是追究他作为督师的失职,丝毫未涉及其他因素。他说："朕以东事付袁崇焕,乃胡骑狂逞,崇焕身任督师,不先行侦防,致(敌)深入内地。虽兼程赴援,又钳制将士,坐视淫掠,功罪难掩,暂解任听勘。"理由固然冠冕堂皇,但他没有考虑其后果将会多么严重。

第二天(十二月初二日),朱由检又作出了两项重大决定。其一是鉴于城外战火激烈,暴露了城防工事偷工减料、敷衍潦草的问题,亲自下令把负有责任的工部尚书张凤翔逮捕入狱,把营缮司郎中许观吉、都水司郎中周长应、屯田司郎中朱长世等直接责任者廷杖八十。阁臣们一起祈请宽宥,朱由检对他们解释道："目下与敌止隔一墙,宗庙社稷都靠这堵墙,这墙一倒,宗庙社稷都没靠了,岂不可重处?"许观吉、周长应、朱长世三人年老体弱,都毙于杖下。其二是提拔大同总兵满桂总理节制各路勤王之师。

然而,朱由检没有考虑到主帅被逮后辽兵的动向,这是一个不可忽视的潜在危险。当时的兵部职方司郎中余大成看到了这一点,在十二月初二日向顶头上司新任兵部尚书梁廷栋及时提醒："敌势甚炽,辽兵无主,不败即溃耳。今日之策,莫若出崇焕以系军心,责之驱逐出境自赎,既可以夺深入者之魄,又可以存辽左之兵。"

梁廷栋不以为然："辽兵有祖大寿在,岂遂溃哉!"

余大成说："乌有巢倾鸟覆而雏能独存者乎? 大寿武人,决不从廷尉望山头矣!"

梁廷栋立即把这一意见转告了在朝房的同僚,刚入阁的辅臣周延儒问余大成："公虑祖大寿反耶?"

余大成作了肯定的回答。周延儒再问:"迟速?"

余大成答:"不出三日。"

周延儒不解地问:"何也?"

余大成解释道:"(袁崇)焕始就狱,(祖大)寿初意其必释,今日则庶几有申救而出之者。至三日,则知上意真不可回,而廷议果欲杀焕矣。寿与焕功罪惟均者也,焕执而寿能已耶?不反何待?"

周延儒点头道:"奈何?"

事态的发展果然不出余大成所料。辽兵平素对袁督师十分感戴,祖大寿又与满桂抵牾,袁督师被逮,要祖大寿听满桂节制,激起辽兵不满。祖大寿唯恐遭到皇上惩处,便在十二月初四日早晨悍然率部东行——欲归宁远。这一突发事件引起朝廷上下震惊,敌兵还未退去,一支最有战斗力的劲旅撤走,形势堪忧。

兵部尚书梁廷栋立即奏报皇上,并说:"臣司官余大成能先见,乞诏问之。"朱由检便命余大成前来召对。余大成对皇上说:"(祖大)寿非敢反朝廷也,特因崇焕而惧罪,欲召寿还,非得崇焕手书不可。"

朱由检以为言之有理,责问梁廷栋道:"尔部运筹何事?动辄张皇,事有可行,宜急图无缓。"

于是阁部九卿一行人等赶忙来到狱中,对袁崇焕多方开导。袁崇焕执意不肯:"寿所以听焕者,督师也。今罪人耳,岂尚能得之于寿哉!"众人开譬百端,袁崇焕始终以为不可,还说未奉明诏,不敢以缧臣与国事。

余大成对他晓以大义:"公孤忠请姐,只手擒辽,生死惟命,捐之久矣!天下之人莫不服公之义,而谅公之心。臣子之义,生杀惟君,苟利于国,不惜发肤,且死于敌与死于法孰得耶?明旨虽未及公,业已示意,公其图焉!"

袁崇焕这才欣然从命,当即写了致祖大寿的蜡书,言辞极其诚恳地要他顾全大局。

朱由检根据廷臣的建议,派专人持袁崇焕蜡书前往召回祖大寿,同时又要督师大学士孙承宗以个人影响安抚祖大寿。他在谕旨中强调指出:"祖大寿及何可纲、张弘谟等,血战勇敢可嘉,前在平台面谕,已明令机有别乘,军有妙用。今乃轻信讹言,仓皇惊扰,亟宜儆省自效,或邀贼归路,或直捣巢穴,但奋勇成功,事平论叙。夫关宁兵将乃朕竭天下财力培养训成,又卿旧日部曲,可速遣官宣布朕意,仍星驰抵关,便宜安辑。"

却说手持袁崇焕蜡书的信使星夜疾驰,终于在距锦州一日路程的地方追上了祖大寿一行人等。祖大寿下马捧读督师手书,泣不成声,一军尽哭,但还拿不定回师的主意。随军同行的祖大寿老母,年已八十有余,问明缘由后,果断地说:"所以致此,为失督师耳。今未死,尔何不立功为赎,后从主上乞督师命耶?"将士们听了,无不踊跃,祖大寿这才下令回兵入关,收复永平、遵化一带。

朱由检闻讯,大喜过望。他原本对袁崇焕疑心重重,及至听说所复地方皆辽兵之力,顿时又闪现出欲重新起用袁崇焕于辽东的意念,甚至还说出"守辽非蛮子不可"的话。所谓"蛮子",是朱由检对广西人袁崇焕的一种昵称。袁崇焕的命运似乎有了转机。

与此同时,孙承宗也在从中斡旋。他希望皇上对祖大寿的行动表示谅解,指出:"大寿危疑既甚,又不肯受满桂节制,乘一军惊骇,有放炮洗营之说,激而东溃,非诸将卒尽欲叛也。当慰谕将领,解散士卒,大开生路,以收众心。"朱由检表示同意,要他立即宣谕此意,使将士安心。另一方面,孙承宗又送去密札,要祖大寿立即上疏自责,并立功赎袁督师之罪,如此,他可向皇上代为剖白。祖大寿上疏申述了东奔的原因,朱由检表示谅解,要他继续立功。

翻案风波与袁崇焕之死

一波刚平,一波又起。袁崇焕被逮入狱的消息引发了朝廷上下强烈的反响。一些别有用心的人唯恐天下不乱,乘机制造政治事端,阉党余孽上蹿下跳,掀起了钦定逆案以来第一次翻案风波,并且由袁崇焕牵连到内阁辅臣钱龙锡，终于使袁崇焕的罪状层层加码，丧失了转圜的可能。

原先，朱由检下令逮捕袁崇焕时，并没有要把他置之死地的意思，只是"暂解任听勘"而已。当时朝廷大臣为袁崇焕鸣冤者十有六七，惮于皇上震怒，而未敢轻易进谏。独有兵科给事中钱家修冒险进言，说袁崇焕"义气贯天，忠心捧日"，"身居大将，未尝为子弟求乞一官……自握兵以来，第宅萧然，衣食如故"，因此，他希望皇上"超释袁崇焕，照资拔用"。朱由检接到这份奏疏，并无丝毫反感，冷静地批示："览卿奏，具见忠爱。袁崇焕鞫问明白，即着前去边塞立功，另议擢用。"从中可以窥见朱由检仍想起用袁崇焕"边塞立功"的心情。这与他获悉祖大寿收复永平、遵化一带后，"复欲用焕于辽，又有'守辽非蛮子不可'之语"可以相互印证。

朝廷中一些别有用心的人把袁崇焕案与党争纠缠在一起，使事情复杂化到无法收拾的地步。

山东道御史史𡐫在这方面起了极坏的作用。他在崇祯三年八月初六日的奏疏中，捏造事实诬劾已经辞官的钱龙锡"主张袁崇焕斩帅致兵，倡为款议，以信五年成功之说，卖国欺君，秦桧莫过"。与袁崇焕商议平辽方略，是一个内阁辅臣分内之事，居然被扣上"卖国欺君"的大帽子，并与千古罪人秦桧相提并论，居心实在险恶。他还胡诌钱龙锡曾接受袁崇焕贿赂马价银数万两，寄存于姻亲徐本高（已故前内阁首辅徐阶之长孙）家，巧为钻营，致使国法不伸。故意用耸人听闻的言辞刺激皇上，希望皇上命司法部门对袁崇焕从实严讯——曾否与钱龙锡通书信、钱龙锡曾否主谋，以求查明"擅权主款"罪状。

朱由检接到这份火上浇油的奏疏，怒不可遏，随即下旨："崇焕擅杀逞私，谋款致敌，欺藐君父，失误封疆，限刑部五日内具奏。龙锡职任辅弼，私结边臣，商嘱情谋，互蒙不举，下廷臣佥议其罪。"显然，他已经把袁崇焕由"功罪难掩，暂解任听勘"逐步升级到扣上"欺藐君父，失误封疆"的大帽子,袁崇焕的命运已经岌岌可危了。

锦衣卫左都督徐本高与钱龙锡同为松江人,万历三十九年(1611年)联姻,当时一人是锦衣卫千户,一人是庶吉士,都是卑冷之官,原无扳附党援的意图。此时受到史蓝无端牵连,徐本高立即上疏澄清:钱龙锡寄存细软数万云云,实属无稽之谈。当时钱龙锡以大学士致仕,皇上钦赐驰驿而归,恩礼优容,无疑无虑,又何必轻弃细软资财于他人呢?朱由检对这位历事四朝的侍卫之臣的辩辞表示理解,却说:"原参称系风闻,置不究。"其实,史蓝参钱龙锡将细软数万寄存于徐本高家,并无"风闻"二字。不过事已至此,袁崇焕是否贿赂钱龙锡,钱龙锡是否把财产转移,事实的本身已经没有什么意义,朱由检要处决袁崇焕的决心已定。

八月十六日下午,朱由检先是在乾清宫暖阁召见辅臣成基命等大臣,商议处决袁崇焕之事;然后又在平台召见内阁、五府六部、都察院、通政司、大理寺、翰林院、科道掌印官及锦衣卫堂上官等文武大臣,共同商议对袁崇焕的处决事宜。

朱由检对群臣说:"袁崇焕付托不效,专恃欺隐,以市米则资盗,以谋款则斩帅,纵敌长驱,顿兵不战。援兵四集,尽行遣散,及兵薄城下,又潜携喇嘛(僧),坚请入城,种种罪恶。"

在列举了袁崇焕该杀的种种罪恶之后,朱由检转而以咨询的口吻问道:"卿等已知之,今法司罪案云何?"

对如此重大事件,诸臣都不敢造次,一味顿首,听凭皇上发落。

朱由检见大家并无异议,便宣布他的决定:"依律磔之!"所谓磔,乃是一种酷刑,即寸寸脔割致死。至于袁崇焕的家属,朱由检说:"依律,家属十六(岁)以上处斩,十五(岁)以下给功臣家为奴。今止流其妻妾子女及同产兄弟于二千里外,余俱释不问。"言外之意,似乎是从宽发落了。内阁辅臣听了,立即顿首称谢。

朱由检又叮问一句:"诸臣更何言?"

辅臣说:"其罪不宥。"

朱由检立即命令刑部侍郎涂国鼎前往监刑。待涂国鼎领旨先行退出,朱由检把话题一转,从袁崇焕案引申开来,训诫群臣道:"诸臣欺罔蒙蔽,从无一疏发奸,自当洗心涤虑,从君国起见。"大小臣等听了,连忙叩头引罪。

袁崇焕就这样被朱由检草率处死了。他的死令人惨不忍睹。据记载,绑发西市处磔刑时,"割肉一块,京师百姓从刽子手争取生啖之。刽子乱扑,百姓以钱争买其肉,顷刻立尽。开膛出其肠胃,百姓群起抢之。得其一节者,和烧酒生啮,血流齿颊间,犹嚼地骂不已。拾得其骨者,以刀斧碎磔之,骨肉俱尽。止剩一首,传视九边"。他的死比熊廷弼要惨多了。

袁崇焕死后,他的兄弟妻妾被流放到福建,家财尽没入官。《明史·袁崇焕传》说:"崇焕无子,家亦无余资,天下冤之。"又说:"初,崇焕妄杀文龙;至是,帝误杀崇焕。自崇焕死,边事益无人,明亡征决矣。"这段议论堪称公正持平之见。

如果说袁崇焕杀毛文龙是妄杀,是一大错误,那么朱由检杀袁崇焕便是误杀,错上加错。两者均为亲者痛仇者快,使皇太极不费吹灰之力而除去了两员难以对付的大帅。大敌当前,本当以大局为重,捐弃前嫌,而不应自相残杀。对朱由检而言,杀袁崇焕无异于自斩手足,自毁长城,此后再难谋求足以克敌制胜的帅才,辽事更加难以收拾。令人遗憾的是,朱由检对此浑然不觉,处死袁崇焕后,戒谕廷臣,还振振有词地说:"袁崇焕通虏谋叛,罪不容诛。尔廷臣习为蒙蔽,未见指摘。今后有朋比行私,欺君罔上者,三尺具在。"说袁崇焕"通虏谋叛",实在是冤哉枉也。

袁崇焕被杀,诱发阉党余孽的翻案活动日趋猖獗。文秉写道:"崇焕既决,群小合计,欲借此以起大狱,翻逆案。御史田唯嘉疏荐杨维垣、贾继春(均为逆案中人),通政使章光岳疏荐吕纯如、霍维华、徐杨光、傅槐、虞廷陛、叶天陛（亦为逆案中人）。"朱由检见势头不对，下旨严斥："逆案奉旨方新，居然荐用，成何政体！"此后群小沮丧，始不敢妄议。虽然朱由检及时制止了翻案活动，但这股政治逆流既已显露端倪，就难以朱由检意志为转移，终于酿成令他十分头痛的政治难题。

第三章
忧勤惕励，殚心治理

朱由检即位以后，不仅要面对以魏忠贤为首的阉党，而且要面对前朝留下的颓靡政局，委实煞费苦心。为了拨乱反正，为了中兴大明王朝，他几乎食不甘味，寝不安枕。《明史》说他"即位之初，沉机独断，刈除奸逆，天下想望治平"，"在位十有七年，不迩声色，忧勤惕励，殚心治理"，是并不为过的。

一、"今日吏治民生夷情边备事事堪忧"

"逆珰余焰未灭,邪议尚存"

朱由检即位伊始,就在谋划如何铲除魏忠贤及其奸党,然而身边的内阁辅臣清一色是魏珰安插的亲信,这就使他陷入了孤军奋战的艰难境地。无怪乎夏允彝在赞叹烈皇帝不动声色逐元凶处奸党时,要强调指出:"旁无一人之助,而神明自运,较之世宗之中兴为更难矣。"

魏忠贤以一个太监擅权乱政,如果没有外廷大臣的勾结,是难成气候的。顾秉谦、魏广微之流率先谄附,被魏忠贤安插进内阁之后,转身将政柄拱手相让。其后入阁的大臣如法炮制,都谄媚取容于魏珰。朱由检即位时的内阁辅臣黄立极、施凤来、张瑞图之流,便是这种货色。

魏珰畏罪自缢后,户部主事刘鼎卿上疏弹劾内阁首辅黄立极,指责他阿媚忠贤、票拟曲从忠贤的种种劣迹,请求皇上立即罢斥。朱由检鉴于当时形势还不明朗,当务之急是定魏珰罪状,进而清除珰党首恶如崔呈秀之流,不宜把打击面扩大到现任内阁辅臣身上,因此对刘鼎卿的奏疏没有理睬。

不久,魏良卿、侯国兴下镇抚司狱,客氏被笞死,崔呈秀被抄家,"五虎""五彪"连遭弹劾,珰党已呈分崩离析之势。国子监生胡焕猷上疏弹劾内阁辅臣黄立极、施凤来、张瑞图、李国㰷,抨击他们身居揆席,漫无主持,致使先帝顾命重臣毙于诏狱,滥加阉寺五等之爵、尚公之尊,生祠碑颂无所不至,希望皇上绳之以法,处以逢奸之罪。为了使清理珰党逆案的工作得以顺利进行,朱由检采取稳住阁臣的对策,对胡焕猷的建议不但没有采纳,反而降旨痛斥胡焕猷逞臆妄言,轻诋大臣,出位乱政,着大小九卿科道从公会审,依律定罪。

皇上的这种宽宏大量,使黄、施、张、李四人陷入惶惶不安之中。确实,魏阉的罪状与他们有着这样那样的瓜葛,剪不断,理还乱。

黄立极,字中五,大名府元城人,万历三十二年(1604年)进士,累官少詹事、礼部侍郎。天启五年(1625年)魏忠贤以同乡的缘故(河间府与大名府同属北直隶),把他提拔为礼部尚书兼东阁大学士,与丁绍轼、周如磐、冯铨一并入参机务。当时魏广微、顾秉谦主持内阁,不久,魏离职,周、丁死去,冯罢官,顾又乞归,黄立极便成为内阁首辅,与新近入阁的施凤来、张瑞图、李国㰅一起秉政。

施凤来,浙江平湖人;张瑞图,福建晋江人。两人都是万历三十五年(1607年)进士,施凤来殿试第二名,张瑞图殿试第三名。两人又同时被授予翰林院编修,同时升至少詹事兼礼部侍郎,同时以礼部尚书入阁。两人官运亨通,运气相同,缘由就在于两人秉性都同样卑劣:施凤来素无节概,以和柔媚于世;张瑞图在会试策中竟然说"古之用人者,初不设君子、小人之名,分别起于仲尼",企图为无耻小人张目。这种悖妄言论遭到士林耻笑,他却安之若素,为魏阉撰写生祠碑文不遗余力。

四人中只有李国㰅稍微干净一点。李国㰅,字元治,保定府高阳人,万历四十一年(1613年)进士,由庶吉士历官詹事,天启六年超擢礼部尚书,入阁参预机务。仅仅十四年,就由一介书生直登宰辅之位,可谓飞黄腾达,原因就在于被魏忠贤看中,以同乡(保定府与河间府同属北直隶)之故而破格提拔。

黄、施、张、李被弹劾后,千方百计为自己洗刷。这些早已把礼义廉耻抛到九霄云外的软骨头,居然还斤斤计较于耻辱,说什么从来大臣被论劾,未有为缝掖书生所数如臣等者,负此辱而去,臣等虽身填沟壑终不瞑目。其实,当他们卖身投靠魏阉阿谀逢迎唯恐不及之时,就已被钉在耻辱柱上了,现在再来洗刷是无济于事的。

由于心虚,辩解的伎俩也就显得过于拙劣。胡焕猷谴责他们阿忠贤意滥送官衔,他们辩解道:"假先帝之严命,索臣等官衔,臣等能不与乎?与之亦臣等之罪,然忠贤当日取旨如寄,而谓臣等敢惜其微衔以撄隅虎之怒乎?"胡焕猷谴责他们滥用内阁票拟大权,随意拟旨褒奖魏忠贤,他们辩解道:"至拟旨褒赞,则亦往日一二文书官称上传使,依样票之,一字不合,必令改票,甚则严旨切责,此其为日已久,臣等不尽受罪也!"真是奇怪的逻辑,谄媚取容,为虎作伥,居然也要叹苦经,实在有点近乎滑稽。

不过他们自有不得已的苦衷,连最讲究名节的黄道周也慨乎叹之:"熹庙朝枚卜十二人,而预附逆者六人,可谓遭逢之不幸,然其不得已之情,亦昭昭可见。观黄、施、张、李四公之辩胡焕猷,则当日之情事可得其概矣。其固位膻荣之意,数幅可尽当局诸人生平。"

好在朱由检当时无意追究他们的责任,对他们的辩辞并不在意,只是一味地抚慰:"国事纷纭,东西未靖,正赖卿等竭力勖勷,安心料理,以副朕怀。"黄、施、张、李却忐忑不安,各自上疏乞罢。朱由检对他们的辞职不予批准,优旨慰留。他给黄立极的谕旨这么写道:"卿居首辅,为国宣猷,委曲调剂,朕已洞悉。矧国家多事之秋,正赖主持。腐儒胡焕猷逞臆狂吠,触忤大臣,有伤国体,已敕九卿科道勘议定罪。卿为股肱,何得以菲言介意!票拟勿密,岂可推避,致误政机!卿即入阁勖勷,以副朕延中之意。"对其他三人,他也以同样的措辞予以挽留。

黄、施、张、李求罢不成,便向皇上建议"枚卜阁臣,以光新政"。朱由检同意增补阁臣,以完成新老交替,几天后,才批准了黄立极乞休,不过嘉奖备至,又是加太保衔,荫其子为尚宝司丞,又是遣行人护送,乘驿而归。

朱由检根据阁臣的建议,举行了选拔新阁臣的所谓"枚卜大典"。由于外廷各衙门多在阉党把持之下,会推的候选人很难圈点,朱由检对此不抱多大希望,以一种近乎玩笑的态度对待它。他别出心裁,一反祖宗旧制,采用金瓶抓阄的办法,在孟绍虞、钱龙锡、杨景辰、薛三省、来宗道、李标、王祚远、萧命官、周道登、刘鸿训、房壮丽、曹思诚中选取若干名。

天启七年十二月二十三日，举行枚卜大典。朱由检在乾清宫召见廷臣，拜天仪式之后，便把写着十二个名字的十二张红纸搓成小丸，放入金瓶，然后用筷子从瓶中夹出。先后夹出钱龙锡、李标、来宗道、杨景辰四名。阁臣以为时局艰难，请求增加名额，朱由检又从瓶中夹出周道登、刘鸿训二人。另一张夹出后，被风吹落，遍寻不着。直到枚卜大典结束，才在施凤来的官袍下面发现，原来是王祚远。于是，钱龙锡、杨景辰、来宗道、李标、周道登、刘鸿训俱升礼部尚书兼东阁大学士，入阁协同首辅施凤来等办事。

此事有点近乎荒唐，却在情理之中。当时人这样评述："论相须评品望，拈枚非体……盖上英智，特借此以破阿党，非真谓是能得人也。""是时，逆珰余焰未灭，邪议尚存。上明圣，知列名前后不无意，议为贮名金瓶中……上益疑会推之不足信，始从众望，特谕召起韩蒲州矣。"韩蒲州即韩爌，不久朱由检就起用里居的旧辅韩爌主持阁务，更加反衬出这次金瓶抓阄不过是虚应故事而已。

这时的内阁班子表面看来空前强大，有施凤来、张瑞图、李国楢、来宗道、杨景辰、周道登、钱龙锡、李标、刘鸿训九人，但不是与阉党有涉，便是无才无德之辈，继续遭到言官们的非议是必然的。

河南道御史罗元宾崇祯元年（1628年）正月上疏言事，指出："国家不得其理者，无实心任事之臣。……毋切切然忧其局可翻，力为防遏以弥缝其间。"弥缝云云，指的是施凤来、张瑞图之流首鼠两端的行径。三月，他再次上疏，更加明确地指责施、张之流阴阳闪烁，彼此弥缝，养痈不顾。为什么要用这种专擅行私的人为相呢？施、张被纠弹，先后辞官而去。

来宗道、杨景辰也是谄媚成性的人。来宗道，浙江萧山人，与黄立极同年进士，累官至礼部尚书，以本官兼东阁大学士入预机务。此人任礼部尚书时，为崔呈秀之母请求恤典，奏疏中有"在天之灵"等溢美词句。翰林院编修倪元璐屡次上疏抨击阉党，遭他从中梗阻，讥笑道："渠何事多言？词林故事，止香茗耳！"时人戏称为"清客宰相"。杨景辰与张瑞图同乡（都是晋江人），万历四十一年（1613年）进士，官至吏部侍郎。此人在翰林院时，曾任《三朝要典》副总裁，事事秉承阉党旨意，三次上疏为魏忠贤歌功颂德。这两人入阁后，受到言官们交章弹劾，不得不于崇祯元年六月同时罢归。

对于这些阁臣们的劣迹，朱由检心里是有数的，当时不予追究，留待日后定阉党逆案时算总账，一个也没有放过。崇祯二年（1629年）二月二十六日，他在平台召见阁臣及刑部、都察院主官时，审阅了他们报上来的逆案名单，很不满意，责问道："张瑞图、来宗道何不在逆案？"阁臣韩爌等借口无事实来搪塞，朱由检立即列举事实反驳道："瑞图以善写为珰所爱，宗道为呈秀母祭文称'在天之灵'，可恶何如？"由于朱由检的坚持，张瑞图、来宗道同顾秉谦、冯铨等列入逆案中的第四类，赎徒为民；而黄立极、施凤来、杨景辰等人则列入第五类，照祠颂不谨例，冠带闲住。

周道登、刘鸿训虽与阉党无甚瓜葛，却毫无才干，人品庸劣。周道登，苏州吴江人，万历二十六年（1598年）进士，天启时为礼部侍郎，颇多争议，以病告归。五年秋，廷推礼部尚书，被魏忠贤削籍。崇祯初与李标等同时入阁。此人不学无术，奏对鄙浅，朝中传为笑谈。朱由检某日赴经筵时，问阁臣："宰相须用读书人，当作何解？"周道登瞠目结舌，稍顷才说："容臣等到阁中查明回奏。"朱由检脸上略有愠色，继而又微笑如故，问道："近来诸臣奏内，多有'情面'二字，何谓情面？"周道登这次不好意思再说"查明回奏"了，答道："情面者，面情之谓也。"说了等于没说，左右同僚匿笑不止。此公不久因遭纠劾而罢归。

刘鸿训，山东长山人，万历四十一年（1613年）进士，天启六年因忤魏忠贤被斥为民。崇祯初年以礼部尚书兼东阁大学士参预机务，痛斥阉党杨维垣、李恒茂、杨所修、阮大铖、霍维华之流，人情大快，朱由检也颇信任他。崇祯元年九月，发生惠安伯张庆臻贿赂刘鸿训涂改敕书事件。按旧例,总督京营者不辖巡捕军,张庆臻总督京营,又于敕书内擅增"兼辖捕营"数字。御史刘玉上疏参劾,朱由检问阁臣:"张庆臻改敕书一事,卿等岂不知道?卿等先奏兵部有手本,庆臻有揭帖,岂有不知?"朱由检又问张庆臻:"不上本如何敢送私揭?"庆臻答:"臣以一时盗贼生发,不及上本,又系小事,不敢渎奏。"朱由检说:"改敕书怎么是小事?"又命诸臣发表意见,户部尚书毕自严等都借口不知,拒不表态。朱由检不悦,批评道:"卿等在外边,都是知道的,今乃说不知。"便命科道官发表意见。给事中张廷鼎、御史王道直说:"张庆臻用贿改敕书是事实,但不知谁主使。"御史刘玉说:"主使者,刘鸿训。"张庆臻辩解说:"改敕书是文书官干的。"吏部侍郎张凤翔说:"张庆臻用贿改敕,窃弄兵权,大不敬,无人臣礼,文书官不过颐指气使之人,如何敢擅自改敕?"阁臣李标出来打圆场,说:"臣等与鸿训同事,并不闻有此事,还求皇上细访。"朱由检反驳道:"这样明讲,何须更访!"命阁臣拟票,阁臣逡巡不肯起草,朱由检正色严促,阁臣才拟旨:"鸿训、庆臻俱革职听勘。"部院会勘的结果,王在晋革职回籍,刘鸿训附近充军,张庆臻以世臣停禄三年。

革除积弊,推行新政

旧辅中只有李国楷比较有政见,又有忠厚长者之风。当年刘志选受魏忠贤指使,诬陷张国纪以动摇中宫,他曾仗义执言。国子监生胡焕猷上疏弹劾阁臣而遭惩处时,他又为其说情。他见皇上励精图治之心迫切,便条陈新政十事,所言都触及时弊,卓有见地。这十事是:厉必为之志,务典学之益,执总览之要,广听纳之方,谨内传之渐,崇节俭之德,核职掌之实,精用人之衡,恤下民之苦,修久任之法。这些都是针对前朝积弊而发的。他向皇上建议:

一、人君一日万机,章奏欲一一周览无遗,久反厌倦,应仿效宋人贴黄之例,章奏一律签出节要,使皇上可以提纲挈领。

二、凡朝廷有大政事，皇上可在便殿召见辅臣、卿贰、科道等官咨询，往复商榷，最后取自上裁。政事既习，聪明益广。

三、一切章奏请一概发内阁票拟，或有上传，容辅臣确审事理，有未合者随时修正。

四、今天下财政虚竭，物力困敝，应极力节省，宫中冗员、赏赐务应省裁。

五、六部主持人才、钱谷、礼乐、甲兵、将作、刑名，六科负纠弹之责。然而部、科之条奏审复，内阁与闻，或一事而彼此异议，或一旨而前后相违，因此六部题奏批答应分置一簿，内外参稽，务使综核名实。

六、人才遭逆珰摧折之后，隐鳞藏羽，充满山泽，除已推升者外，应查核立身才品与当官建树，而陆续起用。

七、欲安百姓，必先惩贪黩，官员借名科派、滥刑酷虐，必依律追赃定罪。

八、督抚重任、藩臬大吏，俱宜以三年任满，定其升迁，如任内有钱粮、盗贼、边防、海寇事情未竣者，不许营转。

朱由检即位以来第一次看到如此有建设性的施政方略，大为赞赏，当即表示一一采纳。他批示道："卿所奏十事，讦谟硕画，裨朕新政，事关朕躬，当一一采纳施行。诸臣章奏仿古人贴黄之法，自撮节要粘原本进呈，以便执要分曹置簿，参稽综核。卿宜即出，与同官商榷举行。核才品、惩贪墨、久任三议，于用人恤民尤为关系，该部如议，着实申饬核奏。"朱由检所说"卿宜即出"，是对李国槽有意引疾辞官而说的。在此旨下达后，他专门另旨温言慰留。到了五月间，朱由检才批准他辞官归里。临行前，李国槽向皇上推荐了韩爌、孙承宗两名颇有声望才干的离职官员来主持阁务。

李国槽的这些建议与朱由检的政见十分合拍，自即位以来他就孜孜不倦地在探究新政的举措。

关于用人。朱由检在天启七年十一月批复通政使吕图南请求遭阉党排挤的官员各复原职的奏疏时,强调指出:"朕受言虽广,用才必核,不特核所荐之人,亦将核其荐人之人,诸臣慎之。"这种用才必核的思想,在百废待举的非常时期有着特殊重要的意义。为此他在崇祯元年正月要吏部、都察院等衙门"大计天下吏",对各级官员进行全面的考核。其目的在于把媚珰诸奸加以剔除,当时人们称为"圣天子第一新政"。由于主持此事的吏部尚书房壮丽、都察院左都御史曹思诚等都是阉党余孽,互为容隐,不少媚珰分子都逃避了此次吏议,因而人心颇为不平。这使朱由检很不满意,戒谕群臣说:"即尔诸臣,才品各有长短,立身各有本末,殷鉴不远,其可忽诸!自今为始,务洒濯肺肠,各修职业,勿得苟怀私图,致偾国事。"对于吏治的败坏,他极欲整顿。巡视北城御史郁成治向他报告:"近日纪纲弛废,风俗嚣薄,吏胥骄横,昼则鲜衣怒马,夜则达旦笙歌;妇女纡紫乘轩,士大夫马上反避之;至营马多为京官雇乘,以致羸弱,请借民间竹兜代之。"朱由检大为光火,对身负京师风纪的郁成治痛加斥责:"擅乘小轿已经先帝禁革,隐名竹兜,好生可恶,褫其职三级,调外。"

关于章奏。天启七年十二月,朱由检就传谕各衙门,一应章奏未经御笔批红,不许报房抄发,泄露机密;官员私人揭帖,不许擅行抄传。他对于文牍泛滥,章奏越写越长,烦琐不堪,极为反感,批评道:"章奏冗长,不便省览,以后各衙门条陈章疏,务要简明,其字不出一千,如词意未尽,不妨再本具奏。"他不仅规定章奏公文不许超过一千字,而且要求写出提要:"诸臣章奏,仿古人贴黄之法,自撮节要,粘原本进览,以便执要。"目的都在于提高行政效率,加快公文运转。有鉴于此,他下令章奏限十日内题覆,不得拖延时日。他对于人们习以为常的官僚主义作风进行了严厉的批评:"祖宗设立部科衙门,各有职掌,内外觉察,法甚明备。乃近来人情玩惕,废弛成风。即如各项章奏,或奉旨而科抄,久不到部,或已抄,而该部久不题覆,以致紧要事务率多稽迟,殊非政体。"为此,他规定从元年二月开始,一切发行内外章奏,各衙门必须在十日内题覆,而且要建立考成制度,部科之间互相查勘。这种雷厉风行的作风,与当年张居正的考成法颇有异曲同工之妙。

朱由检不仅要以考成法来提高行政效率,而且特别强调少讲空话,多干实事。他要求臣下,凡有章奏,必须"切实有用","凿凿可行",于治道有所裨益。如果浮词枝蔓,徒增嚣竞,他决不听取。为什么呢?因为当前正处在一个转折时期,形势逼人:"今日吏治民生夷情边备,事事堪忧。""实惟嘉言是赖。"因此他要求诸臣,"或灼见人之臧否,摹拟必得其真;或洞悉事之利弊,条奏必中其窍",这样才可以使天下受言之利。

关于六部与六科的关系。朱由检主张部科互相查勘,以减少弊端。崇祯二年己巳之变时,他再次强调,六科要查理六部,切实负起责任来:"迩来戎马倥偬,机务烦剧,明旨非不森严,奉行尚多迟慢,欲令计时集事,法当委任责成。尔等(指六科)表里六曹(指六部),旧有注销之规。今令再行申饬,各掌印官选委给事中一员,查理六曹,奉旨应行事务,某项某日做起,某日完结,次第情节,勒限奏报。少有违玩,立付白简,定行责治。如尔等自隳职业,玩忽不遵,或议论嚣纷,致令掣肘误事,一并究处。"意在最大限度地发挥六科对六部的监督作用。

吏科都给事中沈惟炳等六科掌印官,对于提名官员候选人的"会推"中存在弊端,向皇上表示不满:所谓会推,按照旧例,应该会集九卿科道各官商议,然后由吏部将各官公议名单上报皇上定夺。如果先期不谋之众人,临事乃出其独见,就不成其为会推了。为此,他们建议:以后会推必须定期于五日之前,把吏部欲用之人列名公访,向六科、十三道发出公函,征询科道官的意见。朱由检对于六科掌印官的意见深表赞同,他主张充分发挥六科责查六部的功能,因此批示道:"铨臣(吏部)主推举,科臣主参驳,职掌正各相成。若临时推用不当,应从公争执,与挟私阻挠者不同,何得借口!至议会推先五日发单吏科、河南道,具单送司,如议行。"

强调科道官的作用,是朱由检的一贯思想。某次召对时,他特命科道官到他的御案前,当面对他们说:"朕思进贤退不肖,故令尔等为耳目,司举劾,就中不无滥冒,尔等试自思之,所举者果人人皆贤乎? 所劾者果人人不肖乎? 朕曾降谕切责,有'反坐'二字,以求直言,今又面谕尔等,若借口不言,要科道官何用!"

关于民生。朱由检自即位以来就注意到民生的艰难,正如文秉所说:"上励精图治,而念切民艰。"崇祯元年二月宣布停止苏杭织造上供,便是突出一例。万历、天启间苏杭织造太监假借上供之急,横征暴敛,中饱私囊,酿成一大社会问题。有鉴于此,他宣布暂停苏杭织造的上供。他说:

> 朕自御极以来,孜孜民力艰苦,思与休息。惟是封疆多事,征输重繁,未遑苏豁。乃有织造钱粮,虽系上供急需,朕痛念连年加派络绎,东西水旱频仍,商困役扰,民不聊生,朕甚悯焉! 今将苏杭见在织造钱粮上紧成造,着地方官解进,梁栋(苏杭织造太监)不必候代,即着驰驿回京。其改织钱粮,仍入岁造内应用,织造员缺,暂行停止。朕不忍以衣被组绣之工,重困此一方民。

崇祯元年九月,给事中黄承吴向皇上面陈水利,君臣间的一场对话颇能反映朱由检念切民艰的心情。

黄承吴说:"东南时患水灾,皆水利不修之故。"

朱由检问:"水利何为不修?"

在旁的阁臣周道登、钱龙锡是江南人(周为苏州吴江人,钱是松江华亭人),深知水利是江南命脉,便启奏道:"水利是东南第一大事,但修理须要钱粮,臣等前已拟旨,着抚按酌议具奏。"

朱由检听了沉思良久,说:"要修水利,可扰民否?"

钱龙锡奏:"臣等惟恐扰民,故行彼处抚按酌议。"

水利话题告一段落,御史毛羽健见缝插针,呈上奏疏,请减轻民间驿递负担。

朱由检命他宣读奏疏,听罢,即对阁臣说:"驿递疲困已极,小民敲骨吸髓,马不歇蹄,人不息肩,朕甚恨之,若不痛革,民困何由得苏?卿等可即拟票来!"

阁臣立即草拟了一道谕旨呈上,朱由检阅后,见内中有这样一句:"按抚司道公务外,俱不许遣白牌。"嫌措辞含糊,要阁臣修改。

这时御史高钦舜又提出了另一个话题:"请令各边开炉铸造军器。"这是针对工部铸造的军器质次而发的。

朱由检问:"可行否?"

阁臣都说可行。朱由检又问:"何谓可行?"

阁臣李标说:"各边自为御夷计,定当坚好。"

朱由检考虑后,以为此非祖制,表示暂不考虑。

御史梁子璠奏请裁减兵饷,提到了"各边虚冒"等语句。朱由检马上问户、兵二部:"兵饷何以冒滥至此?"

户部署部事侍郎王家祯、兵部尚书王在晋说:"兵饷冒滥已久,各边有事,督抚累次请添兵增饷,情弊已非一日。"

当梁子璠讲到边防线上"老弱之人曾荷戈而弗克"时,朱由检矍然说:"荷戈者皆老弱,岂能御敌,如何不查?"

一次召对,从水利谈到驿递,又从驿递谈到铸造军器,谈到裁减兵饷,实在头绪繁多。朱由检即位以来的召对大率类此,无怪乎他要感叹:"今日吏治民生夷情边备事事堪忧!"

二、"此时不矫枉振颓,太平何日可望"

"臣下凛凛于救过不给"

朱由检求治心切,对臣下的要求有时近乎苛刻,不免引起一些不满情绪。御史陕嗣宗的言论就颇具代表性，他关于皇上有"三不可及"、"五不自知"的言论，反映了臣子眼中皇上的形象。

所谓"三不可及"是表扬皇上的美德：

一、从来帝王好学者不少，我皇上以天睿聪明，时亲讲幄，博综经史。披阅章疏，如乃者宣召之顷，泉涌风生，口授而笔记者，臣下应接不暇。

二、从来帝王溺情者多，我皇上以少年天子，锐意历服，声色不染，货利不求，且例闻宫禁肃清，帑藏频发。

三、从来帝王大多侈靡，我皇上以薄海富有，刻厉节约，澣衣菲食，云构不烦于土木，情思不及于花鸟。

臣下对皇上向来习惯于歌功颂德，但陕嗣宗的这"三不可及"倒并非向壁虚构的溢美之词，确是真实写照。不过他的目的不在于表扬，而在于批评皇上没有自知之明，这就是他所谓"五不自知"：

一、今陛下批答不辍，顾问日勤，只闻阁臣屡改票拟以从上，未闻皇上曾一霁颜以从下。既令臣下敷陈意见，又使臣下凛凛于救过不给，谁还敢畅所欲言？臣恐渐近于予圣而不自知。

二、今陛下一概疑之，以慷慨进言者为专擅，以一言偶误者为不敬，以修正意见者为肆欺变幻。臣恐日涉于猜疑而不自知。

三、今皇上于二三大臣，呼之而前，唯恐不速，长跪逾时，备加谴诃，甚者刚遭指摘，便责以受贿。敬大臣之心何在？臣恐日习于尊倨而不自知。

四、天下积弊废弛，朝政犹如重病之余，元气大伤，振聋发聩计非严督不可。然须逐件整理，非可旦夕责效。稍无成效，便独自焦劳，无疑是委辔而冀马驰，放舵而责舟转，势必愈操愈急。臣恐渐流于苛窳而不自知。

五、今皇上聪颖太高，英爽时溢，不患不明察，患有人乘明察而花言巧语中伤善类；不患不振刷，患有人借振刷而小忠小信希市主恩；不患不惩贪诈,患有人借贪诈而捕影含沙阴肆如簧。臣恐日趋于纷苛而不自知。

陕嗣宗批评皇上"五不自知",语句虽不算尖刻,分量却是够重的,或多或少反映了官员们对皇上的不满之处:自视甚高,刚愎自用;猜疑多心,任意斥责;急于求治,旦夕责效;过分明察,趋于繁苛。这些毛病,在朱由检临朝十七年中愈到后期愈益明显,当时只是初露端倪而已,情况并没有陕嗣宗所说的那么严重。何况当时处在拨乱反正的非常时期,不雷厉风行、矫枉振颓,不仅难以清除阉党流毒,恐怕连政局都难以稳定。

因为这个缘故,朱由检在陕嗣宗的奏疏上作了这样的批示:"朕本乐闻谠言,陕嗣宗臆测管窥,亦思窃附忠爱,但迂腐剿拾,全不晓国势人情。年来权奸窃柄,百度废弛,此时不矫枉振颓,太平何日可望?事加综核,讵是得已!改票折衷商榷,务求至当,朕岂肯凭臆决事!"显然,朱由检反诘陕嗣宗"全不晓国势人情"是持之有故的。在对形势的总体把握上,陕嗣宗远不如朱由检。朱由检着眼于全局,认为当此之际,若不矫枉振颓,天下永无太平可言。值得注意的是,朱由检并没有因此迁怒陕嗣宗,看到了他的出发点是对皇上的忠爱,只是略显迂腐,又念他是初进言官,不予追究。

"此时不矫枉振颓,太平何日可望?"寥寥数语,透露了当时朱由检的内心活动,也是他处理朝政的主要出发点。

"何官非爱钱之人"

崇祯元年七月初二日,户科给事中韩一良根据皇上整顿吏治的旨意,上疏极言官场贪污成风之弊。他从皇上平台召对时曾说"文官不爱钱"一语引申开来,洋洋洒洒大发议论:"今之世局,何处非用钱之地?今之世人,何官非爱钱之人?皇上亦知文官不得不爱钱乎?何者?彼原以钱进,安得不以钱偿!"韩一良以他在官场所见所闻总结出官场贪风不止的原因,道出了局外人难以尽知的个中奥秘。他分析道:一个总督、巡抚的职位,没有五六千两银子是到不了手的;一个道台、知府的美缺,没有二三千两银子也是到不了手的。州县衙门的主官及佐贰之缺额都各有定价,甚而至于举人、监生及衙门吏胥的人选也多以贿赂成交。京官中的科道馆选,莫如此。

韩一良联系到自己的经历——出身县官而今为言官,现身说法:县官为行贿之首,给事中为纳贿之魁。诸臣谈及蠹民,都归咎于州县官不廉洁。殊不知州县官无法廉洁,薪俸原本不多,要应付上司票取,不是借口"无碍官银",便是借口"未完抵赎";官员过境又要支付"书仪",欲结欢心,还不在此例;顶头上司巡按"荐谢"动辄五十两、一百两;遇上考满进京朝觐,非三四千两无法过关。这大把大把的银子毕竟不是天上掉下来、地里长出来的,要州县官廉洁,可能吗?人们戏称科道官为"抹布"——只要他人干净,不管自己污名。臣两月之内已推辞"书仪"五百两,臣寡于交际犹然如此,其余可以类推。这还是有名目的馈赠,臣担心以言路为吓人腐鼠的爱钱之辈,银子当流水而至。因此,乞求皇上大力惩创,逮治贪赃最甚者,杀一儆百,使诸臣视钱为污,惧钱为祸,形成不爱钱的风气。

韩一良所披露的贪风,正是朱由检即位以来所思虑的问题,也是他意欲整顿吏治民生的一个重要方面。朱由检对这封直言不讳的奏疏十分欣赏,为了在官僚中引起反响,两天后在平台召见廷臣,专门议论韩一良的惩贪意见。

召对一开始,朱由检拿出此疏,命韩一良出班高声朗读。然后又交给阁臣传阅,并请他们发表见解。

阁臣刘鸿训说:"这弊有两端,有交际,有纳贿。"

朱由检问:"何谓交际?"

刘鸿训答:"交际如亲友馈遗,情有可原;纳贿则希荣求宠,便不可以数计。"

朱由检说："朕阅一良所奏，大破情面，忠鲠可嘉，当破格擢用，可加右金都御史。"

吏部尚书王永光一面承旨，一面又给韩一良出了一个难题，对皇上说："科臣露章，必有所指，乞皇上命科臣摘其尤者重处一二，以为贪官之戒。"其实韩一良所说的贪风，对事不对人，并非专为某人而发，要他当场举出具体实例，显然是有意刁难。王永光对韩一良的惩贪主张并不赞成，何况韩还在疏中点到了吏部，更加激起他的反感。既然皇上要吏部破格重用，他不敢抗旨，便出了这个难题给韩一良，意欲让韩一良当场陷于尴尬境地。

朱由检并未察觉王永光的用意，只是感到韩一良所说过于笼统，便召韩一良出班，指着奏疏末尾"开之有源，导之有流"一句，要他具体加以说明。

韩一良毫无思想准备，只得说："臣今未敢深言，待插辽平复之后具奏。"朱由检又要他指名道姓。韩一良说："此二语盖指事例言。若纳贿等事，臣疏中原说'风闻'，不曾知名。"朱由检一听大为不满，说："难道一人不知，遽有此疏？限五日内指名来！"

韩一良自知难以指名，便向皇上列出四种人，命有关衙门查核：有曾经参劾并下部处分尚待报告者，有物望不归窃拥重权者，有资俸不及骤踏要地者，有钻谋陪推营求内点者。并不实指何人。

几天后，韩一良不得不奉旨指名回奏，随便指天启年间周应秋、阎鸣泰、张翼明、周家椿、褚太初等人婪贿之事复命。并在奏疏中大发牢骚："皇上令臣指名之旨，为皇上之独断乎？出阁臣之票拟乎？所列三款，孰非该部职掌，而必责令臣指，得毋恶臣之言而不欲共破情面也？"

朱由检接疏后，再次召见群臣，定要追个水落石出。他说："周应秋等自有公论，张翼明已下部听勘，俱无用尔参！"说罢取出韩一良前疏反复展视，亲口朗诵，读至"臣素不爱钱而钱自至，据臣两月内辞却书帕

（书仪）已五百余金，以臣绝无交际之人而有此金，他可知矣"，击节感叹，厉声问韩一良："此五百金何人所馈？"韩一良答："臣有交际簿在。但所馈不止一人。"朱由检再三追问，韩一良始终答以风闻二字。朱由检勃然震怒，指责他以风闻塞责，便对阁臣说："韩一良前后矛盾，他前疏明明有人，今乃以周应秋等塞责。都御史不是轻易做的，要有实功，方许实授。"阁臣刘鸿训等纷纷奏请皇上日前既已下旨破格擢用韩一良为都御史，不可轻易食言，说："臣不为皇上惜此官，但为皇上惜此言。"朱由检面带愠色说："分明替他说话，他既不知其人，如何轻奏？岂有纸上说一说，便与他一个都御史？"说罢，召韩一良出班，当面叱责道："韩一良所奏，前后自相矛盾，显系肺肠大换。本当拿问，念系言官，姑饶这遭！"韩一良因此被革职为民。

韩一良以惩贪奏疏的大破情面触及时弊而受皇上嘉奖，意欲重用，几个月后竟遭革职处分，变化之快令人震惊。究其原因，并非朱由检不想惩贪，而是太急于惩贪，嫌韩一良所论泛泛，不能确指其人，使他难以下旨严惩一二以儆效尤。

时隔不久，朱由检终于抓住了贪赃枉法的实例，狠狠地予以严惩。

"朕闻知此弊已久"

崇祯二年（1629 年）闰四月，朱由检接到上任刚几个月的工部尚书张凤翔的奏疏，揭露了工部召商采办时的宿弊——经办官员层层收取回扣，工部名义上发银一千两，到商人手上只不过三四百两而已。其实此种歪风邪气自万历以来就愈演愈烈，非自今日始。朱由检岂能容忍？他大为光火，立即在文华殿召见辅臣、五府六部、都（察院）、通（政司）、大（理寺）、科道官以及翰林院记注官、锦衣卫堂上官，奉命巡视工部所属厂、库的工科给事中王都、陕西道御史高赉明等列席。皇上来到文华殿，诸臣行礼毕，分左右两班站立。

文华殿中一片肃穆，只听皇上朗声道："王都、高赉明出班跪下！"接着便是严厉的责问:"朕命尔等巡视厂、库,剔奸革弊,如何发银一千两,止给三四百两?又且不待进库,多在京门外瓜分?"

王都回答:"自正月二十七日巡视节慎库事,四月二十七日差竣,三月以内交放钱粮俱照工部领状,发一千满一千,发一百满一百,并无二八抽扣之弊。至发出库外,则系工部监督之事。今工部尚书张凤翔见在,可问。"

王都又补充说:"近日春解绝少,止有工部书办汪之蛟谋出堂批,包揽山东外解,希图瓜分,臣等当即究治。"

朱由检对他的这种推托之词很不满意,责问道:"不经尔等批发,谁敢瓜分?先年二八(按二八比例抽扣),近乃四六(按四六比例抽扣),一千只有三四百两,尔等巡视如何不言?既着回话,又如此支吾!"

王都答道:"工部病根全在领状免票,不可致诘,臣等何敢通同作弊。"

朱由检说:"此弊闻之已久,不必多辩。"

跪在一旁的高赍明见状不妙,慌忙解释道:"臣自二十八日到库,收放过银两三万有奇,随收随放,其商匠领银出库,有衙门之使费,有委官之常例。臣采访未确,未敢入告,致张凤翔先发,非敢默默不言。"

朱由检忿忿地说:"朕闻之已久,不止张凤翔之言,如今太不像了,还要巧言!"

王都想立功自赎,建议道:"朝廷钱粮何尝不足,求皇上勒下工部,此后毋轻给领状,轻出免票,则财赋自足,更不必多派小民。"

朱由检发怒了:"不必巧辩,着锦衣卫拿了!"

辅臣韩爌赶忙趋前跪奏:"工部奏革凤弊,原未指定各官,望皇上少霁天威。"

辅臣李标跟上跪奏:"此从来陋规,望皇上息怒。"

辅臣钱龙锡也跟上跪奏:"还望皇上从宽处,后边人敢说。"

朱由检毫不松口,断然拒绝:"朕闻知此弊已久,今日处分原不因工部奏，卿等不必申救。"

待三名辅臣起身回班后，朱由检对身负监察责任的科道官抱怨道："有此大弊，尔等如何不言？庇护同类！"

科道官们哑口无言，朱由检紧追不舍："如何不奏？"

在皇上再三追问下，科臣陈良训才战战兢兢地说："……至于二八抽扣之说，果是从来陋规……"

还未等他说完，朱由检就阻止道："不必奏，起去！"接着他叫工部尚书张凤翔出班，叮嘱道："此弊诸臣屡言之，朕闻已久，不因卿疏，卿安心供职。"

张凤翔说："虽不因臣疏处二臣，却于臣疏有此举，臣心甚不安，可易其初心……"意欲劝皇上宽恕王、高二人。

朱由检不解地问："卿何必如此说？"

张凤翔解释道："皇上怜臣耿耿之意，容臣从头收拾，自当清楚。臣正月二十六日到任，王都正月二十七日到任，若以数十年之事而罪及一二月之人，谁敢复为皇上言者？"

朱由检仍固执己见："何必如此说！知卿必救，故面召卿，特谕安心供职，卿起来！"

这时锦衣卫堂上官报告："犯官王都拿到朝房候旨！"

朱由检轻描淡写地应了一声："知道了。"

司礼监太监见此情景，以为召对已经结束，便尖声喊道："起案！"诸大臣一听，正欲告退，不料皇上突然发话，叫太监抬案过来，大臣们仍回原班待命。只见朱由检取回张凤翔的奏本再详细地看了一遍，然后提起朱笔在上面批道："王都、高赍明、刘麟长都着革了职，法司严刑追赃，拟罪具奏。"然后召辅臣们过目。辅臣们都说皇上处分太严，还望少从宽恕。朱由检一口拒绝："卿等不必申救。"未等韩爌等人说完话，便下令："辅臣起，起案！"

两天后，辅臣韩爌等联名上疏为王都、高赍明求情，朱由检毫不留

109

情地批驳道:"国家命科道巡查,剔弊除奸,今反生弊作奸,寡廉鲜耻!生民如何得苏,财用如何得足?卿等不为朕清厘,反拘拘申救,当此多事,宁不动心!"

负责巡视工部厂、库的科道官员不但没有剔除夙弊,反而纵容推诿。朱由检忍无可忍,予以严处,意在矫枉过正,震慑那些抽取回扣收受贿赂的贪官们,不敢再一如既往地中饱私囊,充分反映了萦回于他心头的忧虑:"此时不矫枉振颓,太平何日可望?"然而他把复杂的社会问题看得太简单化了,长年累月形成的官场积弊,尤其是一些肥缺部门的包揽瓜分、抽取回扣、收受红包等陋规,绝不是派一两个科道官员就能查清的,也不是惩处一两个渎职官员所能禁绝的。

"皇上求治之心操之过急"

朱由检对六科给事中、十三道御史作为言官的要求极严,此次又惩处了失职的科道官,使一向活跃的言官们顿时有点消沉。这年六月,朱由检因三伏过半,酷旱不雨,而焦虑不安,便在平台召对大臣。他告诉大臣们,久旱不雨,禾稼将枯,使他日夜焦忧,决定从今日起搬到文华殿斋宿,希望大臣们传达他的心意,要各衙门大小臣工竭诚祈祷。为此,他起草了谕旨,命内阁辅臣到御案旁,指示谕中要点,要他们润饰成文。

少顷,他把话题转到言官身上,说:"近来各衙门事体多有沉搁,卿等票上来,朕览过发下,全不奉行。科道官亦通不言,该查参的也不查参。岂今日时事、边方、腹里、吏弊、民情,俱无可言么?"

韩爌为言官们辩解道:"科道官亦时有陈奏,因皇上励精实政,凡事实实可行的,方敢奏请,前时浮泛条陈委实少些。"

钱龙锡也解释说:"诸臣非是不言,近因仰体皇上静摄,所以章奏少些。"

朱由检似乎不满意这种站不住脚的理由,说:"他们于外边事,那一件不知?只是碍于贿赂情面,不肯实说。就有条陈,也只口角好听,要紧处十无二三。……"

在那个时代，皇帝深居宫中，是通过臣下呈送上来的公文了解世情的，所以他对言官们不勤于奏陈，即有奏陈也不触及要害，很是恼怒。

臣下对皇上也有自己的看法，当时任顺天府尹的刘宗周就发表了责怪皇上求治之心操之过急的见解。刘宗周，字启东，绍兴山阴人，万历二十九年（1601年）进士，一向以敢于直言、敢于坚持己见著称，又是颇有名声的学者。他在崇祯二年九月上疏陈述政见，从辽东事件谈到了皇上的为君之道。他指出：

> 今陛下圣明天纵，卓绝千古，诸所擘画动出群臣意表，遂视天下以为莫己若，而不免有自用之心。臣下自以为不及，益务为谨凛救过不给，谗谄者因而间之、猜忌之端遂从此而起。陛下几无可与托天下矣！夫天下可以一人理乎？恃一人之聪明，而使臣下不得尽其忠，则陛下之耳目有时而壅矣！凭一己之英断，而使诸大夫国人不得衷其是，则陛下之意见有时而移矣！

这是对皇上刚愎自用的委婉批评，点到了要害：恃一人之聪明能治理天下吗？刘宗周又从门户二字谈到陛下严旨禁敕，但矫枉过正，欲折君子以平小人之气，用小人以成君子之公，前朝的覆辙将复见于天下。总而言之，在刘宗周看来，皇上是尧舜之君，声色不御，宴游不迩，律己甚严，但是，"求治之心操之过急，不免酝酿而为功利；功利之不已，转为刑名；刑名之不已，流为猜忌；猜忌之不已，积为壅蔽"。对皇上求治之心操之过急的心理刻画可谓准确至极，对其流弊也有足够的估计并提出了警告：不仅令臣下有感于皇上天纵卓绝而自叹不及，无所事事，而且必然导致功利、刑名、猜忌、壅蔽。对于这种判断，后人赞叹道："其后国事决裂，尽如宗周言。"

遗憾的是，朱由检对刘宗周的批评并不以为然，只是例行公事在奏疏上漠然批道："刘宗周条奏不无疏阔，然亦忠荩，所司知之。"

刘宗周是讲求正统儒家伦理的，律己律人都很严，他的批评是否有点过分呢？不然。朱由检的急于求治是大多数臣子的普遍感受。就在刘宗周上疏一个多月之后，不甚有名的河南府推官汤开远也上疏批评皇上急于求治，结果适得其反。他说，当今似乎是有圣主而无善治，何以故？原因就在于皇上一人独劳，而没有诸臣的辅佐。对于这一判断，他从几个层面展开了论证：

一、皇上急于求治，诸臣救过不给。临御以来，明法敕罚，自小臣以及大臣，与众推举或自简拔，无论为故为误，俱褫夺戍配，不少贷，甚则下狱拷追，几于刑乱国用重典矣。

二、皇上急于求治，诸臣欲奉公营职，而虑及天威不测，梦魂亦惊，耳目俱荧，欲鼓豪杰之气、奏精勤之理，不亦难哉？

三、皇上诚以官守之故并罪言官，今日为言官太难，言责之中又有官守，身在科道而务在六部，舍封驳而勤差委，轻重倒置，无法专其言责。

四、皇上以策励望诸臣，于是臣下多戴罪。不开立功之路而仅戴罪，将戴罪无已时。皇上以详慎望诸臣，于是臣下多认罪。虽然臣下过错当归己，但皇恩亦当明察，若不晰其认罪之心，而概以免究宽大，认罪必成故套。

因此，他希望皇上宜稍宽大吏，与诸臣推心置腹，进退之间待之以礼，使诸臣勿畏勿怵，不要动辄押入锦衣卫诏狱。他认为，皇上宽一分在臣子，即宽一分在民生，否则民穷则易为乱。

应该说，汤开远的批评与刘宗周的基调是大体一致的，都点到了朱由检在用人待人方面过于偏激、过于明察，使臣下终日处于畏怵之中，而畏首畏尾，必然陷入皇上一人独劳的局面。

矫枉振颓，适得其反

因为这种缘故，朱由检为矫枉振颓而采取的一些措施，虽不失为一时中兴之举,但效果却与动机相背离。不妨略举二例以见一斑。

其中之一是严厉控制宦官。他重申祖制中关于自宫(私自阉割为宦)的禁例:民间有四五子以上,许以一子报官阉割,有司造册送部院衙门,供收补宦官时选用。如敢有私自净身者,本人及下手之人处斩,全家发烟瘴地面充军,邻居不举报者也要治罪。他指出,近来无知小民希图财利,私行阉割,童稚不堪,多至殒命,违禁戕生,深可痛恨。自今以往,暂且不收选宦官,敢有犯者,按法正罪,有司知而不禁,并行究处。与此同时,又戒谕朝廷各官,不得交结近侍。这是从魏忠贤与崔呈秀之流表里为奸把持朝政引出的教训,为此他宣布:自后大小臣工须知各修职业,各效忠诚,不得有招权纳贿之私心,巧为钻营。倘有敢蹈前辙交结近侍作弊者,必究治如律!这些显然是对前朝阉党乱政积弊的矫枉振颓举措,如能切实执行,对政治的清明肯定有所裨益。但是,不久他便更改初衷,以为群臣无人肯实心任事,又赋予宦官以干政的大权,不是督率京营,便是到边镇监军,到户工二部督理钱粮,使矫枉振颓的效果化为乌有。

其中之二是裁减驿站。这是朱由检用力最勤,也最能体现他矫枉振颓作风的一件大事。崇祯元年六月,朱由检看了御史顾其国奏疏中关于骚扰军民莫甚于驿站的意见,颇有感触,随即批示内阁:国家设立驿站,专为军情及各处差遣命官之用,近来官员大多徇私舞弊,把勘合马牌(驿站通行证)私自送给亲朋故人,假公济私;而且在常例食宿供应之外,还要敲诈勒索,致使驿站民夫困苦不堪,甚至卖儿贴妇以应横索。他要内阁传谕兵部,遵照旧例从严控制,以清弊源。

积弊已深,并非一纸命令可以纠正的。崇祯二年四月,刑科给事中刘懋上疏指出,当今天下州县困于驿站的约十之七八,调停无效,禁革也无效,只有裁减一法值得一试。朱由检深以为然,批示道:"近来驿站滥用,屡禁不遵。刘懋本内所奏骚扰困弊情形,深为痛切。"为此他下令将刘懋改为兵科给事中,专管驿递整顿事务,凡兵部发出勘合,必须经刘懋挂号才有效,凡抚按官入京驰驿者必须到刘懋处验号注销。

刘懋,字养中,号渭溪,陕西临潼人,万历四十一年(1613年)进士。皇上的重用激励了他,决心在裁驿上干出一番名堂来。几天后,他向皇上报告了对驿递积弊的基本估计:

一、今日驿递用于公务的仅十分之二,用于私事的占十分之八;

二、驿站的苦累,来源于往来过客的占十分之四,来源于本省衙门的占十分之六;

三、驿递事项出于各省抚按衙门的占十分之三,出于中央各衙门的占十分之七。

接到此疏的第二天,朱由检在平台召对时,谈了北方边防战守及军饷事宜后,便把话题转到了驿递上来。他把刘懋的奏疏出示给内阁辅臣,然后问:"这疏说得如何?"韩爌等人对刘懋的裁驿主张颇不以为然,没有直接表态,反而请示皇上道:"兵部昨有复驿递疏,当经圣览?"

朱由检接过话头回答:"朕俱览过了。"然后还是追问:"此疏中各款如何?"

李标说:"兵部复驿本,皆属切要,若着实举行,驿弊自清。"

朱由检不以为然,反驳道:"驿递之设原为紧急文书飞报军情,今遣白牌(未加盖官印的通行证),骚扰驿递,朕屡旨严禁,全不遵行,朕当以重典处之!"

韩爌说:"圣谕严切,诸臣不敢违玩。"

朱由检:"不敢者只良乡、涿州两处,其余还照旧,怎见得不敢?"说罢便召刘懋出班宣读他的奏疏。仿佛出于对此疏的重视,朱由检不由自主地起立倾听,直到宣读完毕,才坐下,向刘懋发问:"一匹马如何用工食(银)一百六十两?"

刘懋答:"就臣乡一县(临潼县)言之,添至一百六十两,别县尚有赔加至三百两,而驿递犹称苦累。"

朱由检不解地问内阁辅臣:"如何三百两犹称苦累?"

李标答:"只是差役过多,所以……"

韩爌答:"各差自有祖宗旧制,载在《会典》,原有定额。"

刘懋解释道:"年来驿递疲累已极,只为情面不破,过客任意需索,州县不敢。不如照祖制裁定,过客无处需索,有司穷于无处奉承。就将裁省工食银或全豁,以宽民力;或进解,以抵薪饷……"

朱由检缓缓地说:"还是蠲在民间才是。"

稍停片刻后,朱由检对刘懋的裁驿主张作出了评价:"裁之一字甚有理。"然后嘱咐内阁辅臣:"卿等改票来!以后以礼致仕、飞报军情及奉钦差等项,才许驰驿,其余一概禁绝,不许擅用。"他把刘懋的裁驿建议概括为一句话:除官僚致仕回乡、飞报军情、朝廷钦差之外,其他事项一概不准利用驿递。

刘懋所谓"照祖制裁定",是按照洪武二十六年的规定,凡天下水马驿递运所,专一递送使客、飞报军情、转运军需等项,合用马驴、船车、人夫,必因地理要冲偏僻,量宜设置。其佥点人夫,设置马驴、船车、什物等项,俱有定例。须要常加提督有司整治,或差人点视,不许空歇。日久弊生,驿递愈用愈滥。嘉靖三十三年(1554年),把勘合增加为温、良、恭、俭、让五字。温字五条,供圣裔(衍圣公)、真人(道教张真人),并差遣孝陵之往来;良字二十九条,供文武各官公差之内出者;恭字九条,供文武各官公差之外入者;俭字二条,供优恤;让字六条,供柔远。而火牌专供兵部走探军情与边镇飞报,也分内、外、换三字。除奉旨驰驿者不为限制外,余各临时裁酌。

到万历三年(1575年),更分为大、小勘合,仍以五字编号,其中王裔、文武官员用大勘合,监生、吏舍等用小勘合。大勘合例用马二匹、夫十名、船二只,照品崇卑,定例支应,往往超越规定,或一支六,或一支八,甚至一支十;小勘合实填数目,不许增减,或四马十二夫,或六马十六夫,最多八马二十夫。到天启末年,驿弊达于极点,援辽、援黔,征兵、征饷,起废、赐环,武弁、内官,都得用驿递,加上冒滥,简直不堪重负。

刘懋的裁驿措施是把原先的五字五十一条裁减为十二条,对每一条的人夫马船也作了限制。

要把长期积累的滥用驿递的陋规立时作大幅度的裁减,势必遭到来自各个方面的反对,主持其事的小小给事中刘懋的压力是够大的。裁驿一年之后,刘懋向皇上报告各地对他的怨恨,实在令人吃惊:"游滑不得料理里甲也,则怨;驿所官吏不得索长例也,则怨;各衙门承舍不得勒占夫马也,则怨;州县吏不得私折夫马也,则怨;道府厅不得擅用滥用也,则怨;即抚按与臣同事不得私差多差也,则怨。所不怨者,独里中农民耳!"阻力之大可想而知!而裁定驿递所节省的工食银两,又被借支一空,使裁驿的正面效应化为乌有,负面效应却愈益凸显。

崇祯四年(1631年)二月,刘懋把裁驿的结果报告皇上:各省裁节银共六十八万五千余两,表面上是"移作边地修防之需",其实是各级衙门利用借支的名义,填入无底洞,无声无息地消失了。朱由检虽然知道表面文章与实际成效有相当距离,但还是下旨嘉奖刘懋"事竣勤劳,准与纪录优擢"。

然而,刘懋并没有等到皇恩浩荡加官晋爵,就在各方的埋怨唾骂之下,借口养病辞官悄然归去。

裁驿之举,从理论上讲是节省朝廷开支、减轻民间负担的好事。问题在于动机与效果不相一致,甚至背道而驰。它最为明显的负面效应,便是使数以万计的驿站民夫失业,走上了反叛明王朝的武装起义道路,这是刘懋与朱由检始料不及的。对此,计六奇有一段精彩的评论:

> 上即位,励精图治,轸恤民艰,忧国用不足,务在节省。给事中刘懋上疏,请裁驿递,可岁省金钱数十余万。上喜,着为令,有滥予者罪不赦。部科监司多以此获谴去,天下惴惴奉法。顾秦晋土瘠,无田可耕,又其民饶膂力,贫无赖者借水陆舟车奔走自给,至是遂无所得食。未几,秦中叠饥,斗米千钱,民不聊生,草根树皮剥削殆

尽。上命御史吴甡赍银十万两往赈,然不能救,又失驿站生计,所在溃兵煽之,遂相聚为盗,而全陕无宁土矣。

据说刘懋辞官后,遭人切齿唾骂,直呼其名而诅咒不迭,画了他的像当作箭靶,射杀泄忿。刘懋因此郁恨而死,棺木运抵山东,竟没有人愿意为之搬运,停在旅馆中,经年不得回归故里。奇哉怪也!

朱由检矫枉振颓,目的是为了太平有望,结果却适得其反。这真是一个畸形的社会、畸形的时代,一切药方似乎对它都毫无作用,不但不能使它趋于正常,反而使它更加癫狂不安了。

三、"朕自御极以来,夙夜焦劳"

忧勤惕励,寝食不安

朱由检曾对廷臣说:"朕自御极以来,夙夜焦劳。惟兹封疆民瘼,图维在念,而边备积弛,闾阎久困,臣工习俗相沿,尚牵情面之故套,政事奉行不实,徒夸纸上之空言。故屡召平台,时勤商榷,期振惰窳之弊,一新明作之猷。"

所谓"屡召平台",即皇上召见群臣议政,称为召对。自万历中以迄天启年间,久已废弛,朱由检把它重新恢复了。崇祯元年正月,他在文华殿讲读完毕,召见内阁辅臣、六部及都察院堂上官,责问日前因月蚀他曾下诏,要诸臣条陈政事利弊,为何不见部院大臣条议?辅臣施凤来等颂扬道:"召对之典久废,皇上励精举行,真圣朝第一美政,天下何忧不治!"从此,召对便成为朱由检处理朝政的重要方式,一次召对往往要花好几个时辰。当时的内阁及部院大臣大多在其位而不谋其事,召对常流于形式。朱由检又偏偏是一个极其认真的人,对诸臣颇有不满之意。一日,召对诸臣,无一语令他叹服,便反问道:"此就是召对了么?"

他要使召对正规化,并载之史册,以此给诸臣施加压力,让他们认真对待,于是宣布:"左右史记言动,及谏官随宰相议事,皆史册美规。以后除文华殿商榷外,召对诸臣仍用记注及谏官二员。"以后的召对极其郑重其事,内阁、五府六部、都察院、通政司、大理寺、六科、十三道以及翰林院记注官、锦衣卫堂上官都得参加,议事认真而细致。

朱由检鉴于召对过于频繁,恐滋耽搁,决定:今后除盛暑严寒时日,他坚持每天到文华殿处理公务,一切章奏与辅臣当面参详,分别可否,务求至当。

于是乎,朱由检成了自开国皇帝太祖以来罕见的勤劳皇帝。太祖朱元璋大小政务都要亲自处理,生怕大权旁落,每天天不亮就起床办公,一直到深夜,没有假期,也从不讲究调剂精神的文化娱乐。他成天成月成年看文件,以洪武十七年(1384年)九月为例,从十四日到二十一日,八天内看了内外诸司奏札共一千六百六十件,平均每天要看或听两百多件公文。

在勤劳这点上,明朝的开国皇帝与末代皇帝之间的确有着惊人的相似之处,整日忧勤惕励,寝食不安。朱元璋定下来的每日视朝的祖制,后来的皇帝大多视为虚文,特别是到了隆庆末万历初,公然改为每逢三、六、九日视朝,以后索性连三、六、九日也免朝。朱由检恢复了每日视朝的祖制,十几年如一日地坚持。崇祯十五年(1642年),他说,与群臣共同裁决政事,除照例应免日期之外,每日都视朝不辍,视朝完毕后,文武大臣如欲奏报,可以报名候召,敢有壅蔽阻挡者,以奸欺论斩。所以他要慨叹自己御极以来夙夜焦劳了。

皇帝的日讲与经筵

除了视朝,作为皇帝还要参加日讲与经筵,接受讲官们关于传统文化与历史的教育。朱由检于天启七年八月即位后,到十月十五日就开始了日讲,听讲官们讲解《大学》《尚书》《帝鉴图说》各一章。按照惯例,日讲官中有一人读书,一人讲解,读五遍后,帝随读,然后开始讲解。朱由检免去进读,命径直开讲。日讲完毕,他退入便殿,把自己写的字出示给内阁辅臣,大家都对皇上的书法赞美备至,朱由检谦逊地说:"书有不如法处,卿等当为改正。"

崇祯元年二月,开始了经筵,以英国公张惟贤、大学士施凤来充任知经筵官,大学士张瑞图等充任同知经筵官,侍读学士温体仁等十人充任讲读官,编修倪嘉善等八人充任展书官。首次经筵,开讲《尚书》《大学》各一章。皇上御文华殿后,内阁辅臣率讲官行五拜三叩头礼毕,内侍举桌安放,皇上发话:"先生们来!"讲官、展书官进入。讲毕,皇上说:"先生们吃酒饭!"并赏赐银币、钞锭,讲官们谢恩而退。

其实经筵与日讲并无多大差异,所不同的是,经筵大抵春讲、秋讲各举行一二次,隆重而讲究礼仪。春秋经筵开讲后,进入日讲——日日进讲阶段,如有特殊情况传免,须在隔日薄暮前传旨。经筵开讲时,翰林院词臣无不毕至,讲官与皇上各自分坐两桌,还有展书官在旁为皇上翻书。日讲时皇上与讲官同坐一桌,不拘泥于形式。

按往例春讲从二月开始,崇祯三年(1630 年)因为边事不宁,推迟至三月初十日才开始。日讲官文震孟讲《论语》中君臣之义,反复规讽。朱由检若有所悟,讲毕后,即将已逮入狱中的刑部尚书乔允升、侍郎胡世赏予以释放,阁臣们都拱手感谢文震孟启沃之功。一日,朱由检参加日讲时,显得疲惫不堪,随意把脚搁到台棱之上。文震孟正好讲到《尚书》中"为人上者奈何不敬"一句,便抬眼注视皇上跷起的脚,朱由检不好意思地用袍袖加以遮掩,然后徐徐放下。时人称文震孟为真讲官,也足见朱由检对于讲筵并非敷衍,而是认真的。

朱由检是一个十分好学的人,平生笃学博览,举凡《四书》《五经》《资治通鉴》《通鉴纲目》《大学衍义》《大学衍义补》《贞观政要》《皇明祖训》《帝鉴图说》等典籍,几乎朝夕不离于手。他曾要司礼监把《洪武正韵》《玉海篇》《字汇》总成一书,共收字四万有余,可惜由于战事频繁,未及刊行。他又命武英殿中书画历代明君贤臣图，写《正心诚意箴》，制成屏风，分别安放在文华殿、武英殿，以时时警策自己。他以这种勤奋好学的精神对待廷臣的章奏，凡有关朝政大事的，一概命人抄录装订成帙，不时披阅。为这样顶真的皇帝充当讲官，是一件苦差使。

少詹事姚希孟在讲筵上颇为皇上赏识，每次讲毕归班，皇上都目送，以示尊敬。对于滥竽充数的不称职讲官，他也毫不掩饰自己的不满情绪。崇祯十一年（1638年）经筵讲官王铎讲经书时，解释"敬""信""悦"等字时，过多地运用反诘语气，联系近事时，又有"白骨如林"等不恰当的语句，引起朱由检反感，责怪他"敷衍数语，支吾了事，全不能发挥本义"。吓得王铎赶忙离案跪下待罪。朱由检命他起来，他又忘了谢恩。轮到第二个讲官出讲时，见此情景有点心寒，讲解时声细而哀，竟然令在场的人无一字可辨，听不清在说些什么，朱由检面有怒色而罢。

经筵有二案，一在御前，一在讲官前，讲官可以准备好讲义，照本宣科。而日讲只有一案，只放一本经书，不能放讲义，讲官用手指书随口而讲。讲官韩四维屡次忘了讲词，朱由检虽不满意，还是宽恕了。过了几天，他指示内阁："日讲可照经筵例，亦置讲章，朕有所疑，可据以问难，而讲官亦不至遗忘。"从此以后，日讲都采用讲义，在御前用牙签指讲。

某次日讲，朱由检对《论语·子罕》颇有一些感想，便召来内阁辅臣一起讨论。

他问："夫子论仁，如欲立欲达，克己复礼，天下归仁，及出门使民等语，言仁尽多，何云罕言？"

周延儒解释道："此即性与天道不可得而闻之意。"这种言不及义的说法当然不能令皇上满意。

蒋德璟补充说："圣人未尝不言仁，只门弟子悟者以为言，不悟者以为罕言耳。"这样解释多少触及了本题。

朱由检又问："命与仁如何分别？"

蒋德璟说:"总是一理,在天为命,在心为仁。"

朱由检对此表示首肯,又说:"一日克复,天下归仁,便是修己以安百姓意思。"

辅臣们极力称赞,都说:"圣见明彻。"

吴甡说:"帝王学问,总只是明德新民。"

蒋德璟说:"明明德于天下,便是天下归仁。"

第二天,朱由检写了手谕给辅臣们,说:"昨先生等论仁诸说,深当朕心,着即撰写进呈,以便观览。"他对于儒学精义的钻研精神,并不比进士出身的儒臣们逊色。

某次,由于讲官姜回广误读《通鉴》引罪,朱由检传谕:停讲《通鉴》,改讲《春秋》。当时翰林院词臣只有文震孟习《春秋》,因而以文震孟为《春秋》日讲官,破例把日讲官从六人增为七人。开讲后,十月十七日至二十日,连讲四日,开创了皇上御讲筵连讲四日的纪录。二十四日进讲"祭伯传",删去"宰咺"一章,朱由检传谕:"'宰咺'一章,正见当时朝政失宜,所以当讲。今后以此类推。"讲官们对皇上如此重视历史上朝政失宜的教训,肃然起敬,感叹:真不世之英主也!

如此认真地对待日讲与经筵,使朱由检获益匪浅。日后他在召对著名儒臣黄道周时,谈起自己的学问,谦逊地说:"朕幼而失学,长而无闻,时从经筵启沃中略知一二。"可见讲筵之于朱由检,并非徒有形式的虚套,而是他从政生涯中不可或缺的一个组成部分。

事必躬亲,虔诚修省

作为皇帝要考虑的事情实在太多,何况朱由检是个事必躬亲的人,事无大小巨细都牵挂在心,不仅吏治民生夷情边备要操心,就连水旱这类人力无法左右的灾变,他也抱着责无旁贷的心认真对待。

崇祯四年(1631年),开春以来京师一带久旱无雨,朱由检为了感动上天,再次离开乾清宫到文华殿斋居,刻苦修省。多少日子过去了,仍未盼到上天降下的雨泽。对儒家天人感应学说深信不疑的他,下了一道诏书,旨在检讨朝政的缺失。他说,近来为祈雨泽已虔诚修省,但亢旱越来越严重,难道朕的精诚未至,还是臣下事多蒙蔽?他把心中的焦虑一一列举出来,希望臣下一起虔诚修省:

> 用人者选择不当;
>
> 任事者推诿不前;
>
> 刑罚失中而狱底多冤;
>
> 墨吏纵横而小民失所;
>
> 言官之参论修怨徇私;
>
> 抚按之举劾视贿为准;
>
> 南北直隶及十三省之召买暗派穷民;
>
> 边塞之民膏多充官员私囊;
>
> 军队扰害地方妄戮无辜;
>
> ……

他感叹道:有一于此,便足上干天和!

臣下被皇上虔诚之心所感动,浙江道御史王道直以甘霖不应、人怀危疑,与皇上共同探究原因,直言不讳地说:皇上应运中兴,于今四年,先前手提魁柄以诛元凶,用了重典,现在正宜养天下以和平,使春生之意常多于秋杀。但是现状却不尽如人意,谳狱者往往不遵照法律,任意轻重,这与仰承天意的主张背道而驰。

朱由检其实和他的老祖宗朱元璋所见略同,主张治乱世用重典,以重典驭臣下。此时此地,他倒被御史王道直感化了,真有点担心是否重典过于滥用。两天后,便借口天气日渐转热,下令释放判处笞杖罪的囚犯,至于判处徒流以下减等的重囚,可酌情卸下枷铐,以示宽大。

云南道试御史王象云也因皇上下诏征求直言,上疏说旱灾太甚的原因就在于民生太困,而民生太困的根源不外乎官府私派太多,养盗太宽,衙蠹太纵,赋税加耗太重,忧民之情太冷,敛财之术太急。朱由检本来对这种批评最为反感,此时也从善如流,认为此疏切中时弊,命有关部门即行查明,予以纠正。

为了表明自己的赤诚之心,朱由检在五月初率领文武百官从紫禁城步行到南郊崇雩坛,举行隆重的祷雨仪式,同时派出官员代表他到北郊社稷、山川、风云、雷雨等坛,以及龙神、太岁、东岳等庙,去行礼祈祷。一路上,他不用轿辇,全程步行,只是在正阳门至昭享门中间设帐篷二处,稍事歇脚饮茶。

总算朱由检福星高照,到了六月间果真下了一场大雨,没有使这次步行祷雨活动成为笑话。

朱由检始终把天变作为上帝的一种惩戒来认真对待,敬而畏之,从不懈怠。崇祯八年(1635年)大旱兼有风暴,他又一次斋戒修省,说这是"皇天不弃,以象示教",便在中正殿丹墀,在烈日暴晒之下跪祷。说来也巧,次日风息雨降,他到中左门对诸臣说:"虽然得雨,而禾苗多损,惟反躬修己,诚心爱民,庶可挽回天意。"

然而,从宏观视角看来,朱由检的夙夜焦劳,似乎并没有带来太明显的成效,令臣下也令朱由检本人感到困惑。

崇祯五年(1632年)二月光禄寺丞许鼎臣对这种现象发表了意见:"今皇上之督责愈急,而臣下之担当愈缓,效忠者谁?皇上之焦劳愈勤,而封疆之偷安愈急,宣力者谁?皇上之忧民至矣,民愈思乱;皇上之兵饷厚矣,而兵愈思逃……"这一系列矛盾实在令人费解。朱由检看了这一奏疏,颇有同感:"为什么朕督责愈急臣下担当愈缓?朕焦劳愈勤臣下偷安愈急?"他诚恳地表示:"敷政和平是朕本愿,但欲臣下不敢偷安,振醒积玩,当以何法?鼎臣其更毕陈所怀。"他希望许鼎臣能提出解决矛盾的良方妙策,使臣下不敢偷安积玩。其实许鼎臣也非圣手,大明王朝到了今日这地步,犹如一个病入膏肓的衰朽老人,决非任何灵丹妙药可以起死回生的了。朱由检的悲剧就在于,始终没有清醒地认识到这一点,总想以自己的焦劳换来些许成效。

朱由检开出的药方是一帖帖猛剂,以求旦夕奏效,其结果是欲速则不达。江西道试御史贾多男意识到这点,对皇上说,厘剔宿弊固然是美政,然而积习既久,旦夕操切何以奏功?伏愿皇上徐提天下之正性,而勿骤夺一世之锢情,在因袭之中默寓变革之妙,使人在不知不觉中而自行转移。贾多男是主张潜移默化的,因此他希望皇上在雷霆发作之前先施以雨露滋润,在威猛之前先济以宽仁,给官员开辟荣显之途,然后才怵之以辱,使人不转蹈于屈辱。

朱由检看了此疏,虽然认为"其语多可采",但是他最欣赏的还是贾多男提到的"富豪之家奢僭成风,以致民穷盗起",认为这才是需要认真对待的救时急务。仍然是过于旦夕操切。旦夕操切的结果,必然是臣下禀承太过。这一点,不少官员都有共识,其中尤以华允诚讲得最为透彻。

兵部主事华允诚向皇上直陈朝政可惜与可忧之处,其主旨在于:三四年来,皇上焦劳于上,群臣匆匆孜孜,目不暇给,而法令滋章,臣民解体,人才荡尽,根本受伤,终于形成皇上焦劳于上、诸臣舞弊于下的矛盾景象。他从三个层面作了分析:

一、当事者借皇上刚严,而佐以舞文击断之术;倚皇上综核,而骋其讼逋握算之能。遂使和恒之世竞尚刑名,清明之躬寖成丛脞。以圣主图治之盛心,为诸臣斗智之捷径。

二、率属大僚,惊魂于回奏认罪;封驳重臣,奔命于接本守科。遂使直指风裁徒征事件,长吏考课惟问钱粮。以多士靖共之精神,为案牍钩校之能事。

三、庙堂不以人心为忧,政府不以人才为重。四海渐成土崩瓦解之形,诸臣但有角户分门之念。意见互觭,议论滋扰,遂使剿抚等于筑舍,用舍有若举棋。以兴邦启圣之岁时,为即聋从昧之举动。

华允诚当然是有所指的,他不满于皇上力排众议而宠用廉耻扫地、包藏祸心的温体仁、闵洪学之流。结果引起了皇上的反感,并指责说:"出位逞私,妄议朝政,且牵诋不伦,是何主见? 必有唆诱之者,可作速奏明!"朱由检的猜忌多疑,使他常习惯于怀疑臣下谏诤的动机与幕后活动。华允诚对朝政弊端的分析切中要害,朱由检如能采纳一二,于朝政肯定不无小补。但是他借口华允诚影射温体仁,便以"妄议朝政",予以全盘否定。

朱由检的夙夜焦劳之所以成效不明显,其缘由实在是耐人寻味的。

"旧弊彻底清厘,情面一毫不顾"

朱由检仍把朝政抓得很紧,毫不放松,使他最为忧心忡忡的仍是吏治与用人。崇祯六年二月初八日在召对时,他责问吏部尚书李长庚、兵部尚书张凤翼、都察院掌院事左都御史张延登在清除用人的积弊方面毫无起色:"吏兵二部用人根本,近来弊窦最多。未用一官,先行贿赂,文武俱是一般。近闻选官动借京债若干,一到任所便要还债,这债出在何人身上? 定是剥民了! 这样怎的有好官肯爱百姓?"

其实官场贿赂公行,以权谋私、权钱交易成风,早在崇祯元年户科给事中韩一良就已作过深刻的剖析,他的话切中肯綮:"今之世局,何处非用钱之地? 今之世人,又何官非爱钱之人? 皇上亦知文官不得不爱钱乎? 何者? 彼原以钱进,安得不以钱偿!"此后不少大臣都触及这个吏治的要害。崇祯三年六月工科给事中顾光祖向皇上指出:"我太祖首严墨吏,法用重典,累朝相承,惩贪无赦,故人人自爱,良吏为多。迨后法轻人玩,阿堵薰心,忍于损廉耻,而不忍于损功名;敢于触法网,而不敢于触津要。众怒而悯不畏,泽竭而渔不休。"顾光祖所言句句在理,点到了关键——法轻人玩,阿堵薰心。明太祖朱元璋的惩贪先例确实是值得效法的。这位将"以重典驭臣下"信为圭臬的大明开国皇帝曾说:"此弊不革,欲成善政,终不可得。"编了《醒贪简要录》,颁布天下,官吏

125

贪赃银六十两以上，枭首示众，再处以剥皮之刑。府县衙门左边的城隍庙就是剥皮的刑场，叫"皮场庙"。把贪官污吏剥皮实草，吊在旗杆上示众，令人胆战心惊，确实收到了惩贪的实效。历史表明，要惩治贪污，似乎舍此别无良法。因此，顾光祖建议朱由检仿效祖宗成法，惩贪无赦。朱由检虽然也主张以重典驭臣下，但在剥皮实草这点上下不了狠心，只是泛泛地批复："吏治殃民，贪为首恶，赃款既确，重处何辞！各抚按务悉心咨访，毋得轻寄耳目，顾瞻情面，有负朝廷黜陟大典。"

这种没有切实措施的空话套话再讲一千遍也毫无用处。不久，福建道试御史龚守忠又一次向皇上指出："选法至今日而大坏，吏治至今日而极污。官员补缺以贿赂多寡定好坏，赴任日期以馈赠轻重约早晚，正堂佐贰早选善地定价一二千两，最少也不低于几百两。否则听其株守数年，哀号呈乞，置若罔闻。廉污倒置，黜陟混淆，钱神有灵，耳目无主！"对于这种严重状况，朱由检当然不能容忍，他批示道："近来选法败坏，实由奸胥纳贿夤缘，弊端百出，有非局外能悉。所司精心稽察条奏力行，其有意通司者分别究治。"

这样泛泛而谈当然难以奏效，积弊依然如故，所以三年后当他在文华殿召对李长庚、张凤翼、张延登时，再次提出这一弊窦，说：

> 卿等新任，须把旧弊彻底清厘，情面一毫不顾，才用得好人，才尽得职掌。若别人说的就用，自己漫无主见，大误事情！朕前日为两部尚书费几许推敲，才用卿等二人，须能革去旧弊，用好人才为国家任事，才不负委任。吏部文选司、兵部职方司尤最紧要。吏部十三省，一省一人，原为要知那一省人才，其实名虽为公，实未必然。他们何曾用心遴访？到了用人的时节，仍旧南直不知北直，北直不知南直。今后若司官不堪，有徇情的，作弊的，有抗违的，就要参来！不要说堂属一体，只徇情面，若见有人向部里嘱托把持，也要据实参来！

这时,内阁辅臣周延儒从旁启奏:"吏兵二部,须是自己能参别人,不怕别人参,方能任怨任事。"

朱由检继续说:"各尽职掌,朕自鉴裁,浮言岂能动朕!"

李长庚、张凤翼跪奏道:"臣自田间特恩起用,敢不尽心图报?今蒙圣谕,督率司官,如有不遵的,自当参奏。臣等或有错谬,望圣明宽宥。至于情弊,不敢曲徇。"

朱由检说:"情弊须从卿衙门清楚,用人须要自己主张。若推那一员官,俱凭人说就用,或只凭乡绅保举,这都不是,就是,其中也有人地相宜的,毕竟还该从公慎择。若一味听徇,又何消要部里?今后不许只据旧访单塞责,及情面嘱托,这样事情,一定重处。这是甚么时候?内外种种多故,大小臣工也俱不能辞责。推用人才,俱在卿等两部。源头清楚,用人自当。若是人才,那一个不堪,就是那一个源头不清,卿等责任岂轻!如今所做的事,都是天事,谓之天工,须着尽心才是。若只循旧套,推升的几个官不过执簿呼名,一吏足矣,要尚书何用?又如吏部情弊极多,正该责成司官稽查核察,各样事体,不可但委吏书。"

这一席话体现了朱由检的吏治用人之道,他对这方面弊窦的认识已与言官们渐趋一致,他的地位让他看得更为透彻:必须源头清楚,一切用人弊窦的渊薮就在吏部,只有正本清源,事情才有转机。这种抓到点子上的议论使吏部尚书李长庚感到压力沉重,他赶紧表态:"吏书之弊,只有小官,至于大僚,皆臣等之责,不敢有诿。其咨访旧单,近奉明旨,不得滥用。以后务要新行咨询,仰体圣怀。"

用人情弊,吏部固然是个渊薮,兵部也难辞其咎。听了皇上这番训斥,兵部尚书张凤翼也不得不表态:"当今东事未靖,寇贼交讧,只因将不得人,此皆臣等之罪。推官一事,向来武弁原有钻营,皇上神明在御,此弊竟无。"

这种文过饰非的态度引起朱由检的反感,他反驳道:"一毫情面不顾,彻底清起,才能用几个好人。若就说无弊,怎能得毂?先年职方司郎中方孔昭有一个总兵求推，谢银三千两，这是怎么说？一到地方，自然剥军了。卿等身为大臣，须要洁己率属。"说得张凤翼哑口无言。

稍顷，朱由检又对都察院掌院事左都御史张延登说："都察院风纪，重任表率，那御史巡按是朕所行不能到的，要他去巡，何等关系！御史巡方贤否，全在考核。如今一概回道称职，只凭河南道一本文册，说举核过文武若干，积过谷石若干，举过节孝若干，便完了事。就是地方有误事的，有奉旨着回道严加考核的，还要替他委曲出脱，或说是前人的事，不是他任；或说是前行各样事都好，只因一时偶误，将就罚俸降级了。不肯处一个，成甚么宪体？"三言两语便把巡按御史受贿回护、通同作弊的情状揭示得十分清楚，张延登不得不表示："天下百姓穷困，全是吏治不清，御史激扬无法。臣见奉不时参处之旨，不职者即行奏闻，决不敢从宽。"

朱由检以为"从宽"二字不妥，立即打断他的话，说："只要当，不是从宽。果能有实绩的，是称职；若无大错，亦无大功，这是平常；如有地方失事，平日本无整饬，或隐漏不报，或纠举不当，这就不称职了。如今连平常的也没有，都是称职，有些过失，又替他解脱，不担劳，不任怨，都察院如此落得做个好人，御史怎肯尽心？那御史差出去处，一应吏治贤否，俱在举劾，若一失当，下边怎了？"

听完了皇上的插话，张延登继续说："不敢不严加考核……"

朱由检又打断他的话，插言道："考核须认真查核，若只凭河南道文册，不过故事。"

张延登接着说："案呈须由河南道，臣当另行多方采访，不敢全凭他人文书。"

朱由检说："卿是此院新任，自能尽职，如以前这都察院，都着实不堪。昨日卿上一疏，专讲御史升转，可是御史升转不去，是第一紧要么？每见新任，都有一个条陈，其实只是套子，不拘得个温旨、严旨就是。"

张延登说："臣昨本非敢徇情，只因目前二月，该推升之期，前奉旨：

御史差上者不准升。在籍者亦无多人,此本不得不请旨遵行。"

朱由检又说:"考选科道,祖制极是慎重,不论方隅,不拘甚么人,都可教他做,只要取历练老成。盖为老成,则自然正直诚朴,没有那虚嚣诡诈的事情了。如今的考选,只凭那一篇文字,你们中过科目的,文字原是会做,专考他用?试御史原是试他才能,果堪,方才实授。今做了试御史,就必定实授,再不下来了。科道升惯京堂,视为捷径,就极不堪的,也升布政、按察两司去了。升知府的都少,这是怎么说?"这些话揭示了考选只凭一篇文字、只能上不能下、视京堂为升官捷径等官僚体制固有的积弊,要纠正却难于上青天,不过说说而已。

最后朱由检告诫吏、兵、都三位大臣:"文、武本原在吏、兵,风励在都察院,责任不轻。且莫说用的都是贤才,但六部、都察院七员,都是贤才,便能治平?如今边疆蠢动,插酋挟赏,流贼蔓延,何等时候!文武诸臣不求匡襄实绩,单借虚名,张大其说,落于史册……"

待这三位大臣退回原班后,他又命六科、十三道掌印官刘斯崃、李日宣等出班跪下,对他们说:"尔等俱是言官,以言为职,若条奏切实,有裨军国,直言谠论,朕甚乐闻。如何动称言路闭塞,又说似通而实塞?你们议论,不管行得行不得,只条陈一本塞责,还有只为情面贿赂的,成何言官?就如各处兵马、钱粮,那一处不差尔等查核,何曾肯摘发奸弊?到坏了事,又身处其外,要差尔等何用?平日具疏,每隐显闪烁。就是参一人,也不指他实绩;荐一人,也不指实他名节,都故意如此。还有做的不好的,就是参堂官一本,叫他不便考核。"

朱由检对言官是寄予厚望的,希望他们发挥监察廉政的作用,然而他们无法超然于腐败风气之外,也讲情面,受贿赂,图私利,使皇上不免感到失望。

六科的首长吏科都给事中刘斯崃赶忙声辩:"臣等职任言路,有闻必告,一毫不敢欺皇上。"

朱由检说:"有闻必告,这一句话是从心里说出来,是从你口里说出来？你们有一疏,定有一缘故,与那疏中所说之事不相干。言官为朝廷耳目,不聪明,诸事俱废了。自己作弊,倒说别人作弊;自己坏法,反说别人坏法,岂成言官?以后如有把持、嘱托、行贿的,发觉出来,自有祖宗之法在!"说罢,命他们起身归班。然后对参加召对的众大臣说:"既做一官,就有一官职掌,件件都该忧思,件件都该打算,天下方能治平。不可借一虚名,张大说去,徒滋烦渎。"

待内阁辅臣周延儒表态后,朱由检为此次的召对作了总结:"方今民穷财尽,各处盗贼生发,都是从东事起。必须东事平了,百姓方可安宁。这个事不做,如何专做题目,图个名色好听!"

朱由检即位以来,励精图治,为振兴朝政而夙夜焦劳,但积弊已深,大臣们又不肯尽心尽力,使他苦恼、不满,又令他无奈、忧虑。在这个内外交困的当口,皇帝实在不好当!

四、"朕万不得已遣用内臣"

"自古未有宦官典兵不误国者"

朱由检即位以后,始终把用人作为第一要政,然而就在用人问题上,暴露了他作为君主的最大弱点——用人不专、任而不信。他老是感到外廷大臣可以放手任用而又得心应手的实在太少,不得已退而求其次,把自己身边的心腹太监安插到一些要害部门,充任耳目手足。如何对待太监,反映了他举棋不定、出尔反尔的秉性。

如前所述,鉴于前朝阉党作乱,他即位伊始就严禁民间自宫为宦,禁止廷臣交结内侍干扰朝政。除此之外,他还下令撤销各边监镇太监。天启七年十月十二日,他在参加日讲以后,在文华殿便殿召见内阁辅臣黄立极等人,把督师王之臣的奏疏出示给他们,然后分析道:"朕览王之臣疏,自称赘员,又曰虚拘,是因内臣(太监)在彼牵制,不便行事。朕欲将各边内镇尽行撤回,一切兵马钱粮着交割各督抚镇道衙门。封疆事重,王之臣须一力担当,卿等可拟敕来看!"

朝廷派太监到边镇监军是前朝弊政,朱由检深知其弊,便由王之臣奏疏的微言大义中引申出尽撤监镇太监的主张。十一月五日,他颁布了撤销各镇内臣的谕旨,把这一主张阐述得更加明晰:

> 军旅国之大事,必事权一而后号令行,人和协而后胜算得。然势敌则交诿,力均则相击……先帝于宣宁、关蓟、宁远、东江等督抚外,分遣内臣协镇,一柄两操,侵寻滋弊。比来内外督抚,意见参商,嫌疑萌构,彼此自命,咸称赘员,得且相蒙,失且相卸,封疆事重,其能堪此!矧宦官观兵,古来有戒,朕今于各镇守内臣概撤,一切相度机宜,约束吏士,无事修备,有事却敌,俱听经督便宜调度,无复委任不专,体统相轧,以借其口。各内官速驰驿回京,原领在官器械马匹,如数交督抚分给诸将,以备战守,开数具奏。其自备器械马匹,带回毋阻。"

太监监军,从历史上看,实乃皇帝不信任封疆大吏、统兵将领的下策,从来没有什么好的成效,成事不足,败事有余。将在外,君命有所不受,何况军情紧急,瞬息万变,有一名口含天宪、手持尚方的太监在旁掣肘,擅作主张,必然使将士离心离德,士气下降,导致战事的失利。朱由检对此是有清醒认识的,所以他说"必事权一而后号令行,人和协而后胜算得"。他决定撤销派往各镇的监军太监,无疑是一个英明举措。

但是,朱由检对这个问题的认识是极有限的,半年之后便出尔反尔,重新赋予太监军权,任命司礼监管文书内官监右少监宋尚志提督正阳等九门、永定等七门及皇城四门,巡城点军,由内官监太监赵本清为副手,从旁协助。待到己巳之变,满洲铁骑逼近京城外围时,他又任命乾清宫太监王应朝监视行营,任命太监冯元昇等查核军队编制及饷额。这种做法显然与他自己前不久所说"宦官观兵,古来有戒"云云完全自相矛盾。

当时的顺天府尹刘宗周为此上疏劝谏道："大小臣工,岂无一人足当信任者?""自古未有宦官典兵不误国者,不知危急败亡之日,舍天下士大夫,终不可与共安危!"朱由检听不进这些逆耳忠言,继续任命司礼监太监沈良佐、内官监太监吕直提督九门及皇城门,司礼监太监李凤翔总督忠勇营、提督京营。

京营是京城的卫戍部队,原由襄城伯李守锜任总督。长期以来腐败成风,京营官军都诡寄廪饷——挂名领一份厚饷,甲鬻于乙,乙鬻于丙,辗转倒卖名额,因此京营的花名册全是一片虚假,几乎是隆庆、万历年间的名单,实际当差的不是市井游手好闲之徒,便是势家悍仆恶奴。此等流氓无赖毫无纪律可言,李守锜不但不加约束,反而纵容肆掠,白昼为盗之类咄咄怪事屡见不鲜。得到锦衣卫的报告,朱由检命巡捕营抓了二十余人就地正法,李守锜革职听勘。

己巳之变,京城戒严后,朱由检就京师的防务征询内阁首辅韩爌的意见,孰料韩爌竟提出了悲观主义的迁都方案,令朱由检大为不悦,于是始有轻士大夫之心,任命太监李凤翔为京营提督。京营原设侯伯一员总督军务,兵部侍郎一员协理军务,至此添设太监一员,实际由太监大权独揽。此辈太监本来都是市井无赖出身,毫无军事知识,又傲然自大,胡乱指挥,朝廷军政大事由此日见其坏。

崇祯一朝太监带兵监军的先例一开,重演前朝弊政,而且愈演愈烈。

"驱民为盗,动摇国本"

崇祯四年(1631年)九月,朱由检惩处袁崇焕的家属,把他们流放到云南广西府维摩州。作为一个反衬,他宣布派遣乾清宫管事太监王应朝前往山海关、宁远,乾清宫牌子太监张国元前往蓟镇东协,乾清宫太监王之心前往蓟镇中协,乾清宫太监邓希诏前往蓟镇西协,监视各镇粮饷兵马及边墙抚赏。

王应朝身衔皇命出关,颐指气使,一天内连上六疏,奏讨官军马匹勘合,都蒙皇上允准。吏科给事中熊开元针锋相对地上疏,希望皇上收回成命,停止派遣内臣,以统一边关事权。朱由检全然置之不理,批驳道:"遣用内员自有裁酌,不必过为疑虑。"

后人对朱由检此举作这样的评论:"帝初即位,鉴魏忠贤祸败,尽撤诸方镇守中官,委任大臣。既而廷臣竞门户,兵败饷绌,不能赞一策,乃思复用近侍。"此话揭示了朱由检遣用太监的内心动机,大抵不算离谱。但不管有什么理由,派遣太监干预军事指挥大权,毕竟是一无可取之处的下策。可悲的是,朱由检并不如此认为。他在派出王应朝、邓希诏之流后,又把御马监太监唐文徵提升为乾清宫管事太监,外出提督京营戎政;派遣乾清宫牌子太监王坤前往宣府、刘文忠前往大同、刘允中前往山西,监视各镇钱粮兵马及边墙抚赏事宜。

最令人不可思议的是,与此同时,朱由检任命司礼监太监张彝宪为户、工二部总理,监视中央政府的财政收支。这很明显是对户、工二部的极大不信任心理在作祟。朱由检究心利弊,留意边防,各边镇以缺饷告急,户部束手无策,他为此多次召对大臣,责问道:"朕记得先年有大工,有生祠,多少钱粮,无日不进益,有发有余。今大工完了,生祠毁了,如何不足?前日又撤了各处内镇,便该有许多钱粮下来,那里去了?"户部尚书毕自严无可奈何地答道:"外解不能全完,所以不足。"朱由检问:"外解何以不全完?"毕自严无言以对。朱由检又说:"太仓银两原非边用,如何急了便要请帑?朝廷给饷养兵,原期实用,如此动辄鼓噪,养这骄兵何用!"他随即指示毕自严:"卿到部里,将新旧钱粮多要彻底澄清,逐一查算具奏!"但是中央财政入不敷出的痼疾由来已久,岂是一朝一夕就能解决的!不得已而求之于加派,每亩农田的税银加派九厘之外又加三厘,不惜以竭泽而渔的办法来堵塞财政的漏洞。

有识之士以为这是驱民为盗,动摇国本,朱由检却不以为然:"阜财必先裕民，自是正论。但加派原不累民，捐助听之好义，惟搜括虽易长奸，而得良有司处之，亦不至为厉。"他并不担心民困，而担心征收上来的钱粮如何处置，便派心腹太监张彝宪为户工二部总理，去监视一切钱粮的出入，其职权与前朝魏忠贤的亲信涂文辅相仿。当时涂文辅以掌御马监太监总督太仓、节慎二库，把宁安大长公主府第改为他办公的廨署，名曰"户工总部"，侍从人员常达数百人，户工二部郎中以下官员都得到他的户工总部去参见，势焰灼人。

朱由检此时竟一反清算阉党的宗旨，援引前朝涂文辅故事，令工于心计的心腹太监张彝宪钩校户工二部出入，为之建衙署，名曰户工总理，权限如外任官总督、京官团营提督。此举明显地使人联想到涂文辅，遭来一片反对之声，给事中宋可久、冯元飚等十余人纷纷上疏论谏。

刑科给事中宋可久说："高皇帝创业时三令五申，内臣不得干预外事，外廷各衙门不得与太监有文移往来。皇上此举，使自己耳目穷于无时，边镇督抚几于失柄。"朱由检批示道："酌遣内员，自有裁处，不必过为疑揣。"

户科给事中冯元飚说："以天子内廷之近臣与外臣狎处，势必两难。"朱由检批示："部边诸臣每滋欺玩，科道既不能循职纠劾，今遣内臣监理，朕自有主裁，不必纷纷疑揣。"

六科都给事中宋鸣梧等联名上疏，对皇上一日之内四遣内臣提出批评："天启七年八月我皇上登极，尽撤镇守内臣，天下翕然称诵。内臣不与政事，是高皇帝规定的家法。"朱由检辩解道："国计边防欺玩日甚，即欲整饬，劳怨熟肩，酌用内员，自有裁处，不必过为疑揣。"

冯元飚之兄工部主事冯元飏见群臣力争未得，也上疏反对皇上分遣监视内臣。他主张："外廷诸臣不许进内臣之门、识内臣之面，违者必罪无赦；内臣既另立公署，也不得造访诸臣官邸。"朱由检阅后，顾左右而言他："内臣不许受贿，违者罚治；若下人需索诬捏，必杀无赦。冯元飏但当诘已尽职，不得借端沽名，生机要挟。"为了表明对张彝宪的支持,朱由检在批驳冯元飚奏疏的当天,下令给张彝宪铸造"总理户工钱粮事务太监关防",正式授予张彝宪总理户工二部的大权。

吏部尚书闵洪学见皇上接二连三地拒绝劝谏,便率朝臣联名公疏力争,迫使朱由检在文华殿召见内阁辅臣、五府六部堂上官、掌印科道官以及锦衣卫堂上官一干人等。

朱由检在询问户部尚书毕自严钱粮加派事宜、兵部尚书熊明遇选练新兵事宜之后,便把话题转到遣用内臣上。他对吏部尚书闵洪学等人说:"朕览卿等公疏为遣用内臣一事,太祖明训朕岂不知,但成祖以来亦有间用者,皆出一时权宜。况天启年间所遣,朕尚撤之,岂至今反用!朕又何尝不信任文武(大臣),无如三四年来敝坏不堪,朕是以万不得已,亦权宜用之,若文武诸臣实心任事,撤亦不难。"

闵洪学见皇上提及此事,便说明上公疏的原委:"臣等才力不及,不能仰副皇上任使,然此心不敢不从国家起见。"

朱由检说:"大小臣工实心干济者能有几人? 即如马政一节,屡有旨严饬,如何解马到京但云不堪,尽行变卖? 如此则解亦何用?"举这一事例目的在于埋怨外廷诸臣不肯实心任事。

他再三强调:"总之,卿等文武诸臣若肯齐心协力,为国任事,则内臣之撤,甚为不难耳!"

朱由检所谓"若文武诸臣实心任事,撤亦不难"云云,把派遣太监归咎于廷臣不肯齐心协力为国任事,不能说毫无根据,但此论一出,无疑助长了太监们的气焰。总理户工二部的张彝宪俨然以钦差大臣自诩,高踞于户工二部之上,命郎中以下官员谒见如仪。工部右侍郎高弘图新官上任,张彝宪来拜会,高弘图耻与阉官共坐,拒绝会晤,毅然上疏申明礼仪:"臣部例有公座,中间尚书,两旁侍郎,这是礼仪。内臣张彝宪奉总理两部之命,与臣部分宾主以辱朝廷,原未尝合内外而称长贰。不知彝宪领敕总理两部是否有公座,如加一公座,则臣今日作为侍郎是辅佐尚书还是辅佐内臣? 既然总理户工二部公署已经另设,即宜于公署设座,臣部公座仍还于臣等,岂不名正言顺、内外各得其所?"对于高弘图的这番议论,朱由检不以为然地批示:"总理已有公署,钱粮应到部验核。着会同料理,升堂公座事如旧例。"明显地偏袒张彝宪。高弘图争不到礼仪名分,又不愿以侍郎之尊听命于太监,赌气引疾求去。为此他连上七疏,朱由检大怒,斥责他悻悻然无人臣礼,把他削籍。

这种处置方式实在有欠公允,激起廷臣不满。南京礼部主事周镳上疏请撤太监张彝宪。他说:"内臣用易而撤难,此从来之通患。皇上因内臣而疑廷臣之事屡见,用廷臣而疑内臣之事未见。如用张彝宪而斥退高弘图,用王坤而处分胡良机、魏呈润,用邓希诏而苛斥曹文衡、王弘祖,其他如孙肇兴、李曰辅、熊开元无不以激直慷慨而遭罢斥。尤可叹息的是,每读邸报,大半都是内侍的奏报,从此以后,草菅臣子,秽亵天言,只徇中贵之心,将不知所极!"朱由检读了这种尖刻的言辞,怒不可遏,立即下令把周镳削籍。礼部员外郎袁继咸上疏申救,朱由检不听。

"遣用内臣原非得已"

张彝宪小人得志,骄纵恣睢,故意克扣边镇军器不发。负责军器的工部主事孙肇兴恐稽迟军机,弹劾其误国,竟遭遣戍的处分。工部主事金铉也以弹劾张彝宪而遭罢斥。工部尚书周士朴因不赴张彝宪之约,而被诘问罢官。太监的气焰在沉寂数年之后重又嚣张。派往宣府的乾清宫牌子太监王坤,到宣府不过一个月,就弹劾巡按御史胡良机。朱由检不加核实便撤了胡良机的职,命王坤兼理巡按御史。给事中魏呈润力言不可,也遭贬谪。

王坤其人性情暴躁狂妄,动辄奏报皇上,朝中大吏慑于他的威势,纷纷与他勾结,互相倾挤。于是王坤疏劾修撰陈于泰,诬其盗窃科名,语侵辅臣周延儒。给事中傅朝佑指责王坤妄干弹劾之权,且其文辞练达、机锋挑激,必有阴险邪人在背后主使,其意暗指辅臣温体仁。闹得朝廷上下一片乌烟瘴气。

新任吏部尚书李长庚率同僚上言："陛下博览古今,曾见有内臣参论辅臣者否?自今以后,廷臣拱手屏息,岂盛朝所宜有?臣等溺职,祈立赐谴黜,终不忍开内臣轻议朝政之端,流祸无穷,为万世口实。"朱由检虽然心中不怿,但李长庚所说句句在理,不便发作。事又凑巧,这时左副都御史王志道也上疏弹劾王坤,语句虽不尖锐,却被皇上抓住把柄,当作活靶子。王志道在《内臣越职疏》中指出:"皇上差委内臣,不过钱粮兵马物料而已,原来就不曾授予评议官吏之权,但近年以来,内臣参劾廷臣的奏疏日多,论劾之面渐广,内则纠科道六部,外则纠地方督抚,今又纠及辅臣。"

朱由检接到此疏后,于崇祯六年(1633年)二月初八日在文华殿召见廷臣,专门议论此事。诸臣在门外叩头行礼后,肃班而入,东面鹄立。朱由检免去了以往召见时的开场白,直截了当地召都察院协理院事左副都御史王志道出班跪下。

朱由检申斥道:"遣用内臣原非得已,屡有谕旨,极是明白,如何又有这一番议论?昨王坤疏,有旨责他'率妄',大体已存了,如何又牵扯许多?说'内臣参的处了,参内臣的又处了',但是处分各官,都为内臣。这等朝廷之上,别无政事,都是内臣了。种种诬捏,不可枚举……"接着朱由检一反常态地谈了许多琐碎的事,意在为遣用内臣辩护。例如,工部主事金铉奉旨管理军器、修整城防,连炮眼也不开,岂不误事?胡良机巡按宣大二年,抚赏大弊竟不察觉,这也是不当惩处的?举了这些事例后,他又说:"总是借一个题目,凑砌做作,落于史册,只图好看。一味信口诬捏,不顾事理。但凡参过内臣,就是护身符了,随他溺职误事,都不诛处,这是怎么说?"

朱由检一口气滔滔不绝地说了一大通,听得出来,事先有充分准备。跪在下面的王志道却毫无准备,遭到连珠炮似的责问,不由得心中惶惑起来,慌忙答道:"神圣在上,岂容内外臣不奉公守法!其有不奉公守法者，皇上自有鉴知。止为近日内臣参劾渐广，诸臣受罪者多，外廷皆以申救责备辅臣。臣知无不言，不敢不采外廷责备之言入告。及辅臣为王坤所参，举朝惶惶，为纪纲法度之忧。臣仰体皇上好问好察，无所不照，岂可使中外有纷纭之疑，不以上闻?"说到这里，王志道小心翼翼地试探道："臣闽海愚材，自以为辅臣该言的，臣亦该言;内臣既可纠廷臣，廷臣亦可纠内臣……致臣疏中不能详慎，语多谬误，罪当万死!"面对皇上的指责，他只有检讨的分了。

不过王志道嘴上虽承认谬误，心中却不认为有什么谬误，所以"谬误"二字说得含糊不清。朱由检没有听清，追问辅臣："是说甚么?"

首辅周延儒回答："谬误。"

朱由检一听光火了："有这许多谬误来? 你在朕前便说谬误，书之史册，就不谬误了?"似乎意有未尽，又指责道："尔为宪臣，从来有何建白? 既是知无不言，还有军国利弊大事，何不奏来?"言外之意，作为都察院的主官可以奏报的军国利弊大事很多，为什么偏偏要纠缠于遣用内臣一事。

王志道一时不知从何说起，在皇上再次追问之下，才嗫嚅道："兵马、钱粮、物料三者，实当今急务，此外未敢及。"

朱由检仍不罢休，继续责问："尔前疏只说王坤应管兵马、钱粮，不该轻意侵及辅臣，这就是了。如何有许多说话? 不论该处不该处，一概都是为内臣。难道朝廷政事，都是内臣做了? 你说'辅臣有言，臣可无言'，辅臣有言，你知道么? 多少关系国家大计，一件不说，只因内臣在外，不便作弊，恰好有王坤一疏，便张大起来，有许多说话。分明遣内臣一事，先前面谕，你都尽知。今故意借个题目，挟制朝廷，不便处你，可谓奸巧之极!"

教训了王志道一通之后，朱由检把话题引申开来，批评廷臣办事不力："前年敌薄都城下，那是谁致的? 诸臣就不说了。文武各官，朕未尝不信用，谁肯打起精神实心做事? 只是一味朦徇诿饰，不得已差内臣查核,原出一时权宜。若是参来不行,差他做甚么?你们外臣果肯做事,朕何必要用内臣?"三言两语就把遣用内臣的责任全都推到了外臣身上——你们外臣果肯做事,朕何必要用内臣?这就是他的逻辑。

诸臣遭到不肯打起精神实心做事的指责,一片静默,辅臣周延儒、温体仁、吴宗达、郑以伟、徐光启等人同时出班跪下领罪。首辅周延儒附和皇上的心思说:"臣等辅理无状,表率无能,在内部、院各衙门,在外督、抚、按各官,不能尽心修职,以致封疆多事,寇盗繁兴。皇上万不得已遣出内臣,查核边备,原是忧勤图治之苦心,屡谕甚明,外廷皆知。今于皇上原无不颂服,只是臣等罪状多端,所以外廷都来责备。王志道说臣等不能申救,不能执争,也是外廷议论,他就轻率入告了。伏望皇上特赐优容,外廷愈知感颂圣德。"

听了周延儒这番解释,朱由检脸色稍霁,但对王志道仍耿耿于怀,说:"朕昨在讲筵,前日在平台,面谕卿等甚明。他这等议论,正是借好名目挟制朝廷,不便处他。"

周延儒听了"挟制朝廷"云云,又解释道:"生杀予夺听命皇上,朝廷处人谁敢挟制?适蒙圣谕诘责,王志道种种诬捏情罪甚明,原是该处。只是他的本心原非敢议论朝廷,亦不是专为内臣,其意只是责备臣等溺职。臣等原实有罪,义当任受。伏祈皇上委曲宽宥,外廷人心自皆帖然,决不敢再有烦嚣,渎扰圣怀。"

朱由检接口道:"各人分内职掌不修,假借虚名张大其说,占一个好地步,再不管朝廷事体若何,此是何心?似这样人品,可堪宪纪,表率诸御史,可使得么?"实际上朱由检已经给王志道作出了结论,只是碍于辅臣求情,不便当堂处分。待辅臣承旨归班后,才对跪在下面的王志道说:"疏中诬捏款项,还说不尽,本该拿问,念辅臣屡次申救,候旨起去!"

到了二月初九日,朱由检下了一道圣旨,宣布对王志道的处分:"王志道风宪大臣,辄敢藐玩屡谕,肆臆诬捏,借端沽名,臣谊安在?本当重处,姑从轻革了职为民。目今边疆多警,民困时艰,朕衷日夕靡宁。大小各官,俱宜洗心急公,修举实职,以副委任,不得挟私纷扰,徒淆国事。以后有违的,严治不贷!"堂堂左副都御史因为纠劾一名太监而遭革职为民的惩处,皇上的意图再明白不过——要诸臣不再对遣用内臣说三道四。

此后,朱由检又派司礼监太监张承鉴、郝纯仁、高养性等赴各仓库,同提督诸臣盘验收放;命太监高起潜监视锦州、宁远,太监张国元监视山永石塘等路,综核兵饷,犒赏军士。

然而,视礼义廉耻高于一切的官员们,依旧对此持公开的反对态度。崇祯七年(1634年)二月总理户工二部的张彝宪有恃无恐,向皇上提出要入觐官员向他投递手本(名片)以隆体统,得到朱由检允准。刚由员外郎提升为山西提学佥事的袁继咸,趁还未出京之际,上疏奋力抨击。他说:"如果此令执行的话,上自藩臬下至守令,莫不次第参谒,屏息低眉,跪拜于中官之座。士有廉耻,然后有风俗;有气节,然后有事功。今诸臣未觐天子之光,先拜内臣之座,士大夫还有廉耻么?当年阉党嚣张时,义子干儿昏夜拜伏,犹以为耻。今日竟然白昼跪拜于公庭,恬不知怪,令人叹息!"这一席话说得尖锐,也很透彻。朱由检却以袁继咸是越职言事,加以责备。原来袁继咸去年主考广东,以贡士磨勘(复核试卷)事曾遭弹劾,朱由检抓住他的小辫子,斥责道:"典试录卷,方经摘参,既升提学,即应勉供本职。何得摭拾浮议,借题卸责!"

张彝宪遭到抨击,还狡辩说,朝觐官员参谒他是尊敬朝廷。袁继咸以无所畏惧的态度再次上疏痛斥:尊朝廷莫大于典例。知府见藩臬行属礼,是典例;见内臣行属礼,难道也是典例?地方官进京,向吏部各官投递名片,是典例;先参谒内臣,难道也是典例?按照典例行事,虽坐而受拜,犹心安理得;张彝宪破例创制,即使受人长揖,也徒增其辱。朱由检不听,袁继咸愤然子身往山西赴任去了。

遣用内臣,朱由检自有其不得已的苦衷,实在是外臣能实心干事的太少,徒托空言假公济私的太多,使他有一种无人可用的感慨。于是想到了身边的那些阉官奴才们，只有他们才是真正的心腹股肱，意在借重他们来贯彻自己的意图——矫枉振颓。因此他的遣用内臣截然不同于兄长朱由校，决不把大权拱手相让，始终是太阿独操，非臣下(不论是外臣还是内臣)所得窃用。但是，遣用内臣监军、监财总是一种不祥之兆，极易挫伤外廷大臣的忠心。他自己也并非一无所知，所以口口声声说这是权宜之计。

到崇祯八年(1635年)八月，他终于在外廷的压力下宣布尽撤各镇监视内官。他的谕旨闪烁其词地流露出决策时的内心活动：

> 朕御极之初，撤还内镇，举天下事悉以委之大小臣工。比者多营私，罔恤民艰，廉谨者又迂疏无通论。己巳之冬，京城被攻，宗社震惊，此士大夫负国家也！朕不得已，用成祖监理之例，分遣内臣监视，添设两部总理。虽一时权宜，亦欲诸臣省咎引罪。今经制粗立，兵饷稍清，诸臣亦应省改，其将总理、监视等官尽行撤回，以信朕之初心。张彝宪俟漕(指漕运)竣即回监供职。惟关宁密迩东兵，高起潜着削去总监字样，督理如故。

他虽然把总理监视等太监撤回，但留下一个尾巴——让高起潜仍在关宁督理军务如故，预示着遣用内臣的念头并未真正打消。嗣后一俟军情紧迫，他又故技重演，起用内臣，及至灭亡他都不曾省悟到此非明智之举。太监干政历来是中国传统政治体制上的一个毒瘤，朱由检无意也无力摆脱它的羁绊，反而企图借助它强化皇权。结果如同历史上一幕幕闹剧那样，落得个众叛亲离、孤家寡人的下场。这大概可以说是中国特色的封建专制最引人注目的劣根性吧！

第四章
"诸臣但知党同逐异，便己肥家"

中国的传统政治历来有朋党之争，东汉的党锢之祸，唐代的牛李党争，宋代的元祐党案，便是其荦荦大者。这种党派门户斗争，不能说全无清浊是非之分，但混斗的结果，敌对双方往往意气用事，争党派一时一事之成败，置国家社会利益于不顾。一言以蔽之，朋党之争的结果是政治的愈发腐败。

明代也没有例外。自万历中叶以来，党争不断，东林与宣党、昆党、齐党、楚党、浙党互相倾轧，终于导致天启年间阉党专政的局面。夏允彝论及明末朋党时，曾慨乎言之："朋党之论一起，必与国运相终始，迄于败亡者。以聪明伟杰之士为世所推，必以党目之。于是精神智术，俱用之相顾相防，而国事坐误，不暇顾也。且指人为党者，亦必有党，此党衰，彼党兴，后出者愈不如前。"字字都有相当的分量，若非对历史与现实的党争作过深刻的反省，断乎不能及此。

朱由检即位后，拨乱反正，定阉党逆案，党争似乎可以画上一个休止符了。但事与愿违，长年累月的党派门户之争已经在官僚士大夫队伍中形成了思维定式，朝廷中政治分歧差不多都要与党争牵丝攀藤，似乎离开了党争便无以谈政治。在强大的惯性带动下，党争几乎不曾间断。无怪乎朱由检要喟然长叹："诸臣但知党同逐异，便己肥家!"他的态度是明朗的：容不得廷臣中有朋党之争。出发点是无可非议的，但方法与效果颇成问题，由于他极力支持以朋党为口实整人的一派官僚，自以为在打击党争，殊不知恰恰助长了党争。因为他忽略了一点——"指人为党者，亦必有党"。

一、钱谦益案：会推阁臣引发的党争

"培养元气，今日要著"

崇祯元年正月，御史罗元宾就向皇上提请注意此事：国家百务不得其理，无实心任事之臣，是党派门户在作祟。他认为，今日之世，不但要革除小人恣祸之阶，也要革除君子道长之名；不但要革除借门户以锢人之弊，也要革除借门户以图报之端。朱由检是不满意朝廷内外纠缠于党争的，所以对罗元宾的主张表示"嘉纳"。不过仅嘉纳而已，一时也拿不出什么好对策来防微杜渐。

到了四月间，内阁大学士张瑞图在告归之前，向皇上进临别赠言时也提及朋党问题。他说："近日士大夫各是所是，各非所非，恩怨相寻，冰炭互角。人各有心，众思为政，顺是不止。则汉唐党人、宋时议论之祸，将与国家循环无穷。"张瑞图因谄附逆贤而遭罢谴，临别上疏少不了要为自己开脱一番，但他跳出是非之圈后痛定思痛之言，确是点到了当时政坛的要害，如不及时采取措施，那么朋党之争的祸患将始终无法摆脱。朱由检以为这是例行公事式的套话，根本没有留意。

刚刚被起用为都察院左金都御史的杨鹤，就任后所上的第一疏，谈到了图治之要在于培养元气。士大夫分门别户，彼此相攻，后浪前浪，互为起伏，使士大夫元气损伤殆尽，当务之急是培养士大夫之元气。据他的儿子杨嗣昌说，杨鹤此疏是针对当时"阳气初回，议者不知养以安静，鼓之太和，而一片杀机，横踞胸臆，冲决齿牙，取快一时，而不思其渐"。朱由检却并未领悟，只是泛泛地批了八个字："培养元气，今日要著。"

温体仁攻讦钱谦益

当时处于百废待举之时，朱由检正忙于整顿北方边防，昭雪冤狱，改组内阁，以创建崭新的政治局面。不料由会推阁员引发出温体仁攻讦钱谦益的事件转移了大臣们的视线，他们不由自主地卷入了无谓的内耗之中，从而开启了崇祯一朝漫无底止的党争之风。

崇祯元年十一月初三日，吏部根据皇上的指示，会推内阁增补成员的候选人，开出了这样一份名单：吏部左侍郎成基命、礼部右侍郎钱谦益、郑以伟、尚书李腾芳、孙慎行、何如宠、薛三省、盛以弘，礼部右侍郎罗喻义，吏部尚书王永光，都察院左都御史曹于汴。身为礼部尚书的温体仁不在会推名单上，刚以召对称旨颇受皇上赞许的礼部侍郎周延儒也没有被推为候选人。

温体仁，字长卿，湖州府乌程县人，万历二十六年进士，累官至礼部侍郎，崇祯初迁礼部尚书。此人外表曲谨，而内里猛鸷，机深刺骨，是一个非同一般的厉害人物。工于心计的他揣测，由于他与周延儒不在名单之内，皇上必然疑心廷臣结党。朱由检的这种心态果然被他揣摩到了。于是他便利用皇上的这种心理，上疏攻击钱谦益在天启元年以翰林院编修之职主试浙江时，接受考生钱千秋贿赂，不宜成为阁臣。这一下，在中央政府的最高层引起轩然大波，立即形成壁垒分明的对立两派，各执一词，互相攻讦。

钱谦益，字受之，号牧斋，苏州府常熟县人，万历三十八年进士，授翰林院编修。天启元年，奉命到浙江做主考官。与钱谦益有嫌隙的归安人韩敬、秀水人沈德符计议冒用钱谦益的名义，策划科场舞弊：预捏字眼，假称关节，令人遍投应试的士子，约以事成取偿。浙江士子多堕其网中。其中有一个名叫钱千秋的人，买到的关节是"一朝平步上青天"七字暗号，要巧妙地把这七个字置于每段文章的结尾，以便考官识别。这是科场舞弊的惯用伎俩。发榜时，钱千秋果然金榜题名。后来由于出卖关节的人分赃不均，把舞弊情节透露了出去。

韩敬还派人到北京大肆宣扬，又唆使礼科给事中顾其仁磨勘原卷，找出证据，上疏揭发此案。当钱千秋上京准备参加会试时，钱谦益一问,果然事出有因,便主动检举。刑部审讯结果,假冒钱谦益名义出卖关节的徐时敏、金保元发烟瘴地面充军,钱千秋革去举人,依律遣戍;钱谦益与本房试官郑履祥确不知情,但失于觉察,罚俸三个月。不久,徐、金二人在狱中病故,钱千秋发东胜右卫(今河北遵化)充军遇赦。一场司空见惯的科场舞弊案件就此为人们所忘却。谁也不曾料到,它竟会被旧事重提,闹得朝廷上下沸沸扬扬。大凡旧事重提都有某种政治意图,温体仁提出此事意在阻止钱谦益的入阁势头。

当朱由检命吏部会推阁员时,不少人觊觎此职,跃跃欲试,周延儒便是其中之一。

周延儒,字玉绳,常州府宜兴县人,万历四十一年进士,会试、殿试都获第一。天启中,先后掌管过司经局、南京翰林院。朱由检即位,召为礼部右侍郎。此人生性精敏,善于伺探皇上意旨,多次召对都令朱由检满意。周延儒心中有数,此番会推阁员,若一列名,必蒙皇上点用。他除了在外廷积极活动,还走后门,结好于外戚郑养性、万炜,及东厂太监唐文徵,作为内援,志在必得。

另一个志在必得的人物便是钱谦益。他年轻时就在江南小有文名,二十九岁点中探花以后,与叶向高、孙承宗、高攀龙、杨涟、左光斗、周顺昌、黄道周、文震孟等名流交往密切。东林诸名士被害后,他俨然成了领袖人物。以他的名望、才学与资历,列入会推名单似在情理之中。不过,与他同是礼部侍郎的周延儒,虽然资望比他浅,但近日颇受皇上器重,如果两人同时被推举,自己显然处于竞争的劣势地位。

钱谦益的同乡门生瞿式耜出面,多方为恩师活动。此人当时官任户科给事中,多次上疏蒙皇上采纳,作为言官的他,搏击权豪无所畏惧,朝廷大臣多怕他这张嘴。当时吏部尚书王永光正杜门乞休,势在必去,御史梁子璠上疏,希望皇上降旨由侍郎代行其职。瞿式耜却上疏皇上,请求仍由王永光主持枚卜(会推阁员)之事。私下里,又怂恿王永光不推周延儒,把钱谦益排在第二位。

周延儒遭此闷棍,当然不会善罢甘休,到处散布流言蜚语,说:"此番枚卜,皆谦益党把持。"朱由检看到会推名单中没有周延儒,对这种流言深信不疑。温体仁摸清了皇上的心思,便呈上了《直发盖世神奸疏》,把多年前钱千秋科场舞弊案重新提起,攻讦钱谦益身为主考官,竟然关节受贿,神奸结党欺君,不应当成为阁员候选人。在这件事情上,周、温有着共同的利害关系,所以配合得十分默契。正如当时任给事中的李清所说:"钱少宗伯谦益,声气宿望,虚誉隆赫。时周少宗伯延儒为上所眷注,阻之令不得列名于枚卜,延儒请之瞿给谏式耜,式耜厉声拒之。适温宗伯体仁亦以沈故辅一贯门人,为时望所摈,每立朝无敢与言者,而资俸久在谦益上,亦不与名。于是体仁、延儒交遂合,始有召对钱千秋之事。"

钱谦益与温体仁当廷对质

朱由检最不能容忍廷臣结党营私、欺君罔上,在收到温体仁《直发盖世神奸疏》的次日,即十一月初六日,迅速作出反应,在文华殿召见群臣,要温体仁与钱谦益当面对质。其实,他心中早已有了先入为主的定论,即温体仁所说钱谦益"结党欺君",想狠狠整一下钱谦益,以振肃廷臣中的朋党习气。

朱由检先在暖阁与辅臣李标、钱龙锡及吏部尚书王永光密谈多时,然后来到文华殿召见群臣。

他首先召温体仁出班,问:"卿参钱谦益受钱千秋数千金之贿,以'一朝平步上青天'为关节,结党欺君之罪,可是实的么?"

温体仁答:"臣参人之欺,岂敢自欺,字字都是实的。"

又问:"疏中语'欲卿贰则卿贰','欲枚卜则枚卜',是怎么说?"

答:"此番枚卜,都是钱谦益。事体不曾结(按:指钱千秋案未结),不该起升,如何起升?如今枚卜,不该推他在里面……"

朱由检又召钱谦益出班,问:"温体仁参卿,可是真的么?"

钱谦益对温体仁的险恶用心估计不足,未曾交手,先自退却,居然承认温体仁"参臣极当"。他说:"臣才品卑下,学问荒疏,滥与会推之列,处非其据。温体仁参臣极当。但钱千秋之事关臣名节,不容不辩。臣于辛酉年(天启元年)典试浙中,与科臣暴谦贞矢公矢慎,一时号称得人,初不闻有钱千秋之事。臣到京方闻其事,当时具有疏参他。勘问明白,现有卷案在刑部。"

　　温体仁不待皇上许可,径自插话,且锋芒毕露:"钱千秋逃了,徐时敏、金保元过付之人,提到刑部,亲口扳扯钱谦益,如何赖得过?"

　　钱谦益只是一味招架:"臣不敢多辩,现有刑部卷案。"

　　朱由检召刑部尚书出班作证,乔允升说:"此事在天启二年,臣三年才到刑部,现有卷案。"

　　温体仁不承认已经结案,一口咬定:"钱千秋并不曾到官(结案)。"

　　钱谦益则肯定:"其实到官,臣岂敢欺皇上。"

　　朱由检见他们各执一词,便对在场的部臣、科道官说:"据体仁奏说不曾结(案),据钱谦益奏结(案)了,卿等奏来!"

　　吏部尚书王永光如实回奏:"钱千秋事,臣已经奏过皇上,钱千秋到官结案了。"

　　吏科都给事中章允儒也作证说:"臣当日待罪在科,曾见招稿(招供笔录)。"

　　温体仁仍坚持说:"钱千秋未曾到官,只是照提。"

　　朱由检见双方争执不下,便命人把礼部卷子及刑部招稿一并取来查验。温体仁见皇上对此事十分认真,随即补上一句,点明了他前日上疏与今日召对所言的意图:"会推不与,臣应避嫌引退,不当有言。不忍见皇上孤立于上,是以不得不言。"朱由检见双方第一回合较量,争论焦点已经明朗,只待取来卷子、招稿便可分晓,便宣布诸臣暂退,自己也回到暖阁休息。

　　这次当廷对质,温体仁是主动出击,上疏揭发在先,作了充分准备,说话盛气凌人，流利酣畅。他的用意很明显，力图把天启二年已经结案的钱千秋舞弊事件说成尚未结案，以便重新审理，把钱谦益拖进嫌疑犯的泥淖之中，使其成为阁员的可能性自然而然化为泡影。钱谦益则毫无思想准备，以为此番枚卜稳操胜券，不料温体仁抖出了多年前的一桩丑闻，使这位名满天下的饱学之士一时显得张口结舌，处于被动招架的地位。

少顷，朱由检再次御殿，召对进入了实质性阶段。

朱由检问温体仁："卿参'神奸结党欺君'，奸党是谁？"

温体仁答："钱谦益之党甚夥，臣不敢尽言。"这是故意卖弄关子，耸人听闻，把他与钱谦益之间的互相攻讦引申为反对朋党之争，以激起素来厌恶朋党的皇上的反感。

当朱由检问王永光刑部招稿时，王永光推说章允儒知道。吏科都给事中章允儒便出班回奏，说他确曾见过刑部招稿的刊本，又随口说道："顷见温体仁有疏参钱谦益，冢臣（吏部尚书王永光）云：'这是我们会推中之人，曾见招稿未？'臣云：'家中偶有一个刊本。'因命人取来与冢臣看。"

这句话被机敏的温体仁抓住把柄，急不可耐地插话："今蒙召，诸臣在外是商议来的。"意在证明结党是实。

章允儒答辩道："枚卜大典，诸臣矢公矢慎，天日临之在上，皇上临之在上，臣等何敢有私？体仁资虽深，望原轻，诸臣不曾推他。如谦益有秽迹，何不纠之于枚卜之前？今会推疏（已）上，点与不点，一听上裁！"

温体仁立即伶牙俐齿地反驳："科官（章允儒）言，正见其党谦益。盖未枚卜之先，不过冷局，参他何用？纠之于此时，正为皇上慎用人。"他因自己不在会推名单中，对主持会推的王永光、章允儒早已不满，便把他们二人与钱谦益牵扯在一起，列为一党。

一听"结党"，章允儒据理力争："党之一事，从来小人所以陷君子，皆是这等说。臣犹记得当日魏广微欲逐赵南星、陈于庭诸臣于会推吏部尚书(汪应蛟)、刑部尚书(乔允升)缺,使魏忠贤加一'党'字,尽行削夺。大抵小人为公论所不容,将公论之所归者,指之为'党'。留传至今,为小人害君子榜样。"这一席话,信口拈来,看似随意,其实暗指温体仁为小人,企图以"结党"罪名陷害君子。但是他没有考虑周全,如果皇上站在温体仁一边,那么将置皇上于何地?岂不类乎熹宗之于魏忠贤么?

朱由检一听此话,勃然大怒,叱责道:"胡说!御前奏事,怎这样胡扯?拿了!"一时无人敢上前承旨,朱由检厉声喝问:"锦衣卫何在?"锦衣卫官员一拥而上,把章允儒押了下去。文华殿上的空气顿时紧张起来。

温体仁见皇上光火,形势对自己很有利,便火上浇油,把话题转到了要害,说:"皇上试问冢臣王永光,屡奉温旨,何以不出?直待瞿式耜有疏'完了枚卜大事,然后听其去',是冢臣去留,皇上不得专主,有此事否?谦益热中枚卜,先令梁子璠上疏,欲令侍郎张凤翔代行会推。此从来未有之事。"

朱由检问道:"朕传旨枚卜大典,会推要公,如何推这等的人,是公不是公?"

王永光出班奏道:"从公会推,至于结党,臣实不知。"

河南道掌道御史房可壮也出班奏道:"臣等都是公议。"

朱由检驳斥道:"推这等人,还说公议!"显然是对部科道官员推举钱谦益有所不满。

辅臣李标、钱龙锡等也出班说:"(科场)关节实与钱谦益无干。"

朱由检对这种说法不以为然,责问:"关节是真,他为主考,如何说不是他?"

辅臣说:"据刑部招稿,是光棍骗钱的,(钱)千秋文才原是可中的,光棍知道他可中,所以去骗。"

朱由检反诘:"光棍做主考么? 光棍(取)中他的么?"

辅臣的辩解是事实,却显得软弱无力,难以使钱谦益摆脱干系,所以皇上一反驳,辅臣立时语塞。温体仁见皇上站在自己一边,便再次上纲,把辅臣也牵扯为钱谦益一党,挑激道:"分明满朝都是谦益一党!"温体仁今天召对前经过精心谋划,先是把钱谦益拖进科场舞弊之中,接着指责主持会推阁员的吏部及科道官员与钱谦益"结党",继而又说为钱谦益辩解的辅臣也是钱谦益一党,使所有为钱谦益说话的人都陷于尴尬境地,钱谦益的败局已定。当辅臣继续为此事申辩"前事(指钱千秋案)招问明白"时,朱由检立即打断:"招也闪烁,不可凭信。"朱由检以为此事已很清楚,不必再继续辩论,便对辅臣说:"卿等即去与在外文武诸臣从公会议,不可徇私!"

召对第二次暂停。

待辅臣与众大臣研究完毕后,召对继续进行。辅臣向皇上报告此事的查处结论:"钱谦益既有议论,回籍听勘;钱千秋下法司再问。"这结论很明显地迎合皇上的意思,也避免了温体仁"满朝都是谦益一党"的无端指责。

朱由检似乎满意又似乎不满意地追问一句:"是公议的么?"

辅臣李标答:"臣等确是公议,臣等共事尧舜之主,如何敢党!"

朱由检淡然回了一句:"朕岂敢当尧舜,只愿卿等为皋夔。"

辅臣钱龙锡还想为此次会推名单申辩几句:"这所推诸臣,品望不同,也有才品,也有清品。如清品,人说他偏执;有才识学问的,又说他有党。安得人都道好,还望皇上就中点用。"其用意很明显,一方面是为钱谦益说好话,他有才识学问,由于有人议论他"有党",不得不回籍听勘;另一方面是希望皇上在会推名单其他十人中点用阁员,不使周延儒、温体仁因此事而入阁。

朱由检却并不如此想,他不仅要惩处钱谦益,而且要彻底否定此次会推阁员的名单,所以反驳道:"通关节是有才么?"弄得钱龙锡哑口无言。

朱由检随即要在场的两班大臣就此事表态。这时礼部右侍郎周延儒出来说话了："皇上再三下问,诸臣不敢奏者,一者惧于天威,二者牵于情面。总之,钱千秋一案,关节是真,既有招案朱卷,已经御览详明,关节已有的据,不必又问诸臣。"

朱由检似乎不太理会此人的表态,继续对诸臣说："朕着九卿科道会推,便推这样人。就是会议,今后要公,若会议不公,不如不会议。"

周延儒顺着皇上的思路又说话了："大凡会议会推,皇上明旨下九卿科道,以为极公,不知外廷只是相沿故套,原无许多人,只是一两个人把持住了。诸臣都不敢开口,就开口了也不行,徒是言出而祸随。"他因为自己不在会推名单之内,意欲推翻此次会推名单,便把会推制度说得一无是处。

这几句话正中朱由检下怀。朱由检原先并未注意下面跪奏的是何人,听了这几句颇有分量的话,抬眼望去,又问明了职名,才知道是周延儒,便称赞道:"只有这官奏了几句。"周延儒成了这次召对唯一受皇上表扬的人,难道是偶然的么?后来的事实表明,温钱攻讦,首先得利的正是这个周延儒。

温体仁见皇上表扬了周延儒,也想博得皇上的好评,危言耸听地奏道:"臣子身孤立,满朝俱是谦益之党,臣疏既出,不惟谦益恨臣,凡谦益之党无不恨臣,臣一身岂能当众怒!臣叨九列之末,不忍见皇上焦劳于上,诸臣皆不以戒慎为念,不得不参,恳乞皇上罢臣归里,以避凶锋。"这分明是在为自己评功摆好,欲进故退。

朱由检也确实对他有好感,安慰道:"卿既为国劾奸,何必求去?"温体仁如愿以偿,得到了皇上的嘉许。

召对已连续进行了好几个时辰,临近结束时,李标、钱龙锡还想为钱谦益、章允儒辩护几句,都一一被朱由检顶了回去。

朱由检命跪在下面的大臣起身回班,沉思片刻后,提起朱笔在辅臣的奏疏上批旨："钱谦益关节有据，受贿是实，又且滥及枚卜，有党可知。祖法凛在，朕不敢私，着革了职。九卿科道从公依律会议具奏，不得徇私党比，以取罪责。其钱千秋，着法司严提究问，拟罪具奏。"

然后，他征求辅臣的意见："卿等怎么说？"

这完全依据温体仁的说法，显然有失公允，但毕竟是圣旨，辅臣岂敢说半个不字，赶紧回奏："皇上处分自然至当。"

朱由检听了辅臣随口附和的回话，心中反而不悦，责问道："卿等直言，如何说'自然'？"

既然皇上要他们直言，辅臣便说："会推是一件好事，如今就处分一个（钱谦益），恐于大典（枚卜）不光。"

朱由检的思路与辅臣截然不同，由于钱谦益事件显示了会推的不公，此次会推自然作废，暂时不再会推，所以他作出如下决定："会推是好事，如何推这样人？往时阁中也只是一员，虽如今多事，卿等居中担当。首辅韩爌到日，三员也够办事了。会推且停，卿等不必奏。"

一场由温体仁挑起的召对，从白天一直持续到深夜，终于以钱谦益革职听勘、钱千秋重新提审、会推暂停而告结束。事后，又对有牵连的人作了处分：房可壮、瞿式耜降级调外任，梁子璠夺俸一年。

钱谦益遭皇上革职处分，感慨系之。《初学集》中有他的"十一月初六日召对文华殿旋奉严旨革职待罪感恩述事凡二十首"，抒发了当时的无奈心情，其中之一曰：

> 事到抽身悔已迟，每于败局算残棋。
>
> 都门有客送临贺，廷辨何人是魏其？
>
> 杨柳曲中游子老，车轮枕畔逐臣知。
>
> 寒灯冷炕凄凉夜，不醉何因作酒悲？

重新审理的结果，所谓"钱谦益关节有据，受贿是实"云云，查无实据，原审人员一致坚持原来的判决——钱谦益失于觉察，并未参与舞弊接受贿赂。此案也就不了了之。可见钱谦益因此案而"滥入枚卜"的说法是站不住脚的。

"温体仁欲以'党'字塞言官之口"

此事由温体仁策划于先,周延儒煽风于后,朱由检又轻信谗言,未加细察,处理不公,引起廷臣的不满,人们为此议论纷纷。

御史黄宗昌上疏纠弹温体仁,热衷枚卜,欲以"结党"二字破前此公论之不予,且钳后来言路之多口。

御史毛羽健上疏,就此次召对直率地表示异议:以前诸臣召对,扬眉吐气以为奇遇;今日闻召对,攒眉蹙额以为畏途。枚卜盛事,今日相竞相谗,以一人而废此大典。这是奸党酿祸而诸臣代为受罪。他郑重其事地指出:"党"之一字尤不可开,因为今日拨乱反正,阉党诸奸既不可用,势不得不用曾遭诸奸摈斥之忠良。如果以为今日连袂登进共襄太平诸臣为相党而来,那么天启间鳞次削夺诸臣岂不成了相党而去!诸臣有何负国家,一夫高张,辄疑举朝皆党,则株连蔓引,岂不一网打尽!

对于这种直言不讳的批评,朱由检虽然没有光火,却丝毫听不进去。他在毛羽健的奏疏上批示道:"朝廷用人行政,以荡平正直为主,忠邪大辨,朕若非洞晓,何以往日媚逆诸奸尽行处治,削夺诸臣尽行收录?"强调自己对廷臣中的忠邪洞若观火,不会偏袒。又说:"近日谪罚诸臣各有本末,且酌量处分,未尝不宽,朕自皆亲裁,孰敢于御前巧进一言?"强调此次惩处诸臣,并非佞臣巧言令色的结果,而是他亲自裁定的。他责怪毛羽健任意揣疑,念他前此条陈有功,姑且饶这遭,不予追究。他自以为出发点是打击廷臣结党,殊不知,效果适得其反,给人造成拉一派打一派的印象。而钱谦益作为东林巨子,他的受挫无疑助长了已遭清算的阉党的气焰,使前朝的党争以一种新的形式继续演化。

新任吏科都给事中沈惟炳指出,廷臣中有公是公非之异同,不能一

154

概斥之为"党"。所谓门户云云,皇上即位之初早已摈弃不谈,为何今日还要揭于此端,再开圣意之疑?

四川道御史王相说对"自树为党"的说法进行驳斥:"温体仁欲以'党'字塞言官之口,为今后申救钱谦益者预先扣上'党'的帽子,而安知不救谦益、不攻体仁者,岂不成了体仁之'党'!由此可见,自体仁言党,群臣始无党而有党。假使此次会推有体仁,体仁未必会突然插入科场关节之说,为体仁计,会推不与,只有一去可以谢天下。"王相说围绕"党"字大做文章,把温体仁的"满朝都是谦益一党"的诳语驳得体无完肤。朱由检却不承认自己的所作所为有助长党争的后果,批示道:"朕执是非以衡论奏,是者用之,非者斥之,何论党与不党!臣下能伏理抒忠,务求至是,亦何用自明非党!"

温体仁人品卑劣,人所共知,此番攻讦钱谦益,引起不少言官反感。江西道御史毛九华在弹劾温体仁时,揭了他的老底:温体仁居家时以低价强买木材,为商人所诉讼,由于贿赂了崔呈秀才得以免予追究。阉党分子在杭州为魏忠贤建生祠,他率先写诗为魏忠贤歌功颂德,有"明德鼎馨"一类肉麻词句。毛九华的揭发,无疑向人们昭示这样一种思路:温体仁攻讦钱谦益,实质是阉党余孽向东林的反扑。

这是很易取得舆论反响的一招。朱由检看了此疏,命毛九华列举事实。毛九华奉旨再奏:"阉党亲信在杭州建祠迎像那天,温体仁父子匍匐前驱,赋诗赞颂,特地刊刻绘图呈送魏忠贤,魏贼抄家时散失于民间。臣入京时,曾在文安县书肆中见过此媚珰诗册,诗内有衮衣、朱雀、宫殿之类僭拟不伦字句。臣抵京以后,又得知体仁在原籍乌程县,以五百两银子强买价值三千两银子的木材,商人投诉东厂,祸且不测,体仁贿赂崔呈秀获免。"朱由检见他说得有根有据,下令浙江抚按官核实上报。

贵州道御史任赞化也上疏揭发温体仁娶娼妓倪瑞为妾,纵容娼父倪四海上走私、勾结倭寇,为推官毛士龙缉获。体仁惧怕案发于己不利,贿赂狱卒,杀害倪四以灭口。朱由检看了此疏很气愤,谴责任赞化以秽词秽事告君,降一级调外任。这些"秽词秽事"对于堂堂礼部尚书这个讲求礼义的大臣而言,实在是最为忌讳的,且有损于皇上的尊严。

温体仁接连遭到言官弹劾,坐立不安,不得已向皇上乞求罢免。他一方面流露出孤立无援的心情,说"比为谦益故,排击臣者百出,而无一人左袒臣,臣孤立可见",借以向皇上表明自己不曾结党;另一方面又表示要与毛九华对质,极力否认为逆珰献媚诗之事。

文华殿御前会议

连日来,朱由检忙于钦定阉党逆案,无暇顾及此事。待到颁布钦定逆案谕旨之后,才抽出空来,专门就此事召对群臣。

崇祯二年正月二十六日,朱由检在文华殿召对群臣,出席的照例是内阁、五府、六部、都察院、通政司、大理寺主官,翰林院记注官、科道掌印官、锦衣卫堂上官一干人等。温体仁这个当事人作为礼部尚书当然出席,此外的当事人如沈惟炳、毛九华、任赞化等也到场。朱由检此次召对的用意在于,不能容忍言官们对温体仁的弹劾继续下去,以至形成廷臣互相诋毁的局面,而分散对军国大事的注意力,因此他的方针是为"孤立"的温体仁做后盾,召对的结局便可想而知。

朱由检先在暖阁与内阁辅臣韩爌、李标、钱龙锡密谈片刻,然后来到文华殿。

他把发言权首先给了连遭言官抨击的温体仁。温体仁说:"臣累疏乞休,蒙皇上温旨谕留,闻言杜门,不敢报名廷谢。臣不胜感激。"

朱由检说:"朕知道了。"随即召翰林官李建泰出班宣读御史毛九华的奏疏。读毕,朱由检问温体仁有何话要讲。

温体仁不愧为机深刺骨之辈,居然对答如流,把毛九华的弹劾一一化解。他说:"臣若一心媚珰,此诗必以手书为赘,万无木刻之理。既系木刻,必流传广布,岂有九华得之途中,而京师反无别册? ……皇上试问毛九华,此册是臣刻的,还是他人刻的? 若臣自刻,必无此理;若他人刻的,乞皇上敕下该部严究所刻之人。此诗何处得来,真伪立辨。若但以刻木为据,则刻匠遍满都门,以钱谦益之力,何所不可假捏!"这种以攻为守的雄辩颇令皇上信服,朱由检便追问毛九华:"此册从何处得来?"毛答:"臣实八月中买自途间。"再问:"八月中得的,如何至今才发?"答:"臣十月考选。"

温体仁立即反驳:"臣参钱谦益在十一月,毛九华参臣在十二月。九华既得此册,何不即具疏特纠册中媚珰诸人,而但于条陈疏末单指臣名,种种真情已自毕露。"

朱由检顺着温体仁的思路追问毛九华:"你何以初时不参,直待温体仁参钱谦益之后始发?"

毛九华答:"臣十月考选,十一月才到任,不敢造次具疏。"

朱由检又问:"你知册叶是何人刻的?"

毛答:"体仁既有诗,有刻的,便有卖的,臣亦即可买。至于何人所刻,臣何从问之?"

温体仁辩道:"九华惟恐说册叶是京师得的,便可查,只说是途中得的,无处可查了。体仁奏望皇上敕下该部行文浙江抚院,一查便明白。"

朱由检转换话题,问:"疏中商人木头事,是怎么说?"

温答:"此事易辨,但行浙江抚按查勘,臣果有买三千金木头之事否? 臣未尝买木头,若是臣强骗商人之木,何不鸣之抚按? 此事乃无端诬臣。"

毛答:"此事不在抚按,彼时抚按若能代商人伸冤,他如何向魏忠贤来?"

温辩:"商人若告在东厂者,尤易查。且年来诸臣搜索珰党不遗余力,臣若有此事,岂有两三年之内独宽臣一人?"

朱由检见毛、温二人各执一词,相持不下,便问辅臣:"卿等如何说?"

首辅韩爌出班答道:"温体仁平日硁硁自守,亦是有品望的,但因参论枚卜一疏,愤激过当,致犯众怒,所以诸臣攻他。"刚刚赴任的韩爌对皇上的重用感恩戴德,不想在此事上令皇上不满。他替温体仁辩解,不过是顺着皇上的心思,把皇上不便说的话说出来罢了。

温体仁见首辅为他说话,乘机向皇上进言:"臣通籍三十年,兢兢砥砺,并无一字挂入弹章,只因参了钱谦益,攻者四起,凡可以逐臣杀臣者无所不至,岂臣一人之身贤奸顿异至此!毛九华为钱谦益之党无疑。臣一日不去,人言一日不息。"用意十分明显,力图指控毛九华为钱谦益一党,把言官弹劾他的行动归咎为结党报复。

朱由检未加理会,一面披览诗册,一面继续问辅臣:"这可是真的么?"

韩爌避开了对诗册真伪判断这一棘手问题,模棱两可地说:"诗册列体仁名,体仁不得知何人捏造,并言官亦不得知。"

朱由检命韩爌起身走近御案,一起披阅诗册,并指着后四页说:"此俱是钱塘杭州人,定是此四人所做,只问四人便晓得。"

韩爌附和道:"似是此等人做,诚如皇上明鉴。"

朱由检似乎是下结论,又似乎是自言自语,说了一句:"温体仁也辩得是。"随即命辅臣退下,又命跪在那里的温体仁、毛九华起身回班,召翰林官马之骐宣读御史任赞化的奏疏。等宣读完毕,朱由检又召辅臣出班,一面翻阅原奏,一面问道:"言官言事,自有大体,这是何等话?如何在朕前亵言渎奏?"这是指任赞化指责温体仁娶娼为妾之事。

韩爌说:"言官有闻入告,但新进小臣不得大体,一时冒昧,失于检点,伏望皇上宽宥。宽赞化,亦以安体仁。"

李标说:"小臣愚昧,不识避忌,总在圣慈包容。"

钱龙锡说:"言官只知以言为职,不是有心敢于欺罔。"

朱由检命韩爌等起身回班,召任赞化出班,责问道:"毛九华参论温体仁一诗,尚且不真,你如何又参他许多无根之言,且以亵言在朕前渎奏?"

任赞化听到皇上谴责,只得认罪:"臣一时偶失检点,出言粗率,臣有罪。但臣疏中所论事体,皆臣采访,十分的确,才敢入告。"

朱由检斥责道:"甚么的确!"不待任赞化回话,便召温体仁出班,问:"卿怎么说?"

温体仁抓住皇上给他的申辩机会,有条不紊地说:"赞化之疏全是诬捏,臣家中遗业止有祖宅一区,亦在乡村之间,五世同居。庚申(泰昌元年)之秋,偶遭回禄(火灾),始别构数椽,郡城(湖州府城)无一廛之栖。每入郡中,寄寓僧舍,凡官臣地方者皆可问。言官以为诬臣居官之事,皇上圣明,召问廷臣,欺罔立见。故诬臣多居乡之事,道里遥远,耳目易淆。臣从无此女(按:指娼妓为妾),与海宁陈与郊结儿女姻家,此一查可明也。事之无影,虚捏皆如此。乞皇上敕下该部行文抚按查勘,臣果有此事否? 若一事实,事事皆实。"温体仁这张嘴委实厉害,三言两语便化被动为主动,而且极富蛊惑力。

相形之下,任赞化的答辩就拙劣多了。他说:"体仁是浙江人,臣是山西人,如何晓得陈与郊名字? 此事长安(指京城)万口喧传,臣始知之。"无意中说漏了嘴,与刚才所说"皆臣采访"自相矛盾。

朱由检敏捷地抓住破绽反问:"你先说采访的确,如何又说传闻?"

任赞化的口气立时软了下来:"臣之所言,不过采访公论,长安万口如一。"

温体仁紧紧追问:"何处采访? 若长安万口同然,试令赞化举一二人,皇上召问之,果臣家中有此事否?"

任赞化由原告转化成了被告,辩道:"闻言入告,臣之职掌,皇上只下九卿科道会勘,如一言不实,臣甘罪。"

朱由检喝道:"朕自有鉴裁,你如何敢渎奏!"

温体仁乘皇上披览奏疏之机从容进言,指责任赞化为钱谦益死党。他说:"臣在皇上之前,不敢琐琐渎辩,容具疏自明。任赞化是钱谦益死党,去年谦益将入都门,赞化代谦益首攻御史陈以瑞。以瑞也是崔、魏削夺,蒙皇上赐环之人,因参谦益科场之事,赞化反以媚珰纠之。及谦益入都,把持铨部(吏部),覆之为民。是赞化为谦益死党之一证也。去秋皇上未有枚卜之旨,赞化突出荐相一疏,专为谦益而发,至称谦益'伊周之班行'。此赞化为谦益死党之二证也。若谦益幸入纶扉(内阁),赞化自居拥戴首功。一旦被臣参破,故其恨臣最深,诬臣最甚。"温体仁侃侃而谈,反复证明任赞化是钱谦益死党,是为了钱谦益而报复诬陷他,轻而易举地把这场召对引入党争陷阱之中。

任赞化据理力争:"臣荐相才之时,谦益尚未到京,臣并不识一面,只凭公论入告。至谦益到京,始偶一面,如何说臣是他死党?"

温体仁反问:"他若不是钱谦益死党,如何参了陈以瑞?"

任说:"陈以瑞铨部覆冠带闲住,皇上独断,着他为民。温体仁如何力保陈以瑞,是当面欺我皇上了。皇上以问廷臣,有一人说陈以瑞是好人,臣甘罪。"

温说:"臣非力保以瑞,只因陈以瑞参了钱谦益,任赞化故将陈以瑞参了。"

朱由检见两人你来我往唇枪舌剑,互不相让,便打断辩论:"不必多奏,俟旨行!"说罢,命内侍上茶。诸臣饮茶毕,朱由检退入暖阁稍事休息。

待朱由检返回文华殿时,天色已晚,殿内已经掌灯,召对继续进行。他在与辅臣谈了北方边防事宜之后,又把话题转到今日辩论之事,对于言官挟私攻讦很为气愤:"六科十三道各有职掌,国家大事不见条陈,只以私意彼此相攻。再若如此,朕将罪以乱朝政之法。"

韩爌为言官辩护说:"言官一时见识不透,还望皇上宽宥。"

朱由检继续发挥他的见解:"卿见他何曾有国家的意思?若实实为国家为封疆为生民,朕自看得出来。如今定有一件私意,方才上本。方今是何时?东西交警,南北用兵,不忧国,只是分门立户,动说甚么党,甚么东林,何益国事家情?"这一席话透露了朱由检对廷臣不忧国忧民而忙于党争的不满情绪,分析得相当透彻。他自以为支持"孤立"的温体仁便可起到遏止党争的作用,其实是一种似是而非的抉择。

辅臣们听了皇上对于"动说甚么党"的批评,连连称是,都说"党"字不宜形之奏章,不必问是东林非东林。

谈到这里,他命辅臣起身回班,说:"今日天晚,沈惟炳、薛国观候另日召对。"又对诸臣说:"卿等大小臣工,各修职业,岂有不治之理!乃多挟私攻讦,朕谕不啻再三,全不遵守。今后再有这等,朕必置之于法。"

"钱谦益夺官闲住"

两次召对都以朱由检明显偏袒温体仁而告终。然而,温体仁也并非无党,他也有刑科都给事中薛国观之流为之摇旗呐喊。薛国观先前曾投靠魏忠贤,现在唯恐受到整肃,便依附温体仁,扬言一手握定枚卜大典的是史科都给事中沈惟炳、兵科给事中许誉卿与瞿式耜。他特别强调这三人的身份是"东林主盟科臣",并借题发挥:"皇上亦知今日之局面乎?用人不惟其贤,先论东林之异同;处人不惟其罪,先论东林之向背。"这是在攻击他们把持京察大典,搞党同伐异,目的是把水搅浑,逃避京察。这一用心,朱由检也看出来了,他在薛国观的奏疏上批道:"薛国观人言偶及,自有公评,不得牵引多人,扰乱察典。"遭到薛国观"牵引"的言官们纷纷反击。

沈惟炳在反驳薛国观时,一面揭发昔日崔呈秀、魏忠贤窃权之时,正人君子削逐殆尽,薛国观呈身附"干儿义子"之列,得以保全,一面指出:"东林"乃阉党及附逆诸臣陷害正人的一种名色,今日还沿用不变,难道要为逆党护晚局不成?

许誉卿在反驳薛国观所谓"东林主盟,结党乱政"的攻击时,指出:"臣若结党乱政,则逆珰用事时何不随众求容,而屡忤奸邪,抗疏去国?今圣上励精,明时坦荡,又有何党可结,何政可乱?'东林'二字不过书院之名而已,顾宪成曾讲学其间,现在人死骨朽。屈指顾宪成东林讲学时,臣才是诸生,有何'主盟'可言?"许誉卿上疏自白后,愤然辞官而去。

一时间党争愈演愈烈。

朱由检既命逮钱千秋再审,内心颇怀疑廷臣结党,正蓄怒以待,而温体仁也密伺于旁。负责审理此案的三法司官员无不相顾惕息,如履薄冰,如临深渊。刑部尚书乔允升会同左都御史曹于汴、大理寺卿康新民再三严审,并且动用了重刑,钱千秋的供词仍与先前毫无二致。乔允升等据实奏报,朱由检要他们复勘。温体仁再次上疏弹劾三法司官员"欺罔","狱词尽出钱谦益之手"。这种无端诋毁激起众怒,乔允升、曹于汴、康新民及太仆寺卿蒋允仪、给事中陶崇道、御史吴甡等纷纷上疏指出,臣等审理钱千秋案,观听者数千人,非一手一口所能掩盖,驳得温体仁哑口无言。但是朱由检还是照温体仁的意思,把钱谦益夺官闲住,钱千秋则禁不住酷刑死于狱中。

长年累月积下的党派门户之争的陋习,要一时消除是不容易的。一旦朝廷之中发生政治纷争,人们习惯成自然地分立门户,各依一派互相攻讦,因此朱由检告诫廷臣不要动不动就说什么"党"与"不党"。但是他却偏听偏信那个口口声声指责别人结党而自己并非无党的温体仁,反映了他希望禁绝朋党的急切而又矛盾的心态。这两次召对,形象而具体地演化为无谓的内耗——党争,从此一发而不可收拾。文秉说得好:"自是,体仁以告讦见知于上,结党之说,深启圣疑,攻者愈力,而圣疑愈坚矣。"

二、钱龙锡案:袁崇焕之狱引发的党争

"群小欲翻逆案"

如果说,温体仁攻讦钱谦益事件隐隐约约带有前朝围绕东林的党

争阴影,逆案中人图谋翻案的迹象还若明若暗的话,那么,随着袁崇焕之狱展开的钱龙锡案,群小欲翻逆案的意图已昭然若揭了。这两起案件,表面看来似乎各不相干,其实却有着内在的联系。夏允彝一言以蔽之曰:"当袁崇焕之狱起,攻东林之党,欲陷钱龙锡,以遍织时贤,周、温实主之。"其幕后策划者就是深受朱由检器重的周延儒、温体仁。

己巳之变,袁崇焕被逮入狱,引发朝廷上下强烈的反响。一些别有用心的人唯恐天下不乱,乘机制造事端,阉党余孽显得活跃异常,掀起了定逆案以来第一次翻案风波。

首先跳出来的是因勾结阉党而革职、后由吏部尚书王永光起用的江西道御史高捷。他从袁崇焕追究到内阁辅臣钱龙锡,说:"皇上赫然震怒,下督师袁崇焕于狱,辇下啧啧万口诵圣明英断……乃目前更有吃紧一事,则纶扉禁地,近有崇焕奸逆相倚如辅臣钱龙锡其人者,尚可一刻宽斧钺之诛乎?"在称颂皇上圣明英断的字里行间充满杀机,必欲置钱龙锡于死地而后快。他给钱龙锡安下的罪状是:向袁崇焕"发纵指示""诡计阴谋",毛文龙之死,"崇焕效提刀之力,龙锡发推刃之谋"。所提出的证据不过是一些片言只语,所谓"密语手书""低徊私商之句"。

其时朱由检正忙于京城的保卫战,君臣上下当协力同心,无意追究钱龙锡的责任,对高捷的弹劾奏疏不予理会,批驳道:"龙锡忠慎,岂有是事:高捷不得过求。"

高捷揭发的事,并非什么诡计阴谋,而是内阁辅臣与督师之间关于军国大事的一般性商谈。当皇上召对时,袁崇焕慷慨激昂地以五年复辽相许,钱龙锡听了有所怀疑,退朝后便到袁的寓所当面请教。两人之间就此事有一段简短的对话。

钱问:"子方略宜如何?"

袁答:"不外东江、关宁两路进兵耳!"言外之意是,此次出关要对东江毛文龙与关宁前线的后金同时用兵。

钱不解地问:"舍关宁实地而问海道,何也?"

163

袁答："譬如弈然,局中有四子,东江其一也。可则用之,不可则有以处之。"

至于高捷所说袁崇焕奏疏中提及"辅臣龙锡低徊私商之句",是指袁崇焕斩毛文龙后向皇上报告此事时引用两人的谈话。袁的题本如此写道:"臣昨年过都下时,九卿诸臣无不以此(按:指毛文龙据海自恣)为虑,臣谓徐图之。辅臣钱龙锡为此一事低徊,过臣寓私商。臣曰:'入其军,斩其帅,如古人作手,臣饶为也。'"

由此可见,钱龙锡只是听取袁崇焕的意见,并未表示可否,更不是什么"发纵指示"——事先纵容袁崇焕杀毛文龙。钱龙锡对高捷的弹劾,理所当然地表示不能接受。他上疏向皇上申辩:崇祯元年七月以前,臣与崇焕未识一面。崇焕七月接受皇上召见,臣与次辅李标等四人遥见其貌不扬,退而相对议论:此人恐不胜大事!召对时又听崇焕以五年复辽自任,因时往询访,叩其方略。崇焕云:"恢复当从东江做起,文龙可用则用之,不可用则处之亦不难。"语出崇焕之口,不过一时对答之词,臣亦未尝相应。待到崇焕斩帅奏疏报到内阁,臣与首辅韩爌、次辅李标一同披阅,看到"臣龙锡低徊"一句,意欲上疏说明,又念及当时问答心本无他,因而坦然置之不理。不料高捷竟以崇焕夸诩之词,陷臣朋谋之罪。为了表明心迹,特向皇上提请罢黜。

朱由检下旨慰留。高捷却再次上疏攻击钱龙锡。原先以为钱龙锡"忠慎",高捷"过求"的朱由检,此时态度有所动摇。钱龙锡不得已在上疏申辩的同时,向皇上引疾辞官。

既然钱龙锡辞官而去,高捷之流弹劾的目的已经达到,似乎不必继续深究。然而事态的发展出乎人们的预料,愈卷愈深。看来高捷弹劾钱龙锡是受人唆使的,醉翁之意不在酒。

吏部尚书王永光一方面对皇上把兵部尚书王洽、工部尚书张凤翼、督师袁崇焕逮入狱中表示颂扬,称之为"雷霆迭震,百僚悚惕,此皇上之大机权";另一方面,在会推天津巡抚人选时,故意把列入逆案名单中的王之臣排在六个候选人的第一位。这是企图试探皇上的意向——"倘得点用,则可渐次为翻案之计"。

朱由检拿了吏部的会推名单,犹豫不决,便去征询新近与何如宠、钱象坤一起入阁的周延儒有何看法。周延儒感到王永光的做法过于露骨,不得不向皇上表示:"若(王)之臣可用,诸在逆案者皆当赐环,而忠贤、呈秀亦将昭雪矣!"朱由检恍然大悟,便点了名单中排在第四位的翟凤翀为天津巡抚。

王永光的试探没有收到预期的效果,反而暴露了阉党余孽企图乘袁崇焕之狱起用逆案中人,进而翻案的图谋。王永光其人劣迹昭彰,天启初年以排斥东林人士为御史李应昇所论劾,引咎辞职。魏忠贤专权后,起用为南京兵部尚书,以打击东林为能事。后以其党羽纳贿事发,遭言官纠弹罢官而去。所以在定逆案时,他侥幸不在名单之内,得以再度起用,但本性难改。王永光的试探并非孤立的偶发事件,它反映了某些人的一种政治动向。

当时的舆论已注意到这一动向。朱由检的老师、日讲官文震孟在向皇上进言时,一针见血地指出:群小合谋,必欲借边才以翻逆案,皇上圣意持之甚坚,而奸党图之愈急。他揭发兵部侍郎吕纯如为附逆无耻之徒、惨杀名贤之辈;吏部尚书王永光身为六卿之长而假窃威福,倒置用舍,簸弄朝权,擅行私臆。朱由检批复:"文某讲幄敷陈,寓规时事,知道了。所指吕纯如惨杀名贤、借援求雪及年例变制、考选摈才等语,还着据实奏明。"

文震孟遵旨奏明事实,揭发吕纯如投身逆珰等事之后,语重心长地向皇上指出群小欲翻逆案的动向:"纯如家居每语人曰'冢宰(吏部尚书王永光)不去,此案必翻';而永光与一二私人聚族而谋者,日夜以打破逆案、汲引群凶为第一义。""群小营营窥阚,以为旋转圣意易于反掌。"

文震孟所揭示的事实,以及针砭时弊的议论,切中要害,见微知著,提醒朱由检注意阉党余孽图谋翻案的危险已迫在眉睫,给翻案逆流以迎头一击。

但是，王永光、吕纯如、高捷、史䔲之流，还是利用朱由检要严惩袁崇焕的心理，千方百计地兴大狱，为逆案中人发泄怨气；又是以"擅主和议，专戮大帅"为袁崇焕定罪；又是以"杀毛文龙之议，龙锡实首倡之人"，牵连钱龙锡。

崇祯三年八月初六日，山东道御史史䔲上疏，无端诬陷钱龙锡接受袁崇焕贿赂数万两银子，藏匿于姻亲徐本高家。朱由检大怒，令有关衙门五日内查明。于是锦衣卫掌印官刘侨以斩帅、主款二事审问袁崇焕。刘侨提交给皇上的审讯报告的结论是：斩帅一事则钱龙锡与王洽频以书问之崇焕，而崇焕专断杀之；而主款一事，则崇焕频以书商之洽与龙锡，而洽与龙锡未尝许之。接到刘侨呈上的供词，朱由检于八月十六日在平台召对群臣，在宣布处决袁崇焕的同时，谴责钱龙锡私结边臣、蒙隐不举，令廷臣议罪。

袁崇焕被处决后，政治形势陡变——"群小合计，欲借此以起大狱，翻逆案"。御史田惟嘉推荐逆案中人杨维垣、贾继春，通政使章光岳推荐逆案中人霍维华、徐扬光、傅櫆等人。幸亏文震孟事先有所提醒，朱由检敏锐地觉察到这是精心策划的阴谋，果敢地下旨："逆案奉旨方新，居然荐用，成何政体！"群小因此沮丧，不敢妄冀。但是这种政治气氛使钱龙锡案的审理蒙上了明显的党争色彩，而难以客观公正。

"遣锦衣卫缇骑逮捕钱龙锡"

九月初三日，在长安右门南面的中军都督府召开会议，专门审议钱龙锡案。参与此会的有吏部王永光、李康先等，户部毕自严、钱春、曹珍、康新民、崔尔进、刘重庆等，礼部李腾芳、李孙宸等，兵部梁廷栋、闵梦得、王之寀、郭尚言等，刑部韩策、涂国鼎等，工部程启南、沈演等，都察院张捷、高弘图等，通政司张绍光等，大理寺金世俊等，科道官刘汉儒、喻思恂等，一共六十余人。审议的结论大致如下：袁崇焕杀毛文龙,虽钱龙锡启其端,但两次致书袁,有"处得妥当""处得停当"之言,其意不专在诛戮可知。因此,斩帅自属袁崇焕之过分举措。至于讲款,是袁崇焕首倡,钱龙锡虽不该承担责任,但始则答以"在汝边臣酌量为之",继则答以"皇上神武,不宜讲款"。总之,两事皆自为商量,自为行止。钱龙锡以辅弼大臣关系疆场安危之大事,而不能抗疏发奸,罪责难逃!但人在八议,宽严当断之宸衷——把矛盾上交给了皇上。朱由检根据中军都督府会议的结论,毫不犹豫地剥夺了钱龙锡的"八议"特权,当即降旨:遣锦衣卫缇骑逮捕钱龙锡!(按:当时法律规定,对八种人给以减刑、免刑的特权,即议亲、议故、议贤、议能、议功、议贵、议勤、议宾。钱龙锡属于议贤、议能一类。)

皇上的态度如此明朗,无疑助长了群小的嚣张气焰。锦衣卫金书都指挥使张道浚从袁崇焕、钱龙锡交结误国向上追究到内阁首辅成基命,说他"闭门高坐,巧为卸担",负不可推卸的责任。在此之前已有李逢甲弹劾他"密受线索,出脱罪督";在此之后又有陆澄源弹劾他"迫于正论","下手不及",称病卸担。成基命向皇上申辩,反驳了李逢甲、张道浚、陆澄源对他的诋毁,以示清白。但他深知,这三人不过是冲在前面的打手而已,后面一定有摇鹅毛扇的人物,不把他赶下台是决不会罢休的。他不得不向皇上请求辞职,皇上温旨慰留。成基命去意坚决,连上三疏,皇上这才批准,允许他驰驿归里。

这背后摇鹅毛扇的人物便是周延儒、温体仁。却说崇祯三年正月、三月,韩爌、李标相继辞职,成基命遂为内阁首辅,与周延儒、何如宠、钱象坤共事;到六月间温体仁、吴宗达又入阁,周延儒与温体仁"最为帝所眷,比而倾基命,基命遂不安其位"。"性宽厚,每事持大体"的成基命当然不是周、温的对手,他的辞去,使周延儒一跃而为首辅。

张道浚之流对于直言群小欲翻逆案的文震孟当然不会放过,在上疏攻击钱龙锡时,追究文震孟等人"诬枉奸欺"之罪。好在朱由检对文震孟有所了解,批示道:"朋比欺罔者,自有裁处,文震孟不必苛求。"文震孟遭对方倒打一耙,愤然上疏答辩。这位善于辞章的儒臣说:"微臣立身,粗有本末,仕版初登,即触权奸之烈焰,谪居五载。复撄罗织之凶锋,朝端公论难诬,海内清评俱在。夫昏夜夤缘,望尘罗拜,正狐媚蝇营之故态。"深谙朝中朋党的文震孟看透了张道浚背后有人在操纵,他说:"张道浚未谙文义,谬析臣疏,代人报复。"他不能忍受如此羞辱,当即表示辞官而去之意。朱由检赶紧降旨慰留:"奏内事情,公论自明。文某依限前来供职,不必陈情。"

围绕钱龙锡案的党争,搞得一派乌烟瘴气。

十二月,钱龙锡从松江府华亭县家中被逮至京师,关入锦衣卫诏狱。蒙受不白之冤的钱龙锡在狱中含恨上疏自辩。他说:"斩帅、讲款,本不与谋。以为斩帅一事袁崇焕自知专杀有罪,借临别时无心问答一语为分过之地。而讲款则前有'酌量去做',后有'且不要讲'之答,未尝主张其事。"为此,他特地把袁崇焕的原信及他的答信的原稿一并附上,以供佐证。朱由检阅后批示:"其事已有迹,命静听部议。"

当时群小列名逆案者,日夜为翻案绞尽脑汁。由于"逆案之定,半为龙锡主持,奸党衔之次骨",对钱龙锡的诬陷实际上是一种政治报复。他们企图借袁崇焕牵连钱龙锡,由钱龙锡再牵连一大批异己者,然后诬指袁崇焕为逆首,钱龙锡为逆党,这样便可以再立一个逆案,与先前已立之逆案相抵消。阴谋既定,欲由兵部发难,兵部尚书梁廷栋惮于皇上英明,不敢造次,遂使这一阴谋中途夭折。

《明史·钱龙锡传》写到此事,未注明策划者是谁。《国榷》崇祯四年正月甲申条点明了策划者是周延儒、温体仁:"初,逆珰一案,诸奸憾龙锡,欲借袁崇焕亦起一逆案以相报,因龙锡以罗及诸臣。周延儒、温体仁实主之。欲发自兵部,而尚书梁廷栋始与谋,旋悔不肯任。又上英断,不能遽起大狱也。"《明通鉴》崇祯三年十二月条下记叙此事与《明史·钱龙锡传》大体相同,唯有一句稍异:"谋既定,温体仁、王永光主之,欲发自兵部。"看来这一阴谋与周、温、王之流关系密切,是大致可以肯定的。

黄宗羲把温、王二人定性为逆案之外把持局面的小人,他说:"小人不同,有把持局面之小人,有随波逐浪之小人。虎、彪、十孩儿之类,随波逐浪,吾所谓胁从者也。逆案内之杨维垣、徐大化等,逆案外之王永光、温体仁等,把持局面,吾所谓魁之十数人者也。逆阉既诛,逆案未定,杨维垣把持之,逆案已定,王永光把持之。皆绍述逆阉之政者也。袁弘勋、高捷、史䔇一辈小人,翩翩而进,以锢君子而抑之,使为己甚。"这种鞭辟入里的分析令人折服,足以使人看透围绕钱龙锡案的斗争,其中渗透了阉党余孽及漏网分子的翻案活动。明乎此,钱龙锡案的难解之谜便豁然开朗了。

黄道周力排众议

群小另立逆案的阴谋虽然未遂,钱龙锡却难逃厄运,有关衙门议定:钱龙锡大辟(死刑),决不待时,设厂西市以待。连刑场都准备好了。千钧一发之际,朱由检突然降旨:"龙锡无逆谋,令长系。"钱龙锡得以幸免一死,这其中有黄道周的一份功劳。

一向以直言无忌著称的黄道周力排众议,奋不顾身地上疏为陷于困境的钱龙锡辩解。他不拘泥于一时一事的具体细节,而从大处着眼,说:"凡疆场事最难言胜负,相倚一彼一此。令阁臣以边事坐诛,后之阁臣必顾盼踌躇,不敢更任边事;又令边臣得以瑕衅卸阁臣,后之边臣有事,必摭阁臣只语单词为质,则是使纶扉之内割边庭为殊域也。"这种考虑朝廷全局、从长计议的议论,令人震撼。朱由检对此也不表示异议,只是对他疏中的一句话——"今巷议谬悠,谓杀累辅为毛文龙报仇"——难以认同,要黄道周速行回话,作出解释。

黄道周所谓"报仇"云云,是借用街谈巷议来影射群小借此另起一逆案以报前逆案之仇,这毕竟是未遂阴谋,蛛丝马迹虽已显露,却难以形诸文字,故在皇上要他回话时只能含糊其辞。这引起朱由检的不满,命他务必将前疏情事——明白奏闻。

黄道周不得不上疏说明自己的看法。他直率地表示：臣是一介书生，名貌不能动人，但心存古道，从不敢随众卖声于市。累辅钱龙锡一旦瘐死，后世不察，圣主有杀辅臣之名，故冒昧沥血进谏。朱由检见他仍回避两次诘问的要害，很不高兴，指责他"曲庇罪辅，屡行诘问，终以诡词支饰"，把他降三级调任外官。

但是，黄道周再三上疏申救，在舆论界形成了一种无形的压力，使朱由检与周延儒等人不敢擅杀钱龙锡。史籍在谈及此事时都说"黄道周疏言龙锡不宜坐死罪，忤旨，贬秩调外，而帝意寝解矣"。"道周疏上，延儒意稍解"，便是最好的证据。

到了五月，适逢大旱，刑部尚书胡应台等大臣向皇上请求宽宥钱龙锡，给事中刘斯崃也上疏提出相同建议。朱由检接受了他们的请求，命有关衙门再次审理。审理的结果，得到朱由检批准，钱龙锡终于从狱中释放，改为发配定海卫（今浙江定海）的处分。

钱龙锡出狱时，周延儒与温体仁演出了极具讽刺意味的一幕丑剧。这两名欲置他于死地的内阁当权人物先后假惺惺地去看望他，都有一番表演。周延儒故意在他面前夸大其词："上怒甚，有'可谴处甚多，卿等岂能尽知'之语，挽回殊艰。"言外之意，是他周某费尽九牛二虎之力在皇上面前转圜，才打消了皇上的怒气。不明底细的钱龙锡当然感激万分，当温体仁赶来看望时，便把周延儒的话转述了一遍，表示感激之情："非公等力救，何以再生？"不料温体仁却说："上原不甚怒也。"意在暗示钱龙锡，并非周延儒极力挽回，其实皇上无意严惩。当时人听了两名辅臣如此大相径庭的表态，多以为温体仁为人质直，周延儒过于虚伪，殊不知温体仁正处心积虑地为排挤周延儒而制造舆论呢！

钱龙锡在定海卫戍所的流放生活长达十二年之久，皇上两次宣布大赦都未获宽宥。其子请输粟赎罪，适逢周延儒再次入阁当政，又遭阻扼。直到崇祯十七年九月，都察院右佥都御史祁彪佳上言于福王（南明弘光帝），为他伸冤，才得以无罪恢复原官，回归故里松江府华亭县。

透过这一案件的层层迷雾，人们不难察觉，钱龙锡其实是党争的一个牺牲品。阉党逆案中人不甘心失败，时时刻刻伺机反扑，己巳之变与毛文龙之死为他们提供了一个时机，牵连曾参与主持定逆案的钱龙锡，欲另起一逆案作为报复。朱彝尊在为钱龙锡立传时，对此感慨系之："惟是逆案一定，党人之怨刺骨，祸机一发，几杀其身，可畏哉！"阉党余孽兴风作浪于前，周延儒、温体仁出谋划策于后，朱由检对这两名佞臣深信不疑，遂铸成错案。明末清初的思想家黄宗羲以目击者的身份对此有洞察入微的评述：定逆案以后，"逆案之徒出奇计，以边事陷君子，而阉人失势者，亦时以闾巷见闻入告，于是思陵（即思宗）遂疑在廷诸臣皆朋党"。

朱由检在这种判断下，作出了两大抉择：一是派出他的亲信太监监军、督饷，一是严厉打击廷臣结党。钱谦益案、钱龙锡案就是在这种背景之下酿成的。殊不知，他的这种态度，不仅没有遏止党争，恰恰助长了阉党余孽图谋翻案的势头，也使以禁锢东林为能事的周延儒、温体仁之流得以专擅朝政、结党营私，使党争以一种畸形的方式渗透到政坛的各个角落。

刘宗周针对钱谦益、钱龙锡以"结党"的罪名被整，向朱由检上疏，指出其后果的严重性在于堵塞了用贤之路。他的分析是中肯的："朝处一人焉，坐之曰党；暮去一人焉，坐之曰党。犹以为未足，特设为四面之网，使天下之人不出于假道学，则出于假事功，不出于假忠义，则出于假气节。人主又安得有用贤之路乎？"正因为如此，朱由检所感叹的"诸臣但知党同逐异，便已肥家"的倾向，不但得不到制止，反而变本加厉了。

朱由检深恶门户之讧，"知两党各以私意相攻，不欲偏任，故政府大僚俱用攻东林者，而言路则东林为多。时又有复社之名，与东林继起，而其徒弥盛，文采足以动一时，虽朝论苛及之，不能止也"。对于夏允彝《幸存录》的观点，黄宗羲颇多非议，尤其是对于党争双方各打五十大板的做法进行批评,指出:"毅宗(即思宗)亦非不知东林之为君子,而以其倚附者之不纯为君子也,故疑之;亦非不知攻东林者之为小人也,而以其可以制乎东林,故参用之。卒之君子尽去,而小人独存,是毅宗之所以亡国。"夏、黄二公同为当时名人,且又都是那段历史的目击者,两人所见各有千秋,而在分析朱由检对待党争的心态时,黄公所见似乎略高一筹。朱由检之所以重用周延儒、温体仁,其缘由盖在于此。

三、温体仁与周延儒的倾轧

周延儒入阁参预机务

在围绕钱谦益案、钱龙锡案的党同伐异的混斗中,最大的获益者自然是周延儒与温体仁。这两个佞臣,先后进入内阁,由于权力和利益的冲突,两人的关系由先前的狼狈为奸,一变而为互相倾轧,使廷臣的党争演化为温、周相轧的局面。

早在入阁之前,周延儒就以生性警敏、善于窥伺皇上的意旨,深得皇上的青睐。崇祯二年三月的一天,朱由检一反惯例,在文华殿单独召见周延儒,从午后一直谈到深夜。此次召对与往常截然不同,翰林院记注官也不得在旁记录,所以君臣之间到底说了些什么,人们不得而知,徒增了一层神秘气氛,引人猜疑。不过敏感的言官们还是揣测到,皇上因钱谦益案而暂停会推阁员,此番单独召见周延儒,显然有意让他入阁辅政。于是言官们纷纷上疏抨击周延儒,试图阻遏这种可能性的实现。

南京兵科给事中钱允鲸等人向皇上揭发:"周延儒一向与逆案中人冯铨腹心相倚,薪焰相传,合谋密算,冒禁夤缘,以图大拜(入阁),以图翻局(推翻逆案)。群情方虑不测,忽闻皇上单独召对,语不外闻,中外群僚无不骇惧。"

周延儒立即上疏反驳,为自己辩解说:"诸臣连章弹劾,并非臣真有

172

可按之迹、可指之条,都是些莫须有的事。究其大指,无非'大拜''翻局'四字。实在是虑臣太深,量臣又太浅。希望诸臣不要自生弓蛇之影,作骑虎之观。"

朱由检的态度明显地偏袒,对于钱允鲸等人的奏疏只是"报闻"而已,对于周延儒的奏疏却"优诏答之",意在给言官们泼冷水。言官们并不气馁,御史刘之凤等人在几天之后联名上疏,对皇上单独召对周延儒一事表示异议。他们指出,皇上单独召周延儒入对,词臣不得秉笔以从,辅臣不得与闻末议,如此旷举,臣等闻所未闻。臣等共同揣测,延儒独对之时必作飞鸟依人之状,曰:某也党,某也非党;某宜留,某宜去。又必曰:举朝无一人不欺皇上,独臣一人捐身家性命以为皇上。这是以激将法迫使皇上表态,披露单独召对的谈话内容。但是这些言辞都没有奏效,朱由检只是淡然批复"不得渎奏"四字,只字未提召对之事。

四个月之后,人们对此事逐渐淡忘。朱由检趁钱龙锡引疾辞职之机,突然下达特旨:命周延儒以礼部尚书兼东阁大学士,入阁参预机务。次年二月,朱由检又给周延儒加太子太保衔,改为文渊阁大学士。周延儒为了扩大自己的势力,极力向皇上推荐自己的姻亲吴宗达及温体仁入阁。朱由检也以为温体仁孤忠可任,在这年六月降旨:温体仁与吴宗达着以原官兼东阁大学士,入阁办事。周、温二人联手在钱龙锡案中把水搅浑,指使锦衣卫张道浚攻击内阁首辅成基命,迫使成基命不得不辞官而去。于是周延儒轻而易举地成为内阁首辅,朱由检还加他少保衔,改武英殿大学士。

正当周延儒官运亨通志得意满之际,由他援引入阁的温体仁却在一旁窥测时机。此人对于皇上"务为柔佞",从而使"帝意渐向之";对于周延儒,表面上曲谨献媚,暗中却"欲夺其位"。吏部尚书王永光罢官后,温体仁起用他的同乡亲信闵洪学取而代之,凡异己者率以部议论罢,又起用欲翻逆案的御史史𡎴、高捷,以及侍郎唐世济、副都御史张捷等为心腹,处心积虑欲攻倒周延儒。

温体仁与周延儒互相倾轧

温、周相轧的第一个回合,是环绕崇祯四年春天的会试而展开的。周延儒的姻亲(连襟)陈于泰会试廷对第一,他的老友吴禹玉之子吴伟业则考中会元。同时中式的有名士张溥、夏日瑚等人。这次会试的主试是周延儒。按照惯例,内阁首辅因阁务繁重,主试之事应交次辅担任。周延儒以首辅出任主试的越例行为,使次辅温体仁大为不满,抓住此事大做文章。

这次会试周延儒之所以亲自出马,是想收罗名儒作为自己的门生,以扩大自己在朝廷的地盘,所以秘密嘱咐各分房考官在呈卷前,偷看中式封号,从中舞弊。吴伟业的本房师李明睿仰承周延儒之意,把吴伟业的卷子作为第一名,做了些手脚。这一舞弊行为被温体仁的党羽薛国观故意泄露于朝廷,御史袁鲸正准备具疏参论,老奸巨猾的周延儒抢先一步,把吴伟业的卷子送给皇上御览。朱由检阅后很满意,提笔批了八个字:正大博雅,足式诡靡。既然皇上已经表了态,亲笔御批吴伟业为会元,人们便不好再说三道四了。不过后人在追述此事时,还是道出了事情的真相——"此温、周相轧之第一事也"。

周延儒大权在握,肆无忌惮,他所提拔的大同巡抚张廷拱、登莱巡抚孙元化,都与他有不可告人的关系,引起舆论不满。他的子弟家人横行乡里,激起民愤,为言官所纠。他的兄长周素儒冒籍于锦衣卫,搞到千户的职位,他的家人(奴仆)周文郁成了副总兵,都遭到舆论的抨击。

崇祯四年闰十一月,言官们掀起了一个弹劾周延儒的高潮。

陕西道御史余应桂说,周延儒赋性极其贪鄙而更饶机警,行事最无忌惮而独善揣摩。凡事关权位,必攘臂而裁决;若与自己权位不相干之事,即使关系到国家大计,也必推诿模棱。登莱巡抚孙元化耗费军饷超过毛文龙数倍,不但毫无战功,反而使岛兵两次哗变。周延儒千方百计坚护不休,原因何在? 就是因为孙是周的同乡、幕僚,每月都有大批人参、貂皮、金银送到周府。周延儒居家贪横,兄弟占尽江南良田美宅,激起民变。对于这种批评,朱由检根本不信,下旨斥责道:"延儒清贞任事,不树私交,应桂何得诬诋!"

户科给事中冯元飚说:"臣每当朝会,时见大小诸臣语及延儒,无不舌缩口哕,相对羞愤,而敢举以入告者率不多见。以其力能钳人之口,威能摄人魂,而鸷险更能置人之死地。"朱由检以冯元飚"渎奏求胜"加以切责。

山西道试御史卫景瑗列举周延儒贪赃枉法事例:接受张廷拱贿赂白银三千五百两、琥珀数珠一挂,即授以大同巡抚;接受孙元化贿赂貂皮人参金珠,曲为护持;接受吴鸣虞贿赂,即将其由户部调至吏部,皇上见其溺职,屡行降罚,周延儒庇护不已,原因在于吴早已把常州腴田五千亩拱手相送。江南人对周延儒家族痛恨入骨,杀其仆,焚其屋。朱由检以卫景瑗"信口诬蔑"加以切责。

四川道试御史路振飞指责周延儒只知营私植党,娄贿肥家,欺君误国。以其品行卑污,心腹奸险,小忠小信,营巧构善,以济其贪,能使皇上信而不疑,实在堪称奸雄之渠魁。朱由检谴责路振飞是"构党挟私,逞臆求胜"。

周延儒接连遭到言官弹劾,一再上疏为自己辩解,并假惺惺地请求皇上罢斥。朱由检当然温旨慰留。

待到毛文龙旧部孔有德、耿仲明、李九成等在登州发动叛乱,以至攻陷登州城,俘虏登莱巡抚孙元化时,舆论哗然,人们不约而同地将矛头指向了重用孙元化的周延儒。山东巡按王道纯指出,山东孔有德叛乱,不到六天,攻破七县,十天而登州陷落,个中缘由是逆贼孙元化在暗通线索。陕西道御史余应桂说得更为透彻:指使登州兵叛乱的不是孔有德,而是孙元化;促成孔有德叛乱的,不是孙元化,而是周延儒。余应桂多次弹劾周延儒,以这次最为激烈,因而不仅遭到皇上切责,说他"恣意诋诬,褒语混渎",还把他降官三级,以示惩处。

恰巧这时西协监军太监邓希诏与蓟辽总督曹文衡之间互相攻击,

在皇上面前大打笔墨官司,引起言官们的反感。工科给事中李春旺上言:邓希诏与曹文衡互相攻讦,语侵辅臣周延儒,此实国家治乱盛衰之大漏洞,因此不仅督臣曹文衡可去,阁臣周延儒也不可留。

面对如此严重事件,言官连珠炮似的穷追猛打,周延儒一再为自己洗刷。朱由检虽多次温旨慰留,但难以无动于衷,对周延儒的宠信已大不如前了。

在言官们弹劾周延儒的背后,次辅温体仁在暗中使力,企图一举扳倒周延儒。吏部尚书闵洪学是温体仁一手引进的,每事收人心以归温体仁,有过错都推诿到周延儒身上。一时间官僚中捷足先登者无不奔走于温体仁门下,周延儒的党羽对闵洪学恨之入骨,给事中王绩灿、御史刘令誉、周堪赓先后上疏弹劾闵洪学,而尤以兵部员外郎华允诚最为激烈。

崇祯五年六月,华允诚在议论国事三大可惜、四大可忧的字里行间,不加掩饰地攻击次辅温体仁与吏部尚书闵洪学朋比为奸,驱除异己。他说:"阁臣(温体仁)兼操吏部之权,吏部惟阿阁臣(温体仁)之意,线索呼吸,机关首尾,造门请命,夜以为常。统均大臣甘作承行之吏,黜陟大柄只供报复之私。"朱由检看出华允诚如此大胆必定背后有人指使,便下旨切责华允诚:"妄议朝政,且牵诋不伦,是何主见?必有唆诱之者,可作速奏明。"华允诚遵旨回奏,回避回答唆诱者是谁的要害问题,指名道姓攻击温体仁,说他生平紾臂涂颜,廉隅扫地,陛下以其悻直寡谐,排众议而任用,岂知此人包藏祸心,阴肆其毒。

朱由检似乎感悟到这是周延儒与温体仁在暗中较量,便不露声色地作出处置:在下令夺华允诚半年俸禄的同时,批准吏部尚书闵洪学回籍养病,以各打五十大板的方式堵住了双方互相攻讦的势头。而对先后遭到弹劾的内阁辅臣周延儒、温体仁、吴宗达躲在家中避风头的做法,朱由检表示了明显的不满:"辅臣大半僵卧私第,殊非政体。"特派鸿胪寺堂上官到他们家中,敦促他们尽快到内阁处理公务,不得再延。

温、周相轧的第二个回合,双方打了个平手。最后的较量,有如箭在弦上,势在必发。

温体仁棋高一着

周延儒指使他的姻亲翰林院修撰陈于泰打着陈时政四事的幌子,指桑骂槐攻击温体仁。温体仁则指使宣府太监王坤弹劾陈于泰盗窃科名,牵连周延儒。于是,最后较量的帷幕悄然拉开。当时有人敏感地指出:"王坤之疏及宜兴(周延儒),乌程(温体仁)实阴使之,将以倾宜兴而为首辅也。"

周延儒当然不会束手就擒,立即指使给事中傅朝佑上疏,指责太监王坤妄干弹劾之权,且文辞练达,机锋挑激,必然有阴邪险恶之人背后主使,明显地影射温体仁在幕后操纵。都察院左副都御史王志道也上疏说,近来内臣的举动,几乎手握皇纲,而辅臣终不敢问一句,至于身被弹击,犹忍辱不言,何以副明主之知。

由于王志道在奏疏中谈到"终不忍开内臣轻议朝政之端,流祸无穷,为万世口实",引起朱由检的不悦。朱由检在第二天(崇祯六年二月初八日)于文华殿召见群臣,专门为此事责问王志道。王志道还是坚持他日前所说"内臣越职"的观点,特别强调:辅臣(周延儒)为王坤所参,举朝惶惶,为纪纲法度担忧。王志道此话是针对周延儒遭太监王坤弹劾而发的,本以为皇上应该指责王坤及其幕后指使人温体仁,殊不知,这些议论涉及对皇上遣用内臣政策的非议,激起皇上的不满。朱由检再三声明,遣用内臣原非得已,言官们却把参劾内臣当作护身符,王志道也不例外。在场的周延儒一看苗头不对,赶紧出来打圆场,主动承担责任:"臣等辅理无状,表率无能。"但无济于事,第二天朱由检下旨:王志道肆意诬捏,借端沽名,本当重处,姑从轻革职为民。

对于王志道为自己辩护却遭革职的处分，周延儒似是哑巴吃黄连——有苦说不出。其实此时皇上已有罢斥周延儒的意思，他在召对王志道时对周延儒说了一句意味深长的话："卿昨辩王坤疏，日后录入史书，甚是好看！"一向善于言辞的周延儒竟无言以对。机敏的温体仁从中听出弦外之音，极力促使皇上早日下此决心，故凡与周延儒为难者必暗中相助，为周延儒说话者都予以黜革。

不久，温体仁嗾使刑科给事中陈赞化上疏弹劾周延儒招权纳贿。周延儒奏辩后，陈赞化再上一疏，揭露了一个颇为惊人的事实：周延儒曾对李标说："上先允放，余封还原疏，上遂改留。余有回天之力，看来今上是羲皇上人。"

周延儒狂妄到以为自己有回天之力，不把皇上放在眼里，视皇上为可以任人摆弄、不明时势的"羲皇上人"（意即伏羲以前的远古人），简直是欺君罔上的大不敬罪！这一招果然厉害，极大地激怒了皇上。平心而论，朱由检根本不属于"羲皇上人"之类的庸主，他励精图治，事必躬亲，怎能容忍辅弼大臣如此蔑视！他立即穷诘陈赞化此话从何处听来。陈赞化举出了上林苑典簿姚孙渠、给事中李世祺及前湖广副使张凤翼为人证，使周延儒无法抵赖。

周延儒处境岌岌可危，乞援于温体仁。温体仁不但不拉一把，反而暗中落井下石，终于迫使周延儒于崇祯六年六月引疾乞归。温体仁巧妙地利用票拟职权，拟旨准予休告。周延儒灰溜溜地在行人（官员）护送下，返归故里宜兴县。

温、周相轧的结果，以温体仁棋高一着而获胜。夏允彝对此评述道："（温体仁）始而与周（延儒）深相结纳，周固力助而且援之以进。及周为大珰王坤所排，举朝争之，而温无片言相助。及科臣陈赞化纠周去之，凡与周为难者，温皆援之以进，助周者皆屈焉。盖周之去，实温挤之也。"但温体仁的手脚做得很干净，不露什么痕迹，"因事图之，使其机自发而发，上不疑也"。

四、"崇祯皇帝遭温了"

"内阁翻成妓馆"

周延儒辞官而去,心中深恨温体仁的排挤,图谋起用何如宠以抑制温体仁,便利用廷臣不愿温体仁当权的心理,怂恿他们劝皇上召回当年与周延儒同时入阁不久便致仕的何如宠。何如宠昔日在内阁中的地位在温体仁之上,倘蒙皇上召回,可以阻遏温体仁升任首辅。何如宠如何呢?当年他在内阁任职的一年半时间里,目睹了周、温的明争暗斗,深感无能为力,九次上疏乞休;回家后还语重心长地要皇上常看《资治通鉴》,以古今理乱忠佞史事为鉴。现在要他入阁充当第二个周延儒,他自知无此能耐,也决非温体仁的对手,赶紧上疏辞谢。在皇上没有允准之前,他还是奉召从老家桐城启程,在途中再次上疏引疾推辞。

这时刑科给事中黄绍杰向皇上指出,何如宠之所以徘徊于道路,不是有所疑畏,便是有所瞻顾。这疑畏、瞻顾都与温体仁有关,有道是从来君子、小人不能并立,当此之际,次辅温体仁应当识相地考虑何去何从了。自从温体仁为相以来,无岁不旱,无日不霾,无地不灾,无处不盗,这都是诸臣承奉其意的结果。因此,他请求皇上即命温体仁引咎辞位。这种言论太过于露骨,令人怀疑背后有周延儒在捣鬼,引起皇上不满,下旨斥责黄绍杰,降调外任。这件事情一出,徘徊不前的何如宠更加不敢奉召,执意坚辞。

于是乎,温体仁升成内阁首辅。劣迹昭彰的温体仁得到皇上重用,舆论哗然。京师有民谣曰:"崇祯皇帝遭温了!"此温,即温体仁,取"温""瘟"谐音之义,意为皇上受温体仁蒙蔽,如同遭到瘟疫一般。

无独有偶,京师另一民谣也在瘟、温二字上做文章,不过话说得更为尖刻:

内阁翻成妓馆,乌归王巴箧片,总是遭瘟(温)。

乌归(谐音乌龟),指乌程籍归安人温体仁;王巴(谐音王八),指四川巴县人内阁辅臣王应熊;箧片,指奉行两人意旨、毫无短长的内阁辅臣吴宗达。这首民谣一时传为街头笑谈,虽然出于轻薄少年之手,但"赫赫师尹而令人鄙夷至此,其生平亦可见矣"。

温体仁为首的内阁信誉竟是如此低落,表明朱由检重用温体仁是一种错误的抉择,舆情讥之为"遭瘟"是不算为过的。

《明史·温体仁传》在评论温体仁成为内阁首辅后的所作所为时,有这样一段话为朱由检"遭瘟"作了极妙的注脚:"体仁荷帝殊宠,益忮横,而中阻深。所欲推荐,阴令人发端,己承其后;欲排陷,故为宽假,中上所忌,激使自怒。帝往往为之移,初未尝有迹。"此类事例甚多,不妨选取推举吕纯如、排挤文震孟、郑鄤之狱、温体仁的垮台四事,来透视一下朱由检如何"遭瘟"的。

推举吕纯如事件

崇祯七年八月二十一日,朱由检在平台召对五府六部九卿科道官,商议吏部尚书及都察院左都御史人选。

十天前,吏部尚书李长庚被削职为民。李长庚素来见憎于温体仁。当时正在议论起用罪遣诸臣,刑部上报的罪遣名单,皇上尚未核准批下。温体仁欲陷李长庚于罪,百般催促他赶紧上报任用名单。有人劝道,应当等刑部奏疏批示下达后再上报任用名单。李长庚迫于辅臣催促,不知是计,贸然呈上名单,胪列无遗,共一百十六人。朱由检大怒,以其"屈法徇私,朋比欺蒙",下旨削职为民。

吏部尚书空缺,朱由检决定在平台召对群臣会推。

朱由检开宗明义说明今日召对的用意:"吏部尚书乃用人的官,须要择天下第一才品。若据会推故套,不过精心、定力两语混题,止须一二人把持足矣,何名会推?卿各举所知来!"

主持部务的吏部左侍郎张捷奏:"臣昨辞部印,正为会推一事。年来诸臣党同伐异,误尽朝廷。在外会推,自然瞻顾局面,孰敢犯忌?今蒙皇上召对,谕臣等各举所知,务得天下第一才品,须不论方隅,容臣等破格推举。"

朱由检说:"立贤不以其方,卿等举来。"

于是勋戚大臣退入殿西室,文臣退入殿东室,各自书写推举名单。张捷在下笔时,徬徨四顾,大学士王应熊在一旁目不转睛地盯着他,诸臣感到其中有些蹊跷,便问他所荐何人。张捷因为事先得到温体仁的授意、王应熊的支持,心中有底,所以直言不讳地说:吕纯如!这与诸臣所荐大相径庭,他们不是推举郑三俊,就是推举唐世济。张捷振振有词地说:"总宪(都察院左都御史)世济可,冢宰(吏部尚书)非纯如不可!"

待皇上召对时,张捷抢先启奏:"臣已举两人,但此两人皆举朝所不欲用者。"随取奏本呈给皇上审阅。

朱由检问:"科道官为何不举?"

吏科都给事中卢兆龙答:"会推大典,科道例无保荐,九卿推举当,则听皇上点用,不当者,臣等纠参。"他似乎察觉到推举中有什么花样,要充分运用科道官的批评权,所以置身于荐举者之外。

朱由检听了颇以为然,随即拿起张捷呈上的名单细看起来,顿生疑惑,责问道:"吕纯如是钦案有名的,张捷如何举他?"

张捷说:"吕纯如有才有品,臣所深知。钦案列名,谓其颂美逆贤。今红本俱在,并无一字相及,岂可坐以'颂美'?"

朱由检说:"他已曾辩过,但不可开端。"说罢,把目光投向科道官,问道:"科道如何说?"

吏科都给事中卢兆龙奏:"诸臣荐举,各有本末,抑听圣明裁夺。至张捷所举吕纯如,系钦案有名,臣等正拟纠参。适蒙圣谕,已有明鉴,臣等不敢复有争执。"

张捷对于皇上与卢兆龙的说法不以为然,固执己见,再奏:"臣实见吕纯如清执可用,今弃之草野,实为可惜。"

御史张三谟表示不同意见:"廷推家臣,所关甚重,即使事非钦案,亦须昭雪。吕纯如生平贤否,姑且勿论,业已身负重累,何以服人?况钦案久定,此端一开,渐何可长!"

张捷辩道:"臣实知吕纯如是真贤者,故从公推举。即在钦案中,亦须分别。倘皇上用之不效,如李长庚削职,臣亦与同削职,或处分更有甚于此者,臣亦甘与同罪。"

张捷还说:"小民作奸犯辟,朝廷五年大审,每年熟审,惟恐其冤,何况大臣,如何冤得!"

卢兆龙反驳道:"臣任清江知县时,记得吕纯如护送惠藩之国,沿途骚扰。只此一事,已见无才。况屈身逆贤,其品可知。"

在场的给事中姚思孝、顾国宝、蒋德璟、吴南灏等,御史金光宸、韩一光、杨绳武等,纷纷批评张捷,以为吕纯如身在钦案,断不可用。

张捷还呶呶置辩,给事中姜应甲大声叱责道:"张捷所举如此,心事可知,还敢在皇上前巧辩!"

朱由检见科道官一致反对,便命张捷下去。张捷吓得大惊失色。

这时,朱由检问在旁一声不吭的温体仁意下如何。温体仁冷冷地吐出了三个字:"谢陛可。"

见温体仁表态,工科给事中范淑泰立即弹劾王应熊与张捷"同谋党附",刑科给事中吴甘来也弹劾张捷"冀翻逆案"。朱由检接受这一意见,责成张捷改日回奏。

这一事件,表面上看来好像是张捷在王应熊支持下假借推举吕纯如妄图推翻钦定逆案。其实情况比科道官所想的要复杂得多,此事的幕后策划者不是别人,正是内阁首辅温体仁。《崇祯实录》《国榷》在记述此次张捷荐举吕纯如一事时,都写了这样一句话:"体仁阴主之。"但温体仁究竟怎么个"阴主"法,语焉不详。一查《明史》,事情就清楚了:"时魏忠贤遗党日望体仁翻逆案,攻东林。会吏部尚书、左都御史缺,体仁阴使侍郎张捷举逆案吕纯如以尝帝。言者大哗,帝亦甚恶之,(张)捷气沮,体仁不敢言,乃荐谢陞、唐世济为之。"事情的内幕原来如此!

温体仁要用吕纯如,自己不出面,指使张捷出面。张捷以为背后有首辅运筹帷幄,有恃无恐,所以在召对时一再坚持吕纯如可用,钦案定其颂美逆贤是冤屈。不料科道官齐声反对,皇上也以为此端不可开,使温体仁无以售其奸,不得不退而求其次,推荐他的亲信谢陞为吏部尚书、唐世济为左都御史。以后温体仁又暗中指使新任左都御史唐世济推荐逆案中人霍维华,廷臣群起而攻之,迫使唐世济获罪而去。从此温体仁虽不敢再起用逆案中人,但对廷臣中不附己者更加侧目视之。

据说,这次皇上召对时,奉召诸臣事先传闻,"阁部同心"——内阁与吏部观点一致,且有大力者为之内援,吕纯如之用,圣意已决云云。所以在张捷推荐时,大家都蓄缩不敢言。待到皇上表态"吕纯如既挂逆案,不用也罢",科道官们方才敢陆续奏劾张捷。

张捷因推举吕纯如遭言官弹劾,自以为有温体仁为靠山,傲然上疏乞休,连上三十二疏,皇上都温旨慰留。张捷无所顾忌,在疏内猖猖狂吠。皇上仍极耐心地下旨:"张捷佐计(计,即京察大计)在迩,着即出供职。"

当张捷准备在考察官员的"大计"中再肆凶锋时,御史刘宗祥揭发他把持官员大计,假公济私。原来刘宗祥巡按四川时,张捷托他为其姻亲贺儒修(成都知县)推荐为"卓异",以求在大计中升迁,为此写去书信一封。在信的末尾别有用心地写道:"忠言不入,朝事日非。"显然对推举吕纯如未成耿耿于怀。刘宗祥入川后,查明贺儒修劣迹狼藉,便据实纠参。皇上下旨,把贺儒修革职逮问。张捷怀恨在心,在刘宗祥返京回道考核时拟加重谴。刘宗祥不服,上疏剖辩,并把张捷的手书呈报皇上。刘的好友太常少卿祝世美以为不可,极力劝阻,提醒他张捷与温体仁关系非同一般,事发后必遭报复。刘宗祥急忙赶到会极门取索原疏,不料疏文已送到皇上御前。皇上阅后批示:张捷革职提问。果然,刘宗祥遭到报复:都察院拟刘宗祥降三级调外任。要不是皇上亲笔改批"刘宗祥着回道管事",他的下场肯定不妙。

排挤文震孟事件

文震孟,字文起,苏州府吴县人,文徵明曾孙,以研习《春秋》著称海内。天启二年殿试第一,授修撰,因上疏弹劾魏忠贤,与陈仁锡、郑鄤并斥为民。崇祯元年起用为侍读学士,充任皇上日讲官。他在讲筵时最为严正,多次上疏弹劾阉党余孽王永光之流,尖锐地指出,群小合谋欲借边才翻逆案,直斥王永光假窃威福,倒置用舍,为吕纯如之奥援。皇上虽责震孟任情牵诋,但群小翻案之谋因此而中沮。温体仁由此对文震孟衔恨在心。

崇祯七年二月,会试天下士,皇上命温体仁、吴宗达为主考。文震孟当时是一房的主试官,选中陈际泰、许直等士子。另一考生的卷中首题"其行己也恭"四句,篇末痛言时弊,在"不恭不敬之害"上大加发挥。文震孟毅然录取。呈卷时,以为温体仁必定驳回,当有一番质辩。不料呈上后,即批允,内心颇为怀疑。

事过不久,温体仁在内阁阴阳怪气地扬言:"外人说我们要进场收几个门生。我们今日地位,也靠不着门生了,况场中即有人骂我。"

次辅钱士升不解地问:"场屋(考场)中如何骂得?"

温体仁说:"他篇末竟说'不恭之臣'如何,'不敬之臣'如何,岂不是骂?"

钱士升问:"老先生如何打发他?"

温体仁阴冷地说:"本房(指文震孟)批'伸眉抗手,想见其人',敢不中?敢不中?"对文震孟那种咬牙切齿之情溢于言表。

原先朱由检的日讲、经筵中没有《春秋》的课程,朱由检以为此书有裨于治乱,令择人进讲。文震孟是专治《春秋》的名家,温体仁忌于他的严正,故意隐而不举。次辅钱士升不明底细,贸然指及文震孟,温体仁不便否定,佯作惊讶状:"几失此人!"才勉强地把他报了上去。文震孟一进讲,果然很称帝意。不久,文震孟请求告假,朱由检因他《春秋》讲得很好,不允告假。温体仁阴阳怪气地对他说:"行相君矣,何避也?"

的确,朱由检有意提拔文震孟入阁。崇祯八年六月,朱由检举行了一场空前的廷试,打算以考试方式选拔入阁,应试者是从官员中挑选出来的佼佼者。那一天,内阁辅臣及各部尚书分立于阶上,应试官员分班立于阶下几研旁。只听皇上说:"廷臣才品,朕未遍知,今试票拟一疏。"中官奉旨把奏疏一帙、小柬两张分送到几研上。朱由检又说:"将疏票拟于柬上,一稿一誊。"在几研旁应试的官员们各自埋头阅疏拟票。

不巧,这天文震孟因病未能应试。文震孟因多次受温体仁钳制,心中闷闷不乐。前不久他升为少詹事,官居四品,不能乘马,苦于老惫的他托人向温体仁请求,改为三品衔。温体仁故意刁难,不但不通融,反而指着自己在东阁直房前第一间的首辅座位说:"不久此处亦须他到,何论三品!"文震孟受此奚落,情绪不佳,常称病在家。

次日,朱由检看了各官的试卷——票拟,即命吏部把姜逢元、陈子壮、文震孟、张至发、蔡奕琛、闵仲俨、马之骐、张元佐、张居九人的年貌履历呈上,供他从中批点。几天后,朱由检作出了决定:文震孟、张至发俱升礼部左侍郎兼东阁大学士,即行入阁,与首辅温体仁等协同办事。因为文震孟未应试,而被破格提拔为阁员,当时称为皇上特简。

此事的进行是在六月至七月间,这时温体仁正好在家养病,尽管他与文震孟素来不合,也无从施展手腕。关于此事,黄宗羲有这样的评述:"温体仁久居政地,导上以繁刑厚敛,海内盗起,台谏攻之甚力。体仁不自安,杜门求退。上意置相不得其人,进大小九卿詹翰于廷,亲试之。"看得出来,朱由检对温体仁已有所不满,想摆脱"遭瘟"的局面,因而乘温体仁称病在家的机会,亲自廷试,增补阁员。文震孟没有参加廷试,以特简形式拔擢为内阁辅臣。黄宗羲说,由此可见,"上意颇欲更始"。这件事使温体仁感到大为恐慌,连忙声称病愈,到内阁主持政务,千方百计排挤文震孟,使朱由检希望"更始"的想法终于落空。

文震孟有自知之明,两次上疏向皇上婉言推辞,未蒙允准。他还想再次上疏以有病推辞,辅臣何吾驺极力劝阻,才于八月十三日面见皇上谢恩,入阁办事。

由于文震孟长期担任日讲官,宫中近侍深知其为人耿直,此次特简入阁,都说:"文震孟到阁中倒好,只是他还是板金绦。"所谓"板金绦",是形容他刚直得有点近乎执拗的秉性,恐怕难以在中央政府的最高层站稳脚跟。外廷的官员也有类似的担心:"文震孟持性疏直,票拟及奏对时直言无忌,倾吐唯恐不尽,毫无城府。"杨士聪曾私下对友人说:"文(震孟)决非久于位者。"事情的发展果然不出所料,他只当了不到三个月的阁员,就被温体仁排挤了。

他刚入阁时,未按当时官场惯例向司礼监太监曹化淳致意。新入阁者,都持名帖、礼单向大珰致见面礼,请他多加关照;大珰也以名帖、礼单敬还,这是宫中旧规。文震孟一介书生,太过于迂阔,自以为是皇上特简,不必拘泥此礼。曹化淳原是王安名下的太监,并非贪婪之辈,素来仰慕正人君子,便托王安之侄向文震孟传话,谦称曹某早有皈依文先生之意,又说:"若循例往来,外廷惟所欲为,大珰无不奉命。"文震孟自恃清高,说:"极大珰之力,使我不为宰辅耳。不为宰辅,于我何损?而名帖既入,此辱岂能洗耶!"曹化淳遭到文震孟的拒绝,以为奇耻大辱,转而与温体仁呼吸相应,在皇上面前吹风,使文震孟逐渐失去皇上的眷顾。后人评论道:"数十年来,阁臣多有内应外援,震孟自以受知主上,一切不顾。"这使他在钩心斗角的内阁中立足未稳便遭排斥。此其一。

其二,温体仁每次拟旨必征求文震孟的意见,有所改动,也必遵从。这使文震孟产生错觉,喜滋滋地对人说:"温公虚怀乃尔,何云奸?"同僚何吾驺提醒他："此人伏机甚深，何可信！"文震孟不以为意。十几天后，温体仁窥其疏脱，拟票有所不当，辄令改正，文震孟不改，便径自提笔抹去。这使文震孟大为难堪，顿时大发执拗脾气，拍案大喊，拿起一叠奏疏用力地掷到温体仁面前。从此两人的矛盾由隐性变为显性，文震孟的处境大为不妙。

十月间，发生了许誉卿事件，被温体仁抓住大做文章，终于导致文震孟的下台。

许誉卿，字公实，松江府华亭县人，天启间因上疏弹劾魏忠贤而直声满天下。崇祯初年，又因弹劾吏部尚书王永光素附珰仇东林，而遭薛国观攻击为"东林主盟，结党乱政"。他愤然反击："若肯结党乱政，则逆珰用事时，何不随众求容，必屡忤奸邪，抗疏去国？薛国观何不自己反省，昔日与崔、魏同朝，众危独安，有何品骨？而反诋臣等之忤珰见逐者为党为奸？"激于义愤，拂袖辞官而去。崇祯七年再度起用，官至工科都给事中，因凤阳皇陵被焚弹劾温体仁、王应熊，遭到忌恨。温体仁忌其伉直，在升迁方面故意刁难。其实论资历，许誉卿已极深，科道中碌碌无为之辈而升京堂者为数不少，未必尽胜许誉卿一等。温体仁百般刁难，指使吏部尚书谢陞把他调往南京，当时人一语道破："难许（誉卿）即所以难文（震孟）也。"文震孟很欣赏许誉卿，支持他的升迁。谢陞秉承温体仁指示，纠弹许誉卿"营求美官"，"不欲南迁，为把持朝政地"。内阁次辅钱士升在处理此事时，认为争官须有实迹，当令谢陞回奏。不料温体仁悍然抢去奏本，拟旨道："大干法纪，着降级调用！"既然说"大干法纪"，仅仅处以降调，显然别有用心。次日，皇上果然重拟："许誉卿削籍为民。"文震孟力争无效，对温体仁气极而说："科道为民，极荣之事，敬谢老先生玉成之！"

许誉卿临别时向皇上参劾温体仁。温体仁一面上疏答辩，一面另上一疏参劾文震孟，向皇上揭发日前他所说的牢骚话，故意挑激皇上："皇上所以鼓励天下者，止有此爵禄位号，而文某乃云云（指'科道为民，极荣之事'），以股肱心膂之臣，为此悖伦灭法之语。"皇上果然大怒，把先前眷顾之情一笔勾销，降旨："吾驵、震孟不宜徇私扰乱！"何、文二人立即具疏引罪，朱由检断然作出决定：何吾驵着致仕去，文震孟冠带闲住。对于何、文两位正直官僚以这种方式遭到排挤，当时的大臣们莫不惊叹于"圣意不测如此"。

文震孟刚方贞介，有古大臣风度，可惜入阁不足三个月，就遭皇上罢斥，未竟其用，有识之士无不为之惋惜。人们不禁为之叹息："凡劾体仁者，无不见责，为体仁劾者，无不立罢。除佞如拔石，去贤若转丸，可为三叹！"温体仁实在是神通广大，可以使刚愎自用的皇上围着他团团转，这不是活脱脱地应了那句民谣："崇祯皇帝遭温（瘟）了！"

事后，文震孟回忆起这段往事，每每对人说："诸君子见予当国，放胆作事，无复前者竞业，遂为奸辅所窥，乘机相中。"他对官场钩心斗角的黑幕以一种近乎书生气的态度漠然视之，结果成了明朝历史上罕见的任期最短的阁员，由皇上"特简"到"冠带闲住"，不到三个月。朱由检"遭瘟"的程度，着实令人吃惊！

郑鄤之狱

郑鄤，字谦止，号峚阳，常州府武进县人，天启二年进士，授庶吉士，因建言蒙谴，退居林下十余年。当言官抨击周延儒、温体仁之际，他在公开场合倡言：周决不可用，而温实可大用，言路不应当并攻。钱士升与他都出于钱龙锡门下，称先后同门，对于他的这一说法十分欣赏，为讨好温体仁，极力向温体仁推荐郑鄤，老奸巨猾的温体仁不置可否。崇祯八年，钱士升致书郑鄤，告诉他已在温体仁面前说情，要他迅速抵京。郑鄤为稳妥起见，特地向昔日一同弹劾阉党的好友、已入阁的文震孟征询意见。文震孟深知温的为人，复信劝他不要来京。郑鄤以为文震孟还不如钱士升够朋友，贸然赴京补官。孰料郑鄤的族舅、旧辅吴宗达向温体仁大肆诋毁郑鄤，温体仁心中已有芥蒂。所以当文震孟与温体仁在内阁中为恢复郑鄤官职之事发生争执时，文震孟说："晚生已叨冒至此，(郑鄤)岂宜但复庶常(庶吉士)！"温体仁一味敷衍道："从容再议。"

郑鄤入京后，拜谒首辅温体仁。前者感恩戴德，后者心存芥蒂，两人的一场交谈铸成了郑鄤日后的悲惨下场。

温体仁试探性地问："南方清议若何？"

郑鄤毫无戒备地回答："人云国家需才，而庙堂未见用才。"

温说："非不用才，天下无才可用。"

郑说："用人则才出，不用人则才伏。方今防边荡寇最急，能如萧相国(何)之识韩淮阴(信)，宗留守(泽)之识岳忠武(飞)，何患不能成功？"

对于如此咄咄逼人的语气，温体仁很反感，表面上致谢，心中却在盘算，"彼锋芒如刃，日后必纠弹我，动摇我相位"，一定得设法翦除。

适逢此时温体仁先后排挤了阁僚何吾驺、文震孟，京都舆论哄然不平，一向敢于直谏又不甘寂寞的郑鄤也随众持愤激之论。此事被温体仁侦知，决定上疏纠弹郑鄤，并借题发挥整一下他的好友文震孟、黄道周。

崇祯八年十一月，温体仁根据吴宗达揭发的材料，即所谓"杖母蒸妾"的不实之词，写成纠弹郑鄤的奏疏。然后拿了这份奏稿去找推荐郑鄤的钱士升，对他说："今为郑某事具疏，当与老先生同题。"钱士升欣然答应，等到看完疏文，才知道里面写的是纠弹郑鄤杖母蒸妾之事，立即面红耳赤，双腿颤抖，张口结舌说不出话来。温体仁冷笑道："固知老先生不愿预也。"遂单独具名呈送皇上。

当时朱由检正以孝悌风励天下，得知首辅控告郑鄤如此不孝不悌行为，勃然震怒，下令将郑鄤逮入刑部狱中严加审讯。刑部尚书冯英审问后，向皇上报告："郑鄤假箕仙幻术，蛊惑伊父郑振先无端披剃，又假箕仙批词，迫其父以杖母。"并未直指郑鄤杖母，又称郑鄤颇有才名，语气近乎回护。温体仁见冯英不肯严办，借故把他革职，并把此案移交锦衣卫镇抚司审理。负责审理此案的锦衣卫都督同知吴孟明也感到温体仁的控告缺乏证据，案犯受到冤屈，一直未予了结。

崇祯十年六月，温体仁罢官而去，此案仍悬而未决。次年夏天，京师酷旱，朱由检要各衙门从救灾着眼陈弊政、宣冤抑。吴孟明便把此案作为"冤抑"上报："臣衙门冤抑，自有法司平允，非所敢预闻。但有幽禁三年，无人为之雪理如郑鄤者，或当释放，以召天和也。"朱由检虽要诸臣宣冤抑，但并不愿宽恕郑鄤，接到吴孟明的奏疏立即严词谴责："杖母逆伦，干宪非轻。如果无辜，何无人为之申理？着常州府人在京者从公回话。"

吴孟明为了向皇上禀明案情，特地询问协理审讯的陆完学。陆说："若论此人（郑鄤），自负才名，既籍门第，踞傲放肆，得罪乡邦，死不足惜。其杖母之事，非其本谋。"吴问："既无此事，何以故辅温体仁以此告人？"陆说："此事最为可宥。鄤父郑振先，家其箕仙，能发人隐事，一家崇奉，无不皈依。凡有过失，皆遭扑责，谓之忏悔。自振先夫妇至郑鄤以下，无不皆然，不独鄤母吴氏一人受杖也。惟是吴氏受杖，系振先之婢动刑……杖时郑鄤与父皆在其前，不能救饶。事则有之，实非所挑激也。"朱由检对于这种解释全然不能接受。

这时有武进落魄生员许曦无聊至京，考取武英殿中书，未题授实职，似官非官，正符合朱由检所说"常州府人在京者"的条件。于是被请进锦衣卫镇抚司作证，御史刘光斗等人代他起草奏疏，证实郑鄤杖母，还补充揭发他奸媳、奸妹等事。奏疏呈进后，许曦立即反悔，对刘光斗等人说："郑鄤之事，窗外无闻也。"又说："郑鄤之事，系宦室闺门，草野耳目，实未闻见。"由此看来，许曦对于此事一无所知，全是胡乱作证。锦衣卫镇抚司再审后，只得如实向皇上报告："事属影响，言出谤忌，革职太轻，遣戍太重，惟候圣裁。"

朱由检在证据不足的情况下作出了令人震惊的"圣裁"。崇祯十二年八月二十六日黎明，圣旨下：将郑鄤脔割处死！正如《明史·温体仁传》所说："其后，体仁已去，而帝怒鄤甚，不俟佐证，磔死。"当时舆论认为,温体仁虽已罢官而去,但是,"杀郑鄤者,始终温体仁一人也"。此话说得深刻,朱由检罢了温体仁的官,却遂了他置郑鄤于死地而后快的心愿,推行的是没有温体仁的温体仁路线,"遭瘟"之深于此也可见一斑。

郑鄤在一行人等押解下,来到西市甘石桥下四牌楼刑场。那里早已人山人海,屋顶上都是黑压压一片看热闹的人群。在人声鼎沸中,忽听得官员宣读圣旨,最后一句声音特别尖利:"照律应剐三千六百刀!"刽子手百人群而和之,如同雷震,令旁观者不寒而栗。炮声响后,行刑开始。须臾,手持小红旗的校尉疾驰而去,向大内报告所剐刀数。令目击者感叹万分的是,"归途所见,买生肉以为疮疖药料者,遍长安市。二十年前之文章气节、功名显宦,竟与参术甘皮同奏肤功,亦大奇矣!"郑鄤被脔割处死,他的肉竟被京城愚民买来作为医治疾病的药料,麻木的社会,蒙昧的群氓,可悲!可哀!

黄道周在郑鄤被逮后,曾向皇上自陈"七不如",其中之一是文章气节不如郑鄤,意在为郑鄤辩解。朱由检大为不满,指责他"颠倒是非,甚至蔑伦杖母名教罪人犹曰不如,是何肺肠!"要他立即回话。黄道周在遵旨回话时,对郑鄤赞颂备至:"臣与郑鄤同为庶常时,文震孟疏论魏忠贤,郑鄤抗疏任之,削籍入山。每以臣为怯,臣心愧鄤也。每执笔不能明白,辄思郑鄤,以为不如,真不如也。盖以此自贬,亦以此分规。"郑鄤被处死后,黄道周慨然叹息:"正直而遭显戮,文士而蒙恶声,古今无甚于此者!"抱阳生在记述此事后,评论道:"鄤死固冤,然祸止及一家。而思陵之亡国,实由体仁。以体仁阴贼险狠,貌为孤子,结纳宦官,窥伺上意,冀翻逆案,斥逐正人,使有体有用之士,无一立于君侧,而后其心始快焉。"

温体仁的垮台

朱由检为人刚愎多疑,崇祯一朝内阁辅臣多至五十人,更迭频繁,有如走马灯。唯独温体仁能居位达八年之久,且颇受宠信,形成"遭瘟"

现象,确实是耐人寻味的。从朱由检方面而言,始终为内阁辅臣中没有一员能为他排忧解难、敢说敢为的重臣而苦恼。他需要一名有权有谋足以统驭六部九卿科道的干才,起先看中了周延儒,而后又看中了温体仁。当时人杨士聪说:"上即位以来,命相三四十人,其人非无贤者,求其精神提挈得起者,惟宜兴(周延儒)与乌程(温体仁)二人,但俱不轨于正耳。"堪称精辟之见,二人才干卓著,只是不走正道,成为佞臣,《明史》把他们列入"奸人传"是无可非议的。不过,温体仁就其才干而言,确非庸碌之辈可以比拟,许多方面都令朱由检满意。

其一,温体仁精明干练。"体仁长于心计,凡阁中票拟,每遇刑名钱粮,名姓之繁多,头绪之棼错,皆相顾攒眉,独体仁一览便了,从不以舛误驳改,故诸辅亦服其敏练。"

其二,温体仁在贪风弥漫的官场尚能廉谨自律。《明史》说:"体仁辅政数年,念朝士多与为怨,不敢恣肆。用廉谨自结于上,苞苴(意为贿赂)不入门。"这虽是他提防政敌攻击、巩固自己地位而采取的一项对策,但廉谨毕竟能博得皇上的好感。夏允彝也说:"平心言之,(温体仁)不纳苞苴,是其一长。"对此,黄宗羲有不同见解:"温体仁之苞苴,巧于纳者也,周延儒不巧于纳者也。观其身后之富,岂不纳苞苴者所致乎?哀哉,毅宗之受其愚也。"夏、黄二公各执一词,谁是谁非姑且不议,不纳苞苴或巧纳苞苴,都是温体仁的精心谋划,朱由检受其愚弄是肯定无疑的。

其三,内阁同僚多庸才,反衬出温体仁"鹤立鸡群"。这当然是温体仁惨淡经营而成的,"其所引与同列者,皆庸才,苟以充位,且借形己长,固上宠"。由于这个缘故,才华超群、颇负众望的钱谦益、文震孟必为他所不容。

其四,温体仁善于揣摩上意,逢迎有术。李清说他"存心过刻,伏机甚深,又不敢批逆鳞"。前半句切中要害,后半句则大谬而不然。温体仁岂止不敢批逆鳞,他根本从来不曾想过要去批逆鳞。时人评论:"乌程最久,不露破绽,大意主于逢迎。"大凡皇帝多不喜欢臣下去批他的逆鳞,而乐于接受逢迎,朱由检也不例外。温体仁很精于此道,每当皇上向他追问兵饷事宜时,他便逊谢说:"臣夙以文章待罪禁林,上不知其驽下,擢至此位。盗贼日益众,诚万死不足塞责。顾臣愚无知,但票拟勿欺耳。兵食之事,惟圣明裁决。"廷臣批评他善于窥伺帝意,他巧辩道:"臣票拟多未中窾要,每经御笔批改,颂服将顺不暇,讵能窥上旨?"朱由检听了他的这些表白,不以为是虚伪或机敏,反而以为是"朴忠",愈加宠信不已。

因为这些缘故,当其他阁僚纷纷落马之际,温体仁稳坐相位达八年之久,而且一升再升,官至少师兼太子太师,进吏部尚书、中极殿大学士,阶左柱国兼支尚书俸,恩礼优渥,无与伦比。

然而,温体仁心术不正,又专务刻核,以排斥异己为能事,必欲使正人君子、有用之士无一立于君侧,其心始快。同时又担心受他排挤者群起而攻之,作了精心布置,扬言内阁密勿之地,机密不得宣泄,凡内阁公文一律不发部科,也不存录。因此受他中伤的人,廷臣也不能尽知。

温体仁辅政八年的"政绩",首推驱除异己而不露痕迹,使皇上懵然不觉。除此之外便是引导皇上注意于"繁刑厚敛","以至海内盗起"。而当遍地民变时,他又熟视无睹,"全不以流贼为意,使之大炽"。因此崇祯九年、崇祯十年两年中弹劾他的奏疏不断地送到皇上的御案上。

弹劾温体仁最为尖锐的是刘宗周和杨光先。

工部侍郎刘宗周说:"频年以来,皇上恶私交,而臣下多以告讦进;皇上录清节,而臣下多以曲谨容;皇上崇励精,而臣下奔走承顺以为恭;皇上尚综核,而臣下琐屑吹求以示察。……八年之间,谁秉国成,而至于是?臣不能为首辅温体仁解矣!"温体仁上疏极力辩解、诋毁,使皇上怒上加怒,下旨将刘宗周革职为民。

新安卫千户杨光先上疏弹劾温体仁之前,备好了棺材,以死相谏,说话毫无顾虑："温体仁柄国以来,边骑两薄都城,流贼各省延蔓,平治之绩安在? 国危于上,而不求所以安;民怨于下,而不思所以恤,扶持之责安在? 忠告之言不受,睚眦之怨不忘,休休之量安在? ……惟有引罪以去,庶几不误人国。"皇上斥责杨光先恣意乱政,将他廷杖一顿之后,发配辽东。

温体仁自以为有皇上庇护,愈发肆无忌惮,怂恿原任苏州府推官周之夔、无聊文人陆文声诬告张溥、张采创立的复社"结党恣行","把持武断","逐官杀弁","朋党蔑旨",利用拟旨大权,企图兴大狱。由于提学御史倪元珙、海道副使冯元飏不承风指,才使其阴谋未能得逞。

尔后,温体仁又指使张汉儒攻讦钱谦益、瞿式耜居乡不法,说什么"二臣喜怒操人才进退之权,贿赂握江南死生之柄。三党九族,无不诈之人;兴贩通番,无不为之事。甚至侵国帑,谤朝廷,危社稷。止因门生故旧列于要津,鸣冤无地;宦干豪奴满于道路,泄忿何从"。奏疏呈进后,温体仁立即代皇上拟旨:逮钱谦益、瞿式耜下刑部狱。

却说钱谦益罢官回到故里常熟,"闲住"了七年,政敌温体仁仍不放过他,必欲置之死地而后快。于是便有崇祯十年常熟县衙书手张汉儒诬告钱谦益在乡里作恶多端的事件。张汉儒不愧为衙门师爷,告御状的状子写得十分厉害,一共列举了钱、瞿二人五十八条罪状,诸如侵占地方钱粮、勒索地方大户、强占官地营造市房、通番营私、占夺田宅等,通计赃银达三四百万两之巨。

张师爷告御状说了多少假话姑且不论,值得注意的是,此次事端的幕后指使人是温体仁。据文秉说:"常熟陈履谦,巨奸也,特为(温体仁)献谋,唆张汉儒参虞山(钱谦益)。"《明史》说:"常熟奸民张汉儒希体仁指,讦谦益、式耜贪肆不法,体仁主之,下法司逮治。"由此看来,钱谦益自撰《丁丑狱志》所说"乌程以阁讼逐余,既大拜,未尝顷刻忘杀余也。邑子陈履谦,负罪逃入长安(指北京),召奸人张汉儒、王藩与谋曰:'杀钱以应乌程之募,富贵可立致也。'汉儒遂上书告余,并及瞿给事式耜",

是大体可信的。

钱谦益被逮后，巡抚张国维、巡按路振飞接连上疏，为之鸣冤，皇上不听。在狱中，钱谦益连上二疏，在为自己申辩的同时，指摘温体仁幕后操纵："体仁曰'举朝皆谦益之党'，汉儒亦曰'把持党局'；体仁曰'在朝在野，呼吸相通'，汉儒亦曰'帮助党局，遥执朝政'。何物汉儒，与闻钩党若此之精也？""体仁攘踞揆席，虑臣姓字尚在人口，死灰或至复燃，显示风指，阴设陷阱，必欲杀臣而后已。即奸棍诬奏，亦讼言贿卖关节，敢于弁髦明旨。则体仁指授线索，业已满盘托出矣。"

钱谦益虽上疏申辩，但心境很低沉。《初学集》中有"狱中杂诗三十首"，其中之一曰：

> 支撑剑舌与枪唇，坐卧风轮又火轮。
> 不作中山长醉客，除非绛市再苏人。
> 赭衣苴履非吾病，厚地高天剩此身。
> 老去头衔更何有？从今只合号罢民。

在当时形势下，钱谦益自知凭此二疏要想翻案是难乎其难的，于是不得不乞灵于政坛流行的手法：托人情，通路子。他先是托座师孙承宗之子求援于司礼监太监曹化淳。钱曾为前司礼监太监王安写过碑文，而曹化淳出于王安门下，双方有一些交情。曹化淳闻知冤情后，为之泣下，决心尽力营救。另一方面，他又托密友冯舒求援于冯铨，连伺三日不得见，第四日二更时分才得会晤。冯舒刚要开口，冯铨就直截了当地说："钱谦益的事，我都晓得了，如今已不妨，你可回去，教他安心。"

事情的转机果然出现了。受温体仁指使的陈履谦捏造"款曹击温"（即拉拢曹化淳打击温体仁）的匿名揭帖，又要王藩出面自首此事，诬陷钱谦益出银四万两托周应璧求款于曹化淳。这一下弄巧成拙，激怒了曹化淳，曹当即主动向皇上请求穷究此案。于是，曹化淳以奉旨清查的名义，大加搜访，终于查清陈履谦父子的罪行，把他们逮入东厂。他自己与东厂太监王之心、锦衣卫掌印指挥吴孟明一起,在五更突击审讯。陈履谦招出张汉儒如何起草告讦钱谦益的状子,王藩如何出首,以及他们父子二人如何捏造"款曹和温",又改为"款曹击温"等情节。继而又审出以上这些情节"俱乌程(温体仁)一手握定"。这一消息传到皇上那里,使他猛然醒悟道:"体仁有党!"于是痛下决心,除去他眷顾近八年的宠臣。

温体仁拟旨逮钱、瞿后,以为胜券在握,又一如往常每每欲兴大狱之时必称病休假,聚集党羽策划于密室;到大局已定时,才谎称病愈而出,造成局外人以为他与此案无关的错觉。这一次,他又如法炮制,住进了湖州会馆,一面静候佳音,一面向皇上上疏,假意引疾乞休,自以为帝必温旨慰留。

由于皇上早已得到曹化淳报来的审讯结论,准备除掉温体仁,所以当由温体仁一手提拔入阁的张至发在温体仁的乞休奏疏上已票拟好谕旨呈进时,皇上毫不犹豫地提起朱笔,抹掉一些字句,批了三个大字:"放他去!"圣旨传到温体仁那里时,他正在吃饭,一听"放他去"的圣旨,大惊失色,完全出乎意料,一慌张,筷子掉到了地上。京城百姓听到这一消息,欢声雷动,妇人孺子都举手相庆。这时是崇祯十年六月,距他崇祯三年六月入阁,相距虚度八年,实足七年。

次年,温体仁病死于家。朱由检接到讣闻,还觉得有点可惜,特下旨赠太傅,谥文忠。朱由检之"遭瘟"竟至于此,罢他的官只是由于他"有党",并不怀疑他的"朴忠",所以在他死后还要追谥为文忠公。无怪乎明朝的遗老遗少要慨乎言之:对于温体仁这样的奸臣,"思陵转以为忠,宜其国之亡也!"

第五章
举棋不定的抚与剿

　　朱由检即位以后，不仅要对前期阉党擅权所造成的政治后遗症痛加针砭，而且要面对内外交困的潜在危机。辽东外患的严重性已经在己巳之变中得到充分暴露，引起他足够的重视，不敢稍有懈怠。与此同时，和辽东恰成掎角之势的陕西黄土高坡上，成千上万为生计所迫的子民们举起了造反的大旗。初时，这种星星之火并不显眼，在当局眼中不过是乱民闹事而已，当然排不上朱由检的议事日程。孰料，这群乱民横行三秦大地，越来越势不可当。正当朱由检和他的大臣们徘徊于招抚与围剿之间，举棋不定之际，烽火已酿成燎原之势。

一、黄土高坡上的造反大军

王嘉胤与王左挂

天启七年，澄城县的农民首先举起造反的大旗。那一年，当地大旱，澄城知县张斗耀（一作张耀采）仍百般催科，受灾农民果腹尚且无法，哪来粮食上缴？有个名叫王二的农民见大家不堪其毒，暗中联络了几百人，聚众上山，以墨涂面，立志造反。一天，王二召集众人，大声鼓动道："谁敢杀知县？"部下齐声应道："我敢杀！"如此高呼三遍，王二率众冲入澄城，守城士兵不敢阻拦，造反大军直扑县衙门，杀死知县，然后退出县城，团聚山中。

关于此事，各书记载颇为歧异。首先是澄城知县张斗耀误作张耀采，已有学者依据《澄城县志》与《萧州志》作了考订。其次是王二其人。《烈皇小识》《鹿樵纪闻》都说澄城县农民造反是王二领导的，但陕西巡按御史吴焕在崇祯二年向皇上报告陕西的动态时说："秦盗起于去年七月，白水王二一伙。"似乎是指影响颇大的白水王子顺。不过造反者是下层劳苦大众，其姓名犹如张三李四，是否有两个王二，或此王二即彼王二，不必深究，也无法深究。既然地方官已经认定秦盗起于白水王二一伙，此王二即已成为首举义旗的造反者的代表了。

造反大旗举起以后，各地的造反者纷起响应，其中声势较大的有以下几支。

第一支：崇祯元年七月，位于长城边的定边营（今陕西定边）逃卒王嘉胤（一作王加印）聚集饥民在府谷起义。不久，白水王子顺也率众起义，纠集逃卒攻打蒲城、韩城等地，然后与王嘉胤会合，陕西全省震动。官军早就腐败不堪，久不习武，猝然临战，惊慌失措。陕西巡抚胡廷宴昏庸老朽，不愿听府、县官向他报告各处盗贼窃发之事，采取自欺欺人的不承认主义,如有报告者,立即在大堂上打屁股以示警告,并声称:"此饥珉也,掠至明春后自定矣!"王子顺称胡延宴为"省城贤主人",无所顾忌地劫了宜君县监狱,转战白水、宜君间,与王嘉胤会合后,分兵三路攻掠鄜州、延安。

陕西巡按御史吴焕看到了造反大军来势凶猛,立即奏报皇上:秦地数千里,多深山大谷,足以成为盗贼渊薮,况且西临北边,兵民杂处,汉南又连接甘肃、四川。近来因遍地饥荒,夷汉兵民相煽而动,披甲跨马的造反者出没于蒲城、白水、泾州、耀州、富平、淳化、三原及汉中、兴化一带,势如燎原。但是这没有引起皇上的重视。

就在这时,安塞马贼高迎祥也率众造反,号称闯王,与王嘉胤会合。

后来与李自成并肩战斗的张献忠也在这时率众造反。张献忠,榆林卫柳树涧人,曾当过延安府捕快,因事革职,便至延绥镇从军。后犯法当斩,主将陈洪范见其状貌奇异,向总兵官王威求情释放。崇祯三年,王嘉胤据府谷,陷河曲,张献忠占据米脂十八寨起兵响应,自称八大王。

第二支:崇祯元年七月,清涧王左挂(名子爵)率众在宜川造反。他与部下苗美到处焚烧庐舍,招收精壮农民入伍,声势逐渐壮大。崇祯二年年底,李自成慕名投奔到他的名下。

八队闯将李自成

李自成,陕西米脂人,万历三十四年八月二十一日生于延安府米脂县双泉堡,因其家居于怀远堡(今陕西横山)之李继迁寨,故也称怀远人。曾祖父李世辅,祖父李海,父李守忠,世代是养马户。计六奇《明季北略》、彭孙贻《平寇志》、钱𫓶《甲申传信录》都说李自成家"务农颇饶""世农自饶""家颇饶"。联系到他八岁时与侄子李过同入私塾读书,上述说法是可信的,陕北贫困农家决不可能供子弟入私塾读书。据说,李自成"颇能记忆",然而性格倔强,"跳踉不可制"。李自成十六岁时,私塾先生以"雨过云收"为题要他对课,上联是:雨过月明,顷刻顿分境界。李自成对的下联是:烟迷雾起,须臾难辨江山。又秋日进蟹,先生命咏螃蟹诗,李自成赋成一首:

> 一身甲胄肆横行,满腹玄黄未易评。
>
> 惯向秋畦私窃谷,偏于夜箸暗偷营。
>
> 双螯恰似钢叉举,八股浑如宝剑擎。
>
> 只怕钓鳌人设饵,捉将沸釜送残生。

先生看了他的诗说:"异时虽有好日,终是乱臣贼子,不获令终。"

父亲死后,家道中落,李自成不得不为同村财主艾万年牧羊抵债,受尽屈辱。不得已,应募为银川驿(按:银川驿在米脂县)驿卒,投充马夫,抽空挟弓矢、习骑射,那时正是天启六年,李自成二十一岁。崇祯二年,朱由检下旨裁撤驿站。这年年底,银川驿被裁撤,李自成被裁员,又逢饥荒,无所得食,便带领同伙投奔到王左挂的队伍中。关于此事,地方志中说:"明末李自成,银川驿之一马夫耳。因裁驿站,饥荒无所得食,奋臂一呼,卒至土崩,不可救。"王左挂部下共有八队:一队眼钱儿,二队点灯子,三队李晋王,四队蝎子块,五队老张飞,六队乱世王,七队夜不收,八队李自成。从此,李自成就以八队闯将的名号活跃于造反大军的洪流之中。

崇祯三年一月,王左挂、苗美率众攻韩城,陕西三边总督调兵抵挡。王左挂北攻清涧,走怀宁河,遭官军伏击,受挫。王左挂投降,苗美拒降突围。李自成则带领他的八队于崇祯三年二月投奔不沾泥张存孟。

第三支:不沾泥张存孟是崇祯元年十一月随王嘉胤起义的,之后活动于延绥之西川一带。陕西之北境有东川、西川,是当时农民军的聚集地,绵亘数百里,高山深涧,鸟道羊肠,官军难于深入,东川有铁角城,西川可通平凉、固原。不沾泥张存孟于崇祯四年四月在攻打米脂时被俘,其部众多归李自成。这年冬天,不沾泥张存孟重新反叛,旋又投降,次年三月又叛,不久被洪承畴捕杀。

第四支:崇祯元年十月,汉南王大梁(也称大梁王)率众造反,会合成县、两当的造反队伍,攻打略阳,进逼汉中。

第五支:崇祯二年三月,老回回马守应率众造反,与王子顺、八金刚、上天猴等,从陕西神木造船渡黄河,进入山西境内。

第六支:清涧书生赵四儿,因就学于石油寺,昼夜写读不倦,村民称为"点灯子"。崇祯元年各处民变蜂起,村中流传"点灯子如黄巢造兵书谋反"的消息。官府将要拘捕,点灯子聚众反于解家沟花牙寺,攻掠延安、韩城、宜君、洛川以及山西沿黄河州县。

第七支:崇祯三年十一月,从辽阳军中逃亡的神一元,召集饥民在延绥(今陕西榆林)起兵,攻克新安边营、宁塞营、柳树涧(今陕西靖边、吴旗、定边之间),屯驻保安(今陕西志丹)一带。

这就是所谓"秦盗起于白水王二",这种连锁反应发生在陕西决不是偶然的。

"驱民而为盗"

造反大军的基本群众是饥民、难民,而骨干力量则是叛卒、逃卒、驿卒、响马,这六种人转化为造反者,是陕西各种社会矛盾交织在一起激化的结果。

明末田赋加派,陕西比别地受害更甚。那是因为加派一律按亩分摊,陕西本来就地瘠民贫,加上连年灾荒,人民已是饥寒交迫,官府仍要敲骨吸髓,势必激起民变。当时的有识之士都意识到了这点:

——有司者既乌牧之求,复严催科之令,皮骨已尽,救死不赡,不得已而为盗。

——穷乡一闻额外之征,无不恫怨,怨而离,离乃生乱。

——是驱民而为盗也。

> ——有司惟顾军兴,征督如故,民不能供,道殣相望,或群取富者粟,惧捕诛,始聚为盗。

连年的天灾加剧了人祸。在万历一朝四十八年中,陕西有灾荒记载的达二十五年之多,天启、崇祯间更是灾荒不断。

以崇祯元年为例,"自四月至七月不雨,八月恒雨,霜杀稼,冬大雨雪木冰,岁大饥"。崇祯二年行人(掌传旨、册封等事的官员)马懋才就陕西的灾情向皇上作了翔实的报告:

> 臣乡延安府,自去岁一年无雨,草木枯焦。九八月间,民争采山间蓬草而食,其粒类糠皮,其味苦而涩,食之仅可延以不死。至十月以后,而蓬尽矣,则剥树皮而食。诸树惟榆皮差善,杂他树皮以为食,亦可稍缓其死。迨年终而树皮又尽矣,则又掘其山中石块而食。石性冷而味腥,少食辄饱,不数日则腹胀下坠而死。民有不甘于食石而死者,始相聚为盗,而一二稍有积贮之民遂为所劫,而抢掠无遗矣。有司亦不能禁治,间有获者,亦恬不知怪曰:"死于饥,与死于盗等耳,与其坐而饥死,何不为盗而死,犹得为饱死鬼也。"

在这种情况下,官府仍严加催科,幸存的百姓只有一逃了之。此处逃往彼处,彼处又逃于此处,转相逃则转相为盗,这是盗之所以遍于秦中的缘由。

朱由检接到马懋才的奏疏后,虽然立即作了批复"延(安)、庆(阳)等府饥荒情状,朕心恻然。应议蠲赈减缓,该部作速从长计覆,预备仓谷,救荒首务。地方官平日留心,何至束手无策!本内宽恤事宜,一并申敕行",但并未采取相应措施,更没有督促地方官全力救荒,致使态势日趋恶化。

在最初的造反者队伍中起到重要作用的是大批哗变的士兵,即所谓逃卒、叛卒。从万历年间辽东战事爆发以来,军饷就逐年拖欠,而且越来越严重。截至天启七年为止，延绥、宁夏、甘肃、固原四镇积欠饷银达二百四十四万多两，常有几个月甚至一年不发军饷的事；到崇祯初年，不少地方已欠饷达三十六个月。士兵们纷纷"稽饷而哗"，"亡命山谷间，倡饥民为乱"。户部侍郎南居益在崇祯二年谈到"大盗蜂起"的原因时说："皆缘饥军数数鼓噪城中，亡命之徒揭竿相向，数载以来，养成燎原之势。"

兵变的另一种形式是出师勤王的队伍溃散于民间，无以为生，铤而走险。崇祯二年己巳之变，后金军逼近京师，各地勤王兵纷纷入卫。山西巡抚耿如杞率五千兵入援，兵部在三天之内将他连调三地：由通州调昌平再调良乡，故意用这种方法逃避发饷，因为军令规定部队到达驻地后第二天才给饷。士兵连调三日都不准开饷，遂沿路抢劫。后金军退后，朝廷以失职罪逮治耿如杞，五千士卒哄然奔散，逃归山西，成为造反大军的一部。同时来援的甘肃巡抚梅之焕所率部队，也因粮饷短缺"脱巾鼓噪"，有千余人溃归陕西。这些带有武器、经过军训而又无以为生的人逃归乡里，便与饥民相结合，成为造反大军的中坚力量。

被裁撤的驿卒也不可忽视。如前所述，给事中刘懋上疏请裁驿递，以为每年可节省数十万两银子。朱由检大喜，下令切实执行，不料激成事变。正如计六奇所说：

> 顾秦晋土瘠，无田可耕，又其民饶膂力，贫无赖者，借水陆舟车奔走自给，至是遂无所得食。未几，秦中叠饥，斗米千钱，民不聊生，草根树皮剥削殆尽……又失驿站生计，所在溃兵煽之，遂相聚为盗，而全陕无宁土矣！

陕西原任通政使马鸣世见到形势危急，向朝廷大声疾呼：

> 三秦为海内上游，延安、庆阳为关中藩屏，榆林又为延、庆藩篱；无榆林必无延、庆，无延、庆必无关中矣。……缘庙堂之上，以延、庆视延、庆，未尝以全秦视延、庆；以秦视秦，未尝以天下安危视

秦;而且误视此流盗为饥民。势焰燎原,莫可扑灭。若非亟增大兵、措大饷,为一劳永逸之计,恐官军骛于东,贼驰于西,师老财匮,揭竿莫御,天下事尚忍言哉!

这是一个比较有政治眼光的官僚对陕西局势的透彻分析。陕西问题并非局部性质,势必危及全国,如不及早采取果断措施,后果将不堪设想。事情的发展果然不出他所料。

二、杨鹤抚局之败

杨鹤出任陕西三边总督

陕西"流贼猖獗"的消息不断传往京师,哗变的士兵又放出谣言说,所谓因病死去的陕西三边总督武之望其实是畏罪自杀——服毒自缢。朝廷上下群情哄然,一方面深感陕西情势的严重性已迫在眉睫,另一方面人人都视陕西为畏途,不愿挺身而出继任武之望的空缺。这一拖就是几个月,没有一名官僚愿意到陕西去挑起这副既艰难又危险的担子。吏部在无可奈何的情况下,会推颇能顾全大局的杨鹤出任悬缺数月的陕西三边总督之职。

杨鹤,字修龄,湖广常德府武陵县人,万历三十二年进士,历任雒南知县、长安知县,万历四十年擢为御史,上疏言事直率无忌,遭当事者排斥,遂引疾辞官而去。天启初,起为太仆寺少卿,擢右佥都御史,魏忠贤借口党护熊廷弼,把他除名。崇祯元年九月,朱由检起用他为左佥都御史,使他感激涕零。

为了报答皇上起用于田间的知遇之恩,他在九月初九日呈上一疏,就"图治之要在于培养元气"抒发己见,以尽其出任御史之职的绵薄之力。他强调指出,从万历末辽东战端开启的十年以来,辽事加派,大工

204

搜括，诛求殆尽，小民元气大伤。而辽东战事节节溃败，西南边陲又捉襟见肘，前后丧师失律，士马刍粮器械一时俱尽，封疆元气大伤。士大夫又分门别户，彼此相攻，后浪前波互为起伏。逆珰用事，今日追赃，明日削夺，屠戮忠良，死无完骨，士大夫元气大伤。方今之世，如人重病稍有起色，但百脉未调，风邪易入，当务之急在于培养元气。然而积习至今，由来已久，一切民生国计，吏治边防，皇上执要，臣下执详，皇上严为之程，宽为之地，图之以渐，镇之以静，但令常如今日，何忧不致太平！

杨鹤所说的培养小民元气、封疆元气、士大夫元气，并非空谈，是针对当时秉政者不知养之以静，反而一片杀机横踞胸腑、冲决齿牙、取快一时而不思其渐的倾向而发的。朱由检领悟到了这层用意，所以在奏疏上批示"培养元气，今日要务"，表示赞许。但执掌魁柄的大僚们却以为"这学问用不得"，"养元气非其时"，决意把独抒己见的杨鹤排挤出中央机构。这种状况，最终导致吏部会推杨鹤出任陕西三边总督方案的出台。

吏部的会推，使杨鹤的处境进退维谷。当时，杨鹤已升为都察院左佥都御史，协助都御史曹于汴处理院务，按照惯例，担任此职的官员是不应转调外任的。而皇上不但批准了吏部的会推，而且特地在平台召见了杨鹤，表示了委以重任的意向，这使他诚惶诚恐，立即向皇上说明："臣实无戡定祸乱之才，亦未阅历边疆，恐难胜任。"朱由检不以为然，一定要他当此重任，杨鹤"恐迹涉规避，不敢固辞"。杨鹤怀着勉为其难的心情，踏上了西去的征途。

朱由检在召见杨鹤时曾问他有何平乱方略，从知县升为御史、从无带兵作战经验的杨鹤只能泛泛而谈："清慎自持，抚恤将卒而已。"朱由检欣赏的正是这种"清慎自持"的作风，所以才任命他以都察院左佥都御史兼兵部右侍郎的身份代武之望总督陕西三边军务。平心而论，杨鹤为官一向清慎自持，号称素有清望，其短处恰恰在于不懂军事。他可以成为一名出色的御史，但决不可能成为一员称职的总督。朱由检要他总督陕西三边军务,是用其所短,弃其所长。杨鹤在陕西的失败,朱由检也有不可推卸的责任。

杨鹤抵达陕西不久,适逢己巳之变,当地驻军纷纷奉命保卫北京,致使陕西兵力空虚,根本无法以武力剿灭所谓到处窃发的流寇。一介文士出身的杨鹤在捉襟见肘的窘境中,不采用围剿的方针而采用招抚的方针,实在是事势的必然。这种形势正如后来杨鹤在狱中的供状中所说:"初任半年,汉南贼遂荡平,延安亦粗底定。后因京师戒严,调将征兵,沿边五大镇,如吴自勉、杨麒、尤世禄、王承恩、杨嘉谟等统兵一万七千余众,先后入援。又值延(绥巡)抚张梦鲸物故,陕(西巡)抚刘广生、甘(肃巡)抚梅之焕亲自领兵出关东去,以致边腹空虚,贼复乘机蠢动。"也正如崇祯四年九月杨嗣昌为其父申辩时所说:"臣父未任以前,业已蔓延猖獗。然沿边四抚五镇未有他故,犹可弹压撑持。不幸臣父受事,延、甘、陕抚连换八人,勤王五帅并发,精锐尽付东行,缓急一无可恃,而贼党始横……臣父提卒三百,抚定神一魁数万众而散遣之,非得已也。"

"抚字得法,自然盗息民安"

其实,当时朱由检在剿与抚的抉择上,也举棋不定,而更倾向于抚。

崇祯三年二月,总督杨鹤正督勤王兵至省城,农民军攻打宜川县城,并包围韩城。巡抚刘广生截留勤王兵反击,解韩城之围。巡按吴焕命驿站以加急文书上报朝廷,朱由检获悉后指示:"以抚字失宜,民穷为盗,令韩(城)围。虽剿散,还须加意辑绥,察吏安民,以底平康之治。"在朱由检看来,"民穷为盗"的原因在于"抚字失宜",也就是说地方官在安抚、抚恤、招抚上所下工夫还不够。

崇祯三年八月,陕西籍的河南道试御史王道纯向朱由检上言:"臣乡流寇之患,时散时聚,时抚时叛,三载于兹矣。……而人情即仓皇震动,莫敢支吾者,此何以故? 盖以延安三年不雨,斗粟五钱,且缺饷经年,士嗟枵腹,绿林一啸,风鹤皆惊,强者攘臂以思乱,弱者俯首而从逆,贫者冀缓须臾之死,富者暂偷旦夕之生。"朱由检阅后批示道:"饥民煽从,由地方官失于抚戢,着洪承畴悉心抚剿。"他依然认为陕西流寇之患根源在于地方官抚戢工作做得不好,所以要延绥巡抚洪承畴悉心抚剿。虽然"抚""剿"并提,但仍以"抚"为主。

这一点,从几天后给礼科给事中张第元的批复中看得一清二楚。张第元给皇上的奏疏分析道,三秦流寇窃发,由初起时的数百人蔓延到数万,以至流祸山西,皆由地方官平日教养无方,积渐使然。基于这种分析,他指出了贪吏、酷吏、懦吏、昏吏之害,抚按司道又不能为有司表率。朱由检对张第元的分析颇有同感,他的谕旨这样写道:"守令一方,司命催科,抚字得法,自然盗息民安。抚按司道察吏宜核,着所司即与申行。"他所强调的平乱宗旨,还是"抚字得法"四字,只要地方官在"抚"字上下工夫,自然而然地便可达到"盗息民安"的境地。

兵部尚书梁廷栋对于皇上强调"抚字得法,自然盗息民安"最听得进,唯其如此,兵部督剿无方的责任便可推得一干二净。他向皇上指出:陕西八郡,数年以来岁多不登,而贪残的地方官略无惠养抚字之意,以致穷民失业化为盗贼。梁廷栋的用意,朱由检是明白的,他在批复时,一方面指出,秦贼蔓延,虽因灾荒,总由贪官债帅不恤军民,恣行剥削,以致转徙为盗。今后边地文武官员俱宜遴选干才,不得听人规避;另一方面,他也不容兵部推卸责任,指示兵部密行总督、巡抚,相机剿灭。看得出,朱由检的平乱方略是以抚为主,以剿为辅。他对这几年来陕西平乱毫无成效是很不满意的,尤其使他无法容忍的是,数年屡奏荡平,复称猖獗,前后自相矛盾,显系地方官全无备御,酿寇殃民。向来所报捷功,宁无虚饰?今若协心奋力,何难歼除?他命令陕西、山西两省巡抚、巡按筹措军费,克期调度,剿贼救民。

朱由检的这种抚为主、剿为辅的方略,一些大臣把它表述为先抚后剿。早在崇祯二年三月,当时的兵部尚书王洽对秦中盗贼横行提出的对策,就是"如其投戈,不妨招抚;使其不悛,即刻剪灭"。对此,朱由检是表示赞同的。崇祯三年十二月兵科给事中马思理再次重申这一对策:"秦晋之盗,皆吾赤子,请先用抚,而抚不可以空言为也,宜急敕有司多方设赈……若抚之不从,惟有剿之一法。"朱由检以为言之有理,下旨谴责当地的巡抚、巡按等官:"不思绥民弭衅,遇警辄请帑增官,不知平日所司何事?"

"抚局既定,剿局亦终"

朱由检的这种思想,崇祯四年正月二十六日在文华殿召见辅臣九卿及各省朝觐的监司官时流露得淋漓尽致。在问过浙闽沿海、宣大军事后,把话题转到了秦晋。

朱由检先问山西按察使杜乔林关于流寇的情况。

杜乔林奏:"寇在平阳,或在河曲。近闻渐以渡河,河曲尚阻,须大创之,而兵寡饷乏。"

朱由检问:"前言寇平,今何言尚阻?"

杜乔林答:"山陕隔河,倏去倏来,故河曲独受困。"

朱由检问:"河曲何时陷?"

杜乔林答:"去年十月二十五日新令(新任知县)至,二十八日城陷。贼未尝攻,失于内应。"

朱由检问:"导贼何人?"

杜乔林答:"大抵饥民为之。今不早图,有误国事。"

朱由检又问陕西参政刘嘉遇流寇情况。

刘嘉遇奏:"兵饷不足,故难剿。且寇见官兵即散,退复啸聚。"

朱由检说:"寇亦我赤子,宜抚之,不必专戮。"

刘嘉遇答:"今正用抚。"

朱由检问:"王左挂既降,何又杀之?"

刘嘉遇答:"彼降仍掠,不得已而戮之以示警。"

朱由检问："何不于未抚以前杀之？"

刘嘉遇答："臣时未任。"

朱由检问："此寇出自何地？"

刘嘉遇答："本延绥逃兵。"少顷，又说："臣十一月十二日入觐，闻初六日总兵贺虎臣杀贼六百余人，总兵杜文焕杀贼二百余人。"

朱由检问："近日何如？"

刘嘉遇答："一在宁州，一在延安，一在宜川。"

朱由检听了凝神沉思良久，才命他退下。

朱由检在对专程进京朝觐的秦晋官员面授机宜时，明确提出宜抚不宜戮的既定方针，不仅批准了杨鹤的抚局，而且对抚局的展开作了具体的部署。几天前，杨鹤向皇上上疏：抚局既定，剿局亦终。他说："延安一府十九州县，计土贼流贼凡四大伙，屡剿而屡不定……关键在于何处安插？如果以抚愚贼，无异于以贼自愚，此并非终日之计。"这就是抚局不易了结的原因。必须切实赈济，使之糊口有资，而后才谈得上真解散；解散之后还须安插，必须切实给予耕牛、种籽，使之归农复业，而后才谈得上真安插。照此办理，那么"贼"有生之乐，无死之心，自必帖然就抚。这就叫作抚局既定，剿局亦终。

朱由检对杨鹤的抚局主张十分赏识，尽管有人直率地指出：陕督杨鹤曾言剿抚有不易结之局，而其意归重于抚。臣反复筹画，秦晋兵机微有不同，而剿抚似当互用。朱由检不为所动，仍一如既往地予以支持。问题是赈济、安插需要钱，廷臣们为此向他讲了近一年，他都下不了决心。如今为了抚局，他决心孤注一掷。促使他下这一决心的是兵部职方司郎中李继贞的上疏。

李继贞在此之前已向皇上提及在陕西赈饥赏功之事，未蒙采纳。李继贞说，皇上若以数万金钱救活数十万生灵，而农桑复业，赋税常供，所获不止数十万。而且赈饥赏功之后，依贼之民自散，贼失党而败。朱由检一听数十万两银子的开销，便不置可否。不久，陕西巡抚练国事向皇上报告,庆阳、平凉酷荒,西安、凤翔危急,甘肃、宁夏军心动摇,为挽救时局,乞求皇上发数十万两银子赈济。李继贞抓住时机,再次重申前议:"抚非抚贼,抚饥民之从贼者;已从贼者有限,未从贼而势必从贼者无穷。如能尽心赈济,就抚者推诚安插,则化贼为民,党散势孤。"

朱由检既然主张流寇宜抚不宜戮,大力支持杨鹤的抚局,赈济本是题中应有之义。经过反复周详的考虑,他终于批准了这一请求,立即下了一道诏书:

> 陕西屡报饥荒,小民失业,甚至迫而从贼,自罹锋刃。谁非赤子,颠连若斯! 谊切痌瘝,可胜悯恻。今特发十万金,命御史前去,酌被灾之处次第赈给。仍晓谕愚民,即已被胁从误入贼党,若肯归正,即为良民。嘉与维新,一体收恤。

几天后,他任命御史吴甡带了特拨的内帑(皇帝内库)银十万两前往陕西赈饥,招抚流盗。

杨鹤招抚神一魁

杨鹤得知皇上大力支持他的抚局,御史吴甡已携银前来放赈,便放开手脚展开他的招抚工作,以实现他"抚局既定,剿局亦终"的诺言。然而,此时此际陕西当局已经面临剿也难、抚也难的两难选择。造反大军点燃的星星之火已成燎原之势,到处都是高举义旗的造反武装驰骋纵横,使当局剿不胜剿。那么抚能奏效吗? 也难。突出的问题是招抚之后,在灾荒流行、饿殍遍野的三秦大地,如何安置这些解除了武装的"降丁"?

有鉴于此,清初专门研究明末流寇的戴笠、吴乔(又名吴殳)在讨论这一问题时,比较了赈、剿、抚三种手段后指出:赈是治病之本,剿是治病之标,抚只不过是一剂调理药而已。其实,戴、吴二公这种分析也是一种皮相之见,陕西流贼蜂起是明末政治腐败的总爆发,它显示社会早已病入膏肓,剿不但不能治标,反而刺激病情更加恶化,抚的调理作用在天灾人祸的双重压力之下迅即化为乌有,赈虽有治本的功效但为时已晚,况且杯水车薪根本无济于事。时局发展的总趋势,预示着杨鹤抚局必败的下场。

当时陕西的文武大僚们似乎察觉到这种不祥之兆,纷纷对杨鹤一意主抚的做法表示强烈的不满情绪。早在崇祯三年六月,陕西巡按御史李应期向皇上报告,在杨鹤的招抚政策实施后,固然有王子顺、张述圣、姬三儿等小股武装陆续来降,但王嘉胤等仍掳掠延安、庆阳一带,攻陷城堡。总督杨鹤一意主抚,隐匿不报,继续与陕西巡抚刘广生派出官员,手持招安牌票四出招降。陆续又有黄虎、小红狼、一丈青、龙江水、掠地虎、郝小泉等多股武装接受招抚,杨鹤、刘广生先后发给他们免死票,安插于延绥、河西,致使延安、鄜州一带遍地都是降丁,"淫掠如故,村氓吞声,有司莫敢告,寇患成于此"。总兵杜文焕在谈及自崇祯二年二月以来督率延绥、固原官兵围剿农民军的经过时,对杨鹤的抚局颇有微词,甚至指责杨鹤以杜文焕主剿而碍其抚局,千方百计背地中伤。杜文焕果然因此遭御史吴牲弹劾而罢官。

不仅陕西地方官如此,在朝的言官们也对杨鹤的抚局进行指责。刑科给事中常自裕对农民军神一元等部连克宁塞、新安、保安,宜川、韩城尽遭荼毒,上疏弹劾杨鹤听任流贼攻城屠邑,从来不曾听说他如何遣将、如何励兵、如何截击、如何斩获,徒然养尊处优,拥节钺以自卫。这种状况也引起朱由检的不满,下旨:"令戴罪自赎,倘再疏玩,从重参处。"工科给事中顾光祖上疏弹劾杨鹤玩寇贻患,致使破城陷堡,杀将覆军,民遭荼毒,请求皇上敕令他依限追兵,如期平贼。朱由检表示赞成。

为了摆脱来自内外的压力,为了向皇上显示招抚的功效,杨鹤匆忙策划了招降陕西最具战斗力的农民军领袖神一魁。他是近来连克宁塞、新安、保安的神一元的弟弟,崇祯四年正月神一元被定边副将张应昌击毙,部众推神一魁为首领。神一魁率部攻陷合水县,包围庆阳府城。杨鹤前往宁州,派宁州知州周日强前往招抚,并命定边副将张应昌退兵。神一魁派头目刘金、刘鸿儒在宁州舍人刘可观陪同下,向杨鹤求抚。杨鹤向他们洞开重门,示以青天白日无纤芥可疑。

三月初九日,神一魁派大小头目六十余人向杨鹤投降,送回俘虏的合水知县蒋应昌,以及保安县知县印信一颗。杨鹤见神一魁等已有悔罪输诚之意,便与周日强商议:此辈降人归顺,须示之以礼。于是在宁州城门楼上设置龙亭,令降兵头目叩头顶礼,山呼万岁。然后要他们抬着龙亭,在"圣寿无疆""太平有象"两面杏黄旗导引下,迎入杨鹤的总督衙门。杨鹤率文武官吏、军民父老向龙亭御座行五拜三叩头礼,州学生宣读皇上圣谕。礼毕后,杨鹤还带领降兵头目等前往关帝庙焚香发誓。途中,降兵们争先恐后扛抬杨鹤的轿子,州民蜂拥,欢声雷动。七天后,神一魁前往宁州拜见杨鹤,杨鹤宣布赦免其罪,并授予守备官职,发给降兵们饥民印票,遣送回乡。

杨鹤招抚神一魁后,立即奏报皇上,为此次招抚申述了四条理由:一、神一魁虽为叛乱边兵,但边兵辛苦,倡乱者少,胁从者多,此情有可抚;二、神一魁已降,再贪功妄杀,是速之祸,其势不容不抚;三、臣受任以来,愈剿愈多,剿者自剿,乱者自乱,剿法已穷,其局不容不抚;四、灾情连年,令群盗解散归农,犹有太平之望,不然乱无终日,此其时不容不抚。他还说,此疏即将拜发之际接到邸报,见到日前他已被言官交章参论,自知奉职无状,伏乞皇上另派久历边陲熟知兵事者,代臣总督,前来一鼓荡平,臣愿逮系阙下先就斧钺之诛。

朱由检接到这一奏疏后,喜出望外,当然不再计较言官们的弹劾,也不想另派大臣取代杨鹤,他的圣旨这样写道:"剿逆抚顺,谕旨屡颁,据奏,神一元已经诛戮,神一魁伏罪乞降,渠恶既歼,胁从可悯,自当申明大计,曲赐生全。杨鹤相机招安,允协朕意。"显然对杨鹤的抚局是极为满意的。

"群盗视总督如儿戏"

然而,朱由检未免高兴得太早了一点,杨鹤的抚局并没有像他估计的那么有成效。在招抚过程中,杨鹤为表明诚意,下令驻防官军都安营休息,非奉总督军令,不许妄杀一人,使得神一魁及其部众处在毫无约束的情况下。杨鹤要他们发誓,或投奔官军,或解甲归农,他们大多阳奉阴违,安然如故。其后果是严重的,正如时人在评述此事时所说:"自此群盗视总督如儿戏矣!"

数量众多的为饥饿所迫的造反大军,一旦接受招安,如何安置是一个棘手的社会问题。根据杨鹤命令安置神一魁部众的延绥巡抚洪承畴,对此大叹苦经:"解散安插言之甚易,行之实难。以数千之众,村落尽成丘墟,无居无食,何以度生?押回未必尽回,散又无处可散,诚是千难万难!"奉命前往陕西赈济的御史吴甡看到了问题的症结:流贼中多饥民胁从,解散之难在于:使叛军返还军伍,要按月发饷;使饥民返还原籍,要发给种籽,使之安生。

杨鹤自己也并非不知,他在向皇上报告神一魁部众归降后,许其归伍归农,然而秦中之乱起于灾荒,今既奉旨招安,如果不稍为赈济,是出之死地,终不能予以生全。因此他向皇上申请帑银二万两,作为降丁的续命之膏,否则难以处置得宜。这谈何容易!不久便出现了"倏抚倏叛"的现象,吴甡向皇上指出:"群贼之就抚者,向亦不少,然而旋灭旋生,倏抚倏叛。欲安民当先安军,饥军饥民当一体散赈。"朱由检得知后,立即批示:"军民饥困堪怜,事属一体,赈济所应及,吴甡可便宜酌行。至流贼阳抚阴逆,督抚尤当用心,整集兵马,速奏荡平。"

杨鹤接旨后,不敢怠慢。他也熟知贼阳顺阴逆,一面求抚一面抢掠,皇上要他速奏荡平,他以为可传檄而定。打了几个小胜仗,就以为"贼兵屡败如秋林之叶,摇落变衰,似亦穷而将尽之时,所余大伙贼无几",只要次第剿散,剿一处即抚一处,抚一处即安插一处,必可速奏荡平。朱由检接到这一奏报后,提醒他由抚转剿,"贼屡败势孤,得策在以剿行抚,正宜乘机迅扫,熟计绸缪……即申严各抚镇及道府有司等官,协力歼贼,画地绥良"。

杨鹤的过分自信,导致了他的抚局的第一次大败。七月间,独行狼、李老砦攻克中部县(今黄陵县),先前已投降的田近菴、恶虎、翻山虎、韩至山等起兵响应。杨鹤自知难辞其咎,便向皇上提出"速赐逮系治臣之罪,即用抚臣洪承畴代理"。朱由检不同意,下旨要他悉心料理,不得遽求卸担!

在此之前陕西巡按御史李应期已把秦贼旋抚旋叛归咎于杨鹤,朱由检命吴甡代为巡按,确查此事。吴甡遵旨核查后,虽然为杨鹤澄清了一些外界的讹传(诸如杨鹤出示通衢,有言剿贼者斩等),但还是如实反映,由于招抚,遣散于乡村的降丁骚扰无宁日,百姓称为"官贼",皆恨招抚。一些官员纷纷责备杨鹤主抚不主剿,使局面难以收拾。

杨鹤经受不住如此重压,精神趋于崩溃,向皇上请求辞职。他痛苦万分地说:

> 臣自历任三年余,无一日不在多凶多惧之中,未尝一日称病,一疏请告。由于军情紧急,惊吓忧虑,食不下咽,遂成毁食之症。日复一日饮食不进,形容渐枯,日食薄粥,渐觉喉间窄小,胸中有如一积块不化。臣焦头烂额,剿贼日久无功,自知为不祥之人,愈病愈忧,愈忧愈病。倘蒙皇上哀怜,赐臣帷盖之恩,容臣回籍调理,留臣未死之身,使臣子杨嗣昌尽瘁危疆,亦臣所以忠于皇上也!

杨鹤的这篇奏疏写得哀怨凄苦至极,蒙冤含恨积病在身,无以报效朝廷,愿以子代尽一片忠心。然而朱由检却不为所动,给他的批复是冷冰冰的几个字:"已有旨了,该部知道。"所谓已有旨了云云,是指半个月前(八月初六日)他所下达的圣旨:还着悉心料理,不得遽求卸担!

与此同时,巡按吴甡乘人之危,在背后捅了一刀,上疏皇上指责杨鹤"苟图结局,徇抚讳剿"。引来了皇上严厉的批评:"秦中流贼屡旨剿抚并施,正欲歼渠散党……乃督抚道将苟图结局,徇抚讳剿,致贼氛益炽,流毒地方,真可痛恨。已严饬自赎。近日杨鹤、练国事连报斩获,兼获贼首,是否确情,着吴甡即遵旨查明速报。"吴甡遵旨查明后,向皇上呈上了"杨鹤剿抚失策"一疏,着重强调:"边贼徒抚失策,地方流祸堪怜。"杨鹤如不能有所作为,处境岌岌可危。

神一魁复叛,杨鹤大祸临头

不料,一个月还不到,神一魁复叛,导致抚局的大崩溃,杨鹤大祸临头。

神一魁手下的大头目茹成名凶狡难制,为求功赏不得,毁辱参将吴弘器、中军官范礼。杨鹤对神一魁的心腹刘金说:神一魁能杀茹成名,可实授守备之职,你也可任总旗之职。神一魁设计,派茹成名到杨鹤的总督衙门,茹成名被捕杀。事后,神一魁的另两名大头目张孟金、黄友才兔死狐悲,恐遭杀身之祸,于九月十八日挟制神一魁重举义旗,带兵北上,攻占军事重镇宁塞。

一时间朝廷内外舆论哗然,主剿派更加气势汹汹,向主抚派大兴问罪之师;原先的主抚派也看风使舵,谴责起杨鹤来了。早在前几天陕西道试御史谢三宾上疏弹劾杨鹤抚局,说杨鹤庆阳抚局既完一疏说什么散遣俱尽,似乎庆阳一带廓然澄清;计议善后一疏又说鄜州等处增加兵马,朝发夕剿,似乎鄜州一带屹然保障。无奈不到十天,而流贼攻陷中部县,难道中部之贼是从九天而降?朱由检立即命新任陕西巡按吴甡查实报告。原先积极支持杨鹤抚局的吴甡这时摇身一变,极言抚局之害,向皇上上疏,谴责杨鹤"主抚误国"。

朱由检接到神一魁复叛的消息后,大为震怒,九月二十三日下令:逮杨鹤来京究问。他的圣旨这样写道:"杨鹤总制全陕,何等事权!乃听流寇披猖,不行扑灭,涂炭生灵,大负委任!着革了职,锦衣卫差的当官旗扭解来京究问。员缺推堪任的来用。练国事(按:陕西巡抚)姑着降三级,戴罪剿贼自赎,如仍前玩纵,定行重治不宥。"这种处理方式未免有失公允,杨鹤抚局的大政方针是得到朱由检认可的,体现了朱由检先前所阐明的主抚思想。崇祯四年正月朱由检向陕西参政刘嘉遇面授机宜时曾说:"寇亦吾赤子也,宜招抚之,不可纯剿。"他派吴甡前往陕西赈济,就是贯彻他的这种以抚为主的思想,配合杨鹤抚局的展开。到后来,招抚并不像他想象的那么奏效,使他改变立场,越来越倾向于剿杀。

这年五月,朱由检从塘报上获悉陕西巡按御史李应期与延绥巡抚洪承畴把降而欲叛的王左挂等数十人杀死的消息时,反应就与先前大不一样。先前他曾责问:"王左挂既降,何又杀之?"现在他对洪承畴、李应期的杀降不但不加指责反而予以褒奖,说:"贼势猖獗,招抚非是,杀之良是。"

杨鹤的悲剧在于他的思路没有随皇上旨意而变化,仍一味遵循先前的宗旨不变。他在为自己辩护时说:"伏睹皇上召对计吏临御平台,圣谕有言:流贼原是中原赤子,不可纯以剿为事。……臣仰窥圣意,不嗜杀人。值皇上发帑金十万,遣按臣吴甡赈济饥荒,招抚流贼,神一魁复新蒙赦宥,臣乃奉行德意,颁布诏书,仿先臣王守仁散宸濠贼故事,给免死牌票,诱贼投降,无非欲其解散归农,如是而已。"话是不错的,但到了这个地步,又何济于事?

逮捕杨鹤的命令是九月二十三日发出的。在京师附近边防任职的杨鹤之子杨嗣昌(山海关内道右参政)于二十六日接到邸报,立即向皇上上疏请求代父承罪,意欲皇上看在父子效忠朝廷这点上从轻发落,皇上不允。

远在陕西的杨鹤听到这一旨意是在十月十一日,他特地从耀州赶往临潼,跪听圣旨。接旨后,他立即呈上一疏为自己申辩。他首先指出,臣承乏总督,原非其据。皇上平台召对时,他曾面奏自己实无戡定祸乱之才,亦无防守边疆的阅历,并非不想规避,但念及上报圣恩,勉为其难,不意狼狈至此,实在是臣之自误。这些话婉转地批评了皇上用人不当的过失。其次他指出，他赴任以后，朝廷不断从陕西三边调兵遣将保卫京师，致使当地士马单虚，时势多艰，一日难于一日，形势所迫，他不得不采取招抚方针。这也并非推脱之词，事实确乎如此。朱由检不但不承担些许责任，而且也不容杨鹤申辩，批示道："杨鹤正在候问，不得陈辩，法司知道。"

朱由检在逮问杨鹤的同时，提升洪承畴为兵部右侍郎兼右佥都御史、总督陕西三边军务。洪承畴以战战兢兢的心情接替杨鹤的位置，唯恐日后剿抚失策，步杨鹤之后尘，上任伊始就写了一本长长的奏疏为杨鹤鸣冤求情。他说：

> 前督臣杨鹤蒙皇上廷对特遣，莅任以来，小心谨慎，尽日俱为地方筹画，凡事皆从封疆起见。即有一二招抚，亦是剿抚并用，时势不得不然。惟是穷荒益甚，盗贼愈繁，东扑西生，此灭彼起。神一魁之变，乃时势非常，出乎意料。杨鹤在系，臣心万不自安，恳请皇上从宽发落。

朱由检丝毫不肯松口，下旨道："流贼肆毒，久未剿平，洪承畴从监司擢至总制，首尾在事，自难辞责。既说感恩图赎，着即鼓励戡定，以绥重地，不得仍前延玩。杨鹤自有裁夺，不必代陈。"

不久，杨鹤被遣戍江西袁州。崇祯七年秋，朱由检提升其子杨嗣昌为宣大山西总督，杨嗣昌上疏推辞："臣父鹤以总督蒙谴已三年，臣何心复居此职！"委婉地请求皇上看在儿子面上赦父之罪。朱由检嘉奖杨嗣昌边略熟娴，足堪胜任三镇总督，不准推辞；对于宽赦杨鹤之事，根本不予理睬。

崇祯八年十月，杨鹤死于戍所。家人前往宣府奔报噩耗，话还未讲完，杨嗣昌惊号一声，昏厥过去。待中军等官抢救一番之后，方才苏醒，但已心神迷离，半个多月不知人事。稍稍康复后，杨嗣昌上疏皇上，为亡父请恤复官，否则不但臣父不能瞑目，臣世世狗马也将不能瞑目。朱由检批复:"念杨嗣昌拮据冲边,杨鹤准复原官,不许请恤。"虽然只同意了一半,也已经表示先前对杨鹤的处分有所不当,以恢复原官的方法予以补偿。联系到日后杨嗣昌之死,杨氏父子为朱由检平定内乱可谓鞠躬尽瘁了。

三、洪承畴荡平陕西

"贼势猖獗,招抚非是,杀之良是"

洪承畴接替杨鹤出任陕西三边总督后,由"抚"转而为"剿",大开杀戒。

洪承畴,字彦演,号亨九,福建泉州府南安县人,万历四十四年(1616年)进士,历任刑部主事、两浙提学道金事等职。天启七年调往陕西,任陕西督粮道参议,适逢当地民变蜂起,给了他一个显示文韬武略的机遇。崇祯三年初,升为延绥巡抚,接替死去的张梦鲸,上任伊始就给农民军一个下马威。他与杨鹤联名向皇上请求重新起用前总兵杜文焕署镇西将军印领二镇行营剿贼。杜文焕首战就击溃进犯清涧的王左挂,迫使王左挂带领残部七百人投降。不久,农民军白汝学部进攻绥德,王左挂企图率旧部作内应,事发未果。洪承畴与陕西巡抚李应期定计,派游击左光先往绥德,把王左挂及其部下五十七人全部杀死。洪承畴与杨鹤都是进士出身的文官,但对农民军的态度截然不同:主剿而不主抚。

朱由检得到洪承畴杀王左挂的消息,十分赞赏,连声说:"贼势猖獗,招抚为非,杀之良是。"反映了朱由检鉴于形势严峻,已对招抚失去信心,而乞灵于剿杀。

洪承畴得到皇上赞赏,更加放开手脚剿杀。崇祯四年六月初,洪承畴指挥副总兵曹文诏追斩王嘉胤于山西阳城县。据说,六月初二日王嘉胤在阳城南山,夜间酪酊大醉,虐待部下,被左右杀死,向曹文诏献出首级。从《府谷县志》的记载中可知,曹文诏带兵追击王嘉胤于沁水、阳城一带,布置部卒张立位(王嘉胤妻弟)混入王嘉胤营中充当内奸,于六月初二日把王嘉胤灌醉杀死。此事表面看来是内讧,其实是曹文诏遵照洪承畴的意思一手策划的。九月间,又擒斩点灯子赵四儿于山西石楼县。点灯子原先在陕西,遭陕西巡抚练国事围追堵截,于七月二十二日半夜渡过黄河进入山西,洪承畴率副总兵曹文诏、艾万年过河追击。点灯子连战连败,退守石楼县之乌龙寺、康家山,与绥德、清涧隔河三十里。九月十八日夜晚,绥德州守备孙守法奉洪承畴之命,渡河偷袭,点灯子猝不及防,裸体提刀应战,被降丁贺思贤砍死。

王嘉胤、点灯子赵四儿是当时农民军中的大股武装,相继死于洪承畴之手,对陕西战局起到很大的影响。因此,当朱由检于崇祯四年九月下令逮捕杨鹤时,立即想到了屡建剿杀之功的洪承畴,任命他为总督陕西三边军务兼兵部右侍郎。

洪承畴新官上任,为求一举荡平,与陕西巡按吴甡分别上疏请饷。朱由检接到请饷疏后,踌躇再三,直到崇祯四年十二月才下定决心,为了不使陕西战火向外蔓延,决定拨饷,并指责户、兵二部为何迟迟不予批复。兵部尚书熊明遇迫不得已,答应立即筹措饷银二十万两接济陕西。紧接着,洪承畴又上疏向皇上请求截留陕西税银二十万两,部分用于剿饷,部分用于劝农,朱由检立即批准照办。

与此同时,陕西乡绅、原任通政使马鸣世向皇上上疏,极论三秦地位之重要与形势之危急。他说:三秦为海内上游,延安、庆阳为关中屏藩,榆林又为延、庆屏藩,无榆林必无延、庆,无延、庆必无关中。自盗发以来,破城屠野,已达四年之久。长期以来形成强烈的反差:盗众我寡,盗饱我饥。内鲜及时之饷,外乏应手之援。原因就在于皇上以延、庆视延、庆,未尝以全秦视延、庆,以秦视秦,未尝以天下安危视秦,而且误以为流贼不过是乌合之饥民。拖延至今,势若燎原,莫可扑灭。若非亟增大兵、措大饷,为一劳永逸之计,恐官军骛于东,贼驰于西,师老财匮,揭竿莫御。因此,他向皇上指出,日前已蒙照准截留税银二十万(饷银十五万、驿站银五万)两,原是本年例征之数,常多逋欠,似西江之汲,无济于事,应立即指示有关衙门在历年积欠饷银内紧急筹措二十万两。

这位退休官僚的一番议论,使朱由检意识到陕西局势的严重性——牵一发而动全身,何况现在已经"势若燎原,莫可扑灭",迫在眉睫,不可稍有懈怠。他决心全力支持洪承畴一举荡平陕西。所以当陕西巡按吴甡向他指出:秦省荒盗频仍,廓清无日。自四年以前,致盗由荒;四年以后,致荒由盗。是必盗贼尽平,然后残民有更生之望。他立即批示:"秦省发赈留饷,朝廷轸念已至。还令督抚鼓励道将,速图剿定,以奠岩疆。"

既然皇上要求"速图剿定",洪承畴再次向皇上提及陕西一镇二府(榆林镇、延安府、庆阳府)处处都是盗贼,势必用将兵多方布防,才能尽力防剿。而眼前各处灾荒,米料草束腾贵数倍,军费开支越来越大。何况平定后还得设法赈济,措给耕牛种籽,督开荒地,无一不需给予钱粮。他请求皇上批准把明年(崇祯六年)应征饷银十五万两、驿站银五万两,截留给陕西支配。朱由检表示同意,他写道:"秦中荒盗相仍,残困已极,歼除余党,赈恤灾民,洵属目前要著。计安重地,自不得顾惜小费,致贻后患。这请留钱粮,户兵二部确议速奏。"既然皇上已经表明"不得顾惜小费,致贻后患",户部尚书毕自严向皇上报告时,尽管强调了臣部近来薪饷四分五裂,岌岌乎有入不当出之忧,还是同意陕西截留饷银十万两,至于驿站银应由兵部另行批复。朱由检批准此议时,特别关照陕西督抚,"详筹善后,务期盗孽尽消,饥民复业,以称朝廷轸念岩疆至意"。

"数年积孽渐见荡平"

洪承畴得到皇上全力支持,对仍留在陕西境内的农民军各部,如可天飞、郝临庵、不沾泥、混天猴、白广恩、薛红旗、一字王、独行狼等部,进行全面出击。

崇祯五年初,洪承畴从鄜州(今富县)赶往庆阳,曹文诏与宁夏总兵贺虎臣对西陬(今西濠)进行合围,大小十余战,追奔数十里。此次战役被官方誉为"西陬大捷",规模之大为陕西用兵以来所仅见。

五月,不沾泥张存孟进入西川(通平凉、固原)大山深谷,立十二哨六十四寨,恃天险作持久战。延绥巡抚张福臻同道臣樊一衡与洪承畴会师,直逼其老营。不沾泥兵败,率二十七骑突围,被追兵俘虏,待洪承畴赶往军营推出斩首。

六月,洪承畴率马科追击混天猴张孟金至甘泉山中。七月一日追至延水关,在黄河畔斩混天猴。

七月,曹文诏、左光先、杨嘉谟、贺虎臣等围击可天飞、李都司。八月初,洪承畴至平凉,宣布降者不杀,瓦解其部众数千人,遂于何家老寨阵斩可天飞、李都司,白广恩投降。延绥巡抚张福臻有战功,但性情执拗,对降丁厚加犒赏,引起部下营兵不服,群起哗变。事发后,朱由检在惩处首恶分子的同时罢了张福臻的官,由陕西右布政使陈奇瑜为延绥巡抚。陈奇瑜于十月上任后,先后剿杀一座城、薛红旗、一字王等部。

十一月,曹文诏追击郝临庵、独行狼于耀州,郝、独战败藏身于赵和尚寺。官军飞书劝降,二十二日其部下手持郝、独首级投降。

围剿连连得手,洪承畴颇为得意地向皇上汇报这几个月来的战绩:从延安南北亲督将兵剿平不沾泥、混天猴等部之后,于七月下旬从鄜州赶赴庆阳,围剿延安西路宁塞、安边、定边以南,庆阳、合水、环县以北,绵延五百里的各处要塞。与陕西巡抚练国事、巡按金兰悉心筹划,先堵其粮路,以窘其势;再下胁从免杀令,分化瓦解。从此农民军人心涣散,昏夜腾山纷纷逃亡。时机成熟后督令总兵杨嘉谟、曹文诏,副总兵张应昌,游击马科等,抽调精兵八百,疾行至何家老寨——可天飞(何崇谓)老营。可天飞与副将李都司(李二)受到官兵与降将白广恩两面夹击,当场阵亡,部众四散奔逃。杨、曹、马等挥师至槐安,与洪承畴会合,往铁角城等处搜山,招抚胁从余党。十一月初,曹、杨率部在环庆一带围剿,阵斩任喇嘛(任守正)、刘黄莺(刘彦举)、燕青(张汝金)、黄巢(高应昌)、老张飞(张文朝)、雕翎箭(李文举)、张千总(张成顺)、八豹(雷进槐)、许大狼(许林)、黑煞神(张宠)、红狼(李荣)、王副将(王君亮)、雷横(许得柱)、滚山猴(张汝宰)、飞豹(齐一正)、黑虎(刘万友)、巡山虎(张万寅)、宋江(王中孝)等。至此,"三秦第一大巢穴"已肃清。

朱由检接到报告,于五年十二月十四日下旨:"据奏,该省剿获贼寇,清理巢穴,奸渠抚顺,宥胁散党,数年积孽渐见荡平,在事文武诸臣懋著劳绩。又料理督发夹剿晋贼,具见勤公敌忾之谊,所报功次,既经巡按御史察明会题,着该部复议具奏。"兵部尚书张凤翼接旨后,认为环庆剿贼肃清是前此数年大小一百多次战役的结局,建议文武有功诸臣都应叙功嘉奖。朱由检批示:"秦省数年讨贼,历报捷功已悉奉汇叙明旨,今该督抚按奏称荡平,即当通察行赏。依议着巡按御史将历来功案前后文武各官,一一确勘总报,以凭分别旌赉,不得滥遗。仍依限速奏,以副朝廷不输时之意。"

速图剿定山西

不久,洪承畴向皇上再次上疏,在报捷的同时,提醒皇上注意陕西局势仍未可乐观。他说:秦中四五年荒盗异常,臣受皇上特达隆恩,拼命奔驰。时下渠魁稍得诛剿,巢穴稍得清理。然而隐忧依然存在,非历明年五月大盗不至复起,必不敢以为无事。为此次大捷,他向皇上请求表彰部下将领,首先为之请功的是临洮总兵曹文诏,称其忠义性成,谋勇夙授,在秦晋征剿三年,破阵斩将,真如摧枯拉朽,身到功成,历战历胜,英风壮略,有古名将之风,今时诸将罕出其右。此外,马科、曹变蛟等十余人每次冲锋陷阵,勇敢无双,也应请功。

洪承畴老谋深算,并不以荡平陕西为满足,与陕西巡抚练国事、延

222

绥巡抚陈奇瑜、陕西巡按金兰(原任)、张应星(新任)往来商议结果。鉴于山西形势严峻(农民军各部已陆续挺进山西),决定精选屡经战阵的马步官兵三千五百名,由曹文诏率领,于十二月初七日由庆阳启行,经泾阳、华州、潼关,渡过黄河,直抵山西蒲州、河津,转至平阳、潞安一带,配合晋中官兵相机速图剿定。为此,他就曹文诏事权请示皇上,原先并非他节制的李卑、艾万年、贺人龙,如何统一指挥。

朱由检对洪承畴的统帅风度与全局观念十分赞赏,对曹文诏赴晋协同作战立即照准,于十二月二十八日在洪承畴的奏疏上批示:"览奏,督发将士会晋协剿,并该省分地责成道将各官巡防扼堵事宜,俱见筹划调度。如有玩泄疏误的,即指实参处。其曹文诏节制马科等,加衔实授,该部作速议复。"

兵部尚书张凤翼于六年正月初一日接到兵科抄出洪承畴奏疏及皇上圣旨,于初七日对洪承畴提出的秦晋诸将尽归曹文诏节制以统一事权的建议提出实施方案:除总兵张应昌比肩共事、和衷商榷机宜外,其余秦晋二省副将、参将、游击、都司等武官,全听曹文诏调度,使机权划一。两天后,朱由检作出决定:"将权专一方可责成,曹文诏屡著战绩,已有旨汇叙,着先加升一级,节制秦晋诸将,仍与张应昌协谋讨贼,共奏肤功。"

至此,陕西基本荡平,战事已移到山西。洪承畴在陕西三边总督任上的业绩颇为时人所赞许,谈迁说:"曹文诏忠勇善战,承畴则与下同其甘苦,深得士卒心。"计六奇说:"秦督洪承畴剿御有方……每逐贼,奔驰往还数千里。母在官舍,过门不入。士卒感其义,争为效死。"

四、战火蔓延山西

紫金梁等部挺进山西

洪承畴陕西围剿得手后,派曹文诏率师进入山西,山西的战局便成为朱由检关注的焦点。

从崇祯三年开始,陕西的各部农民军已陆续进入山西,其中最有影响的是王嘉胤部。崇祯四年六月王嘉胤在阳城山中被杀,部众推举紫金梁为首。紫金梁本名王自用,一名王和尚,崇祯元年与混天王等拥众起兵。紫金梁统辖的号称十六万大军,根据当地人曹应秋所记,当初由陕西进入山西时的首领与人数大致如下:

紫金梁——王自用,宜川人,马步八百;

满天星——清涧人,马步五百;

蝎子块——拓养坤,清涧人,马步七百;

老回回——马光玉,马步一千(《流寇长编》按:有大小老回回之说,马光玉死后,马守应袭其名);

一字王——刘小山,米脂人,马步七百;

邢管队——榆林人,马步六百;

领兵王——马步五百;

整齐王——马步四百;

撞塌天——延州人,姓张,马步一千(《流寇长编》按:以后事考之,乃刘国能,曹氏所记姓名或有未确);

过天星——张五,清涧人,马步三百,兄弟五人(《流寇长编》按:过天星应为惠登相,曹误);

南营八大王——清涧人,马步一千;

八爪龙——姓徐,宣府人,马步三百;

西营八大王——张献忠,马步三百;

二队八大王——点灯子管队,马步五百;

不沾泥——张存孟,马步五百;

混世王——马步一千;

乱世王——延安人,马步一千;

八队闯将——姓张,马步七百(《流寇长编》按:八队闯将应为李自成);

曹操——罗汝才,马步四百;

老张飞——马步五百;

九条龙——马步三百;

贺双全——马步三百;

高总管——马步四百。

据《绥寇纪略》记载,紫金梁王自用在王嘉胤死后,复纠众三十六营,号称二十万。这三十六营有八大王、扫地王、邢红狼、黑煞神、曹操、乱世王、撞塌天、闯将、满天星、老回回、李晋王、党家、破甲锥、八金刚、混天王、蝎子块、闯王、不沾泥、张妙手、白九儿、一阵风、七郎、大天王、九条龙、四天王、点灯子、上天猴、丫头子、齐天王、映山红、摧山虎、冲天柱、油里滑、屹烈眼等。

上述戴笠与吴伟业两家的记载颇有出入,相距似乎甚大。在当时动荡的形势下,这些小股武装飘忽不定,东奔西突,时而进入山西,时而又折回陕西,战场形势瞬息万变,道听途说、口耳相传的情报互有歧异,本不足为奇。不过从局部的歧异中人们不难察觉其中透露出来的共同信息,那就是,陕西各部农民军的主力已进入山西,是毫无疑问的。所以洪承畴向皇上奏报荡平三秦之际,意识到主战场已从陕西移到了山西;朱由检批准兵部关于曹文诏节制秦晋诸将的方案也是出于这一考虑。

各自为政,荡平无期

农民军在山西境内纵横驰骋,从沁水攻阳城,再攻泽州,山西全省震动。山西巡抚宋统殷因连吃败仗,受听勘处分,眼看无法应付,索性以丁忧为借口,撒手不管了。山西巡抚一职成了空缺,朝廷大臣没有一个人肯到那里去担风险,后来勉强起补光禄寺卿许鼎臣出任此职。

农民军从晋东南越过太行山进入豫北,攻占修武县,杀知县,占领县城两日后退入太行山。此后,又进逼怀庆,击毙参将一名,焚烧富商大贾聚集的清化镇(今河南博爱)。农民军倚太行山为后盾,四面出击,接连攻破潞州(今山西长治)、泽州(今山西晋城)、济源、河内(今河南沁阳)、武安、磁州(今河北磁县)等地。河南巡抚樊尚燝调集全省兵力防御,仍感捉襟见肘。

崇祯五年十月,只会纸上谈兵的兵部尚书张凤翼向皇上报告:山西农民军共有三支,其分布如下:西路军在平阳(府治在今临汾)一带,东路军在潞安(府治在今长治)、泽州(州治在今晋城)一带,北路军在汾州(州治在今汾阳)、太原、沁州(州治在今沁县)、辽州(州治在今左权)一带。在"三路并急"的情势下,他向皇上建议作如下战术安排:

一、命宣大总督张宗衡驻平阳,抵御东西二路,所部白安、虎大威之四千人,加上孤山副将李卑兵一千、贺人龙兵一千,昌平副总兵左良玉兵二千二百,共计兵力八千,负平阳、泽州、潞安等四州十一县之责。

二、山西巡抚许鼎臣驻汾州,抵御北路,所部张应昌、苟伏威兵二千,加上史记、颇希牧兵一千,艾万年兵一千五百,宁武兵一千,以及岢岚、代州等马站老营兵二千,共计兵力七千,负汾州、太原、沁州、辽州三十八州县之责。

张凤翼身为山西人(代州籍),却对山西的军情不甚了了,或者说只知道一点皮毛而无切身体验,胡乱瞎指挥,制定了分兵把守、以静制动的战略方针,结果处处被动挨打。无怪乎戴笠、吴乔一针见血地点评道:"此法既行,灭贼无期矣。"

事实也正是如此。十一月间,贺人龙、李卑、艾万年带了陕西兵赶来,许鼎臣立即调艾万年、李卑分头抵御,贺人龙随他机动。张宗衡见三将全被调遣,大为不满,怒气冲冲地下令调回,贺人龙等三将惶惑无所适从。统兵将帅以兵部作战方案为借口互相掣肘,岂有不败之理!

崇祯六年正月,经过洪承畴提议、兵部题覆、皇上批准,命曹文诏节制秦晋诸将讨贼,使形势有所好转。骁勇善战的曹文诏指挥艾万年、李卑、刘光祚、猛如虎、虎大威、颇希牧、曹变蛟(曹文诏之侄),不拘泥于一城一地的固守,以动制动,围追堵截,给农民军以很大杀伤。民谣唱道:"军中有一曹,西贼闻之心胆摇。"

　　这使新任山西巡抚许鼎臣得意忘形,他对山西形势的判断比张凤翼更糟,从他身上折射出由京官出任封疆大吏的人为保乌纱帽而说假话的习气,已根深蒂固。他在给皇上的报告中以假乱真,如此描述山西的军事形势:"流寇三十万,流毒晋地五年,仰借皇上威灵,就歼十之五,解散十之三。"具体而言,西路军残余一万多人,遁入济源山中,已令李卑、艾万年由天井关,贺人龙、李杏芳从邵源关,东西两路包抄;东路军残余二万人,遁入辉县、林县、武安、涉县山中,已令曹文诏等由黎城,猛如虎等由皋落山,南北两路越太行山夹击。至于太原、汾州西北三关有道臣王肇生镇守,王刚一股不满三千,总兵张应昌、参将刘光祚可计日奏功。其他如霍州之东山、赵州之休粮山、隰州之水头镇、石楼之花地崄、孝义之开府乔山二寨,猬毛而起者不过是些土贼,可折箠笞,不烦天兵云云。

　　许鼎臣居然以为三十万流寇的十分之五已歼,十分之三已抚,所剩仅十分之二,仅约六万,不日即可平定,简直是痴人说梦!许鼎臣身临其境,为何要如此自欺欺人呢?个中缘由,吴伟业一语道破:"鼎臣之言,亦聊以宽文法,纾主忧。"原来如此!许鼎臣的假话、大话目的在于蒙蔽皇上,以形势大好来宽舒皇上的忧虑,也是在为自己推卸责任施障眼法。朱由检信以为真,对山西的流寇评价为"此饥民,不足置寇数"。

　　然而,山西的真实情况毕竟没有许鼎臣吹嘘的那么简单,曹文诏、张应昌、艾万年、李卑、贺人龙等将领尽管奋力作战,但成效并不明显,根本无法"计日奏功",反而把战火延烧到邻近的冀豫二省。这种状况激起大臣们的不满,户部右侍郎刘荣嗣向皇上指出:调兵剿寇并非守城,近来山西巡抚多派雄兵株守郡邑,意在城池无恙,可以逃避失事之责。不知流寇野掠宿饱,何用攻城!地方官名为防寇,实同纵寇。荡平无期,原因全在于此。

寥寥数语揭示了山西战局的症结。但是,刘荣嗣也只看到了一个方面,还有另一个方面更为严重的问题他没有看到,那就是封疆大吏之间存在的芥蒂与隔阂,导致各自为政、互相掣肘,这种状况不仅存在于省际之间,也存在于一省之内。具体到山西省而言,宣大总督张宗衡与山西巡抚许鼎臣之间就形同水火。

朱由检派往山西监视粮饷、兵马、边墙、抚赏等事的太监刘允中,向皇上打小报告时就透露了鲜为人知的督抚之间的倾轧:近见兵势渐逼,分为东西二股,往来晃我。弥山遍野绵亘数百里尽皆揭竿之众,仅总督张宗衡与宣大诸将统兵四千七百,日事追剿,东击则西奔,顾此而失彼。秦将李卑、艾万年又为巡抚许鼎臣所留,仅贺人龙以千余兵力抵御西路。在刘太监看来,巡抚许鼎臣与总兵张应昌二人"作彼此之观,乏同仇之急"。朱由检接到报告后当即批示:"兵势当量事情缓急,许鼎臣、张应昌何得多留兵将,舍难就易!念受事俱新,着即会兵进剿,其兴(县)、临(县)地方,分遣别将办贼,凡事与该督、抚、监协谋酌议,共期底定,毋得偏执,以致偾误取罪。"

兵部尚书张凤翼见到皇上指责许鼎臣、张应昌拥兵自重的谕旨后,立即见风使舵。原本是他要督抚二人分地责成的,现在却出来说风凉话:全晋之地总督、巡抚、总兵均有责任,原不宜分彼此。今督臣张宗衡驻平阳,则东西两股当一身二任;抚臣许鼎臣驻汾州,则身任西北二股。但对手既称流贼,原无定向,只视我兵将之勇怯以为避趋,岂可因责分东西而袖手旁观?希望该督抚分兵分将不可分心。

朱由检在张凤翼的题本上批示:"督抚受命讨贼,凡属该省寇盗结聚逼突处所,均有奸剿专责,何地可分?但贼既分股盘踞,自当因势用兵,夹击取胜。奏内责成督、抚派隶将士事宜,宜依议行,务期奋锐详筹,刻期并举,齐张挞伐,早奏廓清。如遇贼党流遁奔突,仍穷追互援,并力攻扫。行间文武各官功罪一体,不得以画地诿卸,致有偾误。"平心而论,朱由检对于山西战事的指导思想,比张凤翼、张宗衡、许鼎臣之流要高明多了。

不过,许鼎臣也有不得已的苦衷,他屯兵兴县、临县一线,实在是由于毗邻陕西的军事重镇临县局势危急。

崇祯五年九月,豹五王之臣以诈降计攻下了临河背山的临县,引起朝野震动。许鼎臣赶忙率重兵前往救援,途中获悉直接责任人汾州营参将刘光祚与豹五王之臣的结拜兄弟豹四往来交好,接受其金珠贿赂,致使总兵张应昌攻城时豹五事先获悉做好了准备,而无法得手。许鼎臣为此上疏告发,请示皇上先将刘光祚革职勘问,依律议罪。朱由检立即下令:"刘光祚着革职,该抚按速行拿解来京究问。"许鼎臣虽然包围了临县,苦于兵力不足,迟迟不敢攻城。他向皇上报告:临县西扼黄河,与陕西接壤,城外有壕沟三道,城内有水井百口,火器甚多,藏粟甚富。豹五原系神一魁余部,踞城招呼,北自偏关(偏头关所),南至青龙镇(青龙渡),沿黄河一线全部动摇。许鼎臣原本拟凭借秦将李卑、艾万年的精兵,围困之后定计复城。不料宣大总督张宗衡大怒,先调李卑南行,又调艾万年撤围而去,使许鼎臣手下仅剩总兵张应昌家丁七百人,以及他自募苟伏威所部八百人,加上刘光祚的汾州营兵五百,加在一起也不过二千,无法对付踞城之强敌。有鉴于此,许鼎臣索性以退为进,向皇上提议:临县可否缓复? 围兵可否撤离?

朱由检一看便知这是意欲讨救兵,便于十二月二十六日指示兵部:"复城歼敌视势缓急,及该督抚协心共济,已有屡旨,还着祗遵,速图戡定,不得彼此猜执,致误机宜。"并要兵部对许鼎臣作出批复。次日,兵部尚书张凤翼议复如下:"临县扼河阻险,为晋重地,狡贼豹五等盘踞其中,委宜尽快收复。但兵单将寡,未易急攻,可调太原左右标营游击史记、颜希牧等所统兵一千名,宁武将兵一千名,岢岚、代州、北楼兵一千五百名增援。"崇祯六年正月初三日,朱由检无心欢度佳节,仍在伏案批阅奏章。他看了张凤翼的意见后,表示同意,提笔批道:"临城亟宜收复,本内所调将士着该抚速檄前去,设谋奋勇,刻期恢剿,不得玩延。"

既然皇上有旨"临城亟宜收复",督抚只得全力以赴,崇祯六年正月二十日,在张应昌、艾万年的两面夹击下,一举收复临县。汾州营参将刘光祚由于戴罪立功,得以暂免提解。

临县虽然收复,并不意味着山西形势有所缓解,恰恰相反,此时山西全省遍地危急,东至与北直隶接壤的长城固关一带,南至与河南接壤的太行山、王屋山一带,中部辽州一带,无处不危急。

战火向豫北蔓延

随着战火向豫北蔓延,山西与河南的矛盾日趋明朗化。宣大总督张宗衡向皇上揭发:山西与河南接壤处形势危急,前任山西巡抚宋统殷曾遣官赴豫招募毛兵二千,本应入晋合剿,但河南巡抚樊尚燝以未奉合剿之旨,不敢越疆为借口,按兵不动。朱由检以为二省理应配合,因而批复:"这毛兵既称系宋统殷遣募,何必又待旨入晋?"显然含有指责樊尚燝袖手旁观之意。

樊尚燝随即上疏为自己辩护,说他于崇祯五年九月间从开封府渡河抵达卫辉府,征调各道招募的毛兵,分布于晋豫边界守隘。无奈流贼乍近乍远,忽东忽西,济源一带歧路最多,素称难守,为贼必窥之地,不得不重点防守。据报,从山西垣曲至河南济源一带,有老回回头戴红缨帽,率部攻打西面;紫金梁骑栗色大马攻西南角,后换青马攻北面。仅二千官兵与二万之敌酣战。他得到山西高平、阳城被困、总督张宗衡求援消息,便派副总兵左良玉领兵二千三百、游击越效忠领毛兵一千四百、守备李璇玑领毛兵一千一百,从怀庆次第径往山西泽州,约期合剿。他驳斥了张宗衡对他的指责,还进一步向皇上建议秦晋豫三省合力围剿:山西之西部宜属秦中兵将,向东追剿;山西之东部宜属河南及昌镇

(左良玉)兵将,向西截杀;山西之兵将则从中邀击。

朱由检批阅了樊尚燝的奏疏,于崇祯六年正月初六日指示兵部提出方案。兵部议论后认为:昌平副总兵左良玉原为援豫而来,后因山西危急,暂时划归山西巡抚调度。现在樊尚燝既然提出,河南兵驻泽州,北可以援高平、长子,东可以援陵川、潞安,西可以接应阳城、沁水,秦兵、晋兵、豫兵三面夹击,堪称万全之策,因此建议左良玉仍归河南抚臣调度。总之,秦晋豫虽分土分民,然从朝廷看来,仍是一体,不得作彼此观。

兵部的方案明显地支持河南巡抚樊尚燝,其意图是要三省合力围剿。而樊尚燝却有他的小算盘,想凭借河南毛兵与左良玉兵把农民军堵截于山西境内;而山西的官僚们却千方百计把农民军赶出山西,赶进河南境内。这种保境祸邻的本位主义心态,朱由检是有所察觉的,所以他在正月初十日批准兵部的方案时着重强调:

> 秦晋兵力厚集,贼必窥虚犯豫。堵御最为要著,自当东西分布夹剿。晋兵从中截击,穷寇无归,凶党可净。左良玉兵依议听樊尚燝调度,仍着各督抚镇相机审势协力图功,若但保境祸邻,仍以纵贼情由论罪。

这一部署给活动于晋南豫北的紫金梁王自用、老回回马守应、闯将李自成等部以巨大的压力。为了摆脱三面围困,闯将李自成、八金刚、过天星等部由修武、怀庆北上,穿过泽州、潞安进入辽州地面,以迅雷不及掩耳之势进攻辽州城(今左权)北门,焚烧城楼,乘城中大乱之机打开东门,破城而进。监视山西的太监刘允中于正月初八日率先把这一情况报告皇上,紧急公文经过几天的传递到了宫里,正月十九日皇上下旨:"守土官严御遯防,屡旨申饬,辽州何故遽为贼陷?失事各官并杀掠情形俱着巡按御史察明,据实速奏。"

几天后,宣大总督张宗衡的塘报才送到京里,情况逐渐明朗。从辽州城逃亡者口中得知，崇祯五年十二月二十四日五更，闯将、八金刚、过天星等部从东北角登城，砍死巡城夫役，举火烧毁城楼，人心惊散，遂将城门砍开，大肆拥入，占据州城内外。而此时张宗衡正带着总兵尤世禄各营兵马追踪紫金梁、邢红狼等部，从阳城追至泽州、高平、长子、屯留，紫金梁等进入大山。正当官军准备入山追击之际，忽然报称闯将、八金刚、过天星等部焚掠屯留县北面的武乡县西关，向辽州进发。于是放弃尾追紫金梁等部，急赴辽州应援，赶到武乡县时，辽州城已经陷落。张宗衡传令各营将领星夜围城，在辽州城下四面安顿营盘。十二月二十八日、二十九日连续猛攻，终于在二十九日黄昏时分从西面架梯登城，开启城门，闯将等部向东南撤退。

崇祯六年正月二十四日兵部收到塘报，尚书张凤翼当即向皇上禀报："看得辽州坚城被陷，虽擒斩多级，贼即解散，而仓库一空，生灵涂炭，惨不可言。尤世禄攻城受伤，及将领协剿情形，俟巡按御史察明另叙。各州县邑城守土之责，不能捍御，致有残破，应从严提问，以示警戒。"两天后，皇上在张凤翼的题本上批示："辽州失事已有旨了。尤世禄等恢复功次，并着巡按御史察明汇叙。"

闯将等进攻辽州城，吸引了张宗衡、尤世禄的兵力，解除了紫金梁被追击的困境。

山西的战局一直没有起色，地方官却报喜不报忧，欺饰隐匿，使这种不明朗蒙上了一层虚幻色彩，令人如坠五里雾中。山东道御史刘令誉向皇上举报：皇上见斩级之报累至万余，似乎荡平有日，西顾之忧可缓，殊不知欺饰隐匿，贼固抢劫依然。有自贼中逃回者言：旧在晋中贼首掌盘子等十六家最枭獍者，为闯将、紫金梁，戴金穿红，群贼效之，遂皆以红衣为号。朱由检获悉后大为不满，指责道："斩级虚饰，为何监视（太监）、巡按（御史）不行查参？"以后他多次发出类似的谕旨，以期纠正虚报冒功的不正之风。

宣大总督张宗衡的塘报总是罗列斩获贼级的具体数字，兵部以为渠魁紫金梁、老回回未能扫除,即使每日报斩获也是徒劳无益的。朱由检颇以为然,明确表态:"还着督抚监镇同心合势,设奇励锐,歼渠散胁,期奏全功,勿得但夸零级!"宣大总督张宗衡依然故我,仍向皇上谎报军情,甚至谬称老回回业已伏诛,紫金梁重伤而逃。其实是子虚乌有之事,老回回根本没有死,紫金梁重伤而逃是在几个月之后。朱由检虽然深居宫中,并无其他消息来源,但是他深知大臣们那种假大空的恶习,对于这种捷音颇持怀疑态度,尖锐地指出:"其贼首杀伤果否? 确情着巡按御史察核具奏!"

从辽州城突围后,闯将李自成等部越过太行山进入畿南,旋即退至豫北武安、涉县。其他各部也多从山西进入豫北河内、武安、修武一带,声势一时大盛。河南巡抚樊尚燝堵御不力,被撤职查办,由玄默出任河南巡抚。

玄默走马上任,驻扎彰德,严阵以待。在山西境内的紫金梁、老回回、过天星等部,迫于曹文诏的追击,越过太行山进入豫北。崇祯六年五月,农民军三十六营聚集于磁州一带,玄默指挥左良玉、曹文诏南北夹击。紫金梁王自用在武安县南五十里的尖山作战时身中流矢,负伤退入武安、林县之间的深山中,不久因伤重病死,其部众全归闯将李自成统率。

五、渑池渡:一发而不可收拾

"秦晋兵力厚集,贼必窥虚犯豫"

正当秦晋大地万马战犹酣,朱由检敏感地意识到河南的潜在危险。他在崇祯六年正月初十日给兵部的一道圣旨中提醒臣僚:"秦晋兵力厚集,贼必窥虚犯豫。堵御最为要著,自当东西分布夹剿。"但是宣大总督张宗衡、山西巡抚许鼎臣与河南巡抚樊尚燝之间,各人自扫门前雪,以邻为壑,无法协同作战,致使晋豫边境的黄河以北地带成为防御上的空隙,济源、怀庆、修武、辉县、林县、武安一再告急。

樊尚燝之所以被撤职查办,就是因为没有贯彻朱由检要求大力堵御的旨意。其实真正要严办的应该是纵敌越过太行山的张宗衡、许鼎臣。四月间,农民军从辉县攻清化镇,游击越效忠阵亡;武安一役,游击陶希谦阵亡。兵部认为这是河南当局没有凭借太行山之险堵截,而是"揖贼使入",因此难以辞其咎。

细察当时的形势,显然是山西当局有意驱赶农民军越过太行山。这种省际之间不协调的状况,对河南十分不利,于是河南乡绅向朝廷奏请:以陕西三边总督洪承畴提督山西、河南军务,统一军事指挥大权。兵部也认为这是一个合理化建议,于是决议:移洪承畴驻潼关,节制三省军事,兼节制晋豫二省巡抚及曹文诏、邓玘、张应昌三总兵。

出乎意料的是,朱由检并没有接纳河南乡绅的奏请,没有批准兵部的决议。他似乎没有意识到设立三省总督已是当务之急,否则就难以协调三省的步调,错误地认为问题症结在于晋豫二省巡抚权力还不够大,于是决定提高巡抚的事权:对参将、游击以下违反军法者可以先斩后奏,并要他们立限三月平贼。朱由检在给兵部的批复中如此写道:"剿贼抚镇专责,别设总督,反滋诿卸,不如重两抚事权,副、总以上奏请,参、游以下军法从事,俾节制三大帅,而责以三月必殄贼,有不及期者罪之。"

这是一个不恰当的决策,已被后来形势发展所证明。那么促使他作出这一决策的动机是什么呢?所谓"别设总督,反滋诿卸"并不是真正的原因,此后不久他任命陈奇瑜为五省总督便是一个佐证。他到底在考虑什么呢?洪承畴出任陕西三边总督后,战功显赫,一举荡平陕西,又派曹文诏赴晋,屡有斩获,他不想让洪承畴的权力过于集中,此其一。其二,陕西三边长城以北的形势不容乐观,他不想分散洪承畴对于三边重镇的注意力。

为了加强对中原战局的控制,不使战火继续蔓延,朱由检采取了两大补救措施:

一是派太监监军。他借口"剿贼诸将功罪应有监纪",特命太监陈大金(一作大奎)、阎思印、谢文举、孙茂霖为内中军,作为钦定的"纪律监察委员",奔赴前线,分别监视曹文诏、张应昌、左良玉、邓玘等统兵将领,并发给内帑银四万两、蟒缎一千四百匹作为军前犒赏,以振士气。

其实在这四名太监派出之前,朱由检已向山西派去太监刘允中,负责监视粮饷、兵马、边墙、抚赏事宜。此次派出四名太监,明确宣布是到四名总兵那里去监军,职权较刘允中更为集中。这些太监根本不懂军事,却口衔天宪,手持尚方,神气活现,以打小报告作为要挟的手段。刚到各镇行辕就自称军门,按照巡抚的级别规格行事,欲凌驾于总兵之上,引起久经沙场的总兵们的反感。几经交涉,才议定:监军的行政级别与知府相当,知县对他们行下属礼。

陈大金到河南四个月,就打小报告参劾一知州两知县。道臣曹应秋诘问其故,陈大金说:河南县官与河北有霄壤之别,岁荒艰苦,无所供奉可以谅解,但闭门坚拒,把我等当作流贼对待,甚至要索取皇上敕书,上城查验,其无礼于君如此!我不得不入告皇上,至于得罪轻重,则由皇上圣意裁定。监军太监炙手可热之态溢于言表。以往的历史表明,派太监监军有百弊而无一利,故计六奇说:"用内官为监纪,即唐之鱼朝恩观军容使也,其失甚矣!"

二是派倪宠、王朴率京营兵出征。所谓京营是五军都督府直辖的皇帝御林军,其职责是"内卫京师,外备征伐"。不少皇亲国戚在那里混差领饷,所以京营兵犹如银样镴枪头——中看不中用,毫无战斗力。促使朱由检调拨京营的直接诱因是,藩封于卫辉(今河南汲县)的潞王朱常淓(神宗朱翊钧弟翊镠之子)上疏告急:卫辉城卑土恶,请皇上选护卫三千人助守,自己愿捐岁入银一万两以资军饷。朱由检鉴于堂叔求救,特地委派他的御林军将领倪宠、王朴以都督总兵衔率京营兵出征,赏赐二将各弓箭一千五百副、战马三百匹、健丁三百名,以太监杨进朝、卢九德为监军,星夜赶赴中州战场。兵部职方司郎中李继贞向皇上进言:倪宠曾立功边疆,在京营六年,使为大帅犹可;王朴仅仅因袭父威分功,在京营不过半年,遽加府衔总兵,恐不厌人望。左良玉、李卑有百战之劳,位次反出其下,恐闻而解体,宜量加左、李二将以都督佥事署总兵,庶无相临之分,可以服其心,作其气。朱由检深感李继贞考虑周全,批准左、李二将以都督佥事署总兵,但倪、王已有成命,仍以都督总兵衔出征。

这两大措施其实是一体的,无非是显示朱由检对中原战事的重视,意欲加强对它的直接驾驭能力。事与愿违,因为派出的是颐指气使的太监和毫无战斗力的京营,不但没有使战火平息,反而导致数以万计的农民军渡过黄河,深入河南腹地及毗邻的湖广、四川,从此一发而不可收拾。如果当初朱由检接受河南乡绅及兵部的意见,任命洪承畴总督秦晋豫三省军务,一鼓作气合力围剿,战局的发展或许不至于如此。

豫北成为主战场

大批官军云集于山西、河南、陕西三省边界,河南省黄河以北地带怀庆府、卫辉府、彰德府成为主战场。当时这一地区有外地调来的客兵与当地主兵之分。

客兵有:

> 左良玉(昌平副总兵,后以都督佥事署总兵)所率昌平兵二千四百,马八百五十四,监军陈大金;
>
> 邓玘(四川副总兵,后为援剿总兵)所率四川兵六千,马七百五十匹,监军谢文举;
>
> 汤九州(昌平副总兵)所率昌平兵二千二百,马四百五十匹;
>
> 周尔敬所率潞阳兵二千,马三百匹;

倪宠、王朴（都督总兵）所率京营兵七千，马五千匹，监军杨进朝、卢九德。

主兵有：

都司陈永福（代蔡如薰）所率总营前部兵一千，马一百四十匹；

游击陈治邦所率总营左部兵一千，马八十匹；

守备连稳、李春贵所率总营右部兵八百，马一百五十匹；

中军官许志忠所率总营后部兵五百，马三百匹；

千总孔道兴（后李璇玑代）所率新勇营兵六百，马八十匹；

守备王以洁所率磁州毛葫芦兵五百六十，马八十匹；

守备董奇高所率磁州毛武营兵三百，马二十匹；

守备夏金花所率磁州毛勇营兵三百，马七匹；

都司钱继功所率南阳营兵四百，马二十匹；

守备张领鳌所率嵩卢营兵四百，马六匹；

守备孟邦佐所率卢氏新营兵一千；

守备李世瀚所率旧盐营兵五百；

守备夏国镇所率新盐营兵五百，马七匹；

守备王之佐所率怀盐营兵五百。

共计主客兵二万二千余。

一看而知，客兵占有明显的优势，尤其是京营兵数量最多（占总兵力的三分之一），且装备精良。他们以皇上亲自所派御林军身份，傲视一切，又求功心切。

这时农民军各部十余万人马，在前有左良玉、汤九州扼阻，后有京营兵追击的情况，转战于太行山东南、黄河以北狭长地带，随时有被围歼的危险。他们便利用京营兵求功心切又骄傲轻敌的情绪，设计诈降。据当时人说，农民军最畏惧曹文诏、曹变蛟，其次是左良玉、汤九州，至于京营兵，根本不放在眼里。向自己最轻视的对手投降，其中肯定有诈,当时不少地方官及将领对此持怀疑态度,京营兵的统帅却深信不疑。

在此之前监军太监阎思印(山西总兵张应昌的监军)已在山西招降王刚所部五百人,又招降了别部三百人。京营监军太监杨进朝、卢九德与总兵王朴跃跃欲试。这些从未打过仗的大僚不愿血战沙场,却无时不想建立奇功,不战而屈人之兵岂不美哉!

当时在武安一带的张妙手、撞塌天、满天飞、邢红狼、闯将等部,打听得京营总兵王朴的家丁多陕西人,便以同乡关系笼络感情,给以重赂,要他们在王朴面前斡旋。监军杨进朝、卢九德急于向皇上邀功,不假思索地一口答应招抚。

于是,张妙手、撞塌天、满天飞、邢红狼、闯将等于十一月十七日在武安拜会王朴,自称是"饥民头目",说:"我等良民,陕西荒旱,致犯大罪。今誓归降,押还故土复业。"王朴不知是计,自以为有监军太监为后盾,有恃无恐,欣然同意。转战在其他地区的农民军也有此意,王朴邀河南巡抚、巡按同去受降。巡抚、巡按唯恐其中有诈不愿前往,但慑于监军太监的威势,又不敢阻止。十一月十九日,贺双全等十一人在张妙手陪同下拜会王朴及杨进朝、卢九德,"环跪泣请,惟命生死"。在"押还故土"之前,张妙手等在各自驻地以重金购买裘靴,暗中做渡黄河的准备。

此次诈降的各部首领名单如下:

贺双全、新虎、九条龙、闯王(高迎祥)、领兵山、勇将、满天飞、一条龙、一丈青、哄天星、三只手、一字王、闯将(李自成)、蝎子块、满天星、七条龙、关索、八大王、皂鸢、张妙手、西营八大王(张献忠)、老张飞、诈手、邢红狼、闯塌天、马鹞子、南营八大王、哄世王、大将军、过天星(惠登相)、二将、哄天王、猛虎、独虎、老回回(马光玉)、高小溪、扫地王、整齐王、五条龙、五阎王、邢闯王、曹操(罗汝才)、稻黍秆、逼上路、四虎、黄龙、大天王、皮里针、张飞、石塌天、薛仁贵、金翅鹏、八金龙、鞋底光、瓦背儿、刘备、钻天鹞、上天龙。

渑池渡：农民军驰骋中州大地

正当监军杨进朝、卢九德一面向皇上报告大捷,一面准备把这些接受招安的"饥民"遣送回乡之际,武安、林县、涉县一带的农民军逐渐向黄河靠近,于十一月二十四日到达山西垣曲与河南济源之间黄河河身最狭窄处的关阳、长泉一带,准备强渡黄河。

真是无巧不成书,这段黄河一向水流湍急,从不结冰,这一年竟一反常态,河面冰坚如石。十几万军队从容驰马而过,攻克黄河南岸渑池县的马蹄窝、野猪鼻。这就是明末震惊一时的渑池渡。当地人后来记述此事时,感慨系之地说:"黄河,水最悍者也,自龙门而下,其流湍激,虽严冬不能结。是岁自冬历春,冰坚如石,流贼二十余支,乘冰竞渡,若不知有黄河者。"

黄河北岸的明朝军队对此措手不及,听任十几万大军从容过河,为了推卸责任,散布谣言:"追之半渡,因冰解不及。"其实当年黄河自冬至春冰坚如石,所谓冰解云云全是托词。河南巡抚玄默在回忆录中说得比较实事求是:"不数日,复聚至十余万,走关阳、长泉,屯黄河岸。时当天寒风急,渑池地名野猪鼻者冰结为桥。贼呼噪竞渡……"康熙《平阳府志》也说,崇祯六年十一月,"贼数十万又自济源至垣曲,适黄河冰冻,贼遂南渡,月余方尽"。如此大规模地从冰上渡过,足见黄河冰冻之坚实,"追之半途,因冰解不及"云云,只能骗骗朝廷而已。

渡河的先头部队次日攻克渑池县城,随即向新安、洛阳进发,如入无人之境。这种急剧变化的局势引起朝廷大臣惊恐不安,户部尚书河南人侯恂惊呼:"不意其拥大众从渑池渡黄河而南,连陷二城……如入无人之境。河北大兵一时不能猝追,而商雒一带又从来未经贼患,故望风逃窜……"朱由检接报后,立即作出反应:"流贼在处奔突,关陕邻豫地方俱宜严密侦备,毋得稍有疏忽。"但为时已晚。农民军摆脱官军的包围圈,横扫中原大地,洛阳、南阳、汝宁、淅川、内乡一带烽火连天。昔日河南当局还抱着隔岸观火的心态注视秦晋大地,没有料到战火如此之快地烧到了自己身边,顿时惊慌失措。请看当时河南人士的反应:

——流贼起自秦晋,转河北(指河南省黄河以北之地),冰坚南渡。是时,承平日久,民不知兵,贼猝至,中外震惧。

——流寇自山陕渡河,蔓及中州,分营四十八,长驱劫虏,如入无人(之境)。

——癸酉(崇祯六年)冬,自野猪鼻渡河,凶锋肆炽……自是知名贼闯王、曹操、八大王以诨名称雄者,难以枚举。来则十余万,如飘风骤雨,卒难回避。

从战略上看,农民军由秦晋进入河南中州大地,对明朝统治者来讲,其后果是严重的。海阔凭鱼跃,天高任鸟飞,农民军从此由合而分,官军再难围剿。关于这一层,谈迁敏锐地察觉到了:"贼自此从合而之分,罗汝才掠于楚,邢红狼横于豫,惠登相入于秦,而李自成领劲兵以入于汉中。"对于明朝政府军而言,再要想把他们围而歼之,难度就更大了。

从这个角度看,京营总兵王朴与监军太监杨进朝、卢九德近乎赌博的招抚是酿成这一战略性错误的关键,把围困于太行山与黄河天险之间的大批人马轻易地放入中原大地。朱由检原本是要他们来堵御剿灭的,没有料到却惹下了更大的麻烦。正如河南人郑廉所说:

自是而西入商雒,南向宛襄,东窥瀍涧,势如疮痏,溃裂四出。每支数千人为部,遇官军犹不敢战,转头就走,弃妇女橐装以饵之。官军利其获,不追杀,但稍稍斩馘,足以赴郡县报功而已。贼乃徐徐引去,出没险阻……不旬日,即强如旧,故贼势日众,而不可扑灭。

朱由检自食其果!

河南巡抚玄默向皇上报告河南形势严峻,皇上于十二月初四日指示兵部:"贼既渡河,豫境邻壤地方,俱宜严防奔突,秦、郧准各抚道着选调将士扼要截剿,豫、晋抚监亟督左良玉等合力追击,仍严饬道府州县等官,鼓励乡兵各图堵御,务刻期荡扫。如再疏泄误事,必不轻贷。尔部速行驰饬。"然而,在黄河以北已难堵截,过了黄河就更难堵截,各地封疆大吏不断上章呼救。

当时的情况是,农民军于十二月初破伊阳、卢氏,尔后横扫洛阳、新安、陕州、灵宝、阌乡、永宁、汝州、鲁山、叶县、舞阳、遂平、确山、信阳、裕州、泌阳、桐柏、淅川、内乡、新野、光化、均州等地,先锋部队甚至逼近郧城、开封。日暮雨雪,巡抚玄默慌忙把总兵汤九州从床上叫起来:"事急矣,宜乘夜袭之。"

十二月二十二日,农民军伪装成去武当山进香者,混入郧西县,次日陷上津县,二十八日陷镇安县。从这种态势看,农民军已有大举进入湖广、陕西、四川之势,所在告急。

这期间,郧阳府首当其冲。郧阳抚治蒋允仪见大兵压境,向兵部报警:"自流贼渡河,首犯内乡,次及淅川、邓州(以上河南境内)、光化、均州(以上湖广境内),欲进窥郧阳。郧阳是陕西、河南、四川、湖广四省交界处,丛山峻岭,历来号称盗贼薮渊。"兵部对此十分重视,立即于十二月二十四日报告皇上。以后各地发来的警报每日数至,塘报中几乎全是这方面的消息:分守荆南道副使徐景麟飞报"贼有三千扎营内乡半川地方",均州太监马应辰飞报"流贼深入州境,势甚披猖";郧阳抚治蒋允仪差人飞报"贼尽趋郧境,势必围城"。

兵部尚书张凤翼鉴于农民军从均州、淅川两路进入郧阳境内,而郧阳府事权兵力又不及他处十分之一,况且地形万山绵亘,连秦接豫,易为窟穴,难于剿除,不禁连连哀叹:"嗟乎,贼之祸深矣!自秦而晋,自晋而豫而楚,已半天下矣!……亡命之徒闻风响应,将率天下而尽为流贼,尚有安治之区乎!"他向皇上吐露无可奈何的心声:"臣以庸菲之材,处骈赘之任两载,拮据缮城、积粟、制器、练兵,如贫家有升斗之储便谓可支凶岁,破落藩篱稍葺若可杜绝穿窬,而孰意遭此非常之变,奚啻杯水之救车薪!……臣不愧死,亦应愤死,然臣一身亦何足惜,所惜者皇上之封疆耳!此所以泪尽而继之以血也。"可见渑池渡事件在朝廷中引起的震动是何等之剧烈!

六、车箱峡:陈奇瑜重蹈覆辙

陈奇瑜出任五省总督

京营总兵王朴与监军太监杨进朝、卢九德的招抚,重蹈了杨鹤的覆辙,孰料一年之后朱由检寄予厚望的五省总督陈奇瑜再次重蹈覆辙,在车箱峡轻信诈降,以致纵敌出险!

陈奇瑜,字玉铉,一字正学,山西保德州人,万历四十四年进士,历任洛阳知县、礼科给事中、陕西副使等职。崇祯五年擢为都察院右佥都御史,代张福臻为延绥巡抚。当时神一魁、不沾泥等已被歼,而余党犹众。陈奇瑜上任伊始,颇以剿杀为能事。陈奇瑜派副将卢文善斩截山虎、柳盗跖等,派游击常怀德斩薛仁贵,派参政戴君恩斩一条龙、金刚钻、开山鹞、黑煞神、人中虎、五阎王、马上飞,派都司贺思贤斩王登槐,派巡检罗圣楚斩马红狼、满天飞,派参政张伯鲸斩满鹅,擒黄参耀、隔沟飞,派守备阎士衡斩张聪、樊登科、樊计荣、一块铁、青背狼、穿山甲、老将军、二将军、满天星、上山虎,派游击罗世勋斩逼上天、小红旗、草上飞、一只虎、云里手、四天王、薛红旗等。陈奇瑜对他的剿杀政策使延绥一带"诸渠魁略尽"颇为沾沾自喜,向皇上报功道:"流寇作难始于岁饥,而成于元凶之煽诱,致两郡三路皆盗薮。今未顿一兵,未绝一弦,擒斩头目百七十七人,及其党千有奇。头目既除,余党自散,向之斩木揭竿者,今且荷锄负耒矣!"

朱由检欣喜万分,命他报上有功将士以备嘉奖。得到皇上赞赏,陈奇瑜更加卖力,对盘踞延水关的钻天哨、开山斧以计智取,突然袭击,焚其据点,斩钻天哨、开山斧。尔后,又分兵斩金翅鹏、一座城。从此陈奇瑜威名大振于关陕,几乎与洪承畴齐名,一时成为朝野关注的显赫人物。

却说渑池渡之后,农民军由合而分,其中一部分十余万之众,由郧西、上津迫近郧阳府治所在地郧县。郧阳如果陷落,势必牵连邻近三省,郧阳抚治蒋允仪急忙上章告急。他手下兵力有限,束手无策地向皇上哀叹:臣名为郧抚,而郧事至此,臣无法逃罪。只是渡河之贼动称十余万,及至地方,蚁附胁从者近几十万之众。一股入郧,以土贼为向导,遂谙地利而知虚实,兼以众寡不敌,马步不如,则郧之不支,实在是气数已尽,而非人力不支。

蒋允仪乞求皇上调各路援兵无分界限入楚协剿。朱由检接到奏章,于正月二十六日半夜亥时作出指示:其一,蒋允仪抚地漫无备御,以致贼至,辄被蹂躏,殒将陷城,本当重处,念兵事方殷,姑着戴罪恢剿自赎。其二,玄默(河南巡抚)既咨称大兵已抵郧境,何尚无踪迹?着遵屡旨,督率各将士星驰前去,会同唐晖(湖广巡抚)协剿,以拯艰危。兵部根据皇上旨意,立即对郧阳前线战事作出部署:

一、四川巡抚速催原调援楚兵五千及增调石柱(土司)兵三千,火速催赴郧阳、襄阳,增援协剿;

二、河南巡抚督率各将士火速驰赴郧阳、襄阳,会同楚抚协谋剿击;

三、湖广巡抚速催调施州镇箪(土司)各兵将,火速前赴襄阳,会剿夹击。

远在千里之外的战事,由京里的兵部遥控指挥,用加急文书来调兵遣将,显然不能适应日益扩大的战线与瞬息万变的形势,必须有一个朝廷授权的总督亲临现场代表兵部指挥各路大军协调行动。这是一个方

243

面。另一方面,当农民军驰骋于秦晋豫楚,流突无定之际,政府中的有识之士对各省巡抚总兵事权不一、互相观望甚至以邻为壑十分不满,纷纷提议应在各省抚镇之上设置总督,统一指挥,协力征讨。以资历、声望、事功而论,理想人选莫过于洪承畴。当初河南吃紧时,河南乡绅与兵部不谋而合地提议由洪承畴出任秦晋豫三省总督已经反映了这种意向。由于朱由检不同意在各省抚镇之上另设总督,此议只能作罢。时过境迁,尤其是经过渑池渡的教训,多数廷臣都认识到各省各自为战已不适应形势发展,倾向于设立陕西、山西、河南、湖广、四川五省总督,候选人似乎非洪承畴莫属。

这时的朱由检也已放弃先前的主张——"剿贼抚镇专责,别设总督,反滋诿卸",同意廷臣关于设置五省总督的提议。至于人选,他踌躇再三,考虑到洪承畴身负陕西三边重任,不可轻易离开,便起用前不久在延绥屡有战绩,尤其在延水关一战扫除陕西境内最后一支农民军的陈奇瑜。于是便在崇祯七年正月任命陈奇瑜以兵部右侍郎兼右佥都御史总督陕西、山西、河南、湖广、四川军务,专办流贼。这其实是退而求其次的做法,陈奇瑜虽然威震关陕,但与洪承畴相比毕竟略逊一筹。日后的实践表明,他不足以担当如此重任,辜负了朱由检的重托。如果朱由检按照大多数廷臣的荐举,任命洪承畴为五省总督的话,情况可能会好一些。

"当剿则剿,当抚则抚"

崇祯七年三月初五日,朱由检在文华殿参加日讲,功课完毕后,命已退出的内阁辅臣们再次入内,议论起前线的战事与陈奇瑜。

朱由检问:"陈奇瑜今安在?"

内阁首辅温体仁说:"闻自延绥起程。先推总督,原拟洪承畴,因陕西三边所恃,未轻易,故拟奇瑜。今彼以延绥精甲请饷三十万。"

朱由检说:"已题留新饷。"

温体仁说:"昨唐世济言,解散难氓,每人给百钱,恐不足资遣。"

朱由检右顾辅臣钱士升,钱士升说:"新饷虽留,此时官未尽征,恐不济急。至难氓必资遣方活,但给免死票,势终为贼。"

朱由检低头徘徊许久,回避了陈奇瑜请饷的难题,把话头转移到蒋允仪身上,说:"郧阳失事,昨处蒋允仪为轻。"

辅臣王应熊说:"巡抚须得人。"

朱由检对此颇有同感,说:"此专在吏部。近来用人,拘泥资格,用乙榜(指举人)巡抚,遂以为怪。"

温体仁说:"臣在闱,佳卷甚多,其空疏惟四川、云贵,畏远费早选,余省多迟,莫不得其用。"

朱由检说:"为乙榜所困抑,所以至此。"稍停后,又说:"近来文章俚浮成习,如董仲舒天人三策,真文章也。"

为了改变这种俚浮习气,为了发现董仲舒那样的人才,以排除朝廷的忧患,朱由检在三月十五日到建极殿亲自举行会试策问。这是选拔进士的最后一道考试,即所谓殿试或廷试。按往常惯例,这不过是走过场的形式而已,朱由检却十分认真。内阁辅臣预先拟好了两道策问题目供他选择,他阅后觉得太过于书生气——未能触及时事,便亲自动笔在试卷上作了大幅度的修改,写了这样一道策问:

> 所与共治天下者,士大夫也。今士习不端,欲速见小,兹欲正士习以复古道,何术而可? 东房本我属夷,地窄人寡,一旦称兵犯顺而三韩不守,其故何与? 目今三协以及登津等处各有重兵,防东也。敌不灭,兵不可撤,饷不可减。今欲灭敌恢疆,何策而效? 且流寇久蔓,钱粮缺额,言者不体国计,每欲蠲减。民为邦本,朝廷岂不知之,岂不恤之! 但欲恤民又欲赡军,何道可能两济? ……流贼渐逸郧广,海寇时扰浙闽,剿灭不速,民难未已。兼之水旱频仍,省直多故,作何挽回消弭? ……尔多士留心世务久矣,其逐款对答毋

讳,朕将亲览焉……

朱由检策问中提了一连串问题,都是近来萦回于他脑际、令他心力交瘁的大难题。"东虏"与"流寇"都是心腹之患,都要动用大量军队与军饷,而流寇尤为当务之急,现已蔓延至郧阳、湖广,财政拮据,捉襟见肘,既要恤民又要赡军,如何两全其美? 他希望贡士们直言不讳地献计献策,以挽救朝廷于危难之际。这些饱读儒家经典的贡士们,虽然熟知修身齐家治国平天下的大道理,但远水救不了近火,回天乏术,这已被日后那些由他钦赐进士出身的人的表现所证实。从中我们可以了解朱由检当时的焦虑心态。

从上述二事似乎可以察知,在内外交困之中,朱由检对待流寇的方针仍然是剿抚结合,当剿则剿,当抚则抚。前不久,南京都察院右都御史唐世济向皇上进言,指出流寇成分不一,大抵可以分为四类——一乱民,二驿卒,三饥黎,四难氓,宜区别情况分别采用剿与抚的对策。朱由检以为此言甚是,命内阁辅臣起草一份文件,专送陈奇瑜处要他斟酌处理。朱由检把唐世济的"分别剿抚"主张以谕旨的形式传达给上任不久的五省总督陈奇瑜,分明是暗示他当剿则剿,当抚则抚。朱由检的这一态度,对陈奇瑜在车箱峡招抚起了诱导作用。

其实,综观全局,对明朝统治者来讲,招抚在当时已非上策,而是下策。正如三月初五日钱士升对朱由检所说,招抚以后安插大成问题——必须出资遣返回乡给予谋生出路,仅仅由官府发给免死票而就地解散,势必由于无以为生又重新聚集而反。这是从可行性上总体考虑的,也为以往招抚的失败所证明。如果从战术上考虑,前此招抚的实践屡屡表明,诈降甚多,农民军受抚往往作为摆脱困境的一种策略。唐世济、钱士升、温体仁乃至朱由检,对此仍缺乏足够透彻的反省。陈奇瑜日后招抚的失败,固然与他个人谋略疏漏有关,但朝廷在剿与抚的决策上举棋不定亦是因素之一。

与此同时,朱由检又调用大名道卢象昇为郧阳抚治,代替蒋允仪。农民军连破郧西、上津、房县、保康,捷如风雨,蒋允仪只有维持地方治安的少量兵卒,岂是对手,因此绝望地上疏朝廷请死。蒋允仪是江南宜兴人,巧合的是接替他的卢象昇也是宜兴人。

卢象昇,字建斗,天启二年进士,历任户部主事、大名知府、大名广平顺德三府兵备道,虽一介文士,却善于骑射,娴熟将略,历年的考成都是治行卓异。崇祯七年三月十八日,朱由检接到吏部等衙门会推卢象昇的文件,立即批示:"是,卢象昇升都察院右佥都御史提督军务,兼抚治郧阳等处地方,写敕与他。"卢象昇接旨,四月十五日抵达郧阳府,与蒋允仪交割。

平心而论,被革职的蒋允仪倒并非无能之辈,他在郧阳抚治任上颇有一些德政。他的下台,一半是由于手下兵力单薄,一半是由于监军太监诬告。当农民军攻郧县不下退去后,援剿总兵左良玉及监军太监才赶到,拆屋掘地,搜掠余烬,守城军以为农民军复至,开炮轰击。监军太监恼羞成怒,上疏诬奏。朝廷立即派锦衣卫官员逮捕蒋允仪,当地士民哭声震动山岳。

陈奇瑜上任五省总督,立即指挥各路将领向河南陕州会师,然后南下,企图以优势兵力进行围剿。

先是,老回回、过天星、满天星、闯塌天、混世王五大营自楚入蜀,陷夔州。阻险,又退入湖广,分兵三路:一由均州往河南,一由郧阳往淅川,一由金漆坪渡河往商南。三四月间,农民军各部十余万之众,转战于汉中、兴安、郧阳、房县一带。

各省巡抚、总督都不肯轻易邀击,唯以驱入邻境为能事,对此种状态,朱由检十分不满,于四月二十日发出一道圣旨:"流贼奔突蔓延,屡奉会剿之旨,竟藐玩不遵,但以驱入邻境,辄便夸捷偷安,荡平何日?陈奇瑜已有旨了,各抚镇有借口总督未至,玩寇流毒者,照地方失事情形一体论治。"不久,又给郧阳抚治卢象昇发去一道圣旨:"据称川贼复回郧、襄,卢象昇即着鼓励诸将会同各抚,扼要协歼,毋致递慢饷银!"遵照皇上旨意,陈奇瑜抵达均州后下令:陕西巡抚练国事驻商南,扼守北线;郧阳抚治卢象昇驻房县、竹山,扼守西线;河南巡抚玄默驻卢氏,扼守东线;湖广巡抚唐晖驻南漳,扼守南线。

陈奇瑜由均州入山后,卢象昇与他面议方略,以为徒事驱逐非扫荡之上策,应该相期合力歼剿。于是陈奇瑜调发标下官兵及邓玘、许成名二镇兵分路挺进。郧阳境内六县残破,千里渺无人烟,从郧县至竹山、竹溪,步步峣岩绝磴,士兵都缘崖攀树而行。陈奇瑜偕卢象昇督率官军由竹溪到平利,副将杨化麟、杨世恩、周任凤、杨正芳等分道击杀,屡有小胜。陈奇瑜沾沾自喜,向皇上报功:"楚中屡捷,一时大盗几尽。其窜伏深山者,臣督乡兵为向道,无穴不搜,楚中渐有宁宇。"朱由检听到如此好消息,当然嘉奖慰劳备至。

楚中虽然渐有宁宇,陕西却不平静。农民军避其锋芒,纷纷退入汉南。汉南地处陕西省南部,东至石泉、汉阴、兴安,又东至于平利、洵阳、白河,西至于西乡、洋县、汉中,又西至于沔县、宁羌州、略阳,与湖广、四川紧邻,形势险要。洪承畴见陈奇瑜把农民军驱入汉南,不无担忧地向皇上报告陕西形势潜在的危险:农民军在平利、洵阳间数万,自四川巴州、通江入西乡者二三万,日前自栈道犯城固、洋县者,又东下石泉、汉阴之间,此数股都聚集于汉阴、兴安,而旁突于商雒,秦事大可忧!为今之计,必须将陕兵之在他省者尽归陕,而后可救重地;必须将陕饷之拨他省者尽供陕,而后可以济军兴。

洪承畴身为陕西三边总督,其着眼点自然在于陕西安危。他把农民军大举进入陕西归因于陈奇瑜:郧阳抚治卢象昇、总督陈奇瑜以数省兵力萃于楚,故贼尽奔汉中、兴安、平利。在他看来,这并非上策,所以感叹"秦事大可忧",这决非耸人听闻之辞。正如吴伟业所评论的那样:"承畴居兵间久,决机沉审,知贼不可抚,亦不易剿,故持论若此。"

然而朱由检却不以为然,他了解到农民军由郧阳奔入汉南的动向后,以为是一个歼灭的有利时机与地点,便指示陈奇瑜"督同各抚镇速图荡扫",理由是"据奏贼阻汉水,且多携妇女,兼苦地湿,殄灭正在此时";又指示卢象昇"受任方新,着遵屡旨,殚力堵剿,立奏荡平,毋得但以驱贼出境卸责"。

陈奇瑜既没有洪承畴那种"秦事大可忧"的危机感,也没有朱由检那种"殄灭正在此时"的紧迫感,而错误地以为农民军已溃不成军,"轻贼不足平,有骄色"。以剿灭钻天哨、开山斧、一座城而名著关陕的陈奇瑜,此时"专主抚局"。这种一百八十度的大转弯,与轻敌心态不无关系。

陈奇瑜:"一朝解散,天下自此无患"

却说在汉南的闯将李自成等部,从紫阳向兴安(今安康)撤退时,进入兴安南面的车箱峡,陷入困境。

关于车箱峡的地理位置,历来有兴安车箱峡与汉中车箱峡二说:如《流寇长编》说"兴安州车箱峡",《绥寇纪略》说"兴安之界曰车箱峡",属于前一说;《流寇志》说"汉中车箱峡",《烈皇小识》说"汉中之车箱峡",属于后一说。其实这两种说法是并不矛盾的。兴安州(金州)当时属于汉中府,入清以后依然如此,直至乾隆四十七年才升州为府,脱离汉中府。所谓"汉中车箱峡"云云,犹言汉中府之车箱峡,并非汉中府府治所在地南郑县(今汉中)的车箱峡。故嘉庆《续修兴安府志》卷八《府志补遗》所载王士正《跋明故兴安知州金公遗墨后》云:"是年八月,遂有车箱峡受降之举。"显然车箱峡在兴安州无疑,如在南郑县,则不必在兴安知州金公事迹中提及此事。其确切地理位置,查谭其骧先生主编《中国历史地图集》元明分册明陕西图一,车箱峡在兴安州南面黄洋河上游。

车箱峡地处兴安州南面黄洋河上游,长约四十里,四面悬崖峭壁,号称猿鹿无径,人根本无法攀登。山上居民又滚下大石,投下火炬,闯将李自成等顿时陷入绝境。适逢连日大雨不止,所佩弓箭湿透而松散,刀枪生锈,战马久无饲料死亡过半。与其困死于此,不如谋一出路:向陈奇瑜请降。

此时陈奇瑜正从竹山、竹溪赶来,李自成派人向陈奇瑜的左右随从人员贿赂,要他们出面斡旋,表示愿意投降遣散。陈奇瑜见流寇走投无路乞求投降,以为大功可以立就,欣然同意,特许八月约降,然后遣送回陕北延安府等地。

关于此事,当时的陕西巡按御史傅永淳以亲历者身份作了记载,透露了其他史籍语焉不详的许多细节。傅永淳主张乘敌之危一举歼灭,陈奇瑜不以为然。

傅永淳对陈奇瑜说:"贼弩解刀锈,马蹄穿,衣甲坏,扑灭之功在今日矣。"他握着陈奇瑜的手催促说:"灭此朝食,此其时矣!"

陈奇瑜似乎胸有成竹,推托说:"俟雨晴贼出栈耳。"又说:"俟彼势蹙,吾第抚之,不遗一矢可成功。"

傅永淳说:"贼数十万众,即就抚,何以帖置?且未经大创,能必革心耶?恐天晴出栈而西,虽欲成功,不可得矣!"傅永淳反复开导,继之以痛哭,陈奇瑜就是不肯发兵。陈奇瑜一句也听不进,固执己见,决定招抚李自成等。

此时,李自成等把搜取来的金银珍宝送入陈奇瑜军营,遍贿随从人员,这班幕僚都不想打仗,从早到晚不断向陈奇瑜大谈招抚。据傅永淳分析,一方面是农民军急于谋求生路,另一方面是陈奇瑜"固怯战",于是一拍即合。陈奇瑜上疏朝廷请示招抚决策,兵部尚书张凤翼同意招抚,朱由检批准了这一方案。

陈奇瑜的招安举措引起藩封于汉中(府治南郑,今汉中)的瑞王朱常浩(神宗第五子)的不满。常浩向他的侄子朱由检上疏,吐露了惴惴不安的心情:

自天启七年之藩汉中，次年就有流贼之祸，赖文武诸臣，始臻
平定。不料晋贼渡河，窜入汉中、兴安。此后川中之贼复入秦川，
湖广之贼再入兴安。六月间，自兴安入西乡，犯汉中边界。幸游击
唐通张疑设伏，不敢渡江而北，逼近汉城。目今东南洋县之贼，督
臣陈奇瑜方议招安；北有凤县之贼，盘踞山谷；西则沔县、宁羌、略
阳，所在骚动。臣在万分孤危之中，不知其所终。

朱由检正寄希望于陈奇瑜，因而对他的叔叔常浩所说汉中兴安形
势的严重性并未理会。

陈奇瑜得到兵部尚书张凤翼的支持，大胆放手招安，特许李自成等
撤离至安全地带，一举招安三万六千人，遣归原籍务农，每一百名派
一名安抚官监视并负责遣返事宜，沿途地方政府不仅不得阻挠邀击，而且
还得供应粮草。陈奇瑜自以为得计，侈然自负：处分神速，凶徒数万，
一朝解散，天下自此无患！

农民军大多是延安府人，从兴安撤离后，必须经由汉阴、石泉、西
乡、汉中，然后由栈道北上，从凤翔、陇州、平凉、环县、庆阳一线回归。
在陈奇瑜的安排下，农民军各部成建制地安然走出号称天险的栈道，一
路上与护送的士兵揖让酯饮，易马而乘，抵足而眠，没有盔甲的都换上
了盔甲，丢失弓箭的佩上了新的弓箭，多日没有吃饭的也得以饱餐。

陕西巡抚练国事恐有不测，令杨麟率军驻扎宝鸡县。招安大军抵
达宝鸡城下，出示总督公文，要求入城。宝鸡知县李嘉彦准派三十六人
上城，立即捆绑斩首。农民军以此为借口杀遣送官参将柳国铭等五十
余人，于是各部农民军尽缚安抚遣送官，或杀头，或割耳，或杖责，或缚
而掷之道旁。然后整顿军容，发兵进攻宝鸡、麟游等地。闰八月十八
日，陈奇瑜赶到宝鸡，几天后到达凤翔府，见农民军已攻破七县，事势大
坏，方才意识到自己中了诈降计，大悔不已。为了推卸责任，他归罪于
宝鸡知县李嘉彦杀降激变，逮问李嘉彦及宝鸡乡官士民五十多人。他

在给卢象昇的信中振振有词地说:"宝(鸡)凤(翔)激变,秦中已抚未抚诸寇,互相煽乱。"

宝鸡县庠生韩珽不服,撰文为知县李嘉彦辩护。他写道:"贼在汉中府时,南阻江,北阻山,西则栈道,东则郧阳,有兵十余万。数载蔓延之寇,困于其中,土民已截出路。但奇瑜不听诈降,不用一兵,不发一矢,贼皆饿死,而竟以诈降得脱。一出栈道,即破凤县,杀唐三镇乡官辛思齐一家百八十口。八百里连云栈尸横撑拄,四十村落尽为灰烬。此在宝鸡之南,岂亦激变所致乎?"《流寇长编》的作者在引用韩珽此文后评论道:"陈奇瑜见贼破七县,事势大坏,罪责必及,乃归狱于功臣劳士,以盖其愆。纵巧言如簧,何能掩三秦百万人之口!"

庸阘误国

从栈道出来的闯将李自成等部连破麟游等七县,与略阳来的别部会合,又一分为二,一至长平破泾阳,一至郿县、盩厔(今周至)攻平凉,号称数十万之众。北接庆阳,西至巩昌,西北及邠州,西南至盩厔,陕西重新陷入一片混乱之中。陈奇瑜把"抚事大坏"的责任一股脑儿推到陕西巡抚练国事身上,向皇上纠弹练国事"阻挠逗留,违节度以至于败"。

朱由检大怒,下令逮练国事,廷议推陕西左布政使李乔继任陕西巡抚,并请皇上撤边兵二万,措新饷二十五万两,命豫兵从潼关、华州入陕,楚兵从商州、雒南入陕,蜀兵从汉中、兴安入陕,晋兵从韩城、蒲州入陕,尽天下之力入陕合力围剿。农民军于是避其锋芒,一分为三:一向庆阳,一趋郧阳,一出关赴河南。

练国事被逮,激起陕西官绅不满。陕西巡按御史傅永淳以目击者身份上疏,向皇上揭发车箱峡事件真相,指出目前局面大坏全是陈奇瑜主抚流毒。他说:

> 陈奇瑜身负皇上如此重望,出任五省总督,而见事悠忽,轻信

间谍,不尽力所当为,是谓溺职。闽寇发难,荼毒生民,数省之地几无孑遗,而身膺阃钺,渺无同仇,坐视釜鱼出柙虎,是谓玩寇。明知其不可抚而故抚之,使数十万垂死之贼狡逸而去,是谓失机。果其为抚,贼未出栈道,思所以解散之方;贼既出栈道,思所以制驭之策。乃涂饰抚局,如咻小儿,使贼锋益锐而力益强,是谓助盗。委咎于守令,而谬嫌其不开门揖盗,是谓嫁祸。自堕于贼网,而得张凤翼表里为奸,是谓党恶。使力不足、势不及,犹可言,屯兵百万,拥控险阻,而坐失机宜,亏损国威,是谓辱国。且贼首未缚,党羽未散,抚局未成,而奸愚相济,巧于得旨,是谓欺君。

他还在另一奏疏中指出:"陈奇瑜专主招降,谓盗已革心,不许道途盘诘,入一邑而邑不敢问,入一郡而郡不敢问。开门揖盗,剿抚两妨,恐种祸不止三秦也!"

练国事本人更加不服,向皇上直言陈奇瑜纵贼出险,与李嘉彦、韩珽被逮后的供词完全相合。练国事说:

汉南贼尽入栈道,奇瑜檄止兵。……臣不觉仰天长叹:夫一月内,抚强寇四万余,尽从栈道入内地,食饮何自出? 安得无剽掠? 且一大帅将三千人,而一贼魁反拥万余众,安能受纪律? ……合诸征剿兵不满二万,而降贼逾四万,岂内地兵力所能支? 宜其连陷名城而不可救也。若咎臣不堵剿,则先有止兵檄矣。若云贼已受抚,因误杀使人致然,则未误杀之先,何为破麟游、永寿? 今事已至此,惟急调大军致讨。若仍以愿回原籍,禁兵勿剿,三秦之祸安所终极哉?

兵部尚书张凤翼为了掩饰自己的过错,一味为陈奇瑜说好话。给事中顾国宝针锋相对,上疏弹劾陈奇瑜、张凤翼。

至此,朱由检终于明了事实真相,意识到陈奇瑜车箱峡招抚所造成后果的严重性,于十一月二十九日下旨:陈奇瑜削职听勘。皇上一表态,廷臣们纷纷交章指责陈奇瑜玩寇纵敌。朱由检下令派锦衣卫官员前往陕西,逮捕陈奇瑜,随即命洪承畴总督陕西、山西、河南、四川、湖广五省军务,仍兼任三边总督如故。

对于陈奇瑜的主抚之策,与他同时代的史家几乎异口同声地予以批评。吴伟业说:"奇瑜不知兵,焉有虎狼之众,不一大创而叉手稽伏者!"谈迁说:"南山车箱峡之役,困于积潦,天假其会,得有此日。倘悬险邀击,数万之寇,一鼓可歼,而陈总督为其所愚,得以反噬。噫!天与不取,反受其咎。庸阘误国,可胜道哉!"

所谓"庸阘误国"云云并非偏激之词,因为被困在车箱峡的农民军各部,其中就有日后横扫中原、最终推翻明王朝、迫使朱由检自缢的李自成。关于车箱峡中究竟有哪几部,《明史》中说法歧异,有说李自成、张献忠的,有说张献忠、蝎子块、张妙手的。而较具权威性的文献几乎都一致记载其中有李自成,如《绥寇纪略》说"兴安之界曰车箱峡,贼李自成等陷入其中",又如《流寇长编》说"兴安有车箱峡……闯将(李自成)、李过、李双喜……翻山鹞(高杰)等撞入其中",再如《后鉴录》说"献忠窜商雒,而自成则急奉闯王(高迎祥)奔入汉中之车箱峡",其他如乾隆《兴安府志》、康熙《郧阳府志》等都有类似记载。当时形势对陈奇瑜十分有利,李自成等困于车箱峡,进退维谷,如围而不歼,待以时日,即使不发一矢,势必困饿而死。在这种稳操胜券的情况下,竟让李自成等以诈降计得逞,令朝廷上下扼腕叹息不已,就是陈奇瑜本人也悔恨交加。当时如果不受诈降,李自成等必困死于车箱峡,那么以后的一段历史恐怕就得重写了。

第六章
十年不结之局

　　以渑池渡与车箱峡为标志的招抚政策的彻底破产,使农民战争的范围不断扩大。先前巡抚、总兵那种省级层次上的围追堵截日益显得捉襟见肘,这种窘况的集中暴露便是崇祯八年初农民军袭击凤阳皇陵事件。祖坟被毁对于明朝统治集团而言是奇耻大辱,何况君临天下的皇室! 这对于朱由检的震动之大、创伤之深,是无与伦比的。于是他起用卢象昇为总理,要他与洪承畴合力围剿,务必克期荡平中原。尔后,由于洪承畴与孙传庭、杨嗣昌的努力,局面终于有了转机,战争似乎已经可以看到尽头了。

一、"流氛震惊皇陵,责实在朕"

张献忠直捣凤阳皇陵

崇祯七年冬,正当朱由检下令调动河南、湖广、四川、山西兵马入陕围剿之际,农民军避实捣虚,分兵三路突围:一路由陕州上平阳,进入山西;一路由武关向襄阳,进入湖广;一路由卢氏东向,进入河南。以后其他二路也陆续由山西、湖广进入河南。数十万大军会集于河南,其声势之大已非昔日渑池渡时可比了。当地人如此描绘当时农民军的行军场面:"大旗飘飏,遥望崖口而南,旌旗蔽空,甲光耀日,南尽南山,北尽河曲,波压云涌而至,惟闻马嘶之声。自朝至夜,连营数十里。"

在朝中担任兵科给事中的河南人常自裕对这种形势深感忧虑,他对皇上说:"臣乡遍地是贼,贼舍川岩,走平原,破汜水、荥阳,攻上蔡、商水,逼陈州、郾城。周(王)、崇(王)二藩皆在燎原之中,非劲兵势必不能御。今止有左良玉、陈永福兵数千,其何以济?"几天后,他再次上疏,力陈中原乃天下安危所系,切不可等闲视之。"(河南)贼势日众,大小七十二营,有二三十万,蜂屯伊、嵩、宛、洛之间,有侵汝、宁、郑、宋之势。今遣张全昌、曹文诏、秦翼明、邓玘诸将驰剿,而兵不满数千,以杯水救车薪之火。"希望皇上另调关宁、天津精兵猛将前往解救胸腹之患。

朱由检接受了常自裕的意见,要兵部对此作出安排。兵部尚书张凤翼就事论事地提议,从关宁铁骑营抽调三千,从天津抽调二千。朱由检以为不足,要兵部通盘考虑,该增则增,该调则调,务必大举会剿,刻期尽灭,以图底定。张凤翼与户部尚书侯恂研究后提出了一个通盘方案:调西兵二万五千,北兵一万八千,南兵二万一千;增调关宁铁骑二千,以总兵张外嘉、尤世威统领;又发真定标兵五千赴临洺等处,发天津兵三千,以徐来朝统领;再征调白箅子、罗堨土司兵三千,以川将谭大孝统领,由夔州赴郧阳至河南。合计兵力七万五千,马一万五千匹,饷银七十七万两(后增至九十三万六千两),命总督洪承畴出关节制,合力围剿。

朱由检批准这个大规模的调兵增饷方案,而且同意从内帑中拨银二十万两,但是限定在六个月内扫荡廓清。如仍留余孽,督抚诸镇置之重典,巡按御史不从公据实参奏,一体论罪。

然而,这毕竟是纸上谈兵的方案,还没有等东西南北各路大军会集河南,农民军已从河南的汝宁府进入南直隶的凤阳府地界。直至凤阳皇陵遭到攻击,各路大军还未赶到河南。

凤阳即元代的濠州,明代开国皇帝朱元璋就是濠州钟离太平乡孤庄村人,在这里的皇觉寺当过和尚。做了皇帝以后,他把父母的土坟改建成富丽堂皇的皇陵,把这个发祥之地称为中都,在此建中都留守司,改濠州为凤阳府。中都留守司下辖八卫(凤阳卫、凤阳中卫、凤阳右卫、皇陵卫、留守左卫、留守中卫、长淮卫、怀远卫)及一千户所,拥有班军、高墙军、操军、护陵新军,编制约六千人。朝廷还向这里派驻守陵太监及巡抚、巡按等官署。凤阳巡抚因兼漕运总督,常驻淮安;巡按御史肩负保护泗州祖陵(朱元璋之祖陵)重任,不敢离泗州一步。

凤阳原本是个贫困之地,成为皇陵所在地之后更加贫困。正如当地花鼓调所唱:"说凤阳,道凤阳,凤阳原是好地方。自从出了朱皇帝,十年倒有九年荒。"所谓十年九荒,固然有天灾原因,更重要的是人祸——皇陵官署的徭赋。

崇祯四年南京礼部侍郎钱士升在祭告凤阳皇陵后,向皇上报告凤阳的衰败景象:土地多荒,庐舍寥落,冈陵灌莽,一望萧然。究其原因,一是凤阳土地贫瘠,在江北各府中列于下下等(最末一等),一遇灾荒,人们就挈妻担子乞活四方;二是户口流逃,欠赋年年积累,催征不断,形成恶性循环。钱士升希望皇上能为凤阳百姓施仁政——蠲减赋税。朱由检此时正为朝政忙得焦头烂额,哪有心思顾及老祖宗发祥地的好歹,

257

便冷漠地批复"其周恤民瘼事情已有屡旨",不予理睬。

对于这样一个贫困之地,农民军表现出如此大的兴趣,千里奔袭,显然不是为了夺取给养,而是另有战略企图——冲破包围圈,分散官军注意力。后来的事实证明了这一点,朱由检下令各地封疆大吏必须加强所在皇陵的防护。对此举史家有这样的点评:"贼之震惊凤陵,最为得策,自此物力半弊于护陵矣!"可见,袭击凤阳皇陵在战略上是很成功的一招。

但是,明朝当局却未予足够的重视。当农民军进入河南,大有直捣"龙兴之地"凤阳的势头时,南京兵部尚书吕维祺敏感到事态的严重性,向兵部尚书张凤翼指出:凤阳皇陵防守单薄,应该早作防备。张凤翼只是敷衍了事地向凤阳、山东两巡抚及操江御史(专督长江瓜洲、镇江以上)发文,要他们严备要害,而并未采取具体措施。张凤翼的敷衍塞责并非出于草率,而是无知。当给事中孙晋也为此提请预防凤阳陵寝时,他振振有词地予以驳斥:"公南人,何忧贼?贼起西北,不食稻米,贼马不饲江南草。"简直是令人喷饭的奇谈怪论,堂堂兵部尚书的知识与才能犹如白痴,岂有不败之理!

凤阳巡抚杨一鹏、巡按吴振缨都是贪鄙昏庸之徒,成事不足,败事有余。吴振缨是温体仁的同乡,又是姻亲,曾任温体仁幕僚,后在都察院谋得官职,在院中七年一直规避外差。崇祯七年院中同僚沸然,纷纷扬言:此番吴再规避,当上公疏,以正台(都察院)规。吴振缨迫于公论不得已出任外差,本应放贵州巡按,依仗阁臣温体仁的权势,请以凤阳换贵州——因为凤阳近淮扬浙江,素称膻地,颇有油水可捞。巡抚杨一鹏是当朝阁老王应熊的座主,仰仗这层师生关系,常借口年老多病优哉游哉,不理公事。守陵太监杨泽也是一丘之貉,贪婪暴虐,肆无忌惮,以割剥军民为能事。上梁不正下梁歪,手下小官侯定国狐假虎威恣意横行,激起士兵哗变,崇祯七年十二月二十日被乱兵杀死。当时哗变士兵就投书官府,扬言将于明年上元节(正月十五日)勾引流贼。杨一鹏与吴振缨本来就不是忧公称职之辈,根本没有引以为戒。

崇祯八年正月初四、初五两天,闯塌天、混十万、过天星等部焚上蔡县城南关,南犯汝宁,又从汝宁东下,进攻凤阳。凤阳虽是皇陵所在地,号称中都,但其城防与南北二京无法相比,据说当初出于风水考虑,没有在外围建造城墙,因而无险可守。中都留守司的官军承平日久,在花名册上领饷的人不少,实际当差者却寥寥无几。由于守陵太监杨泽平日贪虐商民,激起商民向巡按衙门请愿,然后又蜂拥至太监署鼓噪,一时大乱。乱民们向颍州方向去迎接农民军,献上图册,指明某处富家,某处无兵。另一方面,农民军密遣壮士三百人,伪装成商人、车夫,先期混入凤阳,或贩卖锦帨椒枣,或扮为僧道乞丐,分头侦察,以作内应。

正月十一日,扫地王等部攻陷颍州,知州尹梦鳌、通判赵士宽受伤坠水死。八十五岁的退休兵部尚书张鹤鸣被俘后倒垂于树,被乱箭射死,其子张大同伏父尸被杀,其弟八十二岁的原云南按察副使张鹤腾及乡绅百余人被杀。十三日,农民军各部由颍州兵分几路攻打庐州、凤阳、太和、亳州。太和县知县吴世济得到消息,颍州城已于十一日酉时被攻破,立即向上司报告:"现有步兵一支,南向正阳关、八公、考城、上窑等处,一路焚劫前进,未遇任何阻遏。上窑山离凤阳不及百里,既无城可凭,祖陵一旦失守,非殒军杀将堕城之祸可比。自凤(阳)达淮(安),千里之内无重兵宿将可资弹压,伏乞按院、抚院大发兵将,移驻凤阳,相机堵剿。"不料正月十五日兵临太和城下之时,凤阳已被攻陷。

正月十五日是一年一度的元宵节,凤阳城内一片太平气象:士女如云,笙歌彻耳,没有一点如临大敌的气氛。在大雾弥漫之中,扫地王、太平王等部农民军打着进香的旗号,骑兵在前,步兵在后,大摇大摆地进入凤阳。忽见火光四起,欢度佳节的人们才大梦初醒,惊呼狂奔。待有人向留守署报信时,农民军已到了鼓楼。留守署正朱国相、千户陈弘祖、陈其忠稍战即溃,死于战阵。农民军进入紫禁城,焚烧皇陵享殿,朱元璋亲笔题写的龙兴寺(即皇觉寺)碑也付之一炬;然后打开高墙,释放关押的人犯,焚烧官府廨舍。据事后给事中林正亨的调查报告:焚毁三府(巡抚、巡按、知府)公署、留守司府厅,共计五百九十四间,焚毁鼓楼、龙兴寺六十七间,民房二万二千六百五十二间,杀官六名、生员六十六名、陵墙班军二千二百八十四名、高墙军一百九十六名、精兵七百五十五名、操军八百余名。

农民军焚烧皇陵后,打出旗帜,自称"古元真龙皇帝"。这个敢于捣毁当今皇帝祖坟并与之分庭抗礼的人是谁呢? 八大王张献忠。据考证,与扫地王、太平王一起进入凤阳的还有张献忠、老回回、金翅鹏等。康熙年间编纂《凤阳府志》的人就认定"崇祯八年流贼张献忠由寿春犯凤阳"。明末诸生屈大均为凤阳死事诸人列传时说得更为具体:"崇祯八年正月十五日,流寇张献忠袭陷凤阳……献忠与老回回、满天星、扫地王、太平王、金翅鹏……越紫禁城而入,焚毁皇陵……自称古元真龙皇帝,盖张献忠也。"这类出于民间的记载,还可以从最高当局的反应中找到旁证。崇祯十二年八月杨嗣昌奉命督师出征时,朱由检给他一道密谕:"张献忠曾惊祖陵,必不可赦。"杨嗣昌自己也说:"本阁部面奉圣谕而来,只有张献忠罪在不赦。"

张献忠、扫地王、太平王等在凤阳三日后,获悉太监卢九德、总兵杨御蕃率川兵,京营总兵倪宠率京兵已抵达滁州,南京参将焦某也率兵赶来,便拔营南下,攻打庐州。

凤阳皇陵被焚,朝廷震惊

凤阳皇陵被焚,事件如此重大,直接责任人故意隐瞒不报,企图蒙混过关。巡按御史吴振缨隐瞒败绩,竟轻描淡写地上报:"二十日贼已抵泗(州)。"绝口不提中都焚陷之事。巡抚杨一鹏在答复太和知县吴世济请移兵驻凤阳的请求时,一口咬定"凤阳之寇已被官兵杀退",不敢正视事实,承担责任,而耍弄欺上压下的手腕。对于这种蒙骗卸责的恶习,史家谈迁愤然斥责道:"今闻幽宫之骨不能保,诸臣忌讳,无一以闻,其后以獾穴为解,又因而秘之。嗟乎! 蒙锢之习,中外积不可解,虽主上察察,亦无如之何矣! 地脉微泄,磐石失图,杨一鹏辈之肉,岂足食乎?"

正月二十五日,洪承畴奉旨赶赴河南,下令各省巡抚总兵向河南集结。朱由检当时还不知凤阳事变,批准洪承畴的部署,授予洪承畴兵部尚书衔,赐尚方剑,得便宜行事。

二月初七日,朱由检才得到凤阳危急的迟到消息,立即命尤世威从徐淮援凤阳,杨御蕃率山东兵往护皇陵,刘泽清严防曹濮一带。三天后,凤阳巡按御史吴振缨在无可隐瞒的情况下,才把皇陵之变的消息上报。

二月十二日,朱由检正准备参加经筵,接到吴振缨的报告"流贼犯凤阳,焚毁皇陵",大惊失色,传令暂停经筵,换上素服,赴太庙躬告祖先,命百官一律素服修省。于是文武百官赶忙换上素服,向皇上呈慰安公疏。次日,朱由检下令逮治漕运总督兼凤阳巡抚杨一鹏、巡按御史吴振缨、守陵太监杨泽,并任命兵部右侍郎朱大典总督漕运兼巡抚庐凤淮扬四府,移镇凤阳,同洪承畴协剿。

凤阳皇陵被毁的消息在朝廷上下引起了强烈的震动,一些正直官僚慷慨陈词,把它归咎于朝政的腐败。朱由检的老师、日讲官倪元璐对皇上说:盗贼之祸震及祖陵,国家大辱之极。现在主兵惟弱,客兵骄暴,廷议又多肤浅,缺乏制胜之谋。日前见皇上有旨:皇陵罹变,朕实不德所致。臣恭诵之余应声泪下,以陛下圣仁中怀至痛,敢于自诬为诸臣引愆,盈朝为之动色。当此之际,必须广宣德意,除民疾苦,停止赋税加派,蠲除崇祯七年以前一切欠赋。他还希望官僚之间能捐弃前嫌,和衷共济,改变以往那种追究数十年间旧事,藤缠蔓引延结不休的风气。朱由检看了这份奏疏,以为"大是",转给各部酌议复奏。

朱由检的另一位老师、少詹事文震孟写了《皇陵震动疏》,洋洋洒洒地分析致乱之源。他认为皇陵被焚堪称千古未有之奇变、君辱臣死之秋,因此,不亟灭贼无以泄神人之愤,不追溯乱源无以施戡定之功。他直率地指出造成社会动乱的根源有以下四方面：

一、皇上御极于乾纲解纽国步几危之日，一番振涤，日月重光。不久由于边疆失事，以致皇上怀疑，群邪伺隙以至于今，谬种渐芽，蔓延滋长，逆气足以召逆，妖气足以成妖。

二、堂陛之地猜疑愈深，朝野之间刻削日甚，缙绅蹙靡骋之怀，士子嗟束湿之困，商旅咨叹，百工失业，本犹全盛之海宇，忽见无聊之景色。

三、边事既坏，修举无谋，兵不精而日增，饷随兵而日益，饷益则赋重，赋重则刑繁。复乘之以天灾，加之以饥馑，无食无衣之赤子又受官吏笞禁，使愁苦之气上薄于天。

四、将无纪律，兵无行伍，淫污杀劫，惨不可言。尾贼而往莫敢奋臂，所杀之级半是良民，民间遂有"贼兵如梳，官兵如栉"之谣，民安得不为盗，盗安得不日繁！

面对如此乱源，当事诸臣又不能忧国奉公，纠缠于畛域恩怨，不振纲肃纪，不推贤用能，安内攘外无道，富国强兵无策。因此，皇上应赫然一怒以安天下，发哀痛之诏，明罪己之怀，按失事之诛，正误国之罪，行抚绥之实。先收人心以遏"寇盗"，徐议浚财之源，尽斥患得患失之鄙夫，群策群力，国事庶几有救。

文震孟不愧为饱学之士，这篇疏文写得痛快淋漓，切中时弊，朱由检阅后赞叹不已，批示道："本内追溯乱源，亟图妙算，殊属剀切，并理财用人等事，该部悉心筹画，以备采择。"然而从内阁到六部依然我行我素，丝毫没有改弦更张的意思，倪元璐、文震孟的激昂，朱由检的感奋，渐渐地化作泡影。

杨一鹏处死，吴振缨遣戍

二月二十四日，朱由检身穿素色布袍，亲自祭告祧庙寝庙——朱元璋的皇考（父亲）庙号仁祖，其神主奉安于祧庙，为皇陵震惊向仁祖表示修省。二十六日,他派驸马都尉王昺(穆宗幼女延庆公主之夫)、太康伯张国纪(熹宗张皇后之父)代表自己前往凤阳,慰告皇陵。

几个月之后,朱由检下令处死杨一鹏。吴振缨原拟论斩,由于温体仁极力庇护,改为遣戍。温体仁为此祈求司礼监太监帮忙,不惜多次屈膝,时人以为"阁体扫地"。

关于杨一鹏之死,有一绝妙传说,颇能反映人们对此类庸夫祸国的某种鄙夷之情。据说,杨一鹏当年在成都府任推官时,一日游峨眉山,有狂僧踞佛座,睨杨而笑:"还记得下地时行远路,啼哭数日夜,我抚你头顶方才止住之事吗?"杨一鹏追忆起儿时往事,大为惊异,恭敬地曲体行礼。当天留宿庙中,耳语达旦,临别时狂僧嘱咐:"二十年后与你相会于淮上。"二十年后,杨一鹏在淮安漕运总督衙门,一日薄暮,有野僧击鼓自称峨眉山万世尊送信来。打开一看,是绝句诗七首,杨一鹏急索送信人,已不知所往。不久,凤阳皇陵被焚,杨一鹏被判死刑,其诗得以流传于世。

其一云:

> 谪向人间仅一周,而今限满恐难留。
> 清虚有约毋相负,好觅当年范蠡舟。

其二云:

> 业风吹破进贤冠,生死关头着脚难。
> 六百年来今一遇,莫将大事等闲看。

其三云:

> 浪游生死岂男儿,教外真传别有师。
> 富贵神仙君两得,尚牵缰锁恋狂痴。

其四云:

> 难将蟒玉拒无常,勋业终归土一方。
> 欲问后来神妙处,碧天齐拥紫金光。

其五云：

> 颁来法旨不容违，仙律森严敢泄机。
>
> 楚水吴山相共聚，与君同跨片霞飞。

所谓万世尊即从前那位狂僧，密语受记。杨一鹏之子稍稍向人吐露。人们疑其第一首意在劝其早遁，二、三、四、五首暗示西市服诛之谶，故杨一鹏临刑时神气如常，合掌称好师傅。后两诗不传，人们疑为亡国之谶。当然这些许是附会传说，不可轻信。

其实凤阳皇陵被焚，杨一鹏、吴振缨祸国，内阁辅臣温体仁、王应熊也脱不了干系。

如前所述，这两个庸人就任凤阳巡抚巡按之职，出于温、王二人的营私舞弊，此其一。

其二，当南京兵部尚书吕维祺鉴于凤阳形势紧张，建议驻于淮安的漕运总督兼凤阳巡抚杨一鹏移驻凤阳。有人已恨其晚，温体仁却代帝拟旨："不必移镇。"事后，为掩饰过失，温体仁借口言官弹劾勒令吕维祺致仕。

其三，工科给事中许誉卿在颍州失陷后曾请求朝廷急调兵五千守凤阳，未被采纳；凤阳失陷皇陵被毁后，他痛愤至极，上疏揭发兵部尚书张凤翼"固位失事"，内阁辅臣温体仁、王应熊"玩寇速祸"。他责问道："臣观各地方稍有兵力，贼即不敢轻犯。凤阳何地？假使巡抚早日移镇于此，岂有今日之祸？"这是在追究温体仁票拟"不必移镇"的责任，朱由检却以为这是苛求，反而谴责许誉卿。言官们获悉内情后，纷纷交章弹劾温体仁、王应熊。温、王二人利用代帝拟旨的权力，互相包庇，拟旨时不是说"忠悃""荩画"，就是说"绝私奉公""弘济时艰"，互相贴金。

许誉卿再次上疏说：皇上临御有年，法无假贷，独于误国辅臣从不追究，今日巡抚杨一鹏、巡按吴振缨已逮捕，辅臣却依然从容入直，退食委蛇，难道可以超然事外？他还指责温体仁纳贿庇私，贻忧要地，以皇陵为孤注,使宗庙震惊,误国之罪莫此为大。事发后,与王应熊互相庇护,结成牢不可破之私交,如甲被言,则乙拟旨温慰;如乙被言,则甲拟旨温慰。当皇陵警报初闻,辅臣温体仁等合疏引罪,而皇上下旨却云:"卿等佐理中书,与经事不同。"许誉卿驳斥道:所谓不同,只有轻重之分,并不意味着可以置身事外,但近日来辅臣每日上朝,丝毫没有席藁待罪之意。

温体仁一向忌惮许誉卿,见到严厉谴责他的疏文恨之入骨,怂恿急于谋求朝官的谢陞弹劾许誉卿,他乘机拟旨"许誉卿降调",故意加重措辞刺激皇上。许誉卿抨击温体仁时无所顾忌,一些话已牵涉到皇上,皇上本已不满,见到谢陞的弹章及温体仁的票拟,更加恼怒,下旨将许誉卿革职。

其四,凤阳皇陵被焚事发后,杨一鹏、吴振缨迟迟不把真相上报;及至上报后,温、王又怕皇上震怒,故意扣押杨、吴的"凤阳失事疏";以后又把"凤阳恢复疏"先呈皇上,再把"凤阳失事疏"补送。在票拟时,轻描淡写地拟旨"令抚按戴罪主事",以不处分杨、吴二人的手法使自己不受牵连。

这种过于拙劣的做法难以遮人耳目,激起言官们的公愤,郑尔说、胡江等言官交章弹劾温、王二人朋比误国。朱由检并未细察真相,便大发雷霆,把郑、胡二人降职。言官们压而不服,接连上疏议论此事。给事中范淑泰揭发了阁臣做手脚的破绽:杨一鹏的"凤阳恢复疏"正月二十一日写,而"凤阳失事疏"却是正月二十八日写的,天下有未失事先恢复的道理么? 这是辅臣王应熊改填月日,难辞欺诳皇上之罪。王应熊有恃无恐,写疏为自己与杨一鹏的门生座主关系辩解:"座主门生谊不容辞,不敢辞朋比之名;票拟实臣起草,不敢辞误写之罪。"

给事中何楷对王应熊只承认有朋比之名无朋比之实、票拟只是偶误而非故意的狡辩愤慨至极,一再上疏予以驳斥。其最后一疏把王应熊、温体仁一并指责:辅臣王应熊私庇杨一鹏,自认为只有朋比之名而无朋比之实,有误写之罪而无故意之罪。然而就原疏看,朋比之实、故意之罪是无法抵赖的。首辅温体仁辩解自己恨与吴振缨为亲戚,还借口逮问抚按必奉皇上改票然后敢拟。试问:皇陵遭此异变,温体仁为何不向皇上主动提请逮治(抚按)? 真是欲盖弥彰。

遗憾的是,朱由检当时还没有意识到温体仁之流其实是一个祸根,凤阳皇陵被焚与他有着直接的联系,而且文震孟所说的动乱根源几乎都与他相干。对此,史家自有定评:"当是时,流寇蹂畿辅,扰中原,边警杂沓,民生日困。(温体仁)未尝建一策,惟日与善类为仇。""时寇势已张,首辅温体仁专心倾轧,不计国事。上以兵策访逮,辄逊谢'请神武自决'。知上不信廷臣,且事败责不及也。"

按照朱由检的个性,在惩处杨一鹏、吴振缨之后,撤换温体仁、王应熊之流是合乎逻辑的。令人奇怪的是,他没有这样做,不仅容忍了温体仁的恣意纵行,而且继续倚为股肱,由此可以窥知,他身上的弱点已为温体仁所掌握。正如戴笠所说:"上性好自大,又激于己巳之役,藏怒不解。廷臣自好者,耻言输平;容悦者以大言逢君,皆不虑国事。"可谓一针见血、切中要害之论。

"贼兵如梳,官兵如栉"

这实在是一个混乱的年代,一切都似乎是非颠倒阴阳混淆了。阁部大臣营私舞弊于上,军队将士骄横跋扈于下。朱由检派驸马都尉王昺、太康伯张国纪往凤阳祭告皇陵,不料一行人九月间行至山东单县,牟文绶部将吴尚文率士兵二千人白昼陈兵拦阻,勒索"过关银"一百两。驸马、太康伯都是皇亲国戚,又是奉皇帝钦命,常人逢迎唯恐不及,竟敢如此犯上作乱,王、张二人理所当然地予以拒绝。这一下惹恼了这批骄兵悍将,吴尚文指挥士兵砸毁祭告皇陵所用的香帛法物,杀死随行水手校尉。兵垣拍案而起:"太康懿亲,凤陵钦遣,香帛法物,此而可劫夺,又何者不可劫夺乎!"且其所立之关为何关? 百两之例为何例? 兵横至此,而欲以立军纪,戢乱萌,不可得也。

此话并非夸张,据兵科给事中常自裕说,凤阳焚劫四日后,马爌才赶到;归德之围解后三日,邓玘才赶到;颍州、亳州、六安、庐州的农民军返旆而北,尤世威等奉调的军队还音信杳然。作战如此畏缩不前,敲诈勒索如此胆大包天,朝野上下早已怨声载道,无不感叹"苦兵甚于苦盗"。

凤阳失事不久,户部尚书侯恂致书总督洪承畴,就直言不讳地谈到军纪败坏之事:"贼来兵去,兵来贼去,贼掠于前,兵掠于后,贼掠如梳,兵掠如剃。总督之令不能行于将帅,将帅之令不能行于士卒,事何以济?"

八月二十一日朱由检为了流寇事在平台召对阁臣及府部科道官时,文震孟也对此发了一通议论:官兵不能剿贼,反而殃民,以致民间有"贼兵如梳,官兵如栉"之谣。今日只有严申号令,凡兵丁扰害百姓必杀无赦,将官能钤束兵丁秋毫无犯应破格优擢。朱由检近来也苦于军队骄横跋扈,听文震孟一席话大为赞赏,连连说:"卿说得是!"

为了加强陵寝的防卫,朱由检不得不亲自下令给户兵二部,调兵遣将:调朱大典兵二千二百、杨御蕃兵一千五百护祖陵;调董用文兵五千赴彰德,倪宠兵三千、牟文绶兵二千赴齐豫之交,相机调遣;调刘泽清暂防山东曹濮,马爌移镇颍州、亳州,陈洪范所募健丁三千护陵。为了确保凤阳安全,朝廷议定在凤阳建造城墙。朱由检特派给事中林正亨同钦天监戴元往凤阳,会同南京部科官员一起踏勘,制定方案。为了修复凤阳皇陵,朱由检决定节省膳费银一万五千两,内官后妃也捐银一万八千两。

在处理了善后事宜后,朱由检在十月二十八日下了一道罪己诏,把皇陵震惊的责任全部揽了下来:

> 朕以凉德,缵承大统,不期倚任非人,边乃三入,寇则七年。师

徒暴露,黎庶颠连,国帑匮诎而征调未已,间阎凋敝而加派难停。中夜思维,不胜愧愤。今年正月,流氛震惊皇陵,祖恫民仇,责实在朕。……惟是行间文武吏士,劳苦饥寒,深切朕念。念其风餐露宿,朕不忍安卧深宫;念其饮水食粗,朕不忍独享甘旨;念其披坚冒险,朕不忍独衣文绣。兹择十月三日,避居武英殿,减膳撤乐,非典礼事,惟以青衣从事,与我行间文武吏士甘苦共之,以寇平之日为止。……

"流氛震惊皇陵,祖恫民仇,责实在朕。"朱由检没有把责任推到阁部大臣身上,还表示要与前线将士同甘共苦,避居武英殿,减膳撤乐,青衣从事。朱由检的高姿态,使得凤阳皇陵风波烟消云散,然而中原战场的严峻形势仍然是摆在他面前的一大难题。

二、洪承畴督剿西北,卢象昇督剿东南

卢象昇出任五省总理

朱由检在下令五省总督洪承畴从陕西赶往河南以后,于六月把卢象昇提升为都察院右副都御史,巡抚湖广兼提督军务。到了八月,又提升他为总理直隶、河南、山东、四川、湖广五省军务兼湖广巡抚,与洪承畴协同征剿。九月初九日,卢象昇行至应城,接到邸报,见兵部关于"秦寇半入中州"的题本上,皇上给兵部的圣旨写道:"卢象昇着以巡抚职衔,加总理直隶、河南、山东、川、湖等处军务,统领各兵,写敕与他。洪承畴督剿西北,卢象昇督剿东南,如贼复入秦,卢象昇督兵进关合图扫荡。"

一个五省总督,一个五省总理,都以能征惯战著称。看得出来,朱由检的意图是要他们南北夹击,以求一举荡平中原。二人深知皇上的

268

厚望与身上担子的分量,都不敢贸然立下军令状,而持审慎冷静的态度。形势确实不容乐观。

就在朱由检批阅的这本奏疏上,兵部尚书张凤翼在提出"贼尽出关则承畴合剿于豫,尽入关则象昇合剿于秦"这一分兵合剿方案时,就忧心忡忡地流露出对前景十分悲观的看法:"敌方号称三四十万,更迭出犯,势众而力合;我方零星四应,势寡而力分。敌方所至因粮于我,人皆宿饱;我方所至樵苏而炊,动辄呼庚。敌方马多行疾,一二日数百里可至;我方步多行缓,三日而重茧难驰。众寡饥饱劳逸之势相悬如此,敌何日可平!"朱由检也知道双方力量对比悬殊,唯其如此,更要集中兵力,所以他批准兵部的方案,要洪承畴督剿西北、卢象昇督剿东南,在中原战场形成一个包围圈。

在此之前,朱由检批准洪承畴的作战方案——四川巡抚、总兵移驻夔门、达州,进援襄阳、汉阳;湖广巡抚、总兵分驻承天、襄阳;郧阳抚治移驻郧阳、襄阳;漕运总督、凤阳巡抚移驻颍州、亳州,进援汝宁、归德;山东巡抚移驻曹州、濮州,进援江北;山西巡抚移驻蒲州,进援灵宝、陕州;陕西巡抚移驻商州,调度兴安、汉中;河南巡抚移驻汝宁、南阳间;保定巡抚移驻邯郸、磁州,南北策应——遭到河南巡抚玄默的反对。他不愿意在河南摆开围剿的战场,提出了一个针锋相对的方案:把农民军全部驱赶入陕西,然后布置大兵于郧、豫之间,不使其南走郧、楚,东走河南,以劲兵数支力剿于陕西。明眼人一看便知,这是意气用事,故意给总督洪承畴出难题。这种方案的可行性极小,皇上不予理会。经过几个月的谋虑,皇上决计起用卢象昇为五省总理,专门指挥中原战事,与洪承畴合剿。

一向足智多谋、骁勇善战的洪承畴也犹豫踟蹰起来,上疏向皇上大谈剿杀追逐之难已今非昔比:一是剿杀之难——先时敌方避兵逃窜,今乃迎兵对敌,左右埋伏,更番迭承;二是追逐之难——敌方人人有精骑,或跨双马,官兵马三步七(骑兵三成、步兵七成);三是时日之难——敌方深入山谷便可据险负隅,官兵相持一日则坐毙一日;四是兵力之难——敌方有数十万之众,守剿官兵合计仅四万余,众寡不敌日甚一日。这种担忧与张凤翼可谓不谋而合,形势已经变得愈来愈棘手了。

一向善射骑精韬略的卢象昇接到新任命,除了"五体投地"的感恩戴德,便是"五内忧惶"的忐忑不安。他在推辞此职的奏疏中流露了这种心情。他对形势的看法与洪承畴颇为接近:现在群寇披猖,不但非数年前可比,即使与去冬今春相比,差距何止一倍。所在分股狂奔,大股二三万不止,小股万余不止,秦豫二省有数十股。他深感难以担当如此重任,极力推辞,说自己与洪承畴相比,识见不及十之五,才力不及十之四,精神不及十之三,希望皇上另简贤明。

朱由检鉴于人才难得,不同意他的推辞,连日不断发出圣旨重申前意。卢象昇在赴云梦、孝感、黄陂等处途中,接连不断地从邸报上看到圣旨——在兵部为塘报贼情的题本上有圣旨"知道了,卢象昇已有总理新旨,着即会同督臣,作速料理扫荡,以副委任";在兵部为流贼披猖的题本上有圣旨"洪承畴、卢象昇各调度联络,厚集兵力,以扫狂氛";在洪承畴为贼情原自重大的奏章上有圣旨"知道了,边镇等处调兵将,楚豫增饷,卢象昇夹击,俱已有旨";在兵科右给事中李梦庚为剿贼大计的奏章上有圣旨"洪承畴、卢象昇南北督剿,合图扫荡,前旨甚明";在河南抚按二臣的奏章上有圣旨"河南贼势蔓延,着该抚速催理臣(卢象昇)入境调度歼剿"。在皇上的再三催促下,卢象昇再也不敢计其能与不能,只得遵命走马上任,指挥中原战事。

"洪承畴、卢象昇南北督剿,合图扫荡"

朱由检的战略意图是明确的:务必把农民军围歼于河南,不得让其进入南直隶这个财赋重地。在兵部题覆兵科给事中常自裕关于会剿的奏疏上,他作了批示,阐明这一意图:"据奏,商雒伙贼尽数奔豫,除防豫各兵外,近调李重镇所领关兵,又董用文领兵以豫抚调度;倪宠、刘泽清、牟文绶各领兵分信防剿,听东(山东)抚调度;淮(凤阳)抚移镇颍、亳,杨御蕃扼截英、陆隘口,毋使一贼阑入南直地界。蜀兵九千及前调各兵,该督悉檄赴军前,视贼所在,调度歼剿,毋仍零星分派,以致单薄。"几天后,他再次强调剿兵不宜太过于分散,要洪承畴、卢象昇调度联络、厚集兵力,其意图仍在于此。

朱由检既然称他的对手为"流寇",就应该明白其特点在于"流"——避实捣虚,打得赢就打,打不赢就走,并不以攻城略地或固守一地为宗旨。要把他们围歼于河南,不能说毫无可能,至少是可能性极小的。

形势的发展果然如此,大出朱由检所料。当洪承畴于崇祯八年三月遵旨从陕西进抵汝宁府信阳州,手下的骁将曹文诏也带着精锐部队赶来会合。对主力的赶到,洪承畴大喜过望,立即命曹文诏袭击随州之敌。可是好景不长,一个月后,洪承畴在汝州获悉在豫楚边界的农民军见陕西空虚,杀了个回马枪,再度进入陕西。这个动向,卢象昇(时任郧阳抚治)、余应桂(时任郧阳巡按)看得很清楚:近自四月下旬,大督洪公合师夹剿,群寇遂由潼关、内(乡)、淅(川)诸路尽数归秦,四月之间,又尽数入秦。洪承畴是五省总督,同时也是陕西的最高长官,责无旁贷,决定"还顾根本"。

洪承畴在汝州召开僚佐毕至的军事会议,向大家分析形势:"群帅咸集,西安望救,当先定要策,吾意急入关。"对于"流寇"不停地"流",他很恼火:"若秦有兵则逃豫楚,豫楚有兵则走秦,我东西奔命,旷日费财。天子赫然震怒,发精兵,谓五月足以决期平贼。承畴仗节而西,势必有以报命。今日之事,当与诸将定分地。"

然后洪承畴一一作了布置,命左良玉与汤九州以五千兵马扼守吴村(可径趋淅川以达党子口、郧阳府)、瓦屋(陕西商南至河南内乡要道)及内乡、淅川;尤世威与徐来朝以五千兵马扼守雒南兰草川、朱阳关(陕西雒南至河南卢氏、永宁、灵宝、陕州要道）；陈永福以一千八百兵马扼守卢氏、永宁诸隘口；邓玘、尤翟文、张应昌、许成名各以所领兵马防守湖广汉江南北上津、郧西、平利、竹溪一带（秦楚豫之要道）。他自己则率贺人龙、刘成功进入陕西，命曹文诏从湖广赶来与他会合。布置停当，看来似乎万无一失，无奈士气低落，将士不肯卖命。首先是徐来朝不愿入山扼守兰草川、朱阳关，士兵在卢氏县哗变；接下来邓玘所部士兵在樊城县哗变，由于邓玘长期克扣军饷、对下寡恩，士兵杀其二仆后纵火，邓玘登楼越墙时，误堕火巷，被焚死。出师不利，有识之士为洪承畴此行忧虑不已。

四月二十七日，曹文诏从南阳赶到晋豫边界的灵宝县会见洪承畴。深谋远虑的洪承畴鉴于农民军已占据商雒一带，听到官军赶来的消息，必定先往汉中方面转移，大军如由潼关入陕，反而落在后面，于是命曹文诏由豫陕边界的阌乡走山间小路直插雒南、商州，然后再由山阳、镇安、洵阳驰入汉中，迎头阻遏。他关照说："此行道路回远，将军甚劳苦，吾集关中兵以待将军。"

五月五日，曹文诏抵达商州，见农民军在城外三十里扎营，漫山遍野都是营火。半夜里曹文诏率其侄子参将曹变蛟、都司白广恩等突然袭击。曹变蛟勇冠三军，初战告捷。闯王、八大王等部经凤翔趋汧阳、陇州，曹文诏从汉中赶往。当时聚集于静宁、秦安、清水、秦州间的农民军有二十万之多，洪承畴考虑到曹文诏所部加上张全昌、张外嘉所部总共不过六千，显然寡不敌众，便向朝廷告急。在这种情况下，只有按兵不动方是上策。

艾万年阵亡

不料这时出了一件令曹文诏怒不可遏的事——艾万年阵亡。

艾万年是陕西米脂人，由武学生从军，积功至神木参将，崇祯四年随曹文诏征讨点灯子等部，其后又随曹文诏一起东征山西，屡建战功，深为曹文诏所倚重。连年征战精力耗尽，蒙朝廷恩准回家养病，到崇祯八年正月洪承畴要他出山，他不得不力疾上道，随即向皇上送上一本奏疏，直言他大小数十战的经验教训：剿与抚都要合乎机宜。他认为，就剿而言，不患敌多而患敌走，叠嶂重峦都是渊薮，兵未至而敌先逃，所以难灭，原因在于兵太少。当事者并非不知兵少，因为粮饷不足，只得为苟且之计。既然兵力不足，就得审察地利，用正用奇用伏用间，或击首尾，或冲左右，以巧取胜。就抚而言，应该实行坚壁清野之法，困敌于死地，然后才可言抚。因为他们多携妻挈子，无城栅，无辎重，朝秦暮楚，传食中土，以剽掠为生，假如能令附近村屯之粮储火器移入城郭，使其衣食断绝，鸟惊鼠窜，然后选精锐之师据要害予以打击，方可招抚其胁从。

朱由检看了这位行伍出身的将领此种意见，深为嘉许，转给有关部门议行。不久，授予他孤山副总兵之职，戍守平凉。今年正月皇上发出期以六月廓清之旨，到六月份，期限已到，洪承畴不得已急于求成。诸将见众寡悬殊，都自揣不敌，而箭在弦上不得不发。艾万年及副将刘成功、柳国镇，游击王锡命率三千官军，六月十四日到宁州（今宁县）之襄乐，先获小胜，继而农民军伏兵骤起，包围数重，艾万年、柳国镇力战不支而阵亡，刘成功、王锡命负伤而逃。

曹文诏听说艾万年阵亡，气得拔刀砍地，瞋目大骂。洪承畴见他愤踊异常，高兴地说："非将军不足以办此贼，但吾兵已分，无兵可与你策应。将军行，吾将在泾阳、淳化间为将军后劲。"曹文诏带了三千人马从宁州向真宁进发，到真宁的湫头镇一触即战。参将曹变蛟作为前锋，横冲直撞，斩级五百有余，乘胜追击三十里，曹文诏率步兵殿后。孰料中了埋伏，农民军数万骑兵四起合围，飞矢猬集。曹文诏陷入重围后，正巧有帐下士卒被俘，大声对他呼喊："将军救我！"被农民军认出，大喊："此曹总兵！"包围圈愈来愈紧，曹文诏被迫力战，左右跳荡，转斗数里，力屈不支，拔刀自刎。曹文诏一死，洪承畴为之仰天恸哭。报至朝廷后,朱由检也为之痛悼,赠太子太保左都督,赐祭葬,有关部门还为他建祠,春秋致祭,给予了最高的礼遇。

洪承畴折损艾、曹二员骁将,继之又因张全昌叛变,威望大跌。就在这时,卢象昇被朱由检任命为直隶、河南、山东、四川、湖广五省总理,中原战场的重任便落到了卢象昇一人身上。难怪他要再三推辞此职了。

不久,朱由检在为凤阳皇陵震惊而颁发罪己诏时,要求总督洪承畴与总理卢象昇"仰体朕心,共救民命,密约联络,合围大举",并且宣布:总督洪承畴已授尚方宝剑,总理卢象昇亦许便宜行事。卢象昇正督兵行至河南省光山县境内,接到从京里送来的圣旨:"卢象昇才猷敏练,受命总理,一切调度俱许便宜行事。着即同洪承畴协心办贼,务期遵限速奏荡平,以副委任,不得疏辞推卸,致滋延误。"卢象昇没有辜负皇上的厚望,以初战告捷显示了总理的军威。

当时闯王高迎祥等部从华阴南原出朱阳关,进入河南,其他各部也从陕西进抵河南阌乡。高迎祥与久踞灵宝的张献忠会合,齐头并进,东下洛阳、汝宁一带。卢象昇快马加鞭赶往汝宁府城汝阳,见农民军三十余万连营百里,指挥副将李重镇、雷时声在城西三十里突然发起袭击。连战二日,用强弩射杀数千人,迫使高迎祥退去,随后又追击至确山。这两次大胜,扭转了由于艾万年、曹文诏阵亡所带来的诸将畏缩不前的状况。

卢象昇每次临阵都慷慨洒泣,军中断粮三日,卢象昇带头水浆不入口,由此博得将士之心,士气大振。卢象昇并未以小胜而沾沾自喜,在向皇上报告战况时如实指出:"虽连胜,但极艰苦,因为敌马我步,敌众我寡。众贼合之固有十余万,分之亦各有数万。而闯王(高迎祥)又第一称强,谁能当者?臣与督臣(洪承畴)只有剿法,别无堵法;只有战法,别无守法。守则老师匮财,堵则画疆拥毒,非剿荡大局。然而大局必须兵饷全筹,尽督、理专力。"

崇祯九年正月初一日，卢象昇风尘仆仆抵达凤阳，各路将领也都会集于此，磋商军机。会后，他与洪承畴、朱燮元、朱大典、张国维、陈必谦等督抚大臣联名上疏，向皇上恭贺新禧。皇上因皇陵震惊于去年十月初三日斋居武英殿，减膳撤乐，已达三月。现正值新年元旦，督抚大臣请求皇上大驾还宫，恢复平时服饰及膳食，并发誓捐躯效命。

　　卢象昇又单独上疏向皇上陈述对当前军事形势的看法，进而提议：调咸宁甘固等镇边兵归督臣（洪承畴），调蓟辽关宁等镇边兵归理臣（卢象昇），各分五路，不拘秦豫楚直等省，敌分而我亦分，敌合而我亦合。此外，再调川筸滇黔之兵——惯于登山涉隘，以佐骑兵之所不及。在此紧要关头，中外勿惜经费，有司勿惮苦难，各省勿吝饷银，缙绅勿事横议，大家齐心合力促成剿荡大局。朱由检以为他所说都切中机宜，指示兵部调祖宽、李重镇两营关宁铁骑归卢象昇直接指挥。

"今日急务当以收拾人心为本"

　　当卢象昇等恳请皇上大驾还宫时，朱由检正在为朝廷大事而焦虑不安。他在文华殿召见了准备起用的林钎、刘宗周，要他们对当前棘手的难题提供对策。

　　朱由检问林、刘二人："方今人才匮乏，粮饷不敷，流寇猖獗，二臣可奏来！"

　　林钎支支吾吾，不知所云，刘宗周却侃侃而谈，直言不讳。关于人才，他说："天下并不缺乏人才，足以供一代之用，只因皇上求治太急，用法太严，布令太烦，对贤士的进退又过于轻率，才使在事诸臣相率畏罪饰非，做事不肯尽心尽职，所以有人而不能尽人之用，有饷而不能尽饷之用，有将而不能治兵，有兵而不能杀敌。"关于流寇，他说："流寇本是朝廷赤子，如能招抚有道，还为吾民。今日急务当以收拾人心为本，要收拾人心，就应当先放宽对官吏的参罚，因为参罚过重必定导致吏治败坏，吏治败坏必定导致人民流离失所，以致盗贼日起。"

朱由检又问:"兵事如何处置?"

刘宗周虽然满腹经纶,但对兵事毕竟所知甚少,只得说些大道理:"臣闻御外亦以治内为本,内治既修,则远人自服……"

召对完毕,林、刘二人退出,朱由检对站在一边的内阁首辅温体仁谈了他对刘宗周刚才那一番慷慨陈词的评价:"迂哉!宗周之言。"看得出来朱由检依然求治心切,他迫切需要从功利角度上可以立即生效的对策,而不是治国平天下的大道理。刘宗周的话不免有些迂阔的成分,但他要皇上改变求治太急、用法太严、布令太烦、进退太轻的倾向,宽待有司,收拾人心,似乎不能以"迂阔"一言以蔽之。

朱由检认为刘宗周有点迂阔,不过人才难得,所以在传旨林钎入阁的同时,任命刘宗周为工部侍郎。刘宗周以为皇上如此器重,召对时言犹未尽,索性写了一篇长长的奏疏,进一步陈述己见。他写道:"自参罚在钱粮而官愈贪吏愈横赋愈逋;自敲扑繁而民生瘁;自严刑重敛交困天下而盗贼蜂起;自总理任而臣下之功能薄;自监纪遣而封疆之责任轻;自督抚无权而将日懦;自武弁废法而兵日骄;自将懦兵骄而朝廷之威令并穷于督抚;朝廷勒限平贼而行间日杀良民报功。"他把当前内战中将懦兵骄、杀良冒功的腐败风气归咎于委派军务总理、监纪太监的结果,这无异于全盘否定朱由检近年来的施政成绩。

朱由检看了这份奏疏勃然大怒,立即命文书房太监口传圣旨,要内阁辅臣从重票拟惩处刘宗周的意见。等到辅臣所拟之票呈上时,他又犹豫不决起来,一再翻阅刘宗周的疏文,时而起立踱步,苦苦斟酌,最后还是容忍了这位一向直言无忌的儒臣,批示道:"刘宗周素有清名,召来亦多直言。但大臣论事须体国度时,不当效小臣图占地步,尽咎朝廷。如流贼静听其穷,中原岂堪盘踞?烽火照于甘泉,虚文何以撑拄?……以后还宜虚心酌虑,毋自误以误国家。"朱由检并不认为任命卢象昇为五省军务总理有什么过错,也不想采纳招抚之类屡试屡败的做法,寄希望于卢象昇的剿杀。

卢象昇当然知道自身所负重任的分量,更加不遗余力地驰驱疆场。闯王高迎祥等围庐州不克,分道陷含山、和州,进围滁州。卢象昇率总兵祖宽、游击罗岱救援滁州,大战于城东三里桥,斩首领摇天动,农民军连营俱溃。追逐五十里,朱龙关至关山一带积尸填沟委壑,滁水为之不流。农民军北趋凤阳,围寿州,突至颍州、霍州、萧县,遇总兵刘泽清扼守黄河,折返掠考城、仪封而西,另一支由亳州折入归德、永宁,遭总兵祖大乐邀击,又为陈永福所败,然后南下裕州、南阳。卢象昇率祖宽、祖大乐、罗岱大战于七顶山,闯王高迎祥精骑损失殆尽。

卢象昇围剿初见成效

崇祯九年二月十九日,卢象昇赶到南阳,对部将说:"我逐贼至此,诸君努力,无令得逸!"随即命祖大乐趋唐县、新野,守备汝宁;祖宽趋光化,守备邓州;陈必谦绕出镇平往邓州,并派人往襄阳告知湖广巡抚王梦尹、郧阳抚治宋祖舜务必把流寇拦截于汉水之北。卢象昇力图乘胜追击,歼敌于豫楚边界。但是王梦尹、宋祖舜二人庸碌无能又拒不遵命,汉水以南竟不设防,使疲于奔命的农民军得以轻易地从光化县羊皮滩渡过汉水,进入郧阳,从而摆脱了卢象昇的围追堵截。

这时,江北、河南的各部农民军多进入了豫楚边界的大山中,与关中各部遥相呼应。中原战场顿时平静无事,卢象昇的围剿已初见成效。兵部尚书张凤翼以为这是一个极佳时机,向皇上提议:"河南、郧阳、陕西三巡抚各督将士扼防,不让一兵逸出;四川、湖广巡抚则移师边界,听候援剿之命;而督、理二臣(洪、卢)率主力入山围剿,务求全歼。"朱由检批准了这个作战方案,严令洪承畴、卢象昇克期五月荡平,老师费财,督抚以下罪无赦。

祖宽、祖大乐等北方骑兵惯于平原驰骋,不善于山地作战,朝廷要他们入山围剿,使卢象昇陷入窘境。当时农民军大部已进入郧、襄山区,小部二三万仍在内乡、淅川山区,要入山围剿必须先对付内乡、淅川之敌。卢象昇遵旨率军入山，部将却不肯听命，祖宽部刚渡河，五百人哗噪而逃，祖大乐部也动摇不前，经卢象昇百般鼓动之后，才勉强听令，进至党子口，就按兵不动了，欲与李重镇部一起北归。

卢象昇无可奈何，只得向皇上大谈入山搜捕之难：楚豫边界大山绵亘，密箐深林，马不能进。我兵攀木逾崖，日行三四十里，车驴不能运粮，只能每人背米二斗随兵而走，十日粮尽。千兵入山需千人运粮，万兵入山需万人运粮，过期则兵夫同归于尽。这种状况使一向不畏艰险的卢象昇陷入了十分难堪而苦恼的境地，他在一份奏疏中向皇上吐露了心有余而力不足的心情："钦限五月荡平，目今转盼将过，事势既处极难，时日尤虞易逝。不能计日扫除，上慰圣明宵旰，我皇上即以大罪加臣，臣亦何辞之有？"

卢象昇从南阳、邓州驰往襄阳，与湖广巡抚王梦尹商议督剿之事。河南巡抚陈必谦仍在内乡、淅川一带追歼农民军残部。从三月初五至十五日，卢象昇昼夜指挥，以致两眼浮肿一身委顿，也不敢调摄片刻。鉴于均州、谷城、襄阳西北一带，山势险峻陡窄，全是悬崖峭壁羊肠小道，骑兵难行，只得把总兵祖宽、李重镇调往荆州，防守荆襄内地，另调总兵秦翼明、副将杨世恩、雷时声率步兵入山围剿；调总兵祖大乐前往内乡、淅川，配合豫抚夹剿。豫抚陈必谦借口内乡、淅川农民军已遁入周围山区，祖大乐骑兵难驰，况且粮饷困难无法安插，明确表示不欢迎祖大乐前往，建议卢象昇把这支劲旅暂时蓄锐于荆襄地区，伺机而动。卢象昇考虑到祖大乐、祖宽、李重镇在中原屡建战功，现在既难于入山追剿，又不便于坐守分防，请示皇上如何调遣。

朱由检接到卢象昇的报告，一面指示他会剿机宜着同督臣从长区画，相机设奇，联合河南、湖广、陕西、四川、郧阳各巡抚同心协力，速奏荡平，同时指示兵部：辽兵既称难于入山，又不便坐守分防，作何调遣，即日提出方案。兵部议论后答复如下：辽兵骁劲恃在弓马，平原驰击是其所长，今春于江北、河南屡奏大捷。倘若进入山区，马匹不能驰骋，粮料无从转输,理臣踌躇不已。臣部本拟将其调回原镇,恐径行撤回易动摇军心,因此似应密谕理臣相机安排,将关宁兵以换班名义逐步调回。

洪承畴得到这一信息,立即向朝廷提议,把祖宽、李重镇调往陕西。他在给皇上的奏疏中指出:臣现在统领马步官军加上川兵,不过二万人,难以对付陕西境内的闯王、闯将、过天星、满天星、混天星、闯塌天、蝎子块等部十余万之众。既然理臣(卢象昇)担忧边兵入山道险乏食,关中平原旷野正是骑兵用武之地。关宁兵虽疲,但余勇可贾,愿以祖、李二将受臣节制。随即于五月二十八日出关,与卢象昇商议后,联名上疏,利用皇上特许的便宜行事权,在得到皇上批准之前,先调祖宽、李重镇二军随洪承畴西行。祖大乐部未行,先分其军驻洛阳、汝州,扼守内乡、淅川、嵩山、卢氏。

满洲军队突破长城要塞

就在这时,发生了一场意外事变——北方满洲军队突然于六月底突破长城要塞喜峰口南下。七月初三日京城宣布戒严。朱由检命中军李国辅守紫荆关,许进忠守倒马关,张元亨守龙泉关,崔良用守固关。几天后,形势更加吃紧,满洲铁骑攻至皇陵所在地天寿山,进抵昌平,其前锋已达西山。兵部紧急征调山东总兵刘泽清、山西总兵王忠与猛如虎、大同总兵王朴、保定总兵董用文、山永(山海关永平)总兵祖大寿、关宁蓟密各总兵祖大乐、李重镇、马如龙等入援京师。为了统一指挥各路勤王大军,廷臣一致推举卢象昇入卫京师。这一突发事件不仅解决了关宁边兵祖宽、祖大乐、李重镇的去路问题,也使卢象昇摆脱了入山围剿的窘境。

京师戒严后,城内米价陡然猛涨,斗米三百钱。朱由检为如何解决五万勤王军的粮饷而忧虑,在平台召见群臣询问方略。结果,这些饱食终日无所事事的官僚们都言不及义。户部尚书侯恂主张"禁市沽"——

控制粮食买卖,稍微沾一点边,其他的等而下之,一无足采。都察院左都御史唐世济大谈破格用人,兵部尚书张凤翼列举各镇兵数,刑部左侍郎朱大启请求列营城外守御,吏科都给事中颜继祖主张"收养京民细弱"。朱由检面对如此低水平的御前会议,只得调侃说:"如此,莫如捐助为便。"

这次满洲铁骑突破长城关隘直逼京师,着实令朱由检吃惊。自从己巳之变以后,东北边防似乎平静无事,整个朝廷都忙于中原战事,甚至把关宁劲旅也调到了内地,人们好像已忘却了北方虎视眈眈的敌人。满洲军队以如此迅雷不及掩耳之势出现在眼皮底下,暴露了朝廷中枢在军事部署上的致命弱点。惊魂稍定,人们便把谴责的目光投向兵部尚书张凤翼。给事中王家彦以天寿山皇陵震惊为由,上疏弹劾张凤翼坐视不救。这是严重的失职,因为有凤阳皇陵失事的先例,张凤翼惶恐不安,为了逃避指责,向皇上请求出京督师,指挥各路勤王兵,部务由左侍郎王业浩暂时代理。朱由检批准了这一请求,特命太监罗维宁监督通(州)、(天)津、临(清)、德(州)军务,与他配合。对长城关隘负有直接责任的宣大总督梁廷栋,朱由检命他戴罪入援。张、罗、梁三人本应互为犄角,击退来犯之敌。然而这三个都是怕死鬼,在满洲铁骑卷起的狂飙面前,畏缩退却,不敢言战。于是,宝坻、顺义、文安、永清、雄安、肃县、定兴、安州、定州相继失守。

对于如此出京督师的张凤翼,言官们的弹劾奏疏雪片似的飞到了皇上的御案上。张凤翼既怕打仗,又怕遭到皇上惩处,惶惶不可终日,不禁想起当年己巳之变兵部尚书王洽因失职而下狱处死的往事,自知不免一死,于是采取一种慢性自杀方法——每天服食少量大黄,致使病情日重一日。八月二十九日敌兵退出长城,九月初张凤翼就一命呜呼,逃避了下狱处死的难关,以后议罪时不过剥夺官职而已。不久,梁廷栋也如法炮制,自杀身亡。法司原本议定罪当大辟,因为已死,不予追究。

这两个怯懦大臣之死,实在是死有余辜。此次事变,与中原战场一波三折,同样是朝政腐败的必然结果,应当承担责任的固然逃不了宣大总督、兵部尚书,而操政府大权的内阁首辅似乎也难以辞其咎。对此,一向无所顾忌的前工部侍郎刘宗周(已辞官,在天津养病)坦然向皇上进言,指出今日之祸(指京师危急)政府有不可推卸的责任。首先,兵部尚书张凤翼溺职中枢,一旦胡骑闯入,侦探无闻,调援不速,几乎束手待毙。其次,败事之后,不闻政府有人出面主持,兵科有人出面封驳,当事诸臣不得辞其责。

刘宗周以一种宏观的思路分析祸变的酿成非一朝一夕,可以追溯到己巳之变。"何以故?己巳之变袁崇焕误国,小人借此以修门户之怨,异己者一概斥为袁崇焕一党而予以惩处,小人进而君子退,中官用事而外廷浸疏。皇上恶私交,而臣下多以告讦进;皇上录清节,而臣下多以曲谨容;皇上崇励精,而臣下奔走承顺以为恭;皇上尚综核,而臣下琐屑吹求以示察。观其用心,无不出于身家利禄。皇上不察而用之,则聚天下之小人立于朝。"刘宗周这一席话,除了指责充斥于朝廷的小人之外,也在批评皇上用人不察。为了不使锋芒过于毕露,他在奏疏末尾说,由于廷臣不敢说,皇上无从知晓。然后笔锋一转,毫不客气地直刺温体仁:"呜呼!八年之间,谁秉国成而至于是?臣不能为首揆(首辅)温体仁解矣!《诗》曰:'谁生厉阶,至今为梗。'温体仁之谓也!"

这些话柔中带刚,使温体仁无以卸肩又难以自辩。刘宗周所谓祸酿于己巳之变,并非故作惊人之笔,史家也有这样的评论:"上性好自大,又激于己巳之役,藏怒不解。廷臣自好者,耻言输平;容悦者以大言逢君,皆不虑国事。"张凤翼做了多年兵部尚书并不是因为他有什么才干,而是因为他巧猾能迎上意。温体仁何尝不是如此?张凤翼畏罪自杀,值得朱由检深长思之;刘宗周的逆耳忠言,也值得他细细咀嚼。然而他并没有这样做,当温体仁上疏为自己辩解并极力诋毁刘宗周时,朱由检明显偏袒温体仁,把刘宗周斥革为民。这就预示着将来还会出现类似的祸变,暂且按下不表。

却说卢象昇正征战至郧西,九月二十二日突然接到皇上的诏书:"卢象昇仍以兵部左侍郎兼都察院右金都御史,总督宣大山西等处地方军务,兼理粮饷。写敕与他,着星速到任料理,不得少延。"卢象昇奉旨后恭请赴京陛见皇上,二十八日吏兵二部传来皇上圣旨:"知道了,卢象昇已膺新命,着遵旨星速赴任料理,不必陛见。"卢象昇立即星夜兼程赶往宣大受事,于十月初一日在居庸关恭设香案,望阙叩头谢恩。十月初五日上疏向皇上表明决心:"今日事势莫急于边防,御房机宜莫急于宣大。……从此而劳怨不敢避也,虚文不敢袭也,一切弥缝粉饰之事、苟且目前之计不敢为。唯当刻刻图维,事事实做,以报皇上简任之隆恩。"

卢象昇留下的五省总理的空缺由兵部右侍郎王家祯顶替。在交割之际,他不仅为自己近一年的总理任期中的仓皇拮据感慨系之,也为新任总理王家祯苦于无应手之兵而顾虑不已。卢象昇的这种担心并非多余,从表面看来,中原一时无事,正如吴伟业所说:"自象昇归朝,关兵回镇,贼亦大举入秦,中原不以殄寇为事。"但王家祯实乃庸碌之辈,无法与卢象昇相比,只是潜伏着的危机隐而不显罢了。朱由检的这一人事调动,在加强北方边疆的同时,却疏忽了中原的这种潜在危机。《明史·卢象昇传》说,卢象昇既行,"贼遂大逞,骎骎乎不可复制矣"。而卢象昇在宣大总督任上却无所施展,空怀壮志。

三、孙传庭"设伏出奇,具见调度"

新任陕西巡抚孙传庭

卢象昇调任宣大总督以后,东西夹剿的局面已不复存在,洪承畴有点孤掌难鸣了。不过新任陕西巡抚孙传庭与他配合默契,上任不到半年,就在陕西盩厔黑水峪生擒闯王高迎祥,成为崇祯九年朱由检最为兴奋的一件大事。

孙传庭,字伯雅,一字白谷,山西代州(今代县)人,万历四十七年进士,授永城知县,以才干卓著调任商丘知县。天启初擢为吏部验封司主事、稽勋司郎中,因不满于魏忠贤专政,请假归奉嬬母,危坐读书。直至崇祯八年秋才复出,任吏部验封司郎中、顺天府丞。这位山西边关汉子仪表顾硕,身长七尺二寸,沉毅而多筹略,对于近年来用兵迄无胜算,扼腕叹息,慷慨谈兵,颇有澄清天下之志。

当时的陕西巡抚甘学阔是个白痴式的角色,专门干出一些不可思议的怪诞事情。身为巡抚不会调兵遣将姑且不论,一听敌军难以抵挡立即慌忙逃跑,在城楼上观战吓得不敢睁眼!对于如此这般"不知人事,举动为笑"的巡抚大人,陕西的黎民百姓实在难以承受,纷纷向朝廷告状,巡按御史钱守谦也上疏弹劾。朱由检见此情景,于崇祯九年三月罢免甘学阔,任命孙传庭为陕西巡抚。据说那班尸位素餐的京官们对于到陕西这个危险地方去当官都扪舌回避,视为畏途,孙传庭却谈笑风生,欣然受命。

对于这样一位被廷臣推为"边才"的人物,朱由检很想见上一面,便择日在便殿召见了他,对他期勉、慰藉犹如家人一般,气氛极为融洽。寒暄过后,孙传庭谈到了他思虑已久的陕西兵员不足问题,面奏道:以往陕西的军队都宿卫边镇,而陕西巡抚专治腹地,不必为兵力多少而烦恼。如今形势大变,陕西境内到处有流寇,臣恐怕难以徒手扑强敌。朱由检一边倾听一边不断皱眉,答道:筹措军队难,筹措军饷更难。朕给你今年饷银六万两,以后得由你自行设法筹措,朝廷不加干预。

孙传庭得到皇上的承诺,一到陕西就为此采取有力措施,整顿早已名存实亡的卫所屯田。每年收入屯课银十四万五千两、米麦一万三千五百石,以此召募训练了一支劲旅。这种自给自足的方法,孙传庭称为"以秦兵卫秦地,以秦饷养秦兵"。只要有此兵有此饷,悉心料理,自可支撑防击。原先陕西巡抚手下标兵的军饷一向由户部拨派,实行此法后不再仰求于户部。朱由检对此褒奖备至,评价为"裕饷足兵,孙传庭具见实心任事",要各地巡抚学习陕西的榜样,以解决棘手的兵与饷两大难题。

孙传庭上任之初,数以十万计的农民军在卢象昇的追剿下由豫楚边界重返陕西,他面临的任务是艰巨异常的。

"生擒闯王高迎祥"

这支队伍中的最强者就是闯王高迎祥,无论是洪承畴抑或是卢象昇,都对他自觉不自觉地流露出某种恐惧心理。早在崇祯九年正月,闯王等部进攻滁州时,兵科给事中常自裕就向皇上明确指出:"流寇渠魁数十,最强无过闯王。"其理由有三:第一,所部多番汉降丁,坚甲铁骑,将卒亡命,锐不可当;第二,行军有部伍,纪律肃然不乱,悍不可当;第三,对敌有冲锋有埋伏,奇正而合于兵法,攻无不破,狡不可当。

常自裕这个专门以纠弹兵部官员为职责的言官,毫不客气地向皇上指摘洪承畴、卢象昇畏惧闯王,回避不战——闯王原先在关中,盘踞泾阳、三原一带,洪承畴故意视而不见,逡巡于华阴、渭南之间;闯王进攻扶风,破城后从容离去,洪承畴仍悠游于咸阳渭水之南,始终不敢靠近,不敢正面较量。他反诘道:"说总督(洪承畴)不是在回避闯王的锋芒,谁能相信?"接着笔锋一转,又指向了卢象昇:"如今闯王在河南,直趋汝宁、上蔡,卢象昇却反其道而行之,前往叶县、泌阳之间;去年十二月九日闯王攻破光州(今潢川)南城,卢象昇还驻扎于信阳。在这种情况下,即使天天报捷,不过是别营小股,丝毫无损于主力——闯王。"

有鉴于此,这位言官以军事专家的姿态分析形势后,郑重指出要抓住主要矛盾:蔓延于陕西宜川、鄜州、延安一带的不过是闯将(李自成)一股,数量不多,可以专责陕西巡抚去对付;河南灵宝、阌乡、卢氏、永宁一带也只有老回回(马守应)等数营,人马虽多但不精锐,可以专责河南巡抚去对付。要总督洪承畴、总理卢象昇腾出手来集中全力去对付闯王:洪承畴率边兵川兵二万出关,由汝州(今临汝)、鲁山疾趋光州、固始，堵截其返回河南之路；卢象昇率关兵、算兵二万由颍州直奔舒城、六安，以堵截其前锋向东南挺进之路；同时要凤阳巡抚朱大典、应天巡抚张国维、湖广巡抚王梦尹从三面包抄，展开一场歼灭闯王的决战。

事实表明，常自裕的分析是正确的，闯王高迎祥确实是当时农民军中实力最强最骁勇善战的主力，所以朝廷视为"渠魁"，加以围剿。卢象昇为了证明自己并不怯敌，崇祯九年正月至三月一直把闯王作为重点进攻对象，从滁州一直打到裕州、确山，由于祖大乐、祖宽父子的关宁铁骑的拼搏，取得一些可观的战果，但是他还是如实地承认仗打得很艰苦："众贼合之固有十余万，分之亦各有数万。而闯王又第一称强，谁能当者？豫楚必将鼎沸矣！"

卢象昇本拟指挥祖大乐、祖宽、陈必谦、王梦尹、宋祖舜等分兵合围，一举把闯王歼于中原战场。闯王毕竟不是等闲之辈，选择在包围圈的薄弱环节——王梦尹、宋祖舜所扼守的汉水一线突破，从郧阳的舞阳河、均州的沙营、光化的羊皮滩渡过汉水，进入郧阳、襄阳山区，又由此进入陕西南部，连克兴安、汉阴、石泉等地，威胁汉中府城。

这样，对付闯王的重任便落到了洪承畴、孙传庭身上。洪与孙分工：洪专注于陕北的闯将李自成等部，孙专注于陕南的闯王高迎祥等部。洪承畴眼看闯王等部横行于陕南，孙传庭的兵力不足以遏制，一面抽调总兵柳绍宗前往支援，一面向朝廷告急：闯王等数十万之众，非三千官兵所能制，急盼调拨援军入陕。孙传庭却显得镇定自若，坐镇西安，专注汉中。

闯王见汉中有重兵把守，无法通过栈道北上，便另选汉中东面的石泉出子午谷。子午谷位于石泉北面，中有子午水，西邻黑水峪，有小道可通西安。闯王意在乘虚袭击省城西安，以摆脱围困。孙传庭早有预料，在西安西面的盩厔东南的黑水峪布置伏兵。孙传庭判断闯王长途跋涉又逢连日大雨滂沱，人马疲惫不堪，扼守于此，可收以逸待劳之功。

此时孙传庭士气正旺，他训练军队，严肃军纪，征发期会一律按军法从事,上任不到一个月,就指挥副将罗尚文奇袭屯聚于商雒的整齐王,阵斩之。六月十九日他把这一消息用塘报飞送兵部,朱由检获悉捷报后,立即下旨嘉奖:"据报设伏出奇,歼渠斩级,具见该抚调度,将士用命,有功员役及伤亡官兵,查明叙恤。余党乞抚是否确情?还着详察诚伪,相机操纵,并别股既称势孤党涣,亟宜鼓锐歼扫。"朱由检所说的"别股",其实有大小十几部,其中以闯王高迎祥最强,蝎子块拓养坤人马最多。

得到皇上调度有方的嘉奖以及要他乘胜鼓锐歼扫别股的旨意,孙传庭信心十足地在黑水峪摆开了决战的架势,选择诸部中实力最强的闯王作为对手,以求一举取胜后其余各部可不战而降。

七月中旬,闯王高迎祥果然出现在盩厔县的黑水峪,进入了孙传庭的伏击圈,双方展开了连续四天的激战。连日不停的大雨,使闯王所部人困马乏,饥饿交加。黑水峪本是荒山野谷,人烟稀少,粮饷断绝,数以万计的人马陷于半僵饿状态,战斗力丧失殆尽,经过四天激战溃不成军。闯王高迎祥因病卧躺于山洞中,经人指认,被孙传庭的军队俘虏。同时被俘的还有闯王的领哨黄龙、总管刘哲等人。关于高迎祥的被俘另有一说:在官军包围圈越来越小时,闯王部将干公鸡张二、一斗谷黄龙等向贺人龙洽降,并在闯王下马张弓之际牵走其坐骑,致使闯王被俘。

大战烟消云散,七月二十日孙传庭会同洪承畴联名向北京发去奏捷塘报,向朝廷报告生擒闯王高迎祥的好消息。朱由检从兵部传来的题本中得到这一消息,大喜过望,立即降旨予以褒奖:"据报,生擒闯贼及领哨各目,具见督抚调度,将士用命,着即查明叙赉。"同时指示孙传庭:"贼势已溃,余孽尚在,仍着一面相机剿散,立奏廓清,毋再致逋逃。"

七月二十七日,孙传庭再次会同洪承畴奏报详细战况:此次战役,孙传庭率手下标兵先战,挫其锋芒,对方战败后退入山中。孙传庭再督官兵穷追力战,终于生擒闯王等人,其部下人马或歼或逃。皇上向孙传庭发去圣旨,除了重申嘉奖有功人员以示鼓励之外,特别强调:闯王等人押解北京,沿途拨兵严防,毋致疏虞。

九月十九日,孙传庭遵照皇上的圣旨,选派官兵押解闯王等前往北京。为了表彰洪承畴、孙传庭的功劳,皇上下旨:"鼇屋剿贼功次,既经核议,洪承畴、孙传庭着各先加一级,仍俟事平汇叙。"

"三胜之气,坐此沮索"

黑水峪之战闯王惨败,残部突围后由其弟中斗星高迎恩率领退向汉中一带,其余残部过天星张天琳等突围至汧阳、陇山,由闯将李自成收编。农民军中最强的一支武装力量至此不复存在,不能不说是孙传庭出任陕西巡抚以来最大的胜利,在朝廷上下引起了轰动。朱由检下令把闯王等人押解北京处决,力图借此造成一种威慑气氛,以期收到事半功倍的效果。情况也确实如此,闯王的战败与被俘,在农民军中引起强烈的震撼,其连锁反应是与闯王齐名的蝎子块、张妙手的斗志瓦解,纷纷投降。

早在五月,朱由检就颁发诏书,宣布"大赦豫陕胁从群盗",其目的无非与围剿相结合,分化瓦解农民军。诏书写道:

> 朕仰承天道,俯御万方,念此军民,谁非赤子?止因官贪吏狡,年岁凶荒,致饥寒所迫,甘作非为,一二无知,渐至胁从遂众。……目今在豫者已困饥深山,在陕者零星窜伏。行将大兵加剿,必定玉石难分。虽指示生路,犹恐各官举行未善。若辈猜惧多端,或疑将领计诱杀降,或疑有司分别看待,或虑日后奸棍诈害,或虑目下生业消亡。种种深情,良可矜悯。为此再颁赦书,遣官驰谕,各抚按大书榜示,从俗开导:如有悔罪投诚,弃邪归正,即称救回难民,逐一查明籍贯,本地编入保甲,在各省分起护归。各安井里之乐,永消反侧之心。

孙传庭在黑水峪大捷后,遵照皇上的大赦诏书开展宣传攻势,大棒与胡萝卜两手并举,果然奏效。九月初,蝎子块、张妙手等人唯恐遭到闯王同样的下场,从徽州(今徽县)、秦州(今天水)赶往凤翔,向孙传庭乞求招抚。孙传庭接见了他们,并向他们宣读皇上的诏书,蝎子块、张妙手不停地叩头,感激涕零。当夜张妙手就率众投降。

九月初六日,孙传庭把他遵照大赦诏书进行招抚的事报告了皇上,皇上批示:"奏内遵诏行抚,及张文耀(张妙手本名)归顺情形,知道了。还着同该督(洪承畴)相机操纵,亟图戡定。"蝎子块在张妙手投降后,多次写信给孙传庭,盼抚心切,遵从孙传庭"遣散伙党"的条件,亲率头目十二人到西安乞降。崇祯十年三月十三日,孙传庭把此事上报,皇上批示:"据奏,拓养坤(蝎子块本名)输诚投抚,已经安插,知道了。解散余党,仍着地方官加意绥辑,永消瑕衅。效劳各官,准与查核叙录。"孙传庭把蝎子块及其所部士兵改编成巡抚标兵一旅,予以安插。

不久,总兵张全昌因有叛变迹象被捕,蝎子块先前曾与张全昌交往密切,听说要追究张全昌辱国之罪,对大赦顿生怀疑。他的心腹黄巢又再三劝诱反水,于是乘发防河南之机,在华阴县劫持部众西奔。孙传庭在关门闻变,立即派遣亲信内役赶往蝎子块营地,授计降丁次夜杀死蝎子块,并把黄巢缚归正法。至此,一向与闯王驰骋中原的蝎子块这支拥有数万人马的军队,完全瓦解了。这是孙传庭出任陕西巡抚的第二个大胜利。

孙传庭乘黑水峪大捷之余勇,在渭南又打了一个胜仗,使河南的农民军感到震慑而不敢西向;然后又在咸阳北原大胜,使陕西的农民军不敢窥泾川以摇西安。于是乎,巡抚孙传庭的威名与总督洪承畴不相上下了。

不料此时内部出了不大不小的麻烦。陕西的军队一向骄横剽悍,毫无纪律可言,总督、巡抚仰赖他们打仗,不得不姑息吞声。孙传庭新官上任三把火,严格军令军纪,以法治军的结果激起将领与士兵的不满。崇祯十年正月十八日夜半,正在商雒道中征战的许忠、刘应杰哗变,占领蓝田县,抢掠仓库,释放囚犯,与农民军混十万马进忠部联合,与官军大打出手。总兵左光先、曹变蛟正在向西追击过天星,得到消息赶忙回头驰往咸阳,许忠、刘应杰与混十万取道渭南逃去。

孙传庭只得上疏自我检讨,并以兵逃伍缺为忧。朱由检以为士兵哗变事出仓促,不追究孙传庭的责任,只是责成陕西巡按查清后报告。为了弥补陕兵不足,朱由检命京师戒严时勤王入卫的四千川兵划归孙传庭。即使如此,孙传庭的锐气已经受到很大挫折,正如吴伟业所说:"三胜之气,坐此沮索。"

四、"恨用卿晚":杨嗣昌复出

起复杨嗣昌为兵部尚书

兵部尚书张凤翼畏罪自杀后,朱由检环顾廷臣,无一人通晓军事,可堪中枢之任,便想起前宣大总督、现丁忧在家的杨嗣昌,不经廷推,径直下旨起复杨嗣昌为兵部尚书。

杨嗣昌,字文弱,号子微,湖广常德府武陵县人,万历三十八年进士,历任杭州府儒学教授、南京国子监博士、户部清吏司主事员外郎。天启二年回籍养病,崇祯元年起用为河南按察司副使、分巡河南兵备道,后调任山海关内兵备道、山永巡抚。崇祯七年以兵部右侍郎兼都察院右佥都御史总督宣大山西等处地方军务。杨嗣昌鉴于父亲杨鹤在陕西招抚获罪遣戍袁州,不忍拜受此官。

朱由检不因为其父获罪而作他想,认为他颇有军事才能,可以当此重任,要他不必推辞。发去的圣旨如此写道:"三镇总督重任,杨嗣昌边略熟娴,特兹简畀,着祗遵成命,作速赴任料理,不必逊辞。"杨嗣昌赴任后,六次上疏陈述边事,多所规划,朱由检以为异才可用。不久,杨鹤去世,杨嗣昌丁忧辞官,又遭继母之丧,长期在家守孝。接到皇上要他起复的圣旨,他三次上疏恳辞,皇上不许,于崇祯十年三月遵旨抵京赴任。

杨嗣昌居丧期间,闲来无事,广泛涉猎文献,对前朝掌故了如指掌,又一向工于笔札,富有辩才。朱由检召见时,他侃侃而谈,才思阔达,大异于前此兵部尚书那种木讷卑微的样子。朱由检视为能臣,每次召对都大大超过规定时间,几乎言听计从,激动得拍案叫绝,叹道:"恨用卿晚!"

皇上如此赏识,令杨嗣昌感恩戴德,于是充分调动学识与辩才,接连向皇上陈述他关于治国平天下的主张,提出了深思熟虑的摆脱内外交困的三大方针:

第一,必先安内然后才能攘外;

第二,必先足食然后才能足兵;

第三,必先保民然后才能荡寇。

这三点可以说是杨嗣昌的施政纲领,以后他向皇上提出的一系列建议都是围绕这个纲领展开的。

"必先安内然后才能攘外"

关于必安内方可攘外,其实是一个传统话题。远的且不说,万历朝的政治家张居正也曾说:"欲攘外者必先安内。"不过此时此刻杨嗣昌郑重其事地提出来,并非套话空话,而是有着强烈的现实意义:崇祯二年与崇祯九年满洲武装两次南下所构成的外患,与正在蔓延的流寇驰骋中原的内忧,两者之间孰重孰轻孰先孰后,这是在战略上无法回避的大事,也是兵部尚书决策的重要依据。在当时不少有识之士看来,必须首先解决内忧才能排除外患。早在一年之前,兵科都给事中颜继祖就向皇上提出六项当务之急:一、劝廉须养廉;二、足兵宜足食;三、灭奴先灭寇;四、赈食兼赈耕;五、安民勿扰民;六、遴才贵因才。其中二、三、五点与杨嗣昌所说三大方针有惊人的相似之处。

不过从批示中可以看到,皇上关注的恰恰是养廉、赈耕、因才,原因就在于颜继祖在谈足兵宜足食、灭奴先灭寇时,似乎过于空洞不着边际。例如,颜继祖对灭奴先灭寇作这样的分析:逆奴固然应该征讨,但尚隔藩篱,而流寇已直逼堂奥;逆奴不过是疥癣之疾,而流寇已是膏肓之祟;逆奴非我属类,流寇本吾赤子,竟敢僭越称王,蹂躏祖陵,其祸更速。为今之计,必须专心剪除,而养全力以制奴。

杨嗣昌则不然,不仅提出了方针,而且辅之以具体实施方案。就"攘外必先安内"而言,几天后他再次上疏时作了深入的展开与阐明,分析得颇有力度,使颜继祖的泛泛而谈相形见绌。杨嗣昌从皇上起用他为兵部尚书的圣旨中提及"安边荡寇"四字谈起,向皇上表示了不同见解:"皇上似乎以安边第一,荡寇次之,微臣以为必安内方可攘外。"

开宗明义就不同凡响,一下子抓住了皇上的思绪。然后他再细细剖析:窃以为天下大势譬如人身,京师是头脑,宣大蓟辽等边镇是肩臂,黄河以南大江以北中原大地是腹心。现在的形势是,边境烽火出现于肩臂之外,乘之甚急;流寇祸乱于腹心之内,中之甚深。急者固然不可缓图,而深者更不容忽视。腹心流毒,脏腑溃痈,精血日就枯干,肢骸徒有肤革,形势十分危急。所以臣说必安内方可攘外,并非缓言攘外,正因为攘外至急,才不得不先安内。如果不带成见偏见,设身处地从明王朝的视角观察时局,杨嗣昌所阐述的攘外必先安内方针,实在是当时唯一可取的选择。

关于必足食然后足兵,这也是传统话题,孔夫子就给后人留下了关于足食足兵的语录。不过杨嗣昌提出这个话题的目的不是为了追究孔子的原意,而是为他的"四正六隅,十面张网"的战略方案提供足够的兵力与军饷保障。这比颜继祖所说的"足兵宜足食"要高明多了。因为颜继祖只是谈了一通士兵一日不吃饭就饥饿、用其命而饿其腹谁能甘心之类的大道理,拿不出什么具体解决措施。杨嗣昌不仅指出了问题的所在,而且提出了周密的方案来解决困扰朝廷多年的缺兵缺饷的疑难顽症。为了满足军事需要,他向皇上提议:增兵十二万,增饷(银)二百八十万两。

增加兵力早已迫在眉睫。在此之前，总督洪承畴、总理卢象昇都不止一次地向皇上指出敌强我弱的问题——与流寇的优势兵力相比，官军处于下风，而且在军队构成上前者是马七步三，后者步七马三，劣势更甚。为了扭转这一劣势，杨嗣昌建议增兵十二万（包括凤阳、泗州、承天祖陵一万，总督与总理各三万，凤阳、陕西巡抚各一万，湖广、河南巡抚各一万五千），其中步兵八万四千，骑兵三万六千，每年需开支饷银二百八十万两。

增兵的主要障碍是增饷。自从万历四十六年因为辽东战争开征辽饷二百万两以来，万历四十七年加派辽饷四百万两，万历四十八年加派辽饷五百万两，崇祯三年加派辽饷六百八十万两。这笔庞大的赋税加派，对于百姓而言已苦不堪言，对于辽东战争仍有杯水车薪之感。何况随着内地战争的大规模展开，又增添了一个硕大无比的填不满的漏洞，皇上多次专门召开御前会议寻求良策，没有一个大臣提出过可以操作的解决方案。只有杨嗣昌敢于从"安内第一"的高度提出加征用于内战的军饷——因为它用于剿灭流寇故而称为"剿饷"——其征收办法是四个途径：均输、溢地、寄学监生事例、驿递。

所谓"均输"，即按耕地面积平均摊派，每田一亩，派米六合，每米一石，折银八钱，仅此一项每年可征银一百九十余万两。

所谓"溢地"，是指从万历六年至十一年全国性耕地面积清丈后新增耕地，以前加派辽饷时没有作为摊派对象，此次一并加派，估计可增银四十万两。

所谓"寄学监生事例"，是出卖国子监（国立大学）学生的学历文凭，为纨绔子弟开辟一条用金钱当跳板踏入仕途的捷径，这笔收入难以准确估计。

所谓"驿递"，是在裁减驿站后节省的开支中每年拨出二十万两充作军饷。

对于建议加派剿饷的杨嗣昌,在明朝灭亡后,不少遗老遗少都予以严厉的抨击,斥之为导致明亡的罪魁祸首。彭孙贻就是一个代表,他说:"兵兴以来,辽饷、练饷计亩日增,民蹙蹙靡所骋,嗣昌复进均输之说,以重困吾民。是以胥天下而驱为盗也。""嗣昌憸夫哉,一言而亡国。"说杨嗣昌"一言而亡国",实在是过于偏激的不实之辞。彭氏认为最好的办法莫过于开展军队屯田(恢复早已名存实亡的卫所屯田),可以达到不加赋而兵自足的目的。这种理想主义色彩浓厚的方案在当时兵荒马乱的情况下,其实并无多大的可行性,况且远水解不了近渴。作为一个应急措施,开征剿饷是无可奈何的选择,舍此别无他法。正如邹漪所说:"……至以加饷殃民为武陵(指杨嗣昌)罪,则剿寇需兵,用兵需饷,前督师卢象昇已建议请行矣。后之君子未尝设身处地,而苛求不已,恐未可为定论也!"邹漪也是明末遗民,却没有偏激情绪,他所说的这段话堪称持平之论。

"四正六隅,十面张网"

朱由检在批准杨嗣昌的方案之前,曾召集文武大臣商议过多次,别无良策。崇祯十年四月二十七日他在一次御前会议上,对大臣们吐露了内心的苦闷:"去岁谕令勋戚之家捐助,至今抗拒,全无急公体国之心。就是省直乡绅也不捐助。及至贼来,都为他所有了。怎么这等愚?"他责问大臣们:"贼定要大剿,定要用大兵。只是钱粮若不出于民间,就该发帑藏了。目今帑藏空虚。因粮与加派无异,前查约数若干,限二月内奏夺,如何不见奏来?"透过皇上的话语,人们依稀可以窥见当朝的内阁五府六部等衮衮诸公都不肯为国分忧动脑筋想办法,无怪乎皇上要对与众不同的杨嗣昌如此器重了。

在这天的御前会议上,皇上与杨嗣昌探讨了动用各省税粮的"存留"(地方财政)来解决军饷的可能性。他对杨嗣昌说:朕看过赋税账目,各地存留数目不小,是否可以借用一年充作军饷? 杨嗣昌曾在户部任过职,对情况十分熟悉,解释道:各地存留钱粮,除开支官吏师生俸廪外,大多用于宗藩俸禄。朱由检插话说:恐怕不止宗禄一项?杨嗣昌说:其次就是地方军饷,也就是各地用于防海、防江、防倭、防矿(矿盗)等项开支。朱由检插话:恐怕还有其他各项吧?杨嗣昌答:自辽东战事以来,各地抽扣、搜括、捐助都从存留中开支,如今虽有此剩余,但已无济于大事。因此要想在"存留"上动脑筋的可能性几乎等于零。

既然皇亲国戚、官僚乡绅不肯捐助,国库空空如也,地方财政也捉襟见肘,除了加派赋税还有什么办法呢?几经踌躇之后,皇上终于批准了杨嗣昌的建议,于崇祯十年闰四月以诏书形式宣布在全国加征剿饷。诏书如此写道:

> 流寇蔓延,生民涂炭已极。不集兵会剿,贼不能速除;不多措钱粮,兵不能大举。帑藏匮绌,设处无方,廷议改因粮为均输,暂累吾民一年,除此心腹大患。筹思再四,万非得已。所虑有司奉行未善,勒扣耗羡;衙蠹里甲乘机作奸;公家仅输一分,穷民已剥数倍。今责成所在抚按,大张榜示,备述朝廷为民除贼至意,严行戒饬,详加劝谕。贫富遵纳,好义乐输,剿功告成,一体叙录。如有多征需索,参拿惩究。毋得徇情曲庇,漏重摘轻。违者抚按定行追论,各照道里远近,勒限奉行回奏。

杨嗣昌增兵增饷的目的是为了实行"四正六隅,十面张网"的围剿计划。根据杨嗣昌的计划,陕西、河南、湖广、凤阳为四正,要这四处的巡抚分任剿而专任防——以剿为主以防为辅;延绥、山西、山东、应天、江西、四川为六隅,要这六处的巡抚时分防而时协剿——以防为主以剿为辅:这四正六隅合起来就是十面之网。假如流寇在陕西,那么陕西、四川、湖广、河南、延绥、山西各巡抚张网六面合围,总理入关与总督会剿;假如流寇在河南,那么河南、湖广、凤阳、应天、山西、山东各巡抚张网六面合围,而总督出关与总理会剿;假如流寇在湖广,那么湖广、河南、陕西、四川、应天、凤阳、江西各巡抚张网七面,而总督、总理都入江北会剿。总之,总督、总理是随敌剿杀,各巡抚是四面合围,不论主战场在何地,都要布下一个罗网——这就是"十面张网"的战略意图。皇上对于杨嗣昌如此周到缜密的战略方案十分欣赏,欣然说:"非卿莫能办之也!"

熊文灿出任五省总理

新任五省军务总理王家祯是个庸才,根本无法和他的前任卢象昇相提并论,要他与总督洪承畴一起合力围剿,担当十面张网的主角,显然勉为其难。杨嗣昌从大局考虑,向皇上推荐现任两广总督兼广东巡抚熊文灿继任此职。

熊文灿,贵州永宁州(今晴隆)人,万历三十五年进士,自诩知兵,也确实露过两手。崇祯初,在福建巡抚任上招降了海盗郑芝龙,并仰赖郑芝龙的力量平定了沿海巨寇,因而在崇祯五年升为兵部右侍郎兼右金都御史,总督两广军务兼巡抚广东,又平定了海盗刘香。熊文灿功成名就之后,谋求久镇岭南,便以他在闽粤搜括来的财富贿赂朝中权要。一时间,熊文灿在朝廷上下声誉鹊起。朱由检对此将信将疑,一则不相信海盗刘香已死,二则不了解熊文灿的为人,怀疑颂誉熊文灿的大僚们大概是饱受贿赂之故,于是派亲信太监假借前往广西采办珠宝之名觇视熊文灿。机敏过人的熊文灿岂肯坐失这一难得的结交内官的良机,赠以厚礼,留饮十日,博得了对方的好感。

一日宴饮,太监偶尔谈到中原战乱,感叹无人能为朝廷尽力。熊文灿酒酣气益振,击案大骂:"此行间诸臣误国,若文灿往,断不至于如此!"太监一听,正中下怀,立刻站起来坦言相告:"实不相瞒,吾并非来广西采办,乃衔皇上之命前来觇视。现在相信,公有当世之才,非公不足了此事!吾回朝复命后,朝廷将召你当此重任。"熊文灿一听,懊悔方才酒后失言。他追求的是久镇两广当太平官,并不想到中原战场去拼命,刚才的豪言壮语不过是逢场作戏,不料这太监却当了真。于是他赶紧急转弯,大谈"五难四不可",寻找借口为自己摆脱困境。太监笑道:"此数事(即五难四不可),吾见皇上时当代为禀明,若皇上通行无所吝啬,公亦不得再推辞。"熊文灿自知理屈词穷,只得勉强答应。太监回朝后,一一禀告皇上,皇上颇有起用熊文灿之意。

却说熊文灿昔年侨寓蕲水时,与礼部侍郎姚明恭结为姻戚。姚明恭又与杨嗣昌关系密切,得知这位新任兵部尚书颇受皇上器重,急于平定内乱,企求一人协助,便向杨嗣昌推荐熊文灿,说:"文灿才干已引起皇上注意,此人有内援,可荐!"于是杨嗣昌便向皇上推荐熊文灿:"臣思总理一官,与总督专任剿杀,须得饶有胆智临机应变之才,非现任两广总督熊文灿不可!"朱由检早有此意,欣然同意,便任命熊文灿以兵部尚书衔兼右副都御史,代王家祯出任五省军务总理。

熊文灿接到诏令后,一边向皇上提请把左良玉的六千精兵归自己直辖,一边在广东招募精习火器的士兵二千人作为自己的护卫,从广东北上赴任。途经庐山,拜谒了好友空隐和尚,向他讨教此去前途吉凶。两人展开了这样一场对话:

空隐问明来意后,直率地说:"熊公错了!"

熊文灿屏退左右问道:"何以故?"

空隐反问:"熊公自度所统将兵,足以制敌死命否?"

熊答:"不能。"

又问:"那么诸将有否可嘱托大事、独当一面、不烦指挥可定大局者?"

答:"也不知如何。"

空隐说:"熊公手下诸将这两者都办不到,皇上特地授予你如此名位,寄以厚望,而且限定时日,一旦没有成效,恐怕祸将及身!"

熊文灿伫立良久,问:"吾欲招抚,如何?"

空隐答:"吾早料定熊公之策必出于招抚。招抚固然可行,但流寇

296

非海寇可比,你要慎重!"

熊文灿听罢,长跪于佛像前祈祷:"如得无恙,愿以余年皈依佛门。"

这场会见,为熊文灿出任总理笼罩了一层阴影,前途凶多吉少,日后他乞灵于招抚,其故盖出于此。

熊文灿本想在山中多逗留些时日,再听听空隐大师的点拨,无奈部下催促得紧,只得起程北上。当他抵达长江北岸的重镇安庆时,皇上派来的太监刘元斌、卢九德率勇卫营军也赶到此地。左良玉桀骜不驯,自恃是宿将,不愿受熊文灿节制,故意制造部下与粤军不和,乘机大骂:"制府自有亲军,何必用吾辈杀贼!"熊文灿不得已,借口南方人水土不服,把从广东带来的亲军遣散了,只留帐下护卫五十多人。左良玉还是不服。杨嗣昌把情况报告了皇上,皇上调冯举、苗有才的边兵五千人隶属于熊文灿,作为弥补。

但熊文灿每天仍是神志懊悦,若有所失。他向皇上说:"兵事宜知己知彼,冯举、苗有才五千兵之外,再请调边兵。"又建议坚壁清野以困敌,语言荒诞不经,如说:"臣至湖广蕲水、黄州,见野有鸡鹜,仓有稻粱,沿江地方显得很富饶,这岂不是在招引流寇? 如果把居民和粮食都搬到城里,封闭起来,使流寇无所掠夺,他们将不战而退。"朝中官员阅后无不讪笑,皇上也大为恼怒,训斥道:"文灿特简受事,师期将逾,不能一有所出,请边兵需发而后往,是玩寇也!"杨嗣昌只得出面打圆场,委婉地告诉熊文灿,边兵不可再调,先前所调真定、山西兵各三千在黄河沿线,可资夹剿,左良玉军专属总理调遣,剿抚兼用、坚壁清野二事朝廷不中制——既不逆所请,又顺从了皇上旨意。

安排停当后,杨嗣昌向皇上提议,限定剿灭日期,严格执行十面张网的计划,以期达到三月平贼之目的。杨嗣昌鉴于流寇的优势在于流动作战,其得势时间是夏秋两季,冬春两季天寒地冻不便流动,所以他选择今冬明春的(十二月、正月、二月)三个月作为围剿之期,而把主战场摆在河南、陕西两省,分别包围,各个击破,决不能让盘踞在陕西的闯将、过天星等部进入河南,也不能让河南、湖广等处的各部与之会合。为此,严令陕西巡抚阻断于商南、雒南,郧阳抚治阻断于郧阳、襄阳,湖广巡抚阻断于德安、黄州,安庆巡抚阻断于英山、六安,凤阳巡抚阻断于颍州、亳州,应天巡抚堵于潜山、太湖,江西巡抚堵于黄梅、广济,山东巡抚堵于徐州、宿州,山西巡抚横截于陕州、灵宝,保定巡抚飞渡延津一带。然后总理熊文灿率边兵,监军太监刘元斌率禁军,河南巡抚率左良玉、陈永福部,同心并力,合剿中原,摆出不尽不休的架势。倘闯将、过天星等部越潼关东出,则总督洪承畴率左光先、曹变蛟、祖大弼等部追踪东出,务求合歼于中原。

对于这样的布置,杨嗣昌显得信心十足,向皇上保证:"下三个月苦死功夫,了十年不结之局,是在我皇上赫然一震怒间耳!"既然杨嗣昌信誓旦旦地说,断断乎可三月平贼,朱由检立即批准,下令总督、总理及各巡抚遵照执行。

虽然这一计划并没有在三个月内奏效,但在尔后的近一年中逐渐显出了它的威力。熊文灿在湖广大力招抚,洪承畴、孙传庭在陕西围追堵截,使杨嗣昌十面张网取得明显成效:张献忠等部陆续受抚,李自成等部遭受重创。

"十年不结之局"似乎可以看到结局的尽头了。

五、"十年不结之局"似可结局

张献忠诈降

崇祯十年八月,张献忠冒用官军旗帜驻扎于南阳城外,左良玉颇为怀疑,派人召见。张献忠怕露馅,拔营撤离,被左良玉追及,一箭射中其肩,又一箭射中拉弓的手指,靠近后又一刀划破他的脸,血流如注。幸亏张献忠的部将一堵墙孙可望奋力抵挡,才突出重围,奔往麻城。十月间,张献忠与闯塌天、革里眼、老回回等部十余万之众屯驻于黄州、麻城一带。熊文灿派监军道张大经、太监刘元斌从舒城、六合、固始、光山前往袭击。十二月,张大经同左良玉抵达蕲州,熊文灿命他们派人前往劝降,八大王张献忠、闯塌天刘国能表示了降意。不等熊文灿批准,张献忠犹豫不决,从德安奔往承天、襄阳。

十二月二十八日,督勇营太监刘元斌向皇上报告:张献忠求抚,闯塌天不愿抚。他认为,兵连胜,贼势已窘,抚之则可;未战胜而贼势未窘,则不可。抚之而求散则可,抚之而求聚则不可;抚之而求杀贼自效则可,抚之而求拥众自固则不可。请朝廷下敕书,命张献忠以袭杀闯将、老回回为验。崇祯十一年正月初八日,太监刘元斌再次报告皇上:张献忠求抚。杨嗣昌唯恐其中有诈,向皇上建议:拒绝招抚,派兵剿杀,或者不妨要张献忠以袭击闯将、老回回作为考验,否则便加以剿杀。皇上以为不妥,驳斥道:"岂有他来投降,便说一味剿杀之理?"杨嗣昌详细说明理由,他派各路军队张网以待,熊文灿、刘元斌会师于黄麻一带,原以为必有一场激战,岂料声息全无,甚至容忍流寇东西奔逋。有鉴于此,皇上可下令诸臣"明以抚示","阴以剿杀"。杨嗣昌仍旧不相信招抚,而主张以招抚为幌子暗中乘机剿杀。皇上则不以为然,坚持"不可尽杀"的立场,不过在圣旨中说得较为含糊,只是"剿抚并用"四字而已。所谓"剿抚并用",事实上已默许熊文灿、刘元斌大胆招抚。

张献忠摸透了熊文灿之流急于招抚奏功的心理,想借此获得一个喘息的时机,极力促成此事。当时他驻扎于谷城县城,获悉当年曾有救命之恩的宿将陈洪范在军中,便派人带了美女珍宝去见陈洪范,对他说:"献忠向蒙公一言以免,有大恩未及报答,今相遇于此,实乃天意,愿率部投降,随马足自效。"陈洪范早就想建功,一听此话大喜过望,立即在熊文灿面前进行斡旋。

随后张献忠派孙可望带了稀世珍宝——长一尺有余的碧玉两块、直径一寸的珍珠两颗,通过陈洪范送到了熊文灿的手里,并当面乞求投降。熊文灿自出任总理之日起就决计招降,初抵安庆时便派人招降张献忠、刘国能,以后又印发大量招降檄文张贴于通都大邑广造舆论。如今人家请降上门,并送以重贿,岂有不受之理!

与此同时,闯塌天刘国能率五千兵马到随州请降,愿率部从军立功自赎,熊文灿受降后报告了杨嗣昌。杨嗣昌毕竟棋高一着,答复他一个原则:"刘国能之降,远如白广恩、张妙手(张文耀)之在陕西督抚标下建功,官至参将、都司,近如刘士杰、马俊才之在左良玉军前自效,官至守备,可以准许。"这话真的给杨嗣昌说中了,刘国能之降与张献忠大不一样,据说是奉母命,颇有悔罪之意,所以在请降时顿首说:"愚民陷不义,蒙明府涮拭更生,愿悉其众上幕府军簿,身入麾下尽死力。"

张献忠并非刘国能之流,他的投降并无诚意,自恃实力强大不肯俯首交出兵权,暴露了明显的诈降迹象。熊文灿利令智昏,竟把他当作刘国能第二。当张献忠在谷城举行请降仪式时,熊文灿派监军道张大经代表他受降,湖广巡按御史林铭球、分巡道王瑞旃与左良玉密谋,待张献忠一到立即逮捕,熊文灿极力反对。张献忠把他的军队分屯于谷城县四郊,熊文灿命他精简部卒,发给二万人的军饷,其余遣散。张献忠拒不接受,表示部卒都是壮士,愿举军跟从,请十万人军饷,并对熊文灿说:"给我十万人饷,犹如为郧阳、襄阳、荆州三府捍圉(保卫疆域),可长保无警。"熊文灿深信不疑,为之请衔开饷,立即发给六个月的军饷。

郧阳抚治戴东旻把此事上报后,杨嗣昌明确指出:"一日未靖,为抚为剿未有定算,当局须有深心,未可轻泄,翻致成变。"依然要他们明抚暗剿,又不可泄露机密,刺激张献忠。戴东旻又把张献忠在谷城县城外十五里的白沙洲造房买地种麦,进行贸易,并在城门口派兵把守等情况上报朝廷。杨嗣昌向皇上指出其中有诈,说:"献忠若真心反正,杀贼自效,当敛众出降,以待号令,岂可据城要抚?"他主张要张献忠到熊文灿军前杀贼立功以观后效,并叮嘱戴东旻:"东旻勿于初下手时作无了手之事。"兵科给事中姚思孝也向皇上建议:"抚贼一事,亦难深信。这张献忠在谷城县有数万人,造房子种田,还该遣散才是!"皇上不以为然,反驳道:"造房种田,正是招抚好处。又要散遣往哪里去?"既然皇上对此深信不疑,杨嗣昌自然不便再固执己见,顺水推舟地向皇上报告:谷城知县阮之钿条议数款,其中有允许种田纳粮一事,不妨把它看作招抚安插的一个途径。

老于世故的杨嗣昌见皇上如此急于招抚,立即放弃自己的看法。鉴于日前兵科给事中姚思孝曾向皇上表示"献忠之降难信",杨嗣昌对皇上阐明了自己的意见:"文灿欲先抚一二股,以杀贼势,而剿其余。今既抚之,不容不信。若影响先疑,惊卧虎,蹴眠犬,非良算也。臣意初不主抚,荆襄重地岂可容贼!顾贼,流贼也,必从流得止,从止得散,从散得消。令其就抚之地不容暂止,安得北走胡南走越乎?"朝廷中对熊文灿的招抚看法终于渐趋一致。

刘国能、张献忠的投降引起了连锁反应,混十万马进忠、射塌天李万庆、曹操罗汝才、过天星惠登相、整世王王国宁、托天王常国安、十反王杨友贤、关索王光恩等部陆续投降,湖广、河南一时趋于平安无事状态。熊文灿见自己的招抚方针成效如此之大,颇为扬扬自得,向皇上吹嘘说:"臣兵威震慑,降者接踵,十三家之贼惟革(革里眼贺一龙)、左(左金王蔺养成)及马光玉(老回回马守应)三部尚稽天诛,可岁月平也!"其实这不过是让人产生错觉的表面现象,背后潜藏着巨大的危机。从影响最大实力最强的张献忠、罗汝才的所作所为来看,其实是一种策略性的假投降。

张献忠伪降于熊文灿,仍保持独立自主,掌握着自己的军队,不接受整编,"未离谷城一步,未散胁从一人"。把谷城地区变成了他的兵营,致使谷城知县阮之钿哀叹"无土可守、无民可牧、无赋可征"。张献忠利用统治集团内部矛盾,在谷城设关征税、搜集粮食、打造兵器,准备有朝一日东山再起。南京兵部尚书范景文看到这些迹象,上疏朝廷,极言"献忠之降难信"。杨嗣昌以为这是干扰剿抚大局,颇为不满地向皇上指出："剿抚全局,臣部亦有苦心,南北隔远,未能与景文商求。但当局者苦无余力,而旁观者频频指点,是为教益我乎？抑或唆拨敌手乎？"

罗汝才也是如此。他接受招抚后,分驻于房山、竹溪一带。熊文灿要他解散部队,精选骁壮从征立功,罗汝才根本不听,与张献忠遥相呼应。当时的郧阳抚治戴东旻因为罗汝才驻扎在他的防区,尤为敏感,再三上疏朝廷道明真相,说罗汝才等"不愿为官食饷""愿为百姓耕田"是掩耳盗铃;又说张献忠与罗汝才诡占屯部,未尝放兵作田,此带刀以耘,稍不遂意,干戈即起。皇上一概置之不理。

当时不少朝野人士目睹此情此景莫不忧心忡忡,担心这些投降的流寇不知什么时候突然反叛。皇上却信心十足,因为他相信杨嗣昌,也相信杨嗣昌向他担保的"熊文灿能办贼"。直到崇祯十二年二月十五日皇上还传谕兵部,追查早已下达的准许张献忠"赦死立功"的圣旨为何迟迟尚未颁行。他再次重申："剿抚已有屡旨了,张献忠等准赦死,杀贼立功,着听总理军前调度。其加衔给饷并责成阮之钿安插事宜,仍着理臣(熊文灿)便宜酌行。"

与此同时,洪承畴、孙传庭在陕西倾全力围剿闯将、过天星等部。

洪承畴倾全力围剿

为了对付闯将李自成,洪承畴在崇祯十年四月派王承恩、孙守法等从耀州袭击。李自成走宜君,准备渡黄河进入山西。这一下可急坏了山西巡抚吴甡,他向皇上告状指责洪承畴："陕西有王承恩、左光先兵一万三千,为何尾随不战？待其过河而会剿于山西,不如今日未渡而夹击于陕西。"洪承畴不得不调左光先、曹变蛟赶往蒲城、白水,阻挡李自成渡河。

杨嗣昌见洪承畴毫无进展,要皇上严令他于六七月间尽荡陕西流寇,然后出关东下,与各地军队合围于河南、湖广、江北。到了七月,陕西流寇不但没有尽荡,反而更加活跃。十月初,闯将李自成与过天星张天琳、混天星郭汝磐等九部农民军攻克宁羌州(今宁强),分三道进入四川。宁羌是秦蜀间的咽喉,形势险要,南有七盘关,向西有间道五百里至朝天关,南通广元。李自成等部从七盘关越朝天关进抵广元,克昭化,过剑阁(今剑门关),克剑州(今剑阁)、梓潼,并在梓潼分兵三路:一路走潼川(今三台),一路趋绵州(今绵阳),一路入江油。十一月,农民军连破青川、彰明、盐亭、西充、遂宁,围绵州,席卷彭县、郫县、金堂,兵锋直指成都,攻破州县三十八处。正如当时的山东道试御史宗敦一所说:"剑、绵蹂躏,直逼会城,所过州邑有同拉朽。"重庆以下立时戒严,飞章告急。朱由检大为光火,下令将四川巡抚王维章革职听勘,由傅宗龙继任。

朱由检专门为四川战事在宫中召对群臣,问道:"四川山险,贼何以如入无人之地?"

杨嗣昌答:"四川北接陕西,东邻湖广,皆崇山峭壁,十夫守关,千人莫过。总兵侯良桂撤各隘守兵,屯广元,所以无人堵御。"

朱由检说:"广元亦是险隘。"

杨嗣昌说:"险隘不在县城,各隘千歧万径,地本荒凉,要运粮去方才守得。前此贼入旋出,只因民居寥落,抢掠无多,而隘有兵免回顾。今贼不十日而破七八城,不但无备,而全然不知故也。"

朱由检问:"四川镇抚还可办贼否?旧制有总兵处巡抚称赞理军务,无总兵处方称提督军务,今日何以巡抚调度总兵?"

杨嗣昌退朝后上疏详加说明:

> 蜀兵蜀饷皆外索,惟在急易镇抚,蜀事易办。贼入川北便出,为祸尤浅;若至成都,不比川中。川中道路自北而西,自西而南,自南而东,一定之势。西出则番猓,南出则土司,唯是东出郧襄,合于中原之贼。倘出夔巫,掠船顺流而下,则创及江南矣。弃隘不守,蜀镇罪固难逃,而承畴汉中胜后,视贼攻七盘关,反提兵至凤翔,致

贼入川,实难辞责。臣部前议,承畴之兵,两支东出,两支西剿。今承畴以左光先、曹变蛟、贺人龙、马科、尤捷、孙守法等万兵入川,欲留王洪、吴国伟、祖大弼等兵于汉中接应。承畴在泾阳起身之期,已后于贼逼成都之日,入川后时已追贼不及。今当料作何进止?料贼必出何路?疾趋迎截,川中四塞之地,陕兵驰逐,川兵搜剿,亦尽贼之一机也。

诚如杨嗣昌所说,此次李自成等部横扫川北,洪承畴难辞其责。当时洪承畴以缺饷为由,在汉中按兵不动,直到十二月二十五日才命固原总兵左光先、临洮总兵曹变蛟率军进抵沔县,二十九日到达广元,次年正月初六日才由广元起行,分兵两路:洪承畴自率主力左光先、曹变蛟径去保宁;副将赵光远、贺人龙率偏师去梓潼、剑州。

农民军见陕西官军主力入川追击,便在崇祯十一年二月初从阶州、文县折回陕西,大营抵达西和、礼县、秦州一线。洪承畴企图在川中全歼农民军的打算落空,只得督促左光先、曹变蛟等在后面紧紧追赶。

陕西巡抚孙传庭本来以为洪承畴率主力入蜀远讨,又调延绥总兵王洪及宁远总兵祖大弼之兵厚集于汉中、略阳、徽州(今徽县)、秦州(今天水),首尾联络,阻断其返回陕西的退路,所以他"日望大兵灭贼于蜀,使一骑不还,则蜀之危解,而秦西南之患亦可以永绝"。不料农民军从川西乘虚北上进入陕西文县、阶州、西和、礼县,因此孙传庭在上疏报告军情时对洪承畴的指挥失误颇有意见,在他看来,"设使我兵即从川西进发,川兵扼堵于前,秦兵驰击于后,贼逃死无路,势成釜鱼"。孙传庭本来想等此役胜利向皇上陈乞退休终养老母,现在局面如此,他不敢再提此请,向皇上表示:"贼既返秦,此臣报君之日,非臣报母之日,臣所练兵将,尽堪一试。臣惟有捐麋顶踵,誓不与贼俱生,以尽臣戮力封疆之义。"皇上下旨:"孙传庭驰还适中调度,并驻防商雒官兵檄令赴省备剿。"

洪承畴一再坐误战机,引起言官们的不满。工科给事中吴宇英声色俱厉地说:"总督洪承畴秉钺于秦十年,任贼纵横,攻城掠野,杀人如艾草,漠然不以为意。去年冬初,贼破宁羌,趋广元、白水,直犯成都,也是该督养寇螫邻所致。不克进剿,又不能扼御,坐视狂贼纵辔复返阶(州)、徽(州)。一出一入,如蹈无人之境,溺职之罪当诛。"广西道监察御史杨希旦也严词指责洪承畴:"自秦寇发难之日,即膺斧仗钺之任,但一味逡巡,饰智巧以笼物情,虚盗声而鲜实效,与寇为调。承畴养寇之罪当诛。"

朱由检获悉后下旨责问洪承畴:"祖大弼、王洪兵马见在何处?如何全无截杀?着洪承畴回话。"之后不久,朱由检未见洪承畴回话,再次降旨责问:"据报,蜀寇分股返秦,洪承畴何得任其出入,漫无扼奸?即着回将话来!仍一面会同该抚镇力扫诸贼,以赎前愆。"洪承畴至此不得不遵旨回话,一方面为自己辩解,说从去年底到今年初都在川北疲于奔命,皇上明旨责臣"任其出入,漫无扼奸",臣扪心自问,百口无以自解;另一方面表示要捐此顶踵,速图歼渠净党,自赎大罪。杨嗣昌乘奉旨查核前线将帅功罪之机,借口洪承畴督剿不力,建议皇上削夺他的宫保尚书衔,命他以侍郎行事,限仲夏时节成功。

洪承畴遭处分后,倾全力与孙传庭配合,追剿李自成、过天星等部农民军。他自己督率左光先、曹变蛟、祖大弼、贺人龙追击李自成,把其他各部农民军交给孙传庭去对付。此时农民军中六队、大天王、混天王、争世王四部连营向东游弋,混天星、过天星二部仍活动于阶州、文县,只有闯将李自成且战且走,进入岷州、洮州地区(今甘肃岷县、卓尼一带)。洪承畴令曹变蛟、贺人龙追击。曹变蛟是临洮总兵,这一地盘是他的辖区,仗着对地势的熟悉,穷追猛打,连战斩获六千七百多人,迫使闯将李自成出塞入西羌。曹变蛟转战千里,二十七昼夜身不解甲,可见双方交战之频繁与酷烈。

李自成率部退往塞外,由于乏食而兵丁大量死亡,不得不重返塞内,冲破祖大弼在洮州的狙截,于四月间进入岷州、西和、礼县山中,稍事休整后,突至陕西与四川边界。此次战役,由于总兵左光先判断有误,使得仅剩数百兵马的李自成得以逃脱。为此洪承畴在向皇上报告战况时流露出追悔莫及的情绪。他说:闯将是诸贼中的元凶,仅领三百丧败之众抱头鼠窜,实在是几年未遇的机会,即使穷日夜之力身先士卒,不顾性命擒斩此贼,也是应尽的责任。无奈计算不周,追赶不紧,使元凶脱然远遁。懊丧之情溢于言表。

这时,六队、三队、大天王、争世王、混天王、仁义王、过天星、混天星等部,分头向关陇间出击。大天王在合水被孙传庭击败,随即投降;过天星从徽州、秦州向凤翔、澄城方向活动,遭孙传庭狙击,败于宝鸡,也率部投降;三队、仁义王、混天王在秦州兵败,降于左光先。

李自成败退商雒

朱由检一直十分关注中原战场的形势,六月初八日在宫中召见杨嗣昌,询问近况。朱由检问:"近日流贼情形,陕西较好,河南等处何如?"

杨嗣昌答:"总督洪承畴精诚劳苦,奈剿贼年久无功,臣请旨严责,渐有成效。巡抚孙传庭,臣素知其才,因蓝田兵叛,有'不出省城一步'之语。臣具奏谓:'此可困庸人,不可以困豪杰。'今果能展布,几番大杀,马首迎降,剿是真剿,抚是真抚,余寇有荡平之望。而传庭用兵,动支屯课,不恃剿饷,尤为难得。"早在去年八月孙传庭上《疆事十可商疏》,就流露了对洪承畴围剿不力的意见。杨嗣昌特意向陕西巡按谢秉谦了解,得到的回答是:"二公似有水火之形,未见水火之事。"杨嗣昌对他说:"洪公圣贤一路,洞山古佛也;孙公豪杰一路,泰山岩石也……惟公调剂责成,以黾勉同心。"现在看来,两人的配合还算默契,而且都取得了明显的战果,所以杨嗣昌为二人在皇上面前美言了几句,然后对河南、江北的情况略加说明。

朱由检听了很高兴,说:"秦中督抚近来合歼除,不一月而完群股之贼。设使中原人人如此,同心共济,贼伏则奋勇捣剿,贼奔则迎头斫杀,彼人多而粮少,与官兵相持旬日,能不大溃走死哉!"

情况正是如此。近几个月来,洪承畴、孙传庭为了剿灭陕西境内的流寇,可谓不遗余力,取得了前所未有的成效。各部农民军连遭挫折,几近于瓦解。李自成为摆脱重压,于六月间与残存的六队、祁总管等部合计三千多人马,由阳平关、白水江退往四川。洪承畴飞檄陕西监军道樊一衡指挥副将马科、贺人龙入川追击,力求速灭;同时又令临巩汉兴监军道张兆曾、预备副将赵光远等驻西乡南山,日夜防堵。洪承畴自己率总兵曹变蛟、王洪于八月初驰至西乡县,令曹变蛟往来山中,防扼李自成奔往太平、紫阳的通道。几次激战,李自成等部"大半患病死亡,逃散甚多",又受秦兵入川搜杀,不得已尽数出川,仅一千多人突入汉中地区,进入深山密林之中。李自成"防人暗害献功,夜则山林藏身,不敢入窝铺宿歇"。此时,祁总管已率部投降,六队早已损失殆尽,只剩下李自成残部藏身于深山密林。

洪承畴在陕西的围剿获得了成功,立即向朝廷报捷:"闯将同零伙散贼,暂尔逃命,臣已督催各镇将官兵急图围剿,计必擒于官兵之手。不则,亦困毙山林之间。是秦中各股大贼节次剿降将尽,可以渐见廓清。"朱由检接到报告十分兴奋,批示:"据报,秦贼剿降将尽,洪承畴具见调度,仍着穷搜闯逆,速奏廓清。"

李自成不甘心于失败,走出深山密林,企图进入河南与尚未投降的革里眼、左金王、老回回会合,决定从潼关突围。崇祯十一年十月,洪承畴获悉这一动向,对孙传庭说:"(李自成)必走潼关原,公当设伏以待,可使匹马无脱者。"孙传庭立即照办,在潼关南原设立埋伏,在丘陵、高地、树林中每五十里埋伏一营兵马。洪承畴又派曹变蛟从后面追赶。李自成边战边退,至潼关南原,伏兵急起,欲休息吃饭,伏兵又起,阵脚大乱,自相践踏,死者蔽地。李自成弃马上山,山中官军又起而狙击,农民军覆没。李自成丢弃妻女,与刘宗敏、田见秀等十八人骑马逃往商雒山中。

至此,陕西的各部农民军已被扑剿殆尽。"十年不结之局"似乎已可望到结局了。就在这关键时刻,朱由检在攘外与安内的两难选择中作出了错误的判断,致使形势发生剧变,坐失安内的大好时机。

第七章
攘外与安内的两难选择

朱由检采纳杨嗣昌提出的"攘外必先安内"的方针以后,集中精力于安内,在一年多时间内"剿抚并用",招抚了张献忠、罗汝才等部,几乎全歼李自成等部,取得了可观的成效。在这关键时刻,清军突破长城边关,直逼京师周边的近畿地区,朝野为之震惊。

这次清军南下,与崇祯二年己巳之变的形势大不一样。当时陕西的农民起义不过是星星之火,未成燎原之势,所以从各地调勤王兵保卫京师,立即化险为夷。今非昔比,农民起义已成燎原之势,战火蔓延中原各省,朝廷调动各省常备军之外还动用了北方的边防军,倾全力围剿,虽初见成效,但留下了隐患。其一,北方的关宁铁骑抽调到中原战场,使边防呈现空虚状态;其二,张献忠、罗汝才等部的受抚,李自成等部的惨败,只是一个表面现象,危机暂时隐而不显而已。朱由检对此缺乏足够的估计,放弃"攘外必先安内"的方针,把多年从事围剿的洪承畴、孙传庭及其精锐武装悉数调往攘外战场,终于使李自成、张献忠获得了重整旗鼓的时机,东山再起。朱由检在安内方面从此丧失了主动权。

安内与攘外这一对难以缓解的矛盾,对于朱由检而言,实在是一个两难选择。正如史家所说:"京陵迫于边塞,才动风尘便成大恐。而敌兵岁至,寇锋日竞,守外则失内,击内则失外。其欲款外以专内者,举朝谯呵,使不得毕其语。"

一、"剿兵难撤，敌国生心"

杨嗣昌对清议和

朱由检即位以来，时运不济，外患与内忧始终困扰着他，令他伤透脑筋。在崇祯八年十月为凤阳陵寝震惊而颁发的诏书中，他就沉痛地反思这种内外交困的处境，归结为他"倚任非人"，"遂致虏猖寇起"，"虏乃三入，寇则七年"。到了崇祯十一年，杨嗣昌正在实施"四正六隅，十面张网"的围剿计划时，朱由检又想起了"虏"与"寇"——外患与内忧的交迫问题。

五月初三日，朱由检在中极殿召见大臣，要他们就这一棘手问题出谋划策。他以殿试的方式给大臣们出了一道策题，如此写道：

> 年来天象频仍，今年为灾甚烈，且金星昼见，已逾五旬，将谓主兵耶？……四月，山西大雪，冻毙人畜，将谓边地耶？然时已入夏，何所致欤？朝廷腹心耳目托寄臣工，今应担当者嫌怨在念，司举劾者情贿系心，以致嚣尤易起，直枉难分，何所凭欤？钦限屡违，寇尚未灭，处分则剿局更张，再宽则功令不信。况剿兵难撤，敌国生心，边饷欠多，蠲留未已……卿等忠能体国，才足匡时，其悉心以对。

这道策论题目在浓郁的儒家天人感应理论色彩掩饰下，所要阐述的主题是十分现实的八个大字——"剿兵难撤，敌国生心"。也就是说，如何兼顾安内与攘外？

其他大臣的策论答卷写得怎样，没有引起人们的注意，唯独兵部尚书杨嗣昌的答卷引起了人们的非议。素来以才思敏捷著称的杨嗣昌挥写了一篇洋洋洒洒的策论，顺着皇上的思路，从天变破题——"圣虑惓惓，星未顺行，青服减膳。臣闻月食五星，古来变异，史不绝书，然亦观

310

其时主德如何,政事相感,灾祥之应,不一其致"。然后引经据典,列举了历史上虽有天灾却不曾引起政局动荡的事例。这话其实是无可非议的,但是他援引的几则典故引起了人们的责难,以为别有所指。

其一,杨嗣昌举例说,东汉建武二十三年(47年)三月,月食火星,当年无事,次年,匈奴八部大人立呼韩邪单于,在五原塞向汉求和;光武帝把此事交公卿议论,公卿们都以为天下初定,中国空虚,夷人情伪不可知,不能答应议和。五官中郎将耿国力排众议,引汉宣帝故事,主张接受单于的议和请求,以率厉四夷,完复边郡,被光武帝采纳,终于实现了与匈奴的和好。

其二,杨嗣昌又说,唐宪宗元和七年(812年)正月,月食荧惑,当年魏博镇田兴来降,李绛请推心抚纳,结以大恩。宪宗采纳此议,遣知制诰裴度至魏博镇宣慰,以钱百十万缗犒赏军士,六州百姓减免一年赋役。

其三,杨嗣昌举了这两件以和议平息边患的事例后,又举了一个相反的事例:宋太平兴国三年(978年)七月月食荧惑,次年兴师灭北汉、征契丹,连战连败。宰相张齐贤上疏说:"圣人举事动出万全,必先本后末,安内养外。"

杨嗣昌此论一出,举朝哗然。中国的传统政治历来注重以史为鉴,明朝君臣对于宋朝处理与辽、金的关系频频失误遭后人唾骂十分敏感,因此对后金(崇祯九年,后金改国号为清)的和议一直讳莫如深。杨嗣昌借古喻今,主张对清议和,以实现先安内后攘外的目的。这是注重夷夏之辨的官员们所难以接受的。

五月十五日,工科都给事中何楷上疏,指责杨嗣昌屡屡援引历史典故别有用心:引光武帝招抚塞外匈奴故事,企图借此以伸张与清人互市封赏(即议和)之说;引元和宣慰魏博镇故事,企图借此伸张招抚之说;引太平兴国年间连年兵败故事,企图借此伸张不可对外用兵之说。奇怪的是,能言善辩的杨嗣昌在答辩奏疏中只字不提何楷指责的欲与清人互市封赏、不可对外用兵之说,而在别的问题上大做文章。

可见杨嗣昌不仅主张必先安内方可攘外,而且主张为了确保安内不妨暂时对清议和。对此他信心十足,丝毫不必为之洗刷。而这一点,正中朱由检下怀,不久,杨嗣昌被提拔为内阁大学士便是一个有力的证据。当时任翰林院检讨的杨士聪事后在评述崇祯朝掌故时,曾说:"嗣昌此疏,论者谓入相之机括。"可谓一语中的。

历史学家谈迁在记载此事时,作这样的评论:"星历之学,非杨嗣昌所谙,而推言之甚详,意专为建虏(清朝)而发,力主市赏(议和)。"其实,对清议和并非杨嗣昌的创见,自从朱由检即位以来,明与后金(清)的议和尝试始终没有间断过。

天启七年十月,朱由检即位不过两个月,皇太极就委托漠南蒙古敖汉部都令喇嘛捎信给朱由检,提议双方和谈。以后皇太极多次发出这样的信息。一是写信给宁远总兵祖大寿,"欲通两国之好,共图太平",准备派遣使者与喇嘛前往北京祭奠已故皇帝(熹宗),并祝贺新君即位。二是写信给督师袁崇焕。因为袁崇焕在天启六年辽东巡抚任上曾向皇太极试探议和的可能性,皇太极也致书袁崇焕表示了两国通好的愿望,所以在袁崇焕以督师身份再次前来辽东时,立即派人送信给袁崇焕,明确表示"我欲罢兵,共享太平"之意。由于皇太极所提条件——以大凌河、三岔河为双方边境线——过于苛刻,袁崇焕予以断然拒绝,并未报告皇上。崇祯五年皇太极在远征察哈尔部后,写信给明朝守边官员,表示议和意向:"我今开诚相告,惟愿两国和好,戢兵息战。"并与宣府巡抚沈启订立盟约:"明与满洲二国共图和好,谨以白马乌牛誓告天地……两国若遵守誓言,交好勿替,天地眷祐,世世子孙长享太平。"朱由检本来知道此次和议,后因朝中大臣议论纷起,不得不把沈启革职以平息舆论。

杨嗣昌出任兵部尚书后,为了全力对付内乱,倾向于向满洲施放和谈的试探气球,以缓和北方边境压力。于是辽东巡抚方一藻派遣算命先生周元忠到满洲去试探口风。皇太极以为有诈,大臣中一些明朝投降官员以为此人是有来头的——"必经奉旨",应该认真对待。事实证明他们的判断是对的,方一藻与总监太监高起潜一直与朝廷保持密切联系。周元忠受到使节礼遇,皇太极表示,如有确议,即撤兵东归。杨嗣昌接到方一藻、高起潜的报告,向皇上指出:既然对方有意议和,我方可以请他在宁远谈判,不必在宣府谈判。如此,则机权在我,运用稍闲,不致频年岌岌有京辅之忧,得以其暇,尽平流贼,得算已多,请许方一藻、高起潜便宜从事。得到了朱由检的默许。

周元忠回到宁远,带回皇太极致太监高起潜的信,信中说:"仍言讲款(议和),若不许,夏秋必有举动。"方一藻恐怕廷臣知道后有所猜疑,上疏时措辞比较委婉,只是说:"势危兵弱,边腹交疲,绝款(拒和)尚宜详酌。"而在给杨嗣昌的私人信函中说得比较明朗,极力主张和议消祸。

杨嗣昌随后在向皇上报告时对方一藻的建议加以说明:"御边之策惟有关宁练兵五万,堪以不时出塞,乃堂堂正正之道。若欲行此,必须撤回近畿稍援之戍守,而后可拼力关宁;又必削平中原之草窃,而后可宿储供亿。则今日暇卜插(蒙古)之市(和议),缓彼伺窥,而后贼可平,兵可练。纵使其时市事(和议)有变,我已有以待之,较今日之中原群贼,禁旅边兵,皇皇调遣,孰为整暇?往年总理卢象昇、总兵祖大乐剿贼方有胜算,势以边警撤回,遗憾至今。向使有人以计缓彼三年不来,贼已平矣。故臣以练兵为正道,开市(和议)为权宜,舍此而以陵京频试边烽,臣不敢知。"

杨嗣昌这番分析是从全局出发的,以和议争取北边三年无事,集中精力平定内乱。朱由检以为不无道理,只是不便明讲,便指示方一藻、高起潜"细酌"。为了防止言官出面反对,杨嗣昌再次上疏,以为言官只负言责,很少考虑兵部的艰难处境,所以对皇上批复方一藻、高起潜"细酌"感到不足以压制舆论,一定要皇上"圣鉴允行","边臣乃敢从事"。这种做法激起廷臣的不满。到了六月,皇太极屯兵大青山,派人向方一藻催促议和,方一藻转告朝廷,建议援引隆庆年间俺答封贡的故事,双方议和。廷臣获悉此事的幕后策划者是杨嗣昌,引起轩然大波。

黄道周弹劾杨嗣昌

兵部职方郎中赵光抃连上两疏抨击他的上司杨嗣昌,极力主战,反对和议。杨嗣昌上疏辩解:"中原盗贼不平,御边终无良策。而御边于藩篱之外,虽不战而款(和议),犹为胜算;御之于门庭之内,即使百战百胜,尽属危机。今日言战言守者盈庭皆是,谁负其责?到那时恐怕早已扪舌退避了。"他举例说,前年秋天满洲军队进入内地,那时焦劳者只有皇上,死事者只有张凤翼。边烽深入,生灵涂炭,大家都冷眼旁观。如果策划一事,局外人怀疑,局内人也怀疑,还有什么成功的希望?

当六月十八日朱由检提名杨嗣昌与程国祥、蔡国用、薛国观、方逢年、范复粹一起进入内阁参预机务时,反对的声浪达到了高潮。最具影响的是声名显赫的儒臣、詹事府少詹事黄道周的反对。表面上看起来,黄道周是在反对杨嗣昌夺情(杨有丧事在身)入阁,其实是与他主张和议有相当大的关系。当时黄道周连上三疏,其中之一是抨击方一藻议和,另外两疏是抨击陈新甲夺情起复为宣大总督、杨嗣昌夺情入阁。

他抨击杨嗣昌的奏疏,从"天下无无父之子,亦无不臣之子"谈起,进而说,即使人才甚乏,也不应引用不忠不孝者以秽天下;然后笔锋一转,说杨嗣昌其实并非人才,从他任职二年中宣扬"张网溢地"之说、"款市乐天"之说,就可窥其才智之一斑了。所谓"款市乐天",就是指和议。联系到他抨击方一藻的奏疏中力诋和议之非,其用意已不言而喻了。黄道周反对和议的言论十分激烈,毫无商量的余地——"无论建虏必不可款,款必不可成,成必不可久。即款成矣久矣,以视宁锦遵蓟宣大之师,何处可撤?而遽谓款建虏之后,可撤兵中原以讨流寇,此亦不思之甚矣!"明眼人一看便知,这是针对杨嗣昌的和议主张而发的。

事情既然已经闹得沸沸扬扬,朱由检不能再沉默,七月初五日他在平台召开御前会议,参加者除了照例应出席的内阁五府六部以及各有关部门官僚之外,特地召来了黄道周。杨嗣昌因为遭到弹劾,避嫌不出席,皇上命太监去催,到中午才匆匆赶来。

朱由检身穿常服坐在门内,辅臣薛国观、刘宇亮及新进辅臣杨嗣昌、程国祥、方逢年、蔡国用、范复粹,依次施礼谢恩后,黄道周启奏:"臣注籍未见朝,蒙宣召,不敢不进。"他此时还不知道,这次会议是专门为他而开的。

朱由检说了声"知道了",便叫吏、户、兵、刑各部尚书汇报工作,然后话锋一转,召黄道周出列跪下,说:

> 朕幼而失学,长而无闻,时从经筵启沃中略知一二。凡圣贤千言万语,不过天理人欲两端耳。无所为而为之,谓之天理;有所为而为之,谓之人欲。多一分人欲,便损一分天理,天理人欲不容并立。你三疏不先不后,却在不点用之时,可谓无所为乎?

朱由检用十分机智的方式先发制人。因为黄道周是赫赫有名的理学巨子,专讲天理人欲,所以他就以子之矛攻子之盾,批评他连上三疏动机不纯。此次廷推阁臣名单中原本有黄道周,朱由检以为黄道周学问虽好,但性情偏执,不能胜任救时之相,故未点用。黄道周因未用而怨望而连上三疏——朱由检的弦外之音便是如此。

其实这是一种误解。淡泊名利的黄道周根本不在乎点用与否,平静地回答皇上的责问:"圣学渊微,非臣所及。若论天人,只是义利分别。为利者,以功名爵禄私之于己,事事专为己之私,此是人欲;为义者,以天下国家为心,事事在天下国家上做,便是天理。臣三疏皆是为天下国家纲常名教,不曾为一己之功名爵禄,所以自信其初无所为。"回答得滴水不漏,振振有词。

朱由检又问他为什么不早上疏反对,偏偏要在点用之后才上。

黄道周解释道:"初欲上疏时,因同乡御史林兰友、科臣何楷有疏,恐涉嫌疑。"这是指五月中旬南京御史林兰友与工科都给事中何楷先后上疏,反对杨嗣昌的和议主张,指斥他忠孝两亏。黄道周毕竟书生气十足,一言泄露天机,暴露他上疏弹劾杨嗣昌的用意所在,欲盖而弥彰。

朱由检心里也清楚,彼此心照不宣,问:"如今就没嫌疑么?"

黄道周不直接回答皇上的问话,讲了一番大道理:"臣所奏关天下纲常,边方大计,如今不言若后时言之,又怕无及,所以不得不上……"

朱由检见他避而不答,一定要问出个所以然来:"近来言路大开,不拘何人言的当都是听的,原无避讳,何为先时不言,至简用之后方言?"

黄道周仍不正面回答,说了些不着边际的话:"今日不言,再无言之日……"

朱由检说:"清原是美德,但不可扬诩。我太祖祖训曰:俗儒是古非今,奸吏舞文弄法,是此等人……"

黄道周就大节谈了一通,朱由检反驳道:"你说多有牵扯,如前云子思一生以诚明为本,此句是了,又云诚出于清,仁出于诚,不又隔了一层?"

黄道周说:"人有欲则不诚,此诚字都从清来,不清安得诚?"又说:"譬如纲常名教礼义廉耻,皆是根本上事,若无此根本,岂做得事业!"

杨嗣昌见皇上为他的事在大庭广众之下与黄道周辩论伦理纲常,显然不是黄道周的对手,实在按捺不住,不等黄道周说完,便插进来跪奏,从纲常谈到自己的夺情,转守为攻,说黄道周品行学术为人所宗,不料在奏疏中竟说自己不如郑鄤,令人叹息失望!

朱由检对杨嗣昌的机智从来都很佩服,这一转折使他很高兴,说:"朕正要问他此事!"

杨嗣昌意犹未尽,抓住郑鄤事件大做文章:"人言禽兽知母不知父,郑鄤杖母禽兽不如。"既然黄道周自谓不如郑鄤,当然更不如禽兽了。

这一招果然厉害,激怒了黄道周,他气呼呼地说:"大臣闻言,应当退避,使人得毕其言……臣虽非言官,未有大臣跪在上前争辩,不容臣尽言者!"

朱由检立即针锋相对:"你说了多时候,辅臣才奏。"

杨嗣昌解释道:"臣为纲常名教,不容不剖陈。"

朱由检安慰他说:"卿才猷敏练,原为时事多艰,屡旨敦趣,诚非得已。这疏也不为夺情……"朱由检一方面承担了夺情的责任,另一方面点明黄道周上疏弹劾杨嗣昌并非为了夺情,而另有所图。

黄道周仍不罢休,说他生平耻言人过,今日在皇上面前与杨嗣昌口角,是为后世留此纲常名教天理人心。耐心多时的朱由检终于忍无可忍,语气明显加重:"对君有体? 这本(指黄道周的奏疏)前边引纲常,后边全是肆口泼骂!"

黄道周见皇上震怒,语气顿时收敛,不得不承认奏疏中把杨嗣昌比作猪狗、人枭两句言辞过激,是幸遇明主才敢直言的。朱由检立即抓住不放:"直言岂是泼骂?"

黄道周自知理屈,只得剖白:"人臣进言甚难。……假如臣为一己之私,只用缄默,自取富贵,何苦与他争辩?"

朱由检指责道:"你无端污诋大臣,又以大题目来说,他不得不辩,总是别有所为!"

黄道周不承认无端污诋的指责,也不承认别有所为,只是说不忍见有夺情之事。

朱由检与他辩论了一番之后,最后说:"前以尔偏执,稍示裁抑;后闻操守,随复赐环。即前日那样暑天,劳顿之余仍成一篇文字,虽不切题,才亦可用,还要用你。不图这样偏矫恣肆,本当拿问,念系讲官,姑着起去候旨!"皇上的话说到这个份上,换了别的官员,早就唯唯诺诺不敢声张了。黄道周毕竟是黄道周,这位迂夫子竟然敢于顶嘴:"臣今日不尽言,则臣负陛下;陛下今日杀臣,则陛下负臣!"这话说得有点不识时务,皇上明明说本当拿问,念他系讲官,从轻发落云云,他却还要用"陛下今日杀臣,则陛下负臣"那样的话来刺激皇上。

朱由检被激怒了，厉声道："你都是虚话，一生学问，止学得这佞口！"说到"佞口"二字，他加重了语气，双目怒睁，重复道："佞口！"

迂执的黄道周到了这时还要争辩，喋喋不休地讲了一通何为忠何为佞的大道理，朱由检更加怒不可遏。在殿下禁卫的锦衣卫缇骑们见状，个个惴惴不安，以为皇上要下令把黄道周抓起来。不料，朱由检止住怒气，命跪着的黄道周起来，退回大臣行列中去。

杨嗣昌出来打圆场："皇上所谕，诚是诛意之法。道周亦冒盛名，望求优容。"

朱由检说："这便是优容了！"然后吩咐内侍赐给大臣们瓜果点心，宣布休会。

稍事休息之后，朱由检又把大臣们召了进来，为今天的御前会议作了总结。他先是作自我检讨，承认自己不才、不智、不武："今内外交讧，天灾地震，皆朕不才，不能感发诸臣公忠为国之心；不智，不能辨是非邪正及不能宣布德化；不武，未能削平祸乱。"接着指出："凡此，皆朕之寡昧，即朕之愆尤。人心关系国运世道。"然后他毫不客气地批评大臣们，专于党同伐异、假公济私，朝廷才简用一大臣，便百般诋毁。"看来这贼寇却是易治，衣冠之盗甚是难除！以后再有这等的，立置重典！诸臣各宜洗涤肺肠，消除意见，共修职掌，共享太平之福。"

会后，朱由检下令：黄道周降六级外调，弹劾杨嗣昌和议主张的工科都给事中何楷以及其他非议夺情的官员，都给予降职处分。目睹这一幕的大臣们深知皇上如此倚重杨嗣昌，再也不敢与之作梗，杨嗣昌的权力更大了。但是朱由检始终没有对和议明确表态，方一藻、高起潜当然不敢自作主张"细酌"，明与清之间的和议尝试就此不了了之。

皇太极早已声明在先，如果和议不成，"夏秋必有举动"，并非戏言。到了九月间，皇太极果然派兵联络蒙古，从长城墙子岭、青山口南下。不久，京师戒严。朱由检下令调洪承畴、孙传庭率兵入卫京师，使中原兵力受到极大削弱，贻留后患。

朱由检在攘外与安内的两难选择中,摇摆不定,犹豫不决。崇祯九年把卢象昇从中原战场调往宣府大同,已属失策;时隔两年之后,又把洪承畴、孙传庭调往北方边防,使杨嗣昌精心策划的十面张网战略难以继续实施。当时杨嗣昌曾针对征调陕西兵入卫京师一事向皇上力争:"贼未绝种,承畴、传庭宜留一人于彼镇压。"皇上拒不接受。

朱由检的这种做法着实令人迷惑不解,他一向对杨嗣昌言听计从,为何此次一反常态?透过这一事件,人们似乎可以窥见朱由检内心深处仍是攘外重于安内的,这种思维定式终于使他酿成大错。如果当初他果断地支持杨嗣昌与清和议的主张,再现隆庆年间俺答封贡的那一幕,以后的形势发展可能不至于如此难以收拾。

二、清兵深入二千里

卢象昇总督天下援兵保卫京师

崇祯十一年九月,皇太极命睿亲王多尔衮、贝勒岳托联络蒙古,兵分两路,从西协墙子岭、中协青山口突破长城要塞,大举南下。

墙子岭是位于密云东面的长城关隘,形势险峻,但疏于防守。清军蚁附而上,三日三夜才越过这个要塞,疲困不堪,竟未遭到明朝军队的抗击。蓟辽总督、兵部侍郎吴阿衡身负边防重任,却渎职逍遥,正在为镇守太监邓希诏举办祝寿宴会,极尽拍马之能事。镇守墙子岭的总兵吴国俊应顶头上司之邀,在寿宴上大快朵颐,早把边墙防卫抛到了九霄云外。接到警报,仓促赶回,如此应战,岂有不败之理!吴国俊一触即败,逃往密云。而吴阿衡得到清兵入口的战报时,根本不以为然,继续觥筹交错,拉着邓希诏同饮百杯——为百岁之庆讨口彩。等他饮得烂醉如泥之后,清军骑兵已赶到密云,明军一败涂地,这个酒肉总督糊里糊涂死于乱军之中。另一支清军从青山口(喜峰口东面的长城关隘)突破,迅速进抵迁安、丰润一线。

十月初二日,京师戒严,朱由检下令征调辽东前锋总兵祖大寿入援,留辽抚方一藻、关抚朱国栋、蓟抚陈祖苞分守,命宣大总督卢象昇麾下的总兵杨国柱、虎大威进抵易州(今易县)作为左翼,调登莱天津驻军作为右翼,山东总兵刘泽清遏其前锋。

为了统一指挥各路援军,朱由检特赐卢象昇尚方剑,命他总督天下援兵保卫京师。卢象昇当时正在服丧,自他五月初一日接到父亡的讣告后,连上五疏乞求奔丧。朱由检不允,于七月初一日下旨:卢象昇着加兵部尚书职衔,照旧总督候代。卢象昇接到皇上的新任命及尚方剑,对皇上如此信任感激涕零。披麻戴孝、脚穿草鞋的他,立即率军誓师。赶到京郊后,他上疏向皇上表示:"臣非军旅才,愚心任事,谊不避难。但自臣父奄逝,长途惨伤,溃乱五官,非复昔时,兼以草土之身踞三军上,岂惟观瞻不耸,尤虞金鼓不灵。"已闻总督中官高起潜亦缞绖临戎,象昇谓所亲曰:"吾三人(杨嗣昌、卢象昇、高起潜)皆不祥之身也。人臣无亲,安有君!"他以为这一定是杨嗣昌的主意,自己夺情入阁,也要他夺情督师作为陪衬,气愤地对皇上说:"枢辅(杨嗣昌)夺情,亦欲予变礼以分愆耶!处心若此,安可与事君,他日必面责之。"两个多月前他获悉黄道周当廷折辱杨嗣昌夺情入阁之事后,写信给杨嗣昌,讽刺他:"变礼易制诚非易事,但使相业特盛,无愧救时,亦一道也。"尤其使他不能容忍的是杨嗣昌、高起潜主和议,他顿足叹息道:"吾受国恩,恨不得死,万一不幸,宁愿捐躯断颈。"他与杨嗣昌的关系已势如水火了。

十月初四日,朱由检在武英殿紧急召见文武大臣及总督卢象昇。

朱由检十分器重卢象昇,问他有何御敌方略。

卢象昇答:"命臣督师,臣意主战。"此话显然是针对杨嗣昌等人先前的和议活动而说的。

朱由检一听,脸色变得很难看。他虽未明确表态,但已默认杨嗣昌等人的和议活动,一听此话很不高兴地说:"朝廷原未说抚(和议),所说抚,乃外廷之议。"

既然皇上不主抚,卢象昇便简要地谈起他的御敌方略:"敌之所忌,着着宜防。逼陵寝以震人心,可虑;趋神京以撼根本,可虑;分出畿南,剽掠旁郡,扼我粮道,可虑。若厚集兵力防备,则寡发而多失;若分兵四应,则散出而无功;若兵少则不备,食少则生乱。"又说:"臣枕戈待战,望中枢勿掣臣肘。"

朱由检听了,激励他几句,命他去与杨嗣昌商议。

次日,朱由检发银万两犒赏三军,派杨嗣昌代为送行。卢象昇抵达昌平,朱由检又派太监送来宫中内帑银三万两,赏赐御马一百匹、太仆寺马一千匹、银铁鞭五百条。卢象昇感动万分,叹息道:"和议果然是外廷之意,帝锐意主战。"

卢象昇鉴于清军十月十二日已接近通州,为了遏制其势头,令诸路将帅组织敢死队,于十月十五日半夜分四路偷袭敌营,拼死一战,刀必见血,人必带伤,马必喘汗,违令者斩。总监高起潜与卢象昇意见分歧,大说风凉话:"只听说有雪夜下蔡州的典故,从未听说月夜奔袭,月光皎洁之下何以偷袭?道路遥远何以力战出奇?出奇兵宜少不宜多,若十路齐发,一张皇机密便泄。"他不仅反对夜袭,而且提前把夜袭指挥官总兵陈国威调向东路。当十五日半夜卢象昇所发先头部队开战奏捷后,由于陈国威调走,后续接应部队在孙垡战败,以致功亏一篑。

卢象昇为避免高起潜的掣肘,向皇上提议分兵待敌,自己驻昌平,高起潜驻通州。皇上决定:把宣大、山西的军队三万划归卢象昇,把关宁入卫军队四万划归高起潜。但不久又改变主意,要卢象昇赶赴通州与高起潜合剿。卢象昇以为杨嗣昌在捣鬼,想让高起潜牵制他。杨嗣昌为避免误会,特向皇上提出仍维持分兵态势:卢象昇宜暂驻德胜门外,不宜往通州。杨嗣昌还特地出城到卢象昇军营与他当面解释,结果闹了个不欢而散。

卢象昇因孙垡之败迁怒高起潜,心境不佳,近日又听京师流言"辽兵(高起潜所率关宁入卫军队)通敌",更加怒不可遏。一见杨嗣昌便责问:"公等坚意就抚!文弱兄独不思城下之盟,《春秋》以为奇耻大辱。且卢某受尚方剑,长安(京师)口舌如锋,倘唯唯从议,袁崇焕之祸立至。纵不畏祸,难道不念披麻戴孝之身,既不能移孝作忠,奋身报国,将忠孝两失,有何颜面立于人世?"

杨嗣昌听得脸红耳赤,浑身颤抖,气愤地说:"若如此说,老先生尚方剑当先从学生用起!"

卢象昇说:"既不能奔丧,又不能战,尚方剑还是先从我颈上下手,怎能加于别人?舍战言和,非卢某所知。"

杨嗣昌极力否认:"从未言抚。"

卢象昇步步紧逼:"周元忠赴辽东讲和,数日往来,其事虽方一藻、高起潜着手,却受成于本兵(兵部尚书)。通国共闻,谁可隐讳?"

杨嗣昌语塞而去。

待杨嗣昌回城后,卢象昇又连夜致书,对杨嗣昌说:"早蒙台顾,冒昧披陈,激烈衷怀,些子俱尽。亦恃老年台圣贤之品,不罪狂愚,故不觉剖心以告耳。倘获济朝廷封疆之事,即胸中有如许怪异事,始终不复向君父一言。如其闪烁奸欺到底,誓当沥血丹墀,无言不尽。仍祈老年台力持大法,除国之大害也。"杨嗣昌复信道:"老公祖身肩重任,势际艰难,果有危疑,自当直吐,谁得而挠之?谁得而隐之?但恐此乃时贤局见,打算杀机以待。吾辈功成则已,否则济之危祸,以快宿心,非从国社封疆起见者也。"两人虽有嫌隙,却有着共同的忧患意识:一旦战败,后果不堪设想。

卢象昇:"今食尽力穷,死在且夕"

大敌当前,政府内部的政见分歧顿趋明朗化,身为内阁辅臣兼兵部尚书的杨嗣昌成为矛盾焦点。卢象昇对杨嗣昌的不满主要集中在和议上,其中不乏误解的成分。杨嗣昌指示方一藻、高起潜与满洲进行和议试探,是在清军越过墙子岭、青山口之前的五月份,此其一;其二,这次和议试探由于廷臣的反对半途而废,清军才于九月份越过墙子岭、青山口,此后双方并无和议的接触。所谓缔结城下之盟云云显然言过其实。

杨嗣昌针对礼部侍郎王铎怀疑朝廷有"金缯和亲"之说,反驳道:"京城横议,谓皇上允臣与方一藻、高起潜款边,密发黄金百万、白银十余万送边,何其异也。"这种谣言荒唐得离奇,却不胫而走,令杨嗣昌感到十分困惑。他再三解释在清军南下之前谋求和议的动机:"臣之愚计,始终欲平流寇后御边烽,而御烽之策必先暂缓其深入长驱,我乃得实图练战。"对此廷臣中不少人难以理解,甚或指手画脚,做事后诸葛亮,把清军南下归结为和议试探的结果。

云南道御史郭景昌在十月初四日武英殿召对时,指责杨嗣昌调度失宜、太监高起潜备御失策,其背景即在于此。当时朱由检注意力集中于向卢象昇征询御敌方略,对郭景昌的话置之不理。事后郭景昌上疏重提此事,说:"自杨嗣昌小乐天之说(和议)起,而遂无事大畏天之心,致边备日弛,将士观望,互相欺饰,祸遂燎原而不可扑灭。"他据此要皇上杀杨嗣昌以正其误国之罪,朱由检仍置之不理。

尽管城下之盟属于子虚乌有的猜测,它的阴影仍在一些人的头脑中盘桓。直到十一月初八日朱由检再次召开御前会议,就如何击退来犯之敌召对文武大臣时,工科都给事中范淑泰还提出与此类似的问题:"今敌已临城,尚无定议,不知战乎款乎?"朱由检感到莫名其妙,反问道:谁款?"范淑泰举不出证据,含糊其辞地说:"外间皆有此议。又凡涉警报,秘不报,俱讳其事。"朱由检解释说:"机事不抄传,如行间塘报可禁。"那意思是说,军事机密禁止传抄,并非有什么隐讳的事。

翰林院编修杨廷麟也持此论,他说:"始建房未犯塞,高起潜、方一藻曰当款,杨嗣昌亦曰当款;吴阿衡曰款必可恃,杨嗣昌亦曰款必可恃。表里煽谋,宣情泄弱。"意在指责杨嗣昌等人以款致敌。他甚至危言耸听地以宋金对峙时期和战之争影射现实,说什么"南仲在内,李纲无功;

潜善秉成,宗泽陨恨。国有若人,非社稷福",必欲去杨嗣昌而后快。这种无端指责令朱由检大为恼火,便把这个伶牙俐齿的文官改任兵部赞画主事,前往卢象昇军营中去当参谋,亲身体验一下朝廷究竟主款还是主战。

内阁首辅刘宇亮见皇上对敌兵深入忧虑不已,毛遂自荐,表示愿意亲自出京督察军情。朱由检见他能为国分忧,立即批准,并将卢象昇革职听勘,命刘宇亮代行总督之职。刘宇亮原本无意于指挥打仗,只不过自请督察军情而已,一听皇上要他代任总督,惶恐至极。要不是杨嗣昌出面缓解,事情可能难以逆料。

杨嗣昌向皇上指出,临阵易将乃古今大戒,宇亮可令督察,若代象昇之任,则事权牵掣,不妨令象昇戴罪立功。朱由检不许。杨嗣昌进宫力争:"宇亮若代象昇,兵将未相习,岂不误事?"朱由检坚持说:"象昇安坐真定(今正定),州县残破十二三处,岂堪复用?"从宫中返回后,杨嗣昌又上疏辩明利害,朱由检才勉强同意收回成命,剥夺卢象昇的兵部尚书衔,以侍郎衔仍任总督,戴罪立功,刘宇亮督察各镇援兵。

卢象昇遭到戴罪立功的处分,心灰意冷,深为缺乏粮饷难以进兵而担忧,又遭到皇上的严厉谴责:"前日敢战之言沽名欺众!"这迫使卢象昇不得不孤注一掷。

这时清兵分三路南下:一路由涞水攻易州(今易县),一路由新城攻雄县,一路由定兴攻安肃(今徐水)。卢象昇由涿州进据保定,命诸将分道出击,派兵部赞画主事杨廷麟前往真定,带去他的亲笔信要求高起潜支援;高起潜拒不应援,反而率军向临清方向移动。卢象昇出帐向北拜谒,对五千将士说:"吾与尔辈同受国恩,患不得死,勿患不得生!"又涕泪纵横地对前来送行的父老乡亲说:"自我与流寇交战数十百次,从未败绩,今食尽力穷,死在旦夕,不再徒劳父老了!"群众号泣雷动,各自拿出床头所藏升斗粮食、枣子,送给军队为口粮。

十二月十一日,卢象昇率部赶到钜鹿县贾庄,被清军包围。卢象昇麾兵疾战,呼声动天,从早晨战至下午,炮穷矢尽,身中四箭,又受三处刀伤,还呼号督战不停,从马上跌下阵亡,年仅三十九岁。总兵虎大威、杨国柱弃总督于不顾,突围而逃,全军覆没。刘宇亮刚赶到保定,听到卢象昇阵亡的消息,相顾无人色,急忙逃往晋州躲避。

惩处封疆失误诸臣

这时,洪承畴、孙传庭遵照皇上的命令率军入卫京师,千里迢迢赶来。朱由检任命洪承畴为蓟辽总督、孙传庭为保定总督,不久又赐孙传庭尚方剑,命他总督保定、山东、河北军务。

崇祯十二年正月初二,清军攻陷济南,藩封在济南的德王被俘。督察大学士刘宇亮与总督孙传庭会兵十八万,赶往济南,祖大寿也从青州赶来协助。

清军见明朝精锐部队齐集京畿、山东、河北,无心恋战,饱掠一番之后,退向通州、天津、玉田、丰润,人马饥疲,又兼雨雪泥泞,明军如果抄前截后,可稳操胜券。明朝军队却听任其从容北返。当时有的将领向刘宇亮提出,清军已向东北遁归,应旁抄或后截,以免再遭对方"官兵免送"之讥嘲。刘宇亮不敢邀击,答复说:"不必侈张迎头邀截之虚声,恐敌闻风折转,任其饱掠而去。"三月初八日清军从青山口出长城北归,至三月十一日全部撤出长城。

一场震惊朝野上下的战争持续达半年之久,明朝方面没有打过一场漂亮的歼灭战,将领们不敢正面迎敌,一味尾随跟踪;朝廷中枢调度不灵,前线飞报军情,兵部不敢擅作主张,凡事要请示皇上,坐误战机。清兵深入二千里,破城七十余座,涉及顺天府、保定府、河间府、真定府、顺德府、兖州府、济南府,纵横驰骋如入无人之境,令人感叹不已。

三月十一日,京师解严,人们从惊恐中清醒过来,开始反思此次事变。兵科都给事中张缙彦从纠弹兵部的本职出发第一个上疏给皇上,惩往慎来,认为法不可纵,时不可缓,列举了失事五案应予惩处的官员:

第一,墙子岭入口之案,有罪者为总督吴阿衡、总兵吴国俊、总监邓希诏等;

第二,青山(青山口)续入之案,有罪者为巡抚陈祖苞、总兵陈国威、分监孙茂霖等;

第三,残破城邑之案,有罪者为总督卢象昇,总监高起潜,总兵王朴、杨国柱、虎大威、侯拱极,赞画杨廷麟,巡抚张其平,总兵刘光祚,总监方正化等;

第四,失陷藩封之案,有罪者为督察刘宇亮,总督孙传庭,总监高起潜,以及调发逗留诸将李绩、祖宽、郭进善等,巡抚颜继祖,总兵倪宠等;

第五,饱飏出口之案,有罪者为督察刘宇亮,总督孙传庭、陈新甲,总监高起潜,总兵刘光祚、王朴、曹变蛟、杨国柱、侯拱极、祖大寿等。

在张缙彦看来,兵部尚书杨嗣昌身负国防重任也难辞其责——诸臣之罪皆归其身;内阁衮衮诸公也难辞其咎,而以首辅刘宇亮尤为严重——无安内攘外之功,致鲁莽之笑料。他还批评在廷诸臣游谈浮论,不肯实心任事,不要以为敌军退去便是太平可望!

张缙彦的弹劾是有分量的,也是摆事实讲道理的。朱由检接受了他的意见,要杨嗣昌主持失事诸臣罪状的查核工作。杨嗣昌便会同兵科分别追究墙路入口、青山续入、残破城邑、藩封失陷、饱飏出口五案的直接责任者。朱由检阅后,改为边防、城守、入援、调度四个方面,分别查核情节,依律拟处罪状。

三月十八日,杨嗣昌上疏,向皇上对若干重要官员的责任作了辩解:

总督孙传庭——担受残局,自不可能有所建树;

总督陈新甲——其利兵精卒始则全归卢象昇,继则半属孙传庭,新收编的奇零散股勉图遮障;

督察刘宇亮——未成师以出,未终局而归,行间得失本难苛求;

赞画杨廷麟——书生入幕,兵柄非其所长,勿容苛求;

总督卢象昇——以闻忧候代之人，忽作卷甲勤王之事，捐躯矢报，较吴阿衡不同，一则失火之人，一则救火之人。

他也认为对若干严重失责者应予重处：

副将祖宽——违期不进，支饰他辞，难逃大法；

总兵李重镇——弃总督卢象昇而逃，应当重处；

总兵王朴——提兵满万，巧避出关，坐视不救，降削管事。

最终经朱由检审批后，定下五等罪状——守边失机、残破城邑、失陷藩封、失亡主帅、纵敌出塞。开出了一张严惩名单：太监有蓟镇总监邓希诏、分监孙茂霖；巡抚有顺天巡抚陈祖苞、保定巡抚张其平、山东巡抚颜继祖；总兵有蓟镇总兵吴国俊、陈国威，山东总兵倪宠，援剿总兵祖宽、李重镇；此外还有副将以下至州县官，一共三十六人，同日在京处死。

这是自朱由检即位以来惩处封疆失事诸臣最为严厉的一次。行刑前，由太监手捧红匣，宣读皇上御笔所写圣旨，娓娓数十言，使那些伏法者为封疆受过，死而无怨。然而死者的子弟奴仆都奉旨逐出，甚至几天不准收尸，也未免有点过分了。事前阁臣曾向他提及，皇后将生育，宜稍宽刑法。朱由检说："祖宗封疆不能保，何有于儿孙？"断然予以严惩。从此督抚失机，累累骈首。

言官们以为身为兵部尚书的杨嗣昌不应置身事外。给事中李希沆指出，自皇上即位以来，"北兵三至，己巳（崇祯二年）之罪未正，致有丙子（崇祯九年）；丙子之罪未正，致有今日"——含沙射影指向杨嗣昌。御史王志举则直截了当地揭发杨嗣昌误国四大罪，请皇上按照以往失事兵部尚书丁汝夔及督师袁崇焕处死的先例予以惩处。朱由检大怒，将李希沆贬官、王志举革职。朱由检的这一做法激起舆论不平，杨嗣昌也深感不安，屡次上疏引罪。因为在此之前敌兵南下，兵部尚书都绳之以法：崇祯二年王洽下狱死，复论大辟；崇祯九年张凤翼服毒死，犹削籍。此次失陷七十多城，朱由检仍眷顾杨嗣昌不衰，丝毫没有加罪之意，令人惊讶。

就在朝野目光专注于此的时候,由于洪承畴、孙传庭入卫,中原兵力空虚,暂时平息的内乱又出现了新的危机。一向统率关宁劲旅的祖宽、李重镇被处死,洪承畴奉旨督率陕西精锐之师留在蓟辽边境。孙传庭写信给杨嗣昌力争:"是兵必不可留,留则寇势渐张,而究无益于边。是代寇除兵也。且兵之妻孥蓄积皆在秦,日以杀贼为利,必不能久在边,非哗则逃……是驱兵从贼也。"杨嗣昌不仅没有采纳这一建议,向皇上传达,反而心生疑忌。

朱由检下令催促孙传庭任保定总督,孙传庭以耳聋已有一个半月上疏推辞。朱由检下了一道圣旨:"孙传庭特任练兵,何得辄以病诿?着即遵旨刻期料理,不许延误取罪。"孙传庭要求皇上接见面奏,派人带去奏疏请杨嗣昌转呈。杨嗣昌怀疑他要在皇上面前弹劾自己,便令来人退还奏疏。孙传庭念杨嗣昌在朝,自己必不可能有所作为,上疏以耳聋乞求退休。杨嗣昌向皇上说他托疾非真。朱由检大怒,下令巡按御史杨一俊核实真伪。杨一俊奏报孙传庭系真聋,非托疾。朱由检一气之下派锦衣卫缇骑赶赴易州公署传达圣旨:"孙传庭托疾规避,显属欺罔,有旨责令监察(巡按杨一俊)按明,乃挟同奏报……内外官好生徇藐。孙传庭并杨一俊俱革了职,锦衣卫拿解来京究问!"就这样,一员杰出帅才被无端关入监狱达两年之久。

朱由检把孙传庭投入监狱,把洪承畴调往辽东,似乎把中原战事置诸脑后了。他以为有熊文灿在湖广足以应付,反映了他在攘外与安内的两难选择中的优柔寡断。

三、"盐梅今暂作干城":杨嗣昌督师

"天下无贼"

崇祯十一年冬,张献忠等部降于熊文灿,李自成等部败于洪承畴、

328

孙传庭，一时间朝廷上下以为流寇之乱已趋于平定。朱由检因京师戒严而征调洪承畴、孙传庭入卫，待清兵出塞后仍不将二人及所率劲旅遣返原地，也反映了这种"天下无贼"的情绪。

实际状况并非如此。

李自成在潼关南原全军覆没，仅率十八骑突出重围，逃往崤函山中，收拾残部后又转移到商雒山中。这年年底，他带了几十名随从，快马加鞭赶往谷城去会见张献忠。这两位同乡兼战友目前处境迥异，友情尚存。

张献忠设宴招待，酒过半巡，他笑着拍拍李自成的背，戏言道："李兄何不随我而降，还仆仆奔走干吗？"李自成仰面大笑，连说："不可，不可！"此时此地两人心照不宣。李自成知道张献忠在谷城不过是权宜之计，并非真降，否则决不会冒失地前来自投罗网；张献忠明知李自成不会随他而降，开个玩笑而已，随后就接济他一批武器马匹，让他重整旗鼓，以待日后遥相声援。

当时谷城县人士目睹李自成会见张献忠后从容离去，纷纷埋怨熊文灿，以为熊文灿如果调度得宜，张献忠一定会缚闯自效——生擒李自成将功赎罪。这种埋怨毫无根据，对于熊文灿抑或张献忠而言，都是不明底里的妄言——熊文灿徒唤奈何，不可能"调度得宜"；张献忠并非真降，不可能"缚闯自效"。

张献忠在谷城用诸生（已入学的生员）潘独鳌、徐以显为谋士，日夜策划有朝一日东山再起。诸生向张献忠讲解孙吴兵法，为他打造三眼枪、狼牙棒、埋伏连弩等兵器，操练团营方阵及左右营法。谷城知县阮之钿心中焦急，又无力改变局面，只得苦口婆心从旁劝说，要张献忠走刘国能的道路，真心归降，倘若如此，他可以上疏以百口保张献忠不死，何必自蹈不义！结果遭到张献忠丑言詈骂。阮之钿忧愤成疾，自知日后不免一死——不是死于张献忠之手，便是死于熊文灿之手，在县衙墙壁上题诗一首：

读尽圣贤书籍，成此浩然心性。

勉哉杀身成仁，无负贤良方正。

落款是："谷邑小臣阮之钿拜阙恭辞。"仿佛是留下绝笔，既表示问心无愧，又表示无可奈何，从此他便蜗居家中，不出视事。

崇祯十二年三月清军北撤之后，杨嗣昌的目光就投注到谷城的张献忠身上。四月初，他向皇上指出："刘国能、张献忠同时受抚，国能所至立功，入卫著劳，家口自寻生理；献忠安坐谷城，未散胁从一人，与民共城而居，分麦而食，以致讹言繁兴。"所谓"讹言繁兴"，指的是张献忠磨刀霍霍将有所图的流言蜚语。果然，不久熊文灿向皇上报告："降盗张献忠将复叛。"

杨嗣昌于四月二十三日作出反应，向皇上呈上一份秘密奏疏，报告已采取的对策：一方面命熊文灿派员刺探张献忠营内兵力数量、强弱及人心向背情形；另一方面向湖广调兵遣将，把跟随洪承畴入援的甘肃总兵柴时华、原任宁夏总兵祖大弼所统领的军队调往湖广，归熊文灿支配。不料柴时华借口"众心思归，从征恐有不戢"，祖大弼借口"欲待安插辽丁，不能就道"，致使这一部署化作泡影。于是杨嗣昌不得不奏请皇上下令：陕西总督郑崇俭出师关洛，向郧襄移动；四川巡抚傅宗龙从川东向郧襄移动；与总理熊文灿麾下左良玉、张任学、陈洪范、龙在田等总兵分路向谷城合围。

然而为时已晚。

刑科给事中李清早就上疏弹劾总理熊文灿一意主抚贻误大局，他向皇上指出："理臣熊文灿身任讨伐，一意主抚。皇上发禁旅、调边兵，捐饷至二百万，将以为剿也。贼畏剿而抚之，则权在我；今军威未振，煦煦招降。虽张献忠幸而就抚，恐鹰眼未化为忧。"朱由检不以为然，听任熊文灿便宜行事。

湖广巡抚余应桂身临其间，看得一清二楚，极力反对熊文灿主抚。

熊文灿不满，借口"后期误军"，上疏弹劾。余应桂出于大局考虑，写信给熊文灿消除误会，不料他的信使被张献忠的巡逻士兵俘虏，信落到了张献忠手中。信中有"献忠必反，可先未发图之"这类话语，张献忠据此向郧阳抚治戴东旻告发："抚军欲杀我！"戴东旻把此事报告熊文灿，熊文灿以为抓住把柄，再次上疏弹劾余应桂，加以破坏抚局的罪名。杨嗣昌本来就对余应桂曾弹劾其父杨鹤心怀不满，怂恿皇上逮捕余应桂。

余应桂被逮，激起廷臣不满。刑科给事中李清再次上疏抨击熊文灿，指出熊文灿所谓张献忠已给饷银专听指挥，以及张献忠得余应桂信后才咆哮思叛云云，都是自欺欺人的无稽之谈。无此信亦疑，有此信亦疑，余应桂逮而此疑未必可释。疑就疑在熊文灿对张献忠调之不能、散之无计，听任他控制荆襄上游，天下事大可忧虑。熊文灿的用意在于，张献忠听调则我居功，不听调则余应桂任罪。殊不知，逮者一身之利害，而留者关系数省之安危，恐将重蹈陈奇瑜的覆辙。

余应桂自己也上疏申辩，全面追述近年来的抚剿始末，揭发熊文灿畏首畏尾迁就退让，以致造成张献忠强占谷城要挟招抚的局面。张献忠在谷城招纳亡命，买马置器，人人知其叵测，熊文灿却把他视为捍卫荆襄的前茅；派官调遣，张献忠不但不应，反而扣留解饷官，谋求湖广总兵之职，而今更造浮桥横跨汉水。凡此种种，熊文灿先是夸张冒功，后是掩匿不报，难道不是欺君么？讲得句句在理，有根有据，朱由检一概不予理睬，竟把余应桂遣戍边地。

事实证明，余应桂致熊文灿信中所说"献忠必反，可先未发图之"是有先见之明的。左良玉也看出张献忠"反迹大露"，极力催促熊文灿发兵袭击，熊文灿搪塞说："他虽怀贰心，但未开衅；你虽敢斗，但部众未集。贸然出击，其他受抚各部必然行动，如不能胜，所失实多，不如慢慢来吧！"左良玉反驳道："不然，逆贼利于野战，而不利于守城。出其不意攻其无备，彼士卒有骇心，粮饷无后继，诸部观望必不齐心。贼寡我众，贼散我合，贼怠我奋，攻之必拔，袭之必擒，一失此机，后悔无及。"这一番话说得熊文灿无言以对,只好苦苦相劝,禁勿用兵。

张献忠重举义旗

待到熊文灿意识到形势不妙,向朝廷惊呼"张献忠将复叛",皇上调集川陕军队进抵郧襄围剿时,张献忠抢先一步在谷城起兵,打得熊文灿措手不及,自食其果。

崇祯十二年五月初六日,张献忠在谷城重举义旗,摧毁城墙,抢劫仓库,释放囚犯。谷城知县阮之钿自知在劫难逃,服毒自杀。奉张献忠之命的马元利在夺得官印后一举焚毁知县衙门,尚未气绝的阮之钿葬身火海。张献忠在过去的一年中委曲求全,备受各级官僚敲诈勒索,时人称"熊文灿责赂金珠瑰货累万万"。起兵后,他狠狠地出了这口怨气,在通衢大街上张贴告示,向当地人民宣布:自己之叛,总理使然。指责熊文灿欲壑难填,并公布了索取贿赂的官员姓名、索贿数量、日期,开出明细的清单,把那些借招抚发财的贪官污吏们一一曝光。他还如实指出:不受献忠金者,唯襄阳道王瑞旃一人。

这一招,令熊文灿及大大小小的文官武将们羞愧得无地自容,也令世人尽知:熊文灿之流所谓招抚,与其说是在招抚流寇,还不如说是在招抚金钱来得更合适些。

熊文灿自知纵虎归山罪不容诛,立即写了密疏上报朝廷,为自己推卸责任。兵科都给事中张缙彦一向对失责官员从不放过,这次也不例外,措辞严厉地驳斥熊文灿,向皇上指出:"张献忠包藏祸心,无论愚者智者人尽皆知,熊文灿受他给弄,不断为他请官开赏,巧辞匿饰杀人越货痕迹,有发觉其阴谋者,立即封堵其口。不断向朝廷谎报军情,把攻州夺郡之雄说成漏刀破胆之人,把奔山腾谷之势说成鼠窜路穷,把拥强兵负异志说成反形未露不使先图。凡此种种,恢饰不伦,欺蒙已甚。"朱由检至此恍然大悟,悔不当初,下令革去熊文灿所有官职,要他立功自赎。

熊文灿依旧玩忽职守,听说左良玉要发兵追击,故意张露其事,且强留左良玉为之饯饮,拖延时间,使张献忠得以从容地把武器粮食运入房县山中;接到皇上要他立功自赎的圣旨后,自知身在祸门,不暇审度形势,强使左良玉出兵。气得左良玉大发雷霆:"督台纵虎负嵎,使我擒拿,若不去,必加我逗留之罪。"令旗一到,左良玉只得冒暑进讨。张献忠则以逸待劳,在房县西八十里的罗睺山布下埋伏。左良玉率军进入伏中,遭到迎头痛击,符印尽失,只收得残兵败将几百人逃命。一向骄悍的左良玉当然不愿代熊文灿受过,写了一道奏疏给皇上,把熊文灿在张献忠反迹已露时阻挠他出击,纵虎归山后又强令他冒险出击种种劣迹和盘托出。朱由检大为恼怒,下旨逮问熊文灿,令左良玉戴罪自赎。

张献忠谷城起兵,并在罗睺山大败左良玉。原先接受招抚的各部农民军纷起响应,形势顿时急转直下。

自从清兵北撤后,言官弹劾杨嗣昌的奏章不断送进宫中,使杨嗣昌坐立不安,屡次上疏引罪。朱由检令其落职冠带视事,不久又以叙功的名义恢复他的原官,对他始终眷顾不衰。杨嗣昌想乘机脱身,便向皇上推荐四川巡抚傅宗龙出任兵部尚书。朱由检下旨调傅宗龙进京履任。杨嗣昌正庆幸自己可以解脱军务时,传来了张献忠反于谷城的消息,使他无法安枕,自念皇上多次宽恕,谷城事件的责任者熊文灿又是他所推荐,熊文灿被逮,讨贼重任何人堪当?朱由检也渐悟杨嗣昌机敏掩盖下的粗疏,且言过其实,已挠于廷臣群议用为阁臣,不如令其外出督师,万一成功,可以谢天下,也可以显示自己眷顾杨嗣昌的初衷。杨嗣昌察知皇上的这种意向,立即自告奋勇请命督师。

八月二十五日,朱由检作出决定,派杨嗣昌代熊文灿督师。他在杨嗣昌的请罪疏上提笔写下了这样的谕旨:

> 辅臣屡疏请罪,诚恳愈加,尤见守法振玩至意。目今叛寇猖獗,总理革任,以辅臣才识过人,办此裕如。可星驰往代,速荡妖

氛,救民水火。凯旋之日,优叙隆酬。仍赐尚方剑,督师各省兵马,自督、抚、镇以下俱听节制,副、参以下即以赐剑(军法)从事。

杨嗣昌接旨后,立即就出任督师将要面临的几大难题请示皇上:

一、张献忠等窜伏房县、竹山已久,为防其挺进中原,乞责汝州、蔡州、安庆、庐州、蕲州、黄州等处严守要害,收割秋粮;

二、已征调之辽东军队二千,乞准时催发;

三、张献忠等在房县、竹山一带,是四川、湖广、河南、陕西交界处,入山围剿运粮不易;

四、乞敕户部转行督饷侍郎,淮陕二督所辖抚镇兵力不多,可酌量减饷,而湖广、河南之饷必须加倍发给;

五、乞敕吏部精选州县官,抚道必须懂军事,如用非其人,臣有权更换。

此外,他还提及量请功赏、选带将才、量给马匹等事,希望皇上能召见群臣共同商议。

朱由检表示嘉奖之外,特别关照他,不必预先立下军令状——定出平寇限期,为他留下回旋余地。并且对他说:“卿沉谋胜算,严督文武官协谋夹歼,解散安插,速奏荡平,副朕委任至意。凡人才、兵饷等事,吏户兵等部有呼必应。”朱由检又给杨嗣昌发去一封手谕,以亲笔书信的形式重申前意,以示郑重:“间者边陲不靖,卿虽尽瘁,不免为法受罚。朕比因优叙,还卿前所夺官。卿引愆自贬,坚请再三,所执甚正,难相听许。朕闻《春秋》之义,以功覆过。方当降徒干纪,西征失律,以卿才识,戡定不难,可驰传往代。出郊之事不复内御,特赐尚方剑以便宜诛赏。卿其芟剪蝥贼,早奏朕功。”

皇帝召开御前会议

九月四日,朱由检在平台召开御前会议。这次会议是按照杨嗣昌的请求举行的,参加者有杨嗣昌和阁臣薛国观等人,以及吏部尚书谢陞、户部尚书李待问、兵部尚书傅宗龙等人。

朱由检首先问李待问:"楚军及豫皖二抚连告缺饷,卿部日前已发过么?现督师将要专征,有何法可以足饷?"

李待问答:"督饷侍郎张伯鲸专负军饷之责,微臣不过掌文书而已。今辅臣(杨嗣昌)系皇上特遣,宜就臣部题留款项设处,开支多寡,伏候进止。"

朱由检又问傅宗龙:"张献忠舍河南、湖广而入陕西,这三路现有兵力多少?"

傅宗龙答:"臣至部阅实,其数近十万人。"

朱由检又问谢陞:"嗣昌此行应挂何衔?"

谢陞答:"臣以为宜用督师辅臣。"

朱由检召杨嗣昌上前,对他说:"朕以寇乱,烦卿远行,朕不忍卿去左右。"

杨嗣昌说:"微臣实不称职,致方内多儆,仰廑宵旰,咎皆在臣。蒙皇上又贳其罪而用之,臣敢不竭其驽骀之力,继之以死。"

杨嗣昌这句感激皇上恩德的话,不料日后真的应验了。

朱由检听了他以身许国的话很感动,便把话题转到督师方略上,问道:"卿行军以何者为先?"

杨嗣昌答:"兵难遥度,容臣驰至襄阳,再条陈方略。"稍停,又说:"兵事烦,倚监军以办寇,今其人多不可用。"

朱由检说:"卿自择可者。"

杨嗣昌说:"如张克俭、宋一鹤皆可入选。"

杨嗣昌又说:"贼势初散今合,先后不同。张伯鲸(督饷侍郎)远驰池州,转输遥缓,宜移至楚、豫用兵之地,江南用一户部司官催运即可。左良玉虽败,其人有大将之才,兵也可用,当进为平贼将军。"

朱由检都一一允行。

杨嗣昌最后说："臣闻君言，不宿于家。臣朝受命，夕当上道，从丁厩马，衣装铠仗，准所司早给，便臣办严。"

朱由检点头称是："卿既如此，朕复何忧！"

御前会议结束，众大臣退去。朱由检独留杨嗣昌密谈，特别叮嘱他："剿贼事前已面谕，又有敕书，还有一事要紧，特召卿来面谕。张献忠曾惊祖陵，决不可赦，其余剿抚互用。"随后，朱由检赏赐杨嗣昌黄金百锭、大红纻丝衣料四套、斗牛衣一袭、赏功银四万两、银牌一千五百副、纻丝绯绢各五百匹，佩以督师辅臣大印，拨剿饷五十万两。

九月初六日，杨嗣昌进宫向皇上辞行。朱由检命光禄寺在平台设宴为之饯行。朱由检亲执酒器为他酌酒，命左右大臣向他敬酒三巡。酌毕，乐声大作，一名小宦官手捧黄封立于旁，朱由检把它打开，指着亲笔所写七言诗说："辅臣督师，事不常有，今写数字赐卿。"

杨嗣昌跪下接过，朗诵道：

> 盐梅今暂作干城，上将威严细柳营。
> 一扫寇氛从此靖，还期教养遂民生。

朱由检听他念罢，笑道："朕为卿赠行。"朱由检这首诗写得很见功力，巧妙地借用典故，把他对杨嗣昌的倚重心情流露得恰到好处，预祝他马到成功，令杨嗣昌心潮起伏难以抑止，边哭边拜。

杨嗣昌督师

"盐梅今暂作干城"，杨嗣昌肩负着皇上的重托，踏上督师的征程。九月十五日在磁州上疏谢恩；九月十九日渡黄河抵达开封，宣谕皇上救民水火之意；九月二十九日抵达襄阳，进入行营。十月初一日，杨嗣昌大誓三军，总兵左良玉、督监刘元斌、湖广巡抚方孔炤、总兵陈洪范等都与会。杨嗣昌传达了皇上的谕旨，申诫将领们："身受国恩，担当灭贼，诛赏必行！"杨嗣昌素有辩才，加上督师辅臣的威严，身受皇上所赐尚方剑,得便宜行事,与会者莫不诚惶诚恐。

会上杨嗣昌宣布了各人的防守职责:郧阳抚治王鳌永自守其地,总兵陈洪范、副总兵周继先等防守汉水一线,若张献忠从房县来,则王鳌永、陈洪范、周继先提兵向均州;左良玉专门扼守均州,与副总兵张一龙合营,如张献忠从房县走谷城,即下谷城扼击,如由房县走保康、南漳,即抄便道出奇兵;湖广巡抚方孔炤驻荆门,副将罗安邦驻当阳,杨世恩驻宜城,承天守将钱中选策应;偏沅巡抚陈睿谟驻荆州,护惠王藩邸;署道冯上宾驻彝陵,调施州卫兵同守;四川巡抚邵捷春严堵川东,如张献忠从房县、竹山走兴山,则提兵预出夔门;陕西巡抚丁启睿驻商雒,南断郧西入山阳之路,东塞内乡、卢氏通关陕之门;陕西总督郑崇俭待张献忠离房县、竹山即出关合剿;京营总兵孙应元屯襄阳,副总兵黄得功防守光化,副总兵张一龙驻荆州,周遇吉驻新野。

杨嗣昌对左良玉寄予厚望,视为此次督师出征的一张王牌。离京前,平台召对时,他就向皇上提出左良玉有大将之才,应当晋升为平贼将军,皇上已口头表示同意。抵达襄阳不久,于十月初五日正式向皇上呈上奏疏,重申此事:总兵左良玉议军事甚合臣心,其数年以来剿抚兼用,权略过人,请求皇上将旧有前朝所铸平贼将军印颁发给左良玉,使他挂印行事,统一指挥各部,与臣谋画,转行调度。

左良玉果然没有让杨嗣昌失望,在官军连连战败的情况下打了一个大胜仗。

当时张献忠已转移到陕西、四川边界山区,而罗汝才、惠登相等八营已由郧阳、兴安转战于南漳、谷城、房县、竹山、竹溪一带,屡次挫败官军,气得杨嗣昌鞭打部将刁明忠,斩杀监军佥事殷太白。湖广巡抚方孔炤攻打罗汝才、惠登相,竟至于全军覆没。杨嗣昌逮治方孔炤,以宋一鹤代其职。宋一鹤是个贪懦巧诘的小人,为拍督师辅臣的马屁,避其父杨鹤之名讳,向杨嗣昌呈递公函书信时,自署其名为"宋一鸟"——要想依靠这种人打硬仗,简直是异想天开。

左良玉则不然。他得知杨嗣昌衔命集中全力先歼张献忠之意图，向杨嗣昌建议从汉阳、西乡入蜀追击。杨嗣昌则另有打算，调陕西总督郑崇俭率副将贺人龙、李国奇（一作国安）从西乡入蜀，而令左良玉留驻兴安（今安康）、平利，以防张献忠折回竹山、房县，而别遣偏将入蜀追剿。左良玉依据多年戎马生涯的经验判断，只遣偏将追击未必有效，张献忠也未必会折返，万一西进成都平原则不堪设想。

两人的意见发生分歧，杨嗣昌对左良玉说：张献忠之势似乎并不想入川，可能向陕西移动，将军如从汉阳、西乡入川，万一张献忠从旧路疾趋平利，仍入竹山、房县，将何以抵御？否则，如张献忠走宁昌入归州、巫山，与曹操（罗汝才）会合，我以大将尾追，促之返楚，也非上策。依幕府本谋，秦督提兵入川，秦抚驻西乡、紫阳，我兵仍驻兴安、平利，此为正着；量遣偏裨入蜀追剿，此为奇着。

左良玉不同意这种部署，对杨嗣昌说：蜀地肥衍，一旦张献忠渡险，任其奔逸，难以制驭。且张献忠入川有粮可食，回郧无地可掠，良玉料定张献忠非万分窘急必不复回湖广。况且兵合则强分则弱，良玉所统乃剿兵非守兵，若主兵不出战而代为守，张献忠何时可灭？为今之计，当出其不意疾攻，一经大创，自然瓦解。

杨嗣昌对军师万元吉说：良玉书词慷慨，惟敌是求。将在外不中制，宜听其便。

玛瑙山大捷

崇祯十三年二月初，左良玉率部进入四川边界鱼溪渡，郑崇俭率贺人龙、李国奇前来会合。

张献忠获悉官军两路包抄过来，从太平县（今四川万源）的大竹河移营九滚坪，见玛瑙山形势险峻，便入山据守。二月初七日左良玉赶到山下时，张献忠已占据山巅，乘高鼓噪，气势甚盛。左良玉下马披荆斩棘察看形势，顿时大悟，便分兵三路：自己指挥二路，郑崇俭指挥一路，下令各军听鼓声而上。战鼓响起,左军冲中路、右路,贺李二将从左路夹击。开始时,张献忠的军队坚守不动,怎奈围困时日一久,粮饷断绝,军心动摇,全线崩溃,士兵纷纷跳下崖涧逃命,或向官军投降。左良玉抓住这一战机,命降将刘国能伪称运粮接济。张献忠饥不择食,打开营门,刘国能乘其不备纵火大战,扫平其营垒。张献忠落荒而逃,披藤从岩涧逃去,遁入兴安、平利山中。

左良玉乘胜指挥部将追击,奔袭四十里,尽歼其精锐部队三千五百,其中包括大头目扫地王曹威(亦称一丈青)、白虎霍宗(张献忠前营将领)、邓天王张守安(张献忠中营将领)以及走山虎、过江龙、飞山虎、过天蟒、扒山虎、闯天鹞、上得天、下得海、沙将官等,临阵投降的有大领哨关索、十反王杨友贤等三百多名,生擒张献忠妻妾高氏、敖氏及军师潘独鳌等头目,缴获张献忠金印一枚、镂金龙棒一根、令旗令箭各八件,及张献忠自己使用的镀金双龙铁棍一根,上刻"八王金鞭"四字,镀金大刀一柄,上刻"天赐飞刀"四字。

朱由检得到杨嗣昌的捷报,大为喜悦,立即召见刚由宣大总督提升为兵部尚书的陈新甲,以示祝贺,令陈新甲制定此次大捷的诸将赏格,再发白银五万两、锦帛千匹犒赏三军。玛瑙山之役,左良玉功劳第一,朱由检下旨加他太子少保衔。

三月初五日,朱由检给远在千里之外的杨嗣昌发去亲笔手谕:

谕督师辅臣嗣昌

卿自昨年九月初六日辞朝,至今半载有余矣!无日不悬朕念。闻卿与行间将士劳苦倍尝,而须发渐白,深轸朕怀。又闻卿调度周密,赏罚严明,又深慰朕平寇安民之意。朕虑军前赏功或有缺乏,今特发内库银万两接济。仍赐卿斗牛(服)一袭、鞍马二份,以为介胄驰驱之资,其祇承之。卿益多方鼓励,早奏荡平,酬勋优赉,朕计日伫待之,特谕。

字里行间流露出朱由检对杨嗣昌的特殊感情,连须发渐白此类琐事也挂在心上。在这之前的洪承畴、卢象昇也曾屡次奏捷,但从未引起皇上如此这般动情,唯独杨嗣昌有此殊荣,在京时视为心腹股肱,出征时倚为疆域卫士。"盐梅今暂作干城",实在是发自肺腑的声音,如今又化作手谕中的话语——"无日不悬朕念"。对于杨嗣昌而言,这不仅是皇恩浩荡,而且是亲如家人的牵记,怎么不令他感动得五体投地,直至以死相报呢!

四、"功虽未成,尽瘁堪悯":杨嗣昌之死

"各将观望,逗留不前"

杨嗣昌无论如何不曾料到玛瑙山大捷之后,他竟成为矛盾的焦点,在与下属关系的协调中一筹莫展。其中既有主观的因素,也有客观的因素。

与左良玉关系搞僵便是一大失策。当张献忠败于玛瑙山落荒而逃时,左良玉率军紧追不舍。张献忠情急之中心生一计,派遣亲信马元利带了礼物去见左良玉,劝他不必苦苦相逼,离间他与杨嗣昌的关系,对他说:"杨阁部之所以见重于公,是因为有张献忠在,公独不深长思之?公一向任凭部下恣意杀掠,引起杨阁部猜疑,如无张献忠在,公死期也不远了!"左良玉听得心动,便放张献忠率残部逃去,使他得以在山中收集溃散部卒,重整旗鼓。左良玉则在竹山一带按兵不动,向杨嗣昌佯称有病在身,不便行军。左良玉在竹山托病,还有一个更重要的原因,那就是杨嗣昌对他将信将疑,令他失望。

杨嗣昌原先再三向皇上保荐左良玉挂平贼将军印,后来看到左良玉飞扬跋扈难以控制,而贺人龙骁勇善战堪称帅才,于是向兵部尚书陈新甲提议,以贺人龙代左良玉为平贼将军。待此议得到皇上批准后,杨嗣昌又反悔,唯恐引起左良玉反感,何况贺人龙的兵力与战绩都无法与

左良玉相比，难以取而代之，再次上疏请求皇上收回成命，仍用左良玉为平贼将军，贺人龙则加以总兵衔行事。这种出尔反尔的做法，两面不讨好，使杨嗣昌失去了左、贺两大帅的信赖。正如时人所评论的那样："良玉以夺怀惭，人龙复以归印触望，遂互相推诿，不复深入，以致献忠复炽，皆嗣昌失二帅之心所致。"

左良玉托病，杨嗣昌犹如失去臂膊，不得不写信去好言相劝，对他说："圣意所重，全在逆献一人。深箐四壁，险峻难逃。将军在彼，严督穷搜，断可必得。今云十二日引兵西还，何耶？想穷谷无粮，大兵难驻，将军必不得已而为此？"杨嗣昌明明知道左良玉托病的原委，故意避开，把引兵西还归结为穷谷无粮的缘故，为左良玉留下体面的台阶。

但是平贼将军之事毕竟难以回避，他挖空心思地掩饰道："部文以人龙代将军，不佞上疏止之，此时定得谕旨矣。献贼在兴巴间，欲入巴蜀，过（天星）曹（操）四股亦伏大宁，乃将军报主之时也。"尽管杨嗣昌解释说由贺人龙代替左良玉挂平贼将军印是兵部的主意，是他上疏制止的，对于这种诡辩，左良玉根本不信，因为贺人龙早已把真相告诉了左良玉。杨嗣昌曾私下许诺贺人龙由他代替左良玉的平贼将军，玛瑙山之役后反悔食言，对贺人龙谎称须以后再议。贺人龙大恨，向左良玉和盘托出。因此杨嗣昌再三写信催促，左良玉仍高卧竹山一带，不肯协心穷搜深箐。

不独左良玉、贺人龙消极观望，各省督抚也想乘机从围剿中抽身，陕西总督郑崇俭便是突出的例子。杨嗣昌事先已传达皇上的圣旨，令秦督郑崇俭、总兵贺人龙、副总兵李国奇留蜀协剿。郑崇俭却阳奉阴违，写信给杨嗣昌，声称他率陕西兵与左良玉派来的偏将张应元、汪云凤在太平县境内搜剿，"持银买米，三月不得升合"，以此为借口，按兵不动。气得杨嗣昌责问四川巡抚邵捷春：太平乃公境内，事前数致札，乞为措置，今经若此，以左帅无粮而归，秦督又见告，现在应元、云凤兵正嗷嗷待哺。十五六年巨寇费尽心力刚可到手，若令脱逃，何以自解？

后来,郑崇俭干脆在川北太平称病,杨嗣昌调他会师大宁,他不应,反而由太平退回陕西境内。贺人龙、李国奇也以"兵瘦马缺弓矢皆乏"为借口,跟随总督而去。杨嗣昌多次写信催促,毫无效果。杨嗣昌抬出皇上圣旨来恫吓郑崇俭,说皇上下达"留蜀之旨"已一个多月,你竟稳坐陕西西乡,显然是"委君命于草莽",造成"各将观望,逗留不前"的后果。郑崇俭、贺人龙、李国奇依然我行我素。

已经退休的原内阁大学士、四川巴县人王应熊对家乡的战况牵肠挂肚,写信向杨嗣昌打听。杨嗣昌在回信中把张献忠的入蜀归咎于川军的无能:贼向在秦楚间,檄川中节镇拒击而不能,贼逼蜀境,令其守险而又不能,以故贼尽归蜀,不得不以客兵驱逐。所谓客兵是指从各地调来的军队。令客兵从后面追击,前面的川军如果坚守,则可形成一个包围圈。无奈川兵既不能拒击,又不能守险,客兵又三心二意,不愿入蜀围剿,名副其实的驱逐而已。这就给张献忠一个机会,使他与罗汝才会合,在四川东部边界大昌县附近的土地岭,一举大败官军。原因就在于当时只有左良玉的偏将张应元、汪云凤,贺人龙、李国奇远在别处,隔岸观火,致使张、汪全军覆没。人们评论说,土地岭之败是蜀中大乱的开始。

"好个杨阁部,离我三天路"

朱由检原先以为郑崇俭不能驾驭将领,心中不悦,接到土地岭大败的消息和杨嗣昌弹劾郑崇俭的奏疏,才知道郑崇俭抽兵回陕是致败的主因,立即下令将他革职查办,命丁启睿赴军前代理,还命巡按御史核实郑崇俭托疾究竟是真是假。

四川巡抚邵捷春也不见得比郑崇俭高明。杨嗣昌原本想把张献忠、罗汝才围歼于楚蜀边界的竹山、竹溪、巫山、大昌、大宁之间,怎料土地岭一败,张、罗直逼大昌。九月初一日,杨嗣昌檄问邵捷春:用何兵防守、何兵出战?兵若不足,从何处征调?守兵有何补充?邵捷春似乎全然不知。在大兵压境之际,邵捷春借口大昌上马渡、中马渡、下马渡水浅地平难以坚守,擅自退而扼守水寨观音岩,作为第一道防线,令部将邵仲光(一作先仲)守卫,而在夜叉岩、三黄岭、磨子岩、鱼河洞等处各分兵三四百人守卫。杨嗣昌的监军万元吉以兵力分散为忧,建议收缩防线,邵捷春仍固执己见。

九月初九日,张献忠等至渡口,轻取上、中、下马渡,进袭观音岩,守隘将领邵仲光率部逃跑,张献忠从观音岩、三黄岭等处突破大昌防线。杨嗣昌赶到巫山,以尚方剑处斩邵仲光。张献忠、罗汝才越过大昌,西抵开县、达州,势不可当,如过无人之境。朱由检接到杨嗣昌的报告,立即下令逮捕邵捷春。十一月,逮捕邵捷春的官员抵达四川。邵捷春匆匆向接替者廖大亨办了移交,便被押解而去。据说邵捷春为官还算清谨,治蜀也有一些惠政,所以川中士民哭送者挤满道路。邵捷春抵京后,下狱论死,于次年八月服毒自杀。下场虽然有点凄惨,毕竟是咎由自取。

杨嗣昌于十一月赶到重庆,下令各路将领会师,然而各路将领按兵不动,虚与委蛇。张献忠攻打汉州(今广汉),离中江百余里,中江守将方国安弃城逃跑。张献忠席卷什邡、绵竹、安县、德阳、金堂一带,所向披靡,守军纷纷"空城而遁","全蜀大震"。张献忠由水路攻下简州、资阳、荣昌、永州,十二月攻克泸州。

黔驴技穷的杨嗣昌想用策反手段分化瓦解,下令赦罗汝才罪,能降者授都司以下官,唯独张献忠不赦,有能擒斩张献忠者赏银万两。当这个榜文到处张贴之后,竟在杨嗣昌的行营衙门中见到张献忠的传单,上写:"有斩阁部(杨嗣昌)来者,赏银三钱。"杨嗣昌瞠目结舌,疑其左右都是张献忠的间谍。

杨嗣昌苦不堪言,于十二月初八日向皇上报告:蜀兵之脆,蜀将之愚,无复人理。贼在绝地,无生之路,有死之心,拼命恶斗。实渠魁中之渠魁,凶狡中之凶狡,练成至精至悍必死不降之贼种。臣不能躬亲与争

命,万死有余。杨嗣昌对张献忠心存余悸,早先的锐气已丧失殆尽。皇上下旨要他戴罪自赎。杨嗣昌向皇上大叹苦经,为自己辩解:

> 嗣昌用师一年,荡平未奏,此非谋虑之不长,正由操心之太苦也。天下事,总挈大纲则易,独周万目则难。况贼情瞬息更变,今举数千里征伐机宜,尽出嗣昌一人,文牒往返,动逾旬月,坐失事机,无怪乎经年之不战也。

言外之意,似乎他的下属将领个个都是酒囊饭袋,只有他一个人在苦苦操心。其实不然。他毕竟一介书生,对于行军作战是外行。每天常和幕僚饮酒赋诗,见到蜀中风景还流连忘返;常拿出《华严经》当作法宝,说它可以"诅蝗已旱",叫地方官如法炮制,还自鸣得意地将此举上报朝廷。朝中诸公听了大叹其气:"文弱其将败乎?拥百万之众,戎服讲经,其衰已甚,将何以哉?"所谓"征伐机宜,尽出嗣昌一人"云云,恰恰暴露了他刚愎自用的弱点。时人如此评论他:"军行必自裁进止,千里待复,动失机宜。"

监军万元吉深知左良玉、贺人龙与杨嗣昌有嫌隙,互相掣肘,主张稳扎稳打,对杨嗣昌说:"军心不一,未可以战,应当令前军跟踪,后军为继,中军从间道扼归路。"杨嗣昌不以为然,反对分军示弱,继续采用尾随紧追战术,调总兵猛如虎进攻泸州。张献忠迅速转移,猛如虎扑了个空。农民军机动灵活,善于山地行军;官军笨重拖累,疲于奔命,驰逐于山谷风雪之中,怨声载道,大嚷:"想杀我左(良玉)镇,跑杀我猛(如虎)镇。"

张献忠采用"以走制敌"的战术,从崇祯十三年八月夔门(今奉节)击败张应元、汪云凤,到崇祯十四年一月开县黄陵城击败猛如虎、左良玉,半年之内跑遍大半个四川,北到广元、昭化,南到泸州、南溪,东到巫山、夔门,西逼成都。杨嗣昌苦苦追赶,累得上气不接下气,还是相隔三天的路程。张献忠一次在营中饮酒时乘着酒兴随口溜出一首打油诗:

前有邵巡抚,常来团转舞。

后有廖参军,不战随我行。

好个杨阁部,离我三天路。

杨嗣昌的尾随战术终于露出了危机,导致洛阳陷落福王被杀,襄阳陷落襄王被杀的严重后果,以致他自己也一命呜呼。

洛阳的"福禄宴"

话分两头,却说李自成崇祯十二年五月听说张献忠在谷城起兵后,立即招集部众前往会合。八月间,两人相会于竹山、竹溪间,旋即分手。李自成进入四川东部,在奉节县的山中遭到官军围困,时在崇祯十三年四月间。关于此事,各种文献都说李自成困于巴西鱼腹诸山,牵强附会,难以置信。今人柳义南经过详细考证,认为此时李自成在归州附近的巴东,不在巴西。白帝城古名鱼腹,即今之奉节。所谓李自成困于鱼腹诸山,实为巴东之西的奉节,即鱼腹地区诸山中。此后李自成一直逗留于湖广、四川边境,八月间进入陕西南部的平利、洵阳一带,十月底进入商雒山中。十一月,李自成从商雒山中向河南转移,游哨至河南淅川。

杨嗣昌对此表示担忧,对郧阳抚治袁继咸说:"闯贼若出中原,定奔合于左革(左金王、革里眼),而襄阳、南阳降人所在抢夺勾引,二俱可忧。"杨嗣昌命左良玉堵截。李自成利用左良玉与杨嗣昌的矛盾,突破武关,进入河南淅川、内乡。对这一战略行动,当时河南人士这样评论:"(李自成)既入豫,如虎出柙,遂不可制。"十二月二十二日,李自成攻克永宁(今洛宁),杀万安王朱采钅罇。接着横扫熊耳山以西,连拔聚保山泽的四十八寨,克宜阳,挥师偃师,继而再克宝丰、密县。各地饥民望风归附,李自成的部队很快增加到数十万之众,名声顿时大振,随即把自己的诨号"闯将"改为"闯王"。

崇祯十四年正月,李自成兵临洛阳城下。洛阳是福王朱常洵的藩封地,此人昏庸贪婪,当地人怨声载道:"先帝(指神宗)耗天下以肥王,洛阳富于大内。"朝廷派来增援洛阳的士兵也哗然骚乱,扬言:"王府金钱百万,而令吾辈枵腹死贼手!"不愿卖命。侨居洛阳的原南京兵部尚书吕维祺向朱常洵晓以利害,劝他散财招募士兵,朱常洵吝啬不肯。待参政王荫昌、总兵王绍禹、副将刘见义等相继赶到时,洛阳已岌岌可危。王绍禹的亲军在城墙上与城外的农民军约定里应外合,缚住王荫昌,打开北门投降,李自成很快占领洛阳全城。

农民军搜查福王府时,发现朱常洵已越墙逃跑,便跟踪追击,在迎恩寺俘获。分守北城的吕维祺也束手就擒,押解途中见到福王被俘,高声大喊:"名义至重,王毋自辱!"要他保持名节。朱常洵却是个怕死鬼,见到威名显赫的李自成,吓得浑身发抖,叩头乞求饶命。李自成狠狠地训斥他:"汝为亲王,富甲天下,当如此饥荒,不肯发分毫帑藏赈济百姓,汝奴才也!"随即下令处死这个当朝皇帝的叔父。农民军士兵为泄愤,把这个重达三百六十多斤的大胖子"脔分股割,与鹿肉同烹",在西关周公庙举行了一场福禄(鹿的谐音)宴。福王的世子朱由崧在诸生黄调鼎护持下,逃跑到安国寺躲藏,夜半夺门而出,奔往怀庆,日后成为南明小朝廷的第一任皇帝。

朱由检:"就是气数,亦须人事补救"

朱由检获悉洛阳陷落、福王被杀,大为震悼,停止上朝三日,哭着对大臣们说:"(福)王,皇祖(神宗)爱子,遭家不造,遘于闵凶,其以特牛一告慰定陵(神宗陵墓),特羊一告于皇贵妃(郑氏)之园寝。"得知福王世子朱由崧逃往怀庆,朱由检特发御前银一万两,后妃们也发出银子一万余两,派司礼监秉笔太监王裕民、驸马都尉冉兴让等前往怀庆慰恤。

二月二十四日,朱由检在乾清宫东暖阁专为此事召见群臣,参加的有内阁辅臣范复粹、张四知、谢陞、魏炤乘、陈演,礼部尚书林欲楫,左侍郎王锡衮，右侍郎蒋德璟，兵部尚书陈新甲，礼科都给事中叶高标，兵科都给事中张缙彦，驸马都尉冉兴让等人。

朱由检坐在御榻上，当时正身患小恙，群臣进来后一一问安。

朱由检说："朕御极十有四年，国家多事，复遇饥荒，人皆相食，深可悯恻。近且流寇攻陷洛阳，福王被害。夫亲亲而仁民，仁民而爱物，亲叔不保，皆朕不德所致，真当愧死。"一时声泪俱下。

诸臣赶紧引罪，主动承担责任，朱由检连声说："否，否！"

冉兴让说："此系气数。"

范复粹也说："气数所致。"

朱由检说："此说不得气数，就是气数，亦须人事补救。这几年来，何曾补救得几个？"

朱由检拿起张缙彦的奏疏、河南巡按御史高名衡的奏疏翻了一下，叫张缙彦过来，说："尔前疏河南事奏来！"

张缙彦答道："洛城失陷，亲藩所在，关系甚重。臣见抚按塘报，俱未详悉。臣河南人也，闻福世子已在孟县，孟县人郭必信自臣乡来，因细问之，他在孟县亲见世子孝服，因知遇害是真。"

朱由检听了长叹一声，眼泪随之流下。

张缙彦接着说："福王先帝钟爱，享国四十余年，今因国变，王身死社稷，凡祭葬慰问，俱宜从厚。"

朱由检说："这说得是。"

范复粹说："福王有两个内臣，忠义可嘉。"

朱由检说："还是地方道府县官及乡官，皆当查恤。"

陈演插话："福王当立特庙。"

礼科给事中李焻说："凡兵以取胜为威，今督师杨嗣昌出兵一年有余，惟初次玛瑙山一报小捷，近遂寂寂，威亦渐挫，须另遣一大将帮他。"

朱由检立即为杨嗣昌辩护："督师去河南数千里，如何照管得到？虽鞭之长，不及马腹，你们亦要设身处地。若凭爱憎之见，便不是了。"

李焴仍坚持己见:"因其照管不来,故请再遣大将。"

朱由检说:"已遣朱大典,这便是大将。"

礼科给事中章正宸支持李焴的意见,认为杨嗣昌负有不可推卸的责任,说:"闯贼从四川来……"

兵部尚书陈新甲立即打断他的话,纠正道:"(闯)贼自秦来,不从川来。"并且再三重复,意在强调李自成从陕西进入河南,并不是从四川进入河南,极力为杨嗣昌掩饰。其实李自成是由川入陕再由陕入豫,所以章正宸的说法并不错,在这点上杨嗣昌也难辞其咎。

此时此际张献忠已由四川进入湖广,杨嗣昌由水路追赶,引起廷臣不满。朱由检为此严厉责备陈新甲:"卿部职司调度,赏罚要严,须为朕执法,不得模棱,此后如姑息误事,皆卿部之罪。"

陈新甲唯唯诺诺,引罪不已。

朱由检翻阅案头奏疏说:"闯贼南去,李仙风领兵北来,明是规避。即高名衡前报福王尚在,今报遇害,也忙乱了。"显然对河南巡抚李仙风、巡按高名衡很不满意,接着问阁臣:"世子谕札内言杀王戮官,河南更有何王?"

阁臣范复粹等竟然回答说:"不闻。"

朱由检追问再三,还是张缙彦出来回答:"正月初三日,贼破永宁,内有万安王被杀……洛城失陷,凡王府宫眷内外官绅士民焚劫甚惨。此时贼虽出城,生者无所养,死者无所葬,伤者无所治。皇上已发河南赈济银三万两,合先动三五千两专济洛阳,收拾余烬,以救燃眉。"

朱由检说:"河南到处饥荒,别处亦都是要紧。朕再措发,即着钦遣官带去。"

在召对结束时,朱由检宣布:命冉兴让、叶高标会同王裕民前往河南,慰问福王世子朱由崧。

朱由检沉浸于福王被杀的悲痛中,还不忘为杨嗣昌开脱责任,要诸臣设身处地为杨嗣昌的难处考虑。

襄王:"求千岁爷爷饶命"

近日来,朱由检一直在担忧其他藩王的命运,唯独不担心襄阳的襄王,因为襄阳是杨嗣昌的督师衙门所在地,驻有重兵。正当朱由检在武英殿向左右近侍询问开封周王近况如何时,忽然宗人府官员传进襄王府福清王(襄王次子朱常澄)的紧急公文。朱由检大惊失色,推案而起说:"果然,襄王也不免于难了么?"他打开福清王的奏章一看,上面写道:

> 臣常澄,襄王次子也。臣藩奉国厚恩,世守赤社。不意二月初四日夜半,南门火,一城糜沸,传曰监军道家丁反,臣父殿庐火亦起,融风吹之,延爇万屋。臣睡梦中闻人马声,飞镞着臣头,目见城中兵亦与格斗。天明,贼大至,太守王承曾保臣及臣弟进贤王常淦突围出。臣遣人探父动定,始知初五日被贼执至西城楼杀死,放火烧城,肢体为烬,抬头颅骨数寸以归,臣一恸殒绝。臣弟贵阳王常法于西城门外被杀,臣兄已故世子宫枢尽焚,杀死兰阳王母夫人徐氏、太和王妃郎氏、宫人李氏等四十三口。臣父国宝内官张进喜投井得存……

朱由检看了襄王次子的奏疏悲恸至极,命有关官员按照福王规格为襄王朱翊铭准备丧葬礼仪。朱翊铭是万历二十三年继承王位的,是朱由检的祖父神宗朱翊钧的同辈,属于远房叔祖,与亲叔福王朱常洵相比要疏远些。朱由检的悲恸,有一大半是感慨于形势的剧变,拊几叹道:"襄、洛天下形胜,而襄建瓴东南,宪王以仁宗爱子,徙封于襄,有深意。襄亡,陪京(南京)必震恐。"又说:"朕为天下讨贼,浃辰之间,两王皆以国毙,是天厌我家,而剪弃其子孙也。不然,贼何以至此!"令他不解的是,杨嗣昌为何至今还不向他报告此事。

事情还得从头说起。

此时杨嗣昌已病入膏肓。早在崇祯十三年年底至十四年年初,杨嗣昌已身患绝症。正月初六日,病情已很严重。正月初八日向皇上报告军情时已经流露了行将就木的忧虑:"臣忧劳病瘁,奄奄垂毙,襄库罄尽,心益忧煎,不知死所。"他的病是心力交瘁所致,正如他自己所说"忧劳病瘁"。自从奉命督师以来,除了玛瑙山大捷,再也没有打过一次胜仗,部将又不听调遣,被张献忠牵着鼻子走,搞得狼狈不堪。

正当他在四川团团转时,张献忠突然出川,飞袭杨嗣昌的督师衙门所在地襄阳。襄阳方面还没有得到一点消息的时候,张献忠的部队已进至当阳。张献忠派罗汝才截断郧阳对襄阳的增援路线,自己率精骑一日一夜飞奔三百里,直插襄阳。二月初,兵临襄阳城下,拦截杨嗣昌督师衙门的差官,派二十名骑兵冒充差官拿着调兵文书入城。事前张献忠作了周密的策划,玛瑙山之战中被俘的张献忠爱姜高氏及军师潘独鳌关押在襄阳军府监狱,他们买通官吏充作内应;张献忠派士兵化装成商人,"运车入城,兵器皆藏车中",预先做好准备。

二月初四日半夜,城中内应放下城门吊桥,迎接大部队,襄阳不战而下。据福清王常澄事后的报告,当时城内一片混乱,"二月初四日夜三鼓,遍地举火,满城从睡梦中惊突奔窜,民与兵与贼搅混,狂奔于烟火熏灼之中"。

天明后,张献忠进入襄阳城。年逾七旬、须发尽白的襄王朱翊铭被押到西门城楼上,吓得浑身发抖,跪倒在张献忠脚下,连喊:"求千岁爷爷饶命!"张献忠讥讽道:"你是千岁,倒叫我千岁。我不要你别的,只借你头用。"朱翊铭这一惊非同小可,慌忙讨好说:"宫中金银宝玩,任千岁爷爷搬用。"他以为这样一来就可以免死了,殊不知张献忠不吃这一套。他要杀襄王而置杨嗣昌于死地,便回答说:"你有何法禁我不搬哩?只一件事,你不给我头,那杨嗣昌不得死。"他又说:"吾欲断杨嗣昌头,嗣昌在蜀,今当借王头,使嗣昌以陷藩伏法。"说罢,张献忠下令处死襄王朱翊铭,同时处死的还有贵阳王朱常法、兰阳王母徐氏、宫人李氏等四十三口，此前已述。与此同时，下令打开王府仓库，发银十五万两赈济饥民。

起初，杨嗣昌以为襄阳防守严密，不足为忧；当郧襄道张克俭提醒他注意襄阳防务时，他以为城濠坚固，反而讥刺张克俭怯弱。张献忠从陆路出川时，他由水路沿江而下，二月十八日赶到夷陵（今宜昌），得知洛阳、襄阳陷落，福王、襄王被杀，凶闻接踵而至，不禁抚膺大恸："无脸再见皇上！"

原本病重的他，经此惊吓，从此饮食不进。赶到荆州沙市徐家园，他卧床不起，一切大事都交给监军万元吉代理，并派人通报家属赶赴荆州会面。万元吉问他："师相病势如何？为何不报知皇上？"杨嗣昌只吐出两个字："不敢！"此时此际的他，昔日的雄心壮志荡然无存，心如死灰，苟延残喘，等死而已。正如他写给湖广巡抚宋一鹤的信中所说："天降奇祸，突中襄藩。仆呕血伤心，束身俟死，无他说矣！"

三月初一日，杨嗣昌死于沙市徐家园，终年五十四岁。关于杨嗣昌的死，众说纷纭，有的说他自缢而死，有的说他服毒而死。其实他原已病重，再遭福、襄二王被杀的惊吓，遂至不治，即使华佗再世，也难起死回生，何用上吊服毒！他的儿子杨山松、监军万元吉说他病死是可信的。

朱由检："杨嗣昌死后，廷臣无能剿贼者"

朱由检得到杨嗣昌的死讯，又恨又怜，看了万元吉送来的讣闻，对身边的大臣叹息道："督师功虽不成，志亦堪悯，宜用辅臣礼归葬。"随即下了一道谕旨："督师阁臣杨嗣昌，功虽未成，尽瘁堪悯，与祭一坛，地方官护柩回籍。"还亲自为他写了一篇祭文：

> 惟卿志切匡时，心存许国，入参密勿，出典甲兵。方期奏凯还朝，麟阁铭鼎。讵料乘箕谢世，赍志深渊。功未遂而劳可嘉，人已

亡而瘁堪悯。爰颁谕祭,特沛彝章,英魂有知,尚其祗服,钦此。

朱由检在谕旨和祭文中流露出平日对杨嗣昌的眷顾之情,对其为明朝尽瘁充满了深深的惋惜和哀怜,其中交织着出师未成身先死的遗憾,从此再难寻觅杨嗣昌这样的能臣、忠臣。无怪乎他在与诸臣提及此事时慨乎言之:"杨嗣昌死后,廷臣无能剿贼者。"

然而感情毕竟不能代替法律,督师失职之罪如不追究,今后恐难驾驭群臣,朱由检不得不诏谕有关衙门:"嗣昌二载辛勤,一朝尽瘁,虽有玛瑙山功,不能掩其闯、献鸱张,两藩罹祸之罪。下所司会勘以闻。"朝廷上下的官员都了解皇上对杨嗣昌的偏袒心态,有关官员会议时,对于杨嗣昌二府三州十九县之失故意援引轻典,根据传统律法中"议请减赎"的原则,以"议功"的方式解脱了他的罪状。这种处理方式显然是符合皇上本意的。

舆论却难以一致。在杨嗣昌去世前几天,户科给事中左懋第就弹劾杨嗣昌,说他"拥兵自卫,迄无成功"。杨嗣昌死后,弹劾者络绎不绝。工科给事中李如璧追论杨嗣昌,说"襄阳失,荆南有剥肤之恐;洛阳失,汝宁有累卵之危",主张追究其责任。刑部主事雷演祚追论杨嗣昌六大可斩之罪:一、失藩封,陷郡县;二、参抚臣以诿责;三、以《华严经》灭蝗,诵咒消贼;四、张献忠入川,单裤纵逃;五、贿题监军;六、交结朋党。礼部侍郎蒋德璟甚至认为杨嗣昌"奸欺误国,请用嘉靖中仇鸾例,斫棺戮尸"。

朱由检为此特地在乾清宫召见六部九卿科道等官,狠狠地训斥道:"杨嗣昌系朕特简,用兵不效,朕自鉴裁,况才尚有可取,各官见朕有议罪之旨,大加排击,纷纭不已……姑不深究,各疏皆留中,谕尔等知之。"舆论风潮总算平息了下去,朱由检不但没有追究杨嗣昌的罪责,反而追赠他为太子太保。朱由检对杨嗣昌的眷顾始终如一,在崇祯一朝五十辅臣中堪称独一无二。

五、"灭寇雪耻"成泡影：洪承畴降清

"我皇上'灭寇雪耻'四字,就是中兴大有为根本"

崇祯十二年正月,朱由检任命洪承畴为蓟辽总督,不仅仅为了应付眼前清兵骚扰近畿地区的困境,更着眼于今后的大局——在他的天平上,攘外是重于安内的,这从清军撤退后他不同意把洪承畴所率秦军精锐返回陕西可以看得一清二楚。

而形势的发展又似乎不容不如此。清军几次南下,都是从长城沿线突破,还没有从锦州、宁远(今兴城)越山海关进入关内的先例。非不为也,是不能也,因为锦州至宁远一线有明朝重兵把守,难以逾越。皇太极当然想早日突破锦州、宁远防线。深知此意的明朝降将、清都察院参政祖可法、张存仁等联名上疏,提议直捣燕京,必须先攻下锦州、宁远,如欲不发兵而先得宁、锦,应该先派兵屯驻广宁,逼临宁、锦门户,使对方耕种自废,难以图存,势必从锦州撤守,退回宁远,进而从宁远撤守,退回山海关。皇太极采纳了这一建议,派兵到义州卫(广宁后屯卫,今义县),且耕且战,设营挖壕,把锦州城团团围住。

事态的发展引起了朱由检的密切关注。崇祯十三年四月十三日他在平台就此事与群臣商议对策。

朱由检对大臣们道出了近来内心的忧虑:北骑在义州已经半月,对此有何筹画?说罢,他把亲笔题写的"灭寇雪耻"的条幅传示群臣,以表明他的坚定信念。

大臣们深知皇上御笔"灭寇雪耻"四字的分量,都不敢贸然奏对。独有新任礼部右侍郎蒋德璟成竹在胸,出班跪奏道:"我皇上'灭寇雪耻'四字,就是中兴大有为根本。臣每见皇上传谕户兵各部,及申饬各边督抚等官,睿虑精详,无不周密,只是各边未有力行。就如练兵一事,

353

申饬再三,其实兵何曾练?只是将花名文册点操一番,花刀花枪,全无实着。臣每读《会典》,见太祖高皇帝教练军士律,以弓弩刀枪分别试验,立行赏罚,此是练兵之法。凡卫所总小旗补役,以拼枪胜负为升降,凡袭替官舍比试,必须骑射娴习,方准顶袭,此是练将之法。当时百战百胜,只是兵练得精……难道二三百年来并无一兵,到皇上才要设兵?难道本无一饷,到皇上才要加饷?"

朱由检听蒋德璟引经据典侃侃而谈,不由得入神地站了起来,打断他的话,点评道:"闻所未闻。"

蒋德璟听到皇上夸奖,进一步发挥他的练兵主张:"军即是兵,总计内外卫所三百余万军,兵尽足用;且养军之屯田盐粮甚多,二三百年来并不曾加派,饷尽足用。如今只将祖制振举,件件实做,自可灭敌。"蒋德璟主张恢复明初的卫所屯田制度,其实是没有多大可行性的空论。兵农合一、寓兵于农的卫所屯田早已失去了它赖以存在的土壤,屯田早已异化为将领豪绅们的私有田产,卫所士兵也蜕变为只会当差供役、不会打仗的特种兵,要想重振祖制无异于画饼充饥。

朱由检却以为蒋德璟所论闻所未闻,或可弥补时局,迫不及待地说:"再奏,从容奏来!"

蒋德璟继续奏道:"今全盛天下,何忧小丑!肃皇帝(世宗嘉靖皇帝)时北有俺答,南有倭奴,蹂躏浙直福广诸省,亦极猖獗,只用俞大猷、戚继光诸好官,无不扫清。以皇上神武,同符世宗,灭此亦何难!臣尝纂有《俞大猷剑经》《戚继光练兵书》,的是今日练兵要著。"

朱由检说:"《练兵书》朕亦看过。"

蒋德璟说:"是书虽经御览,只各将官不曾实行,中间练刀、练枪、练火器诸技,各有教师训课,如父兄子弟一般,所以可用。"

朱由检说:"《练兵书》还说练胆。"

蒋德璟补充道:"练胆是第一义,兵若无胆,如何站住?然必技艺精熟,继光云:艺高则胆壮也。"

听了这一大篇关于练兵的高见后,朱由检把话题转移到今日议论的主题上,问道:"今敌在义州,作何筹画?"

蒋德璟答:"义州距锦州九十里,锦州距宁远六十里,宁远入山海关至京师近千里。北骑在沈阳,相距甚远,决不从关外来。只恐占住义州,径至大宁(可苟河套,在今内蒙古、辽宁边境),仅二百六十里,便可犯蓟犯宣,却是可虑。"蒋德璟的分析不无道理,但他否定了清军攻取义州意在拿下锦州及其近旁的松山、塔山、杏山要塞,进而威逼宁远的战略意图,显然过于武断——以后的形势发展也证明了这一点。

朱由检被他的地名、里程搞得不得要领,纠正道:"里数亦不许算,只说目前要着。"

蒋德璟似乎提不出什么目前要着,又重提练兵,说:"总不外练兵二字,练兵虽平日工夫,对临时亦只此一件。即今锦州八城,要战要守,总须兵站得住,与敌上阵总要兵精,兵如不精,别无奇策。传闻兵十万,虚冒每有一半,蠹饷不赀,此是最病痛处。皇上每患饷银之少,在臣却患饷银之多。祖制各边养军,只屯盐民运三项,原无京运银两;自正统间始有京运数万两,至万历末亦止三百余万分运各处,自戊午(万历四十六年)后渐渐加派至九百余万,名曰辽饷。又有剿饷,并旧饷约计二千余万,比万历末加至五六倍,民穷财尽,而兵反少于往时。且兵食米面、马食草豆,今本色津运甚多,却多置之浥烂,而动辄索银。解去千万,正不知作何消耗? 到得临敌,又只是借名鼓噪,挟赏窜逃,逗留劫掠,无所不至。就如贾庄之战,总督战死,两总兵径行逃归,依旧充为军官立功戴罪。如此行兵,谁肯用命?"这是指贾庄之战弃总督卢象昇于不顾的总兵虎大威、杨国柱。

朱由检明知故问:"两总兵何名?"

蒋德璟装糊涂,推托道:"臣偶记不真。"

朱由检说:"汝记得的。"

蒋德璟只得说:"似是杨国柱、虎大威两个奴才。"然后转换话题发挥道："今天下之大,豪杰之多,何患无将!国初中山王徐达、开平王常遇春诸名将,都是高皇帝驾驭得好,禁中颇牧,何患无人!且古来大将,如宋岳少保(岳飞)、韩蕲王(韩世忠)皆出自行伍,其所以破虏之法,皆用步兵。盖金以犷骑难当,惟步兵用藤牌及火器,可以制之。"

朱由检说："马亦少不得。"

蒋德璟接着谈了马政,又谈了团练乡勇之事,朱由检以为其中颇有可采之处。

最后蒋德璟谈到唐太宗"雪耻酬百王,除凶报千古"之句,说："皇上神武百倍太宗,何患小丑!惟愿宪章二祖,修复祖制,自然指日中兴。"

这场召对反映了廷臣对于清军在义州的军事行动束手无策。蒋德璟的泛泛而谈,虽也触及时弊,但难以操作,更不能解决辽东的实际问题。

朝廷遥控,企求速战速决

为了"灭寇雪耻",为了解锦州之围,朱由检于崇祯十三年五月命洪承畴出山海关。不久,洪承畴率玉田总兵曹变蛟、蓟州总兵白广恩、宁远总兵吴三桂、广宁前屯卫总兵王廷臣抵达宁远,视察松山等要塞后,以兵力太少不足以御敌,请皇上再调宣府总兵杨国柱、大同总兵王朴、密云总兵唐通、山海关总兵马科,云集宁远前线,总兵力达十三万之众,在锦州、松山、塔山、杏山一线摆开决战的架势。

崇祯十四年三月十六日,辽东巡抚邱民仰报告:从二月以来,清军不断向义州运送军队、粮食、武器,其中红夷大炮三十门,小炮多得难以悉数。明朝降将石廷柱及耿仲明、孔有德、尚可喜等在清朝郑亲王济尔哈朗、武英郡王阿济格、贝勒多铎、郡王阿达礼统率下,一齐向锦州外围赶来。锦州方面的形势日趋紧张,朱由检收到锦州、松山请求救援的报告如此描述当时的状况:"奴众(指清军)此番倾巢困锦,内打栅木,外挑壕堑,水泄不通,人影断绝。松城与锦相隔十八里,奴贼离锦五六里下营,即近在松城左右。今锦城壕栅已成,奴众精骑尽绕松城,势虽困锦,实乃伺松。"很明显,锦州、松山守将对形势的判断是正确的。清军围困锦州的意图是吸引明朝主力军的增援,在松山一带形成围点打援之势,因此说"势虽困锦,实乃伺松"。

对于这种格局,久经沙场的洪承畴当然了如指掌,故而对战略决战持谨慎态度,倾向于打一场持久战,不争一时一地的得失。他在向皇上报告军事部署时,一方面表示解锦州之围的决心:"大敌在前,兵凶战危,解围救锦,时刻难缓,死者方埋,伤者未起,半月之内即再督决战,用纾锦州之急。"另一方面陈述他的应对方略:"久持松(山)、杏(山)以转运,且锦守颇坚,未易撼动。若敌再越今秋,不但敌穷,即朝鲜亦穷矣。此可守而后可战之策。"洪承畴的这种且战且守的战略是实事求是的,也是当时唯一可取的方案。况且坚守锦州城的总兵祖大寿被困五个月之久,仍信心十足,特地派士兵出城向洪承畴传话,城内粮食足可支持半年,要洪承畴步步进逼,不要轻易交战。

朱由检对这种相持局面很担忧,崇祯十四年五月十八日在中极殿召见兵部尚书陈新甲,问他有什么解困良策。举人出身、曾经担任过宁远前线兵备佥事的陈新甲,虽然对辽东事务较为熟悉,但一时也拿不出两全之计,请求退而与阁臣及兵部侍郎吴甡商议。之后他向皇上呈上了一份"十可忧十可议"的报告,对形势持悲观态度,建议派遣兵部职方郎中张若麒前往宁远,当面与洪承畴商议决策。朱由检采纳了这一建议。

世上的人和事复杂多变,大凡对形势持悲观态度者极易走极端,滋生急躁冒进情绪,陈新甲便是一例。他等不及张若麒与洪承畴商议的结果,急匆匆地向皇上提出速战速决的方案,鼓吹主动出击:一路出兵塔山(塔山堡,宁远中左所),趋大胜堡,攻敌营之西北;一路出兵杏山(杏山驿),抄锦昌,攻敌营之北;一路出兵松山(松山堡,广宁中屯所),渡小凌河,攻敌营之东;一路出兵松山正面,攻敌营之南。

朱由检没有轻易作出决定，把这一作战方案交洪承畴的行营议论。洪承畴否定了这一方案，向皇上请求且战且守，主张在松山、杏山作持久之计。他认为，拖的时间越长，越不利于清军及协助它作战的朝鲜方面。他向皇上指出："今本兵（兵部尚书）议战，安敢迁延？但恐转输为艰，鞭长莫及，国体攸关，不若稍待，使彼自困之为得。"朱由检也以为洪承畴分析得有理，表示同意。

但是陈新甲固执己见，他的喉舌、职方郎中张若麒与之一唱一和——此人躁率喜事，略有小胜便以为锦州之围可以立解，向皇上送去一份秘密奏疏，鼓吹速胜论，并请求留在洪承畴行营赞理军务，竭力促使速战速决。

朱由检经不住陈新甲、张若麒的再三鼓动，从支持洪承畴且战且守，一变而为要洪承畴速战速决，下达密敕要他"刻期进兵"。陈新甲又写信给洪承畴施加压力，对清军方面散布将再次从长城边关南下的谣言信以为真，警告洪承畴："你出关用兵一年有余，耗费饷银数十万两，既不能解锦州之围。若再使内地受困，到那时，你不进山海关迎战，则长城沿线空虚；如往辽西，则宝山空返，何以副皇上圣明，而谢朝中文武诸臣之望？当此主忧臣辱之际，谅必清夜有所不安！"

为了促成洪承畴改变决策，陈新甲又推荐前任绥德知县马绍愉以兵部职方主事身份到洪承畴行营与张若麒相配合，以赞画军务的身份贯彻兵部主张。马绍愉到了宁远，与张若麒拍档，再三张扬"边兵可战"。洪承畴顿时陷于进退维谷的境地，上有皇上的密敕、兵部的警告，下有赞画军务的张若麒、马绍愉的催促，不得不放弃持久战计划。

松山陷落，洪承畴被俘

近日来，朱由检一直梦魂萦绕着锦州战事。七月十二日，他参加经筵完毕，心神不定地向兵部官员询问："为何近日没有边报传来？"并且忧心忡忡地解释道："此一举，解围果然是胜算，但兵未离险境，朕甚为担忧!"殊不知,这几天正是大战前的沉寂,洪承畴忙得不可开交。七月二十六日,洪承畴誓师援锦州。七月二十八日,洪承畴下令进兵,把粮草囤于杏山、塔山之间,亲率六万人马于次日抵达松山。入夜,见清军屯于乳峰山之东,洪承畴传令半夜登上乳峰山之西南角,控制制高点。乳峰山距锦州只有五六里,俯视有如几席,炮石之声隐约可闻。洪承畴命东西二路进兵以分割清军,使之腹背受敌,并立车营,环以木城。

清军主帅多尔衮把军情报告皇太极,皇太极决定亲自出征,带领三千骑兵日夜兼程赶往松山。清军方面如此记述皇太极的这次军事行动:

> 崇德六年(崇祯十四年)八月丁巳(十四日),上(皇太极)以明洪承畴来援锦州,亲率大军往征之。壬戌(十九日)至松山,陈师于松山、杏山之间,横截大路立营……上见松山城北乳峰岗,敌兵立营乳峰山、松山之间,又步兵掘壕立七营,其马兵驻于松山东西北三面,约敌骑兵四万,步兵九万,共号十三万……明国诸将见上亲率大兵环松山而营,大惧,一时文武各官欲战则力已不支,欲守则粮已匮竭,遂合谋议遁。

皇太极围困锦州的本意就在于围点打援,见洪承畴已经上钩,且主力团聚于松山,便把松山与杏山、塔山的通道全部切断,使松山陷于孤立无援、粮草断绝的境地,以达到不战而屈人之兵的目的。这一招果然厉害,立即引起明朝八路总兵的恐慌。

洪承畴见军心动摇,忙鼓励诸将说:"敌兵新旧交替攻守,我兵既出,亦利速战,各位应激励本部力斗。我亲执战鼓督战,解围在此一举。"总兵们议论纷纷,欲回宁远就饷。连一向催促洪承畴出兵最起劲的张若麒也惶惶然不知所措,薄暮时分写信给洪承畴,赞成撤退:"松山之粮不足三日,敌军不但围困锦州,又复围困松山,各帅既有回宁远支粮再战之议,似属可允。"此人昔日力主冒进,今日摇身一变,赞成逃跑。

这种从一个极端到另一个极端的一百八十度大转弯,使军心更加涣散。洪承畴只得苦苦劝说:"往时诸君都矢志报效,今日正是机会,虽粮尽被困,应明告吏卒:守也死,不战也死,只有战,或可幸于万一。我决意孤注一掷,明日望诸君努力。"不久,王朴率先逃跑,引起连锁反应,各总兵争先恐后逃跑,骑兵步兵互相践踏,弓甲丢得遍地都是,又遭清军伏击,损失惨重。

数万大军如此溃于一旦,只剩下洪承畴、总兵曹变蛟与王廷臣、巡抚邱民仰率一万军队困守松山城。朱由检获悉后,下令要洪承畴极力死守,一面调刘应国水师八千,扬帆松山、杏山海口,乘夜偷渡松山,以壮声援;一面责成吴三桂、白广恩、李辅明收拾残兵,联络杏山、塔山,以图再进。朱由检下达的"以壮声援""以图再进"的命令毫无作用,诸将畏首畏尾作壁上观,谁都不愿冒险增援松山,气得朱由检下旨痛斥:"围城望救甚切,已有屡旨剿援,乃至今未发一兵,未通一信。"严令各抚镇道"不得观望规卸!"依然毫无作用。

松山城内无粮草,外无援兵,岌岌可危。叱咤风云的洪承畴此时已穷途末路,遵旨"极力死守"松山孤城已毫无实际意义,不过束手待毙而已。崇祯十五年三月,松山副将夏承德叛降清军,俘获洪承畴作见面礼。松山陷落,锦州守将祖大寿陷于绝境,无可奈何献城投降。清军挟连胜之余勇,相继攻陷塔山、杏山,明朝丧失了宁远以北大片疆域。

朱由检:"我不曾救得承畴"

松山、锦州兵败的消息传到京师,朝野为之震惊,因为它大大出乎人们的预料。此次会战,明清双方兵力大体相当,胜负本殊难预料。导致明朝方面失败的原因在于战略战术的错误:第一,为了尽快解锦州之围,企图速战速决,对清军围点打援的计谋掉以轻心;第二,把六万增援大军聚集于松山,没有与塔山、杏山、宁远建立有机的攻防体系及后勤保障通道;第三,一旦松山被困,未采取及时应变措施,仓促撤退,不战而溃。

首先指出这一问题的是山西道御史郑昆,他在崇祯十四年十月向皇上进言:"自建虏据义州,前抚臣方一藻进复义(州)之策,当事暗于机。未几而建虏果围锦州矣。其围锦也,深沟以困之,盖诱我之兵萃于此,别有启疆之谋。欲解锦围,须俟其相持稍懈,渐出奇计以驱之。岂有统全军而注之孤危之地,首尾全无顾应,堕其术中如今日者!"郑昆说这番话时,松山突围惨遭败绩,但松山、锦州尚未陷落。他的分析句句在理,如指出清军围困锦州目的在于引诱明军主力,欲解锦州之围必须出奇制胜,不能急功近利;又如数万大军集中于松山孤危之地,首尾不能照应,正中敌方计谋,必败无疑;再如锦州之今日,就是宁远之明日,关外形势不容乐观。

一向催战最为激烈的张若麒率先从海上逃回宁远,激起人们的义愤。四川道试监察御史刘之勃不指名地谴责:"长安相传,谓整兵援锦之时,首祸实实有人;风鹤溃决之际,倡逃实实有人。果如所言,则是弄重臣于掌股,轻疆场于一掷,可激之以邀功,可卖之以逃死,并可诋之以匿罪,人情天理,灭绝极矣。"

待到松山陷落,洪承畴被俘,邱民仰、曹变蛟、王廷臣被杀的消息传来,人们愤慨至极,谴责张若麒及其后台陈新甲。南京山西道御史米寿图请诛张若麒以谢天下,他说:"督臣洪承畴孤军远出,以当积强横跳之虏,关外之存亡,神京之安危,决于一战,此何等事! 忠臣义士心胆堕裂,自当虚心与督臣商酌,动出万全,相机破贼,以宁八城,以全十万之兵,以纾圣明之虑。何乃贼臣若麒攘臂奋袂,挟兵曹之势,收督臣之权,纵心指挥,致使三军但知有张兵部,不知有洪总督,而督臣始无可为矣! 夫朝廷以十万付督臣者,以其能统三军之事也……催战必败,三尺童子可知。若麒一味催战,视国事如儿戏,驱死地如恐后。臣发其心,不过欲侥幸一掷,胜则揽功于己,败则移罪于人……若麒坐陷封疆,得罪宗社,自当立斩,以谢天下。"

人们对洪承畴是寄予同情的，松山陷落的消息传来，一度误以为洪承畴被清军杀死，已经"尽节"了。从锦州逃出的人告诉吴三桂，清军已把洪承畴押往锦州城北无极王营盘内杀死，并煞有介事地说："洪督师临砍时，只求速死。"兵部把吴三桂的塘报送到皇宫。朱由检在四月十二日专门为此写了一道圣旨："锦城不守，奴氛屠惨，情形真堪愤痛。其松城抚镇义殉可悯，洪承畴节烈弥笃，即着该督抚再一确察，速与优旌，以慰幽忠。"消息的另一来源是洪承畴的家人从乱军中逃回北京时，向皇上报告洪承畴"殉难"始末，说得活灵活现："去岁八月战溃，家主坐困松城，乏食，杀马饲兵，忍饥苦守。及道将夏承德开门献贼，家主被执，骂贼不屈，惟西向叩头，称'天王圣明，臣力已竭'，死之。从来就义之正，未有如臣家主也。"

朱由检震悼痛哭，下令设祭坛于朝天宫前，准备亲自前往祭奠，以示激励。几天后，朱由检下旨："已故总督蓟辽、尚书洪承畴赠少保，荫中书舍人。祭故总督洪承畴九坛，故巡抚邱民仰、故总兵曹变蛟、王廷臣各六坛，予祭议谥，合祠京师。近日死事文武大臣立坛，朕亲致祭。"充分反映了朱由检对洪承畴的器重和怀念之情。朱由检临轩垂泣，十分动情地说："我不曾救得承畴。"

令人啼笑皆非的是，洪承畴并没有像朱由检所说的"节烈弥笃"。他被俘后经不住皇太极的再三劝降，终于变节。但是这一消息迟迟不被证实，以致酿成了人未死已被当作烈士看待的笑话。据近人李光涛的考证，直至崇祯十六年四月，辽东巡抚黎玉田在向皇上报告时，一方面据从辽东逃亡人士的口供说"洪督师被奴酋拘系于别室"，另一方面又说"口供互异，未足为信，而督师存亡，本院亦未敢悬拟"。李光涛认为，由此可见明帝待洪氏不薄，也可见当时明朝君臣上下之于洪氏又皆群然以忠烈期之。其或终明之世，洪氏存亡未为定论，故妻子得安居耶？松锦战役的惨败，洪承畴的降清，使朱由检"灭寇雪耻"的希望化成了泡影。

六、"可款则款,不妨便宜行事"

盛京的秘密和谈

在洪承畴孤军困守松山时,清军方面以和议助攻战,再次发出和议信息。其起因,据说是崇祯十四年十一月辽东原野上下起了茫茫大雪,深达丈余,清军粮草补给断绝,正欲解围而归,又恐明朝军队尾随攻击,便通过蒙古人向明朝发出求和意向。兵部尚书陈新甲听信张若麒的意见,表示可以考虑。

与此同时,辽东宁前道副使石凤台也获悉清军有意议和,写信给清军将领证实是否确有其事;得到了明确的答复,他立即把这一机密信息上报给皇上。朱由检原本抱着"灭寇雪耻"的雄心壮志,对和议毫无思想准备,接到石凤台的报告,很是恼怒,立即以"封疆大吏私自与敌方洽谈和议,有辱国威"下令把石凤台逮入刑部监狱。

到了崇祯十四年年底,松山、锦州形势日益吃紧,内阁辅臣谢陞与其他阁臣商量:"我力竭矣,款建虏以剿寇,凤台言良是。"阁臣们以为谢陞的话有理,决定由兵部尚书陈新甲出面旁敲侧击提议此事。崇祯十五年正月初一日,朱由检御殿受朝贺完毕,召见内阁辅臣周延儒、贺逢圣、张四知、谢陞、魏炤乘、陈演及兵部尚书陈新甲等。他郑重其事地对阁臣们说:"古来圣帝明王,皆崇师道,今日讲犹称先生,尚存遗意,卿等即朕师也。"待这些客套话讲完,陈新甲抓住时机向皇上提出"款建虏"(与清议和)的主张,但又不便直接提及"款"字,迂回地说:"(松、锦)两城久困,兵不足援,非用间不可。"

所谓"间",本有离间之意,陈新甲讲此话的用意并非意欲离间清军,而是"款建虏"的委婉表达方式。朱由检对松山、锦州两城的困境一筹莫展,从石凤台的报告中了解到"建虏意欲和",听了陈新甲的话,心有灵犀一点通,立即答道:"城围且半载,一耗不达,何间之乘? 可款则款,不妨便宜行事。"讲完之后,询问在场的阁臣们有何意见。周延儒等老于世故,一言不发,只听谢陞说:"彼果许款,款亦可恃。"与清的议和之事就这样在朝廷的最高层面作为原则定了下来。陈新甲得到皇上十分明确的旨意"可款则款,不妨便宜行事",以为可以大胆放手进行,立即向皇上推荐兵事赞画主事马绍愉作为谈判使节。皇上批准马绍愉以兵部职方郎中身份赐二品官衔,前往执行这一秘密使命。

正月初七日,马绍愉偕参将李御兰、周维墉一行快马加鞭赶到宁远,立刻与清军统帅济尔哈朗接洽。清军方面以为没有可信的文件为凭,要求提供明朝皇帝的敕书。马绍愉向朝廷发回信息,这一来一回费去不少时日,待马绍愉接到皇上的敕书时已是三月,松山、锦州已经陷落。

朱由检的敕书不是直接写给清太宗皇太极的,而是以"谕兵部尚书陈新甲"的形式写的:

> 据卿部(兵部)奏,辽沈有休兵息民之意。中朝未轻信者,亦因以前督抚各官未曾从实奏明。今卿部累次代陈,力保其出于真心,我国家开诚怀远,似亦不难听从,以仰体上天好生之仁,以复还我祖宗恩义联络之旧。今特谕卿便宜行事,差官宣布,取有的确信音回奏。

朱由检的这份敕书颇费了一番心思:他既想与皇太极谈判,又不想以平等态度与皇太极对话,采取谕兵部尚书陈新甲的形式,间接地表示愿意接受清朝方面"休兵息民"的请求,通篇充斥天朝大国君主对外藩属国居高临下的口气。这引起了皇太极的不快。尤其使皇太极感到疑惑的是,既然是皇帝给大臣的敕谕,何以一反常例,在文件上盖了"皇帝之宝"的大印,有点类似天朝给属国的敕书。实在不伦不类。而历朝给属国的敕书都是龙边黄色笺,而此笺却是中横一龙;往时大印正方,上刻"敕命之宝",而今之印却是长方,上刻"皇帝之宝",因而怀疑是边吏伪作。

皇太极满腹狐疑地把这份敕书拿给洪承畴鉴别。洪承畴一口咬定"此宝札果真",并分析道:"昔壬申年(崇祯五年),皇帝征察哈尔时,张家口沈巡抚六月二十一日盟誓之事,明国皇帝亦悉知之,但为文臣浮议所惑,故将沈某罢巡抚之任。后来复命令议和事,又为诸文臣所阻,遂寝其事。此次请和,决非虚语。"

皇太极这才深信不疑。为了显示身份,他也如法炮制,以敕谕英郡王阿济格等人的形式,间接地答复明朝。马绍愉立即奏报朝廷,朱由检再次以谕兵部尚书陈新甲的形式准许兵部便宜行事,差马绍愉等人前往沈阳(清盛京)谈判。马绍愉此时正在塔山等待朝命,四月底清军攻陷塔山,派士兵护送马绍愉一行前往沈阳。为了给谈判创造一个平静的气氛,皇太极下令暂时停止对宁远的进攻,退兵三十里。谈判中,清方代表追述了起兵的缘由,大意谓:"南关负婚,天朝助彼侵我地,故有抚顺、清河之役;又增兵杀戮我,我乃取辽阳、广宁;我犹未尝忘和,屡致书袁崇焕不报,是以入永平、遵化;又不远千余里至张家口,求成于巡抚沈启,俾我候命半载,又不报;复移书方一藻,又不报。乃入密云,攻山东;宁远治兵不已,我是以下松、锦。"

"堂堂天朝,何至讲款"

经过几轮谈判,最后达成协议,马绍愉带着皇太极的国书返回宁远。这份国书如此写道:

> 大清国皇帝致书明国皇帝:向来构兵,盖因尔国无故害我二祖,乃尔国反肆凭陵,夺我土地。我皇考太祖皇帝(努尔哈赤)于是昭告天地,亲征尔国。其后每欲致书修好,而尔国不从,事遂滋蔓,以至于今。予嗣位以来,蒙天眷佑,自东北海滨迄西北海滨……在在臣服,蒙古及朝鲜悉入版图。乃昭告天地,受号称尊,国号大清,

改元崇德。我军每入尔境,辄克城陷阵,然予仍愿和好者,特为亿兆生灵计耳。若两国诚心和好,自兹以后,宿冤尽释,尊卑之别,何必较哉! 古云:"情通则明,情蔽则暗。"若尔国使来,予令面见,予国使往,尔亦令面见,则情不致壅蔽,而和事可久;至吉凶大事,当遣使交相庆吊。每岁贵国馈黄金万两、白金百万两,我国馈人参千斤、貂皮千张。以宁远双树堡中间土岭为贵国界,以塔山为我国界,连山适中之地,两国于此互市。倘愿成和好,速遣使赍和书及誓书来,予亦赍书以往,否则再勿遣使致书也。

马绍愉在宁远把谈判的结果报告给陈新甲,陈新甲又禀告皇上。六月初三日,朱由检召见内阁首辅周延儒,征询他关于此事的意见。追问再三,老奸巨猾的周延儒始终一言不发,朱由检只得慨然而起。其实周延儒是赞成和议的,当初谢陛与陈新甲提出此事时他并无异议,只是没有公开表态,留下了伸缩余地。正如给事中李清所说:"宁锦之溃,北边精锐几尽,而中州寇祸正张,上意亦欲以金币姑缓北兵,专力平寇。谢辅陛与陈司马新甲主之。周延儒亦欲安享其成,成则分功,败不及祸。"而今事情已成,他正可以安享分功,为什么沉默不语呢? 因为当时此事泄露出去,陈新甲已成众矢之的,他不想也成为众人的箭垛。

本来,此次和谈是秘密进行的,皇上再三关照不让外廷知晓,"因畏声气诸臣阻挠,故深秘之"。当时在沈阳的朝鲜官员也只是风闻其事,无法确证。其秘密程度于此可见一斑。不料马绍愉与陈新甲的书信因疏忽而泄密。一日,陈新甲得到马绍愉的书信,阅毕放在书桌上,其仆人以为是普通塘报,随手交给塘报官传抄,机密流传于外。马绍愉在这封信中写道:"绍愉见憨(即汗,指皇太极),讲好索金三十万、银二百万,已许金一万、银一百万,憨尚不肯,决要金十万、银二百万,不从,即发兵,你家所失岂止此数!"

兵科给事中方士亮上疏追究陈新甲的责任:"各地塘报皆上闻,后发科抄传，今忽有此报，伪耶？兵部不宜为此眩惑人心。真耶？则陈新甲主和辱国。"此论一出，朝廷上下顿时沸沸扬扬，以为奇耻大辱，纷纷指责陈新甲："堂堂天朝，何至讲款！"要求皇上从重惩治陈新甲。在这种声势之下，周延儒感到左右为难。他知道得一清二楚，是皇上授意陈新甲"可款则款，不妨便宜行事"的，却遭到舆论的严厉谴责。如果他附和舆论，会得罪皇上，如果反对舆论，又会成为众矢之的，只有沉默不语才是上策，"故延儒缄口不敢异同，又以脱后罪"。

内阁首辅周延儒不为朝廷分担责任，一切的压力都落到朱由检身上，他犹豫不决了。一向刚愎自用的他此时也不敢冒天下之大不韪，公开阐明"可款则款"的道理，不得已改变初衷，屈从舆论。

按朱由检的本意，是想秘密达成和议，形成既成事实，减轻北边的压力，集中力量去对付中原的李自成、张献忠。谢陛、陈新甲成事不足，败事有余。和谈刚开始，谢陛就向言官透露消息："上意主和，诸君幸勿多言。"言官们一听骇愕不已，交章弹劾谢陛妄言。朱由检只得把谢陛革职以平息舆论，不致干扰和谈。虽然朱由检再三强调保密，但是官场中有哪一件政治机密可保不泄露的？

陈新甲成替罪羊

外廷渐渐风闻和谈之事，屡屡上疏捕风捉影地争论，只是苦于得不到真凭实据，徒唤奈何！这次抓住马绍愉的书信，铁证如山，于是言路哗然。给事中方士亮第一个出来弹劾陈新甲，朱由检恼怒得很，把奏疏压下不发，下旨严厉谴责陈新甲，其意图不言自明，要陈新甲主动承担责任，丢车保帅。陈新甲自以为是按皇上旨意行事，有恃无恐，不但不引罪，反而自诩其功，在申辩书上细陈和谈事件的始末，内多援引圣谕。这无异于向人们暗示：他并非自作主张。

陈新甲一向聪明干练，时人评为才品心思与杨嗣昌酷似。这一招聪明过头，反而把自己推上了绝路——不愿独自承担责任，委过于皇上。朱由检更加恼怒,在给事中马嘉植上疏弹劾陈新甲后,于七月二十九日下令逮陈新甲下狱。陈新甲在狱中向皇上上疏请求宽恕,皇上毫无通融余地。至此,陈新甲才意识到不免于一死,嘱咐家人贿赂倡议必杀的给事中廖国遴、杨枝起、光时亨、倪仁祯。这四名言官收到贿赂后论调大变,奔走于刑部侍郎徐石麒处,倡言陈新甲必不可杀。

署理部务的刑部左侍郎徐石麒不听廖国遴等人的游说,反而大义凛然地上疏历数陈新甲的罪状,以为非杀不可。他说:"俺答阑入,而丁汝夔伏诛;沈惟敬盟败,而石星论死,国法炳如。后此纲纪陵夷,沦开(原)陷沈(阳)覆辽(阳)蹙广(宁),仅诛一二督抚以应故事,中枢率置不问。故新甲一则曰有例,再则曰有例者,此也……《春秋》之义,人臣无境外之交。战款二策,古来通用,然未有身在朝廷,不告君父而专擅便宜者。辱国启侮,莫此为甚。"徐石麒振振有词,然而他并不知道事情的内幕,所谓"不告君父而专擅便宜"云云实乃无稽之谈。陈新甲真正冤哉枉也,明明是皇上亲口对他说"可款则款,不妨便宜行事",何专擅之有?只是不小心泄密,才招来大祸。皇上不肯承担责任,陷陈新甲于百口难辩之境地。

朱由检有自己的考虑,看了徐石麒的奏疏,以为定陈新甲"专擅议款"罪似乎不妥,因为他明白这不是事实,便批复道:"陈新甲失事重大,法无可宽,但引律尚属未确,可另行复拟即奏。"徐石麒心领神会,再上一疏,指责陈新甲"陷边城四,陷腹城七十二,陷亲藩七,从来失事未有之奇祸,亦从来刑书所不忍载之条例者也。当临敌缺乏,不依期进兵策应,因而失误军机者斩"。于是朱由检决定以此罪处死陈新甲。首辅周延儒当面向皇上求情:"国法,敌兵不薄城,不杀大司马(兵部尚书)。"朱由检反驳道:"陈新甲职任中枢,一筹莫展,致令流贼披猖,戮辱我七亲藩,不更甚薄城?"

廷臣们以为陈新甲"专擅议款"当斩,朱由检偏偏说陈新甲任兵部尚书期间使七名藩王遭到戮辱,比敌兵薄城罪更重,所以当斩,只字不提与清和谈之事,可见他并不认为和谈足以构成死罪。然而置陈新甲于死地的恰恰是和谈,谈迁如是剖析道:"陈司马甚辩有口,颇谙疆事,羽书狎至,裁答如流,案无留牍,后人莫之及。其祸兆于主款。时天子亦心动,不欲外著。宜兴(周延儒)预其谋而又避之,听至尊自为计,事成则分其功,事败则委之司马(陈新甲)……陈司马以媚宜兴亦败。大臣不深为社稷虑,惟私旨是徇,鲜有不覆者,况抢攘危急之秋哉!"陈新甲在中原战场、辽东战场决策中确有重大失误,但不足以构成死罪,置他于死地的是遵旨议和,这不能不说是那种制度那种社会的悲剧。

平心而论,朱由检授权陈新甲秘密与清媾和,在当时内外交困的形势下不失为权宜之计,对内对外都是利大于弊的。一些不了解全局又不明真相的大臣们死抱住《春秋》大义不放,用传统政治伦理来否定媾和,使颇有政治主见的朱由检也不敢理直气壮地力挽狂澜,只能怯懦地退缩。经过此番波澜,朱由检再也不敢与清朝进行和谈,在攘外与安内的两难选择中他已无牌可打了。

第八章
并非亡国之君的亡国悲剧

朱由检即位以来励精图治,力图挽狂澜于既倒,终究未能如愿以偿,被后人讥为亡国之君。其实这是不公正的,因为历史的机遇在作祟。历史学家们经过冷静的思索后指出:明之亡实亡于神宗。又说:熹宗乃亡国之君,而并未亡,原因在于祖泽未尽。思宗如果在万历以前,决不亡国;在天启以后,必亡无疑。一个矛盾的现象如此这般地展现在这位明朝末代皇帝身上,无怪乎著名学者全祖望要作如是观:"庄烈(即思宗)之明察,济以忧勤,其不可以谓之亡国之君固也。而性愎而自用,怙前一往,则亦有不能辞亡国之咎者。"

这是一部"无可奈何花落去"式的悲剧。让我们把这部悲剧的最后几幕,细细地再现出来,咀嚼品味一番吧!

一、周延儒复出与赐死

没有温体仁的温体仁路线

自从崇祯十年六月温体仁罢官后,内阁首辅一职先后由温体仁的亲信张至发、薛国观担任,推行没有温体仁的温体仁路线,媚上嫉下,排斥异己,一时间正直人士都相继获罪而去,朝政愈发紊乱不堪。这使朱由检感到不满,也感到为难。

张至发,山东济南府淄川县人,万历二十九年进士,历任玉田知县、遵化知县、河南巡抚、顺天知府,官至刑部右侍郎。崇祯八年六月,朱由检鉴于内阁辅臣多从翰林中选拔,这些人只习文章不谙世务,只能做秘书,难以成相才,决定从别的途径中发现人才,亲自召集廷臣数十人,各授一疏,代帝拟旨,以识别其处理世务的能力。地方官出身的张至发便被提拔为礼部左侍郎兼东阁大学士,与文震孟同时入阁辅政。这是世宗朝许赞之后由外僚入阁的首例,作为一种改革,其本意是值得称道的,但是朱由检提拔的张至发并不是什么人才。

当时温体仁柄政,内阁中位于张至发之前的吴宗达、王应熊、何吾驺、钱士升、文震孟先后离去,到崇祯十年六月温体仁罢官时,张至发因位次居于首位,得以升任首辅,并非朱由检对他情有独钟。政坛中一向有所谓"传衣钵"的说法,犹如佛门子弟的师承一般,意为一切按照既定方针办,张至发继承温体仁的衣钵是在意料之中的。一方面,他作为温体仁的亲信与同党,政见毫无二致,在内阁中早已配合默契,当温体仁遭到弹劾时,他多次为之辩护,称颂温体仁"孤执""不欺";另一方面,张至发奸佞有余德才不足,才智机变都大大逊色于温体仁,除了奉行温体仁路线,别无选择。

因为这个缘故,张至发柄政以后,不断遭到正直人士的抨击。二十九岁的编修吴伟业仗义执言：

> 体仁学无经术，则当讲求仁义，练达朝章；体仁性习险诐，则当矢志光明，立身公正；体仁比昵宵人，则当严杜谗訾之辈；体仁护持悍党，则当力维忠孝之经。……臣读其近日辨揭，盛称体仁之美：一曰孤执，一曰不欺。夫体仁之当国也，有唐世济、闵洪学、蔡奕琛、吴振缨、胡锺麟之徒参赞密谋；有陈履谦、张汉儒、陆文声之徒驱除异己，何谓孤？庇枢贰，则总理可不设，而事败乃设；徇凤抚，则镇可不移，而事败乃移，何谓执？皇上之决去体仁，正为其善欺耳。家窝巨盗，产遍苕溪（指温体仁家乡湖州），自诡曰"清"；孽子招权，匪人入幕，自诡曰"谨"。何谓不欺？

给张至发以致命一击的是检讨杨士聪。杨士聪揭发吏部尚书田惟嘉贪赃枉法，卖官鬻爵。张至发看到此疏，立即密抄一份送给田惟嘉，让他预先做好申辩准备。不料田惟嘉弄巧成拙，不待皇上把杨士聪奏疏批转内阁，就迫不及待地上疏辩解，一下露出了马脚。细心的朱由检看出了阁部串通作弊的蛛丝马迹，下旨要田惟嘉据实回奏，不许一毫文饰取咎。查明情况后，朱由检不仅罢了田惟嘉的官，还由此迁怒于张至发。论者谓："淄川（张至发）之罢，则实以泄士聪之疏于惟嘉，颇忤圣意云。"

此外，大理寺副曹荃揭发内阁中书黄应恩接受贿赂的种种丑闻，无不牵连到张至发。张至发接连不断上疏为自己辩解，朱由检仍把黄应恩下狱惩处。至此，张至发已觉察到皇上对他失去信任，便自我解嘲地三次上疏坚意辞官。朱由检对他在内阁时常泄露机密有所不满，顺水推舟予以照准。尽管张至发的辞职奏疏并无只字提及身体有何不适，朱由检却批准他"回籍调理"，以一种体面的方式罢了他的官。这一政坛轶闻一时传为笑谈，人们讽刺张至发是"遵旨患病"。

张至发任内阁首辅不到一年，于崇祯十一年四月罢去。代之而起的首辅是孔贞运，柄政不过两月即被刘宇亮取而代之。刘宇亮因自请督师失职，于崇祯十二年二月罢官，代之而起的是位于其后的薛国观。孔贞运、刘宇亮的罢官看似偶然事故所促成，其实这两个人根本不足以当此重任，"皆非帝意所属，故旋罢去"。那么后继者薛国观如何？

薛国观，陕西西安府韩城县人，万历四十七年进士，历任户科给事中、刑科都给事中、兵科都给事中、礼科都给事中。为人阴鸷黠刻，不学少文，因素仇东林，为温体仁所赏识，密荐于帝。朱由检其时虽已罢斥温体仁，却仍处在"遭瘟"阶段，不加考虑地超擢薛国观为礼部左侍郎兼东阁大学士，入参机务，时为崇祯十年八月。显然，朱由检是把他当作温体仁的影子来看待的。崇祯十二年二月，刘宇亮罢，他进为首辅，朱由检加他太子太保、户部尚书，进文渊阁学士，又加他少保、吏部尚书，进武英殿大学士。

薛国观果然不负温体仁所托，小人得志，全力奉行没有温体仁的温体仁路线——"一踵体仁所为，导帝以深刻"。薛国观虽然是温体仁的影子，但才智与操守远不及温体仁，朱由检对他由信任备至到渐渐产生怀疑，发觉其奸诈。某次，朱由检接见薛国观，谈及"朝士贪婪"，薛国观推卸责任，把廉政的责任统统推到厂卫身上，说：假如厂卫监督得力，朝臣怎敢如此？在旁的东厂太监王德化汗流浃背，对他在皇上面前挑唆怀恨在心，于是专门侦察其阴私秽事。

薛国观本极贪鄙，要查其秽事易如反掌。例如，他肆无忌惮，凡阁中有所票拟，中书（文书官）每每向外廷传递消息，已成定例。他信任其亲信王陛彦，迁怒于周国兴、杨余洪，诬陷他们"泄旨"，予以严惩，使二人都死于廷杖。周、杨的家属为申此冤，秘密查知薛国观接受贿赂之事，报告东厂。周、杨两家又怂恿史䍐家奴仆出面告发，史䍐遭查处时曾转移银两于薛国观处。这些秽事经由东厂太监王德化之口，传到了皇上的耳朵，由此对薛国观的宠意渐移。

这时又有一事激怒了朱由检。由于财政入不敷出，薛国观向皇上提议"借助"，即向官僚、勋戚借贷——名为借贷，实为捐献，声称：在外群僚包在臣等身上，在内戚畹非皇上独断不可。他举武清侯李国瑞为例，如果李国瑞(神宗生母孝定李太后之侄孙)这一关能打开，其他皇亲国戚便不难就范。于是薛国观拟旨向武清侯家借四十万两银子，李氏迫于追比，拆毁居第，把家中杂器摆到大街上出售，以示清贫。朱由检大怒，见如此一毛不拔，下旨削夺李国瑞的侯爵。此举非同小可，令年迈的李国瑞惶惶然，惊悸而死。

有关衙门仍追比不停，弄得皇亲国戚人人自危。戚畹们放出谣言：孝定太后已成为九莲菩萨，在天上责帝刻薄外戚，诸皇子行将夭折，且降神于皇五子。巧得很，不久朱由检最宠爱的皇五子慈焕果然死去。这一打击使朱由检追悔莫及，立即封李国瑞七岁儿子存善为武清侯，悉数退还李家所上交的金银。朱由检由此怀恨薛国观，只是不便发作。正如后人所说：

> 国观为大臣，不以正道辅君，而以搜籍进主，害人者徒自害耳。至武清虽富，亦应量酌三四万金，而遽加十倍，毋乃过乎？况悉罄所有，亦可已矣，犹尔追比，能无寡恩之议耶？

把柄终于被朱由检抓住了。行人司官员吴昌时适逢考选，唯恐薛国观从中阻抑，通过其门人打通关节，薛国观假意敷衍，答应当拟第一，得吏科给事中，事后只给了他一个礼部主事。吴昌时毕竟不是等闲之辈，遭此戏弄，决意报复，便与好友、东厂理刑吴道正揭发丁忧在家的侍郎蔡奕琛向薛国观行贿之事。朱由检令五府九卿科道官审议此案，掌五军都督府魏国公徐允祯、吏部尚书傅永淳等没有摸清皇上要借此事严惩薛国观的心意，竟从轻议处：请令薛国观致仕或闲住。朱由检料定科道官必上疏严纠，完全出乎意料，只有给事中袁恺一人上疏，一面批评傅永淳徇私，一面微诋薛国观貌肆妒嫉。这无异于隔靴搔痒。朱由检大为不满，把奏疏丢到地上，骂道："成何纠疏！"但他又不得不按照徐允祯、傅永淳的议处,削夺薛国观的职务,放归故里。

薛国观却不省悟,不知收敛,出京时装满金银财宝的车辆络绎不绝,招摇过市。东厂侦知后,逮捕薛国观的亲信王陛彦,迫其招供了薛国观收受贿赂的事实,牵连傅永淳、蔡奕琛等十一人。朱由检以为受贿有据,下令把王陛彦处死,遣使逮捕薛国观。薛国观返京后,自以为必不至于处死。当八月初八日晚上监刑官进门时,他还在鼾睡。看到来人都穿绯衣,才蹶然省悟:必死无疑。仓皇间觅小帽不得,取随从奴仆帽戴上,狼狈不堪地伏地接旨。赐死的圣旨宣读完毕,他吓得瘫软,只能下意识地叩头,口中已不能出声。临终时只叹了口气:"吴昌时杀我!"便遵旨上吊自尽。悬梁两日后,朱由检才许家属为其收殓。

薛国观说"吴昌时杀我",《明史·薛国观传》说"(薛国观)险诐,然罪不至死。帝徒以私愤杀之"云云,都失之片面。其实温体仁之后,朱由检对于内阁辅臣不能为他分忧,力挽狂澜,而沉迷于结党营私,蝇营狗苟,深为不满。薛国观不识时务,仍蹈袭温体仁路线,亦步亦趋,使政局愈发紊乱,他的死完全是咎由自取。不过朱由检大可名正言顺地定他擅权乱政之罪,而不必悬坐他贪赃之罪(罚赃银九千两,没入田地六百亩),遭致同党为他鸣冤叫屈。杨士聪在追述薛国观之死始末时如此评论道:"其实韩城(薛国观)之死始末如此,非尽(吴)昌时之力也。仅坐赃九千金,将何以处严分宜(嵩)?韩城之阴贼险狠,死有余辜,但不正名其罪,而以悬坐之赃杀之,何以服人?"言之有理。

"还是他做":周延儒复出

薛国观之死,预示着他的后继者下场不妙。机敏过人的周延儒遵旨复出时早已敏感地觉察到这一点,只是君命难违,且又深受权位的诱惑,他是怀着侥幸贪婪的心态登程的。据说,周延儒在宜兴家中接到皇上召他出山的圣旨的当晚,忽然梦到已死去十年的夫人吴氏极力阻其出山,他不明其意,夫人说:"不信吾言,可同我暂至一处。"周延儒随往,见一老僧,颈系一锁,悚然警悟。醒后,周延儒虽知不祥,仍踏上征途。这种传说,自不必相信,但周延儒赴任时有所畏惧,大抵可信。所以当行至山东境内,杨士聪以门生身份登舟拜谒时,周延儒意味深长地说:"自知再来必至祸及,而不敢不来!"此话只道出了他此时此际的一半想法——伴君如伴虎,视首辅为畏途为死地;而他的另一半想法没有向门生杨士聪流露——内阁首辅这个职位的诱惑使他无法抗拒,垂涎三尺。

朱由检继世宗杀内阁首辅夏言之后,重开杀戒,处死首辅薛国观,周延儒难道就躲得过去么?然而周延儒毕竟是周延儒,他对于自己遭温体仁排挤而下野,一直耿耿于怀,颇想反其道而行之,再显一番身手。他的门生、复社领袖人物张溥(周延儒主持辛未会试,为张溥之座主)对温体仁窃国柄后,与其党羽刑部侍郎蔡奕琛、兵科都给事中薛国观迫害东南诸君子扼腕叹息,早夜呼愤。复社成员、礼部员外郎吴昌时写信给张溥,劝他怂恿周延儒复出:"虞山(钱谦益)毁不用,湛持(文震孟)相三月被逐,东南党狱日闻,非阳羡(周延儒)复出,不足弭祸。今主上于用舍多独断,然不能无中援。"吴昌时还为此而交结皇上身边的近侍,多方活动。

文震孟之子文秉揭露了其中的内幕:"召予告大学士周延儒于家。先是,阁臣虽内外兼用,鲜有当圣意者。众推宜兴(周延儒)颇有机巧,或能仰副,而圣意亦之。于是庶吉士张溥、礼部员外郎吴昌时为之经营,涿州冯铨、河南侯恂、桐城阮大铖等分任一股,每股银万金,共费六万两,始得再召。"这种活动是否实有其事,或可存疑,即使有,也只能买通近侍或少数握有会推权的阁部大臣,不能买通皇上。而周延儒的复出恰恰出于朱由检的独断,吴伟业说得好:"已而阳羡(周延儒)果召,召出自上意,初非有他也。"

崇祯十四年四月,朱由检下旨:召前大学士周延儒、张至发、贺逢圣入朝。张至发颇有自知之明,坚决辞谢,不肯奉召。周延儒奉召后,于九月入京,复为首辅。朱由检加他少师兼太子太师,进吏部尚书、中极殿大学士,对他寄予厚望,希望能出现中兴气象。

周延儒自己也想以面目一新的姿态重现于政坛。周延儒的复出得到了网罗天下名士的复社领袖张溥的支持。张溥给他密疏救时十余事,要他再出必行。周延儒慨然允诺:"吾当锐意行之,以谢诸公。"入京后,一向亢直敢言的御史张肯堂也向他面陈要务(如捐租起废、清理冤狱之类),周延儒一一采纳。

有了这些准备,周延儒首次朝觐皇上时,便胸有成竹地把施政纲领作了简明的陈述,提到了释漕粮白粮欠户、蠲民间积欠赋税、凡兵残岁荒地方减免今年两税、宽宥戍罪以下人犯、复诖误举人、广取士额、召还因言事而遭贬谪官员等。朱由检都慨然应允,并赐宴为之洗尘。退入宫中,欣欣然面带喜色地说:"还是他做!"

"还是他做",寥寥四字,把朱由检对周延儒的高度评价流露得淋漓尽致。言外之意,此时此际别无一人可当此重托,朱由检对此是颇为沾沾自喜的。因为这个缘故,明清之际的人士在记述崇祯朝掌故时,无不大同小异地提及此事。李清说:"周辅延儒至京陛见,上甚礼之,赐宴,上亲作主。退入宫,欣欣色喜曰:'还是他!'故当时所请,如蠲逋、缓刑、起废、罢厂卫、罢京营提督内臣,无不允。"李长祥说:"皇帝最专者,周延儒矣,其恩礼极矣!帝常曰:'还是他好!'"

"朕以天下听先生"

周延儒果然不同凡响,大力革除温体仁之流的弊政,风气为之一新。计六奇描述当时政局的文字写得十分精彩,援引如下:

> (周延儒)首复诖误举人,广取天下士额;次释漕欠解户,并蠲民间积逋。会忧旱,禁狱、戍遣以下悉还家。再陈"兵残岁歉处,减现年两税;于宗室保举,破格拔异才;修练储备,严核讨实"事。凡捍御,凡民生,凡用人理财,无不极其讨究,极其调剂。至望恩请恤、昭忠铭节等事,向期期不予,覆核至再,以限于格、限于分、阻滞

停阁者,沛然弗吝,天下仰望风采。考选四十六位,悉登台省以示宠,人亦乐归之,诵太师者无间口。使天意向平,安在非救时之宰相!

周延儒是以救时宰相风范重登政坛的。

周延儒还向皇上建议:老成名德之臣不可轻弃。于是起用先前被罢废的郑三俊掌吏部、刘宗周掌都察院、范景文掌工部、倪元璐佐兵部,其他如李邦华、张国维、徐石麒、张玮、金光宸(一作辰)等布满九列,释放在狱的傅宗龙等,为已故的文震孟、姚希孟追赠荣誉,中外翕然称贤。连黄宗羲也作如是观:"周延儒之再相也,起用正人,一反其曩日妒贤嫉能之政,而君子亦遂喜其附己,深相结纳。"朱由检因而对周延儒尊重备至,待之以师相之礼,称他为先生(老师),这是神宗尊张居正为师相之再现。对于自视甚高的朱由检而言,这是从未有过的特例。

崇祯十五年正月初一日,朱由检御殿接受群臣朝贺完毕,下宝座南面而立,吩咐内侍:召阁臣来!阁臣在内侍引导下由殿东门进入,又奉旨进至殿檐,行叩头礼,跪地听命。

只听朱由检朗声说:"阁臣西班来!"其本意是以师席待辅臣。内阁辅臣们奉命起立,却不知帝意,正拟按常规分东西两班站立,不料朱由检又说:"阁臣西班来!"随即有一个内侍前往导引,站立于西班。

朱由检说明了他的意思:"古来圣帝明王,皆崇师道。今日讲犹称先生,尚存遗意。卿等即朕师也,敬于正月元日,端冕而求!"

说罢,面向西面的阁臣们作了个长揖,说:"经言:修身也,尊贤也,敬大臣也,体群臣。朕之此礼,原不为过。今而后,道德惟诸先生训诲之,政务惟诸先生匡赞之,调和燮理,奠安宗社民生,惟诸先生是赖。"又说:"职掌在部院,主持在朕躬,调和在卿等。自古君臣志同道合,而天下治平,朕于先生有厚望焉!"

受宠若惊的阁臣们慌忙跪下,连连表示逊谢,菲才不敢当。

朱由检说："先生正是朕该敬的!"重复再三之后,缓言道:"先生起!"

阁臣起身后,转下叩头,恭送皇上还宫。朱由检还宫后,立即把刚才讲话的意思写成一道谕旨,补发给阁臣,以示今日之举是深思熟虑的。

朱由检挑选新年第一天举行拜师礼,毫不掩饰地流露了对阁臣们寄予厚望的急切心情,所以他强调:"自古君臣志同道合,而天下治平,朕于先生有厚望焉。"不过他寄予厚望的其实只是内阁首辅周延儒,而并非贺逢圣、张四知、谢陛、魏炤乘、陈演等阁臣。这一层心思,《明史·周延儒传》说得最为透彻:"帝尊礼延儒特重,尝于岁首日,东向揖之曰:朕以天下听先生。因遍及诸阁臣。"很明显,其他各人不过陪衬而已,朱由检要拜揖的先生只是周延儒。因为这个缘故,有的文献干脆说:"一日,皇极殿大朝罢,召延儒上殿。帝降御座,竟衮冕执圭,揖延儒曰:自古帝王,莫不有师。竟欲太师延儒。"

计六奇不明白其中的奥妙,对朱由检的降座揖相大惑不解,非议道:"思庙此举,礼非其人,徒自贬损。"又说,如果真的要拜"先生"的话,周、贺、谢等阁臣中,只有贺逢圣"差可无愧"。实在是书呆子的迂腐之见,没有看透朱由检尊周延儒为师相是要表明"朕以天下听先生"的真心诚意,并非真的要从先生那里求学问道。因此,尽管贺逢圣的学问大大超过周延儒,六个月后致仕而去时朱由检还破例特召宴别,却并无丝毫的挽留动作,可知他要拜的先生,不是"差可无愧"的贺逢圣,更不是在贺逢圣之前先后罢官而去的魏炤乘(三月罢)、谢陛(四月罢)、张四知(六月罢),而是周延儒无疑了。

朱由检对周延儒确实尊重备至,从废籍中起用郑三俊、刘宗周、范景文、倪元璐等人,是听从他的建议;赦黄道周罪,恢复其原官,也是采纳他的意见。《国榷》所说"时周延儒承上眷最深,凡上怒莫能挽回,延儒能谈言微中",指的就是这件事。

"特准黄道周赦罪复职"

崇祯十五年八月二十四日,朱由检至文华殿日讲完毕,召阁臣周延儒、陈演、蒋德璟、黄景昉、吴甡到文华殿后殿议事。待阁臣们进入后,朱由检拿出一本奏章问:"张溥、张采何如人?"

周延儒答:"读书的好秀才。"

朱由检问:"张溥已死,张采小官,科道官如何尚说他好?"

周延儒答:"他颇有胸中书,亦会做文章,科道官做秀才时,见其文章,又以其用未竟惜之。不然,张溥已死,说他亦无用。"周延儒对复社巨子娄东二张——张溥、张采颇有好感是可以理解的,可惜张溥已死,不然的话,会荐举他担任什么重要职务也说不定。

朱由检毕竟身在事外,不以为然地说:"亦不免偏。"

周延儒立即机敏地把话题转移到持不同政见的黄道周身上,说:"张溥、黄道周皆有些偏,只是会读书,所以人人惜他。"

朱由检听了默然。

蒋德璟见状心领神会,马上插话为黄道周求情:"前黄道周蒙皇上放他生还,极感圣恩,只是永远充军,家贫子幼,还望皇上天恩赦回,或量改附近也好。"

朱由检微笑不语。

黄景昉附和道:"永远充军,子孙要世世承当,也极可怜。"

周延儒见皇上并无反感,补充说:"道周在狱中,尚写许多书,即向前章奏,皆系亲手写的。"

蒋德璟说:"道周写有《孝经》一百本,每本有一篇文字,各一样,共一百样,多是感颂圣德。"

黄景昉说:"皇上表章《孝经》,所以道周写有一百本。"

蒋德璟说:"顷皇上问知乐(乐,指礼乐之乐)之人,即道周便知乐。"

吴甡说:"道周无不博通,不止知乐,且其清苦,极不可及。"

蒋德璟说:"臣与道周同年,他登第后,多徒步往来,至今尚未有住屋,最是清苦。且子方十岁,但得免其永戍便好。"

周延儒最后总结道:"道周也,不在永戍不永戍,就是读书,亦还用得。"

朱由检从头至尾只是微笑而已,一语不答。

关于这次召对,《春明梦余录》与《三朝野记》所记大致相同,参照其他文献,还有一些重要遗漏。如《明史》说:"延儒曰:'道周气质少偏,然学与守皆可用。'蒋德璟请移道周戍近地,延儒曰:'上欲用即用之耳,何必移戍!'"《国榷》说:"至是,上偶言及岳飞事,叹曰:'安得将如岳飞者而用之!'延儒曰:'岳飞自是名将,然其破女直事,史或多虚张。即如黄道周之为人,传之史册,不免曰:其不用,天下惜之。'上默然。"

周延儒因皇上提及岳飞,巧妙地把黄道周相提并论,使皇上自然而然地生发出起用黄道周的意念。杨士聪对这一情节洞察入微,作了详细的记录:

> 宜兴(周延儒)进言,亦甚有法。如黄石斋(道周)一事,本因上问:"撼山易,撼岳家军难,何以能至此?"宜兴奏曰:"飞在当时,固是忠勇,然亦未必尽如所云,但因秦桧诬构,飞遂不得其死,后世怜之,所以说得飞更好,就是古今所无。即如黄道周,皇上罪之甚当,但此人素有浮名,亦只是做得时文好,故一时文士多称其美。今在瘴疠之乡,一旦不保,则后世止知怜他,就与岳飞相类。"上微笑不答。蒋晋江(德璟)因曰:"道周在狱逾年,只是读书,及感戴圣恩。曾手书《孝经》百卷,各有题跋。此人大要还在忠孝一边,还望皇上赦他。"上曰:"既是卿这等说,岂止赦他,就用他也不难!"

朱由检以为周延儒等人说得有理,不但同意赦免黄道周,还决定重新起用他。在召对后的次日——八月二十五日,他给内阁发去一份亲笔书写的手敕:"昨先生每面奏,永戍黄道周清操博学,见今戍远子幼,朕心不觉怜悯。彼虽偏迂,经此一番惩创,想亦改悔。人才当惜,宜作何释罪酌用,先生每密议奏来!"

周延儒等当即回奏:"黄道周为人励行力学,是其所长;偏执迂疏,是其所短。然而本心则愿为君子,素矢忠孝者。至于博通典籍,贯串古今,刻苦廉隅,摛词吐藻,实有一种人不能及,足以感动人心之处,是以誉望蔚然。但向来未经追琢,每有任性率意之咎。自蒙恩谴,裁抑陶镕,闻已甚悔前非……照得道周原职系詹事府少詹事,今既蒙恩赦用,当还其故秩,以备史局编摩,更足资其一得……"

八月二十六日,朱由检批复同意,特准黄道周赦罪复职。

此时黄道周正在遣戍途中,在九江发了一场疟疾,就医萧寺,沉绵六十日,误服截疟止痢药,致使本已摧颓之身更加委顿,两膝俱枯,自念将死于江楚之间。十月初,友人从南京来,告诉他邸报上已揭载皇上特准赦罪复职的谕旨。黄道周于万念俱灰之中乍然听到这一消息,大吃一惊,竟从床上跌了下来。于是乎,借来香案,匍匐叩头一番,随即应召北上。途中写了《天恩至重疏》,感恩戴德之余,表露了自己百病交侵、身体疲惫已极,心有余而力不足的感叹,希望皇上能容许他骸骨归乡。

黄道周抵京后,朱由检召见了他。黄道周虽然迂执亢直,但对于这次大出意外的赦罪复职的恩遇,有一种发自内心的感激之情,一见到皇上便哭泣不已,抽抽噎噎地向皇上表白他此刻的心情:"臣不自意今复得见陛下!"然后向皇上说明了自己的"犬马之疾"尚未痊愈,提出请假,得到了朱由检的许可。

黄道周虽然没有继续担任少詹事之职,但这一事件本身已经充分显示出,朱由检与周延儒的雅量是难能可贵的。对于朱由检而言,敢于捐弃前嫌,在事实上无异于公开承认以前对黄道周的处分有欠公允;对于周延儒而言,他不像温体仁那样,或不像过去的他那样嫉贤妒能,敢于让直言无忌的黄道周重返朝廷,这无论如何总是值得赞许的。朱由检召周延儒出任内阁首辅,颇希望朝政能得以中兴,周延儒也不负重托,给人以耳目一新之感,无怪乎"中外翕然称贤"。

姜埰、熊开元之狱

却说周延儒再相,尽反温体仁、薛国观之流排斥异己、钳制言路的做法,广引清流,言路顿时又活跃起来,蜂起论事。对此心怀忌恨者大有人在,他们制造种种政治谣言,唯恐天下不乱,匿名书"二十四气"之说便是其中之一。

所谓二十四气,直指二十四名官员:

> 杀气吴甡,下注"再生吴起";
>
> 棍气孙晋,下注"两头蛇";
>
> 戾气金光宸,下注"金甲神";
>
> 阴气章正宸,下注"灰地蛇";
>
> 妖气吴昌时,下注"摩登伽女";
>
> 淫气倪元璐,下注"假姜诗"〔僵尸?〕;
>
> 瘴气王锡衮,下注"夜郎王";
>
> 时气黄景昉,下注"赛黄巢";
>
> 羶气马嘉植,下注"小华光";
>
> 贼气杨枝起,下注"桃树精";
>
> 悔气王士镕,下注"金枪手";
>
> 霸气倪仁祯,下注"塑大虫";
>
> 疝气周仲琏,下注"靠壁鬼";
>
> 粪气房之麒,下注"倭房公";
>
> 痰气沈惟炳,下注"喉下癣";
>
> 毒气姚思孝,下注"姚令言";
>
> 逆气贺王盛,下注"黑面豹";
>
> 臭气房可壮,下注"海上暴客";
>
> 望气吴伟业,下注"啮人马";
>
> 杂气冯元飚,下注"顺风火";

384

浊气袁恺,下注"泼天罡";

油气徐汧,下注"九尾狐";

秽气瞿式耜,下注"两眼枪";

尸气钱元悫,下注"痴虎伥"。

　　一望而知,这种对政坛活跃人物的随意点评,带有明显的党争色彩,充满诽谤气息,引起正直人士的忿忿不平。其时朱由检正下诏戒谕群臣,严厉谴责言官。礼科给事中姜埰怀疑皇上已受到"二十四气"之说的影响,慷慨激昂地上疏进谏:皇上修省罪己,又致诚言官,岂有厌薄之心?惟视言官独重,故望之独切。言官中难道没有像贾谊一类忠说人物?或许持论太急,无当圣心,这是言官之过。皇上说"代人出脱",不敢说完全没有其事,但臣辗转而不解其故。皇上听到了什么才这样说?或从章奏中知道,抑或偶尔揣测?近来二十四气蜚语腾播,一定是大奸巨蠹痛恨言官不利于己而造谣中伤,以为不夸大其词不能激起皇上之怒,也不能钳制言官之口。倘然得逞,那么今后人人噤若寒蝉,谁为陛下言天下事?

　　朱由检正在忧劳天下灾害频仍、干戈扰攘,反躬自责,默告于上帝,修省戴罪视事,务期"歼胡灭寇",因此所颁戒谕词旨哀痛,读来令人感伤。姜埰偏偏在这当口捕风捉影,反复诘难,深疑于帝,本已心情不佳的朱由检顿时火冒三丈,下旨道:"姜埰敢诘问诏旨,亵玩特甚,立下锦衣卫诏狱拷讯。"锦衣卫镇抚司负责人梁清宏把初步审讯情况上报皇上,皇上很不满意,指示:"姜埰情罪特重。且二十四气之说,类匿名文书,见即当毁,何故累腾奏牍?其速按实以闻。"

　　真是无巧不成书,行人司右司副熊开元也以进谏获罪,下锦衣卫诏狱。朱由检向锦衣卫主官骆养性下达密旨:悄悄把二人击毙于狱中。卫帅骆养性不敢草率从事,与同僚商议,同僚告诫他:君不见田尔耕、许显纯的下场?于是骆养性不敢执行密旨,并向给事中廖国遴透露了这一密旨,廖国遴又透露给同僚曹良直。曹良直不信此事,上疏纠弹骆养性:"归过于君,而自以为功。陛下无此旨,不宜诬谤,即有之,不宜泄。"要皇上杀骆养性、熊开元。朱由检不想把事情闹大,扣下此疏留中不发。

熊开元的获罪与周延儒有关。他自任行人司官后,久盼升迁,正好遇上光禄寺丞缺员,便找首辅周延儒"通路子"。周延儒没有帮他办成此事,引起他老大不高兴。适逢皇上因清兵骚扰畿辅求言,熊开元踊跃报名,被召入文昭阁进谏。熊开元本欲弹劾周延儒,见周延儒在旁,不敢直言,只谈了军事方面的意见。过了十多天,熊开元又请求皇上召见,朱由检在德政殿秉烛而坐,随阁臣一起进来的熊开元开门见山,说:"君不密则失臣,臣不密则失身,请辅臣暂退。"周延儒等再三表示要回避,朱由检不许,熊开元不得不当着周延儒的面说:"陛下求治十五年,天下日以乱,必有其故。"

朱由检问:"其故安在?"

熊开元说:"今所谋画,惟兵食寇贼。不揣其本,而末是图,虽终日夜不寝食,求天下治,无益也。陛下临御以来,辅臣至数十人,不过陛下曰贤,左右曰贤而已,未必诸大夫国人皆曰贤也。天子心膂股肱,而任之易如此。庸人在高位,相继为奸,人祸天殃,迄无衰止。迨言官发其罪状,诛之斥之,已败坏不可复救矣!"

朱由检向他反复诘问,终于怀疑他含沙射影实有所指,故意问他:"尔意有人欲用乎?"

熊开元立即否认:"无有。"但掩饰不住内心的秘密,一面说一面频频睥睨周延儒。

周延儒何等机灵,早已看出苗头,主动向皇上谢罪。

朱由检打断他的话,说:"天下不治皆朕过,于卿等何与?"

熊开元见周延儒已经搭腔,索性把话挑明了:"陛下令大小臣工不时面奏,而辅臣在左右,谁敢为异同之论以速祸?且昔日辅臣,繁刑厚

386

敛，屏弃忠良，贤人君子攻之；今辅臣，奉行德意，释累囚、蠲逋赋、起废籍，贤人君子皆其所引用。偶有不平，私慨叹而已。"

召对结束，朱由检命熊开元回去把所谈意见写成奏疏呈上。周延儒立即作出布置，令人邀结熊开元，于是礼部郎中吴昌时与大理寺卿孙晋、兵部侍郎冯元飚私下责备熊开元："汝所言固是，但留得君子在此间，替朝廷做事犹有一线。今如此说破，皇上必以为首辅不贤，岂能引用贤者？大家都逐去，另用一班小人。难道君子做不得，小人反做得？若小人乘机而起，必以汝之言为嚆矢矣。"熊开元遂决定不再与周延儒为难。

与此同时，周延儒向皇上进揭，以先发制人的手法向皇上诉苦：臣孤子寡援，蒙皇上宠眷，每事不敢避忌群小，已非一日。即今熊开元所说，皆无实指，企图朋谋树党。其所以将利刃直指于臣，是为了拥戴其同党，代为扫清道路而已。朱由检相信周延儒，为了查明真相，催促熊开元补牒。熊开元左右为难，迟迟不肯具疏，皇上严旨频下，才不得不上疏，言辞闪烁，又被吴昌时删去一半。奏疏变得吞吞吐吐，只是说周延儒以释累囚、蠲逋贼、起废籍，自谓有裨于圣德，谁敢起而攻之？愿皇上遍召群臣，问延儒贤否，即以所论贤否定其人之贤否。皇上若不加体察，一时将吏狃于贿赂，虽失地丧师，皆得无罪，谁还为皇上捐躯报国？

朱由检近日为清兵未退日夜焦劳，心情烦躁，见熊开元的奏疏毫无具体事实，且措辞模棱两可，大为恼怒，下令锦衣卫逮治。卫帅骆养性是熊开元的同乡，又与周延儒心存嫌隙，不愿深究熊开元，第二天就草草了事地把审讯报告呈进。朱由检更加怒不可遏，以为熊开元谗谮辅弼大臣，必欲使朕孤立于上，便于彼等行私，一定有幕后主使者。他训斥骆养性："熊开元必有主使，不行拷讯，是汝不忠！"骆养性遭到皇上谴责，不得不严刑拷讯熊开元。熊开元并无主谋之人，当然拒不招供，反而大量揭发周延儒的隐私。皇上下令廷杖，也无济于事，只得把他押入镇抚司诏狱。

姜埰、熊开元以进谏而下镇抚司狱，在官场引起轩然大波。

"厂卫是朝廷私刑"

崇祯十五年闰十一月二十九日,朱由检在中左门召对百官,议论如何抵御清军及任用得力督抚。召对临近结束时,吏科都给事中吴麟徵作为六科的"科长"首先出来为同官姜埰求情:"臣等识见庸浅,不能仰副皇上求言之意,或言之不当,或言之过切,又蒙皇上一概优容,以致诸臣忘其愚贱,轻有喋渎。如同官姜埰干犯天威,亦皆臣等之罪。但姜埰作令清苦,居官勤饬,身体孱弱多病,伏望圣恩宽宥。"

朱由检说:"目今敌骑深入将及两月,既不能御之于外,又不能胜之于内,以至畿甸震惊,何可复言!"这时他面容恻然,流下了眼泪,又说:"朕无面目见尔等……初九日朕谕内有一段申饬言官,尔等各宜警省,无则加勉,有则改之。姜埰不遵朕谕,反来诘问,安得不重处?尔言官以言为职,当言的不敢言,敢于欺藐。二十四气之说,事同匿名(文书),见者尚当焚毁,乃屡见章奏,不得不于姜埰疏上一问。尔言官为朝廷耳目,自己不正,何能正人?文武大小诸臣各尽其职,何难却敌?精神都不用在国家上,敌势如此,诸臣同在漏舟之中,谁无忠义,谁无廉耻?但不肯奋发任事,都是一味浮泛瞻徇。"

朱由检对言官的批评并非毫无道理,吴麟徵听了只得承认:"言官只管言,即言之当否,与称职不称职,自听朝廷处分……"

朱由检说:"已屡有旨了。"

吴麟徵随即把话题转移到熊开元身上:"顷熊开元亦以诘责辅臣周延儒得罪,虽是出位妄言,第谚曰:'家贫思贤妻,国乱思贤相。'封疆事败坏至此,岂得不责备首辅?此亦人情所毕至,总是姜埰无知,出语不伦;开元亦是热肠,但言之不当。"

朱由检立即把他驳了回去:"开元假托机密,阴行谮谮,小加大,贱凌贵,渐不可长,前旨已明。"拒绝从宽发落的请求。

户部尚书傅淑训出面申救熊开元、姜埰,也遭皇上拒绝。

这时,一向敢于犯颜直谏的都察院左都御史刘宗周出来说话了,直截了当地请求释放姜、熊二人。刘宗周毫不畏惧地侃侃而谈："朝廷待言官有体，言官进言，可用则用之，不可则置之。即有应得之罪，乞敕下法司原情定案。今熊开元、姜埰狂躁无知，不能无罪。但以皇上急切求言，而二臣因言下诏狱，大于圣政国体有伤，恐非皇上求言初意。臣愿皇上俯念时事艰危，扩圣度于如天，以开诸臣净谏之路。如臣宗周曩亦因言获罪，中道再疏冒渎，蒙皇上不加斧钺，放还田间，复荷赐环起用。是臣之罪实甚于二臣，臣何幸而遇皇上之优容，二臣何不幸而不蒙皇上之恩宥也。臣又有说于此，前黄道周言语激烈，有朋友不能堪者，我皇上不但待之以不死，且在起废之列。今二臣戆直不及道周，道周何幸而遇破格之恩，二臣何不幸而不蒙法外之宥也？"

朱由检反诘道："人臣见有无礼于君者即当纠劾，三法司、锦衣卫俱是朝廷衙门，你说言官有体，假使贪赃坏法、欺君罔上、混乱纪纲的，通是不该问了？"

刘宗周振振有词："陛下方下诏求贤，姜埰、熊开元二臣遽以言得罪。国朝无言官下诏狱者，有之，自二臣始。"他愈说愈激动而无所顾忌："厂卫不可轻信，是朝廷有私刑！"此话千真万确，一下击中要害：厂卫货真价实是凌驾于三法司之上的"朝廷私刑"。

朱由检听了顿时肝火大旺，为了抑止火气，抬起头仰视殿梁，反驳道："东厂、锦衣卫俱为朝廷问刑，何公何私？"

刘宗周伏地叩头说："臣谨请罪。"然后申辩道："锦衣卫膏粱子弟，何知礼义？听寺人役使。即陛下问贪赃坏法、欺君罔上，亦不可不付法司。"

朱由检继续反诘："黄道周闻他有学有守，用系特恩，怎得引他比例？似尔愎拗偏迁，成何都察院？卿等起来！刘宗周候旨处分。"

刘宗周等人起身后，阁臣周延儒等出班跪奏，为刘宗周辩护。刑部尚书徐石麒也出班跪奏："臣在直房与同召诸臣商议，熊开元、姜埰有罪，仰干圣怒，臣等宜代为请罪，叩头乞恩。俟圣谕始起，不意臣需次未言,刘宗周随即申救,语言戆直。若论起事,罪实由臣,伏乞皇上将臣处分,宽宥宗周,不胜感激。"

都察院左佥都御史金光宸出班跪奏:"刘宗周申救姜埰、熊开元,非从二臣起见,幸逢圣明从谏如流,无非愿皇上为尧舜之君,广纳言之美。主圣则臣直,一时不识忌讳,伏乞俯赐优容。"

兵部尚书张国维出班跪奏:"刘宗周清执素著,即如臣受事之初,宗周相会,即以操持砥砺,谓欲整厘部务,在端本澄源。臣服膺其语,但于朝班相遇,一切调度每多商略。方今多事之时,老成当惜,伏乞圣明宽宥。"

朱由检不同意大臣们的请求,说了一句令众人大吃一惊的话语:"熊开元这疏定有主使,想是刘宗周主使了!"

皇上这句意气用事、无端怀疑的话语轻飘飘地说出,在场的大臣听来犹如一声惊雷。兵部左侍郎冯元飚哭泣救净,衣袖尽湿。金光宸极力申辩:"宗周赋性硁直,客也不会,与熊开元实不相往来。宗周与臣同官,臣极知他。……宗周在衙门,百事整顿,即皇上所颁宪纲见在奉行,日与诸御史申饬。前同臣察理城守不避风寒,老成可念。"

这几句最平常不过的话语,并无半点虚饰溢美之处,可是朱由检听了怒上加怒,大喝一声:"金光宸也着议处!"

金光宸似乎早有预料,处变不惊,仍十分平静地为刘宗周辩护:"臣忝风纪之地,每与宗周言:要天下治安,全在抚按;若抚按尽得其人,天下太平。宗周为人清直,在衙门就是不动声色,人心也是振肃的。皇上若是留他这个老臣,愿将臣罢斥,臣如有一字之欺,愿甘斧锧。"

工部尚书范景文以及五府勋臣也一同出班力救,朱由检毫不改口:"面谕甚明,卿等不必申救,起来!刘宗周、金光宸先出候旨,尔九卿科道在直房议来奏。"又召内阁辅臣入内议事,随即传旨:刘宗周革职,刑部拟罪。阁臣们将原旨捧回皇上御案前,跪请皇上收回成命,首辅周延儒缓声细语从旁解释,朱由检不许。

阁臣蒋德璟说:"向前唐太宗恶魏徵直谏,入宫怒说:'会须杀此田舍翁!'皇后具服贺曰:'君仁则臣直……'"

朱由检不耐烦地打断他的话:"唐太宗才朕所不如,若论闺门德行,朕亦不学他。"

阁臣吴甡立即附和道:"皇上当学尧舜,安肯学唐太宗! 只是唐太宗巧于取名……"

朱由检急不可耐地问:"如何巧于取名?"

吴甡解释道:"人臣敢言,用之则名在人主;罪之,则名在人臣。太宗本不喜魏徵,故欲优容他以自成其名。"这种近乎花言巧语的诡辩,曲解了唐太宗善于纳谏的本意。朱由检听了却以为是至理名言,怒气渐消,拿起朱笔在"刘宗周革职,刑部拟罪"的谕旨上抹去"刑部拟罪"四字,算是从宽发落了刘宗周,然后说:"故辅温体仁曾言其愎拗偏迁,果然。"朱由检似乎仍没有摆脱"遭瘟"的阴影。

阁臣们告退后,前往会晤刘宗周,把为他缓颊之事告诉他,言外颇有得色。刘宗周并不领情,也不致谢,反而批评阁臣们"某事错""某事不做",娓娓不已。阁臣们摇头叹气:"难做!"刘宗周正色道:"诸公尚说难做,更有何人可做?"

次日,两袖清风的刘宗周骑着驴子,后面跟着一个仆人肩扛着包袱,出顺城门而去,景况着实有点凄凉落寞。

"奈何以喜怒塞言者路"

刘宗周因为替姜、熊求情而遭革职处分,高级官僚们触景生情忿忿不平。刚由刑部尚书调任吏部尚书的郑三俊上《直臣可惜疏》,指出:"刘宗周的迂愚秉性每每足以贾罪,自入朝端,独行踽步,华年茂质者相率视为老朽之人,同流合污者又争相为怪物。群情满腹,冰炭难入,深为这样的直臣无法立于朝堂而感到惋惜、遗憾。"郑三俊三言两语便把刘宗周的孤傲高洁品格刻画得入木三分。黄宗羲在为其写行状时也有同感："周延儒之再相也，起用正人，一反其曩日妒贤嫉能之政，而君子亦遂喜其附己，深相结纳。乃独不能得之于先生（刘宗周），每朝毕，士大夫多与延儒接迹屏语，先生魁然孤峙，士大夫皆惭而止。"这种与周围人事冰炭不相容的性格，必然伴随着悲剧性的结局。

朱由检责怪掌管锦衣卫的骆养性"溺职太甚"，把姜埰、熊开元由锦衣卫镇抚司移交刑部审理。刚由刑部侍郎升任刑部尚书的徐石麒对皇上无端惩处刘宗周颇为不满，上疏说："宗周立朝无伪忠伪信之习，陛下用而舍，舍而复用。宗周今老矣，陛下斥而去，今后欲再见此类岩岩泠泠之老臣，岂可得哉？"对于姜、熊之狱，徐石麒也有自己的主见，以为骆养性并未溺职，于是根据原先的供词，拟熊开元赎徒（以钱赎徒刑）、姜埰谪戍，不再在刑部重审。朱由检大怒，把徐石麒革职闲住。

姜埰、熊开元遭廷杖后，一直押在刑部狱中，崇祯十七年初才获释。姜埰遣戍宣州卫，在赴宣州卫途中，接到京师陷落的噩耗，吟五律《赴戍宣州卫》一首：

> 垂死承恩谴，天威咫尺间。
>
> 荷戈荒徼去，收骨瘴江还。
>
> 衮职犹思补，龙髯竟绝攀。
>
> 桥陵千滴泪，独在敬亭山。

诗中流露了国破家亡却始终不忘君王的纯忠情怀，可见朱由检定他"貌玩特甚"之罪实在是冤枉过分了。南明福王政权赦免了他的戍罪，恢复原官。姜埰似乎看透了官场的险恶，不愿赴任，而流寓苏州，悄无声息地死去。

熊开元的景况大致相仿佛，遣戍杭州。南明福王赦起故官，不赴；唐王立，官至随征东阁大学士；汀州陷落，弃家为僧，隐居苏州灵岩山，法号蘗庵。吴伟业吊蘗庵和尚诗曰：

> 西南天地叹无归，漂泊干戈爱息机。

黄蘖禅心清磬冷,白云乡树远帆微。

全生诏狱同官在,乞食江城故老稀。

布衲绽来还自笑,箧中血裹旧朝衣。

题注下有"直谏予杖不死,后入道"之语,在怀念旧友的同时流露出对已故皇上(思宗)的哀怨之情。

朱由检惩处了敢于触及时弊的姜、熊二人,而且罢黜了为他们辩护的刘宗周、徐石麒等身居高位的部院掌印官,使周延儒复出后起用正人的局面受到沉重打击。其间接的后果是重现钳制言路的局面,正如徐石麒向皇上进谏时所说:"国事至此,奈何以喜怒塞言者路!"朱由检一点也听不进去,难道他不明了国难当头最需要君臣上下精诚团结、同心同德吗?他究竟在顾虑和提防什么呢?一言以蔽之,就是害怕臣下结党。

黄宗羲分析道:"当是时,宜兴(周延儒)当国,兴化(吴甡)后起,而风价稍高。一时台省(指言官)各相依附,为反复憸滑之术,以构两相。于是附宜兴者为南党,附兴化者为北党,章疏诡绐激讦,莫不有谓。上(思宗)亦心厌言官之聒而恶之。有无名子疏二十四气,达之御前,上益信,手敕申戒。"黄宗羲关于南党、北党的分析,为以后编纂《明史》的官员所采纳,明确指出:"甡居江北,延儒居江南,各树党。"朱由检最反对臣下结党,二十四气的政治谣言使他对言官结党深信不疑。姜埰、熊开元偏偏于此时出来纠弹周延儒,激起他对言官的厌恶之心,这种厌恶之心还伸延到为言官辩护的高官身上,形成了一股不大不小的冲击波。

姜、熊之狱算不上左右时势的大事件,没有这一事件,明朝的灭亡也不可避免,但这一事件给予当时人心的冲击是深刻的,人们对朝政完全绝望了。

满洲铁骑纵横驰骋

姜、熊事件牵扯到南党、北党,预示着这两党所依附的魁首已经成为矛盾的焦点,朱由检对他们已有戒备之心。

作为一种对策,朱由检借口襄阳、荆州、承天相继被李自成攻占,要吴甡前往湖广督师,以图恢复。由于吴甡故意拖延时间,落了个致仕的处分。

周延儒的日子也不好过。由于兵部尚书陈新甲与清朝秘密议和事机泄露,周延儒明知此系帝意,却不愿挺身与帝共担责任,从此朱由检对他的宠信渐衰。朱由检与阁臣谈及周延儒时,说了一句意味深长的话:"朕恨其太使乖!"朱由检此时看透了周延儒,"太使乖"三字把他先前"还是他好"的评价抵消了大半。蒋德璟把皇上这句话透露给周延儒时,周延儒道出了他的内心秘密:"事如此英主,不使乖不得也!"

崇祯十五年十一月初四日,清兵越过长城墙子岭,初九日京师戒严。满洲铁骑纵横驰骋,畿辅一片兵荒马乱景象。周延儒作为内阁首辅惊惶失措,一筹莫展,"聊效杨嗣昌故智,使僧道百人,建大法道场于石虎胡同口上,嗥诵《法华经》第七卷"。清兵征战数月,身不解甲,鞍不离马,困乏已极,于崇祯十六年三月初进入山东青州府莒州(今莒县),养马于野,人皆休卧。对于这种销声匿迹的不正常现象,朝廷一无所知。直到四月初三日,才得到清兵饱掠之后准备北撤的消息。

四月初五日下午,朱由检在平台召见周延儒等阁臣,声色俱厉地说:"朕欲亲征!"周延儒赶忙跪奏:"臣愿代皇上。"朱由检不表态,只是抬头仰视,频频摇头。陈演继续跪请:"首辅阁务殷繁,臣可去。"朱由检仍不开口,只顾摇头。蒋德璟也下跪说:"臣实可去。"朱由检仍大摇其头。周延儒有所领悟,再次跪请视师,朱由检这才冷笑道:"先生既果愿去,朕在宫中有过奇门(道家奇门遁甲式占卜),正在此刻,一出朝门,即向东行,慎勿西转。"周延儒不得不谢恩领命。朱由检命周延儒以阁部督师,断敌归路,务期尽歼,无令生还。

周延儒深知皇上对吴甡受命督师故意拖延时间十分不满,便反其道而行之,朝受命夕启行,这是他比吴甡机敏之处。但是他没有吴甡当过封疆大吏、驰驱战场的经历,对于指挥打仗是外行,何况对手是所向披靡的满洲铁骑!当他初六日赶到通州时,清兵东起津门,西至涿鹿,横亘三百余里,车载骡驮,浩浩荡荡北撤。明朝军队只是在远处城楼日夜不停地鸣炮恫吓而已。周延儒在通州城内,每天都忙于和幕僚、随从、统兵将帅饮酒作乐。勤王四总兵刘泽清、唐通、周遇吉、黄得功轮流在绛色幕帐内大摆筵席,宴请周延儒与随征四臣;随征四臣方士亮、蒋拱宸、尹民兴、刘嘉绩又回请四总兵"陪酌"周延儒,大家都置战事于不顾。每天午后,督师衙门为了应付门面,开门办公,收受文书,然后朝晚两次向宫中飞报"大捷"。当时有人写了一首打油诗,讽刺督师大学士:

> 虏畏炎燠归思催,黄金红粉尽驼回。
>
> 出关一月无消息,昨日元戎报捷来。

说的是周延儒奉命督师,却从来没有躬历戎行、鼓舞将士的举动。他的自请督师只不过是耍弄一种政治手腕而已,为了慰藉皇上,不断地谎报军情,诡称连战皆捷。

四月二十三日,他向皇上奏报斩杀清军百余,真相恰恰相反:清军拆毁边墙,把在近畿地区掠夺来的子女玉帛全部捆载出境,车马往来如织。周延儒视若无睹,不令军队阻截、追击。五月初九日,他向皇上奏报"臣冒夜自顺义抵密云,督促各总兵、巡抚驱逐清军,今俱出塞"云云,也是假的。

对此,谈迁如是评说:"建虏虽积侮我吏卒,然深入日久,矢竭弓脱,资装甚重,士马俱惫,各帐凛不自全。使燕齐之间少有斗将,独当一阵,袭其后,彼为遁计,能自完乎?宜兴(周延儒)巧人也,自请逐胡,谓乘其敝而图之似易。宜亟驰塞下,设伏险隘,分兵邀截,伺便掩击,庶不负请缨之志。顾尾而纵之,克还无害,则何烦丞相之驱驰也!"

此话言之有理,如果周延儒能在险要关隘布置伏兵,并分兵从后追击,孤军深入、疲惫不堪的清军势必遭到重创。然而他没有这样做,一味尾随清军之后,纵敌出塞。无怪乎当时人要怀疑周延儒是不是接受了清军统帅的重贿,故意假道放行。据说,清军在北直隶、山东一带驰驱六十天,掠走黄金一万二千两、白银二百二十万两,其他财物不计其数,从周延儒眼皮底下从容出长城北返。

周延儒这种人吃亏就在于不老实。如此军旅大事,众目睽睽之下,岂可一手遮天!朱由检对他自请督师注望甚殷,频频遣人侦伺。就在朱由检为他论功加太师、赏赐银币蟒服的同时,锦衣卫都督骆养性和司礼监太监把他们刺探到的真实情况和盘托出。朱由检对这个宠臣竟敢如此胆大妄为、欺君罔上大为恼怒,下令五军都督府、兵部等大臣对周延儒蒙蔽推诿等案情,从公察议。有关衙门从公察议后,他又不忍心严加惩处,当周延儒席藁待罪、自请戍边时,他却下了一道措辞极其温和的圣旨:“卿报国尽忱,终始勿替,许驰驿归,赐路费百金,以彰保全优礼之意。”及至廷臣察议周延儒的报告呈上后,他还对廷臣说:“延儒功多罪寡,令免议。”就这样,周延儒得以体面地致仕回乡。

难道周延儒就此可以优游林下了么?否!此人私心太重,过分软美,一旦下台,言官们决不会放过他。想当初,周延儒复出时,自宜兴北上好不热闹:“家众相随,舳舻衔尾,拜尘者栉比。”“识者谓延儒酬接太滥,异日临事,徇法则贾怨,徇人则失己,二者之咎,必居其一。”果然不出所料,他终于“徇人”而“失己”。此人“软美”,“凡门生故人有求,鲜不应,故疵议遂集”;“熟于世故,情面多而执持少,贿来不逆,贿歉不责”。这是机敏过人的周延儒始料不及的。

突破口就是周延儒的门生范志完。志大才疏的范志完由于座主周延儒当国,于崇祯十四年十二月由山西巡抚升为兵部右侍郎兼右佥都御史,总督蓟州、永平、山海、通州、天津诸镇军务;次年二月,又升为兵部左侍郎兼右佥都御史,总督辽东宁远军务兼巡抚辽东,赐尚方剑,出关督师;六月,又以钦命督师身份,兼任蓟辽昌通等处总督,节制登津抚镇,辽事急则移驻中后、前屯(广宁中后所、广宁前屯卫),关内急则星驰入援。周延儒把辽东、关内一切军权都委托给他。然而此人大言不惭，并无丝毫军事才干。不久，清军从墙子岭南下，攻陷蓟州及近畿地区。兵部弹劾范志完疏于防务，廷臣弹劾范志完贪愞，朱由检鉴于敌兵未退，责令他戴罪立功。范志完戴罪而不立功，恇怯至极，始终不敢与清军决战，唯以尾随呵噪、到处剽掠为能事。

事情终于闹到了不可收拾的地步。山东武德道兵备佥事雷演祚毅然发难，上疏揭发督师范志完纵兵淫掠、克扣军饷、勾结大党。朱由检一面命兵部查核淫掠事实，一面命雷演祚再上疏详细揭露。雷演祚起先对范志完是周延儒的门生这层关系还有所顾虑，一旦获悉周延儒遭廷议的消息，立即揭发：范志完不过当了两年佥事（分巡关内）之类的小官，骤然升为督师，如果没有大党为后盾是决不可能的，尚书范景文、谕德方拱乾、给事中朱徽、沈胤培、袁彭年都是他一党的，总后台则是座主周延儒。然后把矛头指向周延儒："座主当朝，罔利曲庇，只手有燎原之势，片语操生死之权，称功颂德，遍于班联。臣不忍见陛下以周、召（周公、召公）待大臣，而大臣以严嵩、薛国观自待也。臣外藩小吏，乙榜（举人出身）孤踪，不言不敢，尽言不敢，感陛下虚怀俯纳，故不避首辅延儒与举国媚附时局，略进一言。"

鉴于雷演祚揭露了中枢主计请饷必馈常例，其他从中贪污更不可计数，朱由检下令有关部门审议前任户部尚书李待问、傅淑训，兵部尚书张国维，以及户科给事中荆永祚，兵科给事中沈迅、张嘉言等人，并下旨召见雷演祚。雷演祚入京后，向皇上面奏范志完在山东纵兵淫掠，并以金银鞍马行贿等事。朱由检下令逮讯范志完。

崇祯十六年七月初八日，朱由检在中左门召见群臣，命雷演祚与范志完等人当面对质。

朱由检首先问雷演祚关于范志完纵兵淫掠，又以金银鞍马数千两，托左谕德方拱乾行贿京师政要之事。雷演祚历历有所指。

朱由检又问："尔言称功颂德，遍于班联者，谁也？"

雷演祚答:"周延儒招权纳贿,如起废、清狱、蠲租,自以为功。再考选科道,收于门下。又幕客董廷献居间,凡求巡抚、总兵,先输贿于廷献,以玉带二、珍珠十三颗作暗记达之。经部推、延儒谒请,则故辅冯铨子源专送物回家。"朱由检听了大怒,即命锦衣卫缇骑速逮董廷献。

朱由检责问范志完为何逗留不战、纵兵淫掠?范志完矢口否认。

朱由检又问:"尔马百匹送方拱乾,金鞍一并数千金馈谁?"

范志完顾左右而言他:"无有。是日臣在大王庄,副总兵贾名芳等单骑败建房五百,又河南值建房四千,大风却之。"

朱由检听了,责其妄言,又问:"驻德州四旬,何支五日饷?"

范志完语塞,雷演祚插话:"彼兵止欲折乾,若赵光抃兵有纪律,道山东不索饷。"

朱由检问:"光抃修河间城亦逗留,何不参他?"

雷演祚答:"赵兵实不扰。"

朱由检再问御史吴履中:"尔在天津,察志完云何?"

吴履中的回答与雷演祚完全一致。朱由检随即说:"光抃亦纵寇逗留,独参志完,难服其心。"下令锦衣卫即逮赵光抃及总兵薛敏忠等。

这次当廷对质的结果是,范志完等人被处死。但事情并不就此完结,因为由范志完牵连出了周延儒招权纳贿种种劣迹,引起了朱由检的关注,必欲追个水落石出不可。事情牵连到周延儒的亲信吴昌时身上,更趋复杂化了。

礼科给事中袁彭年论纠周延儒之罪,说:"假如周延儒割绝私交,早引公忠廉勇之士布列山海关至蓟镇一带,清军即使进入,未必披猖至此!假如周延儒视师之后,把封疆耗敝、督抚罪状一一入告,惩前毖后,或许可收亡羊补牢之效。但是周延儒徇庇欺饰,即此一端,已罪不可恕。"

兵科给事中郝絅则把周延儒与吴昌时挂起钩来,指责吏部文选郎中吴昌时窃权附势,纳贿徇私,作为周延儒的干儿义子,凡内阁票拟、国家机密,事事都预先知道。又说:周延儒多欲则不刚,智足以掩过,而忠不足以谋国;想窃附于君子,而又不摒去小人。见忠直之人,表面援护而实质疏远;见邪佞之人,表面褒慢而实质亲昵。因此辜负皇上知遇之恩,耽误封疆安危。总之,周延儒是天下之罪人,而吴昌时又是周延儒之罪人。

这话一点也不错。吴昌时这个复社成员,成事不足败事有余,连他的同社朋友吴伟业也说此人贪利嗜进,醉心于升官发财,周延儒复出,他自以为有功,因而专擅权势,周延儒反为他所用,也为他所累。

勒令周延儒自裁

御史蒋拱宸的揭发终于使朱由检与周、吴的矛盾激化了。蒋拱宸弹劾吴昌时作为周延儒的幕僚,与董廷献表里为奸,无所不至,赃私巨万,罪证累累,万目共见。即如南场(南京乡试)一榜,录取者非其亲戚便是以重贿买通关节之人,这一切都由吴昌时为周延儒经办。周延儒的弟弟肖儒、儿子奕封公然榜上有名,毫无顾忌,以至白丁铜臭之流都夤缘登榜。贪横如此,哪里还知道有朝廷法纪!吴昌时勾结宫中宦官李瑞、王裕民,泄露机密,重贿入手辄预揣温旨告人。蒋拱宸奏疏的最后一节指责吴昌时“通内”,最为朱由检所忌恨。朱由检把奏疏放在案前反复审阅,亲笔写了谕旨,即所谓“御票”,为了不让内侍泄露这一机密,把奏疏放入袖子里。由此可见朱由检对周延儒与吴昌时一案的处理是既重视而又谨慎的。

朱由检痛下决心,于七月二十五日亲临中左门审讯吴昌时。朱由检郑重其事地身穿素服,率太子与定王来到中左门时,内阁五府六部九卿科道官早在那里恭候了。

朱由检声色俱厉地喝令吴昌时上前,诘问其“通内”之事。

吴昌时拒不承认:“祖宗之制,交结内侍者斩,法极森严,臣虽不才,安能犯此?”

朱由检命蒋拱宸当面对质。不料蒋拱宸先前在奏疏中揭发"通内"头头是道,一见这种森严的场面,吓得浑身颤抖,匍匐在地,说不出一句话。

朱由检只好把蒋拱宸叱退。吴昌时见此情景,口气更加强硬:"皇上必欲以是坐臣,臣何敢抗违圣意? 自应承受,若欲屈招,则实不能。"

朱由检见吴昌时不肯招供,便命内侍准备用刑。阁臣蒋德璟、魏藻德立即出班劝阻:"殿陛之间无犯刑之例,伏乞将昌时付法司究问。"

朱由检不同意把吴昌时交三法司审讯,他说:"此辈奸党,神通彻天,若离此三尺地,谁敢据法从公勘问?"此话说得在理,因为吴昌时牵涉周延儒,如果不是朱由检直接过问,三法司碍于人事关系,恐怕难以从公勘问。

蒋、魏二阁臣只得退一步,请求廷审不必用刑,说:"殿陛用刑,实三百年未有之事。"

朱由检并不拘泥于什么祖宗成法,振振有词地反驳道:"吴昌时这厮,亦三百年未有之人!"一记闷棍把蒋、魏二阁臣弄得哑口无言,叩头而退。

于是,内侍遵旨对吴昌时用刑,夹至两胫皆断,昏迷不省人事。朱由检命将他押入锦衣卫诏狱论死。在场的人莫不为用刑之惨酷、哀号之声响彻殿陛之间而叹息:"嗟乎,国家元气尽矣!"不久,朱由检传谕刑部、都察院、锦衣卫,以"把持朝政,奸狡百端"罪,将吴昌时处斩。

至此,朱由检始有意杀周延儒。在廷审吴昌时的场合,有的大臣说:"吴昌时不过是幺麽小吏,何必如此大张旗鼓?"朱由检意味深长地反诘道:"昌时是幺麽,难道周某也是幺麽?"可见朱由检廷审吴昌时醉翁之意不在酒。果然,不久他就下旨,命锦衣卫差人把周延儒从宜兴家乡押解来京,听候勘问。

消息灵通的周延儒预感到此去在劫难逃,临行前把他贮藏珍宝的楼阁三楹付之一炬,平生搜括来的奇珍异宝在烈焰中化作一片灰烬,据说火焰五彩斑斓。

周延儒进京后,从昔日的座上宾沦为今日的阶下囚,威风荡然无存,在崇文门外头条胡同关帝庙内暂住,次日又移至正阳门内关帝庙,四面有锦衣卫兵丁看守。

十二月初二日,朱由检下旨:"着法司议罪,限三日内具奏。"刑部、都察院、大理寺召开紧急会议,审议周延儒的罪状。

都察院左都御史李邦华对周延儒复出后的政绩给予肯定:"皇上于罪辅周延儒,召起田间,隆以师保,可称千古奇遇。当其受事之初,将顺圣明,有蠲租、起废、解网、肆赦诸大政,至德光昭,天下称颂太平。"然后指责他不能永矢精白,以致"防简疏于比匪,居身涉于营私;贿赂潜通,节钺暗授。至行间功罪,以门墙而颠倒,封疆多故"。因此皇上谴责他"机械""欺蔑",是完全正确的,周延儒清夜当扪心自问:生有何颜面,死安足赎罪?但按律定议,罪应下失误封疆一等,何况有"曾居首辅,宽其拿解"的明旨,希望皇上垂念国体,作出圣裁。言外之意,周延儒罪不至死,希望皇上从宽发落。

大理寺卿凌义渠的口气要严峻得多,毫不顾及周延儒复出后的政绩,直截了当地揭露其为政为人的奸邪品格:有谋身之私智,无体国之公忠;精神惯用之揣摩,伎俩总归于闪烁。因此一时群小蚁附,幸窦杂出,狐假公行,自误以误国,擅用人行政之权柄,供其市恩修怨之图。法律虽有"议贵"(为尊贵者有功者开脱)之条,也不能为其宽恕。

刑部尚书张忻则倾向于李邦华,肯定周延儒复出以来,勤敏颇著,未尝无裨于纶扉。无奈性生智巧,缺少诚正之谊;情喜夤缘,屡犯比匪之戒。以致滥用匪人,封疆罔效。甚至奉命视师之时,仍一味私交是庇,赏罚混淆,罔凛国宪。延儒受恩独厚,负恩独深,视息尚存,宁无愧死?其罪虽浮于丘山,但有"议贵"条法,希望皇上慈存辅弼。

三法司会议的结果,一人主张从严,二人主张从宽,于是判决如下:周延儒发烟瘴地面充军终身,拘妻孥解。

朱由检却不念旧情,毫不宽恕,驳回三法司所拟充军终身的判决,亲自拟旨一道:"周延儒机械欺蔽,比匪容私,滥用匪人,封疆贻误。前屡旨已明,这所拟岂足蔽辜?姑念首辅一品大臣,着锦衣卫会同法司官,于寓处勒令自裁,准其棺殓回籍。"圣旨下达后,阁臣蒋德璟等上疏申救,指出:"延儒奉召之初,一切奉扬圣德,如蠲租、起废、解网、肆赦诸大政,中外人士欣传有太平之兆,即我皇上,亦曾有'功多过寡'之论。但其赋性宽疏,以致门客宵壬乘机假借,纳交通贿,延儒不能尽知,即知亦不能力绝。因而宠贿彰闻,疵垢多端,天鉴炯然,罪安所逭?部院以烟戍议上,诚当其辜。至视师一出,奉命即刻起行,似亦慷慨图报;其驰驱通义一带,亦不无微劳可悯。乞皇上法外施仁,俯从部议。"朱由检再次重申前旨,清楚地表明勒令自裁已经是从轻发落了。他在阁臣的奏疏上批示道:"览奏揭,朕心恻然。但周延儒罪犯太重,前面谕已明,如滥用匪人,遗误封疆,比昵奸险,营私纳贿,及亲履行间,回朝面询,应将兵情据实陈奏,极力挽救,庶几收效桑榆。而乃欺蔽机械,较前愈甚。若律以祖宗大法,当在何条?念系首辅,始从轻处,勒令自裁,已有旨了。"

十二月初九日夜半更深之际,五十五岁的周延儒在关帝庙中听太监宣读圣旨。念到"姑念首辅一品大臣"一句时,太监故意稍作停顿,周延儒以为皇上尚念旧情,意有非望,再三叩头,连称"圣恩"。孰料接下去的是"于寓处勒令自裁"一句,周延儒顿时悸魂丧魄,左右不能自持,不停绕屋而走。骆养性见状,命两名士卒把他抓住,拖到四更时分,才上吊自缢。周延儒平日养生有道,长期服食野山人参,气绝后,四肢还暖润如生。骆养性恐有不测,急以铁钉钉入其脑门,然后才回宫复命。周延儒的死,比薛国观要惨多了。他临终前留下了一首绝命诗:

> 恩深惭报浅,主圣作臣忠。
> 国法冰霜劲,皇仁覆载洪。

可怜惟赤子,宜慎是黄封。

替献今何及,留章达圣聪。

至此才知"恩深惭报浅",为时已晚。

从周延儒的复出到勒令自裁,明朝临近灭亡前如回光返照般的中兴之梦终成泡影。崇祯一朝五十辅臣中,真正有能力驾驭朝政,能提纲挈领者,除了温体仁,便是周延儒,但这两人都"不轨于正"。如果仅就能力而言,其他诸辅臣都无法望其项背,周延儒死后,朱由检再也无法找到一个可以依靠、重用的辅臣,他变得更加孤独了。

二、分庭抗礼的李自成与张献忠

闯曹雄视河洛

自从崇祯十四年初李自成攻下洛阳、张献忠攻下襄阳以来,内战形势急转直下,朱由检终日忧心忡忡。他在攘外与安内的两难选择中作出了错误的决断,陷入了困境,不得不同时面对两个强大的对手,越来越感到捉襟见肘,顾此失彼。他在命令洪承畴在辽东战场与清军摆开决战架势的同时,任命丁启睿以兵部尚书衔节制中原五省军务,代替已故的杨嗣昌督师,专剿流寇。两面作战,结果是两面都遭惨败。辽东战场的惨败前章已经说过,此处只表中原战场的惨败。

攻下洛阳杀死福王后,李自成军威大振,附近的一斗谷、瓦罐子等零星小股武装,闻风响附。李自成见实力大增,决定攻打河南重镇开封,在政治、军事方面造成更大影响。他对形势作这样的分析:开封方面听到洛阳陷落的消息,防备必严,难以进犯,不如暂且引兵远去,待其戒备懈怠时再回师突然袭击。于是挥师南下,佯攻汝州(今临汝)。河南巡抚李仙风只顾进驻洛阳,不以开封为忧。李自成见开封防务空虚,立即掉头向东北方向急行军三日三夜,于崇祯十四年二月初六日直抵开封城下。

开封是周王朱恭枵的藩封地,福王被杀,他寝食不安,生怕遭同样下场。获悉李自成兵临城下,大惊失色,咬咬牙拿出五十万两银子犒赏守城士兵,并高悬赏格:杀敌一名,赏银五十两。

李自成对开封采取围而不攻的战术。围城三日后,城内已一片恐慌。官吏们为了稳定人心,把竹厂的几万根竹竿发给居民,每人每天给佣金五钱,轮流扛着竹竿到城墙上游行,高喊"发兵出战",虚张声势。周王朱恭枵还派人抬出一块龙牌,由士兵鸣锣开道,在大街上边走边喊:"有能退寇解围者,赏银十万两,具题起升!"

朱由检见开封被围,唯恐这个中原重镇也陷落,危及大局,急调援军解围。李自成不得不放弃包围了七日七夜的开封,向南转移。河南巡抚李仙风屯兵于偃师,待奉命援汴的保定总督杨文岳赶到开封时,才向开封靠拢。朱由检以李仙风畏缩不前,坐误军机,下令逮捕治罪。李仙风听到这道圣旨后,吓得一夜之间胆战心惊而死。

新上任的督师丁启睿胆小如鼠,皇上要他节制陕西、河南、四川、湖广、河北五省军队,他却手足无措,莫知为计。他奉命由陕西出潼关,不敢进入河南,准备由承天进入湖广,会集已故杨嗣昌所辖军队。湖广巡抚汪承诏怕招来麻烦,对丁启睿说:"大寇在河南,荆、襄幸息警,无烦大军。"故意把汉、津一带公私渡船全部藏匿,迫使丁启睿徘徊三日无法入楚,只得折回邓州,州官给他一个闭门羹,迫使他改走内乡,知县虽允许入境,又不向他提供粮饷。堂堂督师手持尚方剑却毫无威信,奔走于荒山野岭,狼狈得割马肉、挖野菜充饥。他听说李自成部众多达数十万,宁愿挨饿,也不愿向开封方向进军。他得知张献忠在光山、固始一带活动,兵力单薄,便灵机一动对部将说:"上命我剿豫贼,此亦豫贼。"于是,命从襄阳赶到南阳的左良玉赴麻城,对付张献忠。开封守军每日都向他告急,他始终不肯进援,振振有词:"我方有事于献忠,不赴矣!"

李自成在河南所向披靡，势力不断壮大。一直活跃在当地的"小袁营"首领袁时中带领队伍归附，转战于内乡、淅川、邓州的曹操罗汝才也加入到李自成的行列中。至此，李自成遂"雄视河洛"。

对于声势大盛的李自成在河南的动向，朱由检十分忧虑，不得不从狱中放出前任兵部尚书傅宗龙，任命为陕西总督，表扬他"朴忠"，并说"吾以凤负用之，宜尽死力"，要他"专心办闯贼"。傅宗龙握着陕西巡抚汪乔年的手欷歔而别，于九月四日带了川陕兵二万出关，在新蔡与保定总督杨文岳会合，贺人龙、李国奇率秦兵，虎大威率保兵，搭浮桥东渡汝水，进抵项城。

这时李自成与罗汝才在上游搭浮桥，准备进取汝宁；得知官军渡河，就把精锐埋伏在树林中，以小部队从浮桥西渡迷惑对方。九月初六日双方遭遇，正当贺人龙、虎大威追击三十里，人困马乏、喘息歇脚时，李、罗所部主力猛然从树林中冲出，势如排山倒海，但见尘埃滚滚，杀声震天。傅宗龙、杨文岳被这突如其来的打击吓得惊慌失措。一向骁勇善战的贺人龙带了千余骑兵避战自保，李国奇无处可避，被迫迎战，大败而退。贺人龙、虎大威乘势逃向沈丘。屯兵火烧店的杨文岳见苗头不对，撇下傅宗龙不管，逃往项城、陈州（今淮阳）。傅宗龙孤守待毙，多次下令贺人龙、李国奇回头救他，毫无回音，气得大骂："彼避死，宜不来，吾岂避死哉！"声嘶力竭地大嚷要决一死战，决不"卷甲走"。顽抗一阵之后，也不敢死战了，他只好"卷甲走"，在九月十八日半夜突围。

李自成哪里肯放过这个皇上刚刚任命"专心办闯贼"的总督！第二天中午，傅宗龙还没逃到项城，就当了俘虏。农民军把他押到项城的城门下，诡称是傅宗龙的家兵，请开门接纳傅督。傅宗龙大喊："身是傅督，不幸落于贼手，城上快开炮，不要中了狡计！"农民军气得唾骂，傅宗龙说："我是大臣，要杀便杀，岂能为贼赚城以缓死！"农民军抽刀砍他的右胁，挑瞎两眼，削去鼻子。这时城上炮起，农民军后退，家人卢三把傅宗龙背入城内时，傅已气绝，项城人为其殡殓于天吉寺。朱由检得到消息大为感叹:"若此可谓朴忠矣!"立即追复他为兵部尚书,加太子少保,谥忠壮,给予祭葬。

李自成、罗汝才连破襄城、叶县,于十一月间包围了南阳。南阳是唐王的藩封地,督师丁启睿、总督杨文岳、总兵陈永福却毫不在意,把南阳的防务交给了猛如虎。农民军用大炮轰开城墙,冲入城内,猛如虎短兵巷战,随即阵亡,唐王朱聿镆也在麒麟阁被杀。朱由检获悉后,立即责问督师丁启睿:"藩封沦陷,督抚固难辞责,启睿剿献著捷,驰豫亦早,宛郡兵将派集颇厚,何以失守?察核以闻。"

李自成利用这一有利形势,攻克邓州、唐县、新野、舞阳、泌阳、内乡,然后直指开封,拿下开封府的属县禹州、陈留、通许、尉氏、洧川、鄢陵、长葛等十余城,于崇祯十四年十二月二十三日第二次包围开封。

周王朱恭枵已成惊弓之鸟,连忙发内帑银几万两修浚城池。巡抚高名衡、总兵陈永福赶忙召募新兵。高名衡多次飞檄向督师丁启睿告急,丁启睿不得已赶往开封,不在城外展开决战,而是"避贼入城,部下大淫掠"。农民军因开封城紧守甚严,作持久围困之计,"四外将树木尽砍,填濠渠,坑井内"。

开封城在农民军大炮、小铳猛轰下,惶惶不可终日。请看当时人的报道:

——飞铁熔铅,四面如织,空中作响,如鸷鸟之凌劲风。

——大炮小铳昼夜击打,城墙如筛,守埠者不敢露影……甫露首,辄中弹死。

——守御士卒粮饷缺乏,有司无策……兵情懈怠。

知县向周王朱恭枵告急:"城破旦夕,王多积藏,万一失守,恐非王有。乘此人心未危,兵民可鼓,重赏犒之,或可救急。"朱恭枵不得已,再发饷银几万两。巡抚还贴出告示:"勿论军民兵将,有能破贼、益于城守者,许建奇谋,功成受赏。"

农民军在多年征战中创造了很多攻城战术。其一是"穿穴"——挖地道。使地道通至城下,洞口仅可容一人,渐次扩大到可容纳几十人甚至几百人,过三五步留一土柱,绑上粗绳。待地道挖通后,集中人力拉绳,土柱一断,城墙墙脚也崩塌了。其二是"放迸"——埋地雷。在城墙脚下挖洞穴,埋入地雷,地雷爆炸,轰开缺口,乘烟雾弥漫猛冲入城。然而这些方法用在开封城,都失灵了。

原因就在于开封城特别坚固,金朝海陵王时把此城重新加固,坚如磐石,高三丈五尺,宽二丈一尺,而城根处的砖如同岩石,且深入地下数尺。崇祯十五年正月十三日凌晨,农民军用"放迸"法攻城,几千精锐骑兵准备停当,只等地雷一响,就伺机冲入缺口。没有料到这种城墙外松内坚,地雷一爆炸,向外迸裂,铁石向外飞去,使己方受到意外损伤。

李自成与罗汝才见开封城一时难以攻下,决定掉转头去对付左良玉,便于正月十五日撤离开封,包围左良玉于郾城。

三围开封,决河灌城

傅宗龙死后,朱由检任命陕西巡抚汪乔年为兵部侍郎、总督陕西三边军务,火速出潼关,与左良玉夹剿李自成。兵部连续发布军令催他出关,汪乔年鉴于关中精锐大多被歼,此去凶多吉少,哀叹:"傅公死,讨贼无人,固知肉喂饿虎,然义不可以不行。"只得垂头丧气地率贺人龙、郑嘉栋等出关,开赴河南。他与诸将商量:郾城危在旦夕,我军赶赴郾城,难以与之争锋,不如以精锐骑兵奔袭李自成老营驻地襄城,李自成必定还兵救援,郾城之围不战而解。郾城之围一解,我击其前,左良玉乘其背,必可大胜。

汪乔年出关前忽发奇想,叫米脂县令掘了李自成的祖坟、父坟,并把骨殖报送朝廷邀功。李自成对他恨之入骨,率主力奔赴襄城,决一死战。汪乔年遣贺人龙、郑嘉栋、牛成虎分三路,驻城东十里抵御。这三人都是农民军的手下败将,还没来得及布阵,就争先恐后地逃跑。在郾城的左良玉，自己解围后，不去救援汪乔年，致使汪乔年全军大溃。

汪乔年初战即遭惨败，还没来得及自杀，便当了俘虏，被割舌处死。

农民军乘胜接连攻下了陈州、睢州、太康、宁陵、考城（今民权东北）、西华、商水、归德（今商丘）、仪封（今兰考西）、杞县等地。守土官吏纷纷弃城逃命，各地塘报连呼紧急："流贼闯贼并小袁营贼河南肆行无忌，见今河南百姓乡宦军民人等……过河北往山东地方逃走，真假难辨，昼夜行走不止。"朱由检得报，于四月二十二日下旨"仍飞檄抚镇扼歼"，"沿河道倍加堵御，毋致疏虞"。

然而无济于事。崇祯十五年四月底，李自成指挥农民军扫清开封外围后，第三次包围了开封。

李自成为这次围攻开封制订的战术仍是"围而勿攻，持久示必克"。农民军扎营于城西大堤外，离城仅十里，连续派出部队抢割城郊农田所种小麦。这一招引起城内军民惶惶不安，惊呼："旧藏告尽，新麦无留，家家为首阳之徒矣！"李自成乘城内人心混乱之机发动政治攻势，用弓箭向城内射入传单，传单上写的是李自成的文告：

奉天倡义营文武大将军李示

　　仰在城文武官吏、军民人等知悉：照得丁启睿、左良玉俱被本营杀败，奔走四散，黄河以北援兵俱绝。尔等游鱼釜中，岂能当活！可即开门投降，一概赦罪纪功，文武官员照旧录用，断不再杀一人以干天和。倘罪重孽深，仍旧延抗，本营虽好生恶杀，将置尔等于河鱼腹中矣！慎毋沉迷自贻后悔。

朱由检得知开封再次被围，下令御史苏京监延、宁、甘、固军，催促孙传庭出关。

孙传庭是崇祯十五年二月间被朱由检重新起用为兵部右侍郎（添设）兼右佥都御史、总督陕西三边军务的，目的是要这名昔日屡建战功的大帅重振威风，扭转中原战场的败局。为此，朱由检在文华殿召见了他,询问"剿贼安民之策"。

朱由检问:"几何人可破贼?"

孙传庭被皇上关入监狱已达三年之久,对今非昔比的形势毫无所知,竟信口开河:"陛下幸贳臣死,臣星驰入关,得精锐五千人,足矣!"

朱由检对于这名久经沙场的老臣的豪言壮语嗟叹良久,又是设宴,又是赏赐。

孙传庭带兵西行,见农民军"贼棋置数十营,望尘莫见其际",才知道形势大变,自己在皇上面前所夸海口"五千人足矣"是不切实际的,只得厚着脸皮认错,重新提出他的方略:"贼众数十万,臣纵得死士死力,讵可一当百?以时势料之,非练兵二万,饷百万不可!"朱由检气得大骂他出尔反尔、前后不讐:"原议练兵五千可以破贼,何以取盈二万,且百万之饷安能即济?"要他"努力练所发兵,足饷一月,即卷甲出关,毋得逗挠取咎!"

前不久,孙传庭接到皇上密令,要他处死贺人龙,罪名是作战不力,在孟家庄先逃,致使傅宗龙败死。朱由检颇怀疑这个与李自成同乡(同为米脂县人)的将领有贰心。孙传庭为了稳住贺人龙,在奔赴西安的途中上疏说:"贺人龙是臣旧部,乞求皇上贳其罪,以责后效。"一到西安,下令固原总兵郑嘉栋、临洮总兵牛成虎、援剿总兵贺人龙等带兵前来会合。

五月初一日,孙传庭召开军事会议,突然绑了贺人龙,列举其罪状,说他"一死不足塞责"。说罢便推出斩首,诸将莫不颤栗失色。贺人龙的士兵在咸阳听到消息,聚众哗变,推贺人龙的子侄为首领,在神庙歃血为盟,誓欲报仇。其侄劝阻道:"此君命,伯父受死,乃为忠臣,诸君言报仇,君可仇?是没伯父之心。诸君必欲为此,请先灭我家。"孙传庭也反复说明这是皇上旨意,并妥善安排了人事,以贺人龙部将高杰、陈勇统领旧部,把三边三万劲骑分为二十营,一律由贺人龙众部将统领。贺人龙是一员悍将,杀人如麻,被农民军骂为"贺疯子"。贺疯子被斩的消息传到农民军中,人人酌酒相庆:"贺疯子死,取关中如拾芥矣!"朱由检怀疑他"通贼"是冤枉的。

朱由检此时似乎有点方寸大乱。他鉴于"寇氛未靖,民罹锋刃",在皇城南面建斋,每天子刻从宫中步行至斋中,拜佛念经,然后返回大内处理公务。言官上疏劝谏:"宗社之安危,非佛氏之祸福。皇上以九重之尊,诵天竺之繁文,臣以为不可。"朱由检置之不理。

拜佛念经还嫌不足,朱由检还把道教真人张应京召来,命礼部设宴款待之后,自己在会极门召见他,给予丰厚的赏赐,显然是委托他以重任的。御史廖惟义、侍郎王锡衮上疏请驱真人羽士及张应京各回原籍,朱由检不听,反而郑重其事地在宫中设坛请真人羽士们书符召仙召将。扶乩的结果,玄帝批道:"天将皆已降生人间,无可应召者。"朱由检再三跪拜,问:"天将降生,意欲何为?尚有未降生者否?"乩语答道:"唯汉寿亭侯受明厚恩,不肯降生,余无在者。"批毕,寂然无声。对于真人羽士们的骗人把戏,朱由检深信不疑,这从他日后给真人张应京加太子太保衔可以找到佐证。放着骁勇善战的大将不用,却祈求"天将降生",岂不荒唐!

却说朱由检命孙传庭出潼关前往河南解开封之围,孙传庭借口"兵新募,不堪用",不肯从命。朱由检再三严令催督,他才不得已动身出关。有鉴于此,朱由检于六月十七日下旨,把前任户部尚书侯恂从监狱中放出来(按:侯恂于崇祯十年二月以"徇私养奸"被逮捕入狱),以兵部侍郎总督保定、山东、河北军务的身份,率兵进援开封,与孙传庭协力作战,目的是想利用侯恂与左良玉的老关系,调动左良玉向开封靠拢。

殊不知侯恂并不具备力挽狂澜的帅才和胆识,对形势的估量十分悲观,甚至倾向于放弃河南这个糜破之区。他身为河南归德人,却对家乡战乱的平定、失地的收复毫无信心。这种情绪在他上任伊始给皇上的奏疏中毫不掩饰地流露了出来。首先他指出敌我力量对比悬殊:李自成一败汪乔年,再败傅宗龙(按:此处侯恂把"一败""再败"的先后次序颠倒了),而天下的强兵劲马皆为其所有,骑兵数万为一队,飘忽如同风雨,所过无坚城,官军只知尾随其后问所向而已。其次他指出从现实出发不如放弃河南,因为全豫已陷落十分之七八,昔日的中原腹心之地现今已成为糜破之区。从藩王的立场看,应援救开封;从天下安危大计的立场看,救开封并不急于社稷。为今之计,不如放弃河南,令保定巡抚杨进、山东巡抚王永吉防守黄河以北;凤阳巡抚马士英、淮徐巡抚史可法南遏江淮;秦督孙传庭塞潼关,臣率左良玉固荆襄。以这种战略来继截其奔逸之路,困死于赤地千里之中原。再次他指出,左良玉为臣旧部,有报效之心,但从前督抚驾驭乖方,臣赴其军鼓以忠义,陛下不必下军令状责取战期。

侯恂的说法不无道理,但朱由检作为一国之君不会接受这种放弃中原腹心之地的主张,命令侯恂调左良玉向开封靠拢。

左良玉一向骄横跋扈,开封第二次被围时就龟缩观望,抚按向他苦苦哀求,他无动于衷地回答:"我兵单弱,日夜兼程赶来,如果冒失临城一战,一旦失手,开封就毫无依靠了。不如暂时屯兵杞县,相机牵制为妥。"这次君命难违,勉强北上。丁启睿、杨文岳与左良玉、虎大威、杨德政、方国安各部十几万兵马会集于开封南面的朱仙镇,与农民军遥遥相望。丁启睿多次催促左良玉出击,左良玉总是推诿,说什么"贼气方锐,未可击"。丁启睿要其他将领出击,各路将领都面有惧色。左良玉回营后,连夜与幕僚密议,决定拔营西行。

李自成料到官军要溜,事先在交通要道上挖掘了深二丈、阔二丈、环绕百里的堑壕。左良玉拔营后,李自成命令部队佯作不见,任其过去。等步兵过完,骑兵出现,放出小部队与之交锋,旋即退去。左良玉以为农民军不敢狙击,便快马加鞭疾驰八十里,这时农民军从后面猛扑过来。左军见前有堑壕、后有追兵,顿时大乱。前队下马渡沟,跌仆倒地,后队重踏而过,自相践踏,乱作一团,顷刻之间全军覆没,左良玉只带了几个随从逃往襄阳。这一仗打得左良玉失魂落魄,吓得他从此以后不敢再与李自成正面交锋。

左良玉溃逃在先，其他各军阵脚大乱，全线崩溃。丁启睿、杨文岳、虎大威、杨德政等逃往汝宁，农民军穷追四百里，缴获骡马七千，俘虏士兵数万，丁启睿的敕书、印剑丢个精光。朱由检得知朱仙镇一仗惨败，下令逮治丁启睿，"褫职候代"，要杨文岳"戴罪防汝宁"。

开封形势岌岌可危，朱由检派出御史监军，分头监督各镇兵马驰救。鉴于朱仙镇的教训，"诸军皆屯河北，不敢进"。八月底，山东总兵刘泽清奉命赶来，屯兵柳园、陈桥之间，并南渡黄河，企图依河扎寨，伸向开封城下，挖掘甬道，向城中运送给养。立营未定，即遭迎头一击，刘泽清拔营后退，士兵争先恐后抢着上船，溺死无数。

开封孤城，外援断绝，巡抚高名衡下令搜粮，不择手段把城内仅存的粮食搜罗到手，以供军饷。于是"十室十空，人始相食"，百姓"或摘树头青，或买药中饵，或刮树皮为羹，或剜草根，或拨粪中之蟛，或捞河中饲鱼小虫，以及皮胶、故纸、涨棉、乍草之类，无不入口，以延旦夕"。九月初，水草每斤卖价白银一两，人肉每斤卖价白银五两，屋上瓦松每斤卖价二百钱，水坑中小红虫(一名金鱼子)每斤卖价八百钱，马肉每斤卖价白银数两，一匹马可卖银千两。开封城内一片萧索景象，白昼行人断绝，鼠雀全无。开封人王紫绶在《大梁宫人行》中描述当时的情景："银满一抔米一抔，豪家潜向老兵谋。老兵米有肉更有，私下屠人公卖牛。"

当时有人向巡抚高名衡献计"决河灌城"，说什么"河决则贼可尽，而水不入城"。黄河北岸的援军也主张冲决黄河大堤，以为农民军老营处在黄河旧决故道上，决河冲其老营，可解围城之急。于是巡抚高名衡、推官黄澍和巡按御史严云京正式决定"决河灌城"，凿开了朱家寨口大堤。农民军以牙还牙，移营高阜，派民夫数万凿开马家口大堤。适逢大雨连旬，黄河水位陡涨，朱家寨口、马家口两口一起决裂，声闻百里，洪水奔腾而下，直冲开封城，从北门入，穿东南门出，流入涡水。整个开封城顿时淹没在一望无际的黄水之中，积水深达三丈余，官舍民居全部遭没顶之灾,只剩钟楼、鼓楼、各王府屋脊、相国寺寺顶、周王府紫禁城及夷山顶露出水面。城中百姓大多死亡,据记载"城中男女百万","得出者万人而已"。这一万多人,除了周王朱恭枵及其宫眷、侍卫外,还有巡抚、巡按、总兵之类官员及城中豪绅。

朱由检得到开封被淹的消息,下旨慰劳巡抚高名衡,令其回乡养病。一个多月后,朱由检在宫中召见推官黄澍,了解开封被淹真相。这个老奸巨猾的黄澍竟然把他参与策划、执行的决河之事推得一干二净,"利口诬凿渠事于闯贼",还吹嘘自己有守御之功。朱由检信以为真,命他带十万两银子前往河南,赏赐周王三万两,其余七万两用来赈济宗室兵民。贪婪成性的黄澍竟从中贪污二万七千两。

就在朱由检召见黄澍几天之后,清朝军队突破长城墙子岭边关,骚扰近畿一带。这种内乱与外祸两面夹攻的形势,使朱由检顾此失彼,深为苦恼,他在罪己诏中流露了自己力不从心的无奈:

> 比者灾害频仍,干戈扰攘,兴思祸变,宵旰靡宁,实皆朕不德之所致也! 罪在朕躬,勿敢自宽。自今日为始,朕敬于宫中默告上帝,修省戴罪视事,务期歼胡平寇以赎罪戾。

襄阳、荆州、承天陷落

孙传庭抵达潼关时,获悉开封被淹,李自成转战于河南中部,便向南阳方向前进,邀击李自成。崇祯十五年十月初,两军相会于鲁山与郏县之间。孙传庭设置三道防线和埋伏,以牛成虎指挥前军,左勷指挥左军,郑嘉栋指挥右军,高杰指挥中军,企图以牛成虎从北面引诱农民军进入埋伏圈,然后四面夹击。

李自成将计就计,派出小部队冲入埋伏圈。牛、左、郑、高四将以为对方中计,立即倾巢出击。农民军佯败而退,到郏县塚头时,故意沿路丢弃武器、物资。官军以为打了胜仗,纷纷下马拾取,阵线一时大乱。

413

李自成抓住战机,指挥预先埋伏在这里的主力部队乘对方混乱之机猛然反击。左勷是个纨绔子弟,一见这种阵势,不知如何是好,大喊:"高(杰)鲁(先锋官)败!"拍马逃命。各军见左勷逃跑,以为前军大败,都掉转头向后狂奔。

这一仗,孙传庭部下将校七十八人被击毙,几千士兵被歼,其余仓皇由巩县退入潼关。郏县一役,正值连日大雨滂沱,官军粮食断绝,士兵采青柿充饥,又冻又饿,遭突然袭击而大败,人称"柿园之役"。孙传庭这位身经百战的总督遵旨出关,没有料到一触即溃,只得向皇上请罪。朱由检考虑到今后还要仰仗于他,不予处分,只是责成他"图功自赎"。

李自成大败孙传庭后,河南境内其他守军不堪一击,"诸将皆望风引避,莫有敢当其锋者",农民军所到之处,"官吏率束手不能引决,则易服匿草间"。河南境内的守军,只剩下驻扎于汝宁府(崇王封地)的杨文岳一部了。

崇祯十五年闰十一月十三日,李自成与前来投奔的"革左五营"——革里眼贺一龙、左金王贺锦、老回回马守应、争世王刘希尧、治世王蔺养成一起围攻汝宁。

保定总督杨文岳因"援汴不力"而戴罪防守汝宁,已成惊弓之鸟。一听说李自成重兵压境,立即手忙脚乱地布置防务,令监军佥事孔贞会的川兵屯于城东,自己的保兵屯于城西。双方相持一昼夜,第二天,农民军冒着城头矢炮礌石雨点般的轰击,四面环攻,头顶门板冲向城下,云梯堵墙而立,一鼓作气,百道并登。总兵虎大威战死,总督杨文岳被俘,并被押往城南用大炮击毙。

李自成撤离汝宁府城,向确山、信阳、泌阳进军,直逼湖广重镇襄阳。

左良玉自从朱仙镇大败以后,一蹶不振,退屯襄阳,招兵买马,拼凑了号称二十万的乌合之众,其中包括惠登相、马进忠、常国安等接受招安的农民军。二十万军队只有十分之一有军饷,其余都靠"掳掠自给",闹得襄阳一带百姓怨声载道。

李自成率军南下时,左良玉自知无法招架,"气怯善病,不敢言战",在樊城大造船舰,作沿汉水逃跑的准备。樊城百姓久为左良玉所苦,忍无可忍,放火烧船,用牛酒迎接李自成大军的到来。十二月初,农民军渡过汉水,百姓作向导,绕道避开地雷、暗弩,径直冲向白马滩。肩扛门板、架着大炮的农民军,步兵在前,骑兵在后,冒着铳炮、弓弩的射击,渡过江面。十二月初四日,大军逼近襄阳。左良玉纵兵掳掠襄阳、樊城之后,逃往承天,由于"总兵左良玉先弃,官民难支,城空",襄阳这个湖广重镇陷落。

农民军轻取襄阳后,又攻下枣阳、宜城、谷城、光化、均州、荆门等地。偏沅巡抚陈睿谟护送惠王朱常润从荆州逃往岳州,为此,他特地向皇上说明缘由,实在是荆州兵单粮寡,人心汹汹,于万苦万难之中不得已而"护卫王驾"逃跑。朱由检接到报告时,荆州早已陷落,他除了下旨申斥"巡抚事权原重,除护藩登舟外,应否别无调度",已无可奈何。

十二月十六日,李自成率军进至荆州(今湖北江陵)城下,荆州士民打开城门迎接,湘阴王朱俨𨱅祖孙五人被杀。

左良玉从襄阳走承天,巡按李振声害怕左良玉入城掳掠,闭门不纳,左良玉索性前往武昌。十二月底,李自成至承天。承天,原是钟祥县,是明世宗生父兴献王朱祐杬的封地,世宗入继大统后,改为承天府,设承天、显陵二卫。李自成抓住这一要害,派兵攻打显陵卫,焚烧了献陵享殿。崇祯十六年正月初二日克承天,湖广巡抚宋一鹤畏罪自缢而死。在农民军的凌厉攻势下,地方官不战而降,"有献城与贼者,有送印免死者,有焚香开门以迎","百姓亦望尘投顺"。郧阳、潜江、京山、云梦、孝感、黄陂皆被席卷而下。

左良玉逃到武昌,向楚王勒索十万人的军饷,诡称可保城无忧。楚王不答应,他便纵兵大掠。听说李自成逼近,他便乘船从汉阳沿江东下,帆樯蔽江,"所过焚庐舍,夷井灶,鸡犬无所留,千里一空,江左大震"。

朱由检对于左良玉怯敌逃跑、纵兵抢掠的行径很不满意,考虑到他毕竟有二十万大军,防守长江中下游及南京唯他不可,只得下旨好言劝告:"襄城失守,明法具在,左良玉悯其久劳行间,责令图功自赎。"为了笼络这名骄帅,朱由检不久又下旨嘉奖,说他"具见奋勇",赏给他本人银六十两、纻丝四表里(衣料四套),赏给他的部下银三千两,特派宦官等星夜兼程赶赴军前,要他"益励立志图功,早歼逆渠"。

正是在这种形势下,朱由检决定要内阁次辅吴甡前往湖广督师以力挽狂澜。

吴甡督师湖广之议

崇祯十六年三月上旬,朱由检鉴于襄阳、荆州、承天等地相继陷落,召见廷臣共商对策,当场涕泪纵横地对吴甡说:"自杨嗣昌死后,督师无人,致有今日。卿曩历岩疆,可往湖广督师,以图恢复。"吴甡明知此去凶多吉少,但圣命难违,不得不装出一副欣然从命的样子。于是朱由检于三月十日正式任命内阁次辅吴甡以兼兵部尚书的身份,带尚方剑,督师湖广。吴甡受命后阳奉阴违,向皇上请调精兵三万,自己开赴南京,扼贼南下之路。朱由检忧虑的是湖广重地,接到吴甡的奏疏大为不悦,留中不发,以示不予理睬。吴甡要求当面条陈。

三月十二日,朱由检在文昭阁召见他,对他说:"所需三万精兵难以一下调齐,南京距湖广太远,似乎不必退守。"吴甡答辩道:"左良玉飞扬跋扈,不肯用命,现已退踞江汉。若臣有重兵在握,进可以制强贼,退可以驭骄帅,否则,徒损督师威名。臣出师南征,兼顾南京与湖广,并非退守。"阁臣陈演巴不得吴甡早日离京,在一旁说风凉话:"督师出,总督、巡抚之兵都可归你指挥。"吴甡反唇相讥:"次辅(指陈演)读书中秘,不懂军旅之事。臣之请兵,正因为督抚无兵的缘故。"接着他向皇上解释道：贼势甚强，官兵怯弱，左良玉退避汉阳，乘乱杀掠。如无精兵在手，前往督师，面对左良玉这个骄帅，不过是"束手待贼"而已。到那时再呼吁派兵，时机一失，祸不堪言。朱由检一方面以为他言之有理，另一方面为了堵住他的借口，要兵部速议发兵。兵部尚书张国维请皇上从总兵唐通、马科及京营调兵一万给吴甡，不过此时他们正在抵御清兵，必须等到清兵退后方可调集。

吴甡在皇上召对时所说的话虽然带有寻找借口的意味，但"官兵怯弱"是毋庸置疑的事实。他也有他的难处，在三月十四日写的一份奏疏中流露了这种心情：今日奉旨督师已与昔日杨嗣昌督师时的形势大不一样，当时河南、湖广尚未残破，征调应手，今日两省残破几尽，兵马钱粮为之一空，文移塘报全被梗阻。因此他建议皇上督促兵部作出相应部署，予以配合：

一、河南、湖广半为狡寇蹂躏，道路梗阻，督抚之兵势难调集，新募之兵未必可用，莫如从边兵中抽调一支（如唐通之类），选骑兵步兵精锐一万，由臣督率前往湖广，随地可以剿杀；

二、在边兵尚未调集时，臣先行，须派兵防护，不如就近推补和应荐等，从京营中挑选骑兵二千，随臣疾驰南下；

三、寇氛东下，南都戒严，秦督孙传庭、黔督李若星都远在数千里之外，凤督马士英护陵不便远调，楚抚之兵已溃于荆州、承天，急宜另设重臣驻节九江，与史可法互相联络；

四、大理寺评事万元吉曾在杨嗣昌军前赞画，英年妙才，且多历练，似宜加职方一衔，仍为臣军前赞画；

五、臣昔日在山西，战将熟悉，拟调选骑兵一千，赴臣军前，听候调遣；

六、故辅杨嗣昌督师时有标兵三万、额饷七十万两，似应照旧派给，万一不能接济，容臣于所在地方就近截留钱粮，扣抵军饷。

朱由检批复:"卿忠猷奋锐,力任恢剿,面陈殊悉,朕深嘉慰。奏内所请各款,该部作速议复。"兵部接旨后,即日具复:"疏内句句精详,即予照办。"

兵部表面说得漂亮,实际上要调边兵必须等清兵退出长城才有可能;到四月底五月初清兵撤退后,兵部又变卦。五月初七日,吴甡上疏向皇上为此作了说明:"奉命已久,急宜驰剿,所以滞留至今,是等清兵退后调集精兵,亲行督率。"不料兵部尚书张国维告知:"唐通兵拟议久定,已飞檄再三,今奉皇上圣旨留下,要从别部选调又颇为困难。"令吴甡不快的是,张国维故意刁难,要吴甡自己提出"有何兵将可以选调"。吴甡对皇上说:"臣恐旷日持久,徒滋议论,决定待首辅周延儒回到内阁后,与他从长计议,然后疾驰南下。"次日,朱由检批复表示同意,说:"南征重任,边兵自当精选调足,览卿奏,朕知道了。俟首辅回阁商定,该部仍一面作速议妥奏来!"

五月十一日,朱由检特地与内阁辅臣面议调兵事宜。第二天兵部遵旨议复,强调抽调边兵有很多难处,目前只能从总兵马科部下抽调三千骑兵,其余七千要从防御关外的总兵李辅明部下抽调,现在还是纸上空文。五月十五日朱由检指示兵部:"南征大计所需兵将,须取实在精劲,足裨歼扫,且于边防无碍,可供调拨的,该部详酌派发,另本明确来行。"

时至今日,朱由检仍在攘外与安内的两难选择中犹豫徘徊,举棋不定:既要吴甡前往湖广督师平寇,又不愿抽调边兵劲旅;万不得已要抽调,也必须以"于边防无碍"为前提。这是无法两全其美的,朱由检陷入了难以自拔的怪圈之中。

这是朱由检突然取消吴甡督师成命的深层原因。表面原因是冠冕堂皇的:吴甡故意拖延时日。事情的变化十分蹊跷。当吴甡决定出京,辞朝前一日,朱由检还命中官赏赐银牌。隔了一夜,即到了五月十六日,朱由检突然下诏,谴责吴甡故意逗留:"辅臣吴甡受命督师讨贼,自当星驰受事,乃三月以来,迁延不进,未出都门,筹画莫展。若在行间,何以制胜? 还宜在阁佐理,不必督师!"吴甡似乎早有预料,惶恐之中连上两疏引罪,朱由检立即允许他致仕回乡。不久,周延儒被纠,吴甡重新议罪,于崇祯十六年十一月遣戍金齿卫(云南永昌府)。吴甡督师湖广之事就此不了了之。

"杀牛羊,备酒浆,开了城门迎闯王"

时已至此,人心向背与力量对比发生了根本的变化。

朱由检面临的对手李自成,非等闲之辈,并不满足于攻城略地夺取财富,他有夺取天下与明朝分庭抗礼的勃勃雄心。随着军事攻势的节节胜利,李自成提出了"剿兵安民"的口号,发动强大的政治攻势。他在向黄州发布的檄文中历数当朝皇帝的过错:"明朝昏主不仁,宠宦官,重科第,贪税敛,重刑罚,不能救民水火,日罄师旅,掳掠民财,奸人妻女,吸髓剥肤。"对百姓却这样安慰备至:"本营十世务农良善,急兴仁义之师,拯民涂炭。今定承天、德安,亲临黄州,遣牌知会,士民勿得惊惶,各安生理。"李自成还到处发布告示,宣传"三年免征,一民不杀"的政策。这种宣传攻势在当时民不聊生的地区发生了明显的效力,正如当时人所说,"以故所至风靡"。

朱由检为此不时召对群臣,加以检讨。一个名叫马世奇的官吏在奏对时指出:李自成"借剿兵安民为辞","愚民被惑,望风投降",何以故? 马世奇着重分析了人心向背的变化:"今闯、献(李自成、张献忠)并负滔天之逆,而治献易,治闯难。盖献人之所畏,闯人之所附。非附闯也,苦兵也。一苦于杨嗣昌之兵,而人不得守其城垒;再苦于宋一鹤之兵,而人不得有其室家;三苦于左良玉之兵,而人之居者、行者俱不得安保其身命矣。贼知人心之所苦,特借剿兵安民为辞,一时愚民被惑,望风投降。而贼又为散财赈贫,发粟赈饥,以结其志,遂至视贼如归,人忘忠义。其实贼何能破各州县? 各州县自甘心从贼耳。故目前胜着,须从收拾人心始。收拾人心,须从督抚镇将约束部伍,令兵不虐民,民不苦兵始。"这是一个较为洞察民情的官吏对形势的如实报告,提出当务之急必须先收拾人心,是极具真知灼见的——当然这需要足够的政治勇气,否则根本不可能当着皇上的面讲出如此不中听的话来。

可以和他相比的是保定巡抚徐标。徐标在此后不久应召向皇上慷慨陈词,敢言人所不敢言:"臣自江淮来,数千里见城陷处固荡然一空,即有完城,亦仅余四壁城隍,物力已尽。蹂躏无余,蓬蒿满路,鸡犬无音,曾未遇一耕者,成何世界? 皇上无几人民,无几土地,如何致治乎?"朱由检听了,不禁欷歔泪下。徐标又说:"须严边防,天下以边疆为门户,门户固则堂奥安,宜先时修备。与其重治于失事之后而无益,不如严虑于无事之日而有备也。"又说:"修内治,全在守令(地方官),守令贤则政自简,刑自清,盗自息,民自安矣。"朱由检听了颇以为然,对他说:"诸臣不实心任事以至于此,皆朕之罪。"看得出来,朱由检对这名四月十六日上任、四月二十八日召见的大臣是信任的。第一次召对时徐标谈了一些,朱由检想知道得更详细一点,便于五月七日再次召见了他,于是便有了上面这段对话。

清初的历史学家张岱在写明史时,痛定思痛,更加超脱地议论这一现象,把马世奇、徐标的观点说得更加透彻。他分析李自成能在一年之间略定河南四十多个州县的原因:"自成下令曰:杀一人者如杀吾父,淫一女者如淫吾母。得良有司,礼而用之,贪官污吏及豪强富室,籍其家以赏军。人心大悦,风声所至,民无固志。故一岁间略定河南南阳、汝宁四十余州县,兵不留行,海内震焉。时丧乱之余,白骨蔽野,荒榛弥望,自成抚流亡,通商贾,募民垦田,收其籽粒以饷军。贼令严明,将吏无敢侵略。明季以来,师无纪律,所过镇集,纵兵抢掠,号曰'打粮',井里为墟。而有司供给军需,督逋赋甚急,敲扑煎熬,民不堪命。至是陷贼,反得安舒,为之歌曰:'杀牛羊,备酒浆,开了城门迎闯王,闯王来时不纳粮。'由是远近欣附,不复目以为贼。"

对于这种形势，朱由检并非一无所知，为了扭转局面，必须先收拾人心。他在给内阁发去的一道谕旨中说："朕奉天子民，日以除暴安良为急。自闯贼煽乱，肆逞凶残，致我穷黎久罹水火。已有旨：尽免河南五府田租三年……又闻土寨人等纠众抗贼，保守地方，或系衿弁，或系署衔，迹似弄兵，原非得已。为此，特颁诏书，赦罪录功，务伸讨贼之志，共矢同仇之气。但能擒斩伪官者，即与授职；能收捕贼徒者，即与给赏；能破贼恢城献俘者，即行超擢，断不逾时。"他还声明，这一政策不仅适用于河南，江北、湖广等处也可照此办理。

在这兵荒马乱的时刻，这种减免赋税、赦罪录功的政策究竟有多大的实际意义是很成问题的。朱由检的这种姿态，至少表明他本人对扭转局势仍抱有相当的信心。

然而李自成的步子走得更远。他见湖广的大部分已在农民军控制之下，官军又无力反扑，便改襄阳府为襄京，大规模地着手政权建设，摆出一副与明朝分庭抗礼的架势。襄阳形势险要，素有"天下咽喉"之称，历来是兵家必争之地，所辖襄阳、宜城、南漳、枣阳、谷城、光化、均州各县，"间列万山中"，"屹然天堑"。选择襄阳作为政权建设的基地，显然是可取的。

李自成在襄阳建立大顺政权，结构大体仿照明朝制度，只不过稍加改头换面而已，如改内阁为上相、左辅、右弼，改六部为六政府，六政府不设尚书，只设侍郎、郎中、从事等官。

对于这种做法，当时人评论道："初，闯之横踩中原，所至破坏，多不守。自渡汉长驱至荆，则所在无一兵，遂有守土之心。于是先荆、襄，再守承天，渐及汝南，增立卫帅，遣将分据，而谋西入秦。""初，自成流劫秦、晋、楚、豫，攻剽半天下，然志乐狗盗，所至焚荡屠夷。既而连陷荆、襄、鄢、郢，席卷河南，有众百万，始思据有城邑，擅名号矣！"

这是真正的分庭抗礼。朱由检的反应如何，不得而知。有一条资料对此作了侧面描绘。那是崇祯十六年九月，凤阳巡抚马士英抓住李自成派往各地的官员八名,押解到京城。朱由检亲自审讯,一问下来,大多是荆州人。朱由检大为不解:"荆州人何善作贼?"这些人回答:"去年十二月荆州破,人皆贼矣!"朱由检惊问:"惠王何在?"答:"先走,不知所之。"朱由检一听,失声痛哭,推倒玉几,返回内宫。

张献忠也如法炮制。当他获悉左良玉从武昌沿江东逃,蕲黄一带无兵防守,立即从英霍山区出击黄梅,随即攻占麻城,又向汉阳进发。武昌方面闻讯大惊,要招募士兵,又苦于库藏空虚。退休大学士贺逢圣向楚王朱华奎请求出资募兵,朱华奎吝啬装穷,叫人拿出太祖朱元璋分封其祖先时送的一把金裹交椅,说:"以此佐军,他无所有。"死也不肯拿出一文钱来资助城防。

此时巡抚宋一鹤已死,代职官员又迟迟不来,武昌知府、江夏知县也借口朝觐纷纷离开,使武汉三镇处在无人管理的状态。张献忠攻下汉阳后,于五月二十三日率军从鸭蛋洲渡江,二十九日攻克武昌,活捉楚王朱华奎,装入竹笼,沉入江中。张献忠在楚王府中搜查出上百万两的金银,十分感慨地说:"有如此而不设守,朱胡子真庸儿也!"

张献忠把他的统帅部设在楚王府,自称大西王,改武昌为京都,铸"西王之宝"的大印,并在大西王府门前竖起两面大旗,一写"天与人归",一写"招贤纳士",城门口也竖立旗帜,上写"天下安静""威镇八方"字样。张献忠改武昌府为天授府,设六部尚书、五军都督府、五城兵马司及各级地方政府,并且开科取士,招兵买马。

武昌的大西政权与襄阳的大顺政权遥相呼应。李自成派人至武昌祝贺,张献忠立即派三百骑兵带了重礼回报。

"皇上只此一付家当,不可轻动"

朱由检收回吴甡督师湖广的成命,难道真的要置河南、湖广于不顾么?否。他对河南、湖广的形势一直耿耿于怀,既然吴甡如此畏缩,不如另觅他人。他把目光投向了陕西总督孙传庭,任命他为七省督师,收拾中原残局。

孙传庭自从柿园之役惨败后,退到陕西扩军备战,大张旗鼓,制造"火车"之类新式武器,车上配备火器,装载粮食弓箭,自以为"战则驱之以拒马,止则环之以自卫"。他驱使各地工匠日夜不停地赶制了二万辆"火车",耗费了大量人力物力。陕西百姓不堪忍受,千方百计想把他赶出陕西;一些头面人物哗于朝廷,制造"倒孙"舆论。

陕西的"倒孙"舆论与皇上的想法可谓不谋而合。朱由检急于平定中原,又苦于无兵可调,遂决定动用孙传庭。崇祯十六年五月,朱由检任命孙传庭以兵部尚书衔,总督秦、蜀、晋、豫、楚、江、皖七省军务,仍总制三边,特佩七省督师之印,赐以尚方剑,全权指挥中原战事。朱由检特地把白广恩、高杰调拨给孙传庭,任正副总兵,统领火车营,意在促其迅速出潼关赴河南作战。

孙传庭对战局了如指掌,料定出关作战必无好结局,因而不主张速战。他与参军乔元柱商议军情时,明确指出:"此二人(指白广恩、高杰)岂自成敌?不得已而用之。我军初集,若迟久娴习,以乘贼之饥疲,乃可致胜,其如上意何?"率三千精骑入关的王龙对孙传庭说:"贼势重,不可敌。然襄阳赤地千里,百万之兵何以供食?半载必饥,因而攻之可胜。"孙传庭更加坚定了不欲速战的主张。然而陕西士绅却希望他早日出关。时逢关中荒旱,孙传庭责成富户捐助,引起士绅不满,纷纷向皇上告状,说孙传庭"玩寇糜饷","秦人日在汤火中",不断上书迎合皇上旨意催战,并危言耸听地恫吓:"督师苟不出关,收者至矣!"

这是一种极其危险的动向。当时明朝的主力军,除了辽东边防军与湖广左良玉部,唯有孙传庭的秦军。边兵自顾不暇,左部早已怯敌惧战,孙部驻守关中便具有举足轻重的意义。要调孙传庭出关到中原作战是带有极大冒险性的,一旦失利,不仅豫楚不保,秦晋也将无法守御,因此必须慎之又慎。

在这点上兵部侍郎张凤翔独具只眼,他向皇上再三强调:"孙传庭所有皆天下精兵良将，皇上只有此一付家当，不可轻动。"毫无疑问，在当时情况下，孙传庭固守潼关，以不变应万变，是最佳的战略决策。朱由检却不以为然，他考虑的是如何挽回豫楚败局，防止孙传庭"玩寇糜饷"，而不是如何保持这支战略预备队，因此不断派人催促孙传庭尽快出关，终于重演了八百多年前唐玄宗命哥舒翰出潼关的悲剧。

陕西的舆论还可忍耐，君命毕竟难违，孙传庭无可奈何地决定出关时，叹息道："奈何乎！吾固知往而不返也。然大丈夫岂能再对狱吏乎？"坐过一次监狱，总不能再违君命而入狱，明知必败，也只有捐躯疆场以明心迹了。陕西巡抚冯师孔对他举棋不定久已不满，要他赶快奉诏出关，孙传庭答道："出师有期，当图万全，以报朝廷，无烦中丞虑。"冯师孔听了大喜："行师既有期，甚善。"马上为督师大人设宴饯行。

孙传庭在出关前夕写信给新任兵部尚书冯元飏，吐露了无可奈何的心情："雅不欲速战，见上意及朝论趣之急，不得已誓师。"虽知此战必败，但多少还带有点侥幸心理，所以他说："吾固知战未必捷，然侥幸有万一功。"他率白广恩、高杰、牛成虎等部十万大军，于八月十日出潼关，二十一日到陕州，九月初八日到汝州。与农民军稍有接触就以为获得大胜，急吼吼地向皇上报功，吹嘘说："有自贼中逃回者言，贼闻臣名皆惊溃。臣誓肃清楚豫，不以一贼遗君父忧。"还说："斩闯贼坐骑，几获之。"

朱由检把孙传庭的报捷奏疏拿给阁部大臣看，大家都不以为然。兵部侍郎张凤翔的话是有代表性的："贼甚狡诈，必示弱以诱我，不可信。"遭到朱由检大声斥责。进士程源上疏说："奸大寇，必图大举，合数十万之众，八面而齐攻之，谁应援，谁声实，谁牵制，谁批腹，着着照应，使之疲于奔命，救接不暇，然后可一鼓成擒。乞敕传庭凭关固守，勿事浪战。"朱由检置之不理。何以故？因为在朱由检看来，孙传庭一出关便可马到成功，流贼灭亡已在旦夕。在他向吏、兵、工三部尚书发布的谕旨中，这种盲目乐观情绪流露得十分明显："督师驻豫中，屡战屡胜，土寨多已招安。各镇抚宜整旅渡河,星速赴任,规避不前者飞参重治。一面招抚流移,开垦荒芜;一面修复城池,安插民众。仍饬河北各府输辁粮草,接济督师,山西附近地方派运不得迟误。"

孙传庭也得意洋洋起来,他从谍报人员那里得知"贼老营在唐县,精锐屯襄阳",以为机不可失,立即派出小股劲旅从鲁山小道奔袭唐县,自己带了主力从汝州赶来接应。接连几天都获小胜,攻克宝丰县,据俘获的生口交代:"唐县老营十二日夜半为官兵所破,辎重妻子俱尽,一营皆哭,督师军声大振。"这种口供真假难辨,孙传庭却信以为真,催促军队快速南下。

正当他沾沾自喜时,偏巧连日大雨滂沱,饷道泥泞数尺,运粮车无法前进,士兵、马匹都陷入饥饿之中,五天不能行军。农民军则派出轻骑兵往汝州白沙,抄绝粮道。部将怕遭不测,劝孙传庭赶紧退兵,孙传庭固执己见:"师已行,即还亦饥,不如破郏县就食。"然而到达郏县后,只得到二百多头骡、羊,一下子吃得精光,大雨还是下个不停。官兵士气大为低落,后军在汝州哗变,一时军中流言四起。孙传庭不得已宣布退兵,下令分为三路:白广恩从大路走;自己与高杰从小路走,还师迎粮;陈永福闭营休息,三天之内不能行动。但是人心惶惶,军令难行,前队刚走,后队就乱,陈永福杀了几个领头的,也不能制止,只得带领部队殿后,一起撤退。

农民军从后面追来,旌旗招展,"望如云锦","官军方饥疲,见之皆股栗"。新练的火车兵从没打过仗,早已不知所措,听说骑兵已败,"脱辁辂而奔,车倾塞道",顿时阵脚大乱,互相拥挤,乱成一团。李自成指挥骑兵凌空腾起,驰逐追杀,一日一夜追赶四百里,官军死伤四万。孙传庭丢弃大批军器物资,逃过黄河。当他在河中回顾岸上被打得落花流水的残部时,羞愤得要跳河自尽,左右随从抱住他,好言相劝:"公一身系国家存亡,今徒死何益? 不如急入关,据险收兵,以图再举,天下事尚可为。"孙传庭由垣曲、阌乡退入潼关。

这一仗,孙传庭的"九边精锐""良将劲兵"丧失过半,从此"气败沮不复振"。

朱由检闻讯,大感意外,立即召开御前会议。大臣们一致以为必须固守关门,恳请皇上急守关门,急复秦疆。朱由检下旨:"孙传庭轻进寡谋,督兵屡溃,殊负任使! 本当重究,姑削督师尚书衔,仍以秦督充为事官,戴罪收拾余兵,扼守关隘,相机援剿,图功自赎。如仍前使偾,致纵一贼入秦,前罪并论!"孙传庭败得如此之惨,自然应负指挥不当的责任,但是说他"轻进寡谋",却有点强词夺理。明明是朱由检再三催促孙传庭出关作战的,这一战略决策本身就带有极大的"轻进寡谋"成分,注定了失败的命运。真正"轻进寡谋"的不是孙传庭,而是朱由检本人。朱由检的"轻进寡谋"铸成了孙传庭的悲剧性结局——朱由检的这道谕旨是十月初八日发出的,孙传庭已在两天前(初六日)阵亡,再也不能遵旨"图功自赎"了。

原来,孙传庭退守潼关时,只剩下残兵几千人,个个心有余悸,连素称凶悍的高杰也惶惶然如丧家之犬,劝孙传庭放弃潼关逃跑:"三军家在西安,战败思归,而强之守关,危道也。不如弃关专守西安,凭城以战。"遭到孙传庭大声叱责:"若贼已进关,则西安糜沸,秦人尚为我用乎!"十月初二日,李自成部将一只虎李过攻占阌乡,十月初六日另一部将刘宗敏攻至潼关,用佯败计引诱孙传庭出关追击,巨炮齐发,伏兵四起,农民军乘机冲入潼关。孙传庭死于乱兵之中,尸体不知下落。次日,其夫人张氏率二女三妾投井自尽,八岁幼子逾城逃跑,坠入民舍,为老翁收养。

复社诗人吴伟业为孙传庭之死写了一首哀歌——《雁门尚书行》,篇首描摹当年叱咤风云的英雄气概:

> 雁门尚书受专征,登坛盼顾三军惊。
> 身长八尺左右射,坐上叱咤风云生。

衬托出悲剧性的下场：

> 急传使者上都来，夜半星驰马流汗。
> 覆辙宁堪似往年，催军还用松山箭。
> 尚书得诏初沉吟，蹶起横刀忽长叹：
> 我今不死非英雄，古来得失谁由算？

"催军还用松山箭"云云，是指催促洪承畴冒进而终于松山惨败的令箭，此时朱由检又故伎重演，导致不可弥补的失败。《雁门尚书行》还有句曰：

> 回首潼关废垒高，知公于此葬蓬蒿。
> 沙沉白骨魂应在，雨洗金疮恨未消。

孙传庭一死，守军分崩离析，出现了"关以内无坚城"的形势。农民军连克渭南、华州、商州、临潼，十月十一日占领西安。李自成下令改西安为长安，在此建都，改秦王府为大顺政权总部，改陕西巡抚衙门为吏政府，都司衙门为兵政府，按察司衙门为刑政府，西安分守道衙门为工政府。

"救焚拯溺已刻不容缓"

潼关、西安相继沦陷这种紧急军情，朱由检浑然不知。直到十一月初八日，才由兵科都给事中曾应遴向他报告：昨日接到山西巡抚蔡懋德奏报，"潼关于十月初六日闯贼袭陷"。至于细节依然不明，究竟"贼扮逃兵假督师坐纛诈关之说"是否可信，督师孙传庭、总兵白广恩何往，均不得而知。曾应遴于是惊叹："入潼关则百二山河，全省震动，江寒水冻，在在可虞。彼此闭关，则休力三秦，渡河则自无畿晋，必然之势也！谁为督师，而一败涂地？贻祸无穷！此臣所为大恐，又不胜大愤也。封疆决裂，事势至此，中外之臣死何足塞，而中枢顾可以屡请告泄沓乎？"朱由检得到这一消息，当即下旨："贼闯西，秦晋蜀淮扬等处均宜毖备，在廷大小臣工,凡可强兵足饷,用人灭贼者,各抒所见以闻。孙传庭、白广恩下落,着迅行察明。"

十一月二十二日,吏部尚书李遇知上疏皇上,陕西方面派人口传:"潼关十月初六日失守,抚臣冯师孔战殁,孙传庭不知下落。自初六至初九,贼骑结队西行。"又传华阴、华州、渭南、临潼俱已失守,临潼离省城六十里,一马可至。有鉴于此,李遇知分析:"抚按俱在潼关,既无恃为守,而数年以来练兵措饷,俱成乖忤,物力耗竭已尽,人心离散已极。在此形势下,企望西安坚壁效死,以待援兵,恐情理实难,何况已无兵可援? 为今之计,怨天尤人总属无济,惟有急复秦督、急补秦将、急发堪战之兵、急措接济之饷。四事之外,别无良策。"作为吏部尚书的李遇知建议皇上,仍以新任兵部右侍郎余应桂为秦督,联络甘固延宁抚镇之兵,收三边健勇土著,相机扼剿;调新推四川巡抚李化熙改任秦抚,招徕残兵,收拾难民,再图保聚。他特别强调指出,此时此际必须由皇上拨发内帑银两,救焚拯溺已刻不容缓,因为秦中之兵抽调已尽,秦中之饷骨髓已枯,万万无济。否则的话,朝廷之事只有束手断送之忧了。

早在十一月初,朱由检就任命余应桂为陕西三边总督,余应桂请求召见,向皇上指出:"贼势不比昔年,又乏兵饷,去将何为?"朱由检默然,当场同意发给内帑银一万两作为军前犒赏之用,并派京军千人护行。余应桂出京之后日夜悲疑,一到山西便彷徨不前。

朱由检接到李遇知的奏疏,知道陕西形势危急,一旦失守,后果不堪设想,于是接连向余应桂发去谕旨。一则曰:"秦事方棘,特简督抚监军星驰办贼,一面鼓励文武乡绅及士庶人等,智者抒谋,勇者效力,富者输财,务期全力扫荡,以速廓清。"再则曰:"该督入秦办寇,军前募犒等项,自不可少,前发秦督军前银币花牌,察明应用。御前再发银一万两、银花四百枝、银牌二百面、各色蟒纻二百匹、色绢四百匹,即付该督带领,听行间便宜赏赍……应桂等作速驰往,不得稽迟!"

然而为时已晚,一切都无济于事了。李自成攻占西安后,分兵三路出击:李过率军由北道趋延安,追歼高杰,高杰逃往蒲州;田见秀率军由南道趋汉中,追歼高汝利,高汝利逃往四川,不久即降;刘宗敏、党守素率军由西道趋固原,追歼白广恩,白广恩不战而降。之后,左光先、陈永福也相率而降。于是梁甫、马岱等各地守将纷纷投降。陕西全境完全在李自成控制之下了,这种状况对明朝是极其不利的。

潼关陷落时,朱由检召对群臣,首辅陈演竟然荒唐地说:"贼入关中,必恋子女玉帛,犹虎入陷阱。"余应桂当即给予痛斥:"壮士健马咸出关西,贼得之,必长驱横行。大臣安得面谩!"陈演吓得股栗失色。毫无疑问,余应桂的判断是正确的。朝廷中恐怕没有什么人会相信陈演的谬论,与他在内阁共事的大学士黄景昉向皇上分析形势时,特别强调:"今天下兵将惟陕西为能战……贼入潼关,不惟资彼形势,恐强兵健卒举而附之,不可伏制。"史部尚书李遇知也向皇上指出:"三秦砺山带水,四塞称险,屯兵函谷,可以号召天下。从来劲兵大将咸出其中……贼垂涎久,欲据此为家。"

李自成岂止要"据此为家"!他向山西各州县发出通牒,明确指出:明朝"大数已终",决定于十二月二十日从长安领兵五十万分路征讨山西。其实先头部队已于十二月十八日从河津地方渡过黄河进入山西,巡抚、巡按以保护藩封为名纷纷退入省城太原。逶巡于山西的秦督余应桂,不仅不向陕西方面靠拢,相反逃往泽州、潞州。兵部为此向皇上报告:"贼十二月十八日从河津县地方过河,陷有数处……抚按俱退入省,以保护藩封为名。秦督不惟不至河干,且不至平阳,转入泽潞。贼安得不渡河蹂躏!"朱由检阅后大怒:"屡旨责该抚按分信防河,何得借护藩入省?并秦督远避泽潞,通着察明究处!"几天后,朱由检革了余应桂的总督职务,命新提升的陕西巡抚李化熙代理,李化熙也不敢前进一步。

事实证明,当初张凤翔所说"孙传庭所有皆天下精兵良将,皇上只有此一付家当,不可轻动"是完全正确的!朱由检不听此言,不仅断送了孙传庭,而且断送了他仅有的"一付家当",局面再也无法收拾了。事后史科给事中马嘉植与皇上提及此事时,以极其遗憾的口吻说:"皇上亦知孙传庭偾事之因乎?守关原自有余,大言一鼓荡平,侥幸为之,是以进退失据。"马嘉植在指责孙传庭"大言一鼓荡平"的同时,也批评了皇上把"守关原自有余"的孙传庭调往河南的失策。正如日后屈翁山吊孙传庭的诗所吟咏的那样:

> 一败中原势不还,二陵风雨惨龙颜。
>
> 朝廷岂合频催战,司马惟应暂守关。
>
> 杀气未销函谷里,忠魂长在大河间。
>
> 行人郏县踟蹰久,泪洒斜阳匹马间。

三、一筹莫展:出征、南迁、勤王

李自成:"嗟尔明朝,大数已终"

崇祯十六年年底,家家户户都投入了过年的繁忙当中,"爆竹一声除旧,桃符万象更新"的大红春联纷纷映入人们眼帘。紫禁城红墙深处的朱由检却一筹莫展,为内外交困而焦头烂额,既无心"除旧",又难以"更新"。这恐怕是他一生中最为忧心忡忡的一次过年了,当然他不会料到这也是他最后一次过年,一切都显得那么阴沉、晦暗,缺乏生气。

连年的战争搞得民穷财尽、国库空虚,如何筹措军饷成了令他头疼的老大难问题。在这种情势下,再重复一年一度的讲究排场、侈靡浪费的过年,是于心不忍的。他决定以身作则,带头厉行节约,改变上流社会挥金如土的风气。除了继续坚持早先宣布的减膳撤乐之外,撤掉金银器皿,改用铜锡木器,以示俭朴。进而要求文武大臣们都要节约,官

绅外出不得用黄蓝绸盖,士子不得穿红紫衣履,庶人不得用锦绣丝纻及金玉珠翠。为此,他郑重其事地向礼部发去一道谕旨:

> 迩来兵革频仍,灾祲迭见,内外大小臣工士庶等,全无省惕,奢侈相高,僭越王章,暴殄天物,朕甚恶之!向屡经严饬,未见遵行。崇俭去奢,宜自朕始。朕于冬至、正旦、寿节、端阳、中秋,及遇诸大典,升殿行礼,方许作乐,其余皆免。至浣衣减膳,已有谕旨。今用铜锡木器,以仿古风;其金银各器,关系典礼者,留用,余尽贮库,以备赏赉。内外文武诸臣,俱宜省约,专力办贼。如有仍前奢靡宴乐,淫比行私,又拜谒馈遗,官箴罔顾者,许缉事衙门参来逮治。其官绅擅用黄蓝绸盖,士子擅用红紫衣履并青绢盖者,庶民男女僭用锦绣纻绮及金玉珠翠衣饰者,俱以违制论。衣袖不许过一尺五寸,器具不许用螺钿、紫檀、花梨等物,及铸造金银杯盘。在外抚按提学官大张榜示,严加禁约,违者参处。娼优皂隶,加等究治。

他的用意是要臣民们"崇俭去奢","专力办贼",然而臣子们并不理解他的用心,大发牢骚:"黄钟大吕,清庙明堂之器,文质彬彬,斯为美矣!僿极则鬼,君子病之。今以玉食万方之王,而降为污尊坏饮之事,是貉道也,何以能久?"人们从皇上的谕旨中没有看到希望,反而预感到某种不祥之兆,难道正如李自成的檄文所说"嗟尔明朝,大数已终"了么?

十二月二十三日,农民军以"倡义提营首总将军"的名义向山西各府县发布的檄文如此写道:

> 自古帝王兴废,兆于民心。嗟尔明朝,大数已终。严刑重敛,民不堪命。诞我圣主,体仁好生,义旗一举,海宇归心……特遣本首于本月二十日自长安领大兵五十万,分路进征为前锋。我主(指李自成)亲提兵百万于后,所过丝毫无犯。为先牌谕文武官等,刻时度势,献城纳印,早图爵禄。如执迷相拒,许尔绅民缚献,不惟倍

431

赏，且保各处生灵。如官兵共抗，兵至城破，玉石不分，悔之何及！

檄文所说并非虚张声势。早在十二月十八日，前锋部队已从陕西韩城、山西河津间渡过黄河，攻下一些城镇。在平阳府指挥守卫事宜的山西巡抚蔡懋德借口"防护藩封"，退入省城太原，河防一片空虚，终于导致十二月二十日农民军大队人马从沙涡渡过黄河，攻克荣河、河津、稷山、绛州等地，三晋闻风披靡。

当时朝廷及主管部门对这一重大军事行动没有确切情报，竟以为是叛兵骚扰，相应自愚，相率自安。内阁辅臣在票拟谕旨时轻描淡写地说："用心堵截，以匹马不入为功。"新科进士程源向给事中光时亨、庶吉士李长祥与刘廷琮、修撰杨廷鉴等人建议，应赶快向陈演、魏藻德两阁臣进言："晋事大坏，叛兵亦贼，即使非贼，亦当作贼布置，奈何真贼反以为非贼。且主上待（陈、魏）二相公不薄，及今言之，已不可及，言而死，与贼至而死孰优？诸公或系言官，或系亲戚门人，亦当及时进言。"然而光时亨等人都不以为然。

大顺永昌元年

崇祯十七年的春节就在这种形势下到来了。

正月初一日，北京城内，"大风震屋，飞沙咫尺不见，日无光"。讲究迷信的官员们以为是一种不祥之兆，占卜以后，证实了这种预感："风从乾起，主暴兵至，破城，臣民无福。"

这一天的元旦早朝，照例有皇上接受群臣朝贺的仪式。朱由检一大早就来到皇极殿，殿上只有一名值班官员，上朝的钟声早已响过，不见一人上朝。值班官员对皇上说："群臣不闻钟鼓声，以为圣驾未出，来者更迟，不如再令鸣钟，开启东西长安门。"朱由检下令再鸣钟，不准停歇。果然，文武官员们陆续从东西长安门而入，在皇上天颜正视之下，惶恐得不敢过中门——文臣直入武班，从螭头下伛偻而入东班；武臣也直入文班，从螭头下蹲俯而入西班。人们以为这是一个更不好的兆头——"不出百日，（皇）上手撞钟，百官无一至者，兆已见于此矣！"

朝贺礼毕后，朱由检要阁臣们留下议论国事。他向阁臣们作了一个揖，请他们用茶。阁臣们说：库藏久虚，久饷不至，一切边费又刻不容缓，现在唯一可以仰赖的就是皇上的内帑了！朱由检听了这番话后，沉默良久，叹息道："今日内帑有难以告先生者！"说完，潸然泪下。言外之意，内帑所剩无几，不必对它抱什么奢望了。其实内帑并非没有。三个月后，李自成进入大内，查出库藏金银数量十分惊人，待仓皇撤退时用骡马载运从四十多个地窖中搜罗来的三千七百万两金银。

从"内监皆畏先帝，不以闻"的记载推断，朱由检当时确实不知道有如此巨额的内帑储存。有记载说，李自成在大内搜到的巨额金银，大多是太监历年积累的赃财。这一情节引来杨士聪的一番感叹：

> 呜呼！三千七百万，捐其奇零，即可代二年加派，乃今日考成，明日搜掠，使海内骚然，而扃钥如故，策安在也？先帝（指崇祯帝）圣明，岂真见不及此，徒以年来之征解艰难，将留为罗雀掘鼠之备，而孰知其事势之不相及也。吁，其亦可悲也矣！

朱由检退朝后，对于正月初一这种喜庆日子竟然出现异样气象，十分担忧，只能乞灵于天，请道士为他扶乩。他沐浴焚香后，拜天默祷："方今天下大乱，欲求真仙下降，直言朕之江山得失，不必隐秘。"

通过道士之手传达的"真仙乩语"如此写道：

> 帝问天下事，官贪吏要钱。
>
> 八方七处乱，十爨九无烟。
>
> 黎民苦中苦，乾坤颠倒颠。
>
> 干戈从此起，休想太平年。

朱由检讨了个没趣，只好自认晦气，默然不悦而退。

就在同一天,陕西的长安(西安)城内却显出一派与往日迥异的景象:李自成称王,改国号为大顺,改年号为永昌——把大明崇祯十七年改为大顺永昌元年,正式表明要取明朝而代之的勃勃雄心。

正月初三日,李自成得到报告:前锋军队进入山西,所向披靡。立即决定长驱直入,只留下文官和武将李友等人留守长安,几乎倾巢出动,从禹门渡过黄河,兵分两路:一路由李自成、刘宗敏统率,由平阳攻太原、宁武、大同、阳和、宣化、居庸关;另一路由刘芳亮统率,沿黄河北岸攻怀庆、潞安、卫辉、彰德,向北直隶大名、保定北上,形成夹击北京的态势。

面对李自成咄咄逼人的攻势,朱由检与大臣们筹划了出征、南迁、勤王的对策。

李建泰代帝出征

崇祯十七年正月初九日,兵部收到李自成派人送来的通牒,上写大顺永昌年号,约定双方决战,三月十日大兵抵达京师。朱由检心急如焚,寝食不安,据说他已几天“愤惋不食”。上朝时,他当着大臣的面叹息道:“朕非亡国之君,事事乃亡国之象。祖宗栉风沐雨之天下,一朝失之,将何面目见于地下?朕愿督师,以决一战,即身死沙场,亦所不顾。但死不瞑目!”说罢,痛哭流涕,怂怂地责问:“贼势如此,阃外无人承任,府库殚竭,将如之何?卿等能无为朕分忧哉?”

内阁首辅陈演一听此话,赶忙抢先表态,愿意代帝出征。朱由检不假思索地说“南人不可”,予以回绝。次辅魏藻德、蒋德璟、邱瑜、范景文、方岳贡等都请求代帝出征,朱由检一概不同意。这时,刚于去年十一月与方岳贡一起入阁的李建泰顿首启奏:“主忧如此,臣敢不竭驽力。臣晋人,颇知贼中事,愿以家财佐军,可资万人数月之粮。臣请提兵西行。”又说:“进士石㷍愿单骑走陕北,连甘肃、宁夏之兵,外结羌部,召募忠勇,劝输义饷,剿寇立功。否亦内守西河,扼吭延安,使贼不得东渡。”

朱由检本来就有意要这位山西阁臣带兵出征,一听此话,大喜过望,慰劳再三:"卿若行,朕当仿古推毂礼,亲饯之郊,不敢轻也。"

李建泰,字复余,山西曲沃县人,天启五年进士,历官国子监祭酒,崇祯十六年五月擢吏部右侍郎,十一月以本官兼东阁大学士。此人风骨峭拔,性情慷慨,夙负盛名。因为乡邦遭祸,愿以家资佐军,有意出征,常与同官谈及此事。当皇上临朝叹息无人为己分忧时,便挺身而出。这正是朱由检求之不得的,他之所以不同意陈演、蒋德璟等人出征而看中李建泰,就是因为李是山西人,为了捍卫家乡定会殊死拼搏,何况此人又是当地巨富,军饷不必担心,真是两全其美。

连日来,山西的情况越来越不妙,不少有识之士都看得很清楚。刑部员外郎王凤翼在一道奏疏中所表达的心情是有代表性的:"数年以前,其势非不披猖,间有残坏城邑,多系墙垣矮薄,居民寥落,储备空虚,苦于力不能支。至于巨郡大邑,高城深池,人烟辏集之地,尽可与贼相持。从未有随攻随破、不攻自破如近日者也。迩来降贼绅士实繁,有徒负朝廷三百年作养之恩,甘心为贼运筹,簧惑无知百姓曰:'开城款迎者兵不血刃,婴城拒守者尽数屠戮。'地方二三奸徒,贼尚未薄城下,辄先倡说远迎;深可恨者,不肖怯死守令及几幸苟免绅衿,往往相率出城望风伏迎。"朱由检于正月十六日要司礼监太监向兵部传去敕谕一道,强调指出:"近日寇患地方,人心不固,闻警逃避,法纪荡然。亟宜立行赏罚,用示劝惩……其该省有倡逃者,不论宗室官绅,通着该抚按立行拿问,参来正法。"吏部如实地向皇上报告:"秦寇窥渡,三晋披靡,贼骑未到而城池已空,伪檄方传而人心胥乱。"

李建泰此时此际代帝出征,无补于大局是可以料定的。

朱由检对此却十分重视。为了表示他的真心诚意,打算亲自到彰义门外为李建泰举行郊饯之礼。由于李建泰以"此国朝未有之礼"坚决辞谢,朱由检只得命礼部另议。

礼部遵旨从《大明礼》中援引遣将告庙礼,朱由检命辅臣审议后,遂决定于本月二十六日寅时遣驸马都尉万玮代帝前往太庙,举行遣将告庙礼,礼毕后在正阳门城楼为李建泰举行饯行宴会。为此,朱由检特地下了一道谕旨:"二十六日卯时,行遣将礼毕,朕御正阳门楼,宴饯督辅李建泰,并召五府、内阁、京营、六部、都察院掌印官侍坐,鸿胪(寺)赞礼,御史纠仪,大汉将军侍卫。应用法驾、宴席、作乐,内外衙门预行整理。其护卫随从、把守巡缉、官军旗幡,着厂卫、京勇、城捕等衙门酌拨。民棚接檐,俱暂免拆卸,不许官役滋扰。"可见朱由检对此事的重视程度。

正月二十六日,隆重的礼仪如期按部就班地举行。寅时,驸马都尉万玮代帝以特牲告太庙。卯时,朱由检来到大殿,举行遣将礼,当场手书"代朕亲征"四个大字,并赏赐李建泰龙头节钺与尚方剑各一柄。巳时,朱由检乘坐法驾前往正阳门城楼,亲自主持由光禄寺操办的饯行宴会。一路上官军旗幡从午门外一直排列到正阳门外,金鼓声声,旌旗招展,透出一派威武而热烈的遣将出征气氛。奉命前来"侍坐"的文臣坐在东面九桌,武臣坐在西面九桌,正中一桌是皇上御席,合起来正好是十九席。皇上所用金台爵镶嵌大宝石,是历朝举行重大典礼时偶尔动用的重器,大臣们一概使用金杯。只听得鸿胪寺官员赞礼,乐声响起,然后朱由检亲自向李建泰递酒三杯,说:"先生此去,如朕亲行。"又说:"卿即朕,朕即卿,朕与卿无两身。凡事以便宜行,先发后闻。"待李建泰饮完三杯后,又把自己手写的"代朕亲征"敕谕拿出来,盖上印章,赏赐给李建泰。敕谕上写道:

> 朕仰承天命,继祖宏图,自戊辰至今甲申,十有七年。未能修德尊贤,化行海宇,以致兵灾连岁,民罹水火,皆朕之罪。至流寇本我赤子,盗弄干戈,流毒直省,朝廷不得已用兵剿除,本为安民。今卿代朕亲征,鼓励忠勇,表扬节义,奖劝廉能,选拔雄杰。其骄怯逗玩之将,贪酷倡逃之吏,妖言惑众之人,缺误军糈之辈,情真罪当,

即以尚方从事。行间一切调度赏罚，俱不中制。卿宜临事而惧，好谋而成，剿则真剿，歼渠宥胁，一人弗得妄杀；抚则真抚，投戈散遣，万民从此安生。以卿忠猷壮略，品望宿隆，办此裕如，特兹简任。告庙授节，正阳亲饯，愿卿早荡妖氛，旋师奏凯，侯封进爵，鼎彝铭功……

李建泰捧过敕谕，赶忙拜谢。朱由检亲自把他扶起，太监为他戴上红簪金花，披上宫锦。在一片鼓乐声中，李建泰离开正阳门城楼。朱由检凭栏目送，良久才乘轿返回宫中。

督师大学士李建泰在皇上亲自调派的一千五百名京营兵护送下，离开京都，向涿州进发。随行的有监军、兵部主事凌骃（一作炯），总兵郭中杰，以及主管火攻水利的西洋人汤若望。进士程源送李建泰至真定寺，对他进言："相公此行当兼程直抵太原，收拾人心，为固守计，以蔽神京。"又对凌骃出示了他草拟的平阳、太原守备方略，以及联络三晋及三关的具体建议，凌骃颇以为然。程源要李建泰日夜兼程赶往太原，确是当务之急，太原一旦陷落，大势已去，再难以挽回。然而李建泰却拘泥于古代兵法，每天行军不超过三十里。按照这种速度，如何救得了山西！李建泰实在有负于皇上与朝臣的重托。

当时的情报传递相当缓慢，加上山西早已乱成一团，机构运作不灵，直到正月二十八日，平阳陷落的消息才传到京城。实际上从山西传来的消息称，早在去年十二月二十一日"平阳府城门大开，有官弃城往东而来"，已经处于不设防状态之中，只不过是"闯贼未至平阳"而已。到了次年正月二十三日，李自成从蒲州至平阳，知府张邻（一作张璘然）迎降。对于这种反应迟钝的状况，有识之士感叹不已："畿辅重地，泄泄如此，痛哉！"

就在这一天，云南道御史卫祯固向皇上提出了上、中、下三策。上策是"搜罗废将，联络三边"；中策是"恢复潼关，收拾河南"；下策是"分信守河,静以观变"。很明显,在他看来,即使下策得以实行,也可免畿辅受到震惊,而今已经无望。为目前计,只有据太行山一战,以几幸万一;过此天然屏障,则千里坦途,众寡不敌,不用说战不成战,就是守也守不成了。值得注意的是,他特别强调:

> 辅臣李建泰督师,是代我皇上出征,举动系天下安危,事事须费详酌。居然堂而皇之地坐身南下,难道不怕流寇窥我虚实?况且一兵一饷专倚本地,何以居重驭轻?当事者应该呕心沥血筹措实兵实饷,切勿以为推毂有重臣,便可袖手旁观了。要知道,辅臣不足恃,国事不可诿!

他的分析有两点值得注意:其一,对于军事形势的判断与朝廷的决策者并无分歧,都把防守的重点放在京师的南翼太行山一线,几乎都忽视了京师的北翼宣府大同一线,以为宣大有重兵扼守可以确保无虞。朱由检也是这样考虑的,他命李建泰出征的第一步南下保定,就是考虑到朝廷之忧在保定而不在宣大,即使保定不支,还可调宣大兵之半以援畿辅。这种判断与实际情况完全不符。即使李建泰出征卓有成效,也难保京师安全,充其量只能阻挡刘芳亮这支偏师,而李自成亲率的主力恰恰是从宣大一线直逼北京的。何况李建泰的出征全然是一种虚张声势的政治姿态,他只带了一千五百名禁军出京,兵员与粮饷的补给都要就地解决,在当时的紧张形势下,岂非画饼充饥! 在这方面,卫祯固见微知著,向皇上发出警告:"辅臣不可恃,国事不可诿。"

事实正是如此。李建泰一出京,立即陷入步履维艰的境地。地方长官都害怕他来征兵索饷,拒绝他进城,弄得堂堂督师辅臣威信扫地。正月二十九日,他由真定府向顺德府进发,要进广宗县城,遭到拒绝,发兵攻打后才得以进入,这可算是典型的一例。李建泰本人又非忠勇之辈,他自请督师出征,名义上是为帝分忧,实际上是为了挽救自己的家乡和富甲一方的财产。正如《明史·李建泰传》所说:"李自成逼山西,建泰虑乡邦被祸,而家富于赀,可借以佐军,毅然有灭贼志。"一旦他获悉家乡曲沃陷落,顿时像泄了气的皮球,几天前在皇上面前许下的豪言壮语一下子抛到了九霄云外。诸多史籍都众口一词地说:"建泰闻家被焚掠,为之夺气。""(建泰)闻曲沃已破,家赀尽没,惊怛而病。""已闻家破,进退失措。"从此,李建泰无心西进,一直徘徊于畿南观望形势。

朱由检在李建泰身上押下赌注寄予厚望,故而对他的动态极为关注,一时误听传闻,竟以为他已经为国捐躯了。二月二十八日,朱由检为此召见兵部尚书张缙彦,问道:"真定陷落,李建泰遇害,知道吗?"张缙彦回答:"不曾听说。"朱由检有点光火,申斥道:"朕在宫中都知道了,卿为何讳言?"张缙彦回答:"臣未见塘报。"朱由检说:"彼城已破,难设塘报,卿为何不派人远侦?"张缙彦说:"侦骑须工食,臣部无一缗,安得侦骑。"朱由检听了大为不快,推案而起。堂堂兵部身负军事中枢之职,居然穷到无力派遣侦骑的地步,实在近乎荒唐。不过更为荒唐的是,朱由检不知从什么渠道获得李建泰在真定遇害的消息,竟纯属子虚乌有之事。真定陷落是在二月二十三日,三月初三日,李建泰还向皇上上疏"请驾南迁,愿奉太子先行",流言不攻自破。

李建泰的下场很不光彩。三月初五日,他兵败于真定,逃往保定城中。三月十三日,农民军刘芳亮部攻保定城,李建泰派遣中军郭中杰出城投降,当了俘虏,皇上赐予的敕书、剑、印都被付之一炬。据说,他投降李自成后,曾担任过大顺丞相之职;入清后,又与谢陞、冯铨等人成为清朝的内院大学士。这个身长脸黑、满脸胡髯的山西大汉竟是一个贪生怕死之徒。朱由检要这种人代帝出征,"早荡妖氛","旋师奏凯",不是白日做梦吗?不过话得说回来,局势已经到了大厦将倾的地步,换了别的大学士去督师,结果也未见得会有什么两样。

朱由检与李明睿的南迁之议

所谓南迁之议,是把首都迁往南京、徐图恢复的应急方案。史家们都以为首先提出这一方案的是李明睿，其实不然。

首先提出南迁之议的不是别人，正是朱由检自己。那是在周延儒督师之前，朱由检鉴于内外交困，曾与周延儒秘密商议"南迁"，并叮嘱他不得向外泄露。不知通过什么途径，这一机密传到了懿安皇后（天启后张氏）那里。懿安皇后便对周后（崇祯后周氏）表示出坚决反对之意，说这是周延儒误皇叔——宗庙陵寝在此，迁往何处？周后把这些话转告朱由检，引起朱由检大怒，立即命宦官追查向宫中传话的人。由于懿安皇后守口如瓶，查不出个所以然。朱由检对懿安皇后极为尊敬，视若母后，此事就这样不了了之。

再次提起此事的是左中允李明睿。李明睿，江西南昌人，天启时进士，改翰林院庶吉士。由都察院左都御史李邦华、总督吕大器特荐，朱由检把他由家乡召至京师，任职左中允。崇祯十七年正月初三日，朱由检在德政殿召见李明睿，询问"御寇急策"。李明睿请皇上摒去左右，趋近御案，与皇上展开了一场关于南迁的密谈。

李明睿说："自蒙召，道闻贼氛颇恶，今近逼畿甸。此诚危急存亡之秋，可不长虑却顾？惟有南迁一策，可缓目前之急，徐图征剿之功。"

朱由检鉴于前次的教训，十分慎重地说："此事重大，未可易言，亦未知天意若何？"

李明睿说："惟命不于常，善则得之，不善则失之。天命微密，全在人事，人定胜天。皇上此举正合天意，差之毫厘，谬以千里，知几其神。况事势已至此极，讵可轻忽因循？一不速决，异日有噬脐之忧。当局者迷，旁观者清，皇上可内断之圣心，外度之时势，不可一刻迟延也！"

朱由检四顾无人，向李明睿吐露了他的心声："朕有此志久矣，无人赞襄，故迟至今。汝意与朕合，但外边诸臣不从，奈何？此事重大，尔且密之，切不可轻泄，泄则罪坐汝。"

要把宫廷与政府迁往南京，千里迢迢，非同儿戏，朱由检细致地询问中途接济等具体事宜。

李明睿胸有成竹地说："不如四路设兵，山东、河南，此陆路也；登莱海船、通州运河，此水路也。皇上须从小路轻车南行，二十日抵淮上。文王柔顺，孔子微服，此之谓也。"

　　朱由检听了表示同意，再次叮嘱："然！此事不可轻泄。"

　　李明睿见皇上已经应允，抓住时机，请其当机立断："臣谋不敢泄，但求圣断。皇上但出门一步，龙腾虎跃，不旋踵而天下运之掌上。若兀坐北京，坚守危城，无益也。"

　　朱由检颔首，随即退入宫中，命近侍在文昭阁赐宴，招待李明睿。午饭后，朱由检再次在内殿召对李明睿。这种连续召对的情况是极为罕见的，南迁之议已到了刻不容缓的地步，再不能以寻常惯例对待。李明睿向皇上谈了枚卜、考选的弊端，请求皇上定下法令："不立边功者，不许参加枚卜；不立边功者，不许参加考选。"然后又谈到了军饷缺乏问题，鉴于民穷财尽，希望皇上拨内帑积蓄，以济燃眉之急。朱由检向他说明内帑一贫如洗，难以筹措。时近黄昏，朱由检稍息，命近侍在外室赐茶。

　　到了夜间，朱由检感到关于南迁还有不少问题要商议，又破例在内殿召见李明睿，两人仅隔一个御案，相对促膝而谈。

　　朱由检问："所奏（南迁）事，即欲行之，谁可接济？途间用何等官领兵措饷？驻扎何地？"

　　李明睿答："济宁、淮安俱要地，不可不设官，须择重臣领兵，预为之防。"

　　朱由检问："何等官衔？"

　　李明睿答："须户兵二部堂上官。"

　　朱由检又提及沿途兵将问题："此时兵在关门，大将俱在各边，调遣甚难，奈何？"

　　李明睿答："近京八府尚可召募。皇上此行，京师须人料理，关门兵不可尽撤，各边大将不可轻调，惟在公侯伯及阁部文武大臣，试其才能，推毂而遣之。"

朱由检说:"然!"

李明睿重申下午提及的拨发内帑问题:"内帑不可不发,除皇上服御外,一毫俱是长物,当发出犒军。若至中途不足,区处甚难。留之大内,不过朽蠹。先时发出,一钱可当二钱之用;急时与人,万钱不抵一钱之费。"

朱由检觉得言之有理:"然,户部亦该措置。"

李明睿强调:"今三空四尽,户部决难凑手。皇上为宗庙社稷计,决而行之。"

朱由检颔首表示赞同。

召对结束,李明睿出宫时已是二更时分了。

朱由检在大年初三的节日气氛中从早到晚与李明睿密议南迁,实在是不寻常之举。正如他向李明睿透露的那样,他有志于此久矣,只是因为外朝大臣中无人赞襄,所以拖延至今。从他关切备至地询问细节这点推测,他是急于尽快南迁的。他如果当机立断立即下令执行的话,那么对于大明王朝摆脱内外交困的危机,南迁不失为一个行之有效的方案,而且几乎是可供选择的唯一最佳方案。因为长江中游有左良玉号称几十万大军,下游又有江北四镇,南京比北京要安全得多。即使北方失守,隔江而治,形成南北朝的再现之势,也并非不可能。然而,李明睿毕竟官小位卑,说话没有分量,朱由检不敢在放弃宗庙陵寝之地这样敏感的事情上独断专行,他迫切需要内阁六部有影响的重臣出来力排众议。但是现在阁部大臣中又有谁独具胆识敢冒后人訾议的风险倡言南迁呢?没有。正月初九日上朝,他向阁部大臣们痛哭流涕地表示"朕愿督师,以决一战,即身死沙场亦所不顾"时,大臣们只是争先恐后地愿意代帝出征,没有一个人提及南迁。朱由检无可奈何地把南迁之事搁置下来。

南迁之议夭折,中兴希望幻灭

人们寄幻想于李建泰出征,但是李建泰还未望见山西大地的影子,太原就陷落了。兵部尚书张缙彦向皇上报告山西军情时,朱由检气愤地责问:"贼破太(原)汾(州),潞安继陷,毫无堵拒,地方官所司何事?"岂但"毫无堵拒",很多地方是开门迎降,如同秋风扫落叶一般,山西全境土崩瓦解。李自成乘势向山西、河南发布了声讨明朝的檄文,其中传诵一时的名句引起了极大的震动:"君非甚黯,孤立而炀蔽恒多;臣尽营私,比党而公忠绝少。甚至贿通宫府,朝廷之威福日移;利入戚绅,闾左之脂膏尽竭。""公侯皆食肉纨绔,而倚为腹心;宦官悉齕糠犬豚,而借其耳目。狱囚累累,士无报礼之思;征敛重重,民有偕亡之恨。"对于这种咄咄逼人、意欲取而代之的宣言,朝野上下的反应截然不同,时人评论道:"人读之多为扼腕,而朝臣若处梦中,推荐某人营某缺,门户苟且是务,有识之士,无不寒心。"

只有朱由检一人充满了忧患意识,尽管李自成说"君非甚黯",朱由检却为"忧寇"而下了一道罪己诏,深刻地为国家的危亡而检讨。语气诚恳,检讨得也颇深刻,这当然是不得已而为之的一种策略。在此之前,给事中孙承泽曾上疏请求皇上下罪己之诏,给事中光时亨立即响应,上疏夸奖孙承泽的建议乃是"今日转乱为治第一要务"。他为皇上列举了"有误陛下"的事项:练饷之加、抚寇之说、款敌之议、催战松锦、凿挖河堤等。他希望皇上回顾十六年来误国诸奸,详开姓名,钦定一案,使中外晓然知祸乱之起源,局面方有转机。朱由检在双重压力之下不得不下罪己诏,企图凝聚日趋涣散的民心,挽狂澜于既倒。

然而纸面上的信誓旦旦毕竟无法挽回急速的败局,时势至此,空言已经无补于事。朱由检召见驸马都尉巩永固(光宗之女乐安公主之夫),向这位皇亲国戚询问救时切务,巩永固极力劝谏皇上南迁:"若南迁,可召募义兵数万人,寇乱不难平也。"朱由检不解地问:"义兵何易?"巩永固说:"岂独数万,果如臣策,即数十万度必致。若徒守京师,京

443

师已玩弊久,只坐困无益也。"朱由检没有明确表态,他在等待朝廷大臣公开地、异口同声地提议此事,再付诸实施。

不久李明睿上疏向皇上公开建议南迁,他写道:

> 今日所最急者,无如亲征。京营甲兵不下十万,近畿召募可得数十万。圣驾一出,四方忠义英雄豪杰必有闻风响应者……祖宗创业艰难,栉风沐雨,皇上欲安坐而享之,此何时也?山东诸王府皆有宫殿,不妨暂驻跸焉。待勤王之师毕至,徐议西征,贼闻天子神武,先已伐谋,势必倒戈相向。山东、河南两路并进,凤阳祖陵又可驻跸。夫亲征之举以召忠义,不必皇上自为之也。南京有史可法、刘孔昭,此皆忠良,晓畅军务,可寄大事。皇上召与之谋,必能摧陷廓清,建中兴大业……皇上启行,留魏藻德、方岳贡辅导东宫,料理兵事。三韩重地,皇上自为督率,六飞亲驾,万姓雷动,兵士气鼓。真定以东,顺天以西,可无虑贼氛之充斥矣。日逐一日,优柔不断,天下大事,尚可为哉?

朱由检深为嘉许,把他的奏疏交给内阁从速议论决定。内阁首辅陈演反对南迁,把李明睿的奏疏事先泄露给兵科给事中光时亨,要他上疏谏阻。光时亨上疏危言耸听地把南迁之议斥为"邪说",声色俱厉地扬言:"不斩明睿,不足以安人心。"李明睿不服,上疏申辩:

> 臣劝皇上亲征,非臆说也。此皆圣帝明王英君谊辟不忍天下之阽危,冒白刃,犯锋镝,身先士卒,非好之也,有所大不得已也……且今日臣之进言,为亲征也,而诸臣妄意为南迁。就使皇上发策南迁,此亦救时急着。唐时再迁再复,宋室一迁南渡,传国百五十年。若唐宋不迁,又何有灵武、武林之恢复?又何有百五十年之历数哉?

李明睿讲得头头是道,南迁以后才有中兴的希望。朱由检心里也明白,但是他顾虑光时亨的谏阻已经在外廷引起反响,一面召见光时亨，当面训斥他："一样邪说，却专攻李明睿，何也？显是朋党。"并且下旨："光时亨阻朕南迁，本应处斩，姑饶这遭。"一面碍于廷议，把南迁之事搁置了下来。

南迁阻力之大，于此可见一斑。南迁之议的夭折，光时亨是起了关键作用的。他把人们为摆脱岌岌可危的困境而提出的南迁之议，上纲上线为别有用心、罪不容诛，造成心有余悸、噤若寒蝉的气氛，人们不得不退而求其次了。

左都御史李邦华是支持李明睿的，曾与李明睿私下议论南迁事宜，问道："皇上南迁与太子监抚南京（即在南京成立临时政府），哪一种做法比较方便？"李明睿说："太子少不更事，禀命则不威，专命则不敬，不如皇上亲行为便。"李邦华吸收李明睿的见解，并参以己意，呈上秘密奏疏。首先分析了形势的变化："臣去年入都，即请敕畿辅郡县预备城守。秦督宜扼关自固，勿轻掷浪战。宜遣重臣督师防河。诸臣泄泄不省，以致百二山河，河决鱼烂，都城堵墙，一无可恃。恃京营，则刓敝垂尽……恃援兵，则江浙摇动，荆襄糜烂，鞭长不及马腹矣。恃积财，则天子持钵，健儿脱巾，京师无两月粮矣！"针对这种形势，他提出应急方案："为今之计，皇上惟有坚持效死勿去之意，为中国主则当守中国，为兆民主则当守兆民，为陵庙主则当守陵庙。周平、宋高之陋计，非所宜闻。"有鉴于此，唯一的出路是派遣太子抚军陪京（南京），即日临遣钦简亲臣、大臣忠诚勇智者，专敕辅导，便宜行事，刻期趣水陆飞轶南下。这是宗社安危所系的大事，刻不容缓。他十分动情地说服皇上："我国家并建两京，原以供时巡、备居守。皇上即不南迁，宜令太子诸王居旧都，一系天下之望。臣南人也，必有言臣以迁自便者。臣愿随皇上执管钥，而分遣信臣良将，捍牧圉以南。发皇太子以抚军，主器之重，暂违定省，号召东南，共图灭贼。即皇上赫声濯灵，益以丕振，上以副二祖之成算，下以定四海之危疑。臣与有识（之士）筹之已熟，惟上速图之。"

朱由检看了李邦华的长篇疏文，边读边赞叹不已，兴奋得把疏稿放在袖中,绕殿而行,以至于把疏稿纸牍揉得漫烂不堪,还不释手。他在接见内阁首辅陈演时,指着李邦华的奏疏,连连称赞:"宪臣言是!"陈演本来反对南迁,一听皇上此言,于出宫后向外透露,于是群臣争相议论南迁,遭到言官们的强烈抨击,朱由检十分恼怒。

二月二十七日,形势更加危急,朱由检在文华殿召见大臣议论战守事宜。左都御史李邦华、左春坊李明睿分别提到了皇上南迁及太子监抚南京两个方案。李邦华意在南迁,恐怕朝论不合,便以太子监抚南京作为过渡方案。李明睿一如既往,力主皇上亲自南迁,不妨先以凤阳为行在,麾召齐鲁之师,二路夹进,实为中兴之良策。然而响应者寥寥。李明睿见众论狐疑,未有所定,奋然说:"《易》云:利用为依迁国。《尚书·盘庚》皆言迁事,唐以再迁而再复,宋以一迁而南渡,诸君何所疑而讳言迁乎?"在场的官员们听到他的这番议论,错愕不敢应声。只有少詹事项煜发言请求以太子监军往南京,与李邦华的建议相呼应。

朝臣对南迁之议讳莫如深,使原本倾向于南迁的朱由检感受到了舆论的无形压力,他的立场发生了微妙的变化。第二天他在平台召见内阁辅臣时,面带怒色地说:"宪臣(指左都御史李邦华)有密奏,劝朕南迁,卿等看详来!"随即取过手本递予阁臣,要他们当场表态。

阁臣阅后回奏:"昨东阁会议,有二臣亦主此论。"

朱由检问:"二臣何人?"

阁臣奏过姓名及各自的主张后,朱由检作出了与他本意大相径庭的决断:"祖宗辛苦百战,定鼎于此土,若贼至而去,朕平日何以责乡绅士民之城守者?何以谢先经失事诸臣之得罪者?且朕一人独去,如宗庙社稷何?如十二陵寝何?如京师百万生灵何?逆贼虽披猖,朕以天地祖宗之灵、诸先生夹辅之力,或者不至此。如事不可知,国君死社稷,义之正也。朕志决矣!"

阁臣劝谏道:"诸臣言出忠爱,非有它意。"

朱由检说:"忠爱平日所当尽心,若临急建此谋,便是苟且求免。"

阁臣说:"太子监军,古来尝有,亦是万世之计。"

朱由检反驳道:"朕经营天下十几年,尚不能济,哥儿孩子家,做得甚事?先生早讲战守之策,此外不必再言。"

"朕非亡国之君,诸臣尽为亡国之臣"

朱由检在南迁问题上的观点前后判若两人,看似乖异,其实不难理解。吴伟业在记述以上这段对话后,所作的分析一针见血地揭示了朱由检当时的复杂心态:"上意非不欲南(迁),自惭播越,恐遗恨于万世,将俟举朝固请而后许。诸大臣材不足以定迁,而贼锋飘忽,即欲遣太子两王,禁军非唐羽林、神策者比,万一贼以劲骑疾追,即中道溃散,其谁御之?"吴伟业道出了朱由检的顾虑,因而动摇不定,其实朱由检内心是很想南迁的。

朱由检一面在说"国君死社稷",一面还在做着南迁的准备工作。他先是派给事中左懋第往南京,察看沿江舟师兵马状况;继而又密旨批准天津巡抚冯元飏准备三百艘漕船在直沽口待命,无不显示出仍未放弃南迁的意向。冯元飏早在南迁之议初起时就向皇上力陈:寇在门庭,南北道路将梗,宜疏通海道,防患于未然。所以才有朱由检命他做好准备的密旨。日前南迁之议在朝廷引起分歧而导致搁浅,冯元飏心急如焚。他顾不得这时正移疾候代,立即派儿子冯恺章带了他的紧急奏疏入京,向皇上进谏:"京师戎政久虚,以战以守,无一可恃。臣督劲旅五千,驰赴通郊躬候圣驾,航海行幸留都(南京)。"冯恺章进入北京是三月初七日,形势急转直下,这一方案已无法付诸实施。

朱由检之所以在南迁问题上动摇不定,关键在于内阁首辅态度消极。陈演反对南迁十分坚决,所以朱由检在召见内阁辅臣时唯独不召见他,使他感到不安,只得于二月二十八日乞求辞官。朱由检在罢免他的前一天,在武英殿对他说了这样一句意味深长的话:"朕不要做,先生偏要做;朕要做,先生偏不要做。"这"朕要做,先生偏不要做"的事,其中之一就是南迁。继任首辅魏藻德也是如此，一味采取明哲保身的态度，不置可否。巩永固、项煜提议南迁时，他都在场，朱由检要他表态，他始终一言不发，以一种沉默的方式表达了委婉的否定之意，令朱由检感到孤立无援的哀伤，"耸身舒足，仰叹而起"。朱由检的皇后周氏为此感叹不已，她是江南人，倾向于南迁，由于无法成行，遗憾地说："南中我家里甚可居，惜政府无有力持之者。"一语道破其中奥秘。

南迁之议到了这个地步已成强弩之末，然而还是有人不时提起。

三月初一日，朱由检在中左门召对陈州生员张攀，张攀向皇上提议：请皇太子监国南京，择一二老成忠爱大臣辅佐。这种建议日前已有李邦华等人提出过，朱由检已明确表示了反对意见。这时他重申前议："朕方责诸臣以大义，而使太子出，是倡逃也，其谓社稷何！"

三月初三日，督师大学士李建泰奏请皇上南迁，并表示愿意护送太子先行。次日，朱由检在平台召见大臣时，对内阁辅臣说："李建泰有疏劝朕南迁。国君死社稷，朕将何往？"大学士范景文、都御史李邦华、少詹事项煜请求先护送太子抚军江南，遭到给事中光时亨的激烈反对，他大声疾呼："奉太子往南，诸臣意欲何为？将欲为唐肃宗灵武故事乎？"

所谓唐肃宗灵武故事，是指安史之乱时，唐玄宗仓皇逃往成都，宦官挟持太子李亨逃往灵武（今宁夏灵武），拥立为帝，是为唐肃宗，尊玄宗为太上皇。光时亨引用这一典故，意在指责倡言奉太子南下的大臣有拥立太子架空皇上之嫌。这顶大帽子压下来，吓得范景文等大臣张口结舌。朱由检打破了沉寂的气氛，询问诸臣有何战守之策，众臣一片沉默，无话可说。因为到了这时，除了南迁，或战或守都已山穷水尽，无计可施了。朱由检面对沉默无言的大臣们，深深叹息道："朕非亡国之君，诸臣尽为亡国之臣！"气得拂袖而去。此后，一提及南迁，朱由检就火冒三丈，训斥道："卿等平日专营门户，今日死守，夫复何言！"

可以想见，当三月初七日冯恺章拿了其父冯元飏的由海道南迁的奏疏入京时，当然不会有什么反响了。当时内阁六部衮衮诸公心灰意冷,不再正常上班办公,以致内阁大门白昼紧闭,人迹罕至。户部尚书倪元璐劝冯恺章:"皇上有国君死社稷之言,群臣无以难也。""上决计固守,疏必不省。"内阁辅臣范景文、方岳贡二人私下对冯恺章说:"曩者津门饷匮,公(冯元飏)要苏州之运以给(即截饷)之,天子方怒,疏上且死。"冯恺章在京彷徨七日,报国无门,只得饮泣返回天津。

南迁之议至此正式宣告破灭。

朱由检内心深处却念念不忘南迁。当李自成的军队已逼近北京外城时,他想起了巩永固先前说过"若南迁,可召募义兵数万人",便秘密召见巩永固与新乐侯刘文炳,商议此时南迁是否还有一线希望。

朱由检问:"卿向说朕南行能集兵数万,今犹能集乎?"

巩永固答:"今无及矣!"

朱由检问:"卿尚言可致数十万,何乃云无?"

巩永固答:"前者贼远,人思避贼,故兵可集。今事已急,人心尽乱,一卒亦难致,臣何敢误皇上。"

朱由检问在旁的刘文炳:"两卿各率家丁护从南行可乎?"

巩、刘二人回答:"家丁何足以当贼锋?况臣家素谨,不敢私蓄家丁。"

朱由检听了顿时愕然。到了兵临城下的时候再来提南迁,为时已晚了。

巩永固告诉皇上,自己已经做好同归于尽的准备:"臣等已积薪第中,当阖门焚死,以报皇上。"

于是两位皇亲与朱由检一起悲哀地相向涕泣。

明亡后,遗老遗少们一提起这段往事无不欷歔哀叹。计六奇在回答"南迁得失如何"这个问题时,感慨系之:

当自成逾秦入晋,势已破竹,惟南迁一策,或可稍延岁月。而光时亨以为邪说,其事遂寝,天下恨之……且先帝身殉社稷,假令时亨骂贼而死,虽不足以赎陷君之罪,尚可稍白始志之靡他,而竟躬先从贼,虽寸磔亦何以谢帝于地下乎?是守国之说,乃欲借孤注以邀名,而非所以忠君也。邦华以身殉国,是南迁之议,乃所以爱君,而非以避死也。

言辞之间难免有些偏激情绪,但对光时亨的抨击,对李邦华的赞许,却是无可非议的。无怪乎有人甚至怀疑光时亨反对南迁是受了"闯贼密旨",充当内奸。他在闯王进京后率先投降,不免令人怀疑。这种难以找到佐证的推测可能性极小,不过于此也大体反映了遗老遗少们的某种愤懑心态。

由此反观昔日南迁之议,不能不感叹首先提出此议而又击节赞赏李明睿方案的朱由检,优柔寡断,患得患失,失去了稍纵即逝的时机,虽然留下了殉国的美名,却使得明朝"稍延岁月"的希望付诸东流。美国学者魏斐德在评论此事时这样写道:

> 崇祯拒绝了南迁的建议,既不遣太子去南京,他本人也不离京。这对后来清兵占领北京时的形势产生了深远的影响。清朝比较完整地接管了明朝中央政府,遂拥有了他们颇缺乏的东西,由此接管了明朝几乎全部汉族官吏,依靠他们接管天下并最后征服南方。崇祯帝的决定还导致诸多皇室宗亲之间继承权利的暧昧不定,以致派系倾轧削弱了南明政权。此外,复明阵营也因之少了一批立志恢复失地、渴望对清朝发动反攻以便光复家园的北方人。崇祯这一自我牺牲的决定,就这样最终毁灭了后来复明志士坚守南方的许多希望。

魏氏对当时瞬息万变、错综复杂的政治形势的透彻分析,令人拍案叫绝!

勤王之师鞭长莫及

与出征、南迁差不多同时提出的勤王之议,也没有收到什么效果。

朱由检长期在安内与攘外孰先孰后的抉择上举棋不定,直到此时才感到不安内无以攘外,李自成的威胁远远超过了爱新觉罗氏,于是痛下决心要把驻扎在山海关外宁远前线的关宁铁骑调进关内助剿。崇祯十七年正月十九日召对大臣时,他首先提出调辽东总兵吴三桂入关的意向,要大臣们讨论。阁部大臣们深知此事意味着放弃宁远及山海关外大片国土,有"卖国"嫌疑,碍于名节,他们故意推诿不决。

　　朱由检感到机不可失,时不再来,在两天后的正月二十一日正式给阁臣陈演等人发去一道谕旨,再次强调:"宜调三桂兵马助剿,余兵尚多,乘敌三边新安顿未定之时,此着似不可失。"他特别对前两天阁臣们的消极态度提出尖锐批评:"此等重大军机应行与否,原应先生每主持担任,未可推诿误事。"

　　在皇上紧逼之下,内阁首辅陈演不得不表态,他借口"一寸山河一寸金","锦州告急,宁(远)兵万不可调",反对调吴三桂入关。兵部尚书张缙彦不愿承担责任,干脆说"三桂之调不调,视宁远之弃不弃,两言而决",要皇上自己决定是否放弃宁远,才谈得上调吴三桂的事,把皮球踢还给皇上。陈演等人为了答复上谕中"原应先生每主持担任,未可推诿误事"的批评,写了一份揭帖,陈述他们之所以推诿的缘由:"第关、宁迫切神京,所系尤重。三桂兵五千为奴所畏,不独宁远恃之,关门亦恃之。虽缓急未必能相救,而有精兵在彼,人心自壮。倘一旦调去,其余皆分守各处城堡之兵,未必可用也……万一差错,臣等之肉其足食乎? 此真安危大机,臣等促膝密商,意皆如此,实未敢轻议也。"

　　既然那些先生们都不肯主持担任,朱由检只得在宁远之弃不弃问题上亲自作出决断,向大臣们表示:放弃宁远,退守山海关。陈演等仍不敢下令调吴三桂,犹豫拖延。朱由检再次向他们发去一道谕旨:"宁城一事,前已廷议,宜速宜断,未可犹疑……收守关之效,成荡寇之功,虽属下策,诚亦不得已之思。先生每即拟旨来行,如必须再议,先生每即刻会官密议妥确来奏,仍将各官议语各行亲书备览。"这道谕旨带有最后通牒的意味,要陈演等人立即代帝拟旨执行,守关荡寇不得延误,如必须再议,在会议上发言的大臣必须亲笔把发言提纲上报——这分明是在给顶风抗旨的官员们施加压力。

在这种压力下,陈演还是不愿接受"拟旨来行"的第一方案,而采纳"必须再议"的第二方案,召集内阁六部台省等官在德政殿之旁室紧急会议。有几名大臣按照皇上的旨意,极力主张宁远当弃、三桂当调,其中以吏科都给事中吴麟徵争辩得最激烈。而内阁首辅仍持消极态度,提出许多具体问题来刁难,诸如宁远放弃后关门如何守法,撤退的军民如何安顿,一定要辽东的总督、巡抚、总兵们议出一个实施细则,方才可以行动。总而言之,是继续推诿,不肯承担"拟旨"的责任。

二月初二日,蓟辽总督王永吉作为负责蓟门辽东军事的方面大臣出来表态:"请撤宁远兵,守关门,敕吴三桂料理。"以鲜明的态度支持皇上"收守关之效,成荡寇之功"的决策。皇上要陈演议决,陈演仍不敢决定,转请皇上下旨要辽东巡抚、总兵表明态度再定夺。结果,辽东巡抚黎玉田、总兵吴三桂,与王永吉的意见完全一致,他们表示:"辽东前后卫复失,宁远势孤难守。宜撤宁远兵民入守关门,即京师猝有寇警,关门之援旦夕至。"陈演还是拖延不决。

二月初八日,太原陷落,京师为之震动。蓟辽总督王永吉抓住顺天巡抚杨鹗的手臂感叹:"上倚吾蓟门一旅,今所调习整练者几何,而可以御贼! 计莫若撤关外四城而守关,召吴帅三桂之兵亟入,以卫京师。都下公卿莫肯先发,吾两人于责无所诿,其何可以不请?"杨鹗表示同意,于是两人联名上疏提出这一建议。

二月初十日,朱由检把这一奏疏出示给阁臣陈演、魏藻德等人。陈、魏相对愕视,不敢开口。退出后,两人窃窃私语:"上有急,故行其计。即事定,而以弃地杀我辈,且奈何?"在一旁的吏科都给事中吴麟徵听到了,立刻批评道:"此何时,而可顾后患罔决?"吴麟徵强烈主张放弃宁远、前屯二城,调吴三桂入关,屯宿于近郊保卫京师。阁臣害怕蒙弃地之罪,说:"无故弃地三百里,臣等不敢任其咎。"陈演、魏藻德商议后,不得已提出一个缓冲方案:请吴三桂之父——宁远总兵吴襄进京担任中军都督府提督,请皇上召见他商定战略大计,看皇上意见如何再作决定。

二月十二日,朱由检在中左门召见吴襄,询问他对放弃宁远退守山海关的看法。两人展开了这样一场对话——

吴襄:"祖宗之地,一尺一寸不可放弃。"

朱由检:"这是朕为国家大计所作决定,并非说卿父子弃地。贼势甚迫,料定卿子方略足以制敌么?"

吴襄:"臣揣测贼据有秦、晋,未必来犯;即使来犯,也不过派遣先驱试探而已。若逆闯敢自来送死,臣子必将他生擒,以献陛下。"

面对吴襄这名老将如此信口开河吹牛皮说大话,朱由检大笑:"逆闯已有百万之众,卿为何说得轻而易举?"

吴襄继续信口开河:"贼声言百万,其实不过数万。这批中原乌合之众,从未与边兵交手作战。往时诸将都率无制之兵,见贼动辄溃降,以五千人前往便是送他五千兵,以一万人前往便是送他一万兵,于是贼势愈炽,我兵愈衰。今彼屡胜而骄,原因在于未遇大敌。朱仙镇一战,左帅可谓大敌,而败在我兵多降贼;郏县之战,秦督(孙传庭)可谓大敌,而败在我兵皆秦人。如以臣子之兵出战,逆闯早就生擒活捉了。"

朱由检:"卿父子之兵有多少?"

吴襄这下才省悟到不能再说大话了,连忙叩头:"臣罪万死。臣兵按册八万,核其实三万余人。因为要几名士兵的粮饷才能养一兵,这是各边的通弊,并非始于关门。"

朱由检紧追不舍:"此三万人都骁勇敢战么?"

吴襄步步退却:"如果三万人都是战士,成功何待今日?臣兵不过三千人可用。"

朱由检严厉地责问:"三千人何以抵挡百万之众?"

吴襄狡辩道："这三千人并非一般士兵,乃是臣襄之子,臣子(三桂)之兄弟。自受国恩以来,臣只吃粗粮,三千人都吃细酒肥羊;臣只穿布褐,三千人都穿纨罗绫绮,因而能得死力。"

朱由检问:"需饷多少?"

吴襄不假思索地狮子大开口:"百万!"

朱由检大吃一惊:"即使以三万人计,也不必用这么多饷。"

吴襄说:"一百万两银子还是说得少了。三千人在关外都有价值几百两银子的庄田,今舍弃入关,给他们什么田地补偿?额饷已少发十四个月,用什么方法补清?关外还有六百万百姓,随同入关,安插在什么地方?按此推算,百万恐不足以济,臣那里敢妄言。"

朱由检只得承认:"卿说得不错,但内库只存银七万两,搜集一切金银杂物补凑,也不过二三十万两。"

召对到此结束,吴帅撤兵之议终于因为经费没有着落而挂了起来。

到了二月二十七日,京师的形势越来越危急,朱由检排除一切障碍下诏征天下兵马勤王保卫京师。这一天,朱由检在文华殿召开紧急会议,讨论京师的战守事宜。议到征调吴三桂勤王问题时,众说纷纭,有的主张不可调,有的模棱两可,有的主张迁都南京,只有成国公朱纯臣、户部尚书倪元璐、刑部侍郎金之俊、户科给事中孙承泽等主张应当征调。史科都给事中吴麟徵争得最厉害,以为事当从实,极力主张放弃关外宁远、前屯二城,调吴三桂入关,屯宿近郊,保卫京师。以陈演为首的阁部大臣都以弃地非策,不敢主其议。吴麟徵据理力争,向皇上强调指出:"宁远当徙与否,要由蓟辽总督王永吉、辽东总兵吴三桂与皇上密议,再由内阁首辅、兵部尚书与皇上密决,放在大庭广众之间议论,谁来承担责任?宁远一镇一抚,都是当今人杰,臣再三思量,不觉涕泪俱下。"

事后吴麟徵因阁部久议不决,上疏极言:"关外九城势在必弃,论者以为弃地不可,殊不知弃人失天下将士心,进而失天下更加不可。吴三桂是员勇将,应该拔用,不应推给敌人。今寇旦夕由秦晋来犯,如调吴三桂来捍京师,一举两得。今日事势,当论缓急,毋论是非。"朱由检把此疏留中不发。他再上一疏,规劝皇上:"边臣不可令有惧心,也不可令有死心。臣读吴三桂疏,言切情危,显露惧心,为父弟乞恩,显露死心。今寇势日趋嚣张,不征调吴三桂进捍京师,还有什么可以仰赖的?"朱由检把他的奏疏批发内阁,陈演借口蓟辽总督、辽东巡抚应当同时签署意见。朱由检立即遣使前去索取回奏,他们二人都以撤宁远援京为便。至此,朱由检才得以通过内阁下达撤宁援京之旨。

三月初四日,朱由检下诏:封辽东总兵吴三桂为平西伯,平贼将军左良玉为宁南伯,蓟镇总兵唐通为定西伯,凤庐总兵黄得功为靖南伯,加刘泽清、刘良佐、高杰等官衔一级。紧接着于三月初六日,朱由检决定放弃宁远,征辽东总兵吴三桂、蓟辽总督王永吉率兵入卫,同时征唐通、刘泽清率兵入卫。吴三桂远在宁远,鞭长莫及;刘泽清近在咫尺,拒不奉诏,纵掠临清南奔;唯独唐通带了八千军队入卫。

朱由检征调的关宁铁骑姗姗来迟。三月上旬,吴三桂才徙宁远五十万众起程,日行数十里,十六日才进入山海关,其时农民军已过昌平;等他二十日赶到丰润时,北京已经陷落了。

出征、南迁、勤王,一筹莫展,朱由检已经走投无路了,真所谓:上穷碧落下黄泉,两处茫茫皆不见!

四、"朕非亡国之君,事事乃亡国之象"

"朕不自意将为亡国之主"

当李自成的农民军渡过黄河横扫山西时,朱由检在一次召集内阁六部九卿科道等高级官僚的御前会议上,感慨万分地说:"朕非亡国之君,事事乃亡国之象。祖宗栉风沐雨之天下,一朝失之,将何面目见于地下?""朕非亡国之君"寥寥六字,发自肺腑,道出了朱由检内心深处的无奈。朱由检即位以来励精图治,其胆识魄力、才学品行,在明代诸帝中颇有佼佼者的风采,历史却让他背上了"亡国之君"的恶名,似乎太不公正了,人们只能感叹他生不逢时。

《明史》说:"明之亡实亡于神宗。"明清史一代宗师孟森说:"熹宗,亡国之君也,而不遽亡,祖泽犹未尽也。……思宗而在万历以前,非亡国之君也;在天启之后,则必亡而已矣。"这种对晚明史鞭辟入里的分析,既揭示了历史的真相,也反映了历史的无情,让并非亡国之君的朱由检演出了一幕亡国的悲剧,无怪乎俄国文豪列夫·托尔斯泰要说"皇帝是历史的奴隶"了。

朱由检本想挽狂澜于既倒,然而大势已去,回天乏力,所以他要向大臣们吐露心有不甘的想法:"朕非亡国之君,事事乃亡国之象。"出征、南迁、勤王既然无望,亡国已经指日可待了。在临近末日的紫禁城里,他常常暗自叹息:"朕不自意将为亡国之主!"实在是无可奈何花落去!

若干年后,明朝遗老遗少回首往事,无论从哪个方面来看,朱由检都不是一个亡国之君。吴伟业如此追怀这位先皇:

> 上焦劳天下十有七年,恭俭似孝宗(弘治帝),英果类世庙(嘉靖帝)。白皙丰下,瞻瞩非常,音吐如钟,处分机速。读书日盈寸,手书逼似欧阳。率更有文武材,善骑,尝西苑试马,从驾者莫能及。讲射观德殿,挽三石弓,发辄命中。暇则用黄绳穿坠石,而手自擘之,曰:"吾以习劳也。"……既莅事,视容端,手容庄,拜移晷刻而后起,欠伸跛踦无自而入焉。

这样一位恭俭而又英果、能文而又能武的君主,落得个亡国的下场,不免令遗老遗少们感慨系之。

"上英断天挺,承神庙、熹庙之后,反前弊,黜邪党,励精谋治,勤勤然有中兴之思。然疆事日警,中原内虚,加以饥馑荐至,寇攘横出,拮据天下十七年，而神器遽覆，遂死社稷。呜呼！英睿谟猷，宵衣旰食，曾不一舒其怀，其留憾何极耶。"钱𬣙写这话的时候，朱由检已经死去，用不到拍马奉承，更多的是为后人留下信史的动机，具有实录的意味。关于"反前弊，黜邪党，励精谋治，勤勤然有中兴之思"方面，本书此前已有了充分的阐述，下面想对"英睿谟猷，宵衣旰食"，即朱由检的道德品行方面作一点扫描。

朱由检作为一个皇帝，十分推崇唐太宗，刻意仿效，因而既有刚毅严峻的一面，也有宽厚仁恕的另一面。他对孔子论"仁"的言论，悉心领会，务求身体力行。

朱由检一生勤学不倦，又笃好文学，常向讲官们咨问《春秋》三传的精义，而讲官们的陈说都不能令他满意；后来有人推荐专治《春秋》经的儒臣文震孟，在讲席上听了文翰林旁征博引侃侃而谈，朱由检大为嘉悦。

崇祯十四年八月，朱由检视察国子监的教学情况，指示随行的内阁辅臣：大儒周敦颐、程颢、程颐、张载、朱熹、邵雍六子，"有功圣道，与从祀诸贤不同，宜议优崇，卿等传于礼部"。吴甡随即上《表章真儒疏》，请命词臣编辑《六子全书》，颁之学宫，朱由检批复同意。可见朱由检对宋代理学大师的著作是有所研究的，否则不可能提出如此具体的意见。《崇祯宫词》中有一首摹写他用功读书的诗："居然风度是书生，坐处旋闻洛咏声。提笔若随乡贡籍，也应金榜占科名。"其笺注对此作了解释："帝喜读书，各宫玉座左右俱置卷帙，坐则随手披览。尝作《四书》八股文，以示群臣，因而颁行天下，士子咸诵焉。"即此一斑便可窥知，朱由检的学识涵养决不在一般儒臣之下。

倪元璐是朱由检极欣赏的大臣，升任户部尚书后仍担任着皇上的讲官之职。某日讲到经书中"生财有大道"一节时，借题发挥，极言（赋税）加派聚敛之害。朱由检听了震怒，指责他："边饷匮乏，部中未见有长策，徒作此皮面语！"倪元璐听了皇上的训斥并不动容，徐缓地解释说："臣儒者所陈，虽是本头书生语，然不敢怀利以事君。"朱由检听了顿时语塞。第二天便对内阁辅臣表示了对昨日震怒的追悔之意："讲筵有问难，而无诘责，昨日之言，朕甚悔之。"他希望在日讲经筵中不仅应该有问难，也应该有君臣之间的诘责，对于听了刺耳的意见便勃然大怒进行自责。这一点，颇有唐太宗善于纳谏的风度。

朱由检一贯勤于临朝，崇祯十五年七月初九日临时传免早朝，遭到内阁辅臣的批评。他翻然悔悟，虚心接受，特地亲笔工整地写了手敕对辅臣褒奖备至。他在手敕中如此写道：

> 朕以凉德纂服，听夕靡敢荒宁，几务殷繁，惄惄是惧……即如本月初九日，偶感微恙，暂免早朝，方愧宵衣，即勤补牍。卿等忠纯体国，念笃爱君……言同药石，朕心忻悦，是用褒嘉。惟海宇当多事之时，而拮据赖克艰之佐，臣劳而君乃逸，内治则外自宁，卿等其益纳诲无方，匡朕不逮，纠虔如始，共保天和。钦哉，故谕。

当时身任给事中的孙承泽不仅记录了这一手敕，而且目睹了这一手敕刻为碑铭的事，评论道："上书法唐太宗，此谕尤秀劲，当时摹勒上石。"值得注意的是，朱由检不仅在书法上仿效唐太宗，而且在虚心纳谏、闻过则喜的态度上也在刻意追慕唐太宗。尽管相去甚远，还不时流露出刚愎自用的劣根性，但毕竟有意识在向这个方向靠近，已经相当难能可贵了。

希冀国祚绵延长存

朱由检以对自己的严格要求来要求皇太子慈烺，从中流露出希冀国祚绵延长存的心态。

慈烺生于崇祯二年二月初四日，生母是皇后周氏，又是长子，于次年册封为皇太子。为了栽培他，崇祯十年朱由检便为他挑选老师——东宫侍班讲读官，于十五年正月正式开讲。内阁辅臣根据皇上的旨意拟定了"讲仪"五条,其中特别强调的是第一条"览史以佐经"——"察旧仪,有'读四书读经史'之文,似宜于经书外,每摘简要《通鉴》一段进讲,于凡治乱邪正是非之际,详细开陈,庶以古镜今,为益不小"。

十月十七日,朱由检日讲完毕,与内阁辅臣议论到太子教育的事,郑重其事地从一个黄匣子里拿出他亲笔手书的《钦定官属约八条》,都是对太子身边工作人员的严禁与约束条例。诸如不得离间亲亲,不得交结有司,不得诳吓绐诱,不得擅作威福,不得言动非礼,不得关防欠肃,以及内外宜别、出入当谨等。

辅臣周延儒读了这八条后问:"戒饬官属,是内是外?"朱由检答:"是内员。此朕亲经历的。向朕在慈庆宫后面勖勤宫住,极知此辈情弊,专行离间。朕朝皇兄熹宗,并不交接一言。先帝朴实,被他蒙蔽。"说到这里,不觉泫然泪下。周延儒请示:"关防内外,未知如何?"朱由检说:"就(宫)内言,内员(指太监、宫女)就是外了。"周延儒再问:"东宫(太子)有女人服事(侍)否?"朱由检说:"向前也拨两个婆子。"蒋德璟插话:"要年高六十岁的。"朱由检鉴于熹宗乳母客氏之事,心领神会地说:"宫中法度严,(谅)他也不敢。"蒋德璟提醒说:"伴读及典玺也要紧。"朱由检回答:"典玺田存善也还好,未知其心如何。东宫后来即位,此辈便是从龙之人。"

看得出来,朱由检对于他的继承人是寄予厚望的,为他的教育环境作了极周密的安排,以后又为他考虑选嫔筹备婚姻,只是由于时局不稳,无暇顾及,才耽搁了下来。

崇祯一朝最遭人非议的是所谓辽饷、剿饷、练饷的三饷加派,以至于百姓怨声载道,借"崇祯"的谐音,戏称为"重征",犹如嘉靖朝海瑞上疏所说当时民间戏称"嘉靖"为"家净"(意为家家皆净而无财用)。这种舆论必然要反映到朝政之中,给事中光时亨因练饷殃民上疏追究倡议之人。辅臣蒋德璟票拟谕旨,其中有"向前聚敛小人,倡为练饷搜括,致民穷祸结,误国良深"等语。朱由检看了不悦,当面诘问:"这票内'聚敛小人'为谁?"蒋德璟不敢指名道姓直斥杨嗣昌,只好委过于前任户部尚书李待问。朱由检明白他的微言大义,毫不隐讳地承担了责任,解释说:"朕非聚敛,止欲练兵。"确实,为了对付辽东与中原两个战场的战事,庞大的军费开支是一大难题,朱由检也有不得已的苦衷。然而他自奉极其俭朴,力图表明他的"重征"只是为了国家,并非为了自己。

朱由检的三子慈炯(周后生)、四子慈炤(田妃生)先后册封为定王、永王,其余各子(次子、五子、六子、七子)都夭折,特别是五子慈焕(田妃生)备受喜爱,不幸五岁病逝,令他哀痛不已。据说慈焕临死前曾说:"九莲菩萨(指神宗生母孝定李太后)言:帝待外戚薄,将尽殇诸子。"于是崇祯十三年七月朱由检发愤,从此长斋——穿布衣吃素食。为此他发布了一道谕旨:"朕念皇考皇妣,终身蔬布。"内阁辅臣上疏劝他不必如此刻薄自己,少詹事李绍贤也上疏劝皇上不宜淡漠自苦,都遭他拒绝。

杨士聪和谈迁都揣测,皇上所谓怀念皇考皇妣不过是托词,一定别有所感——"必有大不安于衷者"。这个"别有所感",就是从皇五子口中传出的"九莲菩萨"的谴责,令他大为不安,决心以长斋来弥补。次年六月,朱由检的外祖母(即其生母孝纯皇太后之母瀛国公夫人徐氏)夜梦孝纯皇太后,要她转告皇上:"除了郊祀祭告遣谒忌日以及初一、月半照例斋戒外,其余日子不妨量进肉味。语云:药补不如肉补。"二十二日,朱由检传谕臣民:"圣母(孝纯皇太后)托梦,笑语音容俨然聚首,朕闻之不胜思慕。除郊庙、祭告、遣谒、忌辰、朔望仍斋戒外,其余日常用膳,着于奉先殿收回祭品量配进用。"从这天开始,才恢复荤食。

虽然恢复了荤食,但朱由检与皇后周氏仍坚持每月"持斋十日"(即吃素十天)。这对于一向食不厌精、脍不厌细的帝后来说不啻是一大考验,难免也要发出"嫌膳无味"的怨言。御膳房的厨师们便动脑筋,暗地把蔬菜放入退毛的生鹅腹中烹煮,取出后再用酒洗净,另用麻油加工,以改变素食的口味。这种持斋由于侍从们的帮倒忙——有道是"鹅鹅不道伤生意,仁术教全未见心",显得有点名不副实,但帝后持斋的初衷无论如何是令人感佩的。

朱由检的节俭刻苦并非仅仅出于上述这种皇家私生活方面的考虑,更多的是源于忧国忧民的思量。这似乎是他的一贯态度。崇祯元年二月,他即位不久,面临一个国匮民穷的烂摊子,毅然宣布停止苏杭织造(由太监掌管的专供宫内应用缎匹绢帛的官办手工业机构)。他在谕旨中说:"朕自御极以来,孜孜民力艰苦,思与休息。惟是封疆多事,征输重繁,未遑苏豁,乃有织造钱粮,虽系上供急需,朕痛念连年加派络绎,东西水旱频仍,商困役扰,民不聊生,朕甚悯焉。今将苏杭见在织造钱粮上紧成造,着地方官解进,梁栋(织造太监)不必候代,即着驰驿回京。其改织钱粮,仍入岁造内应用;织造员缺,暂行停止。朕不忍以衣被组绣之工,重困此一方民。稍加轸念,用示宽仁。俟东西底定之日,方行开造,以称朕敬天恤民至意。"崇祯八年三月,皇后周氏身体力行,命苏州织造太监收购民间棉花纺车二十四具送进宫内,教宫中婢女纺纱,以培养宫内的勤劳节俭风气。虽然因宫女无法学会这种江南村姑的细巧手艺,最终不了了之,但"天宫吹入纺车声",不能不说是开一代新风的旷古奇闻。

据时任户科给事中孙承泽说,光禄寺开报的崇祯十五年春皇室膳食开支,大概是这么个情况:皇帝膳每日三十六两(银子,以下同),每月一千四十六两;皇后膳(懿安皇后同)每日十一两五钱,每月三百三十五两;皇贵妃(承乾宫、翊坤宫)膳每月各一百六十四两;皇太子膳每月一百五十四两九钱;定王、永王膳每月各一百二十两。这当然是一个不小的数字,显示了皇室膳食的豪华侈糜。不过凡事都相比较而存在,与万历朝的皇室膳食一比较,其奢俭立即互见——"神宗朝宫膳丰盛,列朝所未有。不支光禄寺钱粮,彼时内臣(太监)甚富,皆令轮流备办,以华侈相胜"。与此相比,崇祯朝的宫膳是大为节俭了,何况以后又有压缩。

崇祯十六年九月,朱由检考虑到国运衰颓、钱粮不足,认为修省须有实政,决定带头节约一切开支,他向内阁说:"先自朕躬始,若祀典丰洁,仍旧不敢议减外,朕久服浣濯之衣,此无可议。惟日用膳品减去一半,各宫分减去十分之四,宫女内员桌银减去十分之三。通侯平定之日照旧。在外衙门有可节裁者,亦着照此推行。"他自己的膳食开支削减50%,后妃以及宫女太监各削减40%与30%。这种大规模削减宫内开支的做法,目的在于带动中央和地方各级政府厉行节约,形成自上而下的节俭运动。

一个月以后,他获悉内外大小臣工并未遵旨,依然"奢侈相高,贪僭器凌",十分不满,再次重申"崇俭去奢,宜自朕始"的旨意。除了以前宣布的减膳撤乐之举仍继续实施外,又宣布只有重大节庆典礼可以使用金银器皿,其他日常生活一律改用锡器、木器、瓷器,希望内外文武诸臣仿效此例,见诸行动,如仍置若罔闻,依旧奢糜宴乐、拜谒馈遗一掷千金,必将严惩不贷。

综观朱由检短暂的一生,俭朴的美德时时流露出来。翰林院编修吴伟业说:"宫中有日宴,有时宴,外戚、公主家以岁时进甘果,皆传旨停免。自初年罢三吴织局,尚方御浣濯之衣,履袜则以布为之缘(缝袜底),曰:'朕方率天下以去奢返朴,且令诸子知艰难,可弗自身始乎?'"此类事例很多,不妨再举二例。

其一,给事中李清说:"上忧国用不足,发万历中所储辽参出外贸易。予时市其中者,上有微孔,色坚而味永,与他参迥异……闻此番贸参,获可数万金。"这是万历年间宫内所存的上佳野山人参,极为名贵。朱由检不愿自己享用,换回几万两银子聊补国用。

其二,某日朱由检御讲筵,所穿内衣袖子已破损,露在外面很不雅观,不时地把它塞进去遮掩。目睹这一细微动作的讲官说:"衣之敝虽过于俭,然美德也,何必讳!"后人有诗赞曰:"圣德惟应俭是求,不遑祆服为身谋。就间损益通为计,寸积须成万里裘。"

恭俭的周后与多才的田妃

朱由检自律甚严的作风影响到后宫,后妃们都能严格律己,因而后宫风气清静素朴,实为有明一代所罕见,丝毫没有临近亡国那种醉生梦死的颓废景象。正如梅村先生吴伟业所说:"(思宗)居深宫之中,不苟嬉笑。教太子诸王,准诸礼法。左右长御,不以私怒而小过威刑。无珠玉玩弄之娱,无声色歌舞之奉,无台池鸟兽之乐。暇时鼓雅琴,命中书为谱以进,曰:'此足以娱心神,胜他乐也。'"

皇后周氏,苏州人,父周奎,母为周奎继室丁夫人,家境清贫。周氏年幼时就操持家务,不苟言笑。迁居北京后,周奎在前门大街闹市"谈命谋生"。天启六年信王选妃时,主持后宫事务的懿安皇后以皇嫂身份选周氏为信王妃;信王即位后,周氏便由元配王妃而成为皇后。由于她出身清寒,又在藩邸生活过一段时间,不失平民本色。

明清之际的史家张岱如此描述皇后周氏:"宫中常服布衣,茹素食,与先帝同尚节俭,一切女红纺织,皆身自为之。"所谓"女红纺织,皆身自为之"云云,并非阿谀之辞,这从她在宫中设二十四具纺车,教宫女纺纱一事,可以得到印证。王誉昌也称赞周后"有恭俭之德","亲妇事,衣浣衣,内治克修",有诗曰:"员分百二领璇宫,搏节咸资内教功。三洒亲蚕重浣服,拟将恭俭赞王风。"所谓"亲妇事",不光是亲手洗衣,还包括亲手烧饭。天启七年朱由检刚登极时,形势岌岌可危,由于皇嫂(懿安皇后)密诫"勿食宫中食",朱由检是带了麦饼进宫的。进宫后,还得提防魏忠贤买通御膳房暗害,饮食全由周后亲自烹调。后人追述:"虑逆珰魏忠贤暗害,饮食俱后(周氏)亲调,幸后素娴中馈事也。"一个能在宫中洗衣烧饭、纺纱织布的皇后,不能说绝无仅有,至少也是罕见的。朱由检的节俭或许受到她的影响,也未可知。

帝后之间情深谊笃,"上重周后贤,伉俪恩甚备"似是真实写照。《崇祯宫词》有一首曰:"湘管挥来口授余,俨然村校接天居。何当一顿童蒙膝,遂揭鸡竿下赦书。"说的是这么一件事:内监秦某,年十一,侍候皇后于坤宁宫。某日，皇后问："尔识字否？"秦答："不识。"皇后即写数字教他，少顷考问，秦已全忘，便罚跪于阶下。朱由检笑道："我请于先生以赦汝，何如？"皇后佯嗔说："坏了学规。"秦某谢恩而起。透过这种细枝末节，人们依稀可以看到帝后之间那种寻常夫妻谈笑谐谑之情。

《明史·后妃传》所记的一个细节也很有意思：

> 帝以寇乱茹蔬，后见帝容体日瘁，具馔将进。而瀛国夫人（朱由检的外祖母）奏适至，曰："夜梦孝纯太后（朱由检的生母）归，语帝瘁而泣，且曰：'为我语帝，食毋过苦。'"帝持奏入宫，后（指周后）适进馔。帝追念孝纯，且感后意，因出奏示后，再拜举匙箸，相向而泣，泪盈盈沾案。

帝后之间这种相敬相爱而又通情达理的关系，在钩心斗角的后宫中是难得一见的。

周后生性豁达大度，与田妃（居承乾宫，即东宫）、袁妃（居翊坤宫，即西宫）关系融洽。田妃获宠而骄，周后作为母仪天下之人，对她裁之以礼。某年元旦（大年初一），田妃按常规前来朝贺周后。车子到了廊庑下很久，周后才御坐受其拜贺，拜毕即下，一言不发。与此适成对照的是，袁妃来朝贺，两人相见甚欢，交谈多时。田妃由此怨恨，向帝泣诉。朱由检在交泰殿与周后发生口角，一时怒起，把周后推倒在地。周后愤而绝食，朱由检后悔不迭，又是派太监拿了貂皮夹衣送去，又是亲自前往探问起居，周后终于释怀，勉为一餐。不久，田妃因过失遭帝斥责，罚居启祥宫思过，三月不召。一日，周后陪朱由检在永和门赏花，请帝召见田妃，帝不允；周后自作主张派车把田妃迎来，相见如初，心中了无芥蒂。

田妃，原籍陕西，流寓扬州，父田弘遇，任扬州把总，"好侠游，为轻侠"，母吴氏出身倡优。田氏自幼聪慧过人，随母学琴，又从良师学习书画，因此琴棋书画无不精通，加之身材纤妍，生性寡言，深得朱由检喜爱。吴伟业《永和宫词》如此描写田妃:"雅步纤腰初召入,钿合金钗定情日。丰容盛鬋固无双,蹴鞠弹棋复第一。上林花鸟写生绡,禁本钟王点素毫。杨柳风微春试马,梧桐露冷暮吹箫。"朱由检并非怒目金刚式人物,颇有风流才子的潜质,在精通音律这点上类似唐玄宗;喜爱鼓琴,曾谱写访道五曲——《崆峒引》《敲爻歌》《梧桐吟》《参同契》《烂柯游》,叫田妃演奏。后人有诗曰:"一自薰风绝好音,清溪只解说幽深。真妃递奏烟霄曲,写出明王访道心。"两人引为知音,弹琴、吹箫、演奏琵琶、下棋、写字绘画,其乐融融,其情洽洽。《崇祯宫词》中此类事例俯拾即是:"田贵妃每当风月清美,笛奏一曲,上极赏之,尝曰:裂石穿云,当非虚语。""田贵妃工写生,尝作《群芳图》进上,上留之御几,时展玩焉。""田贵妃每与上弈棋,辄负一二子,未尽其技也。""田贵妃幼习钟王楷法,继得禁本临摹,遂臻能品。凡书画卷轴,上每谕妃鉴题之。"

尽管伉俪情深,朱由检对后妃要求却极为严格。

周后"晓书画,亦谙药性",且极有政治头脑,朱由检即位初期,"协谋去魏逆,称贤功"。此后,她从不干预朝政,只是到了危急关头,议论"南迁"纷纷不决时,偶尔发表过意见:"南中我家里甚可居,惜政府无有力持之者。"朱由检听了立即追问:"谁与言之?"周后自知失言,以缄默表示认错。周奎家的清客陈仁锡,曾为少年周氏教过《通鉴》,后得中进士。一日,周后与朱由检一起披阅进士名单,指着陈仁锡的名字说:"此吾家探花也。"朱由检不悦,说:"既是汝家翰林,莫想得阁老!"周后只得顾左右而言他,才把此事化解过去。又有某翰林与周奎家联姻,按苏州风俗举行仪式,用红色锦缎制成花篮送给周后。朱由检追问何人所送,周后告以结亲之事,朱由检大怒:"皇亲不宜与翰林婚姻!"次年,便以京察名义贬谪了这名翰林。以上二例反映了朱由检严防外戚干政的良苦用心。受到皇上的潜移默化,秉性谨慎的周后更加小心,"每裁抑外家恩泽,宫中礼数加严于旧"。

对于田妃也是如此。其父田弘遇自恃皇亲国戚,横行无忌,遭人诉讼,御史以法处理。田妃向皇上脱簪求解,朱由检大怒:"祖宗之法不可私!"随即把她罚居别宫思过。以后朱由检得知田弘遇依然恃宠骄横,责备田妃:"祖宗家法,汝岂不知? 行将及汝矣!"田妃听了十分恐惧,告诫家人:"汝辈于外犯事,已风闻大内矣。若上再问,吾当自杀耳。"田弘遇遭此震慑,稍知收敛。

田妃也有她的锋芒。崇祯十三年太监曹化淳从江南买得歌舞女子数人,送入宫中,甚得喜爱歌舞的皇上欢心,一连几个月不与后妃相见。田妃亲笔写了一份奏疏劝谏,朱由检阅后批示道:"数月不与卿相见,学问视昔大进。歌舞一事,祖宗朝皆有之,非自朕始也。"当天就赶往田妃宫中认错,慰藉再四。正因为在思想上如此合拍,崇祯十五年七月十五日田妃病逝后,朱由检哀痛不已,辍朝三日。有诗曰:"笃于怀旧可重亲,花萼难邀雨露新。毕竟圣明无女谒,昭阳专宠是何人?"

朱由检之非亡国之君,于此也可见一斑。明末遗民夏允彝(号瑗公)对此感叹不已:"烈皇帝之英明勤敏,自当中兴,而卒至沦丧者,以辅佐非人也。"夏瑗公其实只知其一不知其二,时势已经演变到这种地步,即使有贤臣辅佐,恐怕也只能苟延残喘,而难以挽狂澜于既倒。

五、最后的时日

"朕任用非人,养毒致溃"

却说正当"三晋披靡"之时,山西巡抚蔡懋德上疏向皇上呼救:"贼势猖獗,畿辅阽危,万难画界自保。今日之失正在贼聚而攻,我散而守,故处处无坚城。何者? 势不敌也。请发禁旅,并调真(定)、保(定)大营,宣(府)、大(同)二抚与臣合兵,尚可背城一战。否则,畿辅以西恐成破竹之势矣!"结果是可以预料的,不仅调不出京营禁旅,而且真定、保定的兵力以及宣府、大同二巡抚的兵力也没有向太原靠拢。

崇祯十七年二月初六日,农民军逼临太原城下,蔡懋德急得号啕大哭,决心以死殉职。两天后,守城的阳和标兵充作内应,开门投降,南关外城陷落。蔡懋德对随从说:"吾学道有年,已勘了生死,今日吾致命时也。"他拒绝部下要突围的建议,弃马伏剑说:"我应死此,去将何之?"随即步行到曾与诸生讲学的三立祠,再拜先贤,解袍带,自缢于东梁之左。

　　二月十六日,农民军至忻州,守城军队不战而降。农民军攻代州,守代州的总兵周遇吉困守十几天,积尸几乎与城墙平,兵少食尽,退保宁武关。二十日,农民军过雁门关,次日攻宁武关。李自成向关内发出通牒:五日不下,立即屠城。周遇吉不为所动,发炮杀伤万人。待火药用尽,有人劝说投降,周遇吉大怒:"若辈何怯耶! 今能胜,一军为忠义;万一不支,缚我以献,若辈可无羔。"于是开门奋击,杀伤数千人,兵员损失殆尽后退入城内,与妻刘氏作困兽之斗。刘氏,蒙古人,骁勇异常,率家童巷战,弓矢用尽,率众自焚而死。周遇吉被捕,被磔死。李自成叹道:"使守将尽用将军者,吾安得到此!"二十二日,宁武关陷落,李自成率军北上,直逼大同、阳和、宣府。

　　李自成由大同、宣府一线攻取北京,颇有战略眼光。吴伟业如此评论:"夫自成已破太原,逾太行,蹂真、保,可以直犯京师。乃先攻宁武、雁门者,盖以宣(府)、大(同)天下劲兵处,惧京师急而为之援也。是以偏师行入赵地,其正兵则从两关出代、上谷,乘瓦解之势,以尽收宣、大之兵,然后转攻居庸以进,先断我勤王之师,而京师坐困。彼其视内外三关之势,可从内以出,又可从外以入,而京师孤注,遂落其掌中。"分析得很有道理! 如果抄近路,由真定、保定北攻京师,势必使宣府、大同二镇劲旅回援,在北京外围就有一场激战;而先取宣、大,歼其主力,就截断了勤王之师的主要来路,别处勤王兵则鞭长莫及,北京即陷于孤立无援境地;偏师从真、保抄袭,形成钳形攻势,稳操胜券。果然,在宁武关陷落,大同、宣府危急之时,南面的真定也随之陷落。

朱由检觉察到形势的危急,起用心腹太监前往军事重镇督战。派往宣府的是乾清宫管御清监太监杜勋,派往大同的是乾清宫打卯牌子御马监太监杨茂林。同时又征召天下兵勤王,被征的有左良玉、吴三桂、高杰、唐通、黄得功、曹友义、马科、张天禄、马岱、刘泽清、牛国宝、刘良佐、葛汝芝等,要他们会师真定、保定间。然而将在外君命有所不受,当此危急关头,他们都拥兵自保,作壁上观,不是置若罔闻,便是虚与委蛇。

封在大同的代王朱传㸒眼见将遭灭顶之灾,上疏向皇上求救:"传闻贼拨已过雁门,直抵云中(指大同)地界,镇城西南一带风鹤震惊,阖镇人心畏寇甚于畏房,讹言危语种种腾沸……臣不胜鳃鳃为计,时镇臣姜瓖领兵出城,于二月十九日会同抚臣卫景瑗、道臣朱家仕、饷臣王弘祚……共集臣府议……惟以城守为第一务。"他哀叹:"凶寇之耗日近,兵马之费日繁,库内金钱久无,廪中米豆不继,且夕贼至城下,久暂不能预知。"朱由检只能给他一点空洞的安慰:"览王奏,寇逼藩封,殊轸朕念,调发援兵已有旨了。该抚镇殚力固守,宣督鼓锐策援,万毋隙疏自干大法。"所谓"调发援兵"云云,当然是一纸空文,各地勤王兵都要向京师靠拢,哪里还能顾及大同?要宣大总督王继谟"鼓锐策援"也是一句空话,宣府自身尚且难保,谈何策援?

三月一日,李自成率军进逼大同。大同总兵姜瓖不战而降,代王朱传㸒及其宗室被农民军处死,大同巡抚卫景瑗在海会寺自缢。

面对这一情况,朱由检一面下令放弃宁远,调辽东总兵吴三桂、蓟辽总督王永吉率兵入卫,召昌平总兵唐通、山东总兵刘泽清率兵入卫;一面要政府会议措饷,凡押在监狱的犯罪官僚如曾缨、侯恂、郑二阳等,一律助饷赎罪,其他勋戚官僚一律按官爵高低捐助饷银。过了四五天,只有太监王永祚、王德化、曹化淳各自捐了五万两,其余高级官僚个个如铁公鸡,一毛不拔。阁臣魏藻德仅捐五百两,陈演在皇帝面前装穷,表白自己一向清廉,从未向吏兵二部"讨缺"(索贿卖官)。那些勋戚官僚宦囊鼓鼓,却十分吝啬。

朱由检派太监徐高劝谕国丈嘉定伯周奎捐助,周奎始终不肯松口,气得徐高拂袖而起:"老皇亲如此鄙吝,大事去矣!广蓄多产何益?"周奎被逼无奈,才忍痛捐了一万两。其余勋戚官僚捐助的都没超过一万两。太监王之心是京都有名的富翁,在皇上当面劝谕下,才勉强捐了一万两。太监们为了躲避捐助,各自在大门上贴出"此房呱兑"的条子,并把古玩杂物拿出来摆摊出售,好像已经穷到非典卖家当不可的地步了;他们甚至公然大发牢骚,在宫门上写打油诗"此处不留人,自有留人处",流露出离心离德的奴才劣根性。这些人不是没有钱财,后来农民军攻下北京,对他们进行拷掠追赃,王之心拿出了十多万两,周奎家抄出五十多万两,陈演也献银四万两,便是明证。

这是不祥的亡国之兆,朱由检无可奈何,只能做点力所能及的事。一方面有感于吏治败坏,向部院衙门发去一道谕旨:"近者庶绩废弛,治功罔奏,皆上官不饬,司官听吏胥积蠹相仍,唯贿是视,其弊有不可胜言者。"另一方面为了挽回民心,向全国发出一道大赦天下的诏书,对他临朝十七年的政绩作了深刻的检讨:

> 朕承天御宇以来,十有七年于兹矣!日在冰兢,思臻上理。东人方张,流寇又作,调兵措饷,实非得已之事。乃年年征战,加派日多,本欲安民,未免重累,朕之罪也。
>
> 贪官污吏,乘机巧取,加耗鞭朴,日为尔苦。朕深居九重,不能体察,朕之罪也。
>
> 将懦兵骄,莫肯用命,焚灼淫掠,视尔如仇。朕任用非人,养毒致溃,朕之罪也。
>
> ......

在叹息痛恨、引咎自责之后,他向百姓表示:已调各路兵马倡义勤王,各项钱粮剿饷已经蠲免,如再有私征滥派定将严惩,一切不便于民之事尽行革去,以与天下更始。希望跟随李自成的牛金星、喻上猷、刘宗敏等人伺隙反正,一概赦免其罪。他还表示,事平之后,一定用贤治国,改革从前之败辙,与尔等维新。

这些话语流露出朱由检想挽回败局的急切心思,不能说毫无诚心诚意,但毕竟为时已晚,无济于事了。正如谈迁评论的那样,这个诏书比上个月的罪己诏显得更加迫切,如果能在去年冬天发出,那么远近臣民或许为之感动,如今形势大变,剥床以肤,祸临俄顷,出都城一步都怀疑易虑,谁还能相信呢?

兵临城下

与此形成鲜明对照的是,农民军三月初八日进攻宣府,巡抚朱之冯率部顽抗,不料士兵倒戈,迫使他拔刀自刎。朱由检派去的监军太监杜勋置皇命于不顾,带头投降,"蟒袍鸣驺,郊迎三十里之外"。农民军进城后,宣传"不杀人,且免征徭赋",因此"举城哗然皆喜,结彩焚香以迎"。三月初九日,农民军到达阳和,兵备道于重华出郊十里迎饯,城内百姓备了牛羊酒浆夹道欢迎。

三月十一日,朱由检又颁布一道罪己诏,再一次检讨自己十七年施政的失误,希望能得到臣民们的谅解,其中不乏深刻责己的词句:

> 朕为民父母,不得而卵翼之;民为朕赤子,不得而怀保之。坐令秦豫丘墟、江楚腥秽。罪非朕躬,谁任其责? 所以使民罹锋镝,蹈水火,血流成壑,骸积成山者,皆朕之过也。使民输刍挽粟,居送行赍,加赋多无艺之征,预支有称贷之苦者,又朕之过也。使民室如悬磬,田尽污莱,望烟火而无门,号冷风而绝命者,又朕之过也。

他的目的是想号召臣民恢复郡邑,擒斩闯献,"雪耻除凶",助成底定之大功。但事已至此,人心惶惧,早已无心"雪耻除凶",别说一般百姓,就是朝廷大臣也惶惶不可终日,失去了信心。朱由检每天召集大臣筹划对策,大臣们除了说些"练兵按饷不及"之类的套话,别无建设性意见;而且大僚们挟持下属,迫使他们缄口不言,因此每次召对,大僚们只称"待罪",小官们沉默不语。朱由检见举朝无人,每次召对完毕,都痛哭回宫。他只得任命司礼监秉笔太监王承恩提督内外京城,蓟辽总督王永吉节制各镇兵将,并向兵部发去一道谕旨:"都城守备有余,援兵四集,何难刻期灭贼?敢有讹言惑众及私发家眷出城者,擒治!"力图凝聚日趋涣散的人心,重振朝廷的雄风。

三月十二日,李自成农民军逼近京郊,朝野大震。朱由检召集群臣询问有何对策,举朝束手无策,有人提出关闭城门禁止出入,此外一无所为。次日,朱由检再次召见群臣,询问御寇方略。诸臣都噤若寒蝉,气得他大骂兵部尚书张缙彦负国无状。张缙彦索性"掷纱帽",顿首乞求罢官。这种精神状态,除了坐以待毙,还会有什么好结局呢?

三月十五日,李自成农民军抵达居庸关。朱由检派去监军的太监杜之秩以及应召前来勤王的总兵唐通不战而降,拱手让出捍卫北京的最后一道关隘,巡抚何谦与总兵马岱都临阵脱逃。

三月十六日,朱由检在中左门召见考选官滋阳知县等三十三人,想就安定人心、剿寇生财问题听听他们的意见。从君臣的对话中似乎看不出末日即将来临的迹象。

黄国琦说:"当今之计亟待收拾人心,其次在于用人。"

朱由检问:"何以安人心?"

对曰:"安人心不难,只要皇上心安,则人心自安。"

朱由检表示首肯,又问:"何以生财?"

对曰:"今日言生财者,只关注加派、捐助,都不可取,皇上应当搜括内帑以供外用。"

朱由检表示首肯,正想进一步询问生财足用计将安出,突然内侍送上一件紧急公文。朱由检打开一看,顿时脸色骤变,起身入内。这件紧急公文就是京郊昌平县已经陷落的塘报。这天黎明,农民军攻下昌平,总兵李守镱(襄城伯李国桢之侄)自杀。农民军随即进犯十二陵(明朝皇陵),焚烧享殿,砍伐松柏。这天夜晚,农民军从沙河挺进,直犯平则门,火光烛天。

兵临城下,原先看上去似乎上下一心的官僚群体立时分化瓦解。一些投机分子秘密策划应变措施,以迎接一朝天子一朝臣的新局面。兵部官员魏提塘遇见一名高级官僚的长班(听差),只见他从袖中拿出一张传单,上面写着太监及文武大臣"公约开门迎贼"之事,领衔的是曹化淳、张缙彦。《流寇长编》的编者为这条独家新闻写了一句按语:"此事万斯同面问魏提塘所说。"可见确有所据,以后几天的事态发展也证实了这一点。

三月十七日,农民军东路进至高碑店,西路进至西直门外,炮轰城墙。朱由检照例上早朝,召对诸臣,大家相对而泣,惘然无措。气得他在御案上写了十二个字,密示司礼监太监王之心看毕随即抹去。据说,其中六个字是"文臣人人可杀"。事态已经发展到毫无转机的地步了。

中午时分,农民军攻打平则门、彰义门、西直门,守卫的三大营士兵一触即溃。这也在情理之中,守城者都是老弱残兵及宫内太监,号称一万几千人,毫无战斗力。何况没有人烧饭,个个都饥饿不堪,岂能抵挡排山倒海般的攻势!阵地上布满了火车、巨炮,还有蒺藜、鹿角等障碍物,阻挡不住像潮水一样涌来的人浪。城墙外面全是身穿黄色衣甲的农民军,"四面如黄云蔽野",把北京城围得水泄不通。

三月十八日,李自成指挥农民军冒雨猛攻。守军既怨且惧,一味向外放空炮,没有铅子,只一阵硝烟和一声空响,仿佛在那里放爆竹烟火,敷衍塞责拖延时辰而已。李自成在彰义门外向城上喊话,负责守城事宜的襄城伯李国桢在城头大声回话:"我入你营为质,你当遣人与圣上面讲!"李自成回答他:"何用为质!"立即派已投降的太监杜勋缒入城内传话。杜勋入城后,奔往大内,向皇上传话:"贼人马强众,锋不可当,皇上当自为计。"守陵太监申芝秀也缒城入见皇上,传达李自成要皇上"逊位"及其他"犯上不道语"。

朱由检在召见杜勋时,内阁首辅魏藻德等人也在场,他们一起听了杜勋转述李自成的谈判方案——"割地讲和"。具体内容为:议割西北一带,分国而王,并犒赏军银百万两,此后可为朝廷内遏群寇,尤能以劲兵助制辽藩,但不奉诏觐。朱由检问魏藻德:"此议何如? 今事已急,可一言决之。"老奸巨猾的魏藻德怕承担责任,一声不吭,一味鞠躬俯首。朱由检只得命杜勋出城向李自成回话:"朕计定,另有旨。"待杜勋退出,魏藻德仍沉默不语,气得朱由检推倒龙椅,匆匆离去。

谈判既然不能达成协议,朱由检所谓"朕计定,另有旨",除顽抗到底已别无他法了。他亲笔写了一道"亲征诏书":

> 朕以渺躬,上承祖宗之丕业,下临亿兆于万方,十有七年于兹。政不加修,祸乱日至,抑贤人在下位欤? 抑不肖者未远欤? 至于天怒,积怨民心,赤子化为盗贼,陵寝震惊,亲王屠戮,国家之耻,莫大于此。朕今亲率六师以往,国家重务,悉委太子。告尔臣民,有能奋发忠勇,或助粮草器械、骡马舟车,悉诣军前听用,以歼丑逆,分茅胙土之赏,决不食言!

随后紧急召见驸马都尉巩永固,要他率家丁护送太子南行;巩永固说自己不敢私蓄家丁,即使有,也不足以冲出重围,此议只能作罢。于是朱由检叫来太监王承恩,要他召集内员,准备守卫宫城。

李自成见谈判没有结果,便下令全线攻城。曹化淳按照"开门迎贼"的公约,首先打开了彰义门,向农民军投降。德胜门、平则门也随即开启,北京外城全部陷落。朱由检在大内召问阁臣:"卿等知外城破乎?"阁臣回答:"不知。"朱由检再问:"事亟矣,今出何策?"阁臣的回答是几句自欺欺人的话:"陛下之福自当无虑,如其不测,臣等巷战,誓不负国。"所谓"臣等巷战"云云,当然是一句空话。当农民军向内城进攻时,守宣武门的太监王相尧、守正阳门的兵部尚书张缙彦、守齐化门的成国公朱纯臣等,不约而同地打开城门投降。整个过程中根本没有发生什么巷战。三月十八日夜,一时各门俱开,炮声顿绝,农民军控制了全城。

京城上空烟火弥漫,微雨不绝,细雨中夹杂着雪花,在烟雾迷濛中洒向全城。

生离死别

在殿陛间徘徊的朱由检,得到内侍报告内城陷落的消息,忙问:"大营兵安在?李国桢安在?"得到的回答是:京营总督李国桢早已自顾逃命,大营兵已作鸟兽散。内侍们劝皇上"急走"。朱由检将信将疑,便带了心腹太监王承恩跑到煤山(景山)上,四处瞭望,但见烽火烛天,内城确已陷落,才返回乾清宫,布置应急善后事宜。

他对结发妻子周皇后说:"大事去矣,尔为天下母,宜死。"周后伤心地恸哭:"妾事陛下十八年,卒不听一语。今日同死社稷,亦复何恨!"朱由检听了,凄怆得不能抬头对视。少顷,心境平静下来,意气自如地坐下,命左右侍从进酒。他正襟危坐连饮十几杯,左右侍从紧张地伏在地上,仰视不敢动。朱由检命他们立即传旨给后宫嫔妃及懿安皇后,要她们自尽,"莫坏皇祖爷国体"。待宫人复命"娘娘领旨",叩头跪起时,朱由检又说:"传主儿来!"太子及定王、永王匆忙赶来,还穿着宫中服装,朱由检训斥道:"此何时,可弗改装乎?"立即命宫女取来旧衣,亲自为他们换上,系上衣带,告诫道:"尔等今日是太子,王城破,即小民也,各自逃生去吧!不必恋朕,朕必死社稷,有何面目见祖宗于地下?尔等切要谨慎小心,若逢做官的人,老者当呼为老爷,幼者呼为相公;若遇平民,老者呼为老爹,幼者呼为老兄,或称为长兄,呼文人为先生,呼军人为户长,或称曰长官。"又说:"万一得全,来报父母仇,无忘我今日诚也!"这是他作为一个父亲对三个儿子的临终嘱托,告诉这些从小生长于深宫之中、不了解外界世俗民情的皇子如何在这乱世安身立命,父子亲情及无限的感慨尽在不言之中。临别时,他大声说:"尔三人何不幸而生我家也?"便呜咽得不能出声。左右侍从被这生离死别的情景感动得失声大哭。周后拊诀太子、二王之后,恸哭着返回坤宁宫。

朱由检见太监带着三位皇子出宫后,便来到坤宁宫,见周后已上吊自尽,连声说:"好!好!"十六岁的长平公主徽媞在一旁痛哭不已,朱由检对她说:"尔何为生我家?"挥剑向她砍去,公主用臂挡了一下,手臂被斩断,立刻昏厥过去。农民军进京后,把她送到周奎家,五日后宛转复苏。后清朝顺治二年徽媞上书清廷请求出家为尼,清帝不许,命她与朱由检原选驸马都尉周世显完婚。次年,徽媞因思念皇父皇母泣血而死,年十八岁。明朝遗老松江人张宸作《长平公主诔》为之哀悼:

> ……乘鸾扇引,定情于改朔之朝;金犊车来,降礼于故侯之第。人非鹤市,慨紫玉之重生;镜异鸾台,看乐昌之再合。金枝秀发,玉质含章。逢德曜于皇家,迎桓君于帝女。然而心恋宫帏,神伤辇路,重云笔墨,何心金榜之门;飞霖谷林,岂意玉箫之馆。弱不胜悲,溘然薨逝……

再说朱由检从坤宁宫来到南宫(仁寿殿),命宫女逼懿安皇后张氏自缢,便仓促离去。此时张氏并不知道外间消息,没有遵旨自缢。次日清晨望见火光,宫女哗言内城已陷,沸哭如雷,张氏才知大势已去,欲拔剑自刎,无力下手,便悬梁自缢。宫女把她救下,送入侧室,过了几个时辰,张氏在侧室自缢。农民军先头部队进入宫内,砍断绳索,张氏坠地后渐渐苏醒。忽闻有人大喊:张皇后娘娘安在?此人正是农民军将领李岩,深感张皇后素有圣德,不可使她受辱,要宫女扶坐,受他九拜,并命部下严加禁卫。这天晚上,张氏从容自缢。十月间,清帝把她合葬于熹宗德陵。

朱由检从张皇后处出来,已是深夜,在司礼监太监王承恩陪同下,来到煤山,在寿星亭附近一棵大树下上吊自杀,王承恩也随之自缢。时间在十八日后半夜，即十九日子刻。这一行动极其秘密，所以宫内宫外都不知皇上下落，一直到二十二日才发现。后人根据发现此事的太监口耳相传，朱由检殉国的情况大致无异，然而细节出入颇大，略举数例：

——二十二日庚戌得先帝遗魄于后苑山亭中，与王承恩对面缢焉。先帝以发覆面，白袷（夹衣）蓝袍白绸裤，一足跣，一足有绫袜，红方舄（复底鞋）。袖中书一行云："因失江山，无面目见祖宗于天上，不敢终于正寝。"又一行云："百官俱赴东宫行在。"

——二十二日贼搜得先帝遗弓于煤山松树下，与内监王承恩对面缢焉。左手书"天子"二字，身穿蓝袖道袍、红裤，一足穿靴，一足靴脱，发俱乱。内相目睹，为予言也。

——至日将午，始闻先帝凶问，同秉笔司礼王之心（按：应为王承恩）缢于后宰门煤山之红阁。红阁系先帝于二月间命勋卫诸臣演习弓马，亲自御览之地也。所御玄色镶边白绵绸背心，上有御笔血诏，略云："诸臣误朕，朕无颜见先帝于地下，将发覆面，任贼分裂朕尸，决勿伤我百姓一人。"

——先帝披发，衣白绵绸袷，蓝纱道袍，下体白绵绸裤，一足跣，一足有绫袜，及红方舄。于衣带得血诏云："朕在位十有七年，薄德匪躬，上邀天罪，至房陷内地三次，逆贼直逼京师，诸臣误朕也。朕无面目见祖宗于地下，以发覆面而死，任贼分裂朕尸，勿伤我百姓一人。"

——内侍告大行皇帝所在，闯贼遣人视之。奔于煤山养心亭，司礼监王承恩从死。帝披发掩面跣足，胸前书数行云："朕不德，以致失国，羞着衮冕见祖宗于地下。"又有"满朝贪官污吏皆可杀，百姓无罪不可杀"等语。又闻宫中御衣上有血书遗诏云："朕自登极十七载，三邀天罪，致房陷地三次，逆贼直逼京师，诸臣误朕也。朕无颜见先皇于地下，将发覆面，任贼分裂朕尸。可将文官尽行杀

476

死,勿坏陵寝,勿伤我百姓一人。"

朱由检生于万历三十八年(1610年)十二月二十四日,卒于崇祯十七年(1644年)三月十九日,享年三十五岁(虚岁)。他的死意味着明朝的灭亡。

青史凭谁定是非

当清朝鼎定之后,金戈铁马声渐渐消散,人们冷静理智地回顾这段历史时,对他的盖棺论定是颇有一点历史主义倾向的。

康熙初年协助谷应泰(时任提督浙江学政)编修《明史纪事本末》的张岱(号陶庵),以崇祯一朝邸报为基础写成了崇祯朝纪传体史书《石匮书后集》。他在书中对朱由检给予相当富有感情色彩的评价:

> 古来亡国之君不一,有以酒亡者,以色亡者,以暴虐亡者,以奢侈亡者,以穷兵黩武亡者。嗟我先帝,焦心求治,旰食宵衣,恭俭辛勤,万几无旷,即古之中兴令主,无以过之。乃竟以崔苻(原意为泽,引申为盗贼出没之处)剧贼,遂至殒身。凡我士民思及甲申三月之事,未有不痛心呕血,思与我先帝同日死之之为愈也。

当然陶庵先生也并不是一味推崇,他指出了朱由检的两大失误:其一是,把宫中内帑看作"千年必不可拔之基",不可分毫取用,于是"日事居积,日事节省,日事加派,日事借贷",终于导致九边军士数年无饷、体无完肤,何以羁縻天下! 其二是,"焦于求治,刻于理财,渴于用人,骤于行法,以致十七年之天下,三翻四覆,夕改朝更,耳目之前觉有一番变革,向后思之讫无一用"。一言以蔽之,叫作"枉却此十七年之精励!"

乾隆年间在文坛颇有声望、对历史独具只眼的全祖望(号谢山),写了一篇《明庄烈帝论》,其基调是:"庄烈之明察,济以忧勤,其不可以谓之亡国之君固也。而性愎而自用,怙前一往,则亦有不能辞亡国之咎者。"他认为至少在两方面不能辞其咎:一是听任宦官干政,二是拒绝

与清议和。他对后一点展开分析,尖锐地指出明屡败于清,仍负气不量力,是自求灭亡之道:

> 夫明之所以亡者,非以流贼也,力屈于东,是以祸蔓于西。向使当日者东方(指清朝)修睦,得以专力于萑苻(指李自成、张献忠等农民军),卢象昇、洪承畴、孙传庭三人者,皆平贼之已有成效者也,以之任□□(原文如此,似为东征)则不足,以之西征有余,再假之数年,而西方晏然,李(自成)张(献忠)之首枭矣。计不出此,东事频警,撤西藩以赴之,卢缘败死,洪则败降,孙以败斥,熊罴之臣以尽,府库又竭,即令流寇不陷京师,而王师再至,将何以应之,亦必亡而已矣。是非庄烈之过而谁归也?

看得出来,谢山先生对于朱由检不能坚持攘外必先安内的方针是耿耿于怀的,这也是以史识见长的他不同凡响之处。

乾隆初年官方编纂完成的《明史》带有官修史书四平八稳的特色,然而对朱由检的评价似乎同情多于谴责,其赞语写道:“帝承神、熹之后,慨然有为。即位之初,沉机独断,刈除奸逆,天下想望治平。惜乎大势已倾,积习难挽。在廷则门户纠纷,疆场则将骄卒惰。兵荒四告,流寇蔓延。遂至溃烂而莫可救,可谓不幸也已。”在史官们看来,朱由检在位十七年始终处在无法摆脱的自相矛盾之中:一方面是“不迩声色,忧勤惕励,殚心治理。临朝浩叹,慨然思得非常之材”;另一方面却“用匪其人,益以偾事。乃复信任宦官,布列要地,举措失当,制置乖方”。在他们看来,朱由检身罹祸变是“气数使然”。

读者诸君不难从这些评论中领悟到一个并非亡国之君的亡国悲剧的丰富历史内涵。明朝遗民写了不少追怀先帝英烈的诗,隐约地透露了这种情怀。其中之一曰:

> 谁将劲弩射天狼,洒泪新亭痛不忘。
> 一夜长星横帝座,两行血字诏穹苍。

雨铃还自归南苑，鹦鹉犹能说上皇。

怪杀鼎湖龙莫挽，六宫春草断人肠。

另有一首曰：

玉辇仙游家国非，朝天此日失宵衣。

遗民泣逐群乌去，梦绕燕山带血归。

倾听徽音去已遐，空留双烈在明家。

云车应积敷天恨，簪尽人间白奈花。

六、闯王进京

杀身成仁的忠臣

三月十九日黎明，人马喧嘶，城中鼎沸，李自成率农民军大队人马进城。据目击者说："贼驰而进，皆白衣青帽，张劲弓，挟修矢，每人拴短棍数条，衔枚疾走。""百姓门俱开，有行走者，避于道旁，亦不相诘，寂然无声，惟闻甲马之音。"

与老百姓们冷眼旁观、若无其事的反应形成鲜明对照的是，达官贵人如丧家之犬惶惶不可终日，唯恐暴露自己的身份，纷纷乔装打扮，或是"恐衣冠贾祸，悉毁其进贤冠"，或是"俱穿极破青衣，戴破毡帽"，一时间"破衣破帽重价求之不得"。有人如实地记录了那种丑态毕露的滑稽相："是日，大小官僚俱以重价购极破青布衫并破帽，混稠人中，低头下气，惟恐人觉。富贵子弟至以鲜衣数袭易一垢敝衣不可得，赤体狂奔，随路跣伏。"那种景象，仿佛末日即将来临，空气中洋溢着不可名状的恐怖与惶惑。

中午时分，闯王李自成头戴毡笠，身穿缥衣，骑乌驳马，在一百多骑兵簇拥下进入德胜门。太监王德化带领宫内残存人员三百余人迎接，余者已从东华门逃生。太监曹化淳引导李自成和牛金星、宋献策、宋企郊等,从西长安门进入大内。当李自成获悉皇上及太子、二王不知下落时,立即发榜悬赏,宣布有献出者赏黄金万两,封伯爵,隐匿者族灭其全家。

突如其来的政治变故,雷霆万钧的巨大压力,使明朝官僚集团迅速分化瓦解。一小部分崇尚传统士大夫气节的人,选择了杀身成仁的归宿。他们中有勋戚六人:新乐侯刘文炳、惠安伯张庆臻、东宫侍卫周镜(周奎之侄)、驸马都尉巩永固、宣城伯卫时春、阳武侯薛濂等;文臣二十一人:大学士范景文、户部尚书倪元璐、协理京营戎政兵部右侍郎王家彦、刑部侍郎孟兆祥、都察院左都御史李邦华、都察院副都御史施邦曜、大理寺卿凌义渠、太仆寺丞申佳胤、太常寺卿吴麟徵、户科都给事中吴甘来、兵部郎中成德、兵部主事金铉、工部主事王钟彦、进士孟章明、翰林院左谕德马世奇、左中允刘理顺、左庶子周凤翔、翰林院检讨汪伟、御史王章、御史陈良谟、御史陈纯德、吏部员外许直、中书舍人宋天显等。

巩永固、刘文炳十八日奉帝密诏赶赴宫中,其时外城已陷,朱由检问他们能否巷战。两人答:“今只剩臣亲随数骑,何以巷战?”朱由检说:“到此地步,朕志决矣!”巩永固说:“臣等已积薪第中,当阖门焚死,以报皇上。”二人辞别皇上,决心以死相报。巩永固归家杀其坐骑,焚毁弓刀铠仗,在墙上写了八个大字:“世受国恩,身不可辱。”当时其妻乐安公主已死,巩永固用黄绳缚子女五人,说:“此帝甥,不可污贼手!”然后全家自焚而死。刘文炳获悉巩永固已死,亦全家自焚而死;其祖母瀛国太夫人即朱由检外祖母,时年九十余,投井而死。

范景文在三月十七日之前见时势日艰,半夜涕零叹息:“身为大臣,不能仗剑为天子击贼,虽死犹负国!”从此绝食。十九日城陷,传闻皇帝驾崩,或言帝已南巡,叹道:“不知圣驾所在,惟有一死以报陛下。”写绝命诗“翠华迷草路,淮水涨烟濒”,自缢于妻陆氏灵前。被家人救下后,又赋诗“谁言信国非男子,延息移时何所为”,拜阙号哭,潜赴龙泉巷,投入古井中。他是死节二十多人中最早的一个，也是内阁辅臣中唯一的殉难者。

倪元璐于三月十九日京城陷落后，穿纱帻绛衣，北向拜阙，说："臣为大臣，不能报国，臣之罪也！"又南向再拜，遥辞母亲，换上便服，祭汉寿亭侯像，题字案头："南都尚可为，死吾分也！慎勿棺殓，以志吾痛。"对家人说："即欲殓，必俟大行（皇帝）殓，方收吾尸。"于是从容步至厅前投缳自缢。众仆人想上前解救，老仆哭着劝阻："此主翁成仁之日，嘱咐再三，勿可违命！"农民军官员得知，传令箭告诫："忠义之门，勿行骚扰。"其子倪会覃不忍违父命，直至皇上殡殓，才为父合棺。目睹此情此景的农民军无不叹息，称为"真忠臣"。黄道周说："呜呼，以天子十七载之知，不能使一词臣进于咫尺；以五日三召之勤，不能从讲幄致其功，卒抱日星与虞渊同陨。呜呼，岂非天乎！"

李邦华于十八日率御史上城巡视，遭太监阻挡，归途遇见吴麟徵，握手挥泪，誓死国难。次日闻国变，南向痛哭，携册印冠带前往吉安会馆（同乡会），对文天祥之像再拜矢志，题绝命诗："人生自古谁无死，留取丹心照汗青。今日骑箕天上去，儿孙百代仰芳名。"又自赞道："堂堂丈夫，圣贤为徒。忠孝大节，矢死靡他。遭国不造，空负名谟。临危授命，庶无愧吾。君恩莫报，鉴此痴愚。"随后自缢而死。

吴麟徵十五日奉命守西直门，十八日因势不支，欲见皇上，至长安门已二更时分，无法入内，在午门遇见魏藻德，魏诡称："朝廷大福，自无他虞，旦夕兵饷且集，公何匆遽为？"随后拜谒李邦华，两人相对而泣。十九日黎明，见宫人争先恐后从东华门奔出，城中讹传"天子他幸"。他听说后就在民居门前自缢，被随从救下，大哭道："我若得一见天子，死无憾矣。"随从挽他走入道左三元祠，他举头望屋梁说："吾终此矣！"遂索酒饮，对随从说："吾受恩列卿寺，国亡贼入，虽君父消息未真，亦何颜自立！"二更时自缢，又被救，写绝笔："祖宗二百七十余年宗社，一旦而失，虽上有龙亢之悔，下有鱼烂之殃，而身居谏垣，不能匡救，法应褫服，殓时用角巾青衣,覆以单衾,垫以布席,足矣。棺宜速归,恐系先人之望。茫茫泉路,炯炯寸心,所以瞑予目者,又不在乎此也。崇祯十七年三月二十日酉刻,罪臣吴麟徵绝笔。"然后投缳而死。

马世奇于十九日城破后听民间传闻"帝已南幸",便起身沐浴,整肃衣冠,捧所署司经局印,北面望阙遥拜:"臣未能报国,如何?"把印交给仆人,嘱托:"上果南幸,即持此间赴行在。"又南向遥拜辞母,与二妾同缢于小室,被仆人救出。仆人劝解道:"太夫人在,主未可死。顷访万岁,昨三鼓时果出齐化门南幸。"他说:"不死,正恐留此身为太夫人辱耳!且以吾意料,皇上必不南幸。"随即命仆人买三口棺材,关照说:"吾世受国恩,身居秘署,自辛未至今十三年。今见国破君亡,为人臣子,分固应死。"说罢,自缢而死。在给儿子的遗书中说:"京都失守,一筹莫展,真所谓死有余责。不能恝然者,汝祖母、汝母及汝兄弟耳!忠孝二字,是吾家风,好守之……"

这些人的言行难免有点愚忠的意味,但他们那种视死如归、大义凛然的气节,总是令人感动的。

改换门庭的宵小之徒

与此形成鲜明对照的是大多数官僚贪生怕死、热衷于荣华富贵的种种卑劣行径。大学士魏藻德、陈演等于二十日拜谒李自成,表示改换门庭之意。魏藻德说:"新进三载,叨任宰相,明主不听臣言,致有今日。"李自成训斥道:"尔既新进,即负特宠,当死社稷,何偷生为?"魏藻德连忙叩头说:"陛下赦臣,自当赤心以报。"李自成大声叱责,命令士兵把他囚禁于刘宗敏处。魏藻德仍不死心,透过窗隙喊话:"如用我也,无论何官,而乃圄我乎?"

总督京营襄城伯李国桢被押入,请求谒见李自成。李自成呵斥道:"尔身任重任,宠信逾于百官,义不可以负国,既未坚守,又不死节,腼然以就见,何也?"李国桢沮丧得无话可说,少顷,才吞吞吐吐地说:"陛下应运而兴,愿留余生以事陛下。"李自成大怒:"汝负若主,我何用为? 误国贼尚求生耶?"

其他降官一千二百多人按照农民军的榜示,青衣小帽奔赴会极门,报上姓名职衔,等待牛金星的录用。这些昔日威风凛凛的官僚,如今像囚犯一样坐在地上,听凭农民军士兵任意戏弄侮辱,不敢出声。目击者描述道:"平日老成者,儇巧者,负文名才名者,哓哓利口者,昂昂负气者,至是皆缩首低眉,植立如木偶,任兵卒侮谑,不敢出声。亦有削发成僧,帕首作病,种种丑态,笔不尽绘。"从鸡鸣前往,一直等到日落西山,都没有受到召见,饥渴疲惫至极,横七竖八地困卧阶前。

李自成对这批降官很反感,对牛金星等人说:"各官于城破日能死便是忠良。若身体发肤受之父母,不敢毁伤,削发之人不忠不孝,留之何益?"牛金星命人用手摸着降官的头顶,一双两双地核对数目,点完后,选拔九十多名送往宋企郊处听候派遣,不入选的都押往刘宗敏处等待处分。押到后,刘宗敏正在"挟妓欢呼,饮酒为乐",根本无暇审问。各官因服羁系,腹中饥肠辘辘,即强项大僚也顾不得体面,拾起士兵丢弃的食物往嘴巴里塞。这些贪生怕死之徒相对彷徨,度日如年,反觉生之可厌。这是一种讽刺,抑或是一种惩罚,谁也说不清楚。

帝后的葬礼

却说受朱由检嘱托藏匿太子、二王的太监,见到悬赏令,迫不及待地向李自成献出了太子、二王,邀功请赏。李自成厉声诘问太子:"汝父皇何在?"太子答:"崩于南宫。"再问:"汝家何以失天下,若父何以至此?"答:"我何知? 问之百官。"李自成见他挺立不屈、谈吐自如,口气顿时温和了下来,轻声说:"汝父在,我必有以尊养之,汝毋虑也。"太子反问:"何不杀我?"李自成说:"汝无罪,我岂妄杀!"太子说:"如是,当听吾一言:一不可惊我祖宗陵寝;二速以礼葬我父皇母后;三不可杀吾百姓。"从以后的形势发展来推断,李自成似乎采纳了太子的三点建议。

三月二十二日，太监在煤山发现了皇上的遗体。太监们奉命用门板抬下尸体，与周后的尸体一起停放在东华门外茶庵的芦席棚内。之后不久，太监奉命买了两口柳木棺材，以土块当枕头，安放帝后尸体。旁边有两个和尚念经，四五个太监守卫。大臣中前往哭临的不过二三十人。不少昔日信誓旦旦效忠皇上的大臣，此时摇身一变，改换门庭，扬鞭策马而过，对帝后的灵柩根本不屑一顾。在这一点上，他们反不如李自成。李自成作为反叛势力的代表，却能冷静地遵循传统礼仪、人情世故，下令正式殡殓大行帝后，为皇上的梓宫（棺材）刷上红漆，为周后的梓宫刷上黑漆，并为皇上换上翼善冠、衮玉及渗金靴，为周后更换袍带。一切殡殓事宜都按照帝后的规格进行。

李自成派人宣布："帝礼葬，王（指太子）礼祭，二子（指定王、永王）待以杞、宋之礼。"他自己还到祭坛，向帝后梓宫四拜垂泪。有些史籍以为李自成此举是接受了襄城伯李国桢的建议，如《流寇志》说："贼舁帝后以柳棺，至东华门外，百官莫至。国桢泥首去帻，奔赴伏地恸哭。贼执见自成，国桢触阶大哭，流血被面。自成好语诱之降。国桢曰：'从三事即降：一、祖宗陵寝不可发掘；一、须葬先帝以天子礼；一、太子二王不可害。'自成许之，扶出。"其实不然，谈迁对此作过考辨："国变时，留都坊刻数种，有言襄城伯李国桢见贼愿触死于阶前，争三大事：葬先帝、护山陵、全太子定永二王。李自成一一从之。后以问北来诸人，绝无闻也。予游燕，值其门客，有言襄城事甚详者，又其舅金华某氏，尝叹其不能死国，彼犹觊归命之赏，甘心事仇。南人不察其实，为流闻之所误。"此说是持之有故、言之成理的。

顺天府新任府尹奉命赶赴昌平州，筹划安葬帝后梓宫事宜，拨夫造圹（墓穴）。帝后梓宫于四月初三日发引，初四日草草掩埋于田贵妃坟内。据说发引那天，只有太子、二王前往东华门送行，"百官无一执绋者"。

当时顺天府昌平州署吏目事、省祭官赵一桂写了一篇《为开圹捐葬崇祯先帝及周皇后共归田妃陵寝事》，为后世留下了关于朱由检安葬经过的宝贵记录：

……卑职于崇祯十七年正署州捕，遭际都城陷没，故主缢崩。至三月二十五日，顺天府伪官李纸票：为开圹事，仰昌平州官吏即动官银雇夫，速开田妃圹，安葬崇祯先帝及周皇后梓宫。四月初三日发引，初四日下葬，毋违时刻，未便。彼时州库如洗，监葬官礼部主事许作梅因葬主限迫，亦再三踌躇。卑职与好义之士孙繁祉、白绅、刘汝朴、王政行等十人，共捐钱三百四十千，雇夫启闭。其圹中隧道长十三丈五尺，阔一丈，深三丈五尺。督修四昼夜，至初四日寅时，始见圹宫石门。用拐钉钥匙推开头层石门入内，享殿三间，陈设祭器，中有石香案，两边列五色绸缎，侍从宫人生前所用器物衣服俱在大红箱内盛贮。中悬万年灯二盏。殿之东间石寝床一座，铺设栽绒毡，上叠被褥龙枕等物。又开二层石门入内，通长大殿九间，石床长如前式，高一尺五寸，阔一丈。田妃棺椁即居其上。

初四日申时，候故主灵到，即停于祭棚内，陈猪羊金银纸扎祭品，同众举哀祭奠下葬。卑职亲领夫役入圹宫内，即将田妃移于石床之右，次将周后安于石床之左，后请崇祯先帝之棺居于正中。田妃葬于无事之时，棺椁俱备。监葬官与卑职见故主有棺无椁，遂将田妃之椁移而用之。三棺之前各设香案祭器毕，卑职亲手将万年灯点起，遂将二座石门关闭。当时掩土地平，尚未立冢。

至初六日，率捐葬乡耆等祭奠，号泣逾时方止。卑职差人传附近西山口地方拨夫百名，各备锹镢筐担，异土筑完。卑职同生员孙繁祉亦捐资五两，买砖修筑周围冢墙，高五尺有奇……

清初著名学者朱彝尊为赵一桂这篇文章写了一则按语，不仅证实了它的真实可信，还补充了一些细节："思陵葬日，仁和（杭州）龚光禄佳育流寓昌平。地宫例书某帝之陵，合以石板，奉安梓宫之前。时仓卒不及砮石,以砖代之,钤之以铁,乃光禄(龚佳育)所书也。光禄尝为予言:圹始开,入石门,地甚湿,其中衣被等物多黦黑,被止一面是锦绣,余皆以布。长明灯油仅二三寸,缸底皆水。其金银器皆以铅铜充之,当时中官破冒,良可憾也!"

"劝进"的表演

与这种冷清、草率、简陋的葬礼形成强烈反差,那些降官们正忙于劝进新皇帝。这头的"冷",更加反衬出那头的"热"。

从三月二十三日开始,以旧辅陈演、成国公朱纯臣为首的降官一再向李自成劝进,希望他早日称帝。牛金星、宋献策等人成天筹划着新帝登极、建新朝的事。四月初一日,在牛金星的布置下,文武官员们再次劝进;宋献策则用占卜手段与牛金星默契配合,说什么据他占卜,"帝星不明","宜速正位"。闹得最起劲的是复社名士出身的庶吉士周钟,此人一面与魏学濂联名向李自成上疏"请葬先帝",一面又按牛金星的意思写了一篇《士见危致命论》,为他们改换门庭张目。牛金星赞赏不已,周钟沾沾自喜,逢人便夸"牛老师知遇"。有人如此描绘周钟:"先帝殉难,一时无耻之徒争先朝见……于是介生(周钟字介生)俨然牛丞相高第门生,因而提掇从逆诸人献媚,而劝进之表、下江南之檄……借重其大手笔矣。"

到了四月,每逢三、六、九日,这些人就上演一次劝进的把戏。周钟为此写了一篇自诩得意的劝进表,文中称颂李自成"比尧舜更多武功,较汤武尤无惭德",又有"独夫授首,四海归心"等语,一时传为士林之羞。想不到竟有人为此而抢头功,魏学濂到处放话,这些话"出吾手","周介生想不到此"。龚鼎孳也对人说:"此语出吾手,周介生想不到此。"冯梦龙不胜气愤地感叹道:"噫,词林省闼,天子侍从,亲信之臣,作此逆天丧心语,而犹扬扬得意,自诩佐命元勋。读圣贤书所学何事?尚何面目偷息天地之间耶?"

当时人写诗讥刺道：

> 追痛吾皇称至仁，忍闻遗诏恤生民。
>
> 簪绅忠孝今何在？文武衣冠更不伦。
>
> 举国徒知推伪主，普天谁解念王臣？
>
> 啼猿声断悲难尽，慷慨何缘致此身！

第九章
尾　声

　　朱由检死了,他的躯体从这世界上悄然而逝,他的影响却并不因此而消失。因为他是明朝的末代皇帝,他的名号依然具有相当大的号召力,各个阶层各个集团都掂量得出它的分量,因而都没有对他的死等闲视之。明朝在北方仅存的以吴三桂为代表的政治军事集团,企图打着他的旗号拥立皇太子;以多尔衮为代表的清朝企图打着为他复仇的旗号入主中原;以朱由崧为代表的南明小朝廷企图打着他的旗号延续明朝的国祚,林林总总,令人目不暇接。于是各派政治力量重新分化组合,互相较量,引起了一系列连锁反应。甚至朱由检的三个儿子(太子、定王、永王)也被明朝遗民迷恋地追踪着,似乎把他们看作崇祯帝政治生命的延续,而清朝征服者则对此怀有过分敏感的警惕。这种种现象,实在令人浩叹不已。

　　因此,"尾声"是这部传记的一个有机组成部分,希望读者也作如是观。

一、"冲冠一怒为红颜"

明清鼎革之后,吴伟业在回首往事时,不胜感慨地写了《圆圆曲》这首为世人传颂的长篇叙事歌行,抒发他对世事沧桑的独特感受,透过一介武夫吴三桂与绝代佳人陈圆圆的姻缘,寄托对明亡的哀思。诗的头几句就把吴、陈的悲欢离合放在严峻的改朝换代大背景下展开:

> 鼎湖当日弃人间,破敌收京下玉关。
>
> 恸哭六军俱缟素,冲冠一怒为红颜。
>
> 红颜流落非吾恋,逆贼天亡自荒谬。
>
> 电扫黄巾定黑山,哭罢君亲再相见。

诗的末尾申述了他对吴、陈姻缘的评价,也点明了这首诗歌的主题:

> 尝闻倾国与倾城,翻使周郎受重名。
>
> 妻子岂应关大计,英雄无奈是多情。
>
> 全家白骨成灰土,一代红妆照汗青。

陈圆圆是姑苏名妓,声噪一时,关于她的艳闻轶事,文人雅士津津乐道:

——姑苏女子圆圆,字畹芬,戾家女子也。色艺擅一时,如皋冒先生(冒辟疆)尝言,妇人以姿致为主,色次之。碌碌双鬟,难其选也。蕙心纨质,澹秀天然,生平所觏,则独有圆圆耳。崇祯末年戚畹武安侯(田弘遇)劫置别室中。侯,武人也,圆圆若有不自得者。

——圆圆陈姓,玉峰歌妓也。声甲天下之声,色甲天下之色。崇祯癸未岁(十六年),总兵吴三桂慕其名,赍千金往聘之,已先为田畹(弘遇)所得。时圆圆以不得事吴怏怏也,而吴更甚。田畹者,怀宗(即思宗)妃之父也,年耄矣。圆圆度《流水高山》之曲以歌之,畹每击节,不知其悼知音之希也。

以上二说,都指出陈圆圆为田贵妃之父田弘遇所得,由姑苏来到京师,金屋藏娇。

另一说则以为陈圆圆是周皇后之父周奎所得,送入宫中侍奉皇上,以分田贵妃之宠:

> 明崇祯末,流氛日炽,秦豫之间关城失守,燕都震动。而大江以南阻于天堑,民物晏如,方极声色之娱,吴门尤盛。有名妓陈圆圆者,容辞娴雅,额秀颐丰,有林下风致。年十八,隶籍梨园,每一登场,花明雪艳,独出冠时,观者魂断。维时田妃擅宠,两宫不协,烽火羽书,相望于道,宸居为之憔悴。外戚嘉定伯(周奎)以营葬归苏,将求色艺兼绝之女,由母后进之,以纾宵旰之忧,且分西宫之宠。因出重资购圆圆,载之以北,纳于椒庭。一日侍后侧,上见之,问所从来。后对左右供御,鲜同里顺意者,兹女吴人,且娴昆伎,令侍栉盥耳。上制于田妃,复念国事,不甚顾,遂命遣还。故圆圆仍入周邸。

另有人说,陈圆圆入宫后,被田贵妃退回田弘遇家:

> 嘉定伯已将圆圆进,未及召见,旋因出永巷宫人。(田)贵妃遂审名籍中,出付妃父田弘遇家,而吴(三桂)于席上见之也。

尽管说法歧异,但有两点是一致的:一是陈圆圆乃多才多艺的绝色美人,二是吴三桂颇有意于她。关于前一点,当时的风流公子冒辟疆在回忆录中曾写到崇祯十四年慕名拜访陈圆圆的印象:"其人淡而韵,盈盈冉冉,衣椒茧,时背顾湘裙,真如孤鸾之在烟雾。是日演弋腔《红梅》,以燕俗之剧,咿呀啁哳之调,乃出陈姬之口,如云出岫,如珠在盘,令人欲仙欲死。"

关于后一点,沙定峰《陈圆圆传》说得很详细:当京师危急时,陈圆圆向田弘遇建议,当此衣冠易虑远近崩心之际,应该结交一名将帅作为后援,最佳人选无如吴将军。正巧他奉召入京,可深情结交。田弘遇有点为难:与吴三桂素无来往,一旦厚礼结交容易引人怀疑,何况吴将军奉召至京,公务繁忙,哪有机会可以与他寒暄呢?陈圆圆说:听说吴将军一向仰慕田府歌舞,何不以此纳交于吴,吴必欣然乐从,于公无所损,而结交一大援。千万不要为了金谷侑酒者,忘却终身之祸。田弘遇表示同意,于是设家宴招待吴三桂。管弦杂奏,肴胲纷陈,陈圆圆翩翩起舞。当吴三桂将告辞时,田弘遇问:"设寇至,将奈何?"吴三桂率直地说:"公能以圆圆见赠,公无恙,国亦无恙。"吴三桂携陈圆圆离去,两人如胶似漆亲昵百般之时,宫中传来严诏促其出关。吴三桂本想携圆圆同行,其父吴襄当时在京督理御营,恐帝闻此事,劝留圆圆于府中,吴三桂方依依不舍离京出关而去。

三月初,吴三桂接到皇上圣旨,放弃宁远,率兵勤王。三月上旬从宁远撤退,十六日入山海关,二十日抵达丰润,获悉京城已经陷落,便收兵退回山海关,率父老子弟望南恸哭。

农民军进京后,宫人死的死逃的逃,李自成问太监:上苑三千,为何没有一个国色天香?太监回答:先帝忧心于国事,屏绝声色,后宫鲜有佳丽。有一陈圆圆,绝世所希,田弘遇进御而帝谢绝,后由田弘遇赠吴将军。将军出关,圆圆留府内,今在吴襄处。李自成追查此事,吴襄只得把陈圆圆献出。李自成一见惊喜不已,顾虑到吴三桂是自己的劲敌,霸占其所爱,恐怕他拼死力争,于是决定派降将唐通与文武官员二人,带了犒师银四万两及吴襄手书前往山海关招降吴三桂。

这封劝降家书其实是牛金星写了底稿让吴襄誊清的,通篇说理多于抒情:

……事机已去，天命难回，吾君已逝，尔父须臾。呜呼！识时务者亦可以知变计矣。昔徐元直弃汉归魏，不为不忠；(伍)子胥违楚适吴，不为不孝。然以二者揆之，为子胥难，为元直易。我为尔计，不若反手衔璧，负锧舆棺，及今早降，不失通侯之赏，而犹全孝子之名。万一徒恃愤骄，全无节制，主客之势既殊，众寡之形不敌，顿甲坚城，一朝歼尽，使尔父无辜并受戮辱，身名俱丧，臣子均失，不亦大可痛哉！

唐通带了这封信，到了吴三桂军营，当面对他说："老总兵(指吴襄)新主(指李自成)十分优礼，专待将军共图大业，以作开国元勋。"又说："新主好贤，太子完善。"

吴三桂信以为真，便统兵入关，行军至永平西沙河驿。这时他派往北京打探情报的细作返回，报告李自成在京捉拿勋戚文武大臣，拷掠追赃，吴襄也未幸免，凑足五千两银子交出。与此同时，吴襄也派手下旗鼓傅海山赶来，把京中真实情况一一诉禀吴三桂。吴三桂听说后，不胜发指，誓言君父之仇必以死报。尔后，派往京城的探子陆续返回，吴三桂问："吾家如何？"答："为贼籍矣。"吴三桂自我宽慰道："吾至当自还也。"又一探子返回，吴三桂问："吾父如何？"答："闯拘系矣。"吴三桂还是自我宽慰："吾至当即释也。"最后一探子到，吴三桂问："陈夫人(圆圆)尚在府内耶？"答："贼得之矣。"吴三桂终于怒不可遏，矍然而起，拔剑掷案，大怒道："逆贼如此无礼，我吴三桂堂堂丈夫，岂肯降此狗子，受万世唾骂，忠孝不能两全！"于是从沙河驿纵兵大掠而东，顿兵山海城。

这就是"冲冠一怒为红颜"的由来。

细细揣摩，其中不乏文人墨客的渲染与夸张成分。吴三桂的"冲冠一怒"其实并不仅仅为了一个红粉知己，更着眼于为君父报仇这种政治伦理。当初他与唐通谈判时，提出的唯一条件只有五个字：得东宫即降。他并没有说：得陈圆圆即降。这种根深蒂固的忠孝观念在他给父亲的复信中流露得淋漓尽致：

> 侧闻圣主晏驾，臣民戮辱，不胜眦裂。犹忆吾父素负忠义，大势虽去，犹当奋椎一击，誓不俱生。不则刎颈阙下，以殉国难，使儿缟素号恸，寝戈复仇，不济则以死继之，岂非忠孝媲美乎！何乃隐忍偷生，训以非义……父既不能为忠臣，儿亦安能为孝子乎？儿与父诀，请自今日。父不早图，贼虽置父鼎俎之旁以诱三桂，不顾也。

吴三桂回师山海关时，一举全歼李自成派驻山海关的唐通八千兵马（仅剩八骑逃回北京），及其后援白广恩。这一战，表明了他"移檄讨贼"的开始。他发布了一篇洋洋千言的"讨贼"檄文，亮出的头衔赫然是先帝册封的"钦差镇守辽东等处地方团练总兵官平西伯"，向远近宣布他此举是为了"兴兵剿贼，克复神京，奠安宗社"，明白无误地扛起"请观今日之域中，仍是朱家之天下"的复辟旗帜。

这篇檄文以不共戴天的姿态向李自成宣战：

> 闻贼李自成，以幺麽小丑纠喝草寇，长驱犯阙，荡秽神京。弑我帝后，禁我太子，刑我缙绅，淫我子女，掠我财物，戮我士民，豺狼突于宗社，犬豕踞于朝廷。赤县丘墟，黔黎涂炭，妖氛吐焰，日月无光……桂等智不足以效谋，愤何辞以即死……呜呼！自有乾坤，鲜兹祸乱之惨；凡为臣子，谁无忠义之心。汉德可思，周命未改，忠诚所感，明能克逆，义旗所向，一以当十。请观今日之域中，仍是朱家之天下！

毫无疑问，吴三桂是以崇祯帝钦差官员的身份号召明朝遗民起来为帝后复仇，为复辟明朝而战斗，这种政治态度决非"冲冠一怒为红颜"的儿女情长可以涵盖的。

吴三桂深知，虽有关宁铁骑在手，但要与李自成对抗仍感力量不足，于是决定向清朝"泣血求助"。他写信给清朝的摄政王多尔衮表明了此意，早先投降清朝的舅舅祖大寿、顶头上司洪承畴又为之从中斡旋,终于一拍即合。

农民军方面传闻吴三桂不受招抚的消息,顿时彷徨失措,当时人如此描述这一动向:

——闻贼兵将掠饱,皆怀去意,闻三桂来,益恐。有客在道,贼曳去令作家书曰:父母妻子皆在秦中,生死未知,欲寄书以慰之。作贼多得财无用,悔为李闯所误。今闻左(良玉)兵南来,吴(三桂)兵东来,未知生死所,皆泣下。所作书寄父母妻子者,悉署永昌年月,以零落簪珥(首饰)为润笔。

——贼闻关东兵至,咸涕泣思归,无有斗志。有客行市上,触贼刀背,遂为牵去……群起问:能作字否?曰:能。出瓦砚秃笔争握之曰:我辈不解字,若为代书。我辈父母妻子在陕,生死未卜,聊寄家书以慰之。作贼不过多财,得亦无由寄,从征辛苦,何以家为?悔为李闯所误。左良玉老于战中,恐旦夕江南兵来,又闻吴三桂兵入关且急,我等那能敌?李闯相驱至此,尚不知死所。言之各泣下,争出腰间环钏挝碎缄之,有寄山西、陕西者,寄父寄子寄妇者。

二、为明复仇旗号下的各种活动

密切关注关内动态的清朝迅速作出了反应。

四月初四日,大学士范文程向摄政的和硕睿亲王多尔衮提出建议,请发大军进关。他分析当时形势说:"中原百姓蹇罹丧乱,荼苦已极,黔首无依,思择令主,以图乐业。虽间有一二婴城负固者,不过自为身家计,非为君效死也。是则明之受病种种,已不可治。"在这种情况下,清军入关,"虽与明争天下,实与流寇角也"。

495

四月初八日,小皇帝顺治帝福临作出决定,命多尔衮统领大军出动,特地声明:"此行特扫除乱逆,期于灭贼。"十分明显,清朝方面明确宣布把"灭贼"作为主要目标,以期得到明朝遗民的支持,顺利地"直趋燕京"。吴三桂的抉择,正好与此一拍即合。

四月十五日,吴三桂派副将杨坤、游击郭云龙从山海关北上递送书信。在书信中吴三桂提出"先帝不幸,九庙灰烬","三桂世受国厚恩,悯斯民之罹难,拒守边门,欲兴师以慰人心",无奈兵力不足,只得"泣血求助",声称"乱臣贼子亦非北朝所宜容也","除暴翦恶,大顺也;拯危扶颠,大义也;出民水火,大仁也;兴灭继绝,大名也;取威定霸,大功也",事成以后,一定"裂地以酬"。

这是多尔衮求之不得的,立即于次日作出答复,赞扬吴三桂"思报主恩,与流贼不共戴天,诚忠臣之义也",并以明白无误的语言向他劝降:"今伯(即平西伯)若率众来归,必封以故土,晋为藩王,一则国仇得报,一则身家可保,世世子孙长享富贵,如河山之永也。"吴三桂鉴于形势紧迫,再次致书多尔衮,要他赶快派兵相助:"接王(即和硕睿亲王)来书,知大军已至宁远……其所以相助者,实为我先帝,而三桂之感戴犹其小也……今三桂已悉简精锐,以图相机剿灭。幸王速整虎旅,直入山海,首尾夹攻,逆贼可擒,京东西可传檄而定也。"

四月二十一日清军抵达山海关外欢喜岭,按兵不动。吴三桂多次派人催促进兵无效之后,便亲自会晤多尔衮。

双方展开了一场谈判。

吴三桂向多尔衮求借清兵十万,以图恢复,为朝廷雪耻。

多尔衮不允,说:明朝文臣素无信义,元帅欲建盖世之功,俺国何难举众相助,但恐成功之后,不知元帅安身何地?

吴三桂说:桂父子受朝廷厚恩,今日贼兵弑逆,士民切齿,人神共愤,天地不容。吾闻勇士不怯死而灭名,忠臣不先身而后君。今君后俱罹逆变,桂食君之禄,岂有坐视之理?如君之所言,必计及成败而后行,

496

是有觊觎于衷。桂今誓死报国,虽肝脑涂地,亦所不辞,安问其他!

多尔衮要他明日再议。

吴三桂恐怕拖延时日致生他变,次日清晨披头散发身穿孝服会晤多尔衮,痛哭哀恳,多尔衮才答应发兵十万相助。

再说李自成鉴于招降吴三桂不成,于四月初七日下令要刘宗敏、李过率军出征,但"刘、李耽乐已久,殊无斗志",不愿出征,只派小部队东进。四月初九日,李自成决定亲自出征。四月十三日黎明,李自成与刘宗敏、李过率步骑兵五万,从北京出发,随行的有明朝太子及二王。

北京城内的政治气候立即发生敏感的变化,谣言四起:"喧传总兵吴三桂率虏骑数十万,旦暮且至。""又传总兵马岱知都城失守,走山海关……与三桂合兵入讨。"城内外到处可见张贴的告示:"订我民各带缟素,齐心复仇杀敌,不许穿箭衣快鞋。"遗老们制作素帻应变,"酌酒相庆"。一些归附大顺政权的明朝官僚,陆续设法逃离北京,有的甚至扮作乞丐、僧道混出城去。四月十四日以后,城内人心惶惶,长安街上出现了这样的传单:"明朝大数未尽,人思效顺,于二十日立东宫(太子)。"四月十七日宣武门外张贴的传单写道:"天命劫运,借手于闯,警戒贪污赃吏。诸臣顿忘明朝,以受新职。今大明运当中兴,太子神异,大小百官即宜共辅太子,仍行明朝之事,即有神佑之。毋依然叛逆,不思明朝,立有天谴。"

四月二十一日,李自成的军队抵达山海关,立即展开了争夺关城的战斗,攻西罗城的农民军受挫,守北翼城的吴三桂军失利。四月二十二日,多尔衮向吴三桂提出,双方必须盟誓为信,为与"闯兵"相区别,要吴三桂全军上下按满俗剃发。吴三桂欣然同意:"今兵少固然,剃发亦决胜之道。"于是歃血为盟,剃发称臣。

以英王阿济格骑兵二万为左翼,豫王多铎二万骑兵为右翼的清军,向农民军发动突然袭击。有人描述当时战况道:"清军三吹角,三呐喊,一时冲突(贼)阵。发矢三巡,剑光闪烁。是日风势大作,一阵黄埃,自近而远,始知(贼)之败也。"农民军全线崩溃,刘宗敏中流矢身负重伤。

李自成兵败后退至永平,吴三桂派人议和,提出以交出太子作为停战条件。李自成迫于无奈,派山海关防御使张若麒把太子送到吴三桂军营。吴三桂同意停战,但要李自成回京后,"速离京城,吾将奉太子即位"。

吴三桂得到太子后,整军向北京逼来,一路上以明朝名义发布文告:"义兵不日入城,凡我臣民为先帝服丧,整备迎候东宫。""降贼诸臣,许其反正,立功自赎。"京城内的官僚士绅们互相传播吴三桂将入京为先帝发丧的消息,加紧赶制素帻,张贴标语,扬言"即日拥戴新主,恢复前朝"。

李自成回到北京后,对牛金星说:"鞑子势头来得急,城中人心未定,我等人马不可在此屯扎。就是十个北京,也不如一个陕西。"牛金星依然热衷于"劝进",李自成不同意:"时事方亟,安能及此!"被军事上的挫折搞得束手无策的刘宗敏附和牛金星,对李自成说:"若不正大位,即求还关中,不可得也。"李自成终于接受"劝进",宣布明日登极,同时布置部将合兵十八营守卫北京。当吴三桂逼到城下时,农民军把吴襄押上城墙向下喊话,吴三桂下令士兵射箭,把看押吴襄的农民军射死。李自成震怒,下令立即把吴襄及其家属三十多人全部处死。

四月二十九日,李自成在武英殿称帝。第二天便开始撤离北京。北京城中一时形成权力真空状态,原御史曹溶出面邀约官僚士绅商议迎候吴三桂等善后事宜。这些人遵照吴三桂"惟素冠者不杀"的命令,各自头包白巾,为先帝挂孝。孙承泽、高尔俨等为先帝立牌位于都城隍庙,抓住来不及撤退的农民军士兵,"脔割于市",祭奠亡灵。

然而当吴三桂准备进城时,多尔衮却命令他绕过北京城,向西追击李自成,不许他护送太子入京。因为多尔衮利用吴三桂,目的是由清朝取而代之,而不是恢复明朝。吴三桂不得已,连夜把太子送往太监高起潜处。

北京城中的官僚士绅们还蒙在鼓里，满怀希望地准备迎接"报君父之仇"的吴三桂。西江米巷的富商合资为吴襄家买了三十多口上好棺材、衾衣，为之殡殓。他们正在那里"延颈望太子至"呢！

五月初三日，原吏部侍郎沈惟炳、户部侍郎王鳌永、锦衣卫指挥使骆养性等人，准备了法驾、卤簿，迎候于朝阳门外。人群熙熙攘攘，传呼着"幸太子至"的喊声。忽然，有人望见远处尘埃滚滚，于是乎大家一起俯伏在地。殊不知，进入北京的并非太子，而是身穿异样服装的清朝摄政王多尔衮。多尔衮一行乘銮舆，由骑兵护卫着，进入朝阳门，直奔紫禁城。

五月初五日，多尔衮向明朝官民发布了一个政策声明，为清朝入主中原辩护：

> ……天下者非一人之天下，军民者非一人之军民，有德者主之。我今居此，为尔朝雪君父之仇，破釜沉舟，一贼不灭，誓不返辙。所过州县，能削发投顺、开诚纳款者，即予爵禄，世守富贵；如抗违不遵，大兵一到，尽行屠戮。

为了笼络人心，他还发布告示，要臣民们为崇祯帝挂孝哭临三日：

> 逆贼李自成系明朝子民，聚凶党，妄兴大逆，逼弑君后，诚天地所不容，神人所共仇者也。予与明朝虽为敌国，殊切痛惋，今特令举国臣民挂孝三日，以尽君父之情。仍令礼部、太常寺等衙门尊以帝王之礼，葬于原拟之圹。三日以后，除服剃头，衣冠悉遵大清之制。

五月初六日，多尔衮为崇祯帝在帝王庙设灵堂，允许在京群臣为先帝哭临三日，投降李自成的大臣熊文举、杨枝起等也陪位哭临。他还任命李明睿为礼部侍郎，负责崇祯帝的谥号祭葬事宜。李明睿遵命拟上先帝谥号为"端皇帝"，庙号为"怀宗"，并议改葬梓宫。后因众人建议帝后已葬入田贵妃坟，不必改葬，便把田贵妃坟命名为思陵。

明朝遗民对思陵将信将疑,有人以为是"疑冢","遗弓已不可问"。谈迁于顺治十一年八月特地前往踏勘,适逢守陵太监许氏告诉他:"思陵本故田贵妃园,李贼委先帝后梓宫于昌平城外。于是吏民悲泣,醵葬于此。"还告诉他,从顺治二年开始,每年春秋祭祀,各陵祭田六顷,奉祠太监二人,陵户八人;顺治六年祭田减为一顷,清明、霜降二节备羊猪合祭于红门外,正旦、元夕、七月半、冬至各素祭,荐酒一卮,燃寸烛,献茶三瓯。许太监感慨地说:"崇祯家老奴不过如此!"

六月十五日,多尔衮向南明小朝廷发布檄文,通篇围绕为明复仇的主旨展开:

> 予闻不共戴天者,君父之仇;救灾恤患者,邻邦之义……蠢兹逆贼李自成者,狗盗之雄,鸱张兽视,忘累世之深恩,逞滔天之大恶。喋血京师,逼殒皇后,焚烧宫寝,流毒缙绅,以金银为营窟,视百姓如草菅。皇天震怒,日月无光。我大清皇帝义切同仇,恩深吊伐,六师方整,蚁聚忽奔;斩馘房遗,川盈谷量。予用息马燕京,抚兹黎庶,为尔大行皇帝缟素三日,丧祭尽礼,谥曰怀宗端皇帝,陵曰思陵。梓宫聿新,寝园增固。凡诸后妃,各以礼葬。诸陵松柏勿樵。惟尔率土臣民所欲致情于大行皇帝者,我大清无不曲体其诚,有崇靡缺……

十分清楚,清朝当局是打着为明朝臣民雪君父之仇的旗号入主中原的。他们为崇祯帝举行哭临礼仪、议谥号,都是为此而采取的措施,带有明显的功利倾向。当他们准备平定江南时,依旧打着这一旗号。多尔衮给史可法的信中说:"夫君父之仇不共戴天,《春秋》之义,有贼不讨,则故君不得书葬,新君不得书即位。"这显然是以南明的不报君父之仇作为衬托来突出自己,"入京之日,首崇怀宗帝后谥号,卜葬山陵,悉如典礼","报尔君父之仇,彰我朝廷之德"。

如果说此前清朝当局打出"为尔雪君父之仇"的旗号带有明显的政

治目的,那么顺治十四年(1657年)顺治帝(即清世祖)下令修缮思陵,则完全是从表彰崇祯帝的道德层面考虑的。顺治帝给工部的谕旨说:"朕念明崇祯帝孜孜求治,身殉社稷,若不急为阐扬,恐千载之下,竟与失德亡国者同类并观。朕用是特制碑文一道,以昭悯恻。尔部即遵谕勒碑,立崇祯帝陵前,以垂不朽。"据奉旨营建思陵碑的大学士金之俊说,顺治帝对于明朝兴亡之本末了如指掌,深悉崇祯帝之所以失天下,另有深刻原因,他本人并非亡国之君。但当时既无实录,日后虑多传疑,决定于顺治十四年二月立碑表彰。顺治帝指示金之俊,要突出两点:一是"崇祯帝尚为孜孜求治之主,只以任用非人,卒至寇乱,身殉社稷";二是"若不急为阐扬,恐千载之下,竟与失德亡国者同类并观"。

为此而建的思陵碑亭是一个四边各长四丈四尺的方形建筑,正中立一龙首龟趺石碑,高一丈六尺,宽六尺,上面镌刻九个金色大字:大明庄烈愍皇帝之陵。背面是大学士金之俊奉敕建明思陵碑记。在享殿中供木神主三块,中间一块写着:大明钦天守道敏毅敦俭弘文襄武体仁致孝庄烈愍皇帝,左为周后神主,右为田妃神主。

顺治十六年十一月十四日,顺治帝前往明十三陵祭扫,十七日致祭思陵,失声而泣,连呼:"大哥大哥,我与若皆有君无臣。"顺治帝的祭明崇祯帝文镌刻于碑亭后东门左,祭文写道:"维帝英姿莅政,志切安民。十有七年,励精靡懈。讵意寇乱国亡,身殉社稷。向使时际承平,足称令主。只以袭敝政之余,逢阳九之运。虽才具有为,而命移莫挽。朕恒思及,悯惜良深。今因巡幸畿辅,道经昌平,陵寝在焉,顾瞻增感。特以牲帛醴齐庶品之仪,用申祭享,尚其歆格!"对思宗的推崇备至之情溢于言表。

顺治十七年十月初四日,顺治帝鉴于明十三陵中,各陵都宏大壮丽,独有思陵荒凉庳隘,特下诏重修。只是不久他就与世长逝,修陵之事终于不了了之。因而思陵成了十三陵中最为简陋的一座,留给后人凭吊。

三、噩耗传到南京之后

现在再回过头来审视一番朱由检之死在江南所激起的回响。

众所周知,朱元璋建立明朝,定都于南京,明成祖朱棣把首都从南京迁往北京,但仍在南京保留了一个形式上的中央政府班子。北京陷落后,南京政府的动向,是关系到明朝国祚能否延续的大问题,因而成为遗民们目光注视的焦点。

南京方面的反应是缓慢而迟钝的,原因之一是,南北遥隔千里,原先的情报传递系统在战争动乱中已运转不灵,北京事变的消息沿着运河交通线采用最为原始的方式向南梯次传递,颇费时日。据日本学者岸本美绪教授用新闻传播学视角对此所作的精深研究,由于北京陷落,邸报(当时的官方新闻纸)的发行中断,关于北京事变的消息首次到达江南的过程(她称之为“第一次传播”),最详细最重要的情报源首推从北京南下避难者的实况报导。例如四月初魏学濂家人(奴仆)、吴尔埙家人、武进士王三锡、京商周云章等抵达江南,谈及京中诸事,便是当时江南士民获得的最初消息。另一种北京情报向江南“第一次传播”的媒体是传递军情的塘报。在崇祯十七年三月至五月邸报断绝期间,塘报是传递北京情报的重要手段。一般说来,崇祯年间的塘报大多由军方直接派人探报,北京陷落后的塘报却依据民间传闻写成。例如赵士锦《甲申纪事》附录副总兵张士仪关于崇祯帝缢死及京师情形的塘报,就是依据四月初二日从北京逃来的难民口述而写成的。关于北京情报的第三个资料源是所谓“北来单”“公道单”,即李自成政权为了联络与控制官员而发布的简单公文。

从现有的文献记载来看,北京事变的消息传到南北两京之间的军事重镇淮安,大约是在三月二十九日。《明季南略》说:“三月廿九日丁巳,淮上始传京师陷,众犹疑信相半。""(巡抚路)振飞分设壮丁守城,拈分守门官。"到了四月初九日,这种疑信参半的消息得到了证实,那是京营将校李昌期抵达淮安,报告路振飞关于北京陷落及"大行之丧"的消息,路振飞立即召集士民,公布这一重大变故。另一记载则说路振飞得到北京事变的塘报,在四月初九日召集部下,从袖中拿出一份塘报,让大家传阅,并说:"闯贼已入京城,百官从逆者甚众,伪官代本院(指巡抚)者即至……"

北京事变的消息传到南京,大约是在四月十二日至十四日间。各种文献的记载虽有参差,但主题并无歧异:

——四月己巳(十二日),烈皇帝凶问至南京,其时南京参赞机务兵部尚书史可法督师勤王在浦口。南京诸大臣闻变,仓卒议立君,未有所属。

——(四月十三日)先帝凶问至南京,兵部尚书史可法、工部尚书程注、都察院右都御史张慎言、兵部右侍郎吕大器、詹事姜曰广……各至户部尚书高弘图邸中议监国……犹疑北变风影,踟蹰未即决。

——辛未十四,有内臣至南京,始知北信已确。史可法、张慎言集高弘图寓,议所主。

——四月十四日辛未,有内官至南京,府部科道官始知北京被陷确信,上殉社稷,大小惊惶。

但是南京的衮衮诸公"犹疑北变风影",没有采取什么大动作。直到四月二十五日,"北信报确",史可法才约各大臣出议善后事宜。四月二十七日,南京文武诸臣才告迎于奉先殿,议立新君。

新君人选有潞王常淓、福王由崧,前者贤能而有人望,后者在皇室世系的亲疏关系上占优势。史可法倾向于潞王,凤阳总督马士英则非福王不立。高杰、刘泽清等统兵将领向路振飞征求意见,路振飞明确地表示"议贤则乱,议亲则一",支持拥立福王。

五月初三日,福王在南京监国,次日发布悼念大行皇帝(思宗)的哀诏:

> 呜呼恸哉! 维先帝以天纵神资,丕承祖宗鸿绪。适逢国步多难,民生日蹙,而勤学力政,罔有休暇,以尧舜之深仁,挽叔季于唐虞,念兹在兹,无时或怠。自有生民以来,未有如先帝之焦劳者也。不期以礼使臣,而臣忍以不忠报;以仁养民,而民忍以不义报……呜呼痛哉! 何皇天不吊,遂有今年三月十九日之事,爰及国母……闻丧之日,止于本处哭临三日……

大行哀诏传到苏州,当地士民奔走呼号,苏州三学生员先已设大行(皇帝)牌位于明伦堂,至是争相哭临。哀诏传至金坛,诸生于发哀日相率前往学宫、乡贤祠,击毁降贼的周钟、吴履中的祖宗神主,又至周钟、吕兆龙家,击毁其门榜。

五月十五日,朱由崧在南京即皇帝位,以明年为弘光元年,颁布国政二十五款,宣布:"陷贼各官,本当戮窜,恐绝其自新,暂开一面。有能返邪归正者,宽其前罪;有能杀贼自效者,准以军功论。"果然,不少曾在大顺政权中任职的旧官僚纷纷赶往南京,"蒙面求用于行宫前,章奏杂投,甚有擅入朝班者"。

福王对拥戴他登极十分卖力的马士英表示嘉奖,任用他掌兵部,入阁办事。马士英大权独揽,飞扬跋扈,为了排挤史可法,假意对他说:"我驭军宽,颇扰于民,公威名著淮上,公诚能经营于外,我居中帅以听命,当无不济者。"史可法只得上疏自请督师江上。

五月十八日,史可法辞朝赴扬州,立即以督师大学士身份发布檄文,一方面追怀先帝,"告天则躬可代牲,祈谷而泪尝遍地。遇灾省过,每累月不入寝宫;蔬膳布袍,无一念敢忘民瘼。其他求贤简牧,百千事美不胜书;旰食宵衣,十七年过无可举";另一方面谴责李自成,"邮传佣奴,市井猾贼,发蓬如剃,鼻折以尖。箭镞贯睛,每正冠则头欲裂;疮瘢遍体,逢阴雨则骨为劙。偶乘杀运以射天,遂肆凶锋而犯阙,逼我帝后,纵掠宫闱。豕聚朝堂,行酒而遍征民妇;囷张市肆,编册而尽括赀财。尤可恨者,为搜金而劫掠朝绅,十四代之衣冠,廉隅扫地……"表明他与马士英辈虽有矛盾,但在大是大非问题上是见解一致的。

马士英在五月底建议福王发出诏书,嘉奖吴三桂"借夷破贼"的功劳,封他为蓟国公,赏赐五万两银子、十万石大米,责成淮抚由海路运到天津,向吴三桂讨好。七月间,马士英与福王更加深信"借夷破贼"之可取,决定派遣几年前曾向清朝议和的太子太傅陈洪范和太仆寺少卿、兵部职方司郎中马绍愉为副使,兵部右侍郎兼右佥都御史左懋第为正使,打着"经理河北,联络关东军务"的幌子,北上议和,条件是割让关外及岁币十万两。议和使节随带白银十万两、黄金一千两、缎绢一万匹作为"酬夷之仪",于七月十八日出发。

为了配合议和,刘泽清、陈洪范、马绍愉分别写信给吴三桂,希望他能从中斡旋。刘泽清在七月三十一日发出的信中,除了向吴三桂报告南明已封他为世袭蓟国公之外,对他"借夷破贼"表示支持,说:"联合建旅(清军)协力助剿,当长安未闻此音之先,泽清曾有成议,约结清王入驻内地,共图灭闯。今亲翁(吴三桂)此举正与初议暗合也。"透露了南明小朝廷与吴三桂持有完全相同的立场,因而希望吴三桂"勠勤两国而灭闯"。

陈洪范、马绍愉八月初一日在北上途中发出的信件,要表达的也是这个意思,"感清助兵之义,嘉老亲台(吴三桂)破贼之忠",要他"鼎力主持,善达此意","同心灭贼";还提出南明愿与清朝"订盟和好互市","两家一家,同心杀灭逆贼,共享太平"。

这毕竟是一厢情愿的幻想,清朝方面根本不想与南明合作。多尔衮给史可法的信明确地表示:"夫国家之抚定燕都,乃得之于闯贼,非取之于明朝也。"要南明"削号称藩"。史可法在回信中当然免不了要为南明辩护一番，接着就对清朝表示感谢："殿下入都，为我先帝后发丧成礼，扫清宫殿，抚戢群黎。""此等举动震古铄今，凡为大明臣子无不长跪北面，顶礼加额。"进而苦苦哀求："伏惟坚同仇之谊，全始终之德，合师进讨，问罪秦中，共枭逆成之头，以泄敷天之忿。"

南明使节在北京演出了一场谈判滑稽闹剧。十月十三日，清朝礼部官员接见了左懋第一行，三名使节声明来意："我朝新天子向贵国借兵破贼，复为先帝发丧成服，今我等赍御赐银币前来致谢。"第二天，就开始了这样的谈判：

"我国发兵为你们破贼报仇，江南不发一兵，突立皇帝，这是何说？"

"今上乃神宗皇帝嫡孙，夙有圣德，先帝既丧，伦序相应，立之，谁曰不宜？"

"崇祯可有遗诏否？"

"先帝变出不测，安有遗诏？"

"崇祯帝死时，你南京臣子不来救援，今日忽立新皇帝！"

"北京失守，事出不测，南北地隔三千余里，诸臣闻变，整练兵马，正欲北来剿贼，传闻贵国已发兵逐贼，以故不便前来，恐疑与贵国为敌，特令我等来谢，相约杀贼耳！"

"毋多言，我们已发兵下江南！"

十月二十六日，是南明使节南返的前一天，左懋第等再次求和，对清方代表说："奉命而来，一为致谢贵国，一为祭告陵寝，一为议和葬先帝，尚要望昌平祭告。"清方代表回答说："我朝已替你们哭过了，祭过了，葬过了，你们哭什么？祭什么？葬什么？先帝活时，贼来不发兵；先帝死后，拥兵不讨贼。先帝不受你们江南不忠之臣的祭！"清方代表不仅拒绝了祭葬的请求，还再三强调"旦夕发兵讨罪"，南明的求和活动终于宣告破产。

十二月,使节回到南京,向福王报告出使经过。史可法在扬州获悉此事后,向福王上疏:"北使之旋,和议已无成矣!向以全力御寇而不足,今复分以御北矣。唐宋门户之祸与国终始,以意气相激,化成恩仇。有识之士方以为危身之场,而无识之人转以为快意之计。孰有甚于戕我君父、覆我邦家者?"史可法的本意是要南明内部团结一致,一手"御寇",一手"御北"。然而事实证明这是一种幻想。因为南明小朝廷既腐败又无能,上上下下都醉心于争权夺利、尔虞我诈,根本不把国家危亡放在心上。

马士英、阮大铖在党同伐异的同时,卖官鬻爵,大搞权钱交易,民间歌谣讽刺道:

> 中书随地有,都督满街走。
>
> 监纪多如羊,职方贱如狗。
>
> 荫起千年尘,拔贡一呈首。
>
> 扫尽江南钱,填塞马家口。

好事者填《西江月》一首,抨击马、阮之流:

> 有福自然轮着,无钱不能安排。
>
> 满街都督没人抬,遍地职方无赖。
>
> 本事何如世事,多才不如多财。
>
> 门前悬挂虎头牌,大小官儿出卖!

福王荒淫无耻,"深居禁中,惟渔幼女,饮火酒,杂伶官演戏为乐"。皇帝带头,大臣纷起效尤,奇氛异气,竞相淫靡。礼部尚书钱谦益的小妾柳如是"戎服控马,插装雉尾,作昭君出塞状";阮大铖誓师江上,居然是全副戏子打扮,"衣素蟒,围碧玉",令人瞠目结舌。一些忧国忧民之士痛心疾首:"大兵大礼皆娼优排演之场,欲国之不亡,安可得哉!"真所谓"人情泄沓,无异升平。清歌漏舟之中,痛饮焚屋之下"。

四、皇太子之谜与朱三太子案

朱由检死后,他的皇太子及二王下落如何,自然成为明朝遗老遗少关注的焦点,寄希望于他们复出,能有助于延续明朝国祚。南明小朝廷的福王及其拥立者马士英之流出于自身利害考虑,对此极为忌讳。

弘光元年(顺治二年,1645年)三月初一日,思宗的皇太子从金华抵达南京,在南明小朝廷中引起一场轩然大波,成为当时引人注目的政治事件。关于此事的缘由,必须从头说起。

甲申之变这种激烈的政治风云,使几十天之内紫禁城三度易主,宫廷政府全面瘫痪,皇太子及二王的行踪外人不得而知,以致传闻纷起,说法各异。

明末遗老钱𫐄目睹甲申之变的始末,在清初花了六年时间搜集明季遗闻而撰成《甲申传信录》。他在书中也不得不承认"今大行皇帝太子遭闯乱,不知所之"。根据他的记载,太子由下落不明到复出的经过大致是这样的:

闯王进京前夕,思宗要十六岁的太子、十二岁的定王、十岁的永王出宫逃命,分别躲藏于成国公府、嘉定侯府、田皇亲府。由于时间仓促,永王、定王一起到了嘉定侯周奎府,太子来不及到成国公朱纯臣府,隐匿于民间。三月十九日闯王进京后,下令搜寻皇上及皇太子、二王。二十日清晨,嘉定侯周奎把永、定二王交出。四月十三日,李自成东征吴三桂,永、定二王随军同往,百姓迭拥围观,传言太子也在营中。李自成兵败后,人们传说太子、定王为吴三桂夺去,于是京城民众引颈盼望太子、定王。等到清军入京,并不见太子、定王,或以为定王已在城南之空苑遇害,而太子、永王下落不明。

到了十一月,忽有一个貌似太子的男子,在常侍太监陪同下投奔到嘉定侯周奎府中，自称皇太子。周奎是烈皇后之父、太子之外祖父，理应认识太子，却佯装不识，命其侄子周铎引太子之姐长平公主（正在周府养伤）与之相见。二人相见时，抱头痛哭，可见太子不是假冒，于是周奎举家向太子行君臣之礼。礼毕后，周奎询问太子阔别以来的经历。

周奎问："向匿何所？何由得至？"

太子答："城陷之日，独出匿东厂门。一日夜出，潜至东华门，投（豆）腐店中。店小二心知为避难人也，易予以敝衣，代之司爨（灶前烧火）。恐有败露，居至五日，潜送至崇文门外尼（姑）庵中，以贫儿托投为名，尼僧不疑，遂留居半月。而常侍（太监）偶来得见，尼僧始觉。常侍谋之竟日，恐不能终匿，常侍遂携归，藏予密室，以故得存无恙。今闻公主在，故来。"

说罢，与公主哭别而去。几天后又来，公主送他一件锦袍，告诫他："（你）前来，皇亲上下行礼进膳，顿生疑衅，可他去，慎毋再至也。"

十九日，太子又来到周府，周奎留宿。二十二日，周奎与侄铎商量："太子不可久留，留则陷害，不如去之。"周奎便对太子说："太子自言姓刘，说书生理，可免祸，否即向官府究论。"

太子说："我悔不从公主之言，今已晚矣。如此，何不遣行？乃留我何意？"

周奎说："汝第言是姓刘，假太子即已。"

太子坚决不从，周奎无奈，当晚令家人把他逐出门外。巡逻的士兵以"犯夜"罪把他逮捕，送交刑部审理，断为假冒太子，押入狱中。参预此事的刑部主事钱凤览因怀才不遇，常佯狂嗜酒消磨日子，而对太子真假如此大事，他一点也不糊涂，叫来宫内常侍太监辨认，都说是真太子。原司礼监太监王德化也说是真的，随后又把太子送入宫中，要他辨认宫中事物，他都对答如流。其后多次审讯，情况有所反复，一些太监惧祸不敢承认。又叫来原在锦衣卫侍卫太子的十人辨认，十人一齐下跪说："此真太子，愿毋伤！"

刑部无法裁决，钱凤览便上疏力争："窃谓前太子危地也，或生或死，或侯或王，权在于朝廷。何所觊觎而假之？即贵而侯矣，不能富贵及人，贫贱又何所利而为此？无论其供称保者验者俱确有所凭……此满汉在部诸臣朝夕起居所共悉者也。周奎恐惧，妄以为假，岂有所为假冒也！昨刑部官共周奎遁辞曰：'即以真为假，亦为国家除害。'其愚妄之私，尽露于此一语……周奎以皇亲又得罪先帝者也，清朝优以爵禄，虑有太子祸且及身，既已有心，自难实告。故周奎不言是，诸臣自然瞻顾；大内员不言是，小内员益皆不敢言是！"

一些前明朝官员为了避免麻烦，或者以太子所不知道的事来加以质询，力图证明其为假冒；或者避不相认，直言其为伪。原内阁辅臣、现清朝内院大学士谢陞，先前曾任太子讲官，当太子直呼其名，并提醒他：谢先生岂不能相识？前某日讲某书某章……谢陞缄口不答，只是曲躬一揖。

这种状况激起了百姓的不满。宛平县民杨时茂上书朝廷，谴责那些前明官员是"逆臣无道，蔽主求荣"。他指出，内院大学士冯铨、洪承畴等人不识太子，可能由于不在朝廷，情有可原；而谢陞身为宰辅，又入侍太子讲筵，不能君辱臣死已经过分，既已入仕清朝，遂忌小主，这种弑父弑君之徒，不足以立于民上。太监曹化淳、田贵以不齿之人，也恃势妄奏，内员之恶一至于此！顺天府内城民杨博等也上书力陈太子之真，直斥周奎、周铎、曹化淳、谢陞之流"皆卖国求荣之辈"。朱徽等人也上书指出：如果太子为假，周奎、周铎为何留宿二日始报？初见时公主为何抱头痛哭？因此必须从容研判，如果草草了事，诚恐廷臣曰假而百姓疑，京师曰假而四方疑，一日曰假而后世疑，众口难防，信史可畏！

十二月初十日，摄政王多尔衮对群臣说：我自有着落，何必汝辈苦争？尔等言太子真伪都无妨，言真，不过优以王爵；言伪，必伪者家识之乃决。然后宣布：太子继续押于监狱，凡争言太子为真的官员，如刑部主事钱凤览、御史赵开心等都处以死刑。以后由于廷臣请求，赵开心得以免死,罚俸三月,钱凤览斩首改为绞刑,与朱六邵、贵尼、僧真庆等人一起绞死,杨时茂等人各斩决。次年四月初十日,朝廷公开榜示天下,称太子为伪。不久,太子被处死于狱中。

钱𫧃在《甲申传信录》中的这些记载,显然与本书上一章所揭示的太子、二王由太监献给李自成一事,有很大出入。笔者把它转录于此,是想说明即使在明末清初,太子的下落也已经搞不清楚,众说纷纭了。

清朝方面站在改朝换代的立场上,不愿承认前明的皇太子,是为了避免政权交替之际引起民心动摇以及其他政治上的连锁反应,是可以理解的。南明弘光小朝廷打着继承明朝正统的旗帜,竟然也对皇太子持一种不欢迎的态度,似乎令人费解。其实稍加剖析便可明白,皇太子的出现势必威胁到福王(弘光帝)的地位,带来权力与财产再分配这样的巨大震动。因此,原先"监国"而后又即帝位的福王朱由崧,虽然批准姜曰广提出的请求——恭访大行皇帝梓宫及皇太子、二王,但是实际上并没有、也不想采取什么具体措施。不久,就由官方传出皇太子已死的消息。

消息的炮制者是淮扬巡按御史王燮,他向弘光小朝廷报告:"皇太子、定王、永王俱遇害。"山东总兵刘泽清也如此说:"有典史顾元龄……五月初二日出北京,传言皇太子卒于乱军,其定王、永王俱于贼走之日遇害于王府二条巷吴总兵宅内。"由于这个缘故,当南明打算派和谈使节北上时,大学士高弘图等提出的"出使事宜"的第一条便是:"于天寿山特立园陵,厝先帝梓宫,并太子二王神椟。"这些消息的传出,据黄宗羲说,是马士英密谋策划的:"天下人心皆系先帝之后,曰:吾君之子也。马士英密令燮伪上此报,以绝人望。观后皇太子之来,则燮之肉其足食乎!"

马士英拥戴福王之后,牢牢地操纵了弘光小朝廷。他不愿意皇太子真的出现,打乱现有的政治格局,所以在为大行皇帝追谥号为烈皇帝、庙号为思宗之后,赶紧追谥太子为献愍、永王为悼、定王为哀。

然而当时明朝的遗老遗少们并不相信皇太子已死的消息是真的，人们仍在期待他有朝一日突然复出。在这种背景之下，关于皇太子的传说以扑朔迷离的形式继续流传，是不足为奇的。

这种传说纷繁复杂，言人人殊，大体归纳起来，可以理出如下线索。

吴三桂从李自成手上接过太子之后，传檄中外臣民，将奉太子入京即位。由于清朝方面不准吴三桂进京，吴三桂便在途中释放太子，派人引入皇姑寺，与太监高起潜相见，两人由天津航海抵达淮上，前往扬州。高起潜窥伺到南明并不欢迎太子的意向，欲加陷害，其侄子高梦箕（原任鸿胪寺少卿）以为不可，挟太子渡江，转辗流徙于苏州、杭州。太子不堪旅途劳顿，在元宵观灯时浩然长叹，被路人发现身份。高梦箕害怕太子身份暴露会连累自己，便赴南京向马士英告密。高梦箕在奏疏中报告："先帝皇太子自北来，今往杭州。"于是弘光小朝廷立即派太监前往追踪。太监李继周拿了弘光帝的御札前往杭州，获悉太子已到金华，寻踪而至，在观音寺中见到太子。李继周原先在北京宫中当差，见过太子，熟视颇似，下跪叩头："奴才叩小爷头。"

太子说："我认得汝，但遗忘姓氏。"

李继周告诉姓名后，转入正题："奉新皇爷旨，迎接小爷进京（指南京）。"

太子问："迎我进京，让皇帝与我做否？"

李继周答："此事奴婢不知。"说罢呈上了弘光帝的御札。

金华的官员们听到这一消息，纷纷前来朝见送礼。过了两天，太子与李继周抵达杭州，巡抚张秉贞来朝见，又与部下恭送出境。

三月初一日，李继周护送太子抵达南京，首先报告马士英，然后才奏报弘光帝。弘光帝派人把太子从石城门外迎至兴善寺暂住，并命北京南下的张、王二太监前往觇视真伪。二太监一见太子，立即抱头恸哭，见他天寒衣薄，脱下衣服给太子穿上。弘光帝听说派去觇视虚实的太监如此不识时务胆大妄为，大为光火："真假未辨，何得便尔！太子即真,让位与否尚须吾意,这厮敢如此!"立即下令把张、王二太监打死,李继周也奉旨服毒赐死。这种杀人灭口的做法,一方面反映了弘光帝对于太子南来的心虚,"让位与否尚须吾意"云云把这种心态流露无遗;另一方面是暗示臣下,不得轻率地承认太子。

然而南京城内北来的官员们所说太子已到,无不踊跃趋谒,向太子递送名帖者络绎不绝。奉旨前来探视的原总督京营太监卢九德,正视良久,不敢表明态度。太子呵斥道:"卢九德,汝何不叩首?"卢九德嘴上拒不承认,腿却软了下来,下意识叩头道:"奴婢无礼。"太子说:"汝隔几时,肥胖至此,可见在南京受用。"卢九德不敢分辩,叩头道:"小爷保重。"然后战战兢兢地告辞退出,对在场的众人自我申辩道:"我未尝服侍东宫,如何云此? 看来有些相像,却认不真。"随即告诫看守的士兵:"好好守视,真太子自应卫护,即假者,亦非小小神棍,须防逸去。"

得到卢九德的报告,弘光帝自知事态的严重性,立即下令文武百官不许私自谒见太子,并在夜半人静之际悄悄地把太子押解至锦衣卫都督冯可宗邸舍,严加看管。

有一个太监向弘光帝呈上一份密疏,告诉他"东宫足骭(小腿骨),异于常形,每骭则双,莫之能诬"。那意思是劝告弘光帝不要轻易否定。弘光帝感到左右为难,令卢九德持此疏到马士英寓所求教对策。一手把持朝政的大学士马士英迎合弘光帝的意思,上疏表态:其言虽似,而异处甚多。他极力主张太子为伪,提出三大疑点:太子脱离虎口应当直奔南京,为何走往杭州、绍兴? 可疑一。听说太子睿质凝重,不轻言语,而此人善于机辩,可疑二。日前左懋第(北上和谈使节)有密信,说北京也有一个假太子,辨析甚详,西宫袁妃及宫女都说太子有虎牙,足有痣,可疑三。他向弘光帝献计:当令卢九德及当年东宫太监诘问先帝、永定二王生辰及宫中制度,并密令原来为太子讲课的方拱乾辨识。如伪,在臣民众目之下处决;如真,可让他住在大内兴宁宫后慈禧殿旁,一切典礼从容再议,切不可外封,启奸人之心。他安慰道:皇上缵绪于先帝失守之后,名正言顺,有何疑虑?若此事果真,则谨慎防备,奸谋自然消释。更有甚者,大学士王铎附和马士英,讲出了马士英想讲而不敢讲的话,公然上疏,首言其伪。

三月初二日,弘光帝在武英殿召见保国公朱国弼、安远侯柳祚昌、定远侯邓文尧、诚意侯刘孔昭、驸马都尉齐赞远、忻城伯赵之龙、东宁伯焦梦熊、襄卫伯常应俊等元勋,以及大学士马士英、王铎、蔡奕琛等大臣。

弘光帝朱由崧开门见山地说:"有稚子自称皇太子,内臣李永芳、卢九德审视回奏,皆云面貌不对,语言闪烁。卿等会同府部大小九卿科道讲读官,前去辨其真伪。"马士英抢先接口,定下调子:"原任翰林方拱乾办事东宫,臣召而问之,据拱乾所称东宫睿质颖秀,口阔而方,目大而圆,身不甚高,最为认识。又司业李景濂、翰林刘正宗皆系讲官,如真,则不惟三臣识东宫,东宫亦识三臣,否则两不相认矣。"

弘光帝见他们已心领神会,便叫朱国弼一干人等前往锦衣卫都督同知冯可宗宅邸审视。据这一干人等事后的报告,太子根本不认识这些人,只认识前詹事府少詹事方拱乾,说:这个大胡子是方先生。方拱乾问他讲课的场所,太子答在文华殿;又问仿书习何字,答诗句;问写几行,答全写。兵科给事中戴英追问:先帝十六年御中左门亲审吴昌时,太子侍旁,能忆起否?太子不答。又问嘉定伯何姓何名?也不答。

当时在场的其他官员还未问话,只听大学士王铎大声喝道:"假!"众人便退也。于是一份审视报告呈给了弘光帝,判定太子为伪:讲所乃端敬殿,非文华殿;仿书习字实《孝经》,非诗句;描写十大字,即另书小字,非全写。且问以讲章记否,曰不记;问讲案何物,曰不知。其诈无疑。这当然是弘光帝求之不得的结论,他喜形于色地嘉奖道:"具见忠诚大节!"

其实这个审视经过是颇值得怀疑的,因为弘光帝本人早已表态太子为伪,谁还敢言其为真?谈迁说得好:"时马士英迎上旨主伪,大学士王铎先侍东宫,附和士英,如出一口。"谈迁还以其亲身经历,追忆当年曾与原大学士高弘图在杭州净慈寺相遇,高公提及此事说:"旧阉苏某,四月出金陵,云:'东宫甚真,其足骬骨左右各双,谁能伪之?'特慑于积威,毋敢相剖。"

于是乎,太子被押入中城兵马司监狱。

于是乎,通政司杨维垣诬称,太子是已故驸马都尉王昺侄孙王之明所假冒。

于是乎,兵科给事中戴英以此为据,奏称王之明假冒太子,请廷臣会审。会审之前,弘光帝亲自在武英殿召见参加会审的太子昔日讲官刘正宗、李景濂,向他们二人交代:"太子若真,将何以处朕? 卿等旧讲官,宜细认的确。"三月初六日的会审就在这种氛围中在大明门外进行,目的要使太子毫无"遁词",因此出了一些难题,诸如要他指认紫禁城地图,以及讲学有关的事。太子不耐烦地说:"汝以为伪即伪可耳,我原不与皇伯夺做皇帝。"

三月初八日在午门再次会审。一个审问官直指太子是王之明,太子奚落他说:"我南来从不曾自己说是太子,你等不认罢了,何必坐名改姓?"又说:"李继周持皇伯(指弘光帝)谕帖来召我,非我自来者。"一席话驳得审问官哑口无言,束手无策。大学士王铎见情况不妙,赶紧说:"千假万假总是一假,是我一人承任,不必再审。"刑部尚书高倬与给事中戴英也齐声说:"既认王之明,何须再问? 亦不必动刑,回奏便了。"

刑部尚书高倬、锦衣卫都督同知冯可宗匆匆草拟了一份"爰书"(审讯笔录),写道:"审得王之明供称,年十八岁,三月十六日生,保定(府)高阳县人。伯祖王昺,尚延庆公主,祖王晟,父王元纯,嫡母刘氏,生母徐氏,父母皆故……之明买驴一头,随一仆王元出走,行至山东,王元逃失,邂逅穆虎及长班张应达、生员刘承裕,遂结伴同行。穆虎、张应达胁之明冒称皇太子……"都察院在大街上到处张贴"王之明假冒太子"的告示,以正视听。

此论一出,舆论哗然。江北四镇之一的靖南侯黄得功首先发难,上疏声明:"东宫未必假冒,各官逢迎,不知的系何人辨明? 何人定为奸伪? 先帝之子即陛下之子,未有不明不白付之刑狱,混然雷同,将人臣之义谓何? 恐在廷诸臣谄徇者多,抗颜者少。即使明白识认,亦谁敢出头取祸乎!"他希望当事诸臣多方保留太子,以谢天下;若骤然处死,即使果伪,天下亦必怀疑。他还警告:如果模糊妄杀,本镇提兵到阙,必尽诛杀吾半信半疑之太子者,慎之毋忽。弘光帝当然不会接受这个貌伟胡髯、两颐倒竖、膂力绝伦的一介武夫的指责,但也不敢得罪他,以免引来不必要的麻烦,只得委婉地劝解:"王之明假冒来历,系亲口供吐,有何逢迎? 不必悬揣过虑。"

　　三月十五日再次会审。都察院左都御史李沾事先派校尉私底下告诫太子:须直言王之明,李爷厉害,恐动刑。将入朝门,又一次叮嘱。会审一开始,审问官大喊王之明,太子不应。喝问:何得不应? 太子说:何不喊"明之王"? 李沾听了大怒,吩咐用刑。太子号呼皇天上帝,声彻大内。马士英听见后下令免刑,李沾只得好言相问,太子说:你教人嘱我,他自然能说,何必我说? 前日追我何处,追者自然知道,何必问我! 刑部尚书高倬一看苗头不对,立即决定停止会审。这种逼供做法激起言官的反感,御史陈以瑞上疏说:"愚民观听易惑,故道路籍籍,皆以诸臣有意倾先帝血胤。"弘光帝不得不下旨:将王之明好生护着,勿骤加刑,以招民榜。俟正告天下,愚夫愚妇皆已明白,然后申法。

　　然而事情没有这么简单,老百姓们也没有像朱由崧想的那样容易愚弄。老百姓出于对马士英之流把持的弘光小朝廷腐败政治的不满,早已养成了一种逆反心理——"士英以太子为假,舆论益以为真"。这种舆论被一些军阀巧妙地利用来攻击弘光小朝廷。

　　江北四镇之一的广昌伯刘良佐上疏说,太子、童氏(按:三月初九日河南妇女童氏自称是当今皇上在藩邸时的元配王妃,弘光帝恼羞成怒,下令把童氏押入锦衣卫狱中)二案未协舆论,皇上为群臣所欺,将使天伦绝灭！弘光帝赶紧为自己辩护，一面声称童氏不知是何处妖妇，诈冒朕妃；一面扬言太子正在审查，如果真实，朕于夫妻伯侄之间岂无天性？更无毒害先帝血脉之意。举朝文武大臣谁非先帝旧臣，谁不如卿？肯昧心至此！

引人注目的是，对马士英早已不满的由定南伯升为宁南侯的左良玉，抓住此事大做文章，振振有词地责问："东宫之来，吴三桂实有符验，史可法明知之而不敢言，此岂大臣之道？"这句话是有所指的，当初左懋第北上和谈，给史可法写过一封密信，说太子在北京。而史可法起先也误以为王之明为真太子，曾上疏力争，及得左懋第信，自悔失言，向马士英转述了左懋第的话，且言一时有伪皇后、伪东宫二事深可怪叹！史可法的这些话正中马士英下怀，立即把史可法的信公布于众。因此左良玉要说史可法明知之而不敢言了。抓住了这一把柄，左良玉借题发挥：举朝但知逢君，不惜大体。李自成尚且能对太子赐以王封，不敢加害，何至一家人反视为仇敌？明知穷究并无别情，必欲辗转诛求，遂使皇上忘屋乌之德，臣下绝委裘之义，普天同怨。皇上独与二三奸臣保守天下，决无是理。

于是，左良玉以此为借口，发兵东下，以清君侧，声称：本藩奉太子密诏率师赴救。这一下，事态终于闹得不可收拾。湖广巡抚何腾蛟也上疏指责：马士英何以独知太子之为伪？九江总督袁继咸公开声明：太子必非外间儿童所能假冒，当务之急，必须赦太子，才能遏止左良玉举兵东下。督师江上的史可法见情况危急，恭请皇上召见，面陈妥善处理太子事件的意见，以平息群嚣。

正当南明的各派势力为此闹得乱哄哄一团糟的时候，清朝军队已大举南下，南京危在旦夕。五月十日半夜，弘光帝在太监、卫兵的簇拥下，逃出通济门，前往太平府避难。次日拂晓，马士英挟持皇太后逃离南京，前往杭州。弘光小朝廷至此土崩瓦解。

南京士民数百人擒获大学士王铎，冲进中城兵马司监狱，强迫他承认太子,并打了他的屁股,拔了他的须发,以泄心头之恨。王铎把责任推得一干二净,委罪于马士英。士民们把王铎关入监狱,拥太子上马,进入西华门,来到武英殿,不知何人搞到了戏装翼善冠,把太子打扮一番,奉上宝座,群呼万岁。这个被民众拥立的太子,在清军还未进城的几天权力真空时期,还真的行使了一下皇储的职权,于五月十二日午后发布了一道谕旨。这份张贴于皇城由朱笔书写在黄纸上的告示,显然是别人操刀代劳的,通篇是文诌诌的语气:

> 泣予先皇帝丕承大鼎,克壮前猷,凡诸臣庶同甘共苦,播著中外,罔不宣知。胡天不佑,惨罹奇祸,凡有血气,裂眦痛心!予小子分宜殉国,思以君父大仇,不共戴天,皇祖基业,血汗非易,忍耻奔避,图雪国仇。予惟先帝之哀,奔投南都,实欲哭陈大义,身先士卒。不意巨奸障蔽,致撄桎梏。予虽幽城狱,每念先帝,无一日不再三痛绝也!

> 如今日闻兵远避,先为民望,其如高皇帝之陵寝,亿万苍生之性命!何泣予小子,将历请勋旧文武诸先生,念予高皇帝三百年之鸿烈,先皇帝十七载之旧恩,助予振旅,扶此颠沛。何期父老小民围抱出狱,拥入皇宫。予见宫殿披靡,踉跄祖业,不胜悲涕。奈诸父老焉知予负重冤,岂称尊南面之日乎!谨此布告在京文武勋旧诸先生士庶人等,念此痌瘝,勿惜会议,予当恭听,共抒皇猷。勿以前日有不识予之嫌,惜尔经纶之教也。不念旧恶,垂诸训典,非敢云赦。惟愿即临,匡予不逮。谨此。

值得注意的是,五月十五日清朝豫王进入南京城后,与迎接他的忻城伯赵之龙、镇远侯顾鸣郊、驸马都尉齐赞元等人席地而坐同酌共饮时,特地关切地问:太子何在?赵之龙告以王之明案情,豫王不以为然地说:"逃难之人,自然改易姓名。若说姓朱,你们早杀过了。"朱国弼解释道:"太子原不认,是马士英坐易。"豫王大笑:"奸臣!奸臣!"当天晚上,赵之龙陪太子到豫王营中,豫王离席迎接,命他坐于自己右侧,相去不过丈许。

逃往太平府的弘光帝,在刘良佐的押解下于五月二十五日回到南京。昔日的威风已荡然无存,乘坐一顶无幔小轿,首蒙包头布,身穿蓝布衣,以油纸扇掩面,招摇过市。路两旁的百姓个个唾骂,有的甚至投掷瓦砾。弘光帝见到豫王,慌忙叩头,豫王坐而受之。少顷,豫王在灵璧侯府设宴,把弘光帝的座次排在太子之下,赵之龙及礼部官员八人侍宴。席间,豫王问弘光帝:"汝先帝自有子,汝不奉遗诏,擅自称尊何为?"又问:"汝既擅立,不遣一兵讨贼,于义何居?"见弘光帝不答,又问:先帝遗体止有太子,逃难远来,汝既不让位,又转辗磨灭之何为?"弘光帝始终一言不发,太子见状不解地问:"皇伯手札召我来,反不认,又改姓名,极刑加我,岂奸臣所为,皇伯或不知?"弘光帝支支吾吾,汗流浃背,终席俯首。

据说,数月后,豫王北上,挟太子、弘光帝同行,潞王也随后被押北上,三人都被清廷处死。鲁王监国时,追谥太子为悼皇帝、弘光帝为赧皇帝、潞王为潞闵王。

朱由检死后几个月中,北京和南京先后出现了两个太子,究竟哪一个是真太子,似乎难以判定。明清史权威孟森以为"北都所杀太子为真,南都太子实伪",自可作为一家之言。史家说"(马)士英以太子为假,舆论益以为真",其间或多或少夹杂着"党争"色彩,是东林、复社人士故意与马士英唱对台戏。吴伟业在谈到太子及童妃两疑案时说:"余姚黄宗羲、桐城钱秉镫皆以福王为李伴读,非朱氏子也,而童氏乃真妃。故当时讥刺诗有:'隆准几曾生大耳,可哀犹自唱无愁。白门半载迷朱李,青史千年纪马牛。'说者又谓东林、复社之事,深憾马、阮,故造此谤,似矣。"当代史学泰斗陈寅恪对此说颇以为然,因为在万历时代"争国本"时,东林人士支持太子常洛反对福王常洵,所以在崇祯帝死后,东林人士必然与福王由崧相抗衡,而认王之明为真太子慈烺者;至认童氏为真福王继妃者,盖欲借此转证明弘光为假福王,似亦同一用心。这种说法为南京假太子案提供了一种解释思路,尽管合乎逻辑,毕竟缺乏实证,难以令人信服。

明朝的遗老遗少们把南来的太子当作真太子看待,并非完全出于门户之见,这可以从清朝方面的态度找到佐证。尽管弘光小朝廷不愿承认太子为真,清朝方面却并不如此草率,命豫王亲自把他押回北京辨明真假。清朝当局把他匆忙处死,更加使人感到真假难辨。

政治风云变幻莫测,一波已平一波又起。太子朱慈烺的下落明了以后,三子定王朱慈炯、四子永王朱慈炤的不知所终,引起了反清复明人士的浓厚兴趣,终于酿成了绵延达数十年之久的朱三太子案。

朱三太子的最初出现是在顺治八年(1651年),有人告发前明崇祯帝的三皇子藏匿于民间,被官府擒拿,严加审问。该皇子自己写了供状,自称是崇祯第三子,名慈焕(按:崇祯的三皇子名慈炯,封为定王,此处不知为何错作慈焕?慈焕其实是五皇子),年二十岁,兄慈烺,即东宫,同为周后所生;弟慈灿(按:其弟四皇子名慈炤,不知何故错作慈灿),田妃生。焕居景仁宫,乳母邓、蒋,八岁就学,讲读官傅、张。贼犯都时,先帝托予于张近侍及指挥黄贵,送周皇亲家,不纳,潜藏民间,为闯搜出,随营到山海关。闯败,携之潼关,随营至荆襄,遇左良玉战,闯败散,即随左营,改姓黄,称为黄贵叔。左兵为黄得功所败,部将黄蕈掳左兵船,张近侍告以实情,黄蕈代为保密。以后流落太湖、孝丰、于潜。顺治五年五月,予削发为僧,法号云庵,或称一鉴,或称起云,浪迹于江北各寺庵。顺治八年三月与太平府人夏名卿之女完婚,四月得芜湖借银二十两,买细茶,同徽商汪礼仙往苏州贩卖。贩茶毕,随常州人杨秀甫、吴中到常州。不料吴中向抚院衙门出首,抚院差官将予带往太平、江宁。

此事疑窦甚多,把三皇子、四皇子的名字搞错,已属大漏洞;既入左良玉军中,左良玉正借口"奉太子密诏"发兵东下以清君侧,三皇子一到,何不打出三皇子旗号,名正言顺地声讨马士英,反而讳莫如深?黄蜚俘获三皇子,张近侍又告以实情,为何秘而不宣,又去拥戴义阳王?凡此种种,岂非咄咄怪事!无怪乎此案未曾引起什么反响,实在是太过于离谱了。

朱三太子的再次出现是在康熙十二年(1673年)。北京有个名叫杨起隆又叫朱慈璊的人,自称是朱三太子,建立政权,年号广德,封了大学士、军师、总督等官,联系郑成功部下降清将领,准备起义。由于事机泄漏,朱三太子逃亡。此后陕西也有人自称朱三太子起兵,被抚远大将军图海逮捕,康熙十九年(1680年)押往北京处死。福建人蔡寅也自称朱三太子,带兵数万与台湾郑经联合,攻打漳州,被海澄公黄芳世击败。

真正引起清廷重视的朱三太子案,发生在康熙四十六年(1707年)。十分巧合的是,他们也尊奉朱慈焕(而不是朱慈炯)为朱三太子。据说此人是明朝皇室的后裔,化名王士元,流寓各处,被一些反清人士当作复辟明朝的旗号。康熙皇帝的耳目亲信、苏州织造李煦获悉后,迅速以密折的形式奏报皇上。

康熙四十六年十二月初七日李煦《闻太仓有人起事折》说:"窃臣煦闻太仓州北门永乐庵地方,十一月二十六日酉时,忽有强贼多人,以红布裹头,竖大明旗号,抢夺民人。文武衙门知风,率领兵役追擒林姓等各犯。臣在扬州风闻此事,理合奏闻。臣煦又现在遣人细查头目姓名,羽翼若干人,来踪去迹……查确情形再奏。"

几天后,李煦《太仓一念和尚聚众起事折》说:"窃臣于十二月初七日风闻太仓盗案,即具密折差家人王可成赍奏上闻矣。(康熙朱批:并不曾见王可诚[成]带来密折,察明奏。)臣又一面遣人至太仓查访,查得太仓刘河汛所辖地方,十一月初五日有强贼多人行劫开典铺生员陆三就家……十一月二十六日酉时,北门外永乐庵地方突有大伙强贼,红布裹头,竖旗聚集,声言欲入州城劫库,文武各官领兵擒捕,当即四散逃走,获得奸人钱保、王玉衡等十余人,审供有一念和尚给札惑众等语。"

康熙四十七年初,李煦接到康熙的御批"闻浙江四明山又有贼,尔秘密访问明白奏来",立即派人调查,于二月间写了《浙江四明山张廿一等拒敌官兵各情折》上报:"今查得去年十一月初旬,绍兴府嵊县人张廿一、张廿二兄弟为首,湖州乌镇人卖药施尔远为军师,煽惑民心,纠众百余,聚宁波府慈溪县羊角殿地方……臣又闻苏州所获贼人张君玉、张君锡,即浙省之张廿一、张廿二也。"

康熙立即用朱笔批复:"贼已靖否?再访再奏。众人议论如何?"李煦于同年闰三月二十四日奏报:"今查得四明大岚山,并无余贼,从前贼犯供称老营尚有千余人,俱属虚词,百姓安堵如故……臣又闻张廿一供出朱三太子,而朱三太子之次子朱埕('封'的古字)、幼子朱载、朱坤,康熙四十四年湖州长兴县拿获,久在浙监。惟朱三太子未曾获到。今江宁府案内盗犯叶伯玉兄弟供:朱三太子同董载臣、濮尔柱逃往山东曹县,或供同俞祥麟逃往霍山县,承审官现在分头密拿。"以后李煦陆续奏报:朱三太子在山东捕获押解赴浙审理;一念和尚在吴江县梅堰三官堂捕获,押解赴浙审理。

七月二十四日,一念和尚被凌迟处死;十月初五日,朱三太子(王士元)被凌迟处死,时年七十五岁,其子五人同时处斩。

显然,这个朱三太子案中的朱三太子究竟是什么人,确实是难以破译之谜。孟森《明烈皇殉国后纪》考证朱三太子(王士元)是崇祯帝的第四子(即慈炤)。这种可能性不能说没有,但微乎其微,因为四皇子崇祯十七年时十岁,到康熙四十六年已是一个七十多岁的垂垂老翁,如何能与一念和尚四处奔波?看来所谓朱三太子极可能是民间假托的一个偶像。因为这个朱三太子明正典刑后,又冒出了一个朱三太子,这就是康熙六十年(1721年)在台湾起兵造反的朱一贵之子。他自称为朱三太子,原在交趾小西天,已出发到广西,有部众几十万云云。

雍正帝对此作了一个比较冷静的分析:"从前康熙年间,各处奸徒窃发,动辄以朱三太子为名,如一念和尚、朱一贵者,不胜屈指。"可见朱三太子不过是一个假托的偶像而已。

朱三太子的政治能量如此之大,恐怕是崇祯帝朱由检本人生前无论如何也不曾料到的吧!

后　记

　　写历史传记，并非文学创作，必须遵循"实事求是，无征不信"的朴学古训。然而在写《崇祯传》的整整三年中，我始终感受到作家们所说的"创作冲动"，那并不是"塑造"这个人物形象的冲动，而是恢复这个人物本来面目的冲动。阅读了数以千万字计的历史资料后，我有一种强烈的欲望，对长期以来各种不同政治背景下的史家们不太公正客观的评价，深感不满，如骨鲠在喉，不吐不快。三年时间断断续续写出来的东西，当然谈不上一气呵成，但我写每一章每一节时都有一种新鲜感，想写出一点对历史的新思索，写出一个有别于以往史著中流行的反面人物的形象，努力使人们对崇祯皇帝的认识向历史的本来面目大大靠近一步。人们对以往历史的认识，正如同人们对客观世界的认识一样，有待于不断深化、不断更新。这是一个漫长的、永无止境的过程，每一代人都应在这个过程中作出自己的那一份努力。

　　《崇祯传》是在完成了《万历传》之后写的，积累了经验，写得比较自如。不过认真计较起来，崇祯朝的历史要比万历朝的历史难以研究，最显著的原因就是没有完整系统的"实录"可以利用，只有一点支离破碎、残缺不全而又极其简略的"长编"。要把崇祯一朝的史事整理清楚，本身就不是一件容易的事。顾诚教授曾对我说，这是一项吃力不讨好的工作，确实是深知其中甘苦的肺腑之言。另一个显著的原因是，这一时期正好处在改朝换代之际,正如汤因比(Arnold J. Toynbee)所说:"历史是胜利者的宣传。"新王朝建立者对这一段新旧交替的历史的诸多方面,作了或多或少的掩饰、歪曲。到了清末民初又一个改朝换代时,那些激于义愤的史家们又一次从另一个角度使这一段历史蒙上一层感情用事的色彩。这就为研究晚明史与南明史带来了困扰和迷惑。大的框架当然是明白无误的,但一涉及某些历史细节,往往需要从爬梳与考订史料入手。我利用了前人在这方面的成果,还有不少难题,需要自己花工夫搞清楚。因而拙著达到的只是一个有限的高度,没有、也不可能穷尽这一历史时期的全部史料,没有、也不可能解开这一历史时期的所有疑案。

当拙著撰写过半时,见到了辽宁教育出版社"明代帝王系列传记"中张德信、谭天星两位先生合著的《崇祯皇帝大传》,深深地为他们新颖的构思、思辨的笔触所折服。好在这个人物与这段历史极其丰富多彩,复杂曲折,各人的视角不同,对史料的理解、剪裁、取舍也自然而然有所不同,虽然都是为崇祯立传,写出来的东西却毫无雷同感。我和张德信先生是熟识的朋友,但没有为写此书而作过一次商议,两书的各不相同并非刻意营求,实在是"不谋而异"。于此我再一次领悟到历史的魅力就在于它的不可穷尽性,同一对象由不同作者写出来可以是各式各样的,从这个意义上讲,晚出的拙著并不会失去它自身的价值。

在本书临近付梓时,我要向日本庆应义塾大学山本英史教授、台湾"中央研究院"刘铮云研究员为我提供参考文献的盛情,表示诚挚的谢意;我还要向本书责任编辑张维训先生,以及所有关心我的国内外朋友们,深深地致谢,并向他们致以新春的祝福。

> 吴江越峤千余里,
> 春赏何由早寄闻。

樊树志
丙子年春节于复旦凉城寓所

"中华版"后记

拙著《崇祯传》于 1997 年 11 月由人民出版社推出,受到读者好评、喜爱,多次重印。

时隔多年,陕西某出版社派员来到复旦大学请求允许重印此书,考虑到此书久已断销,我慨然允诺。孰料该出版社对此书的章节标题、结构安排,作了大幅度改动,几乎所有的章节标题都擅自改写,还自作主张删除第九章。我并非斤斤计较文字的出入,而是感慨出版从业人员版权意识淡薄,职业操守和文化素养退化,对作者与文本缺乏应有的尊重。

尤有甚者,台湾某出版社再版此书,竟然大动手脚,摆出从新改写的架势。书名改为《崇祯皇帝:好皇帝为什么毁了大明王朝》,全书九章,缩减为七章。各章标题都擅自改动,例如第一章标题改成"崇祯元年",第七章标题改成"崇祯十七年:鼎湖当日弃人间",诸如此类,不一而足。这种拙劣手法以后又一次领教。我的《晚明大变局》2015 年由中华书局出版后,迅即成为畅销书。2018 年台湾某大型出版公司再版,把书名改为《晚明破与变》,与原意大相径庭,简直莫名其妙!

我一向遵循"多一事不如少一事"的处世原则,从不计较。今日重提此事,无意追究责任,不过发发牢骚:有些出版商对作者和原作的不尊重,大大出乎意料,令我"大开眼界"。

如今中华书局有意再版此书,我欣然同意。鉴于上述两次再版与原书相去甚远,此次再版,以恢复人民出版社初版模样为原则,我戏称为"修旧如旧"。考虑到新时代读者的阅读习惯,决定在每一节下面分设若干小标题,把章、节二层结构,改为章、节、目三层结构,使得原来几千字乃至上万字的大段,化整为零,变成几千字的小段。另一变动是,考虑到全书六百多页,过于厚重,和编辑再三商量,决定删去全部脚注,既可以压缩体量,也可以增加阅读的舒适度,一举两得。

读者如果有志于探讨这一段历史,不妨参看我的新书《重写晚明史》(五卷本):第一卷《晚明大变局》,第二卷《新政与盛世》,第三卷《朝廷与党争》,第四卷《内忧与外患》,第五卷《王朝的末路》。

感谢朋友们的关心与支持,友谊地久天长!

樊树志

辛丑春节于蒲溪